JN424012

지방정부간 갈등과 협력

– 이론과 실제

지방정부간 갈등과 협력

– 이론과 실제

강성철 · 권경득 · 강인호 · 강문희 외 공저

DB 한국행정DB센타
ADMIN Korea Administration Data Base Center

본 연구는 "2003년도 한국학술진흥재단 인문사회분야 지원(KRF-2003-072-BL1002)에 의하여 이루어 졌음."

머 리 말

10년이면 강산도 변한다고 했던가. 우리나라에 민선자치가 실시된 지 10년이 넘었다. 10년 동안 우리나라 지방자치의 여건은 얼마나 변했을까? 결론적으로 말해서 아직 만족할 수준은 아니다. 하지만 우리나라의 정치행정은 중앙 집권적 권위주의에서 지방분권적 민주화로 변화하고 중앙과 지방이 수직적 관계에서 수평적 관계로 변화하고 있다. 그야말로 국정운영 방향이 중앙집권적 패러다임에서 지방분권적 패러다임으로 자리 잡고 이를 위한 구체적 실천이 행하여지고 있다. 이러한 정치행정의 여건 변화 속에서 중앙과 지방의 관계는 물론, 최소한의 정치적 독립성을 보장받은 지방정부들 사이에서도 수많은 관계가 형성되어 발전하고 있다. 그런데, 인간 세상사 모두가 그러하듯 서로 관계를 맺는다고 항상 좋은 일만 있는 것은 아니다. 지방정부간의 관계도 인간 세상사와 별다를 게 없다. 이에 최근 우리나라의 지방정부를 바라보는 시각과 현실적인 관계에서 중요한 문제 중의 하나는 어떻게 하면 지방정부간에 계속 좋은 관계를 형성·유지할 것이냐 하는 점이다. 집필진들은 여기서 지방정부간의 좋은 관계를 협력으로 보고, 그렇지 않은 관계를 갈등으로 보았다.

지방자치 혹은 지방정부에 대해 관심이 있는 사람들은 지방정부간의 갈등과 협력에 대해 다음과 같은 문제의식을 가질 것이다. 갈등과 협력, 그리고 이것이 지방정부 사이에서 발생할 때 과연 우리는 어떻게 해야 하는가? 그리고 이러한 갈등과 협력이 앞으로 우리나라 지방자치의 발전에 어떤 영향을 미칠 것인가? 이런 의문들이 바로 이 책의 근간을 이루고 있는 사고의 기저이자 가장 핵심적인 부분이다. 즉 이 책은 우리가 지방정부간 갈등과 협력에 대해 이해하는 방식을 근본적으로 재평가할 필요가 있음을 전제하고 있다.

그리하여 최초부터 이 책은 다음과 같은 두 가지 동기로 집필되었다. 그 하나는 공동연구로 나타난 새로운 성과와 그 결과물을 관련 있는 많은 사람에게 보다 명료하고 쉽게 알려주기 위함이며, 다른 하나는 이를 통해 분과학문의 연구와 교육에 기여하고자 함이다. 먼저 본서의 근간을 이루고 있는 대부분의 내용은 한국학술진흥재단의 프로젝트 과정에서 창출된 성과물들이다. 즉, 본서의 집필진은 모두 인문사회과학분야를 육성하고자 하는 취지로 시작된 한국학술진흥재단 사업 중 2003년도 인문사회분야 지원사업의 대형과제(과제번호: KRF-2003-072-BL1002)였던 '지방정부간 갈등과 협력요인에 관한 연구'를 핵심적으로 수행한 연구진들이다. 그리고 1년 6개월간의 장기간에 걸친 연구노력과 많은 비용이 투입되어 만들어진 결과들이 모두 집적되어 있는 성과물이 이 책이라고 말할 수 있다.

사실 프로젝트 진행과 보고서 집필의 수행과정에서 적지 않은 어려움도 있었다. 예를 들어, 행정학 분야에서 아직 희소한 3개 지방대학(부산대학교, 선문대학교, 조선대학교)의 컨소시엄이라는 외형적인 연구진 구성도 경험과 선례가 없는 상황에서 최초부터 쉬운 제안과 결단은 아니었던 것으로 기억한다. 그리고 경상, 전라, 충청의 각 지역에서 나름의 우수성과 대표성을 가지는 대학과 인적 자원을 이용할 수 있었던 것은 이점이었지만, 지리적 원거리로 인한 상호 이동의 불편함과 더불어 의사소통에도 일정 부분 어려움이 있었다. 하지만, 무엇보다 이러한 난제를 슬기롭게 극복하고 프로젝트를 성공적으로 마친 점, 그리고 지방대학이라는 현실의 제약을 극복하고 각 대학의 연구책임자를 정점으로 연구진이 단합하여 엄청난 분량의 성과물을 공동으로 만들어 낸 점은 비단 연구진 뿐 아니라 연구진을 바라보는 주위 여러분들에게도 기쁨과 감동을 주기에 충분했다.

다음으로 이 책에서 집필진들은 지방자치와 지방행정 분야의 발전에 조금이라도 도움이 되고자 했으며 행정학을 공부하는 학생들이나 지방행정 실무자들에게 읽기 좋은 책이 되고자 노력했다. 이에 우선적으로 연구보고서의 복잡한 내용을 최대한 알기 쉽도록 풀어서 다시 설명하고 재구성하였다. 즉, 지방자치와 행정에 대한 기초지식이 다소 부족하더라도 먼저 1편의 이론부분을 읽어보면 2편의 현실사례를 금방 이해할 수 있도록 구성했다. 그리고 간혹 사회과학 책에서 나타나는 다소 현학적인 부분을 가능한 없애고 독자들이 즐겁게 읽고 쉽게 이해할 수 있도록 만드는데 노력했다. 진정 좋은 책은 독자의 입장과 수준에서 서로 교감할 수 있는 책이라는 평범한 진리를 실천코자 노력했다.

그러나 이 책은 많은 내용을 한꺼번에 다루고자 하는 전통적인 대학교과서의 틀을 벗어나 지방정부간 관계와 현상에 대한 나름대로의 새로운 시각과 접근을 모색하고자 하였다. 즉 이 책은 단일 사례나 몇몇 복수 사례를 통하여 지방정부간 관계를 일반화하려는 시도와는 달리 소위 한국 지방정부의 대표적인 사례를 거의 망라하여 지방정부간 관계를 일반화하려고 한다는 점이다. 따라서 이 책에서 제시된 결과는 지방정부간 관계의 일반화 정도와 지방정부간 관계의 발전에 새로운 지평을 열어 줄 것으로 기대한다. 그러나 이 책이 모든 면에서 완벽하다고 할 수는 없을 것이다. 논리적 오류나 여러 가지 실수가 군데군데 많을 것이다. 따라서 초판에서 발생할 수 있는 논리적 오류나 여타 실수에 대하여 이 책을 읽으시는 선배 교수님과 동료·후배 학자, 그리고 행정실무자와 학생 여러분들께서 많은 비판과 격려를 해 주실 것으로 믿어 의심치 않는다. 그리고 향후 본서를 발간한 집필진들은 여러분의 기탄없는 질책과 격려를 받아들여 겸허한 자세로 부족한 부분을 조금씩 채워나갈 것임을 약속드린다.

이 책은 여러 사람에 의한 그 동안의 연구과정과 결과를 다시 재구성하고 정리한 것이지만, 책의 출간에 있어서 많은 분들의 도움을 잊을 수 없다. 우선 최초부터 이 책과 프로젝트 연구가 시작될 수 있도록 배려해 주신 한국학술진흥재단 관계자 및 연구 진행과정에 개최되었던 여러 패널의 참여자 여러분들께 깊은 감사를 표한다. 그리고 이 책이 발간되기까지 처음부터 끝까지 원고정리와 수정 및 교정 작업까지 세심히 살펴 준 문경주 박사와 조정현 군, 특히 긴 장마와 한 여름의 무더위에도 아랑곳하지 않고 헌신적으로 도와준 부산대학교 박사과정의 우양호 군에게 감사하고 이들의 향후 학문적 행로에 빛나는 성과가 있기를 바란다. 더불어 어려운 출판사 사정에도 불구하고 이 책의 발간을 맡아 주신 한국행정DB센터 박길성 소장님과 담당직원 분들께도 감사드린다.

끝으로 이 책이 학계나 지방정부 실무자에게 유익한 자료로 활용되어 한국지방자치의 발전에 일조할 수 있기를 기대한다.

2006년 8월

집필진을 대표하여

부산대학교 **강 성 철**

목 차

| 제1편 지방정부간 갈등과 협력의 이론 |

제1장 지방자치와 지방정부

제2장 개념적 기초

제3장 주요이론과 접근시각

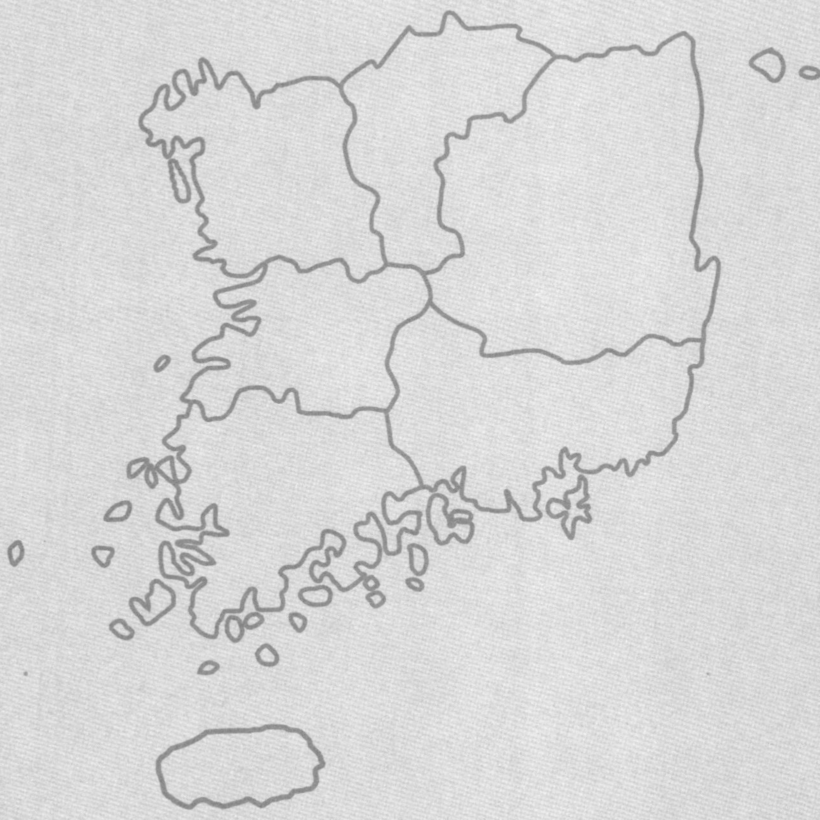

제1장 지방자치와 지방정부

제1절 민선지방자치시대와 지방정부의 변화

현재 우리는 민선 지방자치단체장 선거를 처음 실시한지 10주년이 지나고 제4기 민선지방자치시대에 살고 있다. 그리고 과거 수십 년 동안 이어져 내려왔던 중앙집권과 관치행정의 허물을 벗고 지방분권과 개혁의 과정을 지켜보고 있다. 이에 본격적인 지방자치제 실시 이후, 급격한 지방 환경의 변화에 따라 행정학 분야에서도 지방행정과 지방자치, 그리고 행정의 대상인 지역과 주민의 비중이 점점 높아지고 있다.

구체적으로 최근 지방분권, 지역균형에 대한 논의와 정책적 추진이 크게 진전되는 흐름으로 인해 많은 영역에서 중앙집권적, 국가 중심적 패러다임이 지배하던 시대에서 지방분권과 지역자율의 시대로 전환되고 있으며 그 전환의 가장 중심에는 공식적인 주체로서의 '지방정부(local government)'가 존재하고 있음을 우리는 주목하게 된다.[1)]

알려진 바와 같이, 중앙집권은 지방행정에 관한 의사결정권이 거의 대부분 중앙정부에 집중되고 중앙정부의 책임 하에 지방정부로 하여금 지방행정을 집행하는 제도이고, 지방분권은 중앙정부의 권한 또는 사무위임에 의하여 권한과 기능을 국가의 중앙정부로부터 각 지방정부로 분배하여 행사하게 하는 제도이다.

그런데, 한국에 있어 지방분권과 지방자치의 의미와 중요성은 각별하다. 그 중 가장 중요한 것은 과거 권위주의 시대에 대비하여 지방자치를 실시한다는 사실 자체가 바로 민주주의를 하는 것이라는 점이다. 지방자치란 지방주민들이 자치

1) 지방자치단체 혹은 지방정부는 영어표기로 'local government'이다. 더구나, 지방정부란 중앙정부와 구별된다는 의미에서 사용되는 용어로 지방단위에 존재하는 모든 제도적 공공기관을 포괄적으로 지칭하는 것이다. 그러나 한국에서 일반적으로 지칭되는 지방정부란 의회와 집행부로 구성되는 지방자치단체를 의미한다. 즉, 제도화된 기구로서의 지방정부는 일정한 공간적 관할구역을 담당하는데, 작게는 기초자치단체인 시·군·구에서부터 크게는 광역자치단체인 시·도를 모두 포괄하는 개념이다. 따라서 이 책에서는 논의의 목적 상 광역자치단체장과 같은 단체장(local government head) 표기의 경우를 제외하고는 지방자치단체 용어보다는 지방정부라는 용어를 많이 사용할 것이다.

단체장과 의회의원을 뽑아 주민의 공동관심사항을 자주적으로 결정하여 처리하게 하는 것인데, 이 방식은 국민들이 대통령과 국회의원을 뽑아 그들의 책임 하에서 국민적 관심사항을 결정·처리하게 하는 것과 마찬가지인 민주주의 그 자체이다. 즉 국가의 권력이 한곳에 집중되어 지나치게 강력해지는 것을 방지해야하는 당위성이 타당하다는 것이다. 또한, 미국, 영국, 프랑스, 독일, 캐나다 등 서구선진국을 보면, 지방분권과 자치를 오랫동안 실시해온 나라들이 중앙의 민주주의도 잘하고 있음을 알 수 있다. 이 외에도 지역의 경제와 대외경쟁력의 강화, 지방의 실정에 적합한 정책의 산출과 조정, 지방행정에 대한 지역주민들의 참여기회 제공, 중앙정부의 과중한 행정부담을 완화 등 지방분권과 지방자치에는 여러 긍정적인 기능이 담보되어 있는 것으로 알려져 있다.

무릇 이러한 지방분권과 민선지방자치제의 실시는 현재 중앙에 대한 지방정부의 형식적 및 실제적 자율성을 강화시켜주고 있고 이러한 자율성의 강화는 지방정부의 역할과 위상을 강화, 촉진시키고 있다. 그리고 이와 더불어 지역의 정치인, 경제인, 시민단체나 주민의 의식과 역할변화도 요구하고 있다.

한편, 민선지방자치제는 단체장을 비롯한 지방정부의 핵심적인 구성원을 중앙정부의 임명이 아닌 주민직선에 의해 선출하므로 자연히 중앙정부 및 다른 지방정부의 구성원들과 정치적, 환경적 기반이 다른 지방정부의 구성이 개별적으로 가능해 진다. 이것은 한 지방정부로 하여금 중앙정부 및 다른 지방정부보다 지방의 투표권자인 주민과 다른 결사체나 집단들에게 더 민감하게 반응하는 소위 대응성이 자연스레 높아지도록 만들었다. 예를 들어 주민행정서비스의 만족도나 지연현안의 해결빈도가 높아진 것은 민선자치 이전의 과거와는 분명 달라진 점이다. 이러한 점에서 분명 민선지방자치의 활성화는 두 가지 중요한 변화를 초래했다. 하나는 지방정부의 역할과 권한, 전반적인 위상이 높아진 것이고, 다른 하나는 지방정부간 다원적인 형성으로 인해 중앙정부와 지방정부간 관계에 있어서 조율과 관리가 어려워 졌다는 점이다.

전자의 경우 중앙정부에 대한 상대적인 지방정부의 자치권 향상이라는 시각을 뛰어넘어 지방정부라는 하부구조로부터 통치능력을 고양시켜 국가 전체의 능력을 향상시킨다는 측면에서는 점에서는 분명 긍정적이다. 그러나, 지방정부 스스로의 정책결정능력 고양을 통한 중앙의 집권적 결정의 독단성을 견제하고 지방정부의 구체적 실정을 반영한 생산적인 행정체제가 구축되지 않으면 문제가 발생된다. 더구나 지방정부의 권한이 증대되고 지방의 정치가 활성화 될수록 중앙정부에서 결정되어 하달된 정책의 실제적 집행과정 또한 변질되기 쉽고 집행이 순조롭게 진행될 가능성은 줄어든다. 이러한 이유로 중앙에서 결정되어 지방정부 단위에서 집행되는 정책은 집행과정에서 저항에 부딪히거나 수정되는 경우가 허다하다. 우리는 실제 지방자치의 실시이후 이러한 사례들이 급격히 증가하고 있음을 목격할 수 있다.

후자의 경우에는 민선자치가 점점 정착되고 본격화되어감에 따라 예전과 다른 상황들이 종종 연출되고 있다는 점이 흥미롭다. 예를 들어 근래에 전라남도 영광군의 원전허가 취소사례나 부안군의 방사성폐기물처리장 백지화 사례, 그리고 언론에서 보도되는 각종 혐오시설기피, 선호시설 유치 등과 관련된 수많은 지방정부 상호간 갈등에서 볼 수 있듯이, 중앙과 지방정부간 혹은 지방정부간의 갈등과 비협조로 인하여 국가와 지방의 경쟁력과 이익이 감소하는 경우가 나타나고 있다. 이는 종래의 강력한 중앙집권의 일원화된 효율성이 상실되면서 지방정부의 구성원인 단체장, 관료, 정치인과 주민 등이 단순한 공익추구자 일 것이라는 환상(myth)에 빠진 결과로 간주할 수 있을 것이다. 경제학에서 말하듯, 인간을 근본적으로 개인의 편익을 먼저 추구하는 사익 추구자로 볼 때, 이와 같은 모든 중앙과 지방정부, 지방정부 상호간의 갈등현상들은 자연스러운 맥락에서 설명할 수 있다.

따라서, 민선자치시대에 지방정부는 권한과 위상이 높아진 만큼 자율적이고 규범적인 존재가 되어야 함에도 현실에서 실제 그렇지 못하기 때문에 많은 학자들은 이 문제의 해결에 몰두해 왔다. 특히 급격하게 증가하고 있는 지방정부간 갈등문제와 이의 부작용은 이제 결코 일회적으로 간과할 수 없는 중요한 부분이 되었다.

일찍이 정부간 관계에 관한 논의는 주로 종래의 미국과 같은 연방국가에서의 중앙·지방과의 관계에 관한 이론에 불과하였다. 미국의 경우에도 건국 초부터 1930년대까지의 소위 이중연방제(dual federalism)의 시기엔 연방정부와 중앙정부의 상호작용이 거의 존재하지 않았기 때문에, 정부간 관계는 별로 논의될 필요가 없었다. 그러나 1930년대 경제공황이 도래하면서 주정부와 지방정부의 재정이 악화되고 주정부 등의 연방정부에 대한 재정의존이 심해짐에 따라, 정부간 관계가 문제될 수 있는 상황이 발생한 것이었다. 이후 정부간 관계라는 말은 1960년대 이후 미국정부를 이해하는 가장 핵심적인 개념의 하나로 되었고, 오늘날에는 대부분의 국가에서 널리 사용되고 있지만, 개념에 대한 명확한 합의가 이루어지진 않은 상태다. 중앙정부와 지방정부, 혹은 지방정부 상호간의 관계를 나타낸다는 막연한 합의는 되어 있으나 그 포함범위에 이견이 존재하기 때문이다. 그러나 대체적으로 중앙과 지방정부는 종적인 관계, 지방정부 상호간에는 종·횡적인 관계와 동태적 측면을 중시하고 있는 것으로 보인다. 여하튼 다른 나라에서 이러한 상황적 필요성에 의해 이론이 발달하는 것을 보면 한국에서도 이제 정부간 관계에 대한 논의와 이의 발전적 방향모색이 필요한 시점인 것은 분명한 사실인 것으로 보인다.

제2절 지방자치와 지방정부간 관계

한국에서 민선지방자치시대의 역사와 지방정부의 중요성은 과거에 비해 몰라보게 달라졌다. 이에 학자들의 관심과 사명은 지방행정과 지방자치 분야에서의 보다 생산적이고 협력적인 지방정부 간 관계형성에 대한 규범적 논의로 옮겨가고 있다. 하지만, 아직까지 한국에서 지방정부간 관계에서 나타나는 현상에 대한 폭넓은 조망, 효과성 높은 처방이나 뚜렷한 대안 제시는 학문적 영역에 있어 여전히 요원한 과제로 남아 있다. 이에 이 책에서 다루고자 하는 지방정부간 관계에 관한 근본적 핵심은 지금까지 한국에서 지방정부에 관한 모든 논의를 점검하면서 발견된 일정한 한계점과 문제의식에서 출발한다. 즉, 그것은 한국의 지방정부 간 갈등과 협력문제에 관한 사례별 다양성과 시기별 가변성이라는 두 가지 차원에서 발견된다. 그리고 이상적인 지방자치이론과 지방정부간 관계적 현실 양자의 간극을 좁히기 위해 기본적으로 한국에서 지방정부간 관계의 변화된 양상을 주시하도록 만든다. 이는 이 책을 시작하면서 반드시 언급해야 할 부분으로 차별화 된 내용적 특성과 관점을 담고 있다. 따라서 이에 대해 보다 구체적으로 살펴보면 다음과 같다.

첫째, 지금까지 지방정부간 관계는 각종 정책사례에 따른 이해집단들이 각기 자신의 이익을 표출하기 위한 활동을 통해서, 그리고 보다 다원화된 정책네트워크에 의해서 계속적인 변화를 겪었다는 것이다. 따라서 지방정부간 갈등 및 협력에 관한 연구는 기존의 법과 제도를 통한 정태적 분석만으로는 더 이상 타당한 설명이 힘들게 되었다. 이와 더불어 제도적 장치나 틀을 무시한 채 갈등 당사자나 집단의 행동에만 초점을 맞춘 설명도 일정한 한계가 있었다. 이에 앞으로는 관련 사례의 다양한 하위집단들의 구성요소를 파악하고, 법과 제도가 이들에게 어떠한 영향을 끼치고 있는지, 그리고 이들의 변화된 반응과 행동의 영향이 제도적인 차원에서 어떠한 결과를 초래할 수 있는지를 규명하는 과정이 필요하다. 이를테면 갈등의 정태성에 보다 동태성을 가미한 종합적 시각이 요구되고 있다.

둘째, 지방정부간 갈등과 협력의 구도는 사례별 상황과 전개과정에 따라 다양한 모습으로 변동할 수 있는 가변적인 성격을 지니고 있다는 것이다. 이러한 가변성은 사례를 특정 시점에 고정하여 평면적으로 관찰하기보다는 사례의 모든 과정을 시간과 공간, 주체와 내용의 순서에 따른 입체적인 변화로 관찰해야 할 필요성을 제기하고 있다. 즉, 지방정부간 갈등과 협력관계에 있어 주체나 시간, 내용의 변화에 따른 가변성은 이 책에서 다룰 가장 핵심적인 내용이자 특징이다. 이러한 시각은 지방정부간 갈등과 협력을 바라보는 새로운 관점으로 현상에 대한 보다 치밀하고 자세한 분석을 필요로 하는 것이다.

셋째, 지방정부간 갈등 및 협력에 관한 현실적 증거와 사례개발에 대한 필요성이 증대되었다. 민선지방자치 실시 이후 지금까지 가시화된 많은 공식적이고 비공식적인 사례들은 여전히 사건의 발단과 전개과정, 그리고 관련 이해집단의 성격 등에 대한 상세한 정보 등이 체계적으로 정리되지 못한 채 단편적인 정보만으로 언론에 소개되어 왔으며, 단순히 개요만을 소개하여 공공기관의 내부자료 형태로 보존되고 있다. 예를 들어, 1996년 자료집형태로 발간된 한국지방행정연구원의 문헌이 존재하고는 있다. 하지만 이는 자치제 실시 이후 10개월 동안 발생한 사례 112건만을 수록하고 있어 자료집으로서의 의미를 이미 오래 전에 상실하였다. 그 동안 갈등해결과 협력방안의 모색을 늘 강조해 온 정부의 입장이나 학계 및 언론의 주장을 고려해 볼 때, 이처럼 현실세계의 사례자체에 대한 정리는 물론 연구 및 분석 작업에 무관심했던 것은 아이러니가 아니라 할 수 없다. 이러한 표면적 경향에서 유의할 점은 행정자치부에 의해 집계되고 있는 갈등 및 협력사례의 수는 단순히 공식채널을 통해 접수된 건수만을 다루고 있다는 것이다. 따라서 비공식적인 사안으로 남은 채, 갈등의 소지를 안고 있는 사례의 수는 전혀 포함되어 있지 않으며, 협력으로 분류된 사례의 경우에도 운영상황에 따라 협력관계가 실제로 어떻게 변동되었는지를 파악할 수 없다는 것이다. 그리고 무엇보다 중요한 점은 위의 통계적 추이가 지방정부의 보고 자료를 토대로 하여 중앙의 관점에서 개략적으로 파악된 것으로서, 사례별 내용을 실제 사례와 관련된 지방정부의 관료 및 각종 이해집단들의 관점까지 포함하여 파악할 경우, 갈등과 협력의 통계적 수치는 전혀 다르게 나타날 수 있다. 결국 지방정부간의 갈등과 협력의 사례연구는 지방에 기반을 둔 연구소를 중심으로 하여 지방문제에 대한 심층적 분석과정을 통해 이루어져야 할 필요성이 있다.

넷째, 지방정부간 갈등 및 협력의 발생원인, 현상에 영향을 미치는 요인에 관한 연구의 필요성이 증대되었다. 지금까지 국내에서 이루어진 정부 간 갈등 및 협력에 관한 연구는 주로 중앙부처의 정책적 필요에 의해 추진된 국책연구기관의 연구보고서나 학자들이 개별사례를 중심으로 연구한 미시적 분석이 주종을 이루고 있다. 그러나 이러한 대부분의 연구는 많은 사례들을 대상으로 하는 경우에 사례의 분석이 피상적 수준에 그침으로 인하여 사례별 특수성이 간과되고 있으며, 소수의 개별사례만을 대상으로 하는 경우에는 연구결과가 다른 사례에 그대로 적용되기 힘들다는 한계를 나타내고 있다. 먼저 전자의 문제는 주로 국책연구기관의 연구보고서에서 흔히 발견되는 것으로, 지방정부 간 갈등과 협력의 다양한 사례별 특수성에 대한 심층적인 분석이 이루어지지 않은 채, 관련 사례들을 기존의 제도적 기준에 따라 유형화하고 각종의 정책처방을 외국제도의 준용을 통해 제시하는 등의 오류를 범하고 있다는 것이다. 즉 이러한 연구들은 광역행정의 효율성을 위하여 지방정부간 갈등의 최소화와 협력 사례수의 최대화를 추구하는 중앙부처의 요청에 따라 사례별로 심층 분석을 실시하기보다는 단순히 사례의 표본 수만을 늘리거나 설문조사에 의존하여 피상적인 유사성을 중심으로 정책대안을 탐색하는 특징을 보이고 있다. 지방정부간 갈등과 협력의 원인을 해당 공무원을 통해 탐색하는 것은 분명 원인탐색의 한 가지 방법이 될 수 있을지 모르지만 이것만으로 원인의 유형과 정책방안을 연결시키려는 것은 적절치 못하다. 반면, 지난 민선자치 10여 년 간의 개별 사례들에 대하여 산발적으로 전개된 정부 간 상호작용에 관한 행정학계의 미시적 분석들은 분석범위만을 확대하여 이루어진 중앙부처에 의한 정책용역 연구들의 한계를 다소나마 보완해주고 있다. 이들의 공헌은 무엇보다도 정부 간 관계를 동태적 변화과정으로 파악하고 있다는 것이며, 그 관계를 결정짓는 미시적 요인들을 다양하게 탐색하고 있다는 점이다. 또한 주목 할 점은 이들 연구가 다양한 정책적 처방을 실증적인 분석을 통하여 제시하고 있다. 이를테면 합리적 보상체계의 확립, 법과 제도의 개선, 행정협의회의 활용, 중앙 및 지방분쟁조정위원회와 같은 중재기구의 적극적 노력, 의식개혁, 시장 메커니즘의 활용, 간접관리방식의 정착 등과 같은 방식들이 각기 다양하게 제시되고 있다. 그러나 이러한 미시적 분석들이 지니고 있는 근본적인 문제는 연구자별로 분석단위가 상이하게 나타나고 있을 뿐만 아니라 설정된 요인들의 유형 또한 복잡 다양하게 제시하고 있어서 일관되고 통합적인 설명의 맥락을 찾기는 쉽지 않다. 결국 현실에서 지방정부간 갈등 및 협력사례별로 다르게 나타나는 영향요인과 사례의 전개과정에 따라 변동될 수 있는 관계의 가변성을 포괄적으로 설명할 수 있는 통합적 분석 작업이 필요한 것이다.

마지막으로, 지방정부간 갈등해결 및 협력촉진 정책방안에 관한 탐색적인 연구의 필요성도 높다. 앞서 말한 바와 같이 지방정부간 갈등해결과 협력발전을 위한 정책방안들은 지금까지 매우 다양하게 강구되어왔다. 이에 현실에서도 제도적 장치로서 광역단위별로 분쟁조정위원회와 중앙분쟁조정위원회를 두고 있으며, 각종 행정협의회 및 관련기구를 설치하여 운영하고 있다. 그리고 개별적 사례연구들이 제시하고 있는 제도 이외의 방안들도 합리적 보상체계의 확립, 갈등 및 협상 당사자간의 의식개혁, 갈등조정위원회 등과 같은 중재기구의 적극적인 노력, 시장 메커니즘의 활용 등이 나타났다. 그러나 이상과 같은 각종 정책방안들이 사례의 정책문제나 전개과정의 정도에 따라 얼마나 적절한 효용성을 가지고 있는지에 대한 현 시점에서의 점검은 거의 전무한 실정이다. 따라서 대부분 학자들이 제시하는 정책방안의 내용을 살펴보면, 사례의 유형에 상관없이 이상에 열거된 다양한 방안들이 포괄적으로 제시되는 방식으로 논리가 귀결되는 현상이 나타나고 있다. 따라서 정작 필요한 것은 제안된 정책방안들이 사례별로 얼마나 현실적으로 적실한 효용성을 가질 수 있을 것인지에 대한 검증작업이다. 일정한 방향성도 없이 모든 방안들을 강구하라고 하는 것은 마치 감기환자에게 각종의 질병 치료제를 모두 처방하는 행위만큼이나 무책임한 것이다. 무엇보다 중요한 것은 증상에 적합한 처방일 것이다. 이에 이 책에서 추구하고 있는 것은 일단 대상과 사례의 문제별, 단계별로 적합한 방안들을 비교분석을 통해 체계적으로 검증하고자 하는 것이다.

제3절 이 책의 구성과 초점

일반적으로 사람과 사람, 집단과 집단, 국가와 국가 간 갈등과 협력이란 특정 이슈와 관련된 당사자들이 나타낼 수 있는 상호작용의 일정한 동적 상황을 추상적으로 표현한 개념으로 파악할 수 있다. 그러나 실제 이것이 무엇을 의미하는지는 정확하지 않으므로 갈등과 협력에 대한 보다 명확한 개념화가 필요하다. 갈등과 협력은 실제 사회현상의 중요한 하나의 양상으로서 정치학, 사회학, 심리학, 행정학 등 사회과학 전 분야에 걸쳐 널리 사용되는 중요한 개념이다. 따라서, 이러한 개념적 기초와 더불어 한 단계 더 나아가 사회과학을 공부하는 우리로서는 갈등과 협력에 관한 이론적 토대를 마련하고 이것이 현실에서 어떻게 적용할 수 있는가를 살펴보는 과정이 중요하다고 생각된다. 물론 이 책에서 주제로 삼는 대상은 지방정부가 된다.

이에 이 책은 크게 1편과 2편으로 구성되어 있다. 제 1편에서는 지방정부간 갈등과 협력에 관한 이론을 총괄적으로 논의하고 있으며, 제 2편에서는 지방정부간 갈등과 협력에 관한 실제 혹은 현실사례를 제시하고 이에 대한 나름의 분석을 시도하였다. 이렇게 이론과 실제적인 부분으로 책을 구성한 까닭은 다음과 같은 이유가 가장 크다.

주지하다시피, 사회과학에서 대부분 이론의 전제조건은 단정적 표현보다는 주로 가정법을 쓴다는 점이 중요하다. 즉, 사회에서 다른 조건의 변동은 전혀 없을 때 한 요인은 다른 현상을 일으키는 원인으로 작용하는 경우가 많고, 반대의 경우도 있다. 바로 이러한 점에 사회과학 학자들의 딜레마가 있다. 즉, 현실은 이론처럼 한 원인에 대한 강한 영향을 줄 수는 있지만, 이론처럼 다른 조건이 일정하고 변하지 않는다는 전제가 충족되는 경우가 드물기 때문이다.

이는 지방정부간 관계에 있어서도 마찬가지이다. 우리가 최근 많이 접하는 지방정부간 관계에 관한 많은 사건들은 지방정부간 현실을 반영하는 것이기에 대부분 이론처럼 명쾌하지도 않고 정답도 없는 그러한 혼란스러운 상태가 되고 있다. 그렇다고 하여도 우리가 기본적으로 지방정부간 관계에 대한 이론을 공부하여 기본지식을 갖춰야 하는 이유는 이러한 기본지식을 전제로 현실세계의 움직임을 파악할 수 있고, 이론과 현실이 제대로 부합하지 않는 부분에 대한 접근이 가능하기 때문이다. 인간사회를 다루는 학문에서 이론과 현실, 학문과 실제는 가끔 서로 동떨어져 있는 것처럼 보인다. 그렇지만 실제로는 우리 생활과 아주 밀접한 관계에 있으며 실제로 우리는 이론의 갖가지 혜택을 받고 있기 때문에 이를 망각해서는 안될 것이다.

한편, 책의 구성에 관한 이러한 기본의식에서 다루어질 주요 내용은 세부적으로 다음 질문들에 대한 해답으로 간략하게 집약될 수 있다.

첫째, 일반적인 의미에서 갈등과 협력이란 지방정부간 관계에서 갈등과 협력의 개념과 본질은 무엇인가?

둘째, 지방정부간 관계에 관한 이론에는 무엇이 있고, 과거부터 현재까지 어디에서 어떻게 발전되어 왔으며 한국에서는 어떠한 방향으로 변해가고 있는가?

셋째, 지방정부간 갈등과 협력을 바라보는 시각과 접근법에는 어떠한 것이 있으며 시대와 환경의 변화에 따라 변화하고 있는가?

넷째, 지방정부간 갈등을 발생, 증폭, 지속시키는 원인과 협력을 조장하는 원인은 무엇인가?

다섯째, 현실세계에서 지방정부간 갈등과 협력사례로는 어떤 것들이 어떠한 형태로 존재하고 있는가?

여섯째, 지방정부간 갈등사례는 현실에서 어떻게 변화하며 전개과정에 따른 원인들은 어떻게 나타나고 있는가,

일곱째, 지방정부간 협력사례는 어떠한 원인에 의해서 어떤 형태로 나타나고 있는가?

여덟째, 이론과 실제를 종합해 볼 때 지방정부간 갈등을 해결하고 협력관계를 도출하기 위해서는 어떠한 정책 혹은 대안이 보다 더 효율적인가?

이상의 제시된 질문과 이에 대한 해답에 근거하여 이 책은 한국에서 지난 1995년 민선지방자치제의 실시와 더불어 지방자치와 지방정부간 관계의 현실 속에 제기되기 시작한 각종 갈등 및 협력의 사안과 문제에 주목하고 크게 다음과 같은 세 가지 사항에 초점을 맞추고자 한다.

첫째, 지방정부간 갈등과 협력에 대한 포괄적이고 심층적인 학문적 논의를 통하여 문제에 대한 이론적 토대를 마련한다.

둘째, 지방정부 간 갈등 및 협력사례들을 충청권· 호남권·영남권 등 3개 지역을 중심으로 발굴·수집한다. 세 지역은 전통적으로 뚜렷한 지방문화의 특징을 보여주고 있을 뿐만 아니라, 사실상 상당수의 사례가 이들 지역으로부터 발생하고 있다는 점에서 국내 지방정부간 갈등과 협력현상을 설명하는 훌륭한 표본이 될 수 있다.

셋째, 위의 사례들에 대한 통시적이고 심층적인 분석과 더불어 과학적 연구방법을 통해 갈등과 협력의 요인을 다각적으로 탐색한다.

넷째, 지방정부간 갈등과 협력의 현실적 역학관계에 대하여 보다 일반화된 학문적 설명과 현실적인 정책방안을 도출하면서 결론적으로 향후 바람직한 지방정부간 관계에 대하여 전망한다.

끝으로, 한국사회에서 민주화와 민선 지방자치제 실시 이후, 지방정부간의 갈등 및 협력문제는 급격히 증가하고 있다. 이에 관하여 여러 연구자들이 지방정부간의 갈등원인을 파악하고 해결 및 협력방안을 모색하기 위하여 다양한 연구들이 진행되었으며, 그에 따라 결과물들을 양산해 왔다. 그러나 기존의 지방정부 간 갈등 및 협력에 관한 연구들이 가지고 있는 한계는 특정사례와 사회적으로 크게 이슈화된 사례에만 분석이 집중됨으로 하나의 정형화된 갈등해소와 협력방안을 모색하지 못하고 있다. 이에 이 책의 2편에서는 많은 인력과 시간, 노력과 재원을 투자하여 우선 사례의 대상을 시간적, 지역적으로 확대함으로써 일반화 가능성을 높이는 동시에 다양성과 가변성을 가진 주제의 특성을 고려하고자 노력했다.

제2장 개념적 기초

제1절 갈등과 협력의 개념과 본질

일반적으로 사람들이 자주 말하는 갈등의 의미는 무엇인가? 원래 단어의 의미를 보면 갈등의 갈(葛)은 '칡'을 말하고 등(藤)은 '등나무'를 말한다. 즉 갈등은 칡과 등나무가 합쳐져 서로 붙어 있는 상태를 뜻한다. 이 두 가지는 덩굴식물에 속하므로 서로 다른 물체를 휘감고 자라나는 특성이 있어 좀처럼 분리하기가 쉽지 않다. 이를 다시 인간생활과 사회에 적용하면 꼬이고 엉켜서 풀기 어려운 상태를 뜻하는 의미가 된다. 일반적으로 갈등상태는 이와 같이 인간사회에서 개인과 집단 사이에 서로 다른 이해관계와 의견대립으로 꼬이고 얽혀서 쉽게 풀기 어려운 적대적, 비우호적인 상태를 말한다고 볼 수 있다.

1. 갈등의 개념과 본질

일반적으로 대부분의 갈등에 대한 학문적인 정의는 갈등에 대한 인식능력의 역할을 강조한다. 즉, 갈등은 사람들이 동시에 달성할 수 없는 현재의 열망에 대하여 이해관계나 신념의 다양성을 인식하게 됨으로써 발생하며, 여러 가지 목표 및 활동이 다른 측면의 그것과 양립할 수 없다고 인식되는 경우에 나타난다. 양립 불가능성에 대한 인식과 무엇인가를 달성하려고 하는 상대방의 의도를 다른 상대방이 인식하게 됨으로써 발생한다는 것이 갈등에 대한 개념정의의 핵심이다.

갈등은 체제의 정상적인 작동을 방해할 수 있는 것으로 부정적 측면도 있지만, 그에 따른 긍정적인 측면도 도외시 할 수 없다. 따라서 부정적인 측면과 긍정적인 측면의 이중성 때문에 갈등은 곧 조직이나 개인에 대한 위협과 동시에 기회도 된다. 갈등은 사회적 변화 및 개인적 변화의 근원이 될 뿐만 아니라 타인들과의 상호작용을 통한 자연적인 성장이며, 그와 같은 상호작용을 통해 형성된 여러 가지 선택이라고 할 수 있다(Lulofs & Dudley, 2000).

갈등의 목적이나 기능은 긍정적인 변화를 유도할 수 있으나, 갈등이 잘못 관리될 경우 그 반대의 경우도 나타날 수 있다. 즉, 주요한 갈등의 기능으로써 첫째, 갈등은 타인들과의 관계에 있어서 경계를 설정하는데 도움이 되며, 기존 관계의 청산하는 계기도 된다. 둘째, 외적요인에 의한 갈등은 집단 내에서 함께 일하는 사람들의 결속을 강화할 수도 있지만, 상황에 대해 명확하게 사고하고 생산적으로 적용하는 집단의 능력을 파괴할 수도 있다. 셋째, 작업집단 내에서의 갈등은 집단의 목표 및 열망을 명확히 하는 데에 도움이 되지만, 집단을 분열시키는 경우도 생길 수 있다. 넷째, 갈등은 사람들의 정당한 이해관계의 조화를 촉진시키거나 분열 상태를 지속시킬 수 있다. 다섯째, 갈등의 개인적인 경험은 사람들이 유사한 상황에서 다른 사람들에 의한 경험을 느끼기 시작함에 따라 감정이입의 계기가 된다.

그 동안의 갈등개념에 대한 학자들의 학문적 노력은 연구자들의 다양한 시각과 관점, 대상과 분야 등 각각의 입장이나 견해에 따른 상이한 관찰의 결과로 다양하게 나타났다. 그럼에도 불구하고 이러한 갈등에 대한 다양한 개념정의는 갈등연구에 있어서 지금까지 무시되거나 아주 모호한 용어로 표현되고 있으며, 이와 같은 용어의 모호함이 서로 다른 연구의 비교를 어렵게 한다. 그러나 분명한 사실은 갈등의 개념을 단일한 관점에서 접근하는 자체가 매우 곤란하다는 것이며, 이 점에 대해서는 이견이 없는 것으로 보인다.

본래 갈등은 인간의 심리학적 측면에서 개념정의가 이루어졌던 것이 오늘날에는 조직 관리학적 측면, 더 나아가서는 사회·정치학 등의 여러 학문분야로 확대되었다(최창호, 1999). 그러므로 갈등문제에 대하여 사회적 상황에 맞게 개념을 정의하고 연구를 진행해야 하는 어려움이 있는 것이다. 여기서는 사회과학의 분야별로 갈등의 개념을 어떻게 정의하고 있는지를 살펴본 후 공통적인 부분을 찾아보기로 하자.

1) 심리학에서의 갈등

일반적으로 심리학에서는 사회심리학을 제외한 대부분의 연구영역에서 개인적 갈등(personal conflict)을 연구대상으로 하고 있다(최해진, 2004). 사회심리학의 경우에는 집단 내 인간관계나 대중전달체계, 선전, 여론형성 등을 연구하는 과정에서 대인간 갈등(interpersonal conflict) 및 개인과 집단 간 관계 등이 연구대상으로 부각되는 경우도 있지만, 대부분의 경우 인간내면의 심리적 특성의 관점에서 갈등에 관하여 논의하고 있다.

심리학적 관점에 의하면 갈등은 개인에게 주어진 서로 다른 두 개의 요소 중에서 어느 하나를 선택해야 할 경우 그 사람이 내면적으로 경험하게 되는 심리상태를 의미하는 것이 곧 갈등으로(Whittaker, 1966), 주로 미시적 접근을 통해 갈등을 해석하고 있다. 이러한 심리적 갈등개념은 주로 개인적인 적응과 정신적인 이상 현상 등의 분석에 응용되고 있는데, 이는 노이로제나 정신질병, 이탈행동, 성적 탈선, 기능적인 정신이상 등의 분석 및 치료의 측면에서 큰 의미를 갖는다(장동운, 1986).

2) 정치학에서의 갈등

정치학적 관점에서의 갈등은 거시적 수준의 분석개념으로 활용되어 왔다. 사회구성원 개인의 내적인 심리적 상태에 맞추어 갈등을 논하기보다는 정치체제라고 하는 거시적 차원에서 갈등의 개념을 다루고 있다. 즉, 정치학은 주로 사회속의 권력현상을 중심으로 희소자원[2]을 확보하기 위해 전개되는 경쟁관계를 연구하는 학문으로, Himes(1980)의 지적처럼 계급·계층 간 갈등에 보다 관심을 집중시키고 있다. 정치학에서는 권력과 정치체제 혹은 권위 등이 가장 중요한 연구의 주제가 되고 있지만, 정치학자들은 이외에도 몇 가지 일반적인 문제들에 대해서도 관심을 가지고 있다. 즉 경쟁관계에 놓여 있는 집단들이 서로의 목적을 추구하기 위하여 벌일 수밖에 없는 갈등관계와 그러한 갈등을 통합할 수 있는 방법으로서의 정책이나 정책결정을 어떻게 수행하고 있는가를 연구의 대상으로 삼는다(최해진, 2004).

Marx는 갈등을 생산관계에 있어서의 적대적인 계층 간 갈등, 특히, 노동계층과 자본 계층 간 대립으로 보고, 사회의 희소자원을 쟁취하기 위한 경제적·정치적 수준의 계급투쟁이라 정의하였다(Marx & Engels, 남상일 역, 1989; Marx, 김수행 역, 2001; Turner, 정태환 외 역, 2001). Weber도 역시 갈등을 사회적 경쟁으로 정의하며 갈등의 문제를 현대사회의 새로운 지배원리로 간주되는 명

---

2) 여기에서 '희소자원'이란 재화나 자본 등의 경제적인 부는 물론 정치적 권력이나 사회문화적 명성 등의 가치나 지위도 포함된다.

령적 권위관계로 조정되는 그러한 관료주의적 조직(imperatively coordinated association)과 이를 통해 행사되는 권력에 크게 의존한다고 이해하였다(Weber, 임영일 외 역, 1991; Turner, 정태환 외 역, 2001). 갈등을 희소자원을 둘러싼 이해당사자간 적대적 관계로 파악하는 경향은 Coser나 Darendorf의 경우에도 마찬가지인데, Coser는 갈등의 가변성과 교차성에 초점을 맞추어 특정 쟁점과 관련하여 동맹관계를 형성하던 이해당사자가 때로는 다른 쟁점에 관해서는 대립관계를 형성하기도 한다는 점을 지적하였다(Coser, 1964; 전경갑, 1993; Turner, 정태환 외 역, 2001). Darendorf는 목표의 상충성으로 인하여 표출된 충돌·경쟁·논쟁·긴장 등의 현상을 갈등으로 정의하였다(Darendorf, 1959; Chilcote, 정치사회학연구회 역, 1987; Turner, 정태환 외 역, 2001).

3) 경제학에서의 갈등

경제학적 견해를 바탕으로 한 갈등의 개념은 희소자원이나 상충적 목표와 관련된 개인이나 집단 사이의 경쟁과정이라는 점에서는 사회학이나 정치학에서 논의되어 온 갈등 개념과 유사하다. 그러나 직접적인 분석대상 및 범위가 상대적으로 미시적이라는 점에서 차이가 있다.

경제학에서의 갈등문제는 자본이나 철강, 육류 등과 같은 희소자원을 경쟁적인 개인이나 집단에게 어떻게 배분하느냐에 초점을 맞추고 있으며(Abcarian & Palmer, 1974), 이와 같은 희소한 재화나 경제적 자원들을 배분하는 과정에서 나타나는 투쟁관계로 갈등을 파악하고 있는 것이다(박호숙, 1996). 즉, 경제학에서는 갈등에 관한 문제의 분석을 통해 희소자원들 중에서 주로 경제적 자원의 생산과 배분문제를 다루고 있다는 점에서 그 특징을 찾을 수 있다. 따라서 경제학적 관점에서의 갈등은 광의의 사회학적 관점에서의 갈등의 한 측면으로 해석할 수 있다.

4) 사회학에서의 갈등

갈등에 대한 사회학적 관점에서는 개인, 집단, 제도 등을 중심으로 전개되는 제반 사회관계를 분석하는 과정에서 집단 간 이해관계에 초점을 맞추어 갈등을 설명한다. 특히 갈등을 불가피한 사회적 상황 또는 과정으로 파악하면서 사회화의 한 과정으로 인식하고 있다는 점이 특징적이다. 예를 들어 Simmel(1955)은 갈등을 폭넓게 '원심적이고 조화롭지 못한 상태'로 해석하면서 갈등을 통해 새로운 사회통합을 형성할 수 있다고 보았으며, Boulding(1988)은 갈등을 '양립 불가능한 선택 또는 결정의 결과'라고 포괄적으로 정의하고 있다. Rapoport (1960)도 유사한 관점에서 갈등을 '양립 불가능하거나 타방의 이익을 침해하지 않을 수 없는 강한 욕구'로 전제한 후, 갈등이 필연적인 사회화 과정임을 강조하였다. Fink(1968)는 갈등의 개념에 심리적인 측면을 가미하여 복수의 실체 간 적대적 심리관계 혹은 적대적인 상호작용의 한 형태에 의해 연결된 어떤 사회적 상황 또는 과정을 의미하는 것으로 해석하고 있다.[2)] 특히 Fink의 관점은 Lulofs & Dudley(2000)의 견해에서도 나타나고 있는데, 이들은 갈등을 자연적이고 불가피한 것으로 단일 사건에 대한 둘 이상의 경쟁적 반응이나 둘 이상의 집단 간 상호 적대감 또는 해결해야 할 문제로 보고 있다. 이와 같은 사회학적 관점에서의 대부분의 갈등상황은 긴장이나 위협 및 불확실성 등이 증가되기는 하지만, 당사자 중에서 한쪽이 다른 당사자에게 영향을 미칠 수 있는 기회가 되는 상황으로 파악되고 있다(Schelling, 1980).

5) 경영학에서의 갈등

경영학에서는 갈등의 연구영역과 관련하여 갈등을 조직 내적인 문제로 국한시켜 다루어 왔다. 경영학적 측면의 갈등연구는 전형적으로 노사 간 갈등의 문제를 다루어 왔으나 미국을 중심으로 1970년대 이후 계선조직과 참모조직 간 갈등, 상하계층간의 갈등 등으로 연구영역이 확대되었다. 뿐만 아니라, 조직 관리적 측면에서 갈등은 제거되어야 한다는 초기의 부정적 관점으로부터 갈등의 기능이나 적극적 관리의 필요성 등을 인정하는 긍정적인 관점으로의 변화가 나타났고, 이러한 추세에 따라 오늘날 갈등 연구가 경영학 연구에서도 중요한 연구과제로 자리 매김하고 있다(최해진, 2004).

이와 같은 경영학적 측면의 갈등에 대한 정의 역시 다른 학문분야와 마찬가지로 정상적으로 예견되는 불화 내지 파괴행위(Beals & Siegel, 1966)나 이해관점이 상이한 당사자 간 양립 불가능한 행위(Brown, 1983) 등으로 매우 다양하

---

2) 여기서 적대적 개념에는 '양립할 수 없는 목적들', '상호 배타적인 이익들', '감정적 적의', '불합의', '폭력적 투쟁', '규제된 상호간섭' 등의 상태가 포함된다.

다. 그리고 Stoner(1978)는 '희소자원이나 작업 활동의 배분 시에 상이한 처지·목표·가치·인지 등에 따라 나타나는 개인 간 또는 집단 간에 야기되는 불일치(disagreement)'를 갈등이라고 규정하였으며, Reitz(1981)도 이러한 불일치 현상에 의한 갈등이 상호현상의 본질적 측면인 것처럼 조직에서 갈등의 존재는 필연적인 현상이라고 하여 갈등의 의미를 잘 표현하고 있다. Lanford(1981)는 갈등을 '다른 구성원과 대립되는 행위로서 상반되는 활동이 발생하는 곳에서 언제든지 존재하는 현상'이라고 함으로써 갈등의 보편성을 인정하고 있다.

이와 같은 학자들의 견해를 바탕으로 경영학적 관점에서의 갈등의 개념을 정리하면 다음과 같이 요약된다. 즉 갈등이란 희소자원이나 상충적인 목표나 가치 등의 배분과 관련하여 개인, 집단, 조직의 차원에서 일어나는 불일치 현상 혹은 경쟁적 상호작용인 것이다(최해진, 2004).

6) 행정학에서의 갈등

행정조직은 그 자체가 안고 있는 관료제적 가치와 민주주의적 가치와의 대립 혹은 모순[3]의 여부에 따라 갈등 혹은 마찰이 보편적으로 야기되고 있다. 이에 따라 이들 가치를 균형 있게 조화시키기 위한 방안이 현대 행정학의 주된 관심사로 부각되고 있으며, 이에 관한 연구가 활발히 진행되고 있다.

그러나 갈등에 관한 행정학자들의 논의는 사회학 및 정치학적 관점, 그리고 심리학적 관점을 폭넓게 원용하고 있다. 즉, Deutsch(1973)가 '양립 불가능한 행위가 발생하는 현상'으로 갈등을 폭넓게 해석하고 있는 것처럼 많은 경우가 바로 사회학 및 정치학의 틀 속에서 갈등을 해석하고 있음을 알 수 있다. 예컨대 Schmit & Kochan(1972)은 갈등을 '상충적인 목표의 인식을 통해 전개되는 방해나 차단과 같은 형태의 산출물'이라고 보았는데, 이는 국내 학자의 경우도 마찬가지이다. 박동서(1987)는 갈등을 '개인이나 집단 등 행동주체 간에 현재적·잠재적으로 나타나는 동태적이고 대립적인 상호작용과정'으로, 김영종(1996)은

3) 현대 행정의 가치적 정향은 관료주의적 사조(bureaucratic ethos)와 민주주의적 사조(democratic ethos)를 반영하는 목적론적(teleological) 가치체제와 존재론적(ontological) 가치체제로 구성되어 있다. 이들 규범체제에 대한 개념과 각 체제의 하위체제에 대한 견해는 학자에 따라 조금씩 다르나, 일반적으로 전자는 베버(Max Weber)의 합리적 사고를 바탕으로 능률·생존·전문성과 같은 실질적 가치와 객관적 책임성(accountability)이라는 점차적 가치를 추구하고 있다. 반면에 후자는 공평·평등·시민정신·형평성 등 주로 도덕적 가치와 주관적 책임성(responsibility)을 강조하는 것으로 인식되고 있다(Hejka-Ekins, 1988).

'양립 불가능한 목표달성과 자원의 제약이라는 상황 아래서 이를 인식한 관련당사자 사이에 형성되는 동태적 상호관계'로, 김기태(1996)는 '조직 내에서 목표의 양립, 자원과 업무배분의 비합리, 지각상의 차이 등이 존재할 때 행동주체 간에 일어나는 대립적 내지 적대적 상호작용'으로 갈등을 정의하였다.

한편 Pondy(1969)는 갈등의 심리학적 성격을 바탕으로 갈등을 '심리적 대립감과 대항적 행동을 내포하는 동태적인 과정'으로 전제한 후, 갈등에 관한 학자들의 정의는 갈등과 관련된 상태, 태도, 인지, 행위의 네 가지 중 어느 하나의 경우에 해당된다고 지적하고 있다.4) 그러나, 그는 이러한 갈등과 관련된 상태, 태도, 인지, 행위 중 어떤 것이 진정한 갈등인가를 결정하려는 시도는 무의미하며, 그와 같은 여러 가지 개념적 정의 중 어느 한 가지를 선택해 내는 것이 아니라 그들 사이의 관계를 명확히 하는 것이 무엇보다 중요하다고 주장하였다.

하지만 Katz & Kahn(1978)은 두 개체 중 어느 한 쪽의 행위가 다른 한 쪽의 저항에 대항하여 특정한 결과의 발생을 방지하거나 강요하는 경향을 띠게 되는 방식으로 서로가 직접적인 상호작용을 할 경우에 그 두 개체는 갈등을 겪고 있는 것으로 정의하고 있다. 이는 결국 갈등을 가치판단의 시각이 배제된 관찰 가능한 행위의 문제로 봄으로써 Pondy가 언급한 갈등과 관련된 상태, 태도, 인지, 행위 중 네 번째인 갈등과 관련된 행위의 경우가 갈등의 개념정의에 가장 적합하다고 주장한 것이다.

이들 학자들의 논의와 대조적으로 Minnery(1985), March & Simon(1958) 등은 행정학적 관점을 반영하여 의사결정 내지 정책결정의 측면에서 갈등을 파악하고 있다. 구체적으로 Minnery(1985)는 갈등을 '정책결정에 관여된 주체들이 정책대안을 선택하거나 결정하는데 있어서 제약을 받는 상황'으로 보았으며, March & Simon(1958) 역시 갈등을 '의사결정의 표준 메커니즘에 장애가 발생하여 행동대안의 선택에 있어서 개인이나 집단이 곤란을 겪는 상황'으로 정의하였다. 일반적인 학자들의 논의를 종합해 볼 때, 행정학 분야에서의 정책결정이나 의사결정의 중요성을 인정한다면, Minnery(1985), March & Simon(1958)

4) Pondy에 의하면 여러 학자들의 갈등에 관한 개념정의의 유형은 대략 다음의 네 가지로 제시할 수 있다(Pondy, 1969). ① 갈등행위에 선행하는 상태(예컨대 자원의 부족 또는 정책상의 차이 등의 상태를 묘사하기 위해 쓰이는 경우), ② 갈등상황에 관련된 개개인의 감정적 태도(스트레스·긴장·적대감·불안 등을 가리키는 경우), ③ 개인의 인지적 단계(갈등상황에 대한 그들의 지각 또는 자각을 가리키는 경우), ④ 갈등행위 자체(소극적 저항에서 노골적 공격에 이르기까지의 매우 다양한 양상으로 나타남).

의 갈등에 대한 관점을 행정학적 관점의 갈등의 개념으로 인정할 수 있다.

이상에서 살펴 본 바와 같이 갈등에 대한 정의는 학문분야와 학자들에 따라 다양하게 제시되고 있음을 알 수 있다. 예를 들어 정치학, 그리고 경제학의 분야에서 여러 학자들에 의해 논의되고 있는 갈등의 개념은 갈등의 제반 특성을 담고 있으며, 이러한 관점에서의 갈등에 대한 개념적 요소들을 고려하여 갈등의 개념을 정의하면, '희소자원이나 상충적인 목표와 관련하여 나타나는 사회체제 내에서의 사회적 관계 및 권력관계의 양상 중의 하나로 불가피한 사회화 과정 혹은 사회통합의 과정'으로 갈등을 정의할 수 있다.

결국 갈등의 개념은 Fink(1968)의 지적처럼 갈등의 주체, 범위, 대상 등에 따른 연구자들의 문제제기에 따라 다양하게 전개될 수도 있을 것이며, 이러한 내용들을 요약적으로 설명하면 다음과 같다.

첫째, 갈등주체의 문제로서 과연 어떤 사회적 단위 혹은 요소를 갈등의 소유자 내지는 당사자로 볼 수 있느냐는 것이다. 이 경우 개인의 내적 갈등(개인갈등), 개인 간 갈등, 개인과 집단 간 갈등, 집단과 집단 간 갈등, 기타 사회 제 구성요소들 간 갈등 등이 중심 논제가 된다.

둘째, 갈등의 범위와 관련된 문제로서 갈등을 공개적이고 예리한 토론으로 파악할 것이냐 혹은 노출되지 않은 집약적인 긴장상태로 볼 것이냐의 논의이다. 이는 결국 내재화된 현상을 갈등으로 볼 것인지, 또는 현재화된 현상을 갈등으로 볼 것인지, 아니면 양자 모두를 갈등으로 볼 것인지 등의 논제와 연결된다.

셋째, 갈등대상과 관련된 문제로 원인이나 효과를 갈등개념에 포함할 수 있는가의 논의이다. 학자들은 갈등의 개념을 규정함에 있어 그 원인을 포함시키고 있는 것이 일반적인 경향이다. 실제적으로, 기존 연구에서 갈등은 몇 가지의 공통된 요소를 가지고 있음이 드러나는데, 이는 대략 다섯 가지 형태로 볼 수 있다(Lulofs & Dudley, 2000; 유해운 외, 2001; 최해진, 2004; 강인호 외, 2004). ① 갈등은 항상 둘 이상의 행동주체사이에 발생하는 현상이다. 그러므로 갈등이 성립하려면 갈등주체가 있어야 한다. 이른바 당사자, 참여자, 행위자가 그것이다. 이 때 갈등의 주체는 개인, 집단, 조직이 될 수 있다. ② 갈등당사자들의 가치나 목표에 대한 의견의 불일치에 대한 인식이 있어야 한다. 갈등은 지각되어야 하며, 아무리 곤란하고 어려운 상황일지라도 당사자가 느끼지 못하거나 알지 못하면 갈등이 야기되지 않는다. 갈등은 대립적 행동이 직접적으로 나타나지 않더라도 당사자들이 갈등을 지각하고 긴장, 불안, 적개심을 느끼기 시작하면 이미 갈등이 내재된 것이다. ③ 갈등은 양립 할 수 없는 상황에서 발생한다는 것이다. 갈등은 특정문제나 관점에 대해 서로 합의나 동의를 보지 못하는 경우에 발생한다. ④ 갈등은 상호작용이 있어야 발생한다는 것이다. ⑤ 갈등은 흔히 동태성을 가지게 된다는 점이다. 이는 갈등이 일의적이거나 단선적인 것이 아니라는 것이며, 일련의 진행단계들로 이루어진 동태적 과정이라는 관점이다. 즉, 갈등원인의 형성, 갈등원인의 지각, 심리적 대립의 형성, 대립적 행동의 표면화이다. 갈등에 시간의 개념을 도입하여 그 내부를 들여다보면 갈등현상은 역동적이라는 점이다. 이러한 모든 단계가 언제나 끝까지 진행되는 것은 물론 아니다. 어느 단계에서 끝나거나 전 단계로 되돌아가거나 혹은 다른 단계로 전이할 수도 있다. 이렇게 본다면, 갈등의 조건은 갈등 주체가 있고, 서로 갈등이라고 느끼고, 양립할 수 없는 상황이 존재하며, 상호작용이 있어야 한다. 그리고 이때 갈등과정은 동태적이라 부를 수 있게 된다.

이와 같은 갈등의 조건과 여러 학자들의 견해를 감안하여 여기서는 갈등개념을 다음과 같이 정의할 수 있다. 갈등은 '상호의존적인 관련당사자간의 관계에서 일정한 요인에서 비롯된 현상으로써, 지각·인지에 의한 심리적 메커니즘(긴장·불안·적개심 등)과 대립적 행동(농성·시위·파괴 등)을 내포하는 동태적 과정'으로 정의할 수 있다.[5] 또한 갈등은 심리적 인지의 측면이 중요한 전제가 되지만, 시간이 흐름에 따라서 또는 행위자의 특성이나 여타의 환경적 요인의 영향으로 그 갈등양상에 대해 진폭을 나타내는 역동적인 특성이 있다. 여기에서의 갈등에 대한 정의 또한 순기능(불합리한 의사결정, 정체된 사고방식, 획일적 집행 등의 개선)과 역기능(목표달성의 지연 등)을 모두 포괄하고 있음은 물론이다. 갈등은 그 대상이 개인이든 조직이든 위협과 기회를 제공하는 이중성을 띠고 있다(Lulofs & Dudley, 2000). 이에 갈등은 좋은 결과 혹은 나쁜 결과를 동시에 가져다 줄 수 있는 것이다.

5) 여기에서 일정한 요인이란, 예를 들어 희소자원이나 상충적인 가치의 배분 등이 해당되며, 구체적인 요인의 성격에 따라 다양한 조건이 해당될 수 있을 것이다. 상호의존적 관련당사자간 관계는 상대방, 즉 갈등주체의 존재를 의미하는 것으로 둘 또는 그 이상의 경우에도 설정될 수 있다.

2. 협력의 개념과 본질

일반적 의미의 협력(cooperation)이란 각 행위자의 행위가 어떤 목적을 지향하는 동시에 각 행위자에게 이득 또는 보상을 제공한다는 가정을 내포한 개념이다. 이러한 협력 개념의 성격은 여러 학자들이 협력에 대해 정의한 내용을 살펴보면 더욱 더 분명해 지는데, 대부분의 학자들이 바로 협력이라는 용어를 정의하면서 '상호이익(mutual interests)의 실현 및 증진'이라고 하거나 '상호간의 목표를 달성하기 위한 공정한 자원의 교환'을 주요한 개념적 구성요소로 인식하고 있는 것이다. 즉, 각 행위자의 행위는 합리적인 것이며, 협력에 따른 이득은 상호적이라는 것이다(Jamal & Getz, 1995).

이러한 협력의 개념 속에는 상호의존성과 게임의 규칙이 강조되어 있다고 볼 수 있는데,[6] 이 상호의존성이 협력의 중심개념으로 작용하는 이유는 협상의 조건이 되기 때문이며, 이 조건이 충족되지 못하면 협력관계는 이루어질 수 없게 된다(안용식·김천영, 1995).

이와 관련하여 Axelrod(1984)는 일반적인 게임이론의 해법으로는 협력을 도출해낼 수 없는 죄수딜레마 게임에서도 협력은 가능하다고 주장하며, 이를 게임의 반복과 미래의 투영에서 찾고 있다. 반복게임에 참여하는 행위자들이 게임의 보상구조(payoff structure)에 미래부분까지 포함하여 새롭게 계산하고 정의하기 때문에 현재의 선택은 현재 뿐만 아니라 미래에 있어서의 서로의 선택에 영향을 미칠 수 있다는 사실을 인지할 때 죄수들이 처한 전략적 상황이 달라질 수 있다는 것이다. 즉, 반복되는 게임에서 상호주의 혹은 상호호혜(reciprocity)에 입각한 조건부 협력전략(tit-for-tat)의 성공은 지금의 배신이 미래에 처벌을 받고 지금의 협력이 미래에 보상됨을 의미한다(박기홍, 1997).

이와 다르게 Schermerhorn(1982)은 협력을 '둘 이상의 행위자들 간 공동행동을 통해서 조직내부와 조직상호 간 목표를 동시에 달성하는데 필요한 공정한 자원교환'으로 정의한다. 같은 맥락에서 사득환(2002)도 협력을 자율적인 조직들간의 각 개별적 목표의 공동적 성취를 위한 긴밀한 관계(deliberate relations)로서, 상호의존 관계를 통하여 각 구성 부분들이 그들의 업무 및 활동목

6) Scharpf(1977)는 고전적 자원의존모형에 기반을 두고 자원교환 및 대체가능성을 설명함으로써 상호의존 개념을 중심으로 하는 교환의 게임을 강조한다. Jones(1982)도 상호의존성을 통하여 협력관계가 요청되며, 이러한 조직 간 교환과정은 게임의 규칙에 의해 규제된다고 보았다.

표를 달성하기 위해 자원, 권한 및 역할을 교환하여 상호이익(mutual interests)을 증진시키는 것으로 해석하였다. Levine & White(1961)는 협력을 '서로 다른 자율적인 조직이 공동생산, 제공, 자원이나 활동을 배당하기 위해 결합하는 것'으로 정의한 후, 중요한 요소로 '교환(exchange)'과 '영역일치(domain consensus)'를 들고 있다. 여기서 교환이란 상호 부족한 자원을 교환하는 것으로 인사, 물질, 행정정보 등을 포함하며, 영역일치는 자율적인 조직 간에 활동분야가 일치하여야 하는 것을 의미한다.

따라서 학문적으로 바라본 협력의 의미는 어느 일방의 편파적이고 독점적인 이익관계가 아닌 협력당사자 간 대등한 상호관계성을 유지하면서 공동이익과 목적을 달성하고자 하는 기본 전제에서 출발한다고 볼 수 있다(한표환·김선기·김필두, 2002). 결국 협력의 개념은 둘 이상의 당사자가 있고, 상호이익이 되는 공동목표의 달성 혹은 공유된 문제의 해결이 이루어져야 하며, 자원교환 당사자 간 쌍방적 노력 및 그 전개과정 등의 요소로 구성된다(노인만, 2002).

이와 같은 논의를 바탕으로 여기서는 협력의 개념을 '관련당사자들이 개별적 목표달성을 위해 상호작용에 기초한 교환과 협상활동(exchange & negotiation)을 통해 자원이나 권한 및 역할 등을 교환함으로써 상호이익을 증진시키기 위한 적극적이고 동태적인 노력을 전개하는 과정'으로 정의한다. 협력의 개념정의에 있어서도 복수의 당사자, 상호작용 여부, 동태적 과정 등은 갈등의 개념적 요소에서 설명한 내용과 다름이 없으나, 교환 및 협상활동은 바로 협력개념의 특징을 나타내는 것이라고 할 수 있다. 협력이라고 하면 일반적으로 공동의 목표를 달성하거나 상호간의 공유하는 문제가 해결된 상태를 의미할 수 있지만, 현실에서의 많은 경우는 교환 및 협상활동을 통해 자신의 목표를 달성하기 위해 상대방의 요구를 수용하거나 양보하는 방식으로 협력이 나타나는 경우가 많기 때문이다.

3. 갈등과 협력의 유사개념

갈등과 협력의 개념과 유사한 여러 가지 용어가 있다. 먼저, 갈등과 유사한 용어로는 분쟁, 경쟁이 있고 협력과 유사한 용어에는 타협, 협동, 협상 등이 있다.

1) 분쟁

분쟁(trouble, dispute, dissension, strife)은 복수의 행동주체간의 갈등관계가 발전하여 구체적으로 어떤 쟁점에 관하여 장애가 형성된 상태를 말한다.

분쟁(dispute)은 여러 사회단위 사이에 성립되고 있는 균형관계를 혼란시키는 행동으로서 언어, 종교, 경제, 정치 등을 공유하는 사회단위 사이에 다툼이 있는 상황을 말한다. 한 당사자가 다른 당사자의 욕구와 양립할 수 없는 하나의 위치를 차지하려고 요구하기 때문에 다툼이 있는 상황이 전개되는 것이다. 즉, 복수의 행동주체간의 갈등관계가 발전하여 구체적으로 어떤 쟁점에 관하여 장애가 형성된 상태를 분쟁이라고 한다. 분쟁은 갈등관계가 현재화하여 구체적인 쟁점을 중심으로 장애가 이루어짐으로써 새로운 국면의 전개가 없는 한 위기나 파국으로 치달을 수 있는 심각한 상태를 의미한다고 하겠다. 단적으로 말하면, 분쟁은 딜레마와 마찬가지로 갈등이 표면적으로 나타나 선택의 기로에 서게 되었을 때 사용되는 개념이다(김병섭·박광국·조경호, 2000).

이러한 분쟁의 개념을 지방정부간의 분쟁에 한정하여 볼 때에는 지방정부간에 권한 및 이해관계 등이 서로 얽혀 각자의 목표성취의 기회가 상대방의 목표성취의 기회에 의하여 장애를 받음으로서 새로운 국면전개가 없는 한 위기나 파국에 직면하게 될 심각한 상태를 의미한다고 할 수 있겠다(최창호, 1999). 이러한 지방정부간 분쟁관계는 다양성, 필연성, 곤란성 등의 특징이 있으며, 여러 가지 분류기준에 따라 다양한 유형으로 나누어질 수 있다. 분쟁주체에 따라 지방정부간 분쟁과 단체장간 분쟁, 분쟁내용에 따라 권한분쟁과 이익분쟁, 분쟁원인에 따라 유치분쟁(PIMFY)과 기피분쟁(NIMBY) 및 회피분쟁(NIMTOO) 등이 있다.

2) 경쟁

경쟁(competing)은 각 당사자자의 활동이 상호의존관계에 있지 않을 뿐만 아니라 상대방의 활동에 간섭하지 않으면서 평행적으로 노력을 겨루기만 하는 것을 말한다(최창호, 1999; 김병섭·박광국·조경호, 2000). 이는 갈등이 여러 주체간의 활동에 상호의존성이 있고 목표양립의 불가능성에 대한 인식을 바탕으로 일방이 상대방의 활동에 간섭하는 것과는 차이를 가진다.

즉, 경쟁이란 대인간 관계에서 상대방의 이익을 희생해 자신의 이익을 추구하는 것을 말하며, 집단 간 관계에서는 각 집단이 목표달성을 위해 추구하는 집단 간 상호작용은 중요하지만 집단들이 추구하는 여러 가지 목표의 양립 가능성이 높지 않을 때에 나타나는 상호작용이다. 예를 들어, A와 B 두 정부기관의 상호 정보교류가 각 기관의 목표달성에 중요하지만 어느 한 기관의 목표추구가 다른 정부기관의 목표추구를 방해한다면, A와 B 두 정부기관은 자신들의 정보는 제한하면서 서로 상대방의 정보를 얻기 위하여 경쟁을 할 것이라는 것이다(이종수·윤용진, 2001; 김호섭 외, 2002).

결국 경쟁이란 일종의 대립관계로서 둘 이상의 조직이 제 3의 집단으로부터 지지를 얻기 위한 상황에서 존재하는 것이다. 조직과 조직이 환경의 지지를 얻기 위해 경쟁을 하는 경우, 조직간의 경쟁을 중재 또는 매개하는 제 3의 집단은 경쟁하는 조직들에 대한 지지를 유보할 수 있기 때문에 그러한 조직들의 목표형성을 부분적으로 통제할 수 있다. 이러한 경쟁의 관계 하에서는 제 3의 환경적 세력이 경쟁하는 조직들의 목표에 영향을 미치기 때문에 경쟁이 조직의 목표설정에 미치는 효과는 간접적이라고 할 수 있다. 즉 경쟁관계에 있는 조직들은 서로의 목표형성에 직접적인 영향을 미치는 것은 아니다. 정부의 각 기관들이 더 많은 예산을 확보하기 위해서 정부의 예산 담당기관이나 의회의 지지를 추구하는 상황은 경쟁관계의 좋은 예라고 하겠다(이창원·최창현, 1996).[7)]

3) 타협

타협(compromising)은 이해관계자 둘이 서로 좋도록 절충하여 협의함, 또는 그 협의의 과정이나 결과의 의미이다. 즉, 타협은 대인적 갈등의 관리차원에서

7) 너무 지나치지 않는 범위 내에서 집단 간 경쟁을 유발하는 것은 조직의 목표달성에 효과적일 수 있으며, 이는 집단 간 창조적 갈등을 조성하면서 이러한 갈등을 조직에 순기능적으로 작용시킬 수 있는 것이다. 물론 조직 관리자는 이러한 갈등의 수준이 지나치게 높지 않도록 조정하면서 경쟁적 환경을 조성하는 것이 중요하다(이창원·최창현, 1996). 경쟁적 환경에는 조직이나 개인이 제품이나 서비스를 구입하고자 할 때 직면하게 되는 경쟁적인 상황과 유사한 제품이나 서비스를 소비자에게 제공하고자 할 때 나타나는 경쟁적 환경이 있다. 예를 들어 우리나라 기업 이랜드는 나이키·아식스·아디다스 등 외국 유명 브랜드와 소비자를 놓고 경쟁을 한다. 바로 이러한 환경이 경쟁적 환경이 되는 것이다. 우리나라의 행정조직에서도 앞으로 지방자치제가 더욱 활성화되면, 각 지방정부는 서로 경쟁상대가 되는 경쟁적 환경이 조성될 것이다. 즉 각 지방정부는 다른 단체보다 훌륭한 서비스 제공과 환경을 조성하여 더욱 많은 인적 혹은 물적자원을 획득하고자 할 것이다. 일본의 이즈모시는 행정을 하나의 서비스산업으로 파악해 민간기업들과의 경쟁을 선언하고 그에 알맞은 조직목표를 설정해 운영하고 있다.

자신과 상대방 이익의 중간 정도에 만족하는 것을 말한다(이종수·윤용진, 200; 김호섭 외, 2002). 타협은 특히 대화와 함께 많이 사용되며 정치적인 의미로도 많이 사용되는데, 주로 이해관계집단들이 각자의 주장을 조금씩 양보하고 집단의 이익보다는 공공의 이익을 추구할 때 많이 사용된다. 그리고 최근에 의견이 첨예하게 대립하는 사회적 문제가 극단적인 갈등으로 치닫지 않고 대화와 타협으로 공공의 이익을 위해 대승적 차원에서 해결되는 사례를 많이 보게 된다.

4) 협상

협상(negotiation)은 교섭이라고도 하는데, 이는 둘 이상의 조직이 재화나 용역의 교환에 관련하여 직접 교섭하고 타협하는 것을 말한다. 즉 경쟁적 관계에서는 조직간에 직접적 상호작용이 없으나 협상적 관계에서는 조직간 직접 교섭이 일어난다. 따라서 조직들이 협상전략을 펴는 경우에 협상에 참여하는 조직들은 서로의 목표를 직접적으로 제약하게 된다(이창원·최창현, 1996). 협상은 개인적인 차원에서 흔히 경험하고 있는 흥정(bargaining)과 본질적인 측면에서의 차이는 없으나, 흥정은 사적인 차원에서, 협상은 기업, 사회 및 국가 등 공공적인 차원에서의 이해와 관련된 교섭을 의미하는 것으로 분류되고 있다. 복수 주체의 의사결정 과정으로 정의된 협상은 관련 주체들간에 존재하는 이해의 교차 지역에서 각 주체가 이익 증대 또는 갈등 관리를 위하여 협의함을 목적으로 하는 것으로서, 그 구체적 내용에 따라 기존 이익의 확대(extension), 비정상적 상황의 복구(normalization), 이익 배분의 교정(redistribution), 새로운 관계의 설정(innovation) 및 기존 관계의 부작용(side effects)이나 치유 등으로 분류될 수 있다.[8)]

최근에는 국내에서 정부간 관계에 협상이나 교섭의 개념이 많이 이용되고 있다. 하지만, 협상이나 교섭은 과거에 국가 간 외교적 관계에서 많이 사용되었다. 구체적으로 협상이나 교섭은 분쟁 당사국이 서로 대화를 통하여 각자의 주장을 조정하여 분쟁을 평화적으로 해결하는 일반적인 방식이었다. 협상이나 교섭의 대상이 되는 분쟁은 법률적 분쟁이건 비법률적 분쟁이건 상관없이, 일반 국제법

8) 협상의 개념에 대해서는 William Zartman ed., *The 50% Solutions*(New Haven: Yale University Press, 1983), pp.7-9 참조; 또한 협상의 목적에 대해서는 Fred Charles Ikl, *How Nations Negotiate*(N.Y.: Kraus Reprint, 1987), pp.26-27 부분을 참조.

상의 대화 또는 타협을 통하여 분쟁을 어떠한 형식으로 논의하고 어떠한 기초에서 해결할 것인가 하는 것은 당사자들의 자유로 맡겨지는 경우가 많았다. 그리고 협상이나 교섭에 의하여 당사자간의 국제법상의 관계 또는 권리의무가 재확인되기도 하고 변경되기도 하였다. 분쟁의 해결방법 중 협상이나 교섭은 가장 평화적인 것으로 취급되었다.

5) 협동

협동(collaborating)은 자신과 상대방 모두의 이익에 만족하는 것이며, 집단 간에 발생하는 상호작용의 유형과 각 집단이 추구하는 목표들의 양립 가능성을 바탕으로 보는 관점에서는 집단 간 상호작용이 어느 정도 중요성을 지니며 집단들이 추구하는 목표들 또한 어느 정도 양립 가능할 때 발생하는 상호작용이 협동이다(이종수·윤용진, 2001; 김호섭 외, 2002).

제 2 절 정부간 관계의 개념과 본질

1. 정부간 관계의 의의

정부간 관계(intergovernmental relations; IGR)란 국가내 정부간 동태적 상호관계를 의미하는 것으로 Wright의 이론을 위시하여 다양한 연구가 전개되었다. 정책결정과정에 대한 미시적이고 행태적인 연구가 있는가 하면, 국가전체의 정치경제적 구조를 연구의 단위로 삼는 거시적이고 구조적인 분석도 있다(Rhodes, 1983). 뿐만 아니라 정부간 관계론에 관한 기본적인 시각과 관련하여 다원론적 시각과 엘리트론적 시각, 동반자적 시각과 대리인적 시각 등의 분류기준과 내용에 따른 다양한 형태도 볼 수 있다(Dunleavy, 1981). 이러한 정부간 관계에 관한 여러 학자들의 논의를 그 내용을 기준으로 하여 권한 및 자원의 배분과 상호의존관계에 관한 연구, 정부간 상호작용 및 갈등에 관한 연구, 중앙·지방관계의 성격에 관한 연구로 구분할 수도 있다(김병준, 2002).

정부간 관계론에 관한 기존의 논의는 대체로 '분쟁관계 내지 갈등관계'에 초점이 맞추어져 왔으나, 다양한 정부간 관계에 관한 일련의 사례연구 결과는 정부간 관계가 '협력적인 관계'로 귀결되어 논의될 수 있음을 보여 주고 있다(Turner, 1990; Zimmmerman, 1998; Davis & Puro, 1999; Laverty & Palmer, 2001). 특히 일반적인 게임이론의 해법으로는 협력을 도출해낼 수 없는 죄수딜레마 게임에서도 협력은 가능하다고 주장하는 Axelrod(1984)와 같이 협력의 중요성을 강조하는 경향이 학자들 간에 확산됨에 따라 정부간 관계에 있어서도 협력의 중요성은 더욱 증대되고 있다.

Snider에 의해 최초로 소개된 정부간 관계(IGR)는 1960년대에 들어서면서 법률 등에 공식적인 개념으로 등장하기 시작하였으며, 1980년대에 접어들면서는 보편적인 용어로 정착하게 된다(Wright, 1988). 미국에 있어서 건국 초기의 정부간 관계는 주로 연방주의(Federalism)라는 측면에서 논의되었으며, 1930년 이후부터 정부간 관계라는 개념으로 재정비되기 시작한 것이다. 그리고 1970년대에는 다시 정부간 관리(Intergovernmental Management)라는 새로운 시각으로 제시되고 있다(주상현, 2001c). 연방주의에서는 정부간 관계를 주로 연방과 주(federal-state)의 관계로 한정하며, 정치체제의 공식적·법적 구조의 틀 속에서 파악한다(Cochran, 1993). 반면에 정부간 관계론자들은 정부간 관계의 대상이 되는 정부의 수준과 유형을 확대하여 모든 유형 및 수준의 정부 단위 사이에 발생하는 행위 및 상호작용의 형태로 정부간 상호관계로 정의한다(Anderson, 1960).

한편 정부간 관리(IGM)라는 개념은 1970년 초에 비롯하여 1980년대와 1990년대에 걸쳐 생성된 개념으로 정치적 측면에서 논의되어 온 정부간 관계의 개념을 정부간의 정책적·관리적·행정적 차원에서 재정리한 개념이다(강용기, 1999). 정부간 관리란 '정부간 혹은 민간부분의 네트워크(network) 사용과 창조를 통하여 고도의 불확실성과 복잡한 상황 하에서 정부 상호간의 문제들을 해결하는 과정'이라고 할 수 있다(Shafritz, 1998). 결국 정부간 관리의 주제는 관리이며, 정부간 시스템·구조·정책·프로그램 등이 주된 연구대상이 된다.

여하튼 정부간 관계론이 한 국가내의 다양한 정부간의 상호관계를 의미하는 이상 연방주의(FED)와 정부간 관리(IGM)까지도 포괄하는 개념으로 이해할 수 있다. 그러므로 한국과 같은 단일국가의 경우에 있어서도 중앙정부와 지방정부 혹은 지방정부 상호간의 동태적 상호관계에서 나타나는 일련의 과정이나 활동을 정부간 관계로 규정할 수 있다.

2. 정부간 관계의 일반이론

정부간 관계에 관하여 잘 알려진 이론으로는 미국의 학자인 Wright(1988)의 모형을 들 수 있다. 그러나 여기에서는 전반적으로 정부간 관계에 대한 학문적 논의들이 가장 발달된 미국, 영국, 일본을 중심으로 정부간 관계에 관한 일반이론을 소개함으로써 주요국의 이론적 동향을 전반적으로 살펴보고, 가장 최근까지의 경과도 소개하기로 한다.

1) 미국의 정부간 관계

미국의 연방정부체계(Federal System)를 중심으로 정부간 관계에 관해 논의한 대표적인 학자들로는 Birch, Rhodes, Wright 등이 있다.

Birch(1966)는 연방주의를 보다 일반적인 정부간 관계의 틀 속에서 제도적·사회적·과정적 측면, 그리고 협상의 측면에 중점을 두어 접근하였다. 제도적 접근방법(institutional approach)은 연방주의의 이상적인 모형을 설정하는데 관심을 두고, 이를 위해서는 제도의 완비가 필요하다고 보는 것이다. 사회적 접근방법(sociological approach)은 법 또는 헌법의 측면에서는 연방주의의 이상형을 기대할 수 없다고 전제하면서 연방주의의 본질은 제도적 구조가 아니라 사회 그 자체에 있다는 것이다(Livingston, 1956). 따라서 사회적 접근에서는 연방주의를 절대적인 것이 아닌 상대적인 측면에서 접근해야 한다고 지적하고 있다. 과정적 접근방법(process approach)은 연방주의를 연방화과정(the process of federalizing)으로 파악하고, 연방을 하나 이상의 공동목표에 의해 결속하면서 여타의 목적에 대해서는 각각의 분명한 집단특성을 지니는 집단연합이라고 보는 것이다. 이러한 접근방법은 한 국가내의 정부간 관계도 공동목표를 중심으로 결속된 집단연합의 과정으로 파악하는 것이 가능하다는 것이다. 협상적 접근방법(bargaining approach)은 영역을 통합시킬 목적으로 협상이 이루어지는 것을 강조하는 것이다. 이와 같은 Birch의 네 가지 접근은 연방주의와 관련한 정부간 관계의 유형이나 모형이라기보다는 개념발전의 과정을 간략히 보여주는 것이라고 할 수 있을 것이다(박기홍, 1997).

Rhodes(1983)는 연방주의와 관련된 접근으로써 Birch의 논의를 더욱 발전시켰으며, 정부간의 상호의존성을 강조하여 정부간 관계를 연방주의, 상호작용주의, 신기능주의 등의 측면에 중점을 두어 설명하고 있다. 연방주의 접근방법(federalist approach)은 국가통합을 위한 수단으로서 정치기구의 역할 및 권력분산을 강조하였으며, 상호작용주의 접근방법(transactionalist approach)은 기존의 사회·경제적 조건의 중요성 및 개별지역 통합을 위한 공동체의 의미를 강조하였다. 이러한 공동체의식은 상호의존성에서 나올 수 있으며, 상호의존성은 또한 다양한 당사자 간 상호작용에 의해서만 설정될 수 있다고 보는 것이다. 신기능주의 접근방법(functionalist approach)은 현대사회의 다원주의적 속성을 강조하는 것으로 정치엘리트들은 초정부적인 기구를 자신들의 실용적인 이익을 달성하려는 수단으로 보기 때문에 영역을 초월하여 협상과 조정을 수행하며, 그 결과 지역주의 및 정치활동에 변화를 초래할 것으로 본다. 즉, 의사결정의 범주가 정부기구에서 초정부기구로 이동함에 따라 파급효과(spill-over effect)가 수반될 것이라는 주장이다.

<그림 2-1> 미국의 정부간 관계모형

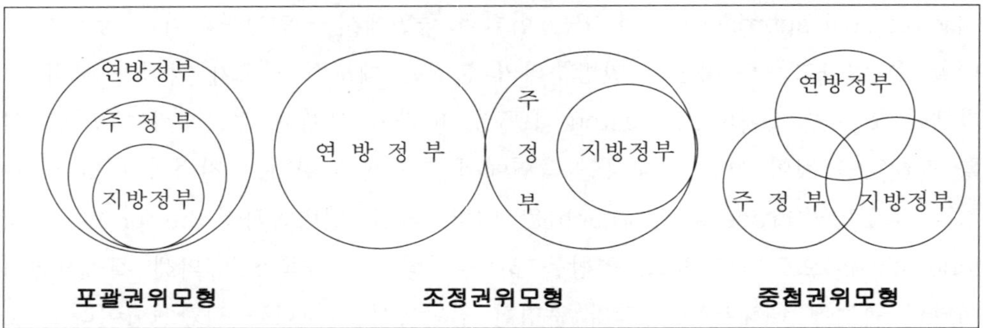

자료: Wright(1988), 주상현(2001c).

한편 Wright(1988)는 정부간 관계의 구성요소로서 행위자(who), 장소(where), 시간(when), 그리고 과제(what)의 네 가지를 제시하면서 정부간 관계를 '연방체제 내 모든 형태와 수준의 정부간 일어나는 일체의 중요한 정부간 활동과 상호작용'으로 정의하였다. 그는 또 정부간 관계를 결정짓는 요인으로 법적요소(legal element), 인적요소(human element), 규칙적 상호관계(regular interactions), 그리고 정책과제(policy questions)의 네 가지를 들고 있다.9)

Wright(1988)는 미국의 연방-주-지방정부간 관계를 파악하기 위한 분석의 틀로 <그림 2-1>에 나타난 바와 같이 포괄권위모형(inclusive-authority model), 조정권위모형(coordinate-authority model), 중첩권위 모형(overlapping- authority model)의 세 가지로 주장하였다. 포괄권위모형은 지역의 중요한 결정들이 해당 지역의 정부가 아닌 상위정부에 의해 이루어지는 형태로 전형적인 계층제적 국가체제의 성격을 띤다고 볼 수 있으며, 연방정부, 주정부, 지방정부를 수직적 포함관계로 보는 이론이다. 조정권위모형은 연방정부(national government)와 주정부(state government)를 대등한 관계로 보고, 지방정부(local government)는 주정부에 포함되어 있는 관계로 보는 것이다. 연방정부와 각 주정부는 상호간 접촉적인 관계만 유지할 뿐 서로간의 자주성과 자율성을 인정하여 완전히 독립적·배타적으로 운영된다. 반면, 지방정부는 주정부에 의존적이거나 완전히 종속적이다. 지방정부는 주정부의 법적인 산물이므로 주정부의 법률에 의하여 그 지위의 폐지·통합·변경이 가능하다는 정부기능상의 원칙이다. 중첩권위모형은 Wright가 정부간 관계의 가장 이상적인 모형으로 제시한 것으로, 집권과 분권의 적절한 조화 속에서 각 정부 주체간의 상호의존 내지는 협력을 강조하는 이론이다. Wright의 모형에서 발견할 수 있는 것은 정부간 관계가 중앙과 지방간에 완전히 분리되어도 관련하며, 반대로 완전히 권력의존적인 형태도 바람직하지 않다는 것이다. 따라서 정부간이라는 실체를 상호 인정할 필요가 있으며, 그 속에서 협력과 경쟁, 상호의존 및 협상관계를 유지해 나가야 함을 인식할 수 있다(김정하, 1998). 이상의 세 가지 모형의 기본 특성을 정리하면 <표 2-1>과 같다.

---

9) 법적요소는 각종 형태와 수준의 정부단위를 지칭하는데, 미국의 경우 연방정부, 주정부, counties, cities, municipalities, 학교구(school districts), 특별구역(special districts) 등이 포함된다. 인적요소에는 모든 선출직과 임명직 공무원들이 포함되며, 이들의 행동과 태도, 나아가 인지행위 등이 연구대상이 된다. 정부간의 규칙적 상호작용에는 인적 접촉은 물론 실질적인 업무관계와 행위유형의 연속성 등이 연구의 과제가 된다. 정책과제로는 정책내용 면에 있어서 분배정책, 규제정책, 재분배정책 과제 등이 다루어지고, 정책과정상의 형성과 집행의 문제가 연구된다. 아울러 재정상의 세입·세출과 관련된 여러 가지 쟁점들이 다루어지게 된다(김정하, 1998).

<표 2-1> 미국의 정부간 관계모형의 특징

모 형 특 성	조정권위 모형	중첩권위 모형	포괄권위 모형
정부간 관계	독 립 적	상호의존적	의 존 적
권 위 패 턴	자 율	협 상	계 층

자료: Wright(1988); 주상현(2001c).

Wright의 정부간 관계 모형은 중앙정부와 지방정부간 관계에 초점을 두고 논의를 전개한 것이지만, 지방정부간 관계에 관한 논의에도 상당부분 적용할 수 있을 것으로 판단된다. 특히 우리의 경우 광역정부가 중앙정부를 대리하여 사무를 집행하는 경우가 많기 때문에 명목상으로는 광역정부와 기초정부간의 지방정부간 관계라고 할 수 있지만, 사실상의 중앙-지방간 관계가 성립되는 경우가 적지 않기 때문이다. 물론 Bollens & Schmandt(1982), 그리고 Zafonte & Sabatier(1998) 등과 같이 애초부터 중앙정부와 지방정부간의 관계가 아니라 지방정부간 관계에 초점을 두어 논의를 전개한 학자들도 없지는 않다.

구체적으로 Bollens & Schmandt(1982)는 지방정부간 관계의 형태를 광역행정의 개념으로 보아 구조변화를 수반하는 종합적 형태로 합병, 시·군 통합, 연합을 제시한 바 있다. 이와 달리 구조적인 변화를 수반하지 않는 점진적 형태로는 지방정부간 협정(inter-local agreement), 계약(contracts), 특별구역(special district), 기능이양(functional transfers), 재정이전(financial transfers), 그리고 광역협의회(council of governments) 등을 들고 있다.

Zafonte & Sabatier(1998)는 갈등과 협력의 관계를 바탕으로 특정한 이슈(갈등과 협력)에 대한 참여자(연합체: 지방정부 및 이슈와 관련된 이해 당사자들)간의 상호의존성과 이해관계(신념, 가치관)에 따라 네 가지의 지방정부간 관계를 도출한 바 있다. 즉 갈등이나 협력을 초래할 수 있는 쟁점과 관련한 당사자가 되는 지방정부의 '이해관계'와 '상호의존성'의 두 가지 차원으로 나누고, 이를 다시 이해관계에 따른 '연대'와 '분산', 그리고 상호의존성의 '높고 낮음'의 척도에 따라 조합하여 '강한 협력관계'와 '약한 협력관계', '강한 갈등관계'와 '약한 갈등관계'의 네 가지로 지방정부간 관계를 도출할 수 있다.

<표 2-2> Zafonte와 Sabatier(1998)의 갈등과 협력 관계

		이해관계	
		연대(congruent)	분산(divergent)
상호의존성	높음	강한 협력관계	강한 갈등관계
	낮음	약한 협력관계	약한 갈등관계

2) 영국의 정부간 관계

영국의 경우는 사실상 단일정부체계의 국가로서 정부간 관계에 관한 논의의 초점은 미국에 비해 다소 차이가 있다. 영국의 정부간 관계는 군주제 하에서의 왕립헌장(Royal Charter)을 시발점으로 하여 발전하였으며, 이는 유럽국가에 비해 상대적으로 지방의 권한이 강했던 전통과 맞물려 영국 지방주의의 토대가 되었다(Kingdon, 1991). 중앙정부의 우월적인 권한은 국회지상주의(parliamentary sovereignty)와 월권금지의 원칙(ultra-vires)이라는 공식적 관계를 통해 확립되었지만, 지방분권의 전통도 1835년의 도시정부법과 카운티 바로우(County Borough) 및 패리쉬(Parish) 정부를 중심으로 확립되었다(김순은 외, 1998). 영국의 정부간 관계는 바로 이와 같은 공식적 관계의 틀 속에서 발전하였으며, 비공식적·작업적 관계(working relationship)도 정부간 관계 형성에 중요한 기능을 하고 있다. 여기서는 Smith(1985)와 Wilson & Ghris(1998)의 이론을 중심으로 영국의 정부간 관계에 관한 논의를 소개하고자 한다.

Smith(1985)는 정부간 관계의 지배적인 접근인 공간적 권력분포 접근(spacial distribution of power approach)을 비판하면서 법·행정적 접근, 공동체정치 접근, 상호조직간 접근의 차원에서 정부간 관계를 논의하였다(박기홍, 1997). 법·행정적 접근방법(legal & administrative control approach)은 정부간 관계의 연구가 주로 정치학 및 행정학의 역사적·법적 전통에 의해 영향을 받았다고 보는 것으로 지방정부에 작용하는 중앙정부의 통제에 관심을 두고 정부간 관계를 설명하는 것이다. 즉, 입법, 사법 및 행정에 걸쳐 중앙통제의 범주를 통하여 나타난 중앙정부와 하부단위 정부간의 권력 및 영향력의 서로 다른 형식적 관계에 초점을 두는 것이다.[10] 공동체정치 접근방법(community politics approach)

10) 이러한 논의 방식으로 小瀧敏之는 영국과 일본의 정부간 관계를 비교·설명하면서 입법적

은 지방정부, 특히 도시정부에서의 지역사회 권력구조에 초점을 두는 것으로 공동체 정체 속에서의 정부간 관계를 강조하는 입장이다. 이러한 접근의 주된 내용은 공동체정부의 산출이 그 지역의 내부적 특성이나 구조적 속성, 지배적인 공동체의 가치, 권력집중의 정도에 의해 설명이 가능하다는 것으로, 정부간 관계를 공동체정체의 역동적인 과정에서 살피려는 접근이다. 상호조직간 접근(inter-organizational approach)은 조직 상호간의 정치적 과정에 초점을 두는 것으로 정치적 과정에 협상, 조정, 창안의 영역이 있음을 중시하는 것이다. 이는 정부간 관계를 중앙정부의 통제 차원이 아니라 상호작용이라는 차원에서의 논의로 대체하는 것이다.

Smith의 이러한 논점은 1990년대 들어 정부간 관계를 논의하는 학자들에 의해 상당부분 계승되었는데, Wilson & Ghris(1998)은 동반자 모형 대신에 권력의존 모형을 제시하여 대동소이한 견해를 피력하였다. 그리고 여타의 학자들의 논의도 대체로 이들 모형의 범주에서 전개되고 있다(Kingdon, 1991; Chandler, 1991).

구체적으로 대리인 모형(agency model)은 가장 기본적인 모형으로 지방정부를 중앙정부의 대리인(agent)으로 보는 것이다. 중앙정부의 지시를 충실히 수행하는 것이 지방정부의 존재목적이라고 보는 것으로 지방정부는 중앙정부와의 종속적 관계에 서게 된다. 그러므로 국가정책의 집행에 있어서 지방정부의 자율권은 거의 인정되지 않는다. 지배인 모형(stewardship model)은 지방정부가 중앙정부의 통제 하에 놓여 있기는 하지만, 어느 정도의 상대적 자율성을 가지고 있다고 보는 모형이다(Chandler, 1991). 지배인이나 재산관리인은 사장이나 주인으로부터 일정한 권한을 위임받아 그 권한 내에서 자율권을 행사할 수 있는데, 이러한 중앙과 지방과의 관계를 지배인 혹은 재산관리인의 지위로 평가하게 된다. 이를 상대적 자율모형(relative autonomous model)이라고 부르기도 한다(강용기, 2001).

동반자 모형(partnership model)은 기본적으로 주민 서비스 공급에 있어서 중앙정부와 지방정부는 동반자적 관계에 있다고 보는 모형이다. 즉 중앙정부의 권한이 헌법적으로 강대해졌다고 하더라도 지방정부의 운영 측면에서 지방정부의

통제, 사법적 통제, 행정적 통제로 나누어 관련 내용을 설명하고 있다(경기도지방공무원교육원, 1987).

다양성을 바탕으로 하여 중앙정부와 지방정부의 관계가 동반자로서 인식되어야 한다(Davis, 1998).

권력의존 모형(power-dependence model)은 상호의존 모형이라고 할 수 있는 것으로 중앙정부와 지방정부를 동반자적이고 평등한 파트너 관계로 본다는 점에서 동반자 모형과 일맥상통한 측면이 있으며, 1980년 이후 가장 설득력 있는 모형이다(Kingdon, 1991). 이런 모형은 중앙정부와 지방정부가 보유하고 있는 자원의 차이점에 초점을 두고 있으며, 상호간의 협상(bargaining)을 중요하게 생각하는 것이다. 즉, 중앙정부는 지방정부에 대해 지시할 수 있는 헌법적·정치적 권한과 정책수립권한을 보유하고 있는 반면, 지방정부는 정책의 집행에 요구되는 인력, 조직, 정보, 전문성 등을 확보하고 있다. 결국 이와 같은 요소들은 중앙과 지방간의 상호의존관계 형성의 단초가 되는 자원으로서, 그리고 권력으로서 작용하는 것이다.

3) 일본의 정부간 관계

한국의 행정체계와 유사한 일본의 정부간 관계는 분권적인 막부체제, 명치헌법의 중앙집권체제, 전후(戰後) 평화헌법에 의한 자치체제 등을 거쳐 발전하였다. 일본은 본래 국가와 지방정부라는 틀 속에서 사회전체에 책임을 지는 정부와 일정한 지역에 책임을 지는 정부라는 관계구조를 설정하여 왔다. 그러나 전후 헌법과 지방자치법에 따라 상위 지방정부의 완전자치제, 선출직 지사제, 내무성의 해체, 중앙정부의 일반 후견인적 지위의 폐지 등을 통하여 중앙정부와 지방정부와의 관계는 수평적·비권력적 관계로 발전하였다(鳴海正泰, 1996; 김순은 외, 1998).

村松岐夫(1981)는 이러한 종래(1945-1955)의 전통적인 중앙·지방관계를 수직적 행정통제 모형이라고 명하고, 현재의 중앙-지방관계를 설명하는데 적절하지 못하다는 지적과 더불어 수평적· 정치경쟁 모형을 새로운 모형으로 제시하였다. 그에 따르면, 중앙수준의 정치와 지방자치는 상호연동하고 있으며, 그 연동의 성격은 행정관계로부터 설명되어야 할 부분과 정당의 활동이나 선거로부터 설명되어야 하는 부분이 있다고 주장한다. 예를 들어 지방정부의 장들이 선거공약을 이행하기 위해 중앙정부의 지침과 다르게 움직이는 경우가 있는데, 이것이 경쟁관계에 있는 다른 지방정부로 확산되면서 중앙정부의 지침을 변화시키기도 한다는 것이다. 그리고 이 과정에서 지방출신 국회의원, 지방의회, 지방정부연합, 중앙 성·청의 관료 등 다양한 정치주체들이 등장하는 갈등과 협상의 정치과정이 진행된다고 보고 있다(최외출·이성환, 1991).

반면, 최근 일본의 중앙-지방관계는 많은 경우 기관위임사무라든지 보조금 등의 형태로 중앙과 지방이 밀접하게 연결되어 왔고, 그런 의미에서 일본의 중앙-지방관계는 중앙 중심의 융합관계로 볼 수 있으며, 동시에 사무의 증대가 중앙의 지방에 대한 의존관계를 형성하는 원인이 되고 있다. 따라서 天川晃(1983)의 지적처럼 일본의 지방자치제도를 분석하는 시각으로 집권-분권과 분리-융합이라는 두 개의 축을 사용하여 설명하는 것이 일본의 지방자치제도를 분석하는데 적합하다 할 것이다. 즉, 제 1의 축은 중앙-지방관계에 있어서 지방정부 의사결정의 자율성에 초점을 맞춘 집권-분권을 뜻하며, 제 2의 축은 중앙정부와 지방정부간 행정기능의 관계에 초점을 맞춘 분리-융합을 의미한다. 天川晃은 이렇게 중앙관료의 리더십을 어느 정도 존속시키면서 동시에 중앙이 지방에 의존관계를 갖는 일본의 중앙-지방관계를 상호의존모형이라고 하고 있다. 일반적으로 중앙이 지방에 의존하게 되는 배경은 집행정보의 수집이나 정책집행 자체를 위해 지방의 협력이 절대적이기 때문이라 할 것이다.[11] 이러한 상황에서는 중앙지방관계는 서로 대립적이라기보다는 상호의존관계 혹은 협력관계가 요구될 수밖에 없다. 이에 따라 村松岐夫는 중앙-지방관계에 대한 수평적 정치경쟁모형을 더욱 발전시켜 상호의존모형을 도출하고 전자를 후자의 하위모델로 제시하고 있다.

위에서 언급한 바와 같이 일본의 정부간 관계를 특징짓는 요인의 하나가 기관위임사무이다(新藤宗幸, 1989; 鳴海正泰, 1996). 기관위임사무의 집행에 있어 지방정부의 장은 재량권이 없는 것이 보통이며, 중앙정부로부터 감독과 지시를 받고, 보고 등의 의무를 지게 된다. 일본의 경우 후생성, 농림성, 문부성, 건설성 등에 이 유형의 사무가 집중되어 있다. 이러한 점에서 일본의 경우 영국의 정부간 관계 이론에서 논의했던 모형 중, 대리인 모형에 적합하다고 할 수 있을 것이다. 그러나 전후 지속된 지방정부의 자치권 신장, 1995년에 발생한 오키나와

11) Rhodes(1986)에 의하면 재정자원, 권위, 정보자원, 조직자원, 정치적 자원 등 5가지 자원 중 중앙정부는 권위(법적 자원)와 재정력이 우위에 있는 반면, 지방정부는 정보자원(정보수집처리능력)과 조직자원(정책집행능력)에서 중앙정부보다 우위에 있다.

현의 토지수용 대리서명 거부 등의 사건, 기관위임사무 폐지 운동 등은 중앙정부와 지방정부가 동반자형 모형으로 발전되고 있음을 보여주고 있다. 1960년 이후 지방정부가 중앙정부의 직무집행명령의 위법성을 법원에 제소할 수 있고, 비록 기관위임사무라 할지라도 국가안정에 관한 사무, 개인비밀에 관한 사무, 지방노동위원회의 권한에 관한 사무를 제외하고는 지방의회의 관여가 가능하게 되어 지방정부의 재량권이 신장되고 있는 점을 감안하면, 중앙정부와 지방정부와의 관계는 동반자 모형으로 파악할 수 있을 것이다(김순은 외, 1998).

3. 정부간 관계의 변화

1) 이론적 변화

가장 최근에 논의되는 정부간 관계의 모형은 기본적으로 정부간 협력관계의 형성을 추구하는 것이 특징인데, 특히 하위수준 정부의 능력을 촉진하기 위한 다양한 지원을 통해 궁극적으로 대등하고도 협력적인 관계를 형성하기 위해 노력한다는 점이다. 또한 이와 같은 협력관계를 통해 정부간 관계에서 나타나는 제반 갈등에 대해 공동으로 대응함으로써 갈등의 해결과 함께 정부간 협력을 도모할 수 있다는 것이다. 이러한 범주에 속하는 논의로는 Zimmerman(1998)의 정부간 관계 모형과, Ellison(1998)의 창도적 연합모형(Advocacy Coalition Framework)이나 Turner(1990)의 정부간 파트너십 모형(Intergovernmental Partnership Framework) 등을 들 수 있다.

(1) 정부간 관계 모형

먼저 기존의 논의와는 다르게 Zimmerman(1998)은 주 검찰총장의 역할에 초점을 맞추어 주정부간 협력관계의 분석 논문에서 둘 또는 그 이상의 주정부간 관계를 설명하기 위해 적대적 모형, 협력적 모형, 중상주의 모형, 경쟁 모형, 혁신-확산 모형, 무관심/무시 모형의 여섯 가지 모형을 제시하였다.

첫째, 적대적 모형(hostility or adversarial model)이란 주정부간 분쟁에 대해 해당 주의 요구가 있는 경우 연방대법원의 책임 부과한 미국 헌법의 규정(Article Ⅲ)을 바탕으로 한 것으로 주 검찰총장의 역할 수행이 필요한 것이다.

둘째, 협력적 모형(cooperative model)은 주정부가 공동 프로그램 및 시설에 대한 협약의 체결을 위해 의회의 승인을 바탕으로 주정부가 자발적 권한을 행사하는 것이다. 즉 탈주자 인도, 신의성실을 바탕으로 한 기록 및 사법적 절차의 진행, 자매정부로부터 온 체류자에 대한 동등한 특권과 면제 등에 대한 협력을 미국 헌법상 명시(Article I Section 10 clause)한 것이다. 주정부간 협력은 주정부간 특정 협약의 체결에 앞선 공감대 형성 및 협력 사업에 대한 보조금 지급 등의 형태로 의회에 의해 촉진되는 경우가 많다.

셋째, 중상주의 모형(mercantile model)이란 다른 주정부로부터 재화의 유통에 대한 장애가 발생한 경우 주정부간 협력의 미비점을 보완할 수 있는 경우이다. 이런 모형은 석탄 및 천연가스 등 재화의 다른 주 고객들에 대한 판매 등으로 과세와 관련된 조세수출 등의 문제와 맞물려 주정부간 경제 갈등이 증폭됨에 따라 시사점이 크다고 할 수 있다.

넷째, 경쟁 모형(competitive model)은 주정부간 관계가 반드시 협력적이지만은 않다는 점을 입증하는 것이다. 주정부간의 경제 갈등은 제 2차 대전 이후 남부의 주정부들이 신규공장을 건설하기 위해 산업체에 조세 및 기타 유인책을 제안하면서 현저히 나타난 것으로 최근 각 주정부간에 관광산업, 스포츠 전문점, 도박장 설치 등과 관련하여 경쟁관계가 발생하고 있다.

다섯째, 혁신-확산 모형(innovative-diffusion model)은 주정부별로 독특하고 새로운 프로그램의 도입 및 타 주정부의 성공적 정책채택 등 연방체제의 특성과 관련되는 것이며,

마지막으로 무관심 및 무시 모형(indifference or benign neglect model)은 각 주정부는 자체적인 혹은 자매정부 내부문제의 해결에만 관심을 집중시킨다는 점을 보여 주는 것이다.

(2) 창도적 연합모형

지방정부간 관계에 실험적으로 적용한 Ellison(1998)의 정책지지연합모형(ACF: Advocacy Coalition Framework)은 창도적 연합모형 내지 정책옹호연합 모형으로도 번역될 수 있다. 이는 정책하위체제 내에서 실제적인 정책쟁점에 적극적으로 관련된 공식·비공식적 행위자 집단으로 정의되는 행위자들이 정부가 수행하여야 할 것에 관한 핵심적인 신념에 관해 협력관계를 형성하게 된다는

것이다. 즉 지방정부간 관계에 있어 정책지지연합모형(ACF)은 상이한 정부의 행위자들이 하위체제에 적응하는 방법, 모든 정부영역의 행위자가 하나의 하위체제에 배치되어야 하는지의 문제, 각 수준은 독립적인 하위체제라는 점을 가정하는 문제 등과 관련하여 연합적인 활동이 나타난다. 이와 같은 창도적 연합의 활동을 통해 정부간 관계에 있어서 협력적 관계를 형성하기도 하며, 이에 따라 해당 정부의 정책변화(policy change)가 나타나기도 한다.

Sabatier(1988)에 의하면, 정책지지연합체모형은 4가지 기본적 전제를 근거로 하는데 그 내용은 다음과 같다. ① 정책변화의 과정을 이해하기 위해서는 10년 또는 그 이상의 기간을 요구한다. ② 관심의 초점을 정책하위체제(policy subsystem)에 두고 장기적으로 일어나는 정책변화를 연구한다. ③ 이들 정책하위체제들은 다양한 수준의 정부에서 활동하고 있는 행위자들을 모두 포함한다. ④ 정책은 신념체계로서 개념화할 수 있다.

앞에서 제시한 창도적 연합모형의 첫 번째 전제는 정책변화를 이해하기 위해 시간범위를 10년 내지 그 이상의 시간에 초점을 두고 있다. 이는 정책연구의 계도기능(enlightenment function)의 중요성의 밝히기 위한 것이다(Sabatier, 1988). 어떤 정책의 경우 단기간의 시간범위에서는 실패한 것처럼 보이지만 장기간의 시간범위에서는 성공적인 평가를 받는 경우가 있을 수 있으며 그것과 반대의 경우도 있을 수 있기 때문이다. 그러나 Sabatier(1988)가 제시한 것처럼 정책문제를 10년 이상의 것으로 반드시 한정할 필요는 없다. 왜냐 하면 미국의 비롯한 서구제국의 경우, 사회가 급격한 변화 없이 안정화되어 있어 정책변화를 관찰하는 데 장기간을 요하는 경우가 많지만, 한국과 같이 사회변화가 빠른 사회에서는 정책변화(제도변화를 통한 갈등양상변화)를 10년 이상으로 관찰기간에 얽매일 필요는 없을 것 같다. 물론 지나치게 단기간에 발생 및 해결된 정책갈등문제는 이 모형적용에 한계를 가질 수 있다.

정책지지연합모형(ACF)에 대한 두 번째 전제는 정책변화(제도변화를 통한 갈등양상변화)를 이해하기 위해 가장 유용한 분석단위로는 특정한 정부기관이 아닌 정책하위체제라는 것이다. 정책하위체제 내에는 정치적으로 중요한 정책지지연합체들이 있다. 정책지지연합체는 특정한 신념체계를 가지고 정책문제(갈등문제)에 적극적으로 관심을 가지고 있는 公과 私조직으로 구성된 행위자들로 구성된다. 이와 같은 의미로서 분석단위를 정책하위체계로 두는 것은 종전의 철의 삼각구도(iron of triangle) 개념을 확장한 것이다(Sabatier, 1988). 예를 들면, 지역경제활성화 유발시설을 유치를 두고 벌어지는 지방정부간의 갈등문제는 단순히 지방정부기관간의 갈등문제가 아니라, 유치시설을 둘러싸고 있는 각 지방정부를 비롯하여 공·사 부문을 막론한 각 지역의 많은 이해관계자들간의 갈등으로 볼 수 있다.

(3) 정부간 파트너십 모형

Turner(1990)는 미국 플로리다 주정부의 성장관리 정책의 분석을 통해 정부간 파트너십 모형(Intergovernmental Partnership Framework)을 제시하고 있다. 성장관리정책은 토지수용은 물론 경제적·사회적·물리적 측면의 성장효과까지도 포함되는 것으로, 성장효과가 정치화됨에 따라 주 및 지방정부간의 긴장을 증대시킬 수 있으며, 성장을 관리하기 위해 어떤 정부가 권한과 책임을 맡아야 하는지에 관해 불일치가 발생할 수도 있다. 그는 성장관리에 대한 주정부의 역할에 대해 몇 가지의 관점을 소개하고 있다. 즉, 첫째 지방정부의 권한을 전혀 인정하지 않으면서 억제자로서 주정부가 정책을 통제하는 경우, 둘째, 지방정부에 권한을 이양하여 성장관리 책임을 행사하도록 하면서 주정부는 촉진자로서의 기능을 하는 경우, 셋째, 지방정부로 하여금 주정부가 설정한 적정 기준을 충족하도록 유도하기 위해 성장관리 과정을 감독하는 선도자로서의 역할을 주정부가 하는 경우를 들고 있다. 이와 같은 관점 중에서 마지막의 관점을 바람직한 성장관리를 위한 주정부의 역할로 지적하고 있으며, 지방정부에 대한 기획능력의 개발 및 활용을 지원함으로써 효과적 성장관리는 물론 정부간 협력관계를 형성할 수 있을 것이다.

이상과 같은 관점에서 볼 때, 다음과 같은 몇 가지 차원의 이론적 지향점을 고려하여 정부간 관계를 설정하는 것이 바람직하다 할 것이다(전라북도연구단, 2002).

첫째, 최근의 통치이론은 공동체로서의 상호의존과 참여를 추구하는 파트너십의 확립을 강조하고 있다. 정부간 관계에 있어서도 이러한 거버넌스 이론 혹은 파트너십 이론을 적용해 볼 수 있는데, 미래의 정부간 관계는 상호간의 자율성을 보장하는 상호의존적인 공동체의 구성원으로서 공존하는 동반자적 관계를 형성하는 것이 바람직하다.

둘째, 문제해결의 과정에 당사자들이 스스로 참여하여 조직하고(self-organizing), 자기규제(self-regulation)의 능력을 갖추는 방향으로 국가나 지역사회가 재구성되고 있는바, 정부간 관계 또한 다양한 정부주체가 자기관리 능력을 갖추고 당사자 간 문제해결을 위한 능력을 발전시켜 나가는 것이 필요하다. 다시 말해서 당사자 간 상호타협과 자기해결 능력의 발휘를 통한 문제해결 방식이 타당하다.

셋째, 중앙정부와 지방정부 혹은 지방정부간 정책 네트워크를 구축하는 방향으로 정부간 관계를 설정해야 한다. 다양한 정책주체간의 정책 네트워크를 구축함으로써 정책관련 의사소통과 상호조절기능을 강화하는 것이라 할 수 있다. 이러한 정책네트워크는 Hakanson & Johanson (1994)의 지적처럼 지속적인 상호작용의 토대에서 존재하는 것으로 정책주체간의 독립성을 유지하는 가운데 상호신뢰와 타협적인 자세가 전제되지 않으면 안 된다.

2) 현실적 변화

한국은 1991년에 지방선거를 통해 지방의회를 구성함으로써 지방자치시대의 새로운 출발을 위한 전기를 마련하였다. 이후 계속하여 지방선거제도의 개혁을 비롯하여 지방자치의 발전을 도모하기 위한 노력과 함께 전면적인 지방분권체제로의 전환을 시도함으로써 기존 정부간 관계에 획기적인 변화를 맞이하고 있다. 이와 같은 전환과정에서 각급 정부간의 다양한 갈등이 발생하고 있으며, 이러한 갈등의 완화 및 해소를 위한 적실성이 있는 대안의 모색은 최근 민선 지방자치시대의 새로운 정치·행정적 과제로 떠오르고 있다.

또한 오늘날 현대정부에서 공공관료들은 공공재와 서비스에 대한 시민들의 요구를 충족시켜주기 위해 다양한 형태의 권위와 권력을 사용하는데, 이로 인해 정부간 관계는 여러 정부단위와 정치적 이해 사이에서의 상호간 활동과 독립적인 선택에 의해 특징 지워진다. 그리고 지방자치의 실시와 함께 지방정치가 활성화되면서 여러 행위자가 지방정치과정에 적극적으로 참여하게 됨에 따라 과거처럼 중앙정부 혹은 상위정부가 계층적 구조 하에서 지배적인 행위자로 등장하는 데는 한계가 있을 수밖에 없고, 따라서 중앙정부와 지방정부 혹은 지방정부 상호간에 상호의존적인 관계를 통해 정책을 결정하고 집행하지 않으면 안

되는 상황을 맞고 있다. 이는 최근 정부간 관계론자들이 상호의존, 상호협력, 정책네트워크 등을 강조하는 측면과 일치할 뿐 아니라, 최근 국가관리 분야에서 주요한 접근방법으로 제시되고 있는 거버넌스(governance)이론과도 맥락을 같이하고 있다.[12)]

이에 정부간 관계는 한 국가 내에서의 다양한 정부간의 수직적·수평적 관계를 설명하는 논리적 체계라는 점에서 '국가간 관계'나 '국제관계'와는 분명히 다른 것이며, 결국 국가 내부적 관점에서의 집권과 분권, 참여와 조정, 자치와 협치 등의 중요한 여러 가지 개념과 관련한 논의가 불가피하게 관여되는 것이다. 이러한 정부간 관계는 관련주체간의 역학관계의 특성에 따라 갈등관계 내지는 협력관계의 상태에 놓이게 된다(김병국, 1994).

한국의 정부간 관계 역시 다분히 권력적·지배적 성격의 종속적 관계에서 대등적·협력적 관계로 이행하는 과정에 있다고 할 수 있을 것이다. 즉 지방분권에 대한 정부의 적극적인 의지와 함께 학계 및 실무자들의 끊임없는 노력, 특히 지방정치의 성숙을 통해 지방간 협력을 바탕으로 하는 새로운 정부간 관계가 형성되고 있는 것이다.

최근 들어 지방정부간 자율성과 독립성의 범위가 크게 신장되고 있고, 지방정부간에 공동으로 결정하여 처리하여야 할 사안이 증가함으로써 지방정부간의 갈등이 발생할 가능성은 그 어느 때보다 더욱 높아지고 있는 실정이며, 실제로 갈등이 발생하는 사례도 증가하고 있는 것으로 보고되고 있다. 그러므로 현시점에서 지방정부간에 형성되고 있는 갈등의 역기능을 해소하고 새로운 정부간 협력관계를 모색하는 것은 대단히 중요한 문제로 부각되고 있다.

---

12) 거버넌스란, 국가가 일방적으로 서비스를 공급하는 기존의 통치개념과는 구분되는 것으로서, 공공부분과 민간부분이 국가의 공공서비스 공급에 동반자적(partnership) 관계로 참여하는 네트워크형 국가관리 방식을 의미한다. 다시 말해서 민·관이 공동 참여하는 공공서비스의 공동생산(co-production), 정치사회의 동반자관계 설정(social-political partnership), 민간과 시장원리를 활용한 문제해결(market orientation), 민간화의 진전(privatization), 정부의 간섭을 최소화시키는 신자유주의적 국가관리, 공공부분에의 시장경제원리 적용 등을 통칭하는 종합적 개념이라고 볼 수 있다(김석준 외, 2000).

제3절 지방정부간 갈등과 협력의 의미

1. 지방정부간 갈등의 의미

앞에서 갈등의 개념과 본질을 살펴보았는데, 갈등의 학문적 시각과 개념적 기초는 지방정부간 갈등의 개념과 본질을 살펴보는데도 유용한 척도가 된다.

즉 기존의 학자들은 지방정부간 갈등의 개념을 정의함에 있어서도 갈등의 일반적 범주 안에서 해석이 가능하다고 본다. 예를 들어 행정학 분야에서 홍준형(1995)은 지방정부간 갈등을 상호 배타적인 이해관계를 가진 복수의 당사자(지방정부)간의 가치, 지위, 권력 및 희소자원을 위한 투쟁이 존재하는 상태로 보았으며, 김필두(1996)는 갈등을 조직 내·외의 행동주체 간 대립적 혹은 적대적인 교호작용으로 전제한 후, 지방정부간 갈등을 지방정부가 행동주체가 되고, 갈등이 대립적·적대적 행동으로 표면화(현재화)된 상태로 해석하였다. 박호숙(1996)은 지방정부간 갈등의 성격을 정책갈등으로 규정하면서 공익을 탐색하는 정책결정과정에서 그에 관여된 행위주체들이 정책대안을 선택하는데 있어서 제약을 받고 있는 상황으로 보았다.

이러한 개념정의를 종합해 보면, 갈등이란 둘 이상의 행위자간 대립적 혹은 적대적인 상호작용이라 할 수 있는데, 이 경우 행동의 주체는 개인일 수도 있고 집단이나 조직일 수도 있다. 그런데 논의의 초점을 지방정부 상호간의 갈등문제로 한정한다면, 그 주체는 개인이 아닌 집단이나 조직을 지칭하는 것이 된다.

그리고 갈등은 심리적인 메커니즘과 대립적인 행동을 모두 포괄하는 개념이다. 하지만 지방정부간 갈등의 개념과 관련해서는 외부적으로 표면화된 갈등을 대상으로 한다고 보는 것이 바람직할 것이다. 예를 들어, Katz & Kahn(1978)은 갈등현상을 가치 판단적 시각이 배제된 관찰 가능한 행위의 문제로 전제한 후, 두 개체 중 어느 한 쪽의 행위가 다른 한 쪽의 저항에 대항하여 특정한 결과의 발생을 방지하거나 강요하는 경향을 띠게 되는 방식으로 서로가 직접적인 상호작용을 할 경우, 그 두 개체는 갈등을 겪고 있는 것으로 보았다. 그런데 심리적인 갈등상황은 잠재적인 것이므로 쉽게 인지되거나 행동으로 나타나지 않는 경우가 많으며, 대부분의 갈등상황은 심리적인 대립감이 차차 심화되어 행동주체의 현재화된 행동으로 나타나는 경우가 많이 있다.

따라서 이러한 점으로 미루어 보면 지방정부가 행동주체(혹은 갈등주체)가 되고, 갈등이 대립적·적대적 행동으로 표면화·현재화된 것을 지방정부간 갈등으로 정의하는 것이 타당하다. 또한 지방정부간 갈등의 성격 때문에 지방정부간 갈등을 유효하고도 적절히 관리하기가 그만큼 어려운 것으로 보인다.

결국 이 책에서는 지방정부간 갈등을 '가치·지위·권력·희소자원 등을 둘러싸고 복수의 지방정부간 이해관계가 서로 얽혀 전체적인 이익이나 다수의 공동이익보다는 각자의 권한과 이익에 집착하는 과정에서 나타나는 표면화·현재화된 상호 대립적·적대적 행동'으로 규정하고자 한다.

2. 지방정부간 협력의 의미

협력은 사회를 구성하는 모든 사회실체, 예컨대 국가 간·지방정부간·사회단체 간·기업 간·지역주민 간 등 그 주체와 대상에 따라 광범위하게 발생한다. 여기서 그 주체를 지방정부라는 사회실체에 국한시키게 되면, 이를 지방정부간 협력이라고 칭할 수 있을 것이다.

예를 들어 한표환·김선기·김필두(2002)는 지방정부간 협력을 '인접한 혹은 멀리 떨어져 있는 지방정부들이 시설설치, 경제 및 개발, 교류 및 행사, 행정서비스제공 등의 분야에서 각 개별적 목표의 공동적 성취를 위해 긴밀한 상호보완관계를 유지하는 가운데 공생적인 사업관계를 도모함으로써 상호이익을 증진시키는 것'으로 규정하였다. 구체적으로, 개별 지방정부는 시·공간적으로 제한되어 있는 지역의 범주를 벗어나서 다른 지방정부와 상호의존(보완)적 관계의 구축을 통해 소기의 목표달성에 공동으로 대처함으로써 상호이익을 증진시킬 수 있다고 보고, 지방정부간 협력은 참여 지방정부가 동일한 목표를 설정해 놓고 각각의 한정된 자원과 역량을 동원하여 목표지향적인 상호보완작용을 통한 공동 생산적 과정을 거쳐 최종 생산물 혹은 성과를 창출함으로써 공동이익을 향유하는 행위로 파악하였다.

같은 맥락에서 안용식·김천영(1995)은 지방정부간 협력관계란 협력과 조정의 개념을 동시에 포함한다고 전제한 후, 협력을 공식적인 규칙을 설정하지 않는 가운데 설정되는 교환, 호혜적 상호관계로 보고 있다.

따라서 지방정부간 협력관계는 조직 상호간의 특성과 구조를 기초로 발생하는 복잡하고 역동적인 성향을 지닌 상호작용관계로서 규명되어야 할 필요성이 있다. 이점을 고려하여 이 책에서는 지방정부간의 협력을 '다양한 수준의 지방정부가 상호의존작용에 기초한 교환 및 협상을 통해 자원이나 권한 및 역할 등을 교환하여 상호간의 공동이익을 실현시켜 나가는 자율적이고 목적 지향적인 활동'으로 정의한다.

이러한 지방정부간 협력은 새로운 지방행정 환경변화에 능동적으로 대응하기 위한 필수조건이라 할 수 있다. 다시 말해 과거 중앙정부에 의한 직접관리관계, 수직적 통제관계, 일방적 관계로부터 간접관리관계, 수평적 경쟁관계, 상호의존적 협상관계로의 전환은 결과적으로 공정한 게임의 규칙(game rule)에 입각한 지방정부간 수직적, 수평적 경쟁을 촉진하고 성과의 공정배분을 도모함으로써 세계화, 지방화, 정보화라는 새로운 환경변화에 대한 능동적인 대처능력을 향상시키게 될 것이다(경기도, 1999). 또한 지방정부간 협력을 통하여 지방정부는 각자의 비교우위를 최대한 활용하고 상호보완시킴으로써 지방발전을 자율적으로 성취하는, 이른바 내발적 개발(endogenous development)을 구가할 수 있을 뿐만 아니라, 공간적 외부성(spatial externality)을 갖는 광역적 사업을 통해 무분별한 공공시설의 개별설치를 미연에 방지함으로써 중복투자로 인한 국가자원의 낭비를 방지할 수 있다(McCall, 1994).

제3장 주요 이론과 접근시각

제1절 이론적 동향과 평가

앞에서 살펴본 것과 같이 기본적으로 갈등과 협력의 의미와 이를 바라보는 시각은 매우 다양하며 때문에 지방정부간 갈등 및 협력의 의미도 다양하다. 그러면, 구체적으로 이에 대한 이론적 동향을 국내·외에 산재한 연구성과를 통해서 보다 심도 있게 살펴보고자 한다. 왜냐하면, 이는 한국에서 민선지방자치제의 성숙에 따라 대단히 의미 있는 작업이라 할 수 있겠으나, 아직까지 지방정부간 갈등에 관한 이론적 동향을 광범위하게 통합적으로 논의하는 작업은 많은 시간적, 비용적 소모로 인하여 진행되지 않았기 때문이다.

이 책에서 논의될 연구들은 기본적으로 시간의 순서에 따라 언급되겠지만, 추가적으로 지방정부간 갈등이라는 측면에서 지방정부의 유형(광역정부와 기초정부)에 따라서 분류하는 것이 체계적일 것으로 보인다. 그리고 이러한 과정은 지방정부간 갈등과 협력을 바라보는 시각을 일정한 수준으로 유형화시켜 줄 수 있고, 갈등과 협력에 대한 일정한 설명요인이나 공통분모를 찾게 해주는 유익한 정보도 기대된다.

여기서의 연구성과의 수집은 많은 연구인력이 동원되었고 각종 행정학 관련 외국 학술지(SSCI급)에 게재된 논문들과 국내학술지 게재논문(한국학술진흥재단 등재 및 등재후보, 기타) 그리고 국내 박사학위논문과 관련학회 세미나 발표논문 등을 총망라하여 최대한 많은 수의 자료를 수집하였다.

1. 국내동향

지방정부간 갈등 및 협력에 관한 국내의 이론적 동향은 지방정부의 유형별로는 광역정부간 갈등 및 협력, 광역정부와 기초정부간 갈등 및 협력, 기초정부간 갈등 및 협력으로 분류할 수 있으며 각 정부유형별 갈등 내에서는 연도순으로 소개할 수 있다.

1) 광역정부간 갈등 및 협력

먼저 박기묵(1997)은 하천의 상·하류지역 간 물 분쟁해결모형을 도출하기 위하여 분석사례로 부산시와 대구시의 분쟁을 중심으로 모형을 도출하고 있다. 여기서 갈등요인으로는 물의 경제적 가치, 물에 대한 소유권 등을 지적하였다.

안성민(1998)은 위천공단 설치를 둘러싼 부산시와 대구시간의 갈등을 중심으로 지방정부간 외부성으로 인한 갈등문제의 해결방안을 강구하고 있으며, 지역간 비용과 편익의 불공평성을 갈등의 요인으로 지적하고 있다.

이종렬·권해수(1998)는 지역개발과정상 지방정부간 갈등분석과 관리전략을 모색하기 위하여 위천공단지정 사례분석을 실시하고 있으며, 갈등의 요인을 사회경제적 요인, 동원 요인, 정치적 기회구조 요인 등으로 도출하고 있다. 사회경제적 요인으로는 정부에 대한 신뢰감, 협상문화, 정책결정체의 민주성, 권력구조의 분권, 정보공개와 홍보, 갈등조정장치의 마련여부, 특정지역의 경제적 피해의식, 물리적 및 정신적 측면에서의 보상 문제, 공동체의식과 시민의식 등을 동원 기제 요인으로는 리더십, 조직구조성, 응집력, 규범, 정당성 등을, 정치적 기회구조 요인으로는 외부동맹과 지지, 정치적 제휴의 안정성 등을 강조하고 있다.

최봉기·이시경(1999)은 위천공단 조성을 둘러싼 정책갈등의 해소방안을 모색하고 있다. 갈등의 요인으로 경제논리와 환경논리 간 대립, 협상기구의 상설화 미비, 쟁점의 정략적 이용가능성 등을 지적하고 있다.

김인철·최진식(1999) 등은 지방정부간 갈등과 협상에 관한 연구를 진행하기 위하여 그 사례로서 대구 위천공단조성과 부산 낙동강 수질개선 문제를 중심으로 고찰하고 있으며, 정부타협안의 부실, 협의기관의 제도화 부족, 공정한 중재전략의 미비 등이 갈등의 요인이라고 지적하였다.

소영진(1999)은 딜레마 혹은 갈등발생의 사회적 조건을 분석하기 위하여 분석사례로 위천공단 조성을 둘러싼 지역갈등을 논의하고 있다. 대안의 구체성 결여, 결정자에 대한 불신, 대립집단간의 힘의 불균형, 집단의 응집력, 이해관계의 크기, 자율조정기능의 미비, 이익과 비용의 분리, 대체방안의 부재, 전략적 행동의 결여, 결정지연에 대한 반발 등을 갈등요인으로 지적하였다.

주재복(2000)은 한강 수계의 지방정부간 물 분쟁사례를 중심으로 정부조직(서울시와 경기도) 간 분쟁의 조정과정과 협력규칙을 도출하고 있으며, 그는 또한 갈등요인을 상호의존구조, 비용편익구조의 분리 등으로 지적하고 있다(주재복, 2000 ; 2001a).

이시경(2001)은 지속 가능한 수자원 관리를 위한 지방정부간 협력방안을 강구하기 위하여 그 분석사례로서 낙동강 유역을 중심으로 논하고 있다. 갈등요인으로는 지방정부간 상호이해로 인한 규제제도에 대한 인식차이, 지방정부간 비용분담에 대한 인식차이, 조정장치(행정협의회, 지방정부조합, 사무위탁, 단체장 등의 협의회)의 활용을 통한 갈등해결 노력의 부족 등을 지적하고 있다.

조승현(2003)은 용담댐 용수배분과 관련된 갈등을 중심으로 호남지역과 충청지역 간 갈등관리에 관한 연구를 진행하였고, 갈등주체가 사용하는 관리전략의 상충(협력적 문제해결전략과 독자적 문제해결전략의 상충)으로 갈등이 발생한다고 주장하였다.

김인 외(2004)는 낙동강을 둘러싼 부산시와 대구시 간 갈등사례를 중심으로 제도와 지방정부간 갈등을 분석하고 있다. 자치단체장과 지방의회 의원들의 지역사회 여론에 대한 민감성, 상호신뢰체계의 와해, 극단적 전략의 구사 등이 지방정부간 갈등을 초래한다고 지적하고 있다.

2) 광역정부와 기초정부간 갈등 및 협력

박우서(1997)는 광역서비스 공급과 관련한 지역 간 갈등의 해결방안을 도출하여 지방정부간 협력방안을 강구하고 있으며, 제도적 협력 장치의 미비점을 갈등의 요인으로 보고 있다.

김용철(1998)은 님비와 핌피현상의 정치적 갈등구조를 비교하기 위하여 전남도청 이전사례를 중심으로 분석하고, 비선호시설 및 선호시설 입지에 따른 외부효과를 갈등요인으로 지적하고 있다.

이원일(1998)은 부산광역시를 중심으로 광역·기초지방정부간의 갈등에 관한 연구를 하였으며, 광역정부와 기초정부 양자 간 불평등한 권력관계 및 불합리한 기능·사무배분을 갈등의 요인으로 지적한다.

주상현(2001a)은 전라북도 도 청사 입지갈등사례를 중심으로 광역과 기초정부간 정책갈등과 관리전략을 모색하고, 갈등의 요인을 갈등당사자 간 갈등구조 및 갈등당사자의 갈등과정에서 찾고 있다. 그에 의하면 갈등당사자 간 갈등구조로부터 도출되는 요인은 협력적 구조 및 갈등적 구조, 공식적 정치기제, 비공식적 정치기제 등이며, 갈등당사자의 갈등과정으로부터 도출되는 요인은 정책지향의 차이, 당사자 간 신뢰, 당사자들의 이해관계, 당사자들의 전략 등이었다.

백종섭(2002)은 서울시 추모공원 건립정책의 갈등요인과 해결방안을 모색하고 있으며, 갈등의 요인을 정책내용과 관련된 요인(정책내용에 대한 인식, 정책의 형평성), 정책형성과정과 관련된 요인(참여의 보상수준, 정보의 공개정도), 정책 집행과정과 관련된 요인(경제적 보상수준, 집행기술에 대한 신뢰) 등으로 정부 간 갈등의 요인을 찾고 있다.

안국찬(2003)은 전라북도의 행정감사업무를 중심으로 지방정부간 갈등의 해소 방안에 관한 연구를 하였으며, 지방정부의 자율성 강화, 지방정부간 상호의존성의 증가, 지역이기주의의 심화, 권한 및 기능범위의 모호, 개발과 환경보존의 딜레마 등을 갈등의 요인으로 보고 있다.

김도희(2003)는 울산광역시 북구 화장장 유치사업과 경부고속전철역 유치사업 사례를 중심으로 비선호시설과 선호시설 입지정책에 관한 갈등구조를 비교분석하고 정책적 대응방안을 모색하였다. 갈등의 요인을 비선호시설과 선호시설로 구분하여, 비선호시설의 갈등요인으로는 공공재적 성격, 비용과 편익의 불공평성, 특별한 입지요건의 충족, 불확실성의 영역 등을 지적하였으며, 선호시설의 갈등요인으로는 공공재적 성격, 비용과 편익의 불공평성, 공정성·형평성 문제의 야기등을 지적하였다.

강인호 외(2004)는 제도적 협력과 정치적 선택을 중심으로. 지방정부간 갈등해결 메커니즘에 관한 연구를 하면서 사례의 대상으로 광주광역시와 나주시 간 정부기관 합동청사 건설과 관련된 갈등을 분석하고 있다. 지방정부간 감정적인 대립, 갈등당사자 간 충분한 대화부족, 협상의지의 부족, 갈등조정과 관련된 제도적 해결 메커니즘의 미작동 등을 갈등의 요인으로 간주하고 있다.

3) 기초정부간 갈등 및 협력

서휘석(1995)은 기초정부간 갈등에 관한 연구를 진행하면서 사례분석을 위한 대상으로 장곡취수장 갈등사례를 채택하였으며, 환경부의 중재가 미약했던 점, 기술적 불확실성, 갈등이슈에 대한 입장차이 등을 갈등요인으로 보고 있다.

이선우·문병기·주재복·정재동(2001) 등은 영월 다목적 댐건설 사업을 협상론적으로 재해석하고 정책갈등해결의 방향을 모색하고 있다. 사례의 협상행태에 대한 비판, 감정관리 원칙의 무시, 협상진행 원칙의 무시, 관료의 목표전이현상, 힘의 불균형 발생 등을 갈등요인으로 보고 있다.

주재복(2001b)은 제천시와 영월군 사례를 대상으로 지방정부간 공유재 분쟁과 협력규칙을 탐색하고, 상호의존구조와 비용편익의 분리구조를 갈등요인으로 지적하였다.

홍성만(2003)은 용담댐 물 분쟁사례를 중심으로 수자원이용을 둘러싼 정책갈등의 조정과 협력방안을 강구하고 있다. 갈등의 요인을 내부적 상황조건 변수, 제도적 규칙, 분쟁당사자의 상호작용과 합의양태에서 찾고 있는데, 그에 의하면 내부적 상황조건 변수로서는 지역의 물리적 특성, 자원의 성격, 이해당사자의 이해관계, 갈등당사자 및 참여자 등이 있으며, 제도적 규칙으로서는 헌법적 선택규칙, 집합적 선택규칙, 운영규칙 등이 존재하며, 분쟁당사자의 상호작용과 합의양태로는 비조건적 협력, 조건적 협력, 비협력, 제 3자의 조정 및 중재행위 등이 있다고 지적하였다.

고경훈(2003)은 전북 공립 외국어 고등학교 유치사례를 중심으로 선호시설 유치와 관련된 군산시와 전주시 간 정책갈등에 관한 연구를 하였으며, 갈등의 전개과정에 따라 당사자들이 채택하는 전략이 갈등의 요인이 된다고 지적하면서 전략의 유형으로 이슈의 쟁점화를 통한 유리한 입장의 고수, 대중의 지지를 확보하기 위한 자신의 주장의 정당화와 상대주장에 대한 반박, 상대방을 인정하지 않는 무시전략, 지역주민과 시민단체까지 동원하는 동원전략 등이 있다고 지적하였다.

주재복·최홍석·홍성만(2003) 등은 안양천유역의 지방정부간 수질개선 사례를 중심으로 지방정부간 협약을 통한 공유재 관리방안을 모색하고, Ostrom의 공유재에 대한 7가지 관리규칙의 미비가 갈등의 요인으로 작용하고 있다고 지적하였다. 또한 김석태(2003)는 도청이전 후보지 선정을 중심으로 선호시설 유치를 둘러싼 지대추구(rent-seeking)와 지대(rent)의 사회적 환원방안을 강구하면서, 지역 간 지대추구 경쟁이 지방정부간 갈등을 초래한다고 지적하고 있다.

권경득·임정빈·장우영(2004) 등은 장곡취수장 조성갈등을 중심으로 수자원관리를 둘러싼 지방정부간 갈등구조를 분석하였다. 장래유량에 대한 높은 불확실성과 과학적 조사의 한계, 해결방안의 부재, 재산권 문제(장곡취수장 설치로 인근 영월군의 관광단지 개발 및 지역주민들의 불이익), 이슈의 복합성, 지역대립의 표출, 상급 지방정부의 소극적 대응 등을 갈등의 요인으로 보고 있다.

4) 갈등의 공통분모

국내에 산재된 기존의 연구성과로부터 필요한 시사점을 얻기 위하여 각각의 연구에서 제시된 갈등요인들 중, 공통적인 갈등요인을 도출해 보고자 한다. 공통적인 갈등요인을 도출하는 기준은 과반수이상의 선행연구들에서 동일하거나 유사한 것으로 제시된 요인들을 공통적인 갈등요인으로 추출하였다. 또한 공통적 협력요인의 도출도 마찬가지의 기준을 적용하였다. 먼저 광역정부간 갈등 및 협력사례에서 제시된 공통적 갈등요인은 갈등조정이나 협상을 위한 제도의 미정립(이종렬·권해수 1998; 김인철·최진식, 1999; 최봉기·이시경, 1999; 소영진, 1999; 이시경 2001), 이슈의 정치적 이용과 관리전략(이종렬·권해수 1998; 김인철·최진식, 1999; 최봉기·이시경, 1999; 소영진, 1999; 조승현, 2003; 김인 외, 2004), 지역 간 비용과 편익의 불공평성(안성민, 1998; 황재영, 1998; 이종렬·권해수 1998; 소영진, 1999; 주재복, 2000; 2001a) 등이었다.

그리고 광역 및 기초정부간 갈등 및 협력사례에서 제시된 공통적 갈등요인은 비용과 편익의 불공평성(김용철, 1998; 주상현, 2001a; 백종섭, 2002; 김도희, 2003), 갈등조정과 관련된 제도적 협력 장치의 미정립(박우서, 1997; 주상현, 2001c; 안국찬, 2003; 강인호 외 , 2003) 등이었다.

마지막으로 기초정부간 갈등 및 협력사례에서 제시된 공통적 갈등요인은 비용과 편익의 불공평성(서휘석, 1995; 주재복, 2001b, 홍성만, 2003; 권경득·임정빈·장우영, 2004)이 과반수의 연구들에서 제시되고 있다. 따라서 상기의 정부간 갈등 및 협력사례에서 추출할 수 있는 최종적 공통분모는 비용과 편익의 불공평성, 갈등조정과 관련된 제도적 협력(협상)장치의 미정립, 이슈의 정치적 이용과 관리전략 등으로 말할 수 있다.

<표 3-1> 지방정부간 갈등의 공통분모

구 분	갈등의 공통분모
광역정부간 갈등 및 협력사례에서 제시된 공통적 갈등요인	-갈등조정이나 협상을 위한 제도의 미정립 -이슈의 정치적 이용과 관리전략 -지역 간 비용과 편익의 불공평성
광역 및 기초정부간 갈등 및 협력사례에서 제시된 공통적 갈등요인	-비용과 편익의 불공평성 -갈등조정과 관련된 제도적 협력 장치의 미정립
기초정부간 갈등 및 협력사례에서 제시된 공통적 갈등요인	-비용과 편익의 불공평성
종 합	-비용과 편익의 불공평성 -갈등조정과 관련된 제도적 협력(협상)장치의 미정립 -이슈의 정치적 이용과 관리전략

5) 협력의 공통분모

지방정부간 갈등 및 협력사례에서 공통적 갈등해결요인(혹은 협력요인)을 도출하면, 먼저 광역정부간의 갈등 및 협력사례에서 제시된 공통적 요인은 비용과 편익의 불공평성에 따른 보상 및 재정지원체계의 확립(박기묵, 1997; 안성민, 1998; 최봉기·이시경, 1999; 김인철·최진식, 1999; 장인봉, 2002), 갈등조정과 관련된 제도적 협력(협상)장치의 정립(이종열·권해수, 1998; 최봉기·이시경, 1999; 김인철·최진식, 1999; 주재복, 2000; 이시경, 2001) 등이었다. 이는 앞서 논의된 국외연구의 광역정부간 갈등요인과 대부분 동일한 것으로 볼 수 있다.

그리고 광역 및 기초정부간의 갈등 및 협력사례에서 제시된 공통적 협력요인은 비용과 편익의 형평성 확보(박우서, 1997; 김용철, 1998; 백종섭, 2002; 김도희, 2003)이었고, 마지막으로 기초정부간의 갈등 및 협력사례에서 제시된 공통적 협력요인은 갈등조정과 관련된 제도적 협력(협상)장치의 정립(서휘석, 1995; 이선우 외, 2001; 홍성만, 2003; 고경훈, 2003; 조승현, 2003; 권경득 외, 2003; 강인호 외, 2003b, 권경득 외, 2004)이었다. 이도 마찬가지로 국외연구의 광역정부-기초정부, 기초정부 상호간 갈등요인과 일치하는 것으로 볼 수 있다.

따라서 상기의 정부간 갈등 및 협력사례에서 추출할 수 있는 최종의 공통적 협력요인은 비용과 편익의 불공평성에 따른 보상 및 재정지원체계의 확립을 통한 형평성 확보, 갈등조정과 관련된 제도적 협력(협상)장치의 정립 등으로 볼 수 있다.

<표 3-2> 지방정부간 협력의 공통분모

구 분	갈등해소 및 협력의 공통분모
광역정부간 갈등 및 협력사례에서 제시된 공통적 갈등해결방안	-비용과 편익의 불공평성에 따른 보상 및 재정지원 -갈등조정과 관련된 제도적 협력(협상)장치의 정립
광역 및 기초정부간 갈등 및 협력사례에서 제시된 공통적 갈등해결방안	-비용과 편익의 형평성 확보
기초정부간의 갈등 및 협력사례에서 제시된 공통적 갈등해결방안	-갈등조정과 관련된 제도적 협력(협상)장치의 정립
종 합	-비용과 편익의 불공평성에 따른 보상 및 재정지원체계의 확립을 통한 형평성 확보 -갈등조정과 관련된 제도적 협력(협상)장치의 정립

6) 평가와 시사점

이상에서 국내의 지방정부간 갈등 및 협력사례에서 제시된 공통분모를 도출하면서 유형화 시도를 해 보았다. 그 결과 갈등요인들과 협력요인은 서로 밀접히 관련되어 있는 것으로 나타났으며, 갈등의 요인은 크게 제도적 차원과 갈등당사자의 행위적 차원으로 구분할 수 있었다.

즉, 갈등요인 비용과 편익의 불공평성은 보상 및 재정지원체계의 확립을 통한 형평성 확보를 통하여 갈등을 해결할 수 있을 것이고, 갈등조정과 관련된 제도적 협력(협상)장치의 미정립 및 이슈의 정치적 이용과 관리전략 등의 갈등요인은 갈등조정과 관련된 제도적 협력(협상)장치의 정립을 통하여 갈등을 해결할 수 있다. 쉽게 말해 갈등의 가장 중요한 요인은 제도적 차원에서의 협력기제의 미비이며, 해결기제로서 가장 중요한 것도 제도적 협력 장치의 확립이라는 것이다. 이는 지방정부간 갈등과 협력의 요인을 모두 관찰하면 내용적으로 대부분 일치하는 것이다.

결국 과거 미시적 분석을 주로 하는 단편적인 성격을 지닌 선행연구들의 근본적인 문제는 갈등의 요인 및 해결방안을 소수의 개별사례들에 한정하고 있어 이들이 제시하고 있는 갈등요인들의 설명이나 해결방안의 효용성이 다른 사례에 그대로 적용될 수 없다는 점이었다. 다시 말해, 국내 사례연구들이 밝히고 있는 갈등요인 및 해결방안의 분포를 살펴보면 연구자별로 상이하게 나타나고 있을 뿐만 아니라, 설정된 요인들의 유형 또한 복잡하고 다양하게 제시되고 있어 일관되고 통합적인 설명의 맥락을 찾기 어렵다. 그러나 여기서 수행한 국내를 총망라한 포괄적인 문헌연구와 이를 통해 도출된 잠정적인 결과는 그동안 협소했던 국내 개별 연구자들의 이론적 한계를 극복해 주는 하나의 대안이 될 수 있다는 점이 무엇보다 큰 공헌이라고 할 수 있다.

2. 해외동향

1) 광역정부간 갈등 및 협력

Stenberg(1981)는 1960년대 초반부터 1970년대 말까지 '협력적인 연방주의' 이론이 연방정부와 주정부간, 그리고 주정부 상호간의 관련분야에서 상당히 높은 설득력을 지니고 있었다고 주장하였다. 이러한 견해에 따라 연방체제는 권한과 책임의 분리보다는 이를 공유하는 특성을 지니고 있었으며, 이와 같은 협력적인 연방주의의 점증하는 인기는 연방정부 수준에서 연방정부의 활동 규모와 영역에 성장을 가져오게 하였다. 그러나 이와 같은 연방정부 개입의 확대는 또 다른 부작용을 가져왔다.

Kearney & Stucker(1985)는 저수준의 방사능 폐기물 관리에 있어서 미국 주정부간 계약관계가 이루어지는 과정에 대해서 논의하면서, 협력집단은 대통령의 주정부기획위원회, 연방정부주지사협회, 주정부의 입법의원연방회의가 구성하였고, 갈등해결을 위한 원칙은 주정부의 책임성, 주정부간 계약의 촉진, 계약을 맺은 주정부에서 계약을 맺지 않은 주정부로의 폐기물처리를 금지하도록 명시하는 것 등을 제시하고 있다.[13)]

Lowry & Eichenberg(1986)는 미국의 연안지역관리에 대한 정부간 협력사례를 분석하였다. 그는 협력을 위한 분석변수로서 연안지역관리 위원회(CZMA), 연방정부와 지방정부의 일치성- 연방규제, 계획, 개발, 활동자격- 등을 제시하였다. 연구 결과, CZMA는 연안지역 관리를 위한 정부간 협력을 '연방 일치성'으로 평가하고 연안과 해양자원 관리에서의 연방 일치성 공급은 연방과 주(州)의 활동가가 협력할 수 있는 효과적인 방법으로 평가되었다. 이에 따라 주와 연방기관 공무원 간 인적네트워크 구축, 회의참여 그리고 정보협상 등이 연방일치성에 기여하였다.

Gress(1996)는 주정부간 관계를 국내 관계는 물론 접경 지역까지 확대하여 주정부의 국내는 물론 국제적 협력과 관련된 제도적 요인과 정치적 요인이 무엇인지를 분석하였다.[14)] 이에 따라 협력을 위한 주정부 차원의 다양한 사례는 제도적 측면보다는 정치적 측면의 노력에 많이 좌우되는 것으로 분석되었다(정치적 노력→제도화→유지관리상 정치적 성격 내포).

Dodge(1997)는 연방정부의 균등고용위원회(EEOC)와 주정부의 균등고용기관 등 두 기관이 공공부문과 민간부문에 있어서 차별금지법을 집행하는 과정을 대상으로 고찰하였으며, 특히 이와 같은 과정에서 연방정부와 주정부간 업무집행을 위한 계약관계에 분석의 초점을 두었다. 이 연구의 결과에 의하면 예산의 제약과 조직 내 주요 지위의 감소에 따른 집행책임의 증가는 주정부와 연방정부의 균등고용위원회 모두에게 있어 보다 과중한 업무 부담을 초래하였고 인력의 배분에 관한 계약에도 영향을 준 것으로 나타났다.[15)]

---

13) 이와 같은 저수준의 방사능폐기물 관리를 위한 '적절한' 체제를 개발하는 데 있어서 성공적인 요인은 '적절한' 정치적 해결책을 모색하는 것이다. 저수준의 방사능폐기물에 대한 주정부간의 계약의 성공과 실패에 대한 책임은 대부분의 주정부들에게 부여되어 있다. 주정부들이 연방체제 내에서 비용의 집중과 편익분산이라는 상당히 곤란한 정책문제를 해결해 나간다면 저수준 방사능 폐기물 법은 주정부간 계약을 이용한 방법으로 미래의 모델이 될 것으로 보고 있다고 주장하였다(Kearney & Stucker, 1985).

14) 주정부 차원의 국내·외 협력활동은 여러 유형이 있는데, 먼저 국내 수준의 협력관계 유형으로는 NASDA, SGPB, WGA, 전국시정부연맹, NGA 등이 있으며, 국제수준의 협력관계로는 NAFTA, 미국과 캐나다 간 PNER, 미국과 멕시코 간 BGC와 BECC 등이 있다.

Zimmmerman(1998)은 문헌조사 및 검찰총장에 대한 설문조사를 통해 담배생산 및 판매에 대한 규제와 관련한 40개의 주정부를 관할하는 검찰총장들간 상호작용의 관계를 규명하려고 하였다. 그는 주정부 검찰총장들간의 기본적인 상호작용의 유형이 적대적 모형, 협력 모형, 중상주의 모형, 경쟁 모형, 혁신-확산 모형, 무관심/무시 모형으로 구분될 수 있다고 전제하고, 담배회사에 대한 규제과정에서의 각 주 검찰총장의 역할과 그들 간 상호작용은 협력 모형 및 혁신-확산모형과 부합되는 것으로 결론을 지었다.[16)]

Davis(1998)는 조정기술을 설명변수로 한 사례분석을 통하여 주정부간 협약의 문제를 다루었다. 연방제를 개혁하기 위한 조치들은 주의 조정 능력을 상당 부분 향상시켰다. 그리고 미국의 각 주들은 내부 거버넌스(governance) 구축을 제고함으로써 협의와 협약의 공간을 확대하는 것으로 나타났다.

Koontz(1999)는 공적 회합(public meeting), 워킹그룹(working groups), 전자서신교환(mailings), 기타 활동(other activities)의 분석 개념을 통하여 관료집단과 시민들 간 정책 거버넌스 문제를 다루었다. 이 분석에 따르면, 공공 산림정책의 형성에 있어서 주정부에 비해 중앙정부의 관료들이 시민의 영향력을 더욱 크게 인식하고 있으며, 시민참여를 더욱 촉진하였다. 이러한 차이를 유발하는 주요 요인들로는 법적 구속, 의회의 압력, 관료들의 우선적인 임무 및 인사이동 등이 제시되었다.

Davis & Puro(1999)는 연방정부와 주정부, 더 정확히 말해서 연방정부 기관과 주정부들 상호 간 갈등 및 협력을 분석하기 위하여 환경단속권한 관련법제도, 정부간 역할 및 책임, 제도변동과 정부간 역할 및 책임의 변동 등을 분석변수로 하여 사례분석 및 내용분석을 시도하였다. 먼저 환경단속권한과 관련된 연방정부와 주정부간 갈등 및 협력의 사례를 텍사스 주정부와 국방부 및 환경부(텍사스주↔DOD↔EPA), 미주리 주정부와 에너지관린부 및 환경부(미주리주↔DOE↔EPA)간

15) 차별금지부문에서의 두 정부간 협력적 집행은 법령에 근거하여 시행되며, 이는 복잡한 정부간 관계를 발생시킨다. 먼저 고용에 있어서 차별을 감시·감독하는 대부분의 업무는 주정부 기관에 부여되며 차별감시와 관련된 통상적인 업무는 연방정부의 위원회와 공유한다. 이와 같은 연방정부와 주정부와의 협력적 집행업무는 매년 계약을 통해서 조정된다. 두 정부간 계약내용과 집행부담비율은 두 정부간 권한, 상호의존성, 협상능력 등의 변화에 따라 달라진다.

16) 중상주의 모형과 경쟁 모형에 대해서는 아무런 증거가 확인되지 않았으며, 검찰총장의 협력적 활동이 정책강화의 측면에서 보다 조화로운 연방 체제를 창출한 것으로 분석되었다.

의 관계를 통해 설명하고 있다. 분석결과 주정부와 이들 관련기관간의 문제를 해결하려는 노력은 환경단속 관련법제(RCRA, HSWA, CERCLA)의 수정·보완 등을 통하여 지방정부의 역할 및 책임을 강화함으로써 가능해졌다. 결과적으로 제도적 측면의 개선을 통하여 갈등을 해결하고 협력을 촉진한 것이다.

Gyawali(1999)는 사회적 비용이 많이 소요되고 해결하기 어려운 정책문제의 제도적 배경을 조사하기 위한 목적으로 인도의 Ganga강 유역의 물 관리 갈등 문제를 분석하였다. 이 연구에서는 정부 수준에서는 물 관리와 관련하여 동일한 연대의식을 가지지만 해당지역의 다른 집단들은 정부와는 다른 사회적 연대가 있음을 확인하고 이것으로 인한 갈등문제는 좀처럼 해결되기 어렵다고 분석하였다. 이와 같은 두 가지의 사회적 연대 간 차이는 결국 문화적 편향에서 비롯된다는 점을 지적하고 있다.[17)]

Spaper(1999)는 보건서비스 정책에 관련된 주정부간 적정한 기능배분에 관한 논쟁과 관련하여 정부간 보건정책 협력관계 형성 및 법·제도적 요인의 변화와 보건서비스 민관 협력관계 형성, 민간 협력자로의 권력이동, 수혜자 분할, 편익 분할, 인두세율 확정, 고객의 보건계획참여 지원, 의료서비스 질 규제, 의료안전망 지원 등의 민영화를 분석변수로 하여 분석하였다.[18)]

Lane(1999)은 호주의 산림보전을 위한 연방정부와 지방정부간 갈등 사례에서 제도적 변수(RFAs)의 중요성을 지적하였다. 연방정부와 지방정부는 하나의 제

---

17) 인도의 Ganga 강은 인도의 8개 주정부에 걸쳐 흐르고 있으며, 강 상류지역의 농업용수와 산업용수의 이용으로 Ganga 강의 건조기에는 유량이 상당히 줄어들게 되었다. Ganga강의 유역에 있는 주정부 중에서 많은 인구를 가지고 있지만 인도에서 가장 낙후된 지역인 Bihar 주는 인도의 중앙정부가 강 상류 주정부들을 통제하여 줄 것을 기대하였다. 그러나 인도의 중앙정부는 물관리보다 성장 중심의 문화를 가지고 있기 때문에 Bihar 주의 기대에 부응하지 않았다. 게다가 인도와 방글라데시정부간의 1996년에 Farakka 조약으로 인해 Bihar 주의 Ganga강 물이용 권한이 더욱 축소될 위기에 처하게 되었다. 그러나 인도의 중앙정부는 댐건설이라는 대안을 제시하여 Bihar 주정부를 설득하였다. 그 결과 중앙정부와 주정부의 관료들 간에는 동일한 계층제적 속성으로 인해 새로운 댐건설에 대한 사회적 연대의식을 지니게 되었으나 이러한 정부차원의 연대에 대해서 Bihar 주지역내에서는 평등성을 추구하는 다른 사회적 연대가 구성되었다. 특히 이들은 과거의 댐건설과 같은 대안이 가져다 준 처참한 결과를 지적하며 새로운 댐건설에 저항하였다.

18) 이 연구에 의하면 오랫동안 정책형성가와 정책분석가들은 지방정부, 주정부, 연방정부간 그리고 민간부문과의 적정한 분업수준을 결정하기 위해 갈등을 빚어 왔다. 이러한 문제는 보건진료 정책의 경우에도 마찬가지로 검토될 수 있다. 그렇다면, 연구질문은 보건진료 서비스와 관련하여 민영화가 의미하는 바는 무엇인가, 연방정부는 전국적인 보건진료서비스에 관해 증가된 권한을 주정부에 위임하는가 등이다. 결론적으로 보건정책은 이러한 쟁점들을 검토하기에 적합하며, 민영화 및 이양의 실제 정도는 표현된 것과 다소 다를 수 있으나 많이 진전된 상태이며, 대조적으로 정부간 분업과 공사협력관계는 점점 모호해 지고 있는 것으로 분석되었다.

도인 지역산림협정(RFAs)이 산림문제를 둘러싼 갈등해결에는 효과성이 적지만 정부간에 정책공동체로서의 역할은 긍정적이었다고 평가하였다. 또한, 자원과 환경평가, 정부간 관계의 변화양상 등도 협력의 주요변수로 설명하였다.

Painter(2000)는 신관리주의의 시각에서 지방정부간 협력관계를 분석하였는데, 정부간 관계에서 정부간 공동 역할과 협력적 대응이 효과적인 협력을 이끌어 내며, 영국 연방수상회의(SPC)와 오스트레일리아 정부 위원회(COAG)가 대표적인 성공사례임을 제시하였다.

Wright(2000)는 미국의 정부간 관계에 대한 협력을 모색하는 과정에서 자문위원회(ACIR)라는 제도적 장치를 통한 자문위원회의 특성, 영구성, 독창성과 거부권, 의회와의 관계를 분석변수로 연구하였다. 정부간 관계에 대한 자문위원회의 독창성과 정책지향성을 검토하여, 자문위원회는 행정적 독창성 에 의해서라기보다는 의회에 의해서 창설되었으며, 정책지향과 업무규정은 위원회의 소관으로 연방정부와 지방정부간 관계를 개선하는데 강한 영향력을 행사할 수 있음을 지적하였다.

Arentsen(2001)은 네덜란드에서 환경거버넌스 모델이 EU내에서 환경문제를 효과적으로 다루는 데 있어서 그 유용성이 점차 커지고 있다는 점에 착안하여 연구를 진행하였다. 이곳에서는 환경거버넌스를 이론적으로 정리하여 각 국의 정부간 경쟁 모델, 협력 모델, 권위 모델 등으로 정리하고, 이를 네덜란드 에너지절감정책에 적용하여 분석하였다. 그 분석결과는 정책효과성이 있고 정당성이 있으려면, 제도적인 규칙에 의한 자발적인 협력이 중요하며, 이를 유도할 수 있는 제도적 규칙의 설계가 중요하다는 점을 지적하였다.

Hamilton(2001)은 지방정부간 교류 및 협력의 요인은 각 지방정부내의 위원회와 해당 실무부서의 역할이 중요하며, 갈등이 발생하였을 때, 이러한 제도적 장치들을 통하여 일차적인 해결방안을 모색할 수 있다고 하였다.

Agranoff(2001)는 연방정부와 주정부 사이에서 협력관계 형성의 요인이 무엇인가를 분석하기 위하여 협상과 조정, 책임 이동, 관리차원의 경쟁력, 연방의 집행능력 제한(협력적 정부간 관계변수) 등을 분석변수로 활용하였다. 협력적 연방주의 내에서는 정부간 관계의 관리에 관한 문헌이 검토되었으며, 증대된 국가적 권력과 축소된 협력적 정부간 관계 관리접근법, 국가 중심적 연방주의(nation-centered federalism), 증가되는 범국가적 작용에 대한 강조, 그리고

집행적 리더십 등을 파악하였다.[19)]

Shmueli & Ben-Gal(2003)은 프레임(frame) 개념을 통해서 환경 갈등에서 상대에 대한 틀짜기(framing)가 갈등과정에 영향을 미치며, 갈등당사자들이 갈등을 어떻게 해석하고, 행위자의 틀짜기에 있어서의 차이가 갈등의 전개와 해결에 중요한 영향요인임을 지적하였다.

Wright(2003)는 미국의 연방주의와 정부간 관계에 대하여 갈등이 심화되는 현상에 관하여 안전, 재정, 예산 등의 세 가지 분석변수를 제시하였다. 그는 미국의 연방정부 시스템이 본국 안전과 주 재정을 위협하고 있으며, 정부간 관계에 긴장이 깊어지고 있음으로 지금까지의 강압적인 관계를 개선하여 분담협력을 지향할 것을 제안하였다.

2) 광역정부와 기초정부간 갈등 및 협력

Cigler(1982)는 미국 연방정부의 에너지보존정책사례를 통해서 주정부 및 지방정부간 관계를 분석하였다. 그에 따르면 갈등의 요인은 지역보존정책에 대한 정부간 역할분담문제(지방정부 역할, 보존정책의 경향, 지방정부 보존활동 평가)이었다. 에너지 보존정책은 관련 지방정부의 역할분담에 따른 협력이 중요하고, 따라서 주정부, 지방정부와 지역공무원들간의 의사소통과 네트워킹의 중요성을 강조하였다.

Brown(1983)은 환경적 요인, 당사자들의 특성, 구조적 요인을 통하여 미국 연방정부와 주정부, 그리고 예하 지방정부의 정책집행과정에서의 갈등사례를 분석하였다. 정부간 정책갈등은 공동영역 자체, 관련된 당사자들의 대표, 공동영역, 주변의 환경 등을 포함하는데, 갈등당사자간 중첩되는 공동영역에서 정책지향의 차이, 관할권 투쟁, 대상 집단의 지지여부에 따라 나타나게 된다.

Portney(1985)의 연구는 환경관련 서로 다른 정부와 주민간의 갈등에서 갈등관리에 중요영향변수로 경제적 손실과 보상에 대한 지각수준이라고 강조하고 있다. 주민들이 원하지 않은 시설의 입지는 재산가치의 손실과 쾌적비용

---

19) 정부간 관계에 있어서 협력적 관리는 프로그램(정책)의 관리권한을 주정부 및 지방정부로 이동시키고 정부간 관리기능의 정교화를 증진시키면서 협상 및 조정의 정도를 검토함으로써 평가되고 있으며, 연방의 집행능력을 제한하는 것으로 나타났다. 국가중심연방주의, 국가적 사고방식, 집행위주 관리 등은 협력적 관계에 저해요인이 된다. William Anderson의 지적과 같이 협력적 연방주의 관점은 국가-주-지방정부, 주정부간, 지방정부간 관계를 포함하여 상이한 기능적 영역간의 협력을 검토하는 종합적인 것이며, 상당히 많은 면담조사 및 현장조사가 필요한“상이한 정부단위 관리(official)들간의 종합적 협력에 관한 것이다.

(amenity cost)의 손실과 같은 비용손실을 보상해 주지 않으면 입지선정은 실패하며, 경제적 보상이 지불되지 않으면 이러한 시설입지는 불가능하다는 주장이다. 그럼에도 경제적 보상을 합의하더라도 이는 일정한 한계를 가지고 있다는 점도 지적하였다.[20)]

Reeves(1992)는 지방정부의 자치능력과 주정부의 능력제고 방안을 모색하기 위해 미연방정부 수준에서 정부간 관계자문위원회의 역할에 대해서 논의하였다. ACIR은 주정부 기본법(주 헌법)에 대한 대중의 이해와 지지를 촉구할 것을 권고하였으며 동시에 그러한 점을 개선할 수 있는 능력을 개발할 것을 권고하였다. 또한 주정부 기본법에 근거한 행위에 대한 책임성을 공유하는 것과 연방시스템에 대해 재조정하기 위해 주정부 기본법의 중요성을 인식하는 것 역시 중요하다고 강조한다.[21)]

Stoker(1995)는 영국의 지방정부간 갈등과 협력의 역사를 검토하면서, 영국의 카운티(county), 디스트릭트(district) 정부간 갈등을 통한 정부간 관계의 새로운 이해를 모색하였다. 그는 역사적 제도주의, 조직구조이론, 합리적 선택이론, 신맑시즘(neo-marxism) 이론에서 관련 요인을 선별하여 지방정부간 관계를 이해하였다. 특히 정부간 갈등에서는 상호간 동맹과 파트너십(partnership)의 역동성을 강조하였다.

Wise & O'Leary(1997)는 주정부와 도시정부간 환경관리에 있어서 누가 책임져야 하는지에 대해서는 그다지 명확한 신호를 보내주지 못하고 있으며, 이에 따라

20) 이 연구가 밝히는 경제적 보상의 주요 한계점은 다음과 같다. ①경제적 보상의 형태와 보상규모에 대한 사회적 합의 도출이 어렵다. 즉, 사회적 비용이 개인수준에서 보상될 수 있다고 하더라도 적절한 보상의 형태와 보상규모에 대해 사회적 합의를 도출이 어렵다는 것이다. ②경제적 보상은 주민들이 겪는 위험을 과소 평가할 우려가 있고 주민들은 안전에 대한 고려를 제일 중시하는 데, 이것을 경제적 보상으로 상쇄할 수 없다. ③주민들이 위험시설이 정당하지 못한 것이라고 생각한다면, 보상을 뇌물로 간주할 수도 있다는 것이다.

21) 미국의 정부간 관계자문위원회(ACIR)는 초당적이며 독립성을 띤 상설 기구로서 1959년에 설립된 독립위원회이다. 이 위원회는 연방정부, 주정부, 일반지방정부간의 문제들을 분석하고 정부간 협력을 촉진하며, 필요할 경우에는 권고도 하고 있다. ACIR은 정부간 관계를 심사(monitoring)하고 다른 수준별 정부들 간에 정부의 기능, 권한, 세입에 관하여 할 당안을 권고하기도 한다. 1980년대 ACIR의 대부분 업무는 연방체제의 변화와 더불어 주정부와 지방정부의 생존에 우선적으로 초점을 두었으며 특히 자치적 능력을 함양하는 것에 초점을 두었다. 지난 1980년대의 ACIR의 연구에 의하면 연방정부와 주정부의 관계가 협력관계에서 강제하는 방향으로 나아가고 있음을 지적하고 있으며, 또한 주정부와 지방정부에 대한 연방정부의 우위를 통해 명령 또한 증가하는 경향을 보이고 한다. 위원회는 제도적 측면에서 주정부 차원의 기본법(주헌법)이 연방정부수준의 헌법적 구조를 균형화하고 완성도를 높이데 있어서 필수적인 것으로 보았다. 더욱이 주정부는 그들 나름의 정부의 철학을 가진 정치적 독립체로 간주되었다.

법원이 취하는 입장에 근거하여 연방법원이 제공하는 신호는 환경정책에 있어서 주정부의 권한을 강조하는 연방정책을 지원하지 못한다는 결론을 내렸다.22)

Falcone & Lan(1997)은 불확실성의 시대에 있어서 상이한 수준의 정부간 관계와 그러한 관계를 통한 생산성을 확보하는 방안에 대해서 논의하였다. 그들은 각 정부수준 간 상호작용의 생산성을 지속하기 위해 연방정부, 주정부 그리고 지방정부가 구사하는 전략을 정부의 현재적 능력에 대한 지속적인 인식, 최적의 기술이용, 조직의 사명추구를 위한 종합적인 성과평가, 공식적인 의사전달 구조의 확립이라고 하였다.23)

Mondragon(1998)은 스페인의 사회정책 집행사례를 통해 예하 정부간 관계를 분석하였다. 그는 각 정책집행과정에서 정부간 협력은 협력을 위한 제도적 기구, 상호 간 협상, 정치경제적 조정방안 등이 중요 요인이라고 지적하였다.

Sokolow(1998)는 소득세 변화에 따른 주-지방정부간 관계의 변화를 다루었다. 이 연구에서 소득세 변화는 정부간 재정 권한의 변화를 함의한다. 미국에서 최근 4반세기 동안 주정부로의 재정 권한의 실질적인 이동은 지방정부의 자율성을 침식하였으며, 이에 따라 비수평적인 양자 관계를 규정하고 있는 것으로 나타났다.

Laverty & Kenneth(2001)는 정부간 관계와 관련한 쟁점의 해결 및 협력을 위한 주 및 지방정부 이익집단의 역할을 분석하기 위해 주 및 지방정부 법률센터의 자문역할, 센터의 성공률, 중앙과 지방간 분쟁 대상(기술적 문제) 등과 같은 분석변수를 활용하였다. 이 연구는 주 및 지방정부 관료들의 새로운 역할에 전조가 되는 기술적인(technical) 정부간 쟁점을 해결하는데 법원의 개입이 증가하고 있음을 시사하고 있다. 정부간 프로그램 관리와 같은 기술적 쟁점을 설

---

22) 최근에 환경규제부문에서 연방정부내의 입법부와 행정부가 주정부와 지방정부에 대해서 적절한 책임정도는 어느 수준정도인가에 대한 논의는 이루어지고 있으나 환경정책과 연방주의에 관한 연방법원의 영향에 대한 논의는 덜 이루어지고 있다고 주장한다.

23) 그들은 이상의 전략을 통해서 다음과 같은 내용을 강조하고 있다. 우선 각 정부들은 그들이 무엇을 하지 못하고 무엇을 잘 할 수 있는지, 즉 장점과 단점에 대한 인식의 필요성을 강조했다. 다음으로는 지방정부, 주정부 그리고 연방정부에 부여된 책임에 대한 인식을 강조하였다. 각 정부의 책임에 대한 인식은 고정된 것이 아니라 계속해서 변화되고, 이와 같은 유동적인 과정에서는 누가 그러한 책임을 가지고 있으며 그러한 책임을 누가 부담해야 하는가 보다는 현재 누가 이니셔티브를 가지고 있으며 어떻게 함께 진행해야 하는지가 더 중요하다고 한다. 따라서 이러한 상황을 반영할 수 있는 공공부문의 조직운영방안을 모색해야 함을 강조하였다. 끝으로 각 정부수준간의 원만한 상호작용은 구조적 측면, 기술적 측면에서 의사소통이 고양될 때 이루어진다고 보고 있다.

명하는 경우에 하위정부 수준의 협의회가 활성화되었으나, 선거 등과 같은 보다 광범위한 헌법적 문제가 반영되는 경우에는 그러한 특징이 나타나지 않았다. 대부분의 기술적 쟁점에 관하여 연방정부, 주 및 지방정부의 이익집단은 대체로 유사한 태도를 견지하였다. 분석결과, 이익집단은 법원을 적절히 활용하고 있으며, 대법원은 주정부의 주장에 동조하고 있는 것으로 나타났다.[24)]

Lubell (2004a)은 정부 및 이해집단 등의 다양한 행위자이 참여한 협력적 관리가 성공하려면 이해집단의 참여가 필수적이라는 점을 지적하고 있다. 이 연구는 서로 다른 수준의 정부간 관계에서 지역 환경의 성공적이며 협력적인 관리제도 형성 조건으로는 이해집단이 파트너십에 참여하는 것이 필수적이며, 이해집단의 참여에는 지방정부의 신뢰성, 참여자 간 상호호혜(reciprocity) 등에 영향을 받고 있다고 하였다.

Lubell(2004b)은 협력적 제도는 전통적인 환경갈등의 대안으로서, 갈등 당사자 간 상호협력과 동의를 유도해야한다고 주장하고 있다. 그런데 협력적 제도가 실제로 협력의 수준을 높인다는 실례가 적다는 점에 착안해서 연구를 진행하였다. 환경정책영역에서 가장 협력적으로 운영되는 '해안구역관리제도'의 상호동의와 협력수준을 연구하였다. 그 연구결과, 동의수준에서는 국가수역관리협력체제(NEP)가 높았고, 협력수준에서는 국가수역관리협력체와 비국가수역관리체제 사이에 차이가 없는 것으로 나타났다.

Gray(2004)는 미네소타 북부의 국립공원 관련 환경갈등에서 왜 협력적 해결이 어려운가를 탐색하였다. 즉, 환경갈등에서 제 3자의 조정노력에도 불구하고 협력적 행동을 이끌어 내지 못하고 실패하는가 하는 요인을 탐색하였다. 그 연구결과에 따르면, 제 3자가 협력적 파트너십을 어떻게 유도하여 문제를 틀 짓기(framing)하고, 이를 토대로 한 상호작용이 협력으로 가는데 중요 요인이라는 점을 밝히고 있다. 협력의 실패는 이해당사자의 틀 짓기(framing)에 달려있는데, 이때 조정자로서 제 3자가 갈등당사자들이 지닌 틀을 어떻게 다시 틀 짓기(reframing)로 유도하는지가 협력에 중요변수라는 점을 강조하였다.

---

24) 최근 수년 동안 주 및 지방정부의 이익집단은 대법원에 앞서 법률고문(amicus curiae)의 역할을 적극적으로 수행하였다. 1995년부터 1998년까지 37개 사례에 대한 주 및 지방정부 이익집단의 참여에 관한 검토 결과는 그들 이익집단이 연방주의 관련 주요 분쟁에서보다 정부간 정책 및 프로그램 집행의 문제가 부각되는 경우에 더욱 단합되었다는 점을 보여주고 있다.

3) 기초정부간 갈등 및 협력

Boschken(1977)은 독일 지방정부의 토지이용에 있어서 현재의 행정적 구조가 적절한가에 대해서 논의하였다. 2차 세계 이후 도시화는 '지리적' 차원에 근거한 정부 역할에 대하여 적절성 논의가 제기되어 왔다. 지리적 경계와 정치적 경계 간에 불일치가 발생할 경우, 대표성 문제와 행정적 정당성 문제가 제기되며, 지리적 모델에 근거한 행정패턴은 가장 중요한 토지이용 관할권을 둘러싼 복수구역들의 조정하는 것을 어렵게 한다. 하지만, 대도시의 지리적 복잡성은 협력적인 정부간 개방체제를 통하여 토지이용에 대한 통제가 가능하다는 새로운 관점을 제공해 주었다. 따라서 이 연구는 당면한 토지이용문제의 해결방안으로 비계층적 체제(광역체제)를 통해 정부간 이해 조정을 해야 한다고 주장한다.

Mock(1979)은 Richard Emeron이 개발한 권력 관계(Power Relationship) 분석에 근거하여 권력과 의존성 모델을 통해서 미국의 도시정부간 관계를 설명하고 있다. Emerson의 접근방법에서 핵심적 내용은 행위자 A에 대한 행위자 B의 권력은 행위자 B에 대한 행위자 A의 종속성과 동일하다는 것이다. 지방정부들은 다른 지방정부와 관계에 있어서 협력하려고 하는 것은 또 다른 자원의 분배와 제반 서비스를 창출해 낼 수 있기 때문이다.

Mikuleeky(1980)는 미국의 점증하는 도시정부들이 지니고 있는 여러 문제를 해결하기 위하여 도시정부 관리자가 모색할 수 있는 정부간 관계전략을 고찰하고 있다. 도시들이 지니고 있는 여러 문제의 심각성은 연방정부가 관심을 갖는 문제가 되고 있으며, 이는 각 정부수준에서 다른 정부가 지니고 있는 권한, 능력 자원에 관하여 정부기관들이 상호 의존하는 속성이 증가하게 하고 있음을 나타낸다. 이러한 구조 하에서 지역수준의 의사결정의 독자성에 대한 관심은 부적절한 것이다. 지역수준에서 상호의존성이 가지는 속성은 협상이 가능한 영역이 된다. 현재 도시정부의 관리자 입장에서 중요한 것은 이와 같은 상호의존성이 존재하며 회피하기가 어렵다는 것이다. 따라서 도시정부의 관리자는 도시의 삶의 질(the quality of life)을 개선하고 지역과 주정부 그리고 연방정부에 보다 효과적으로 대응하기 위하여 다른 정부기관의 자원이용을 촉진하는 방법에 관심을 가져 한다는 것이다.

Agranoff & Lindsay(1983)는 미국의 지방정부수준에서의 인사문제를 해결하기 위한 방안으로 IGM에 대해서 논의하고 있다. IGM은 IGR의 하나의 구성요소로서 정부간 관계에서 추구하는 목표달성에 초점을 두고 있다. 현재까지 연구되어 온 IGB에 관한 연구들이 인사문제를 다루어 왔기 때문에 기술적 문제들은 조직, 기획, 서비스전달과 관련하여 집중적으로 논의되어 온 경향이 강하다. 따라서 다른 문제의 영역에도 기술적 차원에서 논의하는 것이 필요하다. 마지막으로 성공적인 IGM은 관련 정부간 협력적 과업을 추구하는 것을 전제하고 있다.[25)]

Oakerson(1987)은 미국의 지방정부간의 공공서비스 공급의 효율성 차이로 인한 문제발생과 이의 해결을 위한 연구를 하였다. 연구변수로 선호표현의 용이성, 수혜자부담원칙의 준수, 감시기능의 적절성을 제시하였다. 즉, 이는 지방정부의 공공서비스 공급의 효율성을 설명하는 주민들의 선호표현(preference revelation)의 용이성, 수혜자 부담원칙의 준수 등을 통한 재정적 등가원칙(fiscal equivalence)의 확보, 서비스공급자의 책임확보(accountability)를 위한 감시기능의 적절성이 주민들의 선호표현과 선호통합에 용이하다는 것이다. 또한, 행정서비스가 주민이 요구하는 대로 이루어지는지에 대한 감시의 원활한 수행을 위해서는 지방정부의 규모가 크지 않아야 한다. 그리고 이상의 요인들에 대한 지방정부간 협력을 통하여 정부규모의 상호조정이 필요하다고 하였다.

Rabe(1990)는 그의 저서에서 기초 지방정부간 유해폐기물부지입지선정 갈등 사례분석을 하였다. 그의 사례분석 변수는 당사자 간 지속적인 관계, 미래의 가치화, 보상(compensation), 규칙과 절차의 명확화 등이었다. 분석결과, 유해 폐기물 처리장의 부지선정과정에서 일어나는 분쟁해결을 위한 방안으로 협상의 중요성을 지적하고 있으며, 이러한 상황을 부지개발자(site developer)와 지역공동체(community) 간 죄수의 딜레마 게임(the prisoner's dilemma game)으로 파악하였다. 이러한 상황에서 부지개발자는 최소의 비용과 개발 지연의 예방을 위하여 합의 과정을 억제하고 반대를 무시하려는 전략을 사용하였으며, 지역공동체는 부지개발자에 대한 경멸과 무시로부터 출발하여 이러한 위협을 제거

---

25) 이 연구에서 제시하고 있는 성공적인 정부간 관리요인은 네 가지로 요약하고 있다. 첫째는 헌법적 법률구조이다. 법률상 규정된 정부들의 역할과 관계는 정부간 관할권 구조에서 발생하는 다양한 문제를 해결할 수 있는 준거가 된다는 것이다. 둘째는 정치적 차원으로서 이는 첫 번째 요인인 법적 관할권과도 자연스럽게 관련되는 것으로 정부간의 협의체(Intergovernmental Body) 구성 시에 구성원들에 부여되는 과업의 정치성을 고려할 경우에는 성공적인 관리적 요인이 될 수 있다. 셋째는 사안문제들에 대한 기술적 차원에서 논의이다.

하기 위한 항의, 소송 등의 단체행동을 통한 정치적 행위전략을 선택하였다.

Campbell & Glynn(1990)의 연구는 주정부 내 지방정부간 협력을 논의한 이전 연구에서 제시한 가설들을 검증하고, 이 연구의 종속변수를 특정한 도시정부와 카운티의 전체 재정지출비율로 하여 지방정부의 공공서비스 전달에 있어서 지방정부가 주정부 또는 다른 지방정부와 협력해나가는 주요 변수를 찾는데 초점을 둔 경험적 연구이다. 정부간 협력에 영향을 주는 변수로는 인구수, 정부의 형태와 대도시적 지위, 조지아주 카운티들 내의 기초지방정부의 수, 카운티 내의 인구의 분포이다. 그 분석의 결과로 조지아주 내 전문성을 가진 단체장이 이끄는 도시정부와 카운티 정부의 경우는 좀처럼 다른 정부들과 협력하려 하지 않는 경향을 지니고 있으므로, 주정부가 산하에 있는 지방정부들로 하여금 정부간 협력을 도모하기 위한 제도를 마련하도록 해야 한다고 주장하였다.[26] 정부간 협력은 효율적인 전달서비스에 대한 지방정부의 능력과 이의 증진이 관계가 있다고 보았으며, 이를 위해서는 직접적인 공공서비스전달과 관계있는 지방정부간 협력이 필수적이라고 주장하였다. 이에 따른 다중회귀 분석결과, 정부간 협력에 있어서 시(City)의 경우, 다른 변수보다는 메트로폴리탄 내에서의 지위가 비슷한 정부간 협력에 높은 상관관계가 있음을 보여주었고, 카운티(County)의 경우는 인구변수가 정부간 협력관계에서 중요한 변수임을 나타내고 있다. 지방정부운영의 효과적인 개선과 그들의 서비스전달능력의 향상에 대한 요구는 계속해서 증가할 것이며, 정부간 협력에 있어서 중요한 요인은 정책이슈에 대한 정부간 적절한 관심과 이해라고 주장하고 있다.

Turner(1990)는 플로리다 주와 주정부 관할 시 및 카운티 간의 성장관리와 관련한 협력방안을 탐색하기 위해 정부간 관계에 관한 조세제도와 기획제도 등의 제도적 요인, 정책권한, 집행책임, 재원조달 등에 관한 정부간 관계 등을 분석변수로 하여 사례연구를 수행하였다. 그는 플로리다 주 지역의 성장과 관련하여 주정부와 지방정부(카운티) 간 갈등 및 협력의 과정을 설명하면서, 카운티 등

---

26) 연구의 결과에 의하면 경험적 관계성은 명확하지는 않지만 이전의 정부간의 협력연구에서는 협력이 인구수, 정부의 형태 및 대도시적 지위(metropolitan status)와 관련 있는 것으로 나타났다. 그리고 인구규모 변수가 카운티 정부간의 협력에 있어서 중요한 예측치를 제공하지만 도시 정부간의 협력에서는 그렇지 못한 것으로 나타났다. 그리고 정부의 형태나 대도시적 지위는 조지아주의 카운티 정부간의 협력에 있어서 그다지 관계성이 없는 것으로 나타났다. 한편 대도시적 지위는 도시정부간의 협력에 있어서는 상당한 상관관계가 있는 것으로 나타났다. 또한 현재의 정부간 체제의 변화구조 내에서는 정부간의 협력과 관련되는 고유한 정책적 문제는 주정부의 역할과 관련되는 것으로 보았다.

지방정부의 능력형성을 유도하는 LGPGA나 GMA 등 기구의 설치, 재원확보 위한 각종세제 도입 등의 제도를 중시하였다. 그리고 주정부 및 지방정부의 정부간 관계는 법적 권위 및 요건에 관련된 구조 그 이상의 신뢰와 상호지원을 바탕으로 하는 정치적 관계라는 것을 확인하였으며, 이들 관계는 적정한 제도적 토대 위에서 더욱 공고히 형성되는 것으로 확인되었다.

Godschalk(1992)는 인접 지방정부간에는 정책 기획 및 지역개발과 관련된 갈등이 나타나며, 이는 해결하여야할 중요한 문제라고 주장하였다. 그리고 이의 해결을 위해서는 지속적인 제도의 정비 등을 통한 광범위한 갈등관리 접근방법이 요구된다고 하였다. 이를 위하여 실제적인 갈등관리를 위한 명확한 절차와 갈등해결에 책임 있는 공무원의 협상에 대한 경험을 축적시켜야 하고, 반대를 최소화하며 교섭을 계속 진행시킬 수 있는 능력을 증진시켜야 한다고 주장하면서 4가지 사례분석을 통한 정부간 갈등해소를 위한 협상의 방안을 제시하고 있다. 그 방안으로는 첫째, 협상친화적인 환경과 절차의 구축, 둘째, 분쟁에 대한 정확한 인식과 해결책의 제공, 셋째, 해결방안과 협상방안에 적합한 기법의 개발이라고 주장하였다.

Andranovich(1995)는 미국의 지방정부간 협력과 관련된 사례를 분석하면서 공공의사결정과 관련된 이해관계는 정부간 협력에 의한 의사결정과정의 지침이 된다고 주장하였으며, 관할구역과 지역에 기초한 이해관계는 지방정부간 관계에서 새로운 형태의 정부간 관리기술을 필요하며, 이해관계에 기초한 문제해결과정은 지역적, 지방정부간 맥락에 따른 협력적 접근방법의 적용을 통해서 시행될 수 있다고 보았다. 또한 지역적 공공의사결정의 과정은 이해관계에 기초한 협력을 이용해야 한다는 점을 강조하고 있다.

Alm & Stephanie(1996)는 미국 서부 4개 주의 도시-농촌 지방정부(County)의 환경갈등사례를 분석하였다. 환경갈등은 주(州) 간 또는 도-농 카운티 간 환경보호관련 지출의 차이 등 지표 간 차이나 지방정부를 둘러싼 환경관련 변수의 차이 때문이 아니라고 주장하였다. 반면, 서부 4개주의 도-농 지방정부에 있어서의 환경갈등은 환경이슈를 받아들이는 것과 이슈를 다루기 위한 정책결정방법에 차이 때문이라고 주장하였다.

Keeok Park(1997)은 계량분석을 통한 가설 검증의 방법으로 대도시에서의 지방정부간 세출정책의 상호작용 문제를 다루었다. 그 연구 결과는 지방정부의 세출 정책을 둘러싸고, i) 지방정부간에 경쟁과 협력이 일어나고 있으며, ii) 정부간 경쟁이 사법부 간 경쟁에 비해 약하다는 점을 보여주고 있다.

Hawkins, Percy & Montreal(1997)은 미국의 정부간 관계, 특히 도시정부간 관계를 이해하기 위해서는 지방정부시스템의 하나인 공동주거조합(RCA)과 같은 준정부 조직에 대한 이해가 필요하다고 보고, RCA 관계를 분석하였다.[27]

Ellison(1998)은 콜로라도 주 덴버지역(덴버시와 다른 카운티의 관계)을 분석대상으로 하여 사례연구를 수행하였는데, 주로 정부간 관계와 공공정책의 형성 및 집행 간 관계, 정책지지연합(ACF)을 통한 당사자 간 협력, 제도·환경적 요인, 정부간 상호작용 등을 분석변수로 활용하였다. 그는 덴버지역의 성장과정과 수자원 개발에 따른 카운티 및 시 정부간 갈등 및 협력의 과정을 분석하여 설명하고 있다. 다양한 정부의 정책전략의 성공은 각 행위자의 자율성과 하위체제내의 정책분절(policy fragmentation)의 수준에 좌우되는 것으로 판단하였다. 특히 제도를 통한 협력관련 조직의 구성 및 당사자 간 역할분담에 의한 문제해결 및 협력 도모가 촉진되는 것으로 확인되었다.

Martin(2000)은 영국의 지역수준에서 도시정부간 관계를 분석하였다. 그는 지방정부간 갈등이나 협력이 발생하는 원인을 하원, 노동당의 협력과 통제, 행정적 협력 등의 정치적 행태로 제시하였다. 그는 영국 중앙정부의 각료와 공무원들이 서로 협력, 통제하며, 지방하원에 영향을 미치고, 하원의 리더들은 중앙의 통제에 저항하며, 다른 지역과의 협력을 통하여 새로운 정부간 관계를 설정해 나가는 메커니즘으로 구성되어 있다고 주장하였다. 이런 세 가지 요인을 적절하게 조정함으로써 지방정부간 갈등을 방지하고 협력을 조장할 수 있다고 보았다.

Davis(2001)는 미국 서부지역 산불방재에 관한 지방정부간 정책 환경의 변화를 분석하기 위하여 정부간 정책변화와 방재활동 관련하여 정부간 조정을 요하는 정주패턴 및 토지활용 선호의 변화, 국유림지대의 대형 산불 건수, 지역의 이해에 무게를 둔 제도정비에 관하여 의회의 자발성 등을 분석변수로 활용하였

27) RCA(공동주거조합)와 같은 준정부 조직은 미국의 연방주의의 특징 중에 하나로 지방정부와 비슷한 역할을 수행한다고 보았으며 RCA에서 근무하는 종사자들의 설문을 통해 RCA의 역할에 대하여 조사하였다. RCA는 서비스제공, 정부간 계약, 다른 지방정부와의 로비측면에서 지방정부와 유사한 역할을 수행하는 것으로 나타났다. 또한 다변량 분석결과 RCA는 지방정부와 거의 유사한 활동을 수행하고 있으며 지방정부의 업무와 중첩된 업무를 수행하는 것으로 나타났다.

다. Wright의 정부간 관계 모형에 여러 가지 변수를 적용한 결과, 여러 정부의 관할권이 미치는 지역에서의 산불방재정책에 관한 의사결정의 책임을 공유하는 중첩모형이 타당한 것으로 확인되었으며, 캘리포니아 주정부의 경우와 같이 지방의 이해관계 및 역할의 근거를 제공하는 각종 법제도를 정립하고 활용하는 것이 관련정부간 유용한 협력의 기반이 될 수 있음을 확인하였다.

Argyle & Marlowe(2002)는 미국 주정부 예하 카운티들 간 협력(아동 및 가족을 위한 조지아 정책위원회 구성/활용)을 바탕으로 상위 주정부 개혁을 이루어 낸 조지아 주의 사례를 소개하고 있다. 주지사의 선언적 목표와 지방수준의 의사결정, 아동 및 가족관련 정책개선 프로그램, 그 밖의 법·제도적 요인 등을 분석변수로 하여 연구를 진행하였다. 이 사례에서는 관련조직 및 정부간 협력적 관계정립을 통한 정부개혁을 이룩하였는데, 오직 하나의 지역사회 협력체를 구성하여 처음부터 모든 관계자들을 협력적 활동에 포함시킴으로써 협력적 파트너에 의해서 설정된 목표 및 세부목표(goal & objective)에 집중시키도록 한 점이 특징적이다. 또한 협력적 파트너를 지역사회 평가 및 전략기획 과정에 연관시킴으로써 실질적인 협력이 가능하도록 하였다.

Layzer(2002)는 지역 환경 분쟁에서 시민참여의 집단적 의사결정의 중요성을 지적하고 있으나, 이 연구는 시민과 이해당사자 간에는 정치적 자원의 불균형으로 인하여 정부 관료는 재정문제로 개발논리를 선택하지 않을 수밖에 없다는 점을 보여주고 있다. 1990년대 후반 개발과 관련된 토지이용 논쟁에서 시민의 환경보전주의는 환경 분쟁의 해결방법으로 집단적 의사결정을 선호하고 있으나, 연구결과는 환경문제를 해결하는 하나의 방법으로서 집단적 의사결정이 오히려 지역효율성 향상을 저해하고 있다고 설명하고 있다.

Daley & Layton(2004)의 연구는 도시정부들에 대해 미국 환경청(EPA)이 1990년대 이후 500개 부지를 슈퍼펀드정책대상에 포함시켰으나, 단지 156개 부지만이 건설을 완료하게 된 원인과 현상을 밝히고 있다. 즉, 도시정부들 사이에 존재하는 관계에 의하여 어떤 부지는 선정 작업이 완료되었고, 다른 부지는 그렇지 못했는지에 대한 이유를 분석하였다. 그 분석결과는 EPA는 다루기 쉽고, 위험수준이 낮으며, 정치적 감독이 크고, 지역공동체의 관여가 낮은 곳일수록 집행에 영향을 미쳤다는 점을 강조하였다.

4) 메타연구에서의 갈등과 협력

국내와는 달리 해외는 지방정부 탄생의 역사가 오래된 곳이 많기 때문에 이 책과 유사한 방식으로 그간의 연구성과를 정리해 보는 메타연구 부문의 성과도 상당수 발견되었다.

먼저 Weiss(1987)는 정부간 갈등에 관한 선행연구의 문헌분석을 통하여 정부간 협력의 과정모형의 도출하기 위해 문제의 존재, 자원의 이용가능성, 제도적 능력, 외부의 유인이라는 네 가지 설명변수를 제시하였다. 그에 의하면 협력에 필요한 전제조건들을 다음과 같이 제시하고 이러한 조건들은 순차적으로 적용된다고 주장하고 있다. 첫째, 문제의 존재이다. 협력을 통하여 완화될 수 있는 문제가 존재해야 한다는 것이다. 둘째, 자원의 이용가능성이다. 협력을 통하여 문제를 처리할 자원이 있어야 한다. 셋째, 협력 프로그램을 실행할 제도적 능력이다. 현존하는 일상적 문제처리 절차들(routines), 하부조직이나 구조, 협력을 위한 정당한 수단 등이 포함된다. 넷째, 외부의 유인이다. 외부에서 조직의 성과에 대한 새로운 요구를 할 때 협력이 나타난다는 것이다.

Wall & Blum(1991)은 정부간 협상에 관한 논의를 포괄적으로 정리하면서, 갈등을 해결하기 위한 협상과정에서 작용하는 중요한 변수로 협상자의 특징, 협상당사자-협상상대자의 상호작용, 제 3자의 개입, 양측 구성원의 속성, 상황적·환경적 요소 등을 지적하였다.

Pinkley & Northcraft(1994)는 갈등 협상 전후의 틀 짓기(framing)를 협력의 요인으로 분석하였다. 의사결정자의 틀 짓기가 협의과정에서 상호수용(수렴)되어 갈등 당사자 간 협의된 결과에 영향을 미칠 수 있다는 점을 보여주고 있다. 즉, 갈등과정에서 기존의 대립되는 틀 짓기의 재구성(reframe)이 가능하다는 것이다. 틀 자체가 처음부터 고정되기보다는 협상과정을 통해 변화할 수 있다는 점이다. 기존 틀 짓기가 재구성되기 위해서는 실행 가능한 해결책을 제시하거나 이슈의 중요성과 안정성을 공격하는 논쟁이 되어야 하고, 상대방을 설득시킬 수 있는 정당한 주장을 전개하여야 하며, 현안문제에 대한 새로운 관점이 제기되어야 가능하다는 것이다.

Sitkin & Weingart(1995)는 갈등상황에서 협상당사자의 반응을 연구하였다. 갈등이 협력으로 진행되기 위해서는 이해당사자 간 협상과정에서 정보(information)를 수용하는 당사자가 인지하는 위험지각(risk perception)과 사회적 동기(social motives)의 변수가 협상결과에 영향을 미치는 중요변수라는 점을 지적하였다.

Elangovan(1995)은 주로 조직이론의 관점에서 각 정부를 포함한 단위조직간 갈등과정에서 갈등해결을 위해 제 3자가 개입의 단계를 하나의 모델로 정리하고 있다. 그가 갈등에 관한 문헌분석을 통하여 얻은 개입단계모형은 분쟁개입의 성공적 관리 위한 기준마련, 분쟁개입전략의 관리, 전략선택에 영향 미치는 핵심적 분쟁속성, 개입전략선택을 위한 결정규칙(논쟁중요성 규칙, 시간압력규칙, 분쟁규칙의 본질), 의사결정의 구조 등이다.

Wall & Callister(1995)는 문헌분석을 통해 첫째, 갈등의 발생, 갈등의 핵심과정에 따른 효과를 검토하고, 둘째, 갈등의 증폭 혹은 완화, 갈등맥락, 갈등관리 등의 갈등의 역동성 등을 검토하고 있다. 또한 갈등은 당사자 간, 혹은 제 3자에 의해 관리가 될 수 있음을 지적하였다. 결국 갈등은 다양한 관계구조, 다양한 영향요인 등이 있지만 결국에는 관리될 수 있다는 점을 강조하고 있다.

Lan(1997)은 갈등해결의 행정학적 접근법에 대해 문헌분석과 이론적인 탐색을 하였다. 그는 먼저 선행연구의 갈등사례에서 공통적으로 나타나는 변수들은 보상과 처벌, 규칙, 사실규명, 권리관계, 권력 등이라고 보았다. 즉 사람들의 의식이나 행위를 조정하고 변화시키기 위해서는 정책이나 제도가 필요하다고 주장하면서, 의식과 행태를 조정하고 변화를 가져올 수 있는 주요 기제로 다음과 같은 다섯 가지 요인을 주장하였다. 첫째, 적절한 인센티브와 벌칙을 만드는 것이다. 즉, 보상과 처벌 또는 유인과 제재 등의 유인기제(inducement)를 통하여 행태를 조정하고 변화시키는 것이다. 둘째, 규칙(rules)을 만드는 것이다. 규칙은 어떤 방식으로 행동하고 어떤 방식으로는 행동하는 것을 금지하는 명령과 같으며 어떤 행위의 허용과 자격을 정해줌으로써 사람들의 행위를 조정하고 변화시킬 수 있다. 셋째, 사실(facts)을 통한 행태의 조정과 변화이다. 이것은 원칙적으로 설득에 의존하는 전략으로 사실의 노정을 통하여 사람들의 마음이나 인식의 변화를 가져와 다시 행태를 변화시키는 것이다. 넷째, 권리(rights) 관계를 통하여 행태를 조정하고 변화시키는 것이다. 이것은 행위자들의 권리관계를 변화시킴으로써 사람들의 행태를 조정하고 변화시킬 수 있다. 마지막으로 권력(power)을 이용하는 것이다. 권력을 통하여 의사결정과정을 변화시킴으로서 문제의 성격을 변화시키는 전략을 말한다.

Opotow & Weiss(2000)의 연구는 정부간 환경갈등에서 기술적, 행태적 국면도 중요하지만, 갈등과정에서 윤리적 정당성도 중요하다는 연구결과를 보고하고 있다. 환경갈등은 대규모성, 광역성, 전문기술성 등을 그 특징으로 하고 있지만, 결과의 심각성, 당사자 몰입, 당사자 관여 등 때문에 이런 요인이 배제되고 있다고 한다. 또한 갈등이 건설적인 갈등이 되려면 협상의 투명성, 상호의존성, 상대에 대한 시각 등의 조건이 필요함을 강조하였다.

한편, 일부 문헌연구는 갈등문제로 인한 협력의 필요에서가 아니라, 순수하게 조직과 조직 간, 그리고 정부와 정부간 협상과 협력의 증진방안에 대한 연구문헌들을 살펴보면, 대부분 제 3자의 의한 중재나 당사자의 협상의지와 자세를 중요한 요인으로 제시하고 있다.

먼저 Wiseman & Poitras(2002)의 경우 갈등을 당사자 간 해결이 곤란할 때 협력요인으로 공통적으로 제 3자 중재가 유용한 방법이 된다고 보았다. 그런데 제 3자에 의한 중재과정에서는 힘의 역학관계가 갈등해결에 영향을 미친다고 보았다. 이 연구는 중재자가 중재과정에서 어떻게 조직계층의 구조 하에서 양측의 힘을 조화롭게 화해시키느냐에 초점을 두고 분석하였다. 그 연구결과는 중재조건이 조직구조의 실체적 모습과 조화시키지 못하면, 양측은 환경적 중재맥락에 상관없이, 권력투쟁에 빠질 위험성이 있다는 것이다. 따라서 갈등해결과정에서 제 3자의 중재는 조직구조의 실체를 반영하고 이를 토대로 하여 갈등상황을 중재해야 할 것을 강조하였다.

Schweitzer & Dechurch(2001)는 갈등상황에서 협상 당사자의 틀(frame)이 협상행동과 결과에 영향을 미칠 수 있다는 점을 상기시키는 메타성격의 연구이다. 예컨대, 협상과정에서 협상 당사자가 손실 편향적인 틀(loss-framed)을 지니고 있을 때보다는 이익편향적인 틀(gain-framed)이 보다 더 업무 지향적 행동을 보인다는 점을 검증함으로써 협상과정에 어떤 유형의 틀 짓기를 하느냐가 합의형성에 중요한 영향요인으로 작용한다는 것이다.

Wood(2004)는 갈등과정에서 중재자의 역할을 문헌과 Q-방법론을 통해서 설명하였다. 많은 연구가 이해당사자 간 갈등을 조정하는 중재자의 역할을 그냥 지나치기 쉬운데, 이 논문에서는 중재자의 역할을 4가지 유형으로 분류하였다. 갈등을 조정하는 중재자는 자문가(counselor), 협상가(negotiator), 촉진자(facilitator), 민주주의자(democrat) 등으로 중재자 역할의 다양성을 지적하였다.

Cohen(2003)은 갈등당사자들이 상대편에 대해 지니는 은유(metaphor)가 갈등협상 및 협력에 영향을 미친다는 주장을 하였다. 은유란 이해하고자 하는 주제현상을 매개체(vehicle)를 통해 파악하려는 것이다. 이때, 필요조건은 양 현상 간 대응관계가 성립되어야 하며 은유를 수용하는 사람이 주제현상보다는 매개체에 더 익숙하여야 한다. 예컨대, 협상양측이 상대편을 협력적 파트너(cooperative partner)로 또는 경쟁적 적대자(competitive adversary)로 이해하느냐에 따라 협상상황은 상이한 결과를 가져오며, 또한 이 은유가 상호 간 학습에도 영향을 미친다는 점이다.

Putnam(2004)은 이해당사자 간 협상과정이 어느 순간과 계기로 인하여 협상의 성격이 완전히 변화될 수 있다는 점을 전환(transformation)개념을 통해서 설명하고 있다. 협상과정에 ① 협상상황이 특수한 수준에서 일반적 수준으로, ② 구체적 원인에서 추상적 수준으로, ③ 부분에서 전체로, ④ 개인에서 시스템 수준으로, ⑤ 실제적인 것에서 상징적 수준 등의 5가지 유형이 협상변형의 결정적 순간(critical moments)에 작용하고, 내적요인과 외적요인이 작용하여 협상의 전환을 촉진한다는 것이다. 내적요인으로는 진지함의 자세(열린 마음, 문제해결의지), 상대편과의 유대감, 신뢰를 바탕으로 한 인식 등을, 외적요인으로는 차별화(상호 차이점 인정), 복잡성의 균형화(갈등당사자들이 갈등상황을 상호조정하는 것) 등이다.

5) 갈등의 공통분모

해외 문헌분석을 통하여 살펴본 결과들로부터 지방정부간 갈등에 관한 의미있는 공통분모를 얻기 위하여 사용하는 기준은 고찰된 문헌 중에서 유형화된 부분의 성격을 규명하는 것이다. 전체 고찰된 논문의 과반수를 기준으로 하여 동일하게 나타난 요인이거나 유사한 것으로 제시된 요인들을 공통적인 갈등의 분모로 규정하였다.

먼저 광역정부와 광역정부간 갈등사례에서 제시된 공통적 갈등요인은 갈등문제와 직접적으로 관련된 제도적 근거의 부족이 가장 많은 것으로 나타났으며 (Kearney & Stucker, 1985; Lowry & Eichenberg, 1986; Gress, 1996;

Zimmmerman, 1998, Koontz, 1999; Davis & Puro, 1999; Wright, 2000; Arentsen, 2001), 협력 장치의 미정립이나 갈등이슈에 대한 정치적 권력관계도 최근의 많은 연구들에 의해 지지되고 있다(Spaper, 1999; Gelber, 1999; Painter, 2000; Wright, 2000; Aleshire, 2001; Cameron, 2001). 그리고 갈등이슈에 대한 지방정부 관료의 행태나 특성에 관한 요인도 많은 연구에 의해 논의되고 있다(Lowry & Eichenberg, 1986; Gress, 1996; Dodge, 1997; Davis, 1998; Koontz, 1999; Cameron, 2001; Hamilton, 2001; Shmueli & Ben-Gal, 2003). 또한 지방정부 내외부의 정치적 환경(Wright, 2000; Cameron, 2001; Opeskin, 2001)과 경제적 수준 및 문화적 동질성(Dodge, 1997; Davis, 1998; Gyawali, 1999; Lane, 1999; Gelber, 1999; Agranoff, 2001; Wright, 2003) 등도 갈등의 요인으로 많이 지적이 되고 있다.

그리고 광역 및 기초정부간 갈등사례에서 제시된 공통적인 갈등 요인은 역시 제도적 장치와 협력기구의 미비(Reeves, 1992; Stoker, 1995; Wise & O'Leary, 1997; Laverty & Palmer, 2001; Kaiser, 2003; Lubell, 2004a; 2004b, Gray, 2004)로 나타났으며, 갈등에 관한 행정절차상의 문제(Hoos, 1966; Wise & O'Leary, 1997; Falcone & Lan, 1997; Kaiser, 2003)도 제도적 장치의 미비와는 다소 다른 요인으로 나타났다. 또한, 갈등문제에 대한 관료의 특성(Hoos, 1966; Mondragon, 1998; Laverty & Palmer, 2001), 당사자의 관여와 의지, 협상능력의 정도(Falcone & Lan, 1997; Lubell, 2004b)가 지방정부 내부의 요인으로 작용하고 있는 것이 특징이다. 그리고, 지방정부간 역할과 갈등문제를 둘러싼 환경적 요인(Cigler, 1982; Brown, 1983; Magleby, 1998; Sokolow, 1998)도 상당한 분량의 연구에서 의미 있게 다루어지고 있다.

마지막으로 기초정부간 갈등사례에서 제시된 공통적 갈등요인은 정치·경제·사회적 환경적 요인을 다룬 연구(Agranoff & Lindsay, 1983; Campbell & Glynn, 1990; Turner, 1990; Alm & Stephanie, 1996; Keeok Park, 1997; Hawkins, Percy & Montreal, 1997; Ellison, 1998; Martin, 2000; Layzer, 2002; Daley & Layton, 2004)가 가장 많은 비중을 차지하며, 제도적 장치와 협의기구의 부재에 관한 선행연구(Agranoff & Lindsay, 1983; Oakerson, 1987; Rabe, 1990; Turner, 1990; Ellison, 1998; Davis, 2001; Argyle &

Marlowe, 2002)도 많은 것으로 나타났다. 또한, 갈등문제에 대한 행정적 권한과 기존 정부구조, 절차의 문제를 다룬 연구(Boschken, 1977; Mock, 1979; Milkuleeky, 1980; Alm & Stephanie, 1996)도 상당한 부분을 차지했으며, 제 3자의 개입과 이에 대한 당사자(도시 단위의 지방정부)의 대응에 따른 갈등사례(Coase, 1960; Milkuleeky, 1980; Godschalk, 1992; Andranovich, 1995)도 높은 비중으로 다루어졌다.

그러므로, 최종적으로 상기의 정부간 갈등사례에 관한 국외 선행연구의 분석결과에서 추출할 수 있는 공통적인 갈등요인은 제도적 장치와 협력기구의 미비, 갈등문제에 대한 행정적 권한과 기존 정부구조 및 절차의 문제, 갈등당사자인 지방정부의 관여와 의지, 협상능력 등이며 이는 곧 지방정부간 역할과 갈등문제를 둘러싼 제도적 요인 혹은 환경적 요인으로 요약할 수 있다.

<표 3-3> 지방정부간 갈등의 공통분모

구 분	갈등의 공통분모
광역정부간 갈등 및 협력사례에서 제시된 공통적 갈등요인	- 갈등문제와 직접적으로 관련된 제도적 근거의 부족 - 협력장치의 미정립이나 갈등이슈에 대한 정치적 권력관계 - 갈등이슈에 대한 지방정부 관료의 행위나 특성에 관한 요인 - 지방정부 내외부의 정치적 환경 - 경제적 수준 및 문화적 동질성
광역 및 기초정부간 갈등 및 협력사례에서 제시된 공통적 갈등요인	- 제도적 장치와 협력기구의 미비 - 갈등에 관한 행정절차상의 문제 - 갈등문제에 대한 관료의 특성 - 당사자의 관여와 의지, 협상능력의 정도 - 지방정부간 역할과 갈등문제를 둘러싼 환경적 요인
기초정부간 갈등 및 협력사례에서 제시된 공통적 갈등요인	- 정치·경제·사회적 환경적 요인 - 제도적 장치와 협의기구의 부재 - 갈등문제에 대한 행정적 권한과 기존 정부구조, 절차의 문제 - 제 3자의 개입과 이에 대한 당사자 (도시단위 지방정부)의 대응
종 합	- 제도적 장치와 협력기구의 미비 - 갈등문제에 대한 행정적 권한과 기존 정부구조 및 절차의 문제 - 갈등당사자인 지방정부의 관여와 의지, 협상능력 - 지방정부간 역할과 갈등문제를 둘러싼 환경적 요인

6) 협력의 공통분모

갈등의 공통분모와 마찬가지로 문헌에 나타난 지방정부간 갈등 및 협력사례에서 공통적 갈등해결 요인(협력요인)을 도출하면 다음과 같다.

먼저 광역정부간 갈등사례에서 제시된 공통적인 요인으로는 제도적 장치와 협력기구의 설치(Lowry & Eichenberg, 1986; Gress, 1996; Zimmmerman, 1998, Koontz, 1999; Davis & Puro, 1999; Wright, 2000; Arentsen, 2001), 갈등이슈에 대한 법·제도적 조정(Spaper, 1999; Gelber, 1999; Painter, 2000; Wright, 2000; Aleshire, 2001; Cameron, 2001), 경제적 수준과 지역문화의 이질성 극복(Gyawali, 1999; Lane, 1999; Gelber, 1999; Wright, 2003) 등의 순으로 나타났다.

광역정부 및 기초정부간 갈등사례에서 제시된 공통적 협력요인은 광역정부간 갈등사례들과 마찬가지로 제도적 장치와 협력기구의 설치를 주장한 연구(Reeves, 1992; Stoker, 1995; Wise & O'Leary, 1997; Laverty & Palmer, 2001; Kaiser, 2003; Lubell, 2004a; 2004b, Gray, 2004)가 가장 많은 것으로 나타났으며, 다음으로 행정적 계층구조와 복잡한 절차의 간소화(Falcone & Lan, 1997; Kaiser, 2003), 행위자들의 적극적인 의지와 협상능력 제고(Hoos, 1966; Mondragon, 1998; Laverty & Palmer, 2001)가 협력에 중요한 영향을 미치는 것으로 보고하고 있다.

기초정부간 갈등사례에서 제시된 공통적 협력요인은 제 3자(중앙정부, 상위정부)의 개입으로 인한 지방정부간 신뢰 및 협상의지 증진(Coase, 1960; Milkuleeky, 1980; Godschalk, 1992; Andranovich, 1995)이 다수이며, 지방정부간 이질감 및 이기주의의 극복(Turner, 1990; Alm & Stephanie, 1996; Keeok Park, 1997; Hawkins, Percy & Layzer, 2002; Daley & Layton, 2004)을 제시한 연구와 더불어 제도적 장치와 협의기구의 설치를 주장한 연구(Agranoff & Lindsay, 1983; Oakerson, 1987; Rabe, 1990; Ellison, 1998; Davis, 2001; Argyle & Marlowe, 2002) 등이 협력을 조장하는 요인에 있어 비슷한 수준으로 나타났다.

<표 3-4> 지방정부간 협력의 공통분모

구 분	갈등해소 및 협력의 공통분모
광역정부간 갈등사례에서 제시된 공통적 협력요인	- 제도적 장치와 협력기구의 설치 - 갈등이슈에 대한 법·제도적 조정 - 경제적 수준과 지역문화의 이질성 극복
광역 및 기초정부간 갈등사례에서 제시된 공통적 협력요인	- 제도적 장치와 협력기구의 설치 - 행정적 계층구조와 복잡한 절차의 간소화 - 행위자들의 적극적인 의지와 협상능력 제고
기초정부간 갈등사례에서 제시된 공통적 협력요인	- 제 3자 개입으로 인한 지방정부간의 신뢰 및 협상의지 증진 - 지방정부간 이질감 및 이기주의의 극복 - 제도적 장치와 협의기구의 설치
종 합	- 제도적 장치와 협력기구의 설치 - 행정적 계층구조와 복잡한 절차의 간소화 - 행위자들의 적극적인 의지와 협상능력 제고 - 경제적 수준과 지역문화의 이질성 극복

7) 평가와 시사점

이상에서 해외문헌의 지방정부간 갈등 및 협력에서 제시된 공통적 갈등 및 협력의 분모들을 도출하였다. 그 결과 갈등과 협력은 각 사례를 분석한 연구에서 대부분의 공통적인 설명변수를 사용하였기 때문에 상호 밀접하게 관련되어 있음을 알 수 있다.

구체적으로 제도적 장치와 협력기구의 미비로 생긴 갈등에 대해 이의 보완이나 신설을 통하여 갈등을 해결하고 있음을 알 수 있다. 그리고 복잡한 구조나 절차 및 갈등 당사자의 문제, 기타 환경적 문제에 대해서는 이에 대한 극복이나 활성화 방안이 제시될 때 비로소 갈등해결을 위한 기제로서의 역할을 함을 파악할 수 있다.

같은 맥락에서, 갈등 및 협력의 요인이 가지는 성격에 따라 분류하면, 크게 제도나 구조를 바탕으로 한 기구나 절차, 지방정부 내·외부의 행위자들이 갖는 특성이나 자질, 행태, 그리고 갈등문제와 해결의 장을 둘러싼 정치, 경제, 사회, 문화적 환경 등 크게 세 가지 차원으로 분류됨을 알 수 있으며, 이 책에서 실제사례를 바라보는 준거를 제공한다.

추가적으로 해외의 연구들 중에서 개별적 사례분석이나 횡단적 계량분석이 아닌 선행논문과 문헌연구를 통한 메타분석의 성격을 가진 연구들을 다시 분석하여 갈등과 협력의 공통분모를 도출결과와 비교해 봐도 결과는 유사하다. 즉, 지방정부간 갈등과 협력에 관한 기존 연구를 통한 문헌분석으로 논의된 연구들 역시 국·내외의 경우에 있어서 공통적인 요인으로 추출된 결과와 비슷하였다. 즉, 갈등 발생의 요인으로는 제도적인 협력 장치나 협상기구의 부재가 가장 많았으며, 이는 해결기제로서도 가장 많이 작용하고 있음을 알 수 있다. 그리고 지방정부간 갈등발생 시에 양 지방정부를 구성하고 있는 공무원, 시장, 주민, 정치인 등이 갈등발생 후 변동에 적지 않은 영향을 미친다고 보고 있으며, 이는 기존의 조직행동이나 인간관계, 협상이론을 다룬 문헌들에게서 많이 발견되고 있다. 마찬가지로 지방정부를 둘러싸고 있는 외부적인 사회경제적, 문화적 환경도 갈등의 발생과 해결에 중요한 영향요인으로 파악하고 있다.

3. 공헌과 한계

지금까지 살펴본 지방정부간 갈등과 협력에 관한 국내·외 기존 연구성과의 이론적인 공헌은 다음과 같이 논의될 수 있다.

첫째, 무엇보다도 지방정부간 관계를 다양한 대상영역이나 사례를 통해 파악하며, 이들 관계에 영향을 미치는 갈등 요인들을 다양하게 탐색하고 있다는 점에서 의미를 갖는다. 다양한 시각에서 갈등 및 협력현상을 보고 있는 것이다.

둘째, 그렇기 때문에 나름대로 다양한 정책적 처방이 현실 분석을 통하여 제시되고 있는 것이다. 예컨대 합리적 보상체계의 확립, 법과 제도의 개선, 행정협의회 등의 활용, 중앙 및 지방분쟁조정위원회등과 같은 중재기구의 적극적인 노력, 의식개혁, 시장 메커니즘의 활용, 간접관리방식의 정착 등과 같은 방식이 사례별로 각기 다르게 제시되고 있는 것이다.

그러나 이러한 공헌에도 불구하고 지방정부간 갈등과 협력에 관한 그동안의 이론적 논의와 연구문헌들은 다음의 한계도 동시에 지닌다.

첫째, 지금까지의 연구들은 단일사례이거나 단일한 시각에서 접근하고 있다. 즉, 갈등과 협력의 요인을 소수의 개별사례들에 한정하고 있어서 이들이 제시하고 있는 요인들의 설명이나 정책방안의 효용성이 다른 사례에 그대로 적용될 수 없다는 점이다. 실제 국내 사례연구들이 밝히고 있는 갈등 및 협력요인의 분포를 살펴보면 연구자별로 분석단위가 상이하게 나타나고 있을 뿐만 아니라, 설정된 요인들의 유형 또한 복잡하고 다양하게 제시되고 있어서 일관되고 통합적인 설명의 맥락을 찾기 어렵다. 결국 필요한 것은 사례별로 다르게 나타나는 영향요인과 사례의 전개과정에 따라 반전될 수 있는 관계의 가변성을 포괄적으로 설명할 수 있는 통합적 연구 작업이 필요한 것이다. 더욱이 국외 연구들은 연구의 경향이나 분석대상인 변수에 대하여 새로운 아이디어를 제공해 주고는 있지만 한국의 특수성에 비추어 그대로 적용될 수 없다는 것이다. 현상설명을 위한 보편성도 중요하지만 특수성도 무시할 수 없다.

둘째, 이론적인 측면에서, 지금까지 갈등 및 협상에 영향을 미치는 결정요인에 관한 국내·외 연구들은 각자 다양한 이론적 토대와 접근방법에 의해 전개됨으로써 이를 종합적으로 검토하는 이론적 체계화 작업도 필요하다. 국내외 기존연구의 검토를 통한 이러한 한계점은 이 책에서 어느 정도 극복될 수 있을 것이다.

제 2 절 이론적 접근방식

지방정부간 갈등을 해결하고 협력을 조장하는 방법에는 여러 가지가 있지만 지금까지의 학자들은 각각의 사례나 연구목적에 맞춘 방식을 선호해 왔다. 이에 지금까지의 지방정부간 관계나 갈등, 협력사례 혹은 실증연구에서 나타난 다양한 갈등에 대한 접근을 재분류하면 크게 정치적 접근, 경제적 접근, 법제도적 접근, 심리 문화적 접근, 사회구조적 접근, 게임 이론적 접근, 협상론적 접근 등으로 유형화시킬 수 있다. 그리고 여기서는 추가적으로 최근 접근방식의 새로운 유형으로 신제도론적 접근, 행위자 특성 접근, 환경적 접근을 제시한다. 그러나 기본적으로 갈등의 다양성과 가변성이라는 특징 때문에 많은 연구는 둘 이상의 접근방법을 혼용하고 있는 경우가 많다.

전반적으로 볼 때, 이러한 지방정부간 갈등과 협력을 바라보는 시각 중에서 어느 특정한 접근방법이 좋고 나쁘다는 것은 판단할 수 없다. 이는 대부분의 기존연구가 복합적인 접근방법을 사용하는 이유이기도 하다. 그러나 갈등주체와 객체의 관점에서 볼 때, 지방정부간 갈등에 대한 정치적 접근, 경제적 접근, 사회

구조적 접근은 갈등문제를 둘러싼 외부적 접근의 성격이 강하며, 심리 문화적 접근과 협상론적 접근 및 게임 이론적 접근은 내부적 접근으로 갈등과정에서 지방정부내의 행위자들과 밀접하게 연관되어 있음을 알 수 있다.

또한, 갈등에 대한 각 접근방식은 모두 갈등의 원인과 전개 및 해결과정에 대한 설명변수를 어떻게 설정하느냐에 따라 결정됨도 추정할 수 있다. 따라서 만약 지방정부간 갈등과 협력을 연구하는데 있어서 새로운 시각으로 전환할 필요가 있다면, 이러한 일반이론으로부터 추출될 갈등의 영향요인과 부합되는 접근법을 이용하고 일정 수준에서 이와 연관을 맺는 것이 타당하다.

1. 정치적 접근

정치적 접근은 지방정부간 갈등이 궁극적으로 정치적 문제로서 정부간의 의사교환을 통해 갈등을 해결할 수 있다는 입장이라고 말할 수 있다. 즉, 지방정부간 갈등을 해결하기 위하여 단체장간 협상 및 제 3자에 의한 조정 등이 해결수단으로서 제시되고 있다. 이 접근방법은 지방정부를 하나의 민주적 공동체로 파악하면서 집단 및 지역공동체의 이익이 공정하게 논의될 수 있는 제반 여건의 조성이 필요하고 그를 바탕으로 갈등 당사자인 지방정부간 실질적 협력관계의 형성이 가능하다고 본다(Agranoff & Lindsay, 1983; Gress, 1996; Layzer, 2002; Daley & Layton, 2004).

그러나 이는 지방정부 한편이 마치 생존권을 걸고 무조건적으로 반대를 하거나 그리고 갈등해결을 위한 정치적 과정보다는 갈등해결에 따른 보상의 크기에 더 매력을 가지고 있을 경우는 적용하기가 곤란하다. 또한, 정치적 접근은 양보와 타협, 조정이라는 중재적 수단에 의존하고 있기 때문에 양자 모두가 만족하는 갈등을 영구적으로 해소했다고는 보기 힘들다(Kearney & Stucker, 1985; Rabe, 1990; Turner, 1990). 예를 들어, 위천공단 지정 및 낙동강 수질에 관한 부산과 대구의 갈등이나 기타 다수의 환경갈등은 정치적으로는 도저히 해결될 기미가 보이지 않는 경우가 많았다.

2. 경제적 접근

경제적 접근은 지방정부간의 갈등이 양 당사자가 모두 합리적 경제적 주체임을 전제하고, 갈등이 비용과 편익의 불공평성에서 발생된다고 본다. 즉, 갈등의 해결은 경제적 보상이나 투자를 통해 가능하다고 보는 입장이다. 따라서 갈등해결의 기본적 시각은 어느 한 쪽의 경제적 손실과 보상에 대한 지각수준(Portney, 1985; 김상헌, 1997; 이종렬·권해수, 1998; 백종섭, 2002)이 가장 중요한 역할을 한다고 보고 있다.

예를 들어, 자신의 관할구역에 혐오시설 입지에 대해 반대하는 지방정부의 주된 이유는 이 시설로 인한 위험부담, 주민반대, 보이지 않는 각종 비용을 지불하여야만 함에도 불구하고 그 편익은 다른 지방정부, 혹은 국가 전체가 가지게 되는 불공평에 있기 때문이다. 따라서 한 지방정부는 혐오시설 입지로 인한 비용과 편익을 계산하여 비용이 편익보다 높게 되면 입지에 반대하고 나서기 마련이다.

지방정부간 갈등에 대한 경제적 접근은 지방정부간의 갈등현상과 그 해결을 구체적이고 현실적으로 설명한다는 데서 의의를 가지지만, 문제는 현실세계에서 경제적 보상에 의해서도 해결되지 않는 대부분의 환경갈등을 타당성 있게 설명하지 못하는 아쉬움이 있다(Alm & Stephanie, 1996; 박기묵, 1997). 또한, 최근 로컬 거버넌스와 지역네트워크를 통하여 다양한 이해관계가 반영된 지방정부를 단순히 경제적 보상으로 해결을 할 수 있다는 단순논리와 함께 비용과 편익의 효과를 과학적, 기술적으로 타당성 있게 검증하는데 대한 어려움을 고려하지 않은 점도 한계로 지적된다. 바꾸어 말하면 지방정부간 갈등해결을 위한 경제적 접근은 다른 접근과 혼용되거나 보완적 수단으로서 유용하게 쓰이고 있다.

3. 법·제도적 접근

법·제도적 접근은 이는 지방정부간의 갈등이 소송으로 인한 판결이나 제도적 중재기구 등과 같은 법·제도적인 수단으로 해결된다는 시각이다. 가장 대표적인 방식의 하나로 각종 환경갈등을 예방하기 위한 환경정책기본법, 4대강 특별법, 지방자치법상의 행정협의회를 들 수 있는데 이는 각종 환경시설이나 비선호 시설 입지에 대해 지방정부간 권한이나 책임, 협의방식 등을 법·제도적으로 사전에 규정해놓는 것이다. 예를 들자면, 중앙정부나 지방정부에 의해 추진되는 시설이 혐오시설일지라도 국가나 국민의 입장에서는 반드시 필요한 공익적 성질을 가진다면 이를 위한 제도적 정비나 기구를 설치하여 갈등을 극복할 수 있다는 입장이다.

그러나 이는 정치적, 경제적 접근방법과 마찬가지로 지방정부의 역동성과 다양한 이해관계를 무시한 경직된 논리로 상향식(top-down) 의사결정방식에 의한 지방정부의 예상 밖의 반응에 대하여 탄력적인 대응을 하기 힘들다는 약점을 가진다. 근래에 방사성폐기물처리장 입지에 관련된 부안군과 전라북도, 중앙정부의 갈등사례에서 원자력법이라는 제도적 장치가 명확하였음에도 불구하고 계획이 전면 백지화된 경우가 좋은 예라고 볼 수 있다.

4. 심리문화적 접근

심리 문화적 접근은 기존의 정치적 조정, 경제적 보상, 법·제도적 장치를 통한 갈등해결의 방법이 항상 올바른 결과를 가져오지 않았다는 사실에서 출발하여 지방정부간 갈등에 대한 다른 원인들을 살펴보던 중 집단(지방정부)의 심리적, 문화적 측면을 발견한 연구들이 나오면서부터 자리 잡기 시작하였다.

심리 문화적 접근은 님비(NIMBY)와 핌피(PIMPY)의 관점에서 갈등문제를 논의하고 있는데, 님비의 경우 사회의 유지와 건강을 해치는 파괴적 현상으로 입지선정의 질적 저하, 환경문제의 유발, 사회통합 및 행정의 효율성 저하 등의 역기능을 발생시킨다는 부정적 기능과 함께 비용과 편익의 불공평성로 인한 자연스러운 현상이자 오히려, 의사결정의 질을 향상시킬 수 있다는 긍정적 기능도 있다고 본다. 지방정부간 갈등을 집단의 심리적이고 문화적인 측면에서 파악하는 것은 최근 정치, 법제도, 경제의 측면에서 설명할 수 없었던 갈등사례를 타당성 높게 설명하고 있다.

5. 사회구조적 접근

사회구조적 접근은 사회적 프레임(frame)접근방식으로도 통하는데, 이는 갈등문제의 본질 규명과 해결안 도출을 위한 시작이 해당 이해당사자들의 해석적 능동성을 전제로 이들의 의식 속에 자리한 집단해석 정향을 체계적으로 정리하고 이해하는 것에서부터 시작되어야 한다고 본다(주경일 외, 2003).

사회구조적 접근은 현실에서 다양한 갈등조정제도가 마련되어 있는데, 이러한 시스템은 작동하지만 가치관 차이가 크거나, 이해관계가 크게 얽혀 있는 경우 갈등조정이 실패하는 경우가 종종 발생한다는 기본 관점을 견지한다.[28)]

이에 대해 구조와 프레임적 접근은 갈등당사자 한 쪽이 우선적으로 이슈를 정의하고, 어떠한 조치가 누구에 의해 취해져야 할지를 결정하고, 자신들을 보호하며, 이슈에 대해 취하게 되는 입장을 정당화하며, 이슈에 관한 조치를 취하도록 혹은 취하지 말도록 하기 위해 사람들을 동원하기 위해 활용된다. 이러한 일련의 과정은 이해집단들의 해당 이슈에 대한 근본적인 해석적 정향과 바람직한 갈등관리 방식에 대한 태도 및 상대방에 대한 인식, 평가 등을 알 수 있게 함으로써 갈등 당사자간 상호 이해와 합의형성 구축의 기초자료로서, 또 제 3자에 의한 효과적인 중재절차의 개발에 있어서 그 유용성을 높일 수 있을 것이라고 생각하게 한다.

6. 게임이론적 접근

게임 이론적 접근은 갈등발생에 대한 딜레마 상황에서 해결책의 모색보다는 대응행동으로 단순한 선택이나 지연을 하려고 할 것이며, 딜레마 상황에서 결정지연은 시간을 버는 것 이상의 의미를 갖기 어렵기 때문에 오히려 문제의 재규정이나 단순한 선택을 하게 되고, 이를 정당화하기 위한 상징적 행동이 많이 전개된다고 본다(Scharpf, 1977; Axelrod, 1984; Rabe, 1990; 소영진, 1994; 김인철·최진식, 1999; 신희권, 2002). 즉, 갈등상황에서 가장 일반적인 행동은 결정의 위험부담이 크기 때문에 나타나는 무의사결정(non-decision making)이나 선택의 지연 또는 문제의 재규정, 선택을 최대한 보류하거나 지연(delay)하거나 결정권을 포기(escape)하는 반응을 보일 수 있는 것이다(이종범, 1999).

따라서, 게임이론은 개별 지방정부간의 상호작용에 의한 갈등해소 및 협력의 형성조건을 설명하기 위한 설명도구로 사용해온 이론이며, 갈등발생과 협력을

---

28) 이러한 갈등조정이 실패하는 이유는 무엇인가를 살펴보기 위해 문제해결 접근법에 초점을 맞춰 보면, 첫째, 당사자 간 대화가 이루어지지 않는 데에서 볼 수 있듯이, 문제해결 구조가 잘못 짜여서 실패하는 경우를 들 수 있다. 둘째, 문제해결 진행과정이 지나치게 대립적이고 비효율적인 방식으로 일관한다는 점이다. 양측의 주장간에 누가 옳은지 따지는 것이 문제해결노력의 대략적 근간을 이뤘던 것이다. 셋째, 갈등해결 프로세스가 잘못 디자인된 데 따른 문제도 크다. 갈등 사안에 맞게 문제해결구조를 공정하게 만들고 해결프로세스를 정교하게 디자인하고 그 진행과정을 생산적-효율적으로 운영한다면 이러한 갈등을 훨씬 효과적으로 해결할 수 있을 것이다(주경일 외, 2003).

보다 쉽고 간단하게 설명할 수 있다는 장점을 가지고 있지만, 다른 접근법과 마찬가지로 여러 단점도 지적되고 있다. 예를 들어, 지방정부가 항상 특정상황에서 합리적으로 행동한다는 전제는 환경권이나 지역의 생존권을 위협하는 님비갈등의 경우에는 적합하지 못한 것으로 밝혀졌다. 또한, 지방정부간 갈등상황은 보통 다수의 행위자들로 이루어져 있고 그들간의 이익은 결국 상대적이며, 여러 갈등사안, 같은 게임 상황의 지속에 따라 선호되는 전략은 달라질 수 있다는 점이 게임이론의 최대한의 맹점이다. 이러한 점에 대해서 게임이론을 주장하는 많은 학자들은 같은 게임상황이 반복되는 경우에 갈등해소전략은 더욱 확고해 질 수 있다는데 거의 의견을 같이 한다(Axelrod, 1984). 그러나 어떠한 방법으로 그와 같은 상호작용이 지속될 수 있는가에 대한 의견은 다양하며 실제적인 응용 또는 검증이 필요한 상태이다.

7. 협상론적 접근

지방정부간 갈등에 대한 협상론적 접근은 갈등상황에서 가장 합당하면서 가용한 대안이 곧 당사자들이 머리를 맞대고 협상을 하도록 하는 방법이라고 본다. 즉, 각자의 선호를 제시하고 서로의 상황에 대해 상호이해하려고 노력하는 단계를 거쳐 문제를 원만하게 해결할 수 있는 길을 모색하는 것이다. 협상론적 접근은 협상의 일련의 학습과정(learnable process)이며, 대부분의 협상의 근저에는 다양한 형태의 갈등상황이 전제되어 있음을 주장한다. 따라서 선호(preference)와 우선순위(priorities), 관점(perspectives)의 갈등이 항상 전제되어 있으며 현실적으로도 지방정부간에는 희소자원의 공유, 업무조율의 필요성, 기타 거래관계 등 상호의존적 관계에 놓여 있기 때문에 갈등은 회피할 수 없다는 것이다(Milkuleeky, 1980; Sadler, 1989; Manring, Nelson & Wondolleck, 1990; Agranoff, 2001).

일반적으로 협상론적 접근에서 가장 중요하게 취급되는 사실은 협상태도와 협상행위가 곧 협상전략(Negotiation Strategy)의 문제로 귀결된다는 것이다. 협상전략은 지방정부의 선택에 의해서 좌우되는 만큼 협상자의 선호도와 능력, 의지가 가장 많이 작용하는 영역이다. 또한 지방정부간 협상은 이러한 협상전략이 상호작용하는 과정에서 다양한 결과를 만들어 낼 수 있다는 점에서 가장 역동적인 접근법이다. 이런 협상전략이 갖고 있는 선택적인 요소와 역동성은 협상전략이 무조건 갈등을 해결할 수 있는 게 아니라는 것을 내포하고 있다(Kharbanda & Stallworthy, 1991; Mondragon, 1998). 즉, 지방정부는 협상을 실행하는 과정에서 협상목표, 협상력, 신뢰관계, 협상구조, 내부상황 등 다양한 변수를 고려해서 협상전략을 선택하게 되며, 이런 협상전략의 선택은 항상 목표했던 결과를 도출해 내는 것은 아니다.

기존의 지방정부간 갈등에서 협상전략 선택의 선행요인과 협상전략과 협상결과와의 관계에 대한 이론적, 경험적 연구들이 서로 엇갈리는 연구결과를 제시하고 있는 것은 협상전략의 개념적 차이, 협상대상의 분석수준과 방법론의 차이에서 비롯되는 것으로 사료된다(권원용. 1993; 이선우 외, 2001; 김상구, 2002; 하혜수, 2003). 향후 이런 한계를 극복하고 협상전략과 협상결과와의 관계에 대한 실증연구가 계속 축적되어야 할 것이다.

8. 신제도론적 접근

1) 신제도론적 접근의 배경

신제도론적 접근은 사회과학 분야에서 발생한 기존의 많은 제도론 중에서 사회현상의 원인으로서 일단의 규칙인 제도(institution)의 중요성을 강조하는 접근방법이다. 이와 같은 접근방법은 한국에서도 이미 여러 기성학자들에 의해 소개된 바 있으며(김영평, 1992; 박통희, 1992; 김인, 1993; 이명석, 1995; 하연섭, 1999; 김인, 2002), 실제 여러 가지 정책 연구에서 이미 사용된 바 있다(김인, 1998; 이명석, 1999; 최병선, 2002).

지방정부간의 갈등 및 협력의 문제는 사례의 내용과 발전과정이 기본적으로 제도와 규칙의 틀에 의해 영향을 받을 수밖에 없다는 점에서 위의 신제도론적 접근방법에 따라 관찰될 필요가 있다. 즉 정부간 갈등 및 협력현상은 여러 가지 요인에 의해 발생하겠지만, 정부의 정책과 다양한 제도에 기인하는 경우가 많다. 지방정부간의 갈등 해소를 위한 정책적 방안으로서 관련 법규의 재정비가 빈번히 요청되는 것은 바로 이러한 제도적 영향력을 반증해주는 것이다.

신제도론에서 말하는 제도는 크게 세 수준에서 찾아 볼 수 있다. 제도를 분석하는 데 있어서 평면적으로 분석하기보다는 다양한 수준의 제도를 분석하는 것이 필요하다. 이것은 각 제도들이 보다 근본적이고 상위 수준의 제도의 맥락 속에서 작용하기 때문이다. 첫 번째 분석수준은 행동의 세계나 혹은 운영상의 수준이다. 이 수준에서 기능하는 개인들은 기대되는 상황에 따라 직접적인 행동을 취하거나 혹은 미래의 행동을 위한 전략을 채택한다. 두 번째 수준의 분석은 집합적 의사결정의 세계이다. 집합적 의사결정은 제도적 장치 내에서 인가된 행동을 결정하고, 시행하고, 계속하거나 혹은 변경시키기 위해 관리자들에 의해 이루어진다. 세 번째 수준은 헌법상의 의사결정의 세계이다. 헌법상의 의사결정은 행동을 허가해 주기 위한 미래의 집합적 의사결정을 지배하는 규칙에 대한 집합적 선택이다. 헌법상의 선택은 의사결정 규칙에 대한 의사결정이다(Kiser & Ostrom, 1982). 이렇게 본다면, 세 수준의 분석에 사용될 수 있는 제도, 즉 규칙은 각각 운영상의 규칙(operational rules), 집합적 선택 규칙(collective choice rules), 그리고 헌법상의 선택규칙(constitutional choice rules)이다(Ostrom, 1990). 만약 지방정부간 갈등에 이러한 접근이 이용된다면 우선 헌법, 관련 분야의 법률, 각종 법령이나 조례 등이 검토되어야 할 것이다.

그런데, 이상과 같은 일련의 규칙들은 주로 서면 규칙들이다. 이런 규칙 외에 실제에서 작용하는 다양한 규칙을 통해서 우리는 행위자의 활동 유인에 영향을 주는 제도적 구조를 밝혀 볼 수 있고, 그래서 유인과 그 결과 사이의 관계를 검토할 수 있다. 그러나 개인들이 일단의 서면 규칙을 준수하고 있다거나 혹은 우리가 사용 규칙(rules-in-use)을 쉽게 발견할 수 있다고 볼 수는 없다(Ostrom, 1986). 왜냐하면, 많은 현실에서는 서면으로 규정된 규칙과는 달리 실제로 적용되고 있거나 사용되고 있는 규칙이 따로 있기 때문이다. 경우에 따라서는 이런 사용규칙이 서면규칙과 양립할 수 없는 경우도 많다. 이런 규칙들은 오랜 관행으로서 그 활동에 참여하는 일단의 사람들 즉, 공동체 사이에서 하나의 중요한 규칙으로서 기능하고 있다. 따라서 Hilton(1992)과 같은 학자는 실제 일어나는 행위에 관한 정보를 사실상의 규칙이라 보고, 이런 규칙은 무엇이 이루어져야 하는가와 같은 법률상의 규칙보다 더욱 중요하다고는 얘기할 수는 없을지 모르나 마찬가지로 중요하다고 한다.

사회과학에서 한가지 현상을 연구하는데 다양한 접근방법이 사용될 수 있지만,

지방정부간 갈등과 협력을 외면상으로 정확하게 보기 위해서는 신제도론적 접근방법이 적합하다. 특정 연구에 있어서는 각 접근방법은 각각 장·단점을 지니기 마련이다. 제도적 접근방법은 정책결정자와 학자들은 상이한 제도적 장치가 민주적이고 효율적으로 문제들을 해결하고자 하는 개인들에게 어떻게 작용하는가에 깊은 관심을 갖고 있다.

따라서 제도적 접근방법은 공유자원의 비극 문제를 해결하는 데 특히 많이 사용되었다(Hardin, 1968). 이처럼 제도적 접근방법은 진단적 혹은 처방적 연구를 조직화하는 데 도움을 줄 수 있다. 특히, 신제도론적 분석은 다양한 종류의 제도들을 개선시키는 데 많은 관심이 집중되어 있다는 점에서 현실적합성이 높을 것이다(Ostrom, 1991). 실제 이와 같은 접근방법을 통해 여러 정책분야의 사회적 문제를 해결하고자 하는 연구가 이루어진 바 있다(Ostrom, Feeny & Picht, 1993; Ostrom, 1990 ; Schlager, 1990; Gellar, Oakerson, & Wynne, 1990 ; McKean, 1992 ; Hackett, 1992 ; Kim, 1992; Tang, 1991, 1992). 그리고 이러한 신제도론적 접근을 통해서 지방정부간 갈등과 협력현상을 설명하기 위해서는 이에 대한 구체적 논의와 확실한 개념화 작업이 필요하다.

2) 제도의 개념화

통상적으로 행정현상에 대한 가장 전통적인 인식방법은 제도적 접근법으로 알려져 있다. 행정학이 포함된 사회과학 연구에서 '제도(institution)'에 대한 관심은 오래 전부터이나, 행태주의(behavioralism) 또는 구조기능주의(functionalism)에 입각하여 사회현상을 설명하는데 한계가 지적되면서 1990년대 이후 새롭게 제도에 대한 관심이 높아지고 있다. 이른바, '신제도주의(new institutionalism)'이라고 지칭되는 이 접근방법은 학문분야별로 조금씩 다르게 연원, 발전되고 있으나 공통적으로 사회현상을 설명하는 독립변수로 '제도'를 강조하고 있다.[29]

29) 신제도주의의 의미는 구제도주의가 있다는 말이며, 이 새로운 제도주의는 구제도주의와 차이가 있다는 것을 암시한다. 1950년대 초까지 '구제도주의'는 각종 사회현상에 대한 이해 큰 기여를 하였으나, 좀 더 과학적이며, 새롭게 접근하려는 시도는 '행태적 혁명'을 야기하여 행태주의에 대한 대안으로서 신제도주의가 발달해 왔다. 여기서는 지방정부간 갈등과 협력이 발생하고 있는 현상을 어떻게 이해할 수 있으며, 나아가 발생요인을 찾고 어떻게 하면 보다 효율적으로 이를 관리할 수 있을 것인가에 대한 접근법과 해답을 신제도주의의 입장에서 논의하고자 한다.

먼저 신제도적 접근에서의 '제도' 개념에 대한 논의가 있어야 한다. 일반적으로 제도는 법사회학적 관점에서 다루어져 하는 것으로 보았으며, 제도라는 것은 법제화의 형태를 띠며, 법적 질서를 통해서 통치(governance)를 확산시키는 매개로 보았다(Selznick, 1996).30) 따라서, 기본적인 제도의 기능을 좀 더 구체적으로 살펴본다면 다음과 같다(Kasper & Streit, 1998; 최병선, 2002).

첫째, 제도는 인간의 복잡한 상호작용 과정을 좀 더 이해하고 예측 가능하게 만들어 냄으로써 서로 다른 인간의 행동이 쉽사리 조정될 수 있도록 해 준다. 만일 제도가 없다면 '신뢰성 있는 약속'을 하기 어렵고, 개인의 기회주의적 행동을 억제할 수 없게 될 것이며, 그것을 감시하고 처벌할 수도 없어 사회의 구성원 모두가 결국은 누군가의 기회주의적 행동의 피해자가 되고 말 것이다. 제도가 이와 같이 인간의 복잡한 상호작용 과정에서 서로가 상대방의 행동과 의도를 쉽게 파악하고 이것에 적절히 대응함으로써 쉽게 조정할 수 있도록 해 준다. 이것은 제도가 개인행동을 쉽게 이해할 수 있고 예측할 수 있도록 해 주기 때문에 가능한 일이다. 제도는 이런 방식으로 인간의 상호작용에 수반되는 복잡성과 불확실성, 거래비용을 감소시키는 매우 중요한 기능을 수행한다. 또 다른 측면에서 제도는 한 사회가 사회로 기능하기 위해 없어서는 안 될 최소한의 요건인 신뢰의 기저를 형성한다. 만일 사회에 이러한 신뢰가 없다면 누구나 다른 사람의 행동에 의심과 두려움을 품지 않을 수 없고, 이 때 생산적 상호작용은 원천적으로 불가능해지거나 심각하게 저해될 수밖에 없다. 또한 이런 사회에서는 분업과 전문화는 물론이고, 독창적인 행동이나 새로운 아이디어의 부단한 시험과 실험이 어렵게 될 것이다.

둘째, 제도는 개인의 자율성과 자율의 영역을 다른 사람의 간섭과 침해로부터 보호하는 기능을 한다. 예를 들면 사유재산제도는 개인이 자신의 재산권을 외부간섭

30) 일단 신제도주의는 여러 가지 면에서 구제도주의와는 다르다. 우선 수량적 분석의 사용과 이론적 발전에 대한 관심이 높다. 비록 신제도주의가 개인의 행동보다 구조와 조직에 초점을 두고 있지만, 분석 방법과 이론에 대한 관심은 행태적 접근과 많은 부분에 같이한다. 구제도주의는 제도를 묘사하는데 관심을 갖지만, 신제도주의는 제도들을 종속 변수로 취급하며, 더 중요한 것은 제도와 관련한 현상들, 정책이나 관료 행태를 독립변수로 취급한다. 구제도주의의 대표적인 학자인 Selznick(1996)에 따르면 조직은 목표달성을 위한 수단으로써 목표달성 후 없어질 수 있는 반면에, 제도는 수단이 아니라 그 자체가 가치를 가지고 있어 쉽게 없어지지 않으며, 조직이 외부환경에 적응(co-optation)하고 이를 내부구조로 체화한다면 정당성을 획득하여 없어지지 않고 존속하게 되는데 이것이 제도화되는 것이라고 한다. 구제도주의가 이처럼 조직을 둘러싸고 있는 환경의 규범적, 가치적 측면에 초점을 맞추는 것과 달리 신제도주의에서는 제도의 문화적, 인지적 측면을 중시한다.

없이 사용하고 행사할 수 있도록 보장하는 것을 핵심으로 삼는 제도인 것과 같다. 물론 제도가 개인의 무제한적 자율성과 자유를 허용해 준다는 뜻은 아니다.

셋째, 제도는 개인이 상호갈등을 회피하거나 해결할 수 있도록 해 준다. 서로 다른 목적을 추구하는 개인간의 갈등은 불가피하다. 문제는 어떻게 이런 갈등을 비폭력적으로 그리고 적은 비용으로 해결하느냐 라고 할 수 있는데, 제도는 이런 갈등의 원만한 해결책을 제공해 준다는 것이다. 제도는 동등한 위치에 있는 사람간의 갈등을 해결하는 데 기여할 뿐만 아니라 힘있는 자의 압제나 혹은 재력 있는 자의 착취를 방지해 주는 역할도 할 수 있다.

그러나 최근 신제도주의 등장으로 제도에 대한 해석이 기존의 법·정치행정학자들의 입장과 달리하고 있다. 대표적인 신제도주의 학자인 Ostrom(1999)은 제도적 접근과 연구가 어려운 이유가 제도의 개념적 다의성, 제도의 비가시성, 다양한 학문분야별 협조, 통일된 연구 분석틀(framework)의 부재, 연구수준의 복잡성, 제도를 이루는 구성요소의 다양성 등 때문이라고 지적하고 있다. 그럼에도 불구하고 제도의 개념정의는 필요한데, Ostrom(1999)은 사람들이 반복적인 상황에서 사용하는 공유된 개념으로 규칙, 규범 및 전략으로 구성되어 있다고(the shared concepts used by humans in repetitive situations organized by rules, norms, and strategies) 정의하고 있는데 이는 그녀가 정치경제학적인 측면에서 제도를 보고 있기 때문이다. Barley & Tolbert(1997)는 제도란 언어생활에서 문법과 같은 것으로서, 사회적 행위자의 범주와 행위자들의 적절한 활동이나 관계를 (다른 것과) 구별짓는 공유된 규범이나 유형(shared rules and typifications that identify categories of social actors and their appropriate activities or relationships)이라고 정의하고 있다.

무릇 법·정치행정학자들과 신제도주의자의 제도에 대한 개념의 차이는 법·정치행정학자들이 제도를 법·정치·행정조직과 같이 공식적·가시적·구체적인 제도에 국한하는 반면, 신제도주의자들은 제도를 헌법이나 법률에 규정된 규칙이나 계약과 같은 공식적 제도뿐만 아니라 규범·문화·관습 등 비공식적·묵시적 제도까지 포함하는 것으로 본다. 예를 들면, 신제도론에서 제도는 '한 사회의 게임규칙'이라고 파악한다(North, 1990). 제도가 인간의 상호작용을 위해 인간이 고안한 제약조건들로서, 제도가 그 안에서 호응한 행동은 조장하고 일탈된 행동에 대해서는 제재를 가함으로써 인간의 행동이 일정한 틀 안에서 상호조율 및 조정될 수 있도록 해 준다. 따라서 제도는 개인행동에 일정한 유인을 부여하고 그것을 구조화함으로써 한 사회가 정치, 경제, 사회활동을 효율적으로 영위해 갈 수 있도록 도우며, 바로 여기에 제도의 중요성이 있다.

종합적으로 요약하면, 이 책에서는 '제도'의 개념 내지 맥락을 지방정부간 관계를 규정한 범주로서 이해하는 가운데, 각 개별 범주 내에서도 그 범주에 포함되는 조직과 공동체간 관계적 맥락에 대한 이해는 중요하다고 본다. 여기서의 초점은 지방정부의 범주 간 '관계'에 있다. 즉, 가장 초점을 두고 있는 갈등 및 협력의 관계는 지방정부와 다른 지방정부와의 관계적 맥락이다. 또한, 신제도주의, 특히 수렴된 각 유파의 가능성을 수렴한 합리적 선택 신제도주의는 합리성에 바탕을 두어 행동하는 개인들의 행동을 기능주의적 시각에서 설명하는 시각이 한계가 있기 때문에 나타난 접근방법으로 갈등 및 협력을 포함한 사회의 전반적 현상에 대한 이해를 보다 더 풍부하게 해 줌은 물론 현실문제 해결에도 기여할 수 있을 것으로 생각된다. 지방정부의 자율성을 가능한 손상시키지 않고 동시에 지방정부간의 갈등을 해결하고 협력방안을 모색하기 위해서는 제도적 시각에서의 공식적 법규나 규칙에 대한 분석뿐만 아니라 신제도주의 시각에서의 문화 분석과 자율적 갈등해결규칙 및 협력 규칙을 탐색하여야 한다. 그리고 이를 위해서는 지방정부간 갈등 및 협력의 제도적 분석을 위한 새로운 개념적 틀(conceptual framework)이 요구된다고 볼 수 있다.

3) 신제도론적 접근의 이론적 맥락

지방정부간 갈등 및 협력현상을 신제도주의에 있어 주목되는 것은 사회의 전반적 현상이나 문제에 대해 신제도주의적 접근을 하는 학자들내에서도 각기 '제도'에 대한 해석이 달리하고 있다는 것이다. 이에 대한 각 유파의 명칭에 대한 의견도 분분하지만, 여기서는 일반적으로 널리 수용되는 Hall & Taylor(1996)의 분류에 따라 역사적 신제도주의, 사회학적 신제도주의, 합리적 선택 신제도주의로 구분하며 이러한 세 가지 신제도주의에 대한 논의를 간략하게나마 하기로 한다.[31]

31) 신제도주의 학파는 크게는 미시적 신제도주의와 거시적 신제도주의로 구분한다. 미시적 신제도주의는 합리적 선택 신제도주의이며, 거시적 신제도주의에 속하는 것은 사회학적 신제도주의, 역사적 신제도주의이다. 이들 두 학파는 상호간에 이론경쟁을 통해서 변증법적으로 발전하여 온 것이 아니라 서로 아무관련 없이 독자적으로 발전되어 왔다. 최근 학계

(1) 역사적 신제도주의

역사적 제도주의에서 '제도' 개념은 다시 논자에 따라 상당히 다양하며 제도에 대한 표준화된 보편적 정의를 발견하기는 어렵다. 그러나 포괄적으로 제도를 '정치와 경제 각 부문에서 개인들간의 관계를 구조화시키는 공식적 규칙, 순응 절차, 표준화된 관행'이라고 정의하고 있다.32)

따라서, 역사적 제도주의에서 핵심 개념은 '역사'와 '맥락'이라고 할 수 있으며, 행위와 선택, 혹은 정책이 종속변수로 상정되어 제도가 어떻게 선택을 제약하는지를 설명한다. 즉, 역사적 제도주의에 의하면 개인의 행위를 설명하기 위해서는 행위가 이루어지는 맥락을 설명해야 하며, 역사적 제도주의에서 이러한 맥락이란 다름 아닌 곧 제도적 환경인 것이다. 이렇게 행위를 형성 혹은 제약하는 제도가 상정되면 이 제도가 형성된 역사적 배경을 설명해야 한다고 본다.

마찬가지로 역사적 제도주의자들에 의하면 제도가 정치를 제약하고 굴절시키긴 하지만 제도가 결과를 설명하는 유일한 요인이라고 규정하지는 않는다. 즉, 역사적 제도주의에서는 사회경제적 발전, 아이디어, 권력의 배분, 계급구조, 집단역학과 같은 변수의 중요성을 부정하지는 않는다.

그러나 역사적 제도주의에서는 이러한 변수들이 상호 작용하는 맥락을 중시하며, 제도가 정치적 상호작용을 구조화시키고 이를 통해 결과에 영향을 미친다고 주장한다. 결국, 역사적 제도주의의 제도라는 것은 독립변수인 동시에 종속변수로서 개념화된다. 즉, 역사적으로 형성되는 국가와 사회의 거시적 구조가 개인과 집단의 이해와 능력을 형성하고 제약할 뿐만 아니라, 개인과 집단의 선택과

에서는 신제도주의의 학파분류를 Hall & Taylor(1996)의 분류에 많이 따르고 있다. Hall & Talyor는 역사적 신제도주의, 사회학적 신제도주의, 합리적 선택 신제도주의로 분류하고 있다. Peters(1999)는 규범적 신제도의, 합리적 선택 신제도주의, 역사적 신제도주의, 국제적 신제도주의, 경험적 신제도주의, 사회총체적 신제도주의로 분류하고 있다.

32) 역사적 제도주의에서는 제도가 다음과 같은 역할을 수행하는 것으로 본다. 첫째, 제도가 정책을 형성하고 집행하는 정부의 능력을 제약한다는 것이다. 둘째, 제도가 정치 경제적 행위자들에게 기회를 제공할 뿐만 아니라 그들의 행위를 제약하는 역할을 수행함으로써, 그들의 전략을 결정한다는 것이다. 셋째, 제도가 정치 경제적 행위자간의 권력 배분에 영향을 미침으로써 궁극적으로 정책결과에 대한 행위자들의 영향력을 좌우한다고 본다. 마지막으로, 제도는 행위자들이 그들의 이익 혹은 선호를 어떻게 정의할 것인가에 영향을 미침으로써 행위자들이 추구하는 목적을 구체화하는 역할을 담당한다고 본다. 주어진 선호를 논의의 출발점으로 삼는 합리적 선택이론이나 행위를 선호가 현시된 것으로 해석하는 행태주의와는 달리 역사적 제도주의는 선호나 이익이 제도적 맥락 속에서 형성된다고 본다. 또한 합리 선택론적 제도주의는 선호형성을 외재적인 것으로 파악하는데 이러한 점에서 선호를 내재적인 것으로 파악하는 역사적 제도주의와 차이가 있다.

행위에 의해 제도가 또한 변화하게 되는 것이다.

(2) 사회학적 신제도주의

사회학적 신제도주의는 역사적 제도주의와 달리 사회 내 조직의 행태와 구조를 중점적으로 연구하고 있다. 즉, 조직의 정당성 및 생존을 확보하는 데 적절하거나, 문제의 소지가 없는 것으로 간주되는 조직의 형태·구조에 주목하는 것이며 쉽게 말해 조직론에서의 신제도주의(new institutionalism in organizational analysis)를 의미한다고 볼 수 있다.

사회학적 신제도주의에서는 조직 구조·과정·이념이 조직 외부의 지지를 확보하기 위해 환경의 규범을 반영한다고 주장한다. 이 때, 대부분의 조직은 기술적 환경과 제도적 환경을 동시에 갖는데, 기술적 환경은 조직이 만들어낸 산출물이라는 관점에서 조직을 평가하고 지지하며, 제도적 환경은 조직의 구조·과정·이념에 따라 조직을 판단한다. 이와 같이 제도를 조직화되고, 확립된 절차라고 보는 일반 사회학의 정의는 사회의 헌정규칙(constituent rules)으로 표현되곤 하는데, 이는 제도를 특정 사회의 게임 규칙(the rules of the game)으로서, 인간의 교환행위를 결정하고 제약하며 인간행위를 유인하고 형성하는 것으로 설명하는 North(1990)의 정의와 유사하다.

한편, 사회학적 신제도주의는 제도를 특정한 상태나 속성을 획득한 사회적 질서 또는 패턴이라고 보고, 이를 기반으로 하여 그런 획득과정을 제도화(institutionalization)라고 개념화한다. 조직이 제도, 즉 어떤 질서나 패턴으로부터 이탈할 경우 즉각적인 통제를 받게 되는데, 이 때 통제란 사회적으로 구축된(socially constructed) 일련의 처벌에 의한 규제라 할 수 있다. 마찬가지로 사회학적 신제도주의 관점은 제도가 불가피하게 규범적인 의무를 수반하지만, 행위자들이 고려해야 하는 사실로서의 사회적 삶의 일부가 된다고 하면서, 사회적 과정(social processes), 책임(obligations), 또는 활동(actualities)이 사람들의 사고와 행동에 있어서 하나의 규칙과 같은 지위를 획득하게 되는 과정이 제도화라고 한다. 제도가 안정을 획득하는 것으로, 제도의 형성에서부터 정착에 이르는 과정을 뜻하는 것이다.

(3) 합리적 선택 신제도주의

합리적 선택 신제도주의에서는 제도를 재화와 서비스 생산과 소비에 참여하는 인간의 행태와 의사결정에 영향을 미치는 인간에 의해서 고안된 제약(the humanly devised constraints)으로 이해한다(North, 1990). 즉 합리적 선택 신제도주의에 따르면 제도는 재화와 서비스의 생산과 소비에 참여하는 인간의 행태와 의사결정에 영향을 미치는 인간에 의해 고안된 제약(the humanly devised constraints)으로 이해될 수 있는 것이다. 제도가 게임의 규칙이라면 조직은 경기자이며, 의도적인 활동에 참여하는 개인들의 집단으로 구성된다. 그리고 제도적 틀에 의해 부과되는 제약이 기회집합과 더불어 향후 존재하게 될 조직의 종류를 정의하게 된다(김철, 2003).

기존 사회학적 제도주의에서는 제도를 합리적 선택 신제도주의보다 제도개념을 좀 더 광범위하게 정의하는 경향이 있었다. 즉 제도는 공식적 규칙이나 절차 또는 규범이외에도 인간행동을 지도하는 의미의 틀을 제공해 주는 상징체계, 인지적 기초, 도덕적 전형, 도식(schema) 등을 포함하여 개념화한다. 이러한 정의는 제도와 문화사이의 개념적 경계를 무너뜨리고 문화 그 자체를 하나의 제도로 재차 정의하게 된다(Hall & Taylor, 1996).

또한, 신제도주의 중에서 합리적 선택 제도주의자들은 '제한된 정부의 역할'을 강조한다.[33] 따라서 합리적 선택론자들은 갈등문제를 해결하는데 있어서 자율적 해결방안을 모색한다. 공유재 관리(Common Pool Resource Management: CPRM)의 문제에 대해 전통적 처방의 한계를 지적한 대표적 연구는 관련 구성원들의 자율적 관리규칙을 통하여 공유재 문제를 해결할 수 있다는 자율관리규칙이론이다(Ostrom, 1990; 1992; 1999).

자율관리규칙에서 사용되고 있는 규칙(rules)의 개념은 학자들 간에 일치된 견해는 없지만 일반적으로 제도(institution)와 유사한 개념으로 사용되고 있다. 즉 일련의 규칙들의 집합을 제도로 보기도 하고(March, 2000), 규칙 혹은 상호작용의 기본 틀을 제도로 보아 규칙과 제도를 같은 개념으로 보기도 한다(안성

---

33) 일반적으로 신제도주의는 제도주의경제학(구제도주의)과 달리 신고전파 경제학의 틀 내에 있기 때문에 제한된 정부의 역할을 상정한다. 특히 합리적 선택 신제도주의는 신고전파 경제학의 기본 과정을 그대로 유지하고 있다. 그리고 신제도주의 학파 중에서 역사적 제도주의, 사회학적 제도주의도 신고전파 경제학의 기본 가정을 정면으로 반박하고 있지 않고 있다.

민,2000). 여기서 규칙은 공식적 규칙과 비공식적 규칙을 모두 포함하며 어떤 행위나 산출을 금지, 허용 또는 요구하는 처방책을 포함한다. 특히 자율관리 규칙은 공유재 이용자들이 외부의 개입 없이 공유재를 효율적으로 관리하거나 이용할 수 있다는 점에서 점점 관심이 높아지고 있다(Ostrom,1990; 1992; 1990; 강창현, 1997; 박통희, 2000; 홍성만·주재복, 2003). 이와는 달리 최근 사회학적 신제도주의와 같은 맥락에서 갈등문제를 공유하는 신념이나 가치관의 차이에서 비롯되는 것으로 보고 문화이론적 방법을 통해서 분석하고자 하는 시도 역시 있어 왔다. Gyawali(1999)와 Kim(2003)이 분석한 자원관리와 환경피해와 관련된 집단간의 갈등사례들에서는 비용지불집단이 비용에 대한 충분한 보상조건에 불구하고 각 집단들의 문화적 편향(공유하는 가치관이나 신념)의 차이로 인해 합리적 방법으로 해결되지 않음을 지적하고 있다.

합리적 선택 신제도주의는 합리적 선택이론이 엄격하고 간략하나 비현실적이라는 비난을 받는 합리성의 가정들을 완화하고, 보다 현실적인 가정에 근거한 연역을 통하여 사회현상의 본질을 분석하기 위한 시도라 할 수 있다. 이러한 의미에서 합리적 선택 신제도주의는 합리성에 대하여 엄격한 합리적 선택 이론보다 유연한 가정을 하는 합리적 선택 접근 (rational choice approach)에 근거한다고 할 수 있다(이명석, 1999). 이와 비슷한 맥락에서 지방정부간의 갈등과 협력의 연구에 있어서 신제도론, 특히 여기서 주목하는 합리적 선택 신제도주의는 다음과 같은 유용성을 가질 수 있다.[34)]

---

34) 일반적으로 합리적 선택의 신제도주의는 다음과 같은 강점을 가지고 있다(이명석, 1998). 첫째, 대표적인 합리적 개인을 상정하고 이 개인이 대표적인 상황에서 어떤 결정을 할 것인가를 연역하여 일반적인 결과를 예측한다. 그러나 상황에 따라 합리성의 정도의 변화를 허용한다거나 개인적인 편차가 커서 대표적인 합리적 개인의 보상함수를 구성할 수 없는 요인들을 분석에 포함시키는 경우 대표적인 '합리적 개인의 행동에 대한 일반적인 연역'이 불가능하다. 여기에서 관건이 되는 것은 단순성과 현실성의 조화이다. 일반적이고 단순화된 상황에서 대표적이고 단순화된 합리적 개인의 선택을 연역하는 많은 이론들이 사회현상의 이해에 많은 도움을 주는 통찰력을 제공한다. 대표적인 예로 '죄수의 딜레마'게임은 공유재 사용, 국제협조 등 여러 가지 복잡한 사회문제의 본질에 대한 이해를 돕는 데 큰 역할을 한다. 그러나 단순화는 비용을 수반한다. 단순화 과정에서 무시된 복잡한 사회현상의 요소들이 실제 사회현상의 이해에 필수적인 것일 가능성이 존재한다. 사회현상의 경우, 규칙, 규범 등의 제도가 이러한 요소들이라 할 수 있으므로 이를 생략한 지나친 단순화는 부정확한 결론을 도출할 수밖에 없을 것이다. 둘째, 깔끔한 연역적인 분석을 통해서 결론을 도출한다는 점이다. 그러나 만족모형, 학습모형 등 비극대화 가정에 근거한 모형의 경우 깔끔한 영역적 분석이 곤란하고 경우에 따라서는 불가능하다. 이러한 사실 역시 신제도주의의 합리적 선택접근이 합리적 선택이론의 핵심을 부정하는 것이라는 비판의 근거가 되는 것으로 보인다. 그러나 분석기법의 발전으로 비극대화 가정에 근거한 모형의 경우도 많은 경우 연역적인 분석이 가능해 졌다. 또한 computer simulation 기법의 발달로 매우 복잡한 모형도 쉽게 분석할 수 있게 되었다. 이러한 사실을 고려할 때, 단순성을 위해서 현실성을 희생할 명분은 줄고 있다고 생각할 수

첫째, 지방정부간 갈등과 협력의 연구에 있어서 신제도론은 제도와 개인의 행태 사이의 관계에 관심을 가짐으로써 제도 안에서 활동하는 인간의 유인 구조를 파악하는 데 도움을 줄 것이다. 이것은 전통적 법제도론이 주로 공식적인 정치·사회제도에 대한 기술적인 연구에 치우치는 한계를 극복할 수 있게 할 것이다. 둘째, 지방정부간 갈등과 협력 연구에 있어서의 신제도론적 접근은 제도화를 촉진할 것이다. 그래서 제도가 가진 기능인 예측가능성의 제고, 복잡성·불확실성의 감소, 거래비용의 감소, 신뢰의 기저형성, 자율의 영역 보호, 갈등의 원만한 해결 등의 이점을 극대화할 수 있을 것이다. 셋째, 신제도론에 의한 지방정부간 갈등과 협력 연구를 통해서 한국 지방자치의 정도를 가늠할 수 있을 것이다. 이것은 법제도론이 법·제도만을 분석대상으로 함으로써 독립변수인 요인에 반해, 종속변수인 지방자치의 정도가 간과되는 문제점을 극복할 수 있을 것이다. 넷째, 신제도론적 접근은 법제도론이 갖는 규범적 연구의 한계를 극복할 수 있을 것이다. 법제도론은 지방정부의 조직·권한 및 작용에 관한 법규범의 의미와 내용을 규명하고 지방정부에 관한 법규범에 공통되는 법 원리를 탐구함으로써 규범적 성향을 갖는다. 반면에 신제도론적 접근은 지방정부간 갈등과 협력에 관한 공식적인 측면 뿐 아니라, 비공식적 측면도 검토함으로써 제도와 실제간의 괴리를 줄일 수 있는 다양한 시사점을 제시할 수 있을 것이다. 다섯째, 신제도론적 접근은 법제도론이 갖는 정태적 연구라는 문제점을 해결할 수 있을 것이다. 신제도론적 접근은 신제도론적 제도분석의 틀에 의해 지방정부간의 갈등과 협력의 구조와 요인을 규명함으로써 법제도론의 정태적 성향을 극복할 수 있을 것이다. 여섯째, 신제도적 접근, 특히 합리적 선택의 신제도론은 갈등과 협력에 관한 일반적인 결과의 예측을 가능하게 하고, 깔끔한 연역적 분석을 하며, 단순성과 현실성을 조화시킬 수 있는 모형을 개발하여 매우 효과적으로 기존의 제도

있다. 그러므로 보상함수, 정보수준 및 결정과정 등에 대한 제도의 영향에 대한 구체적이고 현실성 있는 가정에 근거한 복잡한 합리적 선택의 신제도주의 이론이 요구된다 하겠다. 셋째, 단순성과 현실성을 조화시킬 수 있는 모형을 개발하여 매우 효과적으로 기존의 제도의 문제점을 설명하고 새로운 제도의 도입의 영향을 예측할 수 있다는 것이다. 그러나 합리적 선택 신제도주의는 규칙, 규범, 문화 등의 영향을 파악하기 위해서 역사적 신제도주의나 사회학적 신제도주의의 도움이 필요하다. 합리적 선택 신제도주의 이론이 사회현상을 정확히 분석·예측하기 위해서는 제도 분석틀의 구성요소에 대한 정확한 정보에 근거한 현실적인 가정이 요구된다. 그러므로 개인이 속한 상황의 문화적·제도적·역사적 맥락에 대한 역사적 신제도주의와 사회학적 신제도주의의 이론이 필요한 것이다. 따라서 역사적 신제도주의, 합리적 선택 신제도주의 그리고 사회학적 신제도주의간의 상호교류가 절실히 요구된다 하겠다.

의 문제점을 설명하고 새로운 제도의 도입의 영향을 예측할 수 있게 할 것이다.

결론적으로 이론의 구성체계상에 있어 부분적으로 볼 때 지방정부간 갈등 및 협력에서 신제도주의 접근방법은 그 효용성을 평가하는 좋은 기회가 될 것으로 사료된다. 지금까지 지방정부간 갈등 및 협력의 의미에 대한 연구는 주로 구제도주의 및 행태나 구조적 시각에 입각하여 이루어졌는데 이 책의 논의를 통하여 '신제도주의적 접근'도 유용한 수단이 될 수 있음을 확인할 수 있을 것이다. 지방정부간 갈등 및 협력의 분석에 있어 제도적 접근방법을 중용한다고 해서 행태적 혹은 다른 접근을 무시하거나 포기하는 것은 아니다. 왜냐하면 지방정부간 갈등에 대한 다른 접근법도 본 저서에서 지향하는 보다 폭넓은 갈등과 협력의 구조적 이해 속에서 수용될 수 있다면 보다 가치 있는 접근법이 될 수 있기 때문이며 이에 여기서는 결국 제도적 접근방법과 뒤이어 논의될 행태적 접근방법을 모두 균형 있게 고려하고 있다. 다만 두 가지의 접근법에 따라 각각의 고유한 갈등 및 협력 사례별로 가지는 상대적인 설명력의 차이와 가치충돌적인 상황에 의한 상반되는 입장이 존재하고 있을 뿐이다.

(4) 신제도주의의 수렴현상

최근 신제도주의 세 유파는 상호 수렴하는 경향으로 나아가고 있다는 흥미로운 사실이 발견되고 있다. 즉, 신제도주의의 세 분파 또는 흐름(Hall & Taylor, 1996)인 합리적 선택 신제도주의와 역사적 신제도주의, 그리고 사회학적 신제도주의 사이에 이제는 자신의 이론체계 내에서 설명할 수 없는 이론적 딜레마를 해결하기 위해 상대 분파의 이론적 내용을 수용하고, 상호간에 여러 가지 측면에서 수렴되는 경향이 있음이 국내외 연구자들에 의해 지적되었다(하연섭, 2002).

기존 이론과 연구문헌들에 따르면 이러한 신제도주의 각 유파의 이론적 자기혁신의 결과는 다음과 같은 공통점으로 정리될 수 있다.

첫째, 제도는 행위자의 전략에만 영향을 미치는 것이 아니라, 행위자의 선호형성에도 중요한 영향을 미친다.

둘째, 개인행위를 설명함에 있어서 개인의 합리성과 의도성은 대단히 중요하다. 하지만 이러한 합리성과 의도성의 구체적인 의미는 제도적 맥락에 따라 달라진다.

셋째, 권력관계의 불균형은 보편적인 현상이며, 권력을 가진 사람이 특정한 목적을 달성하기 위해 노력하는 과정에서 부산물로 나타나는 것이 제도이다.

넷째, 제도는 역사적으로 형성되며, 제도변화의 과정은 점진적이며 경로 의존적이다.

다섯째, 제도는 단일한 실체가 아니라, 여러 가지 요소들로 구성되어 있다. 그리고 이러한 구성요소들간의 내재적 모순에 의해 제도가 변화하는 것이다.

여섯째, 제도적 맥락을 강조하게 되면, 일반화된 이론을 개발하는 것은 불가능하며 시간과 공간의 제약을 인정한 중범위 분석과 중범위 이론을 추구할 수밖에 없다.

최근에 신제도주의 모든 제도이론 유파에서의 '제도적 맥락의 중요성'에 대한 강조는 이를 검증할 수 있는 방법론의 채택을 불가피하게 만들고 있으며, 이에 따라 역사적 과정에 대한 연구와 비교연구로 모든 제도이론의 유파가 수렴하고 있는 것이 특징이다. 특히 합리적 선택 제도주의에서는 구체적인 사례에 대한 해석과 설명을 위한 이른바 '분석적 서술(analytic narratives)'기법을 발전시켜 왔는데, 이는 합리적 선택 제도주의에서도 시간과 공간의 제약 하에서 이루어지는 제도와 행위의 관계에 초점을 맞추기 시작했다는 것을 의미한다.

이 이론체계에서 시·공의 제약을 인정하기 시작했다는 것은 곧 일반화된 이론개발을 추구하는 대신 중범위 분석과 이에 기반한 중범위 이론의 개발로 방향을 전환했음을 말하는 것이다. 보다 구체적으로 분석적 서술은 신제도주의 경제학과 정치학의 합리적 선택 이론에서 활용되던 분석적 방법과 역사학에서 활용되던 서술적 방법을 결합한 것이다. 즉 분석적 서술이란 합리적 선택이론과 비교방법의 결합, 연역적 방법과 귀납적 방법의 결합을 통해 합리적 선택이론과 역사적 제도주의 사이의 해묵은 갈등관계를 청산할 수 있는 방법론인 동시에 합리적 선택이론의 적용범위를 역사연구와 비교연구로 확장시키는 작업이라 할 수 있다.

결론적으로, 전통적으로 중범위 분석에 한정해왔던 역사적 신제도주의와 함께 합리적 선택 신제도주의와 사회학적 신제도주의의 방법론에 있어서의 변화로 말미암아, 중범위 분석에 기초한 중범위 이론의 개발이 신제도주의 모든 유파의 가장 중요한 공통된 특징으로 등장하였다.

4) 신제도론적 접근의 유용성

대부분의 사회과학자들은 최근에 많은 차이점에도 불구하고, 모든 사회적 갈등에 대하여 포괄적인 설명을 하고 있다. 왜냐하면 모든 사회적 갈등은 다음과 같은 중요한 유사성을 가지고 있기 때문이다. 첫째, 사회적 상호작용의 한 형태로서, 경쟁 집단을 의미하는 상대집단이나 사람들은 갈등을 요동치게 한다는 것을 고려한다. 둘째, 사회적 범주와 구분에 기초한 집합성은 부분적으로 상호간의 적대적 상호작용에서 도출된 집단의식을 발전시킨다. 셋째, 각자가 다른 사람에게서 추구되는 것은 적어도 부분적으로는 양립할 수 없다고 믿는다. 넷째, 상호작용하는 집단은 서로의 발전과정에서 갈등을 인식할 수 있도록 일련의 교환과 간극확대를 일으키는 것으로 본다. 이는 정부간 갈등에 관한 연구에 있어서 목표의 양립불가능성, 관할권의 중복, 활동의 상호의존성, 희소자원에 대한 경쟁을 통하여 정책갈등을 파악하기도 하고 권력차이와 이념차이, 영역싸움을 기준으로 조직간 갈등을 분석하기도 한다. 이외에도 목표의 불일치, 의사결정의 조건, 업적기대 등 다양한 요인들이 제시되고 있다. 정부간 갈등이나 분쟁의 주요 요인으로 제시되고 있는 요인들을 종합해 보면, 상호의존성의 문제, 대안이나 목표의 상충성, 가치와 이해관계의 분리성 등으로 범주화시켜 볼 수 있다(Hall, 1991; 신형균, 1992; 주재복, 2001). 이를 토대로 지방정부간 갈등과 협력의 문제와 요인들에 있어서 제도적 접근이 중요한 이유와 필요성 내지 유용성에 대해 논의한다. 먼저 지방정부간 갈등 및 협력에 대한 신제도론적 접근의 유용성과 필요성에 대해 알아보자.

(1) 갈등과 제도의 연관성

지방정부간 갈등 및 협력에 관한 제도적 접근은 발생원인적 측면에서 지방자치제도의 실시와 관계가 깊다. 즉, 지방정부간의 갈등의 심화양상은 지방자치제제도의 실시와 무관할 수 없다는 것이다. 지방자치제의 실시로 지방정부들의 자율성의 범위가 확대되고 지방정부간에 공동으로 처리해야 할 업무들이 증가함에 따라 지방정부간에 갈등이 증대하게 될 것이 예측되어 졌었다(김영수, 1994). 특히 지방자치제도가 지역이기주의를 심화시키고, 환경기초시설과 같이 비선호시설의 입지를 어렵게 하는 요인라면, 중앙정부의 통제 수단을 강화하는 것이 지방정부간에 야기되는 갈등을 효율적으로 관리할 수 있는 방안이 될 수 있을 것이다. 그러나 지방자치제 실시와 지방정부간의 갈등심화간의 부정적 상관관계에 대한 의심과 공방은 종종 제기되었지만 이에 대한 구체적 논의는 아직 없다[35]. 오히려 안성호(1994)는 부정적인 갈등관을 극복하고 지방정부간 갈등의 자율적 관리 제도를 정비한다면, 지방자치제도가 갈등관리에 긍정적인 효과를 미칠 수 있다고 주장한다. 따라서 지방정부간의 효율적인 갈등관리를 전제조건으로 어떠한 제도적 장치가 작동하고 있으며 이러한 제도들이 지방정부간의 갈등해결과 협력도모를 위한 제 과정에서 어떠한 역할을 하는지 고찰할 필요가 있다. 현실적으로도 지방자치가 실시되고 있는 대부분의 선진국에서는 중앙과 지방간 또는 지방정부 상호간 자원의 관리 및 질서 유지를 위하여 각종 규제를 가하게 되고 이러한 규제는 법률을 중심으로 한 제도로 나타나고 있다.

(2) 희소성과 포괄성

이는 지방정부간 갈등 및 협력 문제를 분석하고 해결하기 위한 방법론에는 그 동안 어떠한 것들이 시도되고 있었는가 하는 문제이다. 현재까지 많은 노력과 대안들이 제시되고 있지만, 그 대부분은 기술적 측면(타협, 협상, 조정과 중재 등)으로 포괄될 수 있을 것으로 본다. 예를 들어 지방정부간 갈등의 완전한 해결에 있어 오로지 기술적인 방법이나 대책만을 사용함에 의해서는 타당하지 않으며, 기술적 측면과 함께 제도적인 측면에서 분석하고 이에 대응하기 위한 전략이 포괄적으로 마련되어야 한다는 것이다. 만약 다른 연구에서 어느 것 하나의 접근법을 선택한다 하여도 이것이 지방정부간 갈등사례의 모든 내용을 포괄할 수 없음은 자명하다.

기존의 연구에서도 마찬가지로 대부분 지방정부간 갈등 및 협력의 분석과 해석이 행위자 중심으로 이루어지고 있고, 관련 제도와 규칙 등을 포함하는 통합적 관점의 분석체계가 구축되어 있지 못하였다. 이와 같은 현상이 나타나는 원인은 무엇보다도 관련연구자들이 나서서 서로 다른 수준과 성격을 가진 제도 사이의 연계성을 강화하는 제도적 접근을 적극적으로 시도하지 않았기 때문이다. 즉, 한국의 경우에 그 동안 이러한 제도적 접근법이 상대적으로 소홀히 취

---

35) 안성민(2000)은 1995년 민선 자치제 출범이후 지방정부간의 갈등분쟁의 발생과 관련하여 지방자치제와 지방정부간의 갈등분쟁간의 상관관계를 명확히 규정하는 데에는 유보적인 입장을 취하고 있다.

급되었다는 점에서, 방법론상 적용의 소망성은 높다고 사료되며, 이에 따라 지방정부간 갈등 및 협력현상도 지방자치제 실시에 따라 인위적으로 발생한 하나의 사회·문화적 현상임을 고려한다면 이에 대한 분석과 적절한 대책을 마련하기 위해서는 제도적인 측면에서도 접근하는 연구방안이 고려되어야 한다.

(3) 대안의 효과성

지방정부간 갈등 및 협력에 대한 제도적 접근은 기본적으로 갈등과 협력이 지니는 상호의존성 및 자원의 불평등한 배분에 대한 제 3자의 제도적 개입으로 이해되어야 한다. 즉, 지방정부간 갈등 및 협력의 제도적 접근은 기본적으로 법적 제도적 기반을 통하여 투입되는 노력을 측정하고 해당 사안에 합리적인 제도적 장치를 개발·이용을 달성하는데 그 목적을 두게 된다. 예를 들어, 갈등을 해결하는 방법으로 가장 기본적인 것은 협상(negotiation)이다. 협상으로 인한 타결이 실패하는 경우에 호소할 수 있는 방법은 법적 대책이다. 법적 절차에 의한 소송은 가장 전형적인 갈등해결장치이다.

하지만 법적 절차는 지연되기 마련이고 비용이 많이 소요되며 또한 당사자 사이에 대립과 갈등을 그대로 남기게 된다. 따라서 이러한 부작용을 고려하여 소송에 의하지 않은 해결방법을 모색하게 되었고, 이를 기반으로 하여 대체적 분쟁해결제도(ADR: alternative dispute resolution)가 출현하게 되었다.

역시 이러한 사실과 함께 제도적 접근이 요구되는 것은 특히 지방정부간 갈등을 유발시키는 원인 중 상당부분이 누구나 참여가 가능한 공유재산적 자연자원(common property natural resource)의 성격을 지니고 있기 때문에 발생하는 불평등한 자원배분이라는 사실과도 통한다. 이러한 경우에서는 중앙정부나 상위정부 같은 중재자가 직·간접적인 개입으로 현상을 해결해 나가야 하며, 그 수단으로서 등장한 것이 각종 형태의 제도인 것이다.

(4) 대안의 수용가능성

학문적 연구대상의 성격에 있어 제도적 접근은 접근법 자체의 타당성과 수용가능성이 높다. 기본적으로 제도적 접근법에서는 지방정부간 갈등과 협력이 발생하는 이유를 제도 혹은 법률에 문제나 근거가 있기 때문이라는 입장을 취한다. 즉, 제도적 장치(institutional setting)의 결함이 갈등을 유발하고 각종 행위를 만든다는 것이다.

이 경우 발생의 주체인 지방정부에게 그 원인이나 책임을 귀속시키기보다는 제도적 결함의 탓으로 돌리기 때문에, 지방정부의 입장에서 바라보면 상당히 중립적이고 타당성이 높은 접근법 내지 해결방안이라고 할 수 있다. 예를 들면 대표적으로 과거 낙동강 수질과 관련된 지방정부간 갈등이 빈번하게 발생한 적이 있었는데, 이러한 사례는 관련된 각종 법, 제도의 미비와 절차상에 문제가 있기 때문이지 지방정부 자체에 문제가 있기 때문이 아니라는 것이다. 이에 현재는 제도나 절차를 신설 또는 개정(수계관리특별법과 유역관리청 신설 등)하여 낙동강 수질과 관련된 지방정부간의 갈등은 거의 발생하지 않고 있으며, 따라서 지방정부간 갈등에 대한 다른 접근법에 비하여 전략적으로 수용가능성이 높은 접근법이라고 규정할 수 있다.36)

(5) 지방정부의 속성

지방정부간 갈등과 협력연구의 중요한 분석대상인 지역의 행정을 운영하는 지방정부(공무원)는 법에 의한 지배를 받는 '관료조직'이다. 즉 관료제의 모든 행정과정과 행위는 법규와 제도를 바탕으로 행하여진다. 그렇기 때문에 지방정부간 갈등을 방지, 해결하고 협력을 조장하는 행정을 하도록 하기 위하여 기존의 법이나 제도를 점검하고 만들어야 할 필요가 있다. 특히 제도적으로 하나 또는 둘 이상의 지방정부가 수행하는 행정이 불명확하게 되어 발생한 갈등을 해결하기 위해서는 같은 차원인 제도적으로 대응하는 수밖에 없다. 이러한 대응은 지방정부가 많은 예산을 들이지 않고서도 효과를 높일 수 있는 방안이 될 수 있다. 행정의 구체성, 명확성을 확보하기 위한 제도적 장치가 존재하거나 신설되면 최소한 해당 지방정부 공무원들은 이를 형식적이나마 이용하고 집행하려고 할 것이다. 즉, 지방정부간 갈등과 협력 현상은 해당 사안에 관련된 제도뿐만 아니라 개별 지방정부가 소유하고 있는 각종 제도를 상호 인정하는 과정을 통하여 해석될 수 있다고 사료된다. 이상의 제시한 이유들로 인해 지방정부간 갈등과 협력을 분석

---

36) 제도적 접근의 경우 기본적으로 다른 접근법에 비하여 갈등 및 협력사례에 대한 설명의 구체성은 높을 수 있다. 그리고 처방이나 대안도 비교적 분명하게 제시할 수 있지만, 이것이 형식상의 그것으로 흐를 가능성도 있기 때문에 다른 접근법에 비하여 무조건 실효성이 높다고 단언할 수는 없다. 극단적으로 말하자면, 지방정부간 갈등 및 협력의 사례별로 상황에 맞는 접근법을 선택하거나 조합을 구성하는 것이 나을 수도 있다.

하는데 있어 기본적으로 제도적 접근이 필요하다고 볼 수 있다.

(6) 일반화 가능성

지금까지의 지방정부간 갈등 및 협력의 사례연구(case study)들에서 주로 나타나는 바, 많은 연구자들이 제도적 해결책의 중요성을 강조하는 반면, 그러한 제도의 개혁이 구체적인 갈등해결 사례에서 얼마나 효과가 있었는지에 대한 구체적인 증거들은 아직 부족하며, 인과관계의 명확한 제시조차 하지 못하는 경우가 많다. 더욱이, 이러한 제도적 요인들은 기존 연구결과에서 확인된 잠재적 갈등 및 협력의 결정요인들 중 일부분에만 해당되는 것이다. 그러므로 여기서 신제도론적 접근으로 새롭게 추출하는 제도적 요인들은 기존의 제도적 요인과 해결책의 한계를 극복하기 위한 종합처방적인 성격을 지닌다고 할 수 있다.

또한 같은 맥락에서 발생한 문제의식은 한국의 지방정부간 갈등 및 협력문제들이 단순히 사실적으로 나열되어서는 곤란하다는 것이다. 기존의 많은 연구들에서 한국의 지방정부간 갈등과 협력 상황에서 어떤 점이 문제인지, 왜 해결과 개선이 어려운지, 어떤 방향으로 처방해야 하는지에 관해 많은 문제 진단과 자료와 정책대안이 제시되고 있지만 단편적이고 피상적인 진단에 그치는 경우가 많은 것으로 보인다. 또한 정책실무자들이 대안을 찾기 위해 외국의 사례나 정책을 비교 연구하고 지방자치의 시작이 오래된 외국의 경험들을 참조하고 있지만, 그 내용에 있어서 대개 동시대적이고 표면적인 특징에 대한 기술적인 분석에 치우치는 경향이 있다. 그러나 각국의 독특한 역사적인 경험과 제도적 맥락을 고려하지 않은 채 지방정부간 관계의 정책대안으로서 한국에 적용할 경우 오히려 실패의 가능성만 크게 만드는 결과를 가져올 수 있다. 왜냐하면 그 나라의 역사적, 제도적 맥락은 그 정책의 범위와 실현가능성을 가늠해주기 때문에 이러한 맥락을 고려하지 않는다면 문제 진단 자체가 미흡할 뿐더러 정책대안과 그에 따른 개혁이 제대로 이루어질 수 없게 되기 때문이다. 따라서 한국의 지방정부간 갈등 및 협력을 설명하고 대안을 제시할 때 그간 간과되고 있거나 일면적으로 다루어왔던 이러한 측면들을 새롭게 조명하는데서 그 시사점을 찾을 수 있을 것이다.

마지막으로 지방정부간 갈등 및 협력의 연구를 위한 제도적 분석틀은 단순하면서도 다양한 수준, 그리고 다양한 종류의 제도를 검토할 수 있게 해주고 있어 그동안 실제 공공부문의 많은 분야의 연구에 적용되어 왔고(Tang, 1992;

Thomson, 1992; 김인, 1994, 1998), 앞으로도 이러한 제도적 분석틀을 통해 지방정부간의 갈등 해결 및 협력 조장을 위한 제도적 장치에 관하여 많은 연구가 이루어질 수 있을 것이다.

9. 행위자 특성에 대한 접근

1) 행위자 특성 접근의 배경

사회과학에서 행태론의 논리는 사회현상도 자연과학과 마찬가지로 엄밀한 과학적 요구가 가능하고, 사회현상을 관찰 가능한 객관적 대상으로 보며 인간의 주관이나 의식을 배제해야 한다는 데 있다. 지방정부간 갈등 및 협력현상을 엄격한 행태론의 접근이 아니더라도 갈등수준과 형태를 이해하기 위해서는 일차적으로 이들의 행위자 특성의 측면을 관찰하는 작업이 필수적이다.

즉 지방정부간 갈등의 주요 원인이 제도적·기능적 갈등보다는 정치적 갈등이 원인이 되어 나타나는 경우도 많다. 이에 대한 적실성 있는 이론을 중심으로 갈등과정에 개입된 행위자들의 정치적 갈등과정을 파악하는 것은 중요한 문제라고 할 수 있다. 이에 따라 이 부분에서는 지방정부간 갈등 및 협력사례에 대한 기존의 문헌들에 기초를 두고, 지방정부간 갈등을 분석하기 위해 갈등에 영향을 미치는 제도나 구조적 측면보다는 미시적 측면에서 개별적 행위자 특성에 초점을 두고서 살펴본다. 갈등은 개별 사례마다의 상이한 발생배경, 내용, 유발원인을 지니고 있으므로 행위자 특성을 분류하기 위해서는 개별적 사례접근이 어렵기 때문에 먼저 자치단체장을 중심으로 한 행위자 특성에 대해 살펴본다.

2) 행위자 특성의 개념화

갈등과 협력의 의미는 접근시각이나 방법에 따라, 또는 연구대상에 따라 다양하다. 제도적 요인과 더불어 여기서의 관심은 지방정부간 갈등과 협력관계에서 벌어지는 행위자의 특성에 그 초점을 맞추고 있으므로 행위자 측면에서 개념정의가 필요하다. 구체적으로 갈등과 협력을 나누어서 살펴보면 다음과 같다.

첫째, 주지하듯이 지방정부간 갈등현상을 '둘 이상의 지방정부가 특정문제·권한·자원배분 등을 둘러싸고 양립 불가능한 대립상태'라고 정의하였다. 여기서 행위

자 특성이란 '갈등상황에서 갈등당사자간에 표출된 행태'를 말한다.37)

둘째, 협력을 갈등당사자간 교환과 협상으로 상호공동 이익을 추구해 나가는 것으로 정의하였듯이, 이때에도 표출된 행태를 말한다. 왜냐하면, 앞선 갈등의 성격에 관한 논의를 종합하여 지방정부간 갈등과 협력이란 '둘 이상의 지방정부가 특정문제·권한·자원배분 등을 둘러싸고 양립 불가능한 대립상태에 있다가, 이들 간 교환과 협상을 통해 상호공동 이익을 추구해 나가는 일련의 동태적 과정'으로 정의하기로 했기 때문이다.

한편, 정부간 갈등의 원천은 일반적으로 몇몇 구조적인 조건과 과정 사건 등에 기인하여 발생하는 것으로 특징지을 수 있다. 또한 갈등을 유발하는 형태는 외부조건과 당사자의 내부 조건에 의해 발생될 수 있다.

이에 대해 Buntz & Radin(1983)은 정책갈등 요인들을 구조와 과정요인으로 구분하여 지방정부 수준에서 정책갈등양상을 분석하고 있다. 즉 지방정부수준에서 영향을 미치는 정책갈등의 구조·과정요인들을 보면, 우선 외부과정요인으로 정치환경의 변화, 재정적인 여건의 변화, 조직간 인사상의 변화, 법규의 변화, 조직간 관계의 변화, 새로운 이익집단이나 연합의 형성을 제시하고 있다. 내부과정 요인으로는 정치적 변화, 공무원의 변화, 법규의 변화, 대인관계의 변화, 재정변화를 들고 있다.

<표 3-5> 갈등의 귀속적인 차원

내부/외부: 일련의 사건과 조건에 의해 야기된 행태	구조/과정: 일련의 사건과 조건에 의해 야기된 행태	
	과정(사건)	구조(조건)
환경(외부)	외부과정 차원: 갈등행태는 당사자의 외부의 사건에 의해 형성된다.	외부구조 차원: 갈등행태는 당사자 외부의 조건에 의해 형성된다.
갈등당사자의 내부	내부과정 차원: 갈등행태는 당사자 내부의 사건에 의해 형성된다.	내부갈등 차원: 갈등행태는 당사자들 내부의 조건에 의해 형성된다.

자료: Buntz & Radin(1983).

37) 일반적 행태란 행동과 태도를 말하지만, 이곳에서는 갈등에서 협력으로 이어지는 과정에서 '행위자들의 반응 행위', '태도', '대응방식(reaction)', '전략', '전술' 등을 포괄한다. 또한 행위자는 '개인', '집단', '조직' 등이 될 수 있다. 갈등과 협력요인 영향을 미치는 변수들이 행위자 특성만이 존재할 수는 없다. 그러나 여기서는 둘 이상의 지방정부가 갈등상태에서 교환과 협상을 통해 협력으로 가는 데, 관련 갈등당사자들이 행위자 특성을 추출하여 정리하고자 한다.

또한 외부구조 요인으로 과거 연방정부와의 관계, 주도권, 국가 목표, 워싱턴의 의도를 파악하는 감각, 순응/대응자세, 국가 규범에 대한 대응성을 들고 있다. 끝으로 내부구조 요인으로는 주지사, 특정 기관 그리고 담당공무원의 권한, 주의 특정한 요구, 협력/조정을 목적으로 한 과거의 노력, 연방정부에 대한 태도, 기술적·정치적인 기획기술, 주 규범에 대한 정치적 대응성을 들고 있다.

구조적 갈등과 과정적 갈등의 차이는 원리의 문제들에 대한 갈등과 기본적인 원리의 고수를 전제한 문제들에 대한 갈등의 구별을 의미한다. 즉, 구조적 갈등은 관계를 지배하는 규칙을 포함하며 조직간 관계 내 합의의 기초에서 나타나고, 과정적 갈등은 그러한 규칙들의 적용과 해석을 의미하므로 합의조직들 내에서 제기된다고 볼 수 있다. 이에 대해 Walton & Dutton(1969)은 구조적 갈등을 상호작용 관계의 조직들에 요구되는 공적인 이미지 혹은 기본적인 정체성에 대한 논쟁으로 논급하고 있다. 이는 갈등당사자간 갈등상황을 구조적 요인으로 설명하고자 하는 것이며, 행위자간 구조적 특성을 파악하기 위해 갈등당사자의 상호의존적 형태 내지 지방정부간 갈등관계를 파악하고, 이를 위해서는 행위자들 사이에서 사용된 규칙이나 기제를 파악해야 할 것이다. 즉 갈등은 필연적으로 발생하며, 행위자간 힘의 대결 속에 사회구조가 변화하며, 사회구조의 변화를 초래하는 근본 요인들은 구조 내·외에서 발생하는 과정적 요인들에 의해 좌우된다고 보고 있다. 그래서 지방정부간 변화의 과정은 지식의 변화, 태도의 변화, 행동의 변화, 지방정부간 성과에 있어서의 변화에 초점이 모아진다. 이에 비해 과정적 갈등은 한 조직이 다른 조직의 지위에 대해 반대할 때 발생하며, 조직간 관계의 정형화된 틀 속에서 발생하고, 운영절차나 활동들의 조정과정에서 주로 발생한다. 결국 갈등을 외부 변화에 적응하기 위한 하나의 과정으로 보고 갈등을 변화의 원천인 동시에 결과로 보며, 외부 사건(변화)들이 갈등을 가져온다고 본다면, 과정적 측면을 고려하기 위해서는 내외적 과정요인들을 고려하여야 할 것이다. 이들 요인들은 조직간 관계의 변화, 재정변화, 행태의 변화 등 다양한 변화요인들이 제시될 수 있다(경상남도, 2002). 지방정부간 갈등에서 나타나는 행위자 특성은 지금까지의 지방정부간 갈등의 분석시각 중 구조적 갈등보다는 과정적 갈등요인의 하나로써 자리 잡고 있다는 것을 알 수 있다.

그리고 정부간 갈등수준이나 정도를 물리적으로 측정하기는 곤란하지만 정부간의 갈등상황에서 나타나는 행위자 특성에 대한 갈등수준을 측정하기 위해서는 어떠한 측정지표를 고려해야하는지에 대한 검토가 필요하다. 이러한 맥락에서 행위자 특성에 대한 제반적인 점검과 그 측정요인을 검토하는 것이 올바르다.

3) 행위자 특성 접근의 유용성

민선자치 이후 지방정부간 관계의 변화과정에서 보편적으로 나타나고 있는 지방정부간 정책갈등문제를 정확히 진단하고, 그러한 문제에 대한 대응방안을 모색하는 것은 매우 중요한 문제하고 할 수 있다. 지금까지 지역정책에 대한 지방정부간 갈등 분석의 경향은 갈등원인에 대한 설명과 이에 따른 갈등사례의 나열식 분석, 혹은 법·제도적·기능적 분석이 주류를 이루고 있다.

이와 관련하여 Lan(1997)은 사람들의 행태나 행위를 조정하고 변화시키기 위해서는 정책이나 제도가 필요하다고 주장하면서 사람들의 행태를 조정하고 변화를 가져올 수 있는 주요 기제로 다음과 같은 것을 제시하고 있다.

첫째, 적절한 인센티브와 벌칙을 만드는 것이다. 즉 보상과 처벌 또는 유인과 제재 등의 유인기제(inducement)를 통하여 행태를 조정하고 변화시키는 것이다.

둘째, 규칙(rule)을 만드는 것이다. 규칙은 어떤 방식으로 행동하고 어떤 방식으로는 행동하는 것을 금지하는 명령과 같으며, 어떤 행위의 허용과 자격을 정하는 것이다. 따라서 행태에 대한 규칙을 통하여 사람들의 행위를 조정하고 변화시킬 수 있다.

셋째, 사실(facts)을 통한 행태의 조정과 변화이다. 이것은 원칙적으로 설득에 의존하는 전략이다. 즉 사실의 노정을 통하여 사람들의 마음이나 인식의 변화를 가져와 다시 행태를 변화시키려는 것이다.

넷째, 권리(rights) 관계를 통하여 행태를 조정하고 변화시키는 것이다. 이것은 정부의 권력을 이용할 수 있는 권리를 변화시킴으로써 사람들의 행태를 조정하고 변화시킬 수 있다.

마지막으로 권력(power)을 이용하는 것이다. 권력을 통하여 의사결정과정을 변화시킴으로서 갈등의 내용을 변화시키려는 전략이다. 따라서 이는 제도변화의 영향으로 인하여 대부분의 갈등과 협력사례들이 진행과정에서 제도의 정비나 새로운 제도의 도입을 통해 다양한 전개양상의 변화를 보여주게 된다. 즉 행위자에 의해 조정되는 제도는 정부간의 갈등을 유발시키는 요인이 될 수도 있지만, 반대로 갈등을 해소시켜주는 순기능적 요인으로 작용할 수 있는 것이다.

그러나 지방정부간 정책의 결정과정에서 갈등의 주요 원인이 이와 같은 제도적·기능적 갈등보다는 정치적 갈등이 원인이 되어 나타나는 것이 대부분인 바, 이에 대한 적실성 있는 이론을 중심으로 갈등과정에 개입된 행위자들의 정치적 갈등과정을 파악하는 것은 중요한 문제라고 할 수 있다(주상현, 2001c). 즉 지방정부간 갈등에서 관련 갈등의 주체자들이 해당 지방정부의 이해관계와 함께 보이는 특성에 따라 갈등과 협력요인이 발생할 수도 있는 것이다. 그리고 갈등행위 주체자들이 정부간의 관계에서 갈등과 협력을 위한 행위자의 특성이 교환협상과정에서 서로 영향을 미치게 되어, 그 수준이나 정도에 따라 새로운 협력관계가 형성되기도 하지만 또 다른 문제를 발생시킬 수 있는 것이다.

따라서 정부간의 갈등해결의 협상교환과정을 통하여 갈등행위자간의 행위를 상호협력의 방향으로 유도하는 것은 매우 중요한 것이다. 그러나 기존의 선행연구가 갈등에 대한 유발요인의 분석과 공식적 제도의 강화를 통한 정부간 갈등해결방안에 대한 연구가 주를 이루어 왔다. 때문에 이와 관련한 연구 분석은 소홀히 진행된 바, 여기서는 지방정부간 갈등사례에 대한 기존연구에 기초를 두고서 지방정부간 정책갈등을 분석하기 위해 갈등에 영향을 미치는 구조적 측면보다는 미시적 측면에서 개별적 행위자 특성에 초점을 두고서 정리하고자 한다.

즉 지방정부간 갈등은 개별 사례마다의 상이한 발생배경, 내용, 유발원인을 지니고 있으므로 행위자의 특성을 분류하기 위해서는 지방정부간 갈등에서 나타나는 행위자의 특성에 대한 개별사례적인 접근이 필요하기 때문이다. 따라서 행위자 특성과 관련된 요인들을 검토함에 있어서는 행위자 특성의 연구에서 다루는 요인들과 갈등 및 협력 등의 수준에서 다루는 요인들을 우선적으로 검토할 필요성이 있다.

10. 환경론적 접근

환경론적 접근은 지방정부간의 갈등과 협력에 영향을 주는 사회적 환경변수를 이해하고 정치·경제·사회적 상황의 변화와 관련된 변수들로 현상을 설명하는 접근을 말한다. 구체적인 환경적 접근을 가능하도록 만드는 요인으로는 중앙정부,

해당 지역 국회의원, 지방의회, 시민단체, 지역 언론, 지역주민 등이 해당된다. 따라서 이러한 환경적 요인은 때로는 지방정부간의 갈등과 협력에 순기능적인 역할을 하기도 하고, 때로는 역기능적인 역할을 하기도 한다. 따라서 환경적 요인들은 지방정부간의 갈등과 협력에 직·간접적인 영향을 미치며, 또한 자치단체장이 이를 의도적으로 통제하기 어려운 경우가 많다.

1) 정치·행정적 환경

그 동안 한국 사회는 각 분야에서 많은 성과를 거두어 왔지만 정치적 분야에서는 큰 성과를 보이지 못하고 혼란을 거듭해 왔다. 중앙집권제도에 익숙해 오던 한국의 행정은 지방자치를 실시하는 과정에서 많은 시행착오와 혼란을 경험하고 있다. 현재 지방정부에 대한 정치적 요구와 주민의 기대는 팽창하고 있으나 지방정부의 능력과 기술은 이러한 요구를 충족하기에는 부족한 면을 보이고 있다.

지방자치제가 전면적으로 시행되기 전에 중앙정부는 각종 정책이나 계획에 대한 결정권을 보유하고 있고 자원배분의 통제권을 주로 행사하여 왔다. 따라서 지방정부의 독자적인 권한 행사나 자율적인 업무처리가 극히 제한되어 있었기 때문에 지방정부 상호간의 갈등이 확대될 소지가 크지 않았다.

지방자치의 전면적인 실시 이후 각 지방정부의 자율성과 독립성의 확대 강화 경향에 따라 그 자율성에 상응하는 책임과 의무도 강화되었지만, 그에 부응하는 역량이나 여건이 적절하게 구비되지 못한 상태에서 개별 지방정부에 사법권을 제외한 권능이 부여되고 있다. 이러한 지방정부의 권한행사 과정에서 특정 지방정부의 자율성이 지나치게 강조되면 오히려 조정과 협조를 약화시키고 광역사무의 처리를 곤란하게 만드는 경우가 있기 때문에 인접한 정부와의 갈등관계가 야기되고 있다. 특히 단체장들은 자신이 제시한 정책공약을 실현시키기 위해 무리하게 공약사업을 추진하는 과정에서 인접 지방정부와의 갈등이 야기되고 있다.

지방자치는 중앙정부 및 중앙정치와 상호 밀접한 관계를 갖게 되며, 오랫동안 지속되었던 한국의 중앙집권적인 전통과 전반적인 정치, 사회·문화적 환경으로 인하여 아직도 중앙에서의 통제와 간섭이 상당부문 존재한다고 볼 수 있다. 즉 한국의 경우 민주통제를 거의 받지 않는 강력한 중앙집권적 권력구조 하에 행정이 고도의 정치적 기능을 수행하여 왔다. 사실상 행정과 정치의 기능이 미분화된 채 정치체제에 대한 행정체제의 압도적 우월 상황이 지속되었으며 국민의 정치적 기능이 극도로 제약되고 정치는 행정권에 예속되었다고 볼 수 있다.

2) 경제·재정적 환경

한국의 경제 발전은 1960년대와 1970년대에 정부주도 하에 추진되었고, 1980년대 이후에는 민간주도로 전환되면서 국민소득 향상, 수출증가 등에서 많은 성과를 거두었다. 한편, 행정은 경제 성장에 수반되는 환경오염, 소득격차 등을 비롯하여 예상하지 못한 갈등 및 문제가 대두되고 있다.

한국의 경제발전 수준, 즉 양적 성장이라는 것 이면에는 수질 및 대기오염의 발생 등과 같은 환경침해가 있기도 했고, 특히 고도의 경제 성장 결과 정보 및 인력의 중앙 집중, 중앙과 지방의 경제적 불균형과 격차의 증대, 지방의 자생력 저하 등과 같은 문제가 있음은 사실이다. 따라서 경제 및 생활환경 수준의 지역적 불균형을 극복하는 것이 현시점에서의 중요한 과제인 것이며, 환경문제와 지역개발에 있어 정부간에는 갈등관계가 첨예하게 형성되어 있다고 할 수 있다(김병국, 1994).

환경문제는 외부 불경제를 유발하므로, 지방정부간 및 지역주민이 개입하여 심각한 갈등을 형성하고 있다. 특히 이는 지가하락 등에 대한 보상 문제와 관련되며, 주민과의 관계에서 정당한 반대급부를 제공해야 하는 특성이 있다. 환경문제는 지역경제개발과 관련되므로 환경문제만을 우선시할 수는 없기 때문에 지역 간의 유기적인 연계관계를 형성하여 개발과 환경보전을 균형 있게 조화시켜야 한다. 혐오시설의 설치 등으로 인한 피해가 적정수준으로 보상되고 관련된 주민들의 안전을 유지할 수 있도록 필요한 비용부담이나 제한조치가 필요하게 될 것이다. 지방자치제 실시와 국민경제 수준의 향상으로 지방정부에 대한 주민의 요구가 적극적으로 변화하고 있으며, 주민들은 보다 높은 수준의 행정서비스를 요구하고 있으나 행정은 아직 여기에 충분히 대처하지 못하고 있다. 지방정부의 행정서비스는 주민의 일상생활과 직결된 것이 많기 때문에 지방정부에 대한 주민의 관심은 더욱 높다. 그러나 질적으로 수준 높은 행정 서비스를 요구하는 주민의 강력한 기대를 충족할 수 있는 적극적인 자세와 의욕이 부족한 경우가 많다.

각 정부들은 자원의 효율적 이용, 규모의 경제실현, 외부효과의 적절한 분담문제 등과 같이 공동사업과 관련된 문제들이 증가하게 되면서 각 지방정부 상호간에 편익에 대한 서로의 비용부담에 대한 구체적인 결정과정에서 갈등관계가 심각하게 야기되는 것으로 생각될 수 있다. 또한 공공시설로서 특정 지역이나 특정 지방정부에 대해서 혐오·위험시설이 입지 하는 경우 비용과 편익의 불공평성이 내재하게 되어 갈등이 형성되고 있다.

3) 사회·문화적 환경

지방자치제의 본격적인 시행 과정에 있어 특히 문제가 되는 것으로는 지역 이기주의가 심화되어가고 있다는 것이며 이러한 현상은 점차 다양한 형태로 나타나고 있다.

집단이기주의·지역연고주의·지역감정의 심화·확산으로 인한 부작용·반작용 등이 영향을 끼치고 있으며 가치관의 큰 혼란은 권위적·관 우월적 관료행태를 양산시켰다. 이것 역시 지방자치의 본격적 실시와 함께 주민의 참여 분출과 상치되어 정부와 주민 간에 갈등관계를 형성하는 요인이 되고 있다. 이러한 것의 해소가 어려운 점으로는 우리 사회의 전반적인 풍토가 민주적·자율적 방식을 통하여 갈등현안을 해결하려는 관행이나 행태 그리고 협상방식에 의해 문제를 해결할 수 있는 능력 등이 미성숙 되어 있기 때문이라고 볼 수 있다.

또한 오늘날은 도시화가 빠르게 진행되고 있으며 교통통신의 발달과 매스컴의 비약적 발전 등으로 생활권, 경제권이 확대됨으로써 각 집단의 요구가 다양해지고 있고 일정구역에 국한되지 않는 광역적 수요가 나타나고 있다. 따라서 이에 적절히 대응하기 위해서는 소규모단위 행정보다 광역규모의 행정이 보다 경제적이며 도시지역에서의 주변단체와의 기능보완 내지는 연계의 필요성이 증대되고 있다. 이러한 배경에서 지방정부 단위의 협조와 협력이 필요하게 되는데, 각 지역의 입지조건, 인적 자원의 질, 지역의 발전정도에 따라 성장과 발전에 다양한 격차가 발생하며, 그에 따르는 경제·사회적 조건의 상이함에 따라 정부간의 이해관계가 복잡해지고 정부에 대한 요구도 다양해져 갈등과 분쟁이 야기될 소지가 증가하고 있다.

제3절 지방정부간 갈등과 협력의 성격 및 유형

1. 다양성과 가변성의 전제

현재까지 지방정부간 갈등과 협력에 관한 연구들이 지니고 있는 근본적인 문제는 갈등과 협력의 요인들을 소수의 개별 사례들에 한정하고 있어 이들이 제시하고 있는 요인들의 설명이나 정책방안의 효용성이 다른 사례에 그대로 적용될 수 없다는 점이며(사례의 다양성), 게다가 사례의 전개과정에 따라 반전될 수 있는 갈등관계의 시기별 가변성을 설명할 수 없는 단점도 내포하고 있다(시기별 가변성). 따라서 지방자치제 실시 이후 생산적이고 협력적인 정부간 관계를 형성해야 한다는 규범적 논의는 정책적 처방이나 이를 위한 학문적 연구영역에 있어서 여전히 요원한 과제로 남아 있다. 이러한 원인은 앞서 언급하였듯이 지방정부간 갈등과 협력문제의 사례별 다양성과 시기별 가변성이라는 두 가지 차원의 문제점을 안고 있기 때문이다.

이에 여기서는 사례별 다양성과 시기별 가변성이라는 갈등의 두 차원을 전제하고 이에 초점을 맞추어 논의를 진행하고자 한다. 즉, 지방정부간 갈등과 협력의 구도란 사례별 상황 및 전개과정에 따라 다양한 모습의 조합으로 유형화될 수 있는 가변적인 성격을 지니고 있다. 예를 들어 Mitchell(1981)은 이른바 갈등의 누적순환과정모형(Cumulative-Cycle Model)을 제시하면서 어떤 계기가 되는 조건으로 말미암아 갈등이 진행되는 경우 시간이 경과함에 따라 그 갈등의 수준이 변한다고 주장한바 있다. 즉 갈등관리방법에 따라 갈등의 수준이 감소하거나 아니면 계속적·누적적으로 다음 사건과 연결되고, 높은 수준의 갈등상황으로 발전되어 순환의 형태를 취하게 된다는 것이다.

Walton & Dutton(1969)에 의하면 개인적 갈등에는 ①갈등의 이슈, ②잠재화된 갈등을 촉진시키는 상황, ③당사자의 행동, ④갈등의 결과 등 네 가지의 갈등요소가 있으며, 이는 순환의 형태를 취한다고 본다. 대립하고 있는 두 행위주체 사이에 잠재적 갈등이 존재할 때에는 오직 이슈만 존재하지만, 계기가 되는 사건이 발생하면 잠재적 갈등이 현재화하게 되며, 그 결과로서 일어나는 갈등행동은 일반적으로 해결결과 때문에 마침내 진정되어 다시 돌발할 때까지는 경시된다(이재규, 1998).

<그림 3-1> 다양한 갈등과 진행의 가변성

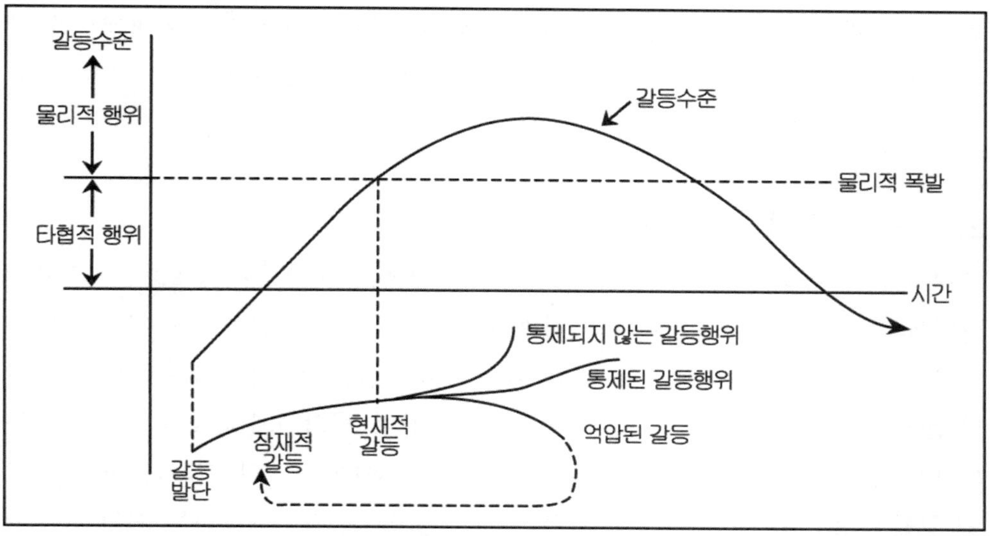

자료: Walton & Dutton(1969), Mitchell(1981).

<그림 3-1>에서 보는 바와 같이 현재화된 갈등은 통제되지 않는 갈등행위를 보이는가 하면, 통제된 갈등행위를 보이기도 한다. 또는 억압된 갈등이 되어 잠재적 갈등상태로 돌아가는 경우도 있다(그림의 점선 화살표 참조). 통제되지 않는 갈등행위는 갈등수준이 높을 경우에 해당되며, 통제된 갈등행위는 갈등의 대상이 되는 상대와 건전한 긴장상태를 유지하는 것으로 긍정적인 행위의 결과를 만들어 낼 수 있다. 하지만, 갈등당사자 또는 상대방 중 일방의 갈등수준이 현저히 낮아질 경우 현재화된 갈등은 잠재적 갈등상태로 돌아가게 되거나 갈등이 고조된 행위자는 갈등해결을 회피하게 된다. 이러한 경우를 억압된 갈등으로 볼 수 있다.

결론적으로 이 책은 지방정부간 갈등과 함께 협력이라는 용어를 동시에 사용하고 있다. 이러한 이유는 협력은 갈등의 다른 국면으로 '갈등이라는 동전'의 뒷면을 나타내는 것이기 때문이다. 특히 지방정부간 갈등은 그것이 특정문제를 제외하고 갈등을 해결하는, 즉 '협력을 모색'하는 과정이므로 이를 구태여 구별할 필요가 없다. 왜냐하면 협력이란 당사자간의 상호의존과 신뢰, 갈등 해결을 위한 양 당사자들의 노력이 필요하고 그 노력들이 변화하지만, 갈등만큼 그 과정이 복잡하고 현재화하지는 않는다. 따라서 협력을 논의하되 갈등의 단계를 살펴

보면 그 속에 협력의 씨앗을 찾을 수 있고 갈등의 해결과정 내지 갈등의 관리과정이 협력의 과정이라고 할 수 있는 것이다. 이에 기본적으로 지방정부간 갈등과 협력은 상호작용을 하고 있으며, 특히 지방정부간 갈등과정은 확실히 동태적인 특성을 가진다고 볼 수 있다.

2. 갈등과 협력의 상호작용

거시적으로 사회체제의 갈등은 일정한 인과구조로 구성되어 있으며, 사회체제 내에서의 구성원의 이해관계나 권력관계가 표출되어 자원분배의 불평등이 나타남에 따라 갈등이 발생되고, 이러한 갈등은 다시 사회체제를 재조직화 하는 동인(動因)으로서의 기능을 하는 것이다. 이와 같이 사회체제의 갈등과정은 갈등의 인과구조에 따라 통상 4~5단계에 걸쳐 발생한다. 즉, 한 사회는 크게 대립 및 갈등의 부정적 현상과 경쟁 및 협력의 긍정적 현상이 존재하는 이원적 복합구조로 이해하여야 한다는 것이다.

<그림 3-2> 사회적 갈등의 인과구조

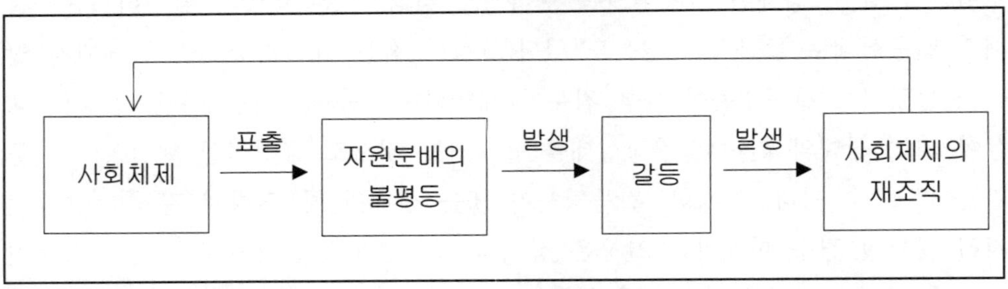

자료: Turner(1990), 김진규 외(1991).

갈등이 순기능과 역기능의 양면성을 지니는 동시에 제거될 수 없는 것이라고 한다면(Deutsch, 1973), 갈등의 적절한 관리(교환·협상)를 통하여 갈등당사자간 행동을 상호 협력의 방향으로 유도하는 것은 대단히 중요할 뿐 아니라 사회발전에 기여하는 바가 크다 할 수 있다(Carpenter & Kennedy, 1988). 그리고 특정 문제(사건)를 중심으로 갈등요인의 작용 여부 내지는 정도에 따라 갈등이 형성되기도 하고 그렇지 않은 경우가 있을 수 있는데, 양자는 공히 협력과정인 교환과 협상의 절차를 밟게 되는데, 바로 그 과정에서 소위 협력요인이 영향을 미치게 되고, 그 수준이나 정도에 따라 협력관계가 형성되기도 하는 반면, 새로운 문제를 발생시킬 수도 있다.

유사한 맥락에서 Robbins(1983)는 갈등에 관한 관점을 세 가지로 구분하여 각각의 특성을 설명하고 있다. 첫째 고전적 관점(traditional view)으로 갈등을 고정적인 것으로 보는 관점이다. 이는 30년대에서 40년대에 지배적인 관점이었으며, 이 경우 갈등은 의사소통의 불량, 사람들의 개방과 신뢰의 부족 및 종업원들의 욕구와 열망에 경영자가 반응하는데 실패하는데서 초래되는 역기능적인 결과로 보았다. 둘째, 행태적 관점(behavioral view)으로 모든 집단과 조직의 행동에서 갈등은 불가피한 것이며, 자연적인 것으로 보는 관점으로 갈등은 제거될 수 없고 존재할 수밖에 없는 현상으로 받아들여야 하며 갈등이 집단과 조직의 업적에 유익할 수 있는 경우도 있다고 보았다. 셋째, 상호작용적 관점(inter-actionist view)으로 갈등을 조화되고 평화로우며 잠잠하고 협동적인 집단은 정체되고 냉담하며 변혁과 혁신에 대한 요구에 반응하지 못한다고 보고 최적의 갈등수준을 유지하는 것이 조직에 이롭다고 보았다(이광종, 1995).

마찬가지로, 사득환(2002)은 상호작용적 관점의 시각에서 지방정부간의 환경협력은 자율성을 갖춘 지방정부간의 공정한 게임의 규칙에 입각한 문제해결을 둘러싸고 상호의존 관계를 도모하게 된다고 한다. 상호의존성이 없으면 협력은 존재하지 않으며, 이러한 상호의존 관계의 발생은 자기이해가 결쳐있는 목적을 달성하기 위한 서로간의 자원의존 때문으로 보기 때문으로 보았다. 하지만 이러한 상호의존의 관계는 경쟁적(zero-sum)인가, 공생적(non zero-sum)인가 하는 점이 문제가 되며, 경쟁적인 때 상호갈등이 표출되며, 상호협력의 가능성이 종결됨을 의미한다고 하였다.

<표 3-6> 지방정부의 경쟁적 과정과 협력적 과정

구 분	경쟁적 과정	협력적 과정
커뮤니케이션	-커뮤니케이션의 오도·회피·정보염탐	-정확·솔직한 정보교류
지 각	-차이와 위협에 민감 -반대감정 자극 -타인의 관점 회피	-유사성과 공통적 이해에 민감 -타인들의 관점 수용
타인에 대한 태도	-의심과 적대감 -타인이용 의향 -상호불신	-우호적인 태도 -협조적인 반응 -상호신뢰
과업지향성	-분업방해 -자원공유방해 -활동조정방해 -갈등의 일방적 자극 -일방의 권력 증대 -강압·위협·기만사용	-분업·생산성향상 -자원공유와 조정 -갈등의 건설적인 해결 -쌍방의 이해 조정 -갈등관계의 범위 축소 -쌍방의 권력과 자원향상

자료: Deutsch(1973), 사득환(2002).

지방정부간 상호의존성의 차원에서의 경쟁적 과정과 협력적 과정은 <표 3-6>과 같이 커뮤니케이션, 지각, 타인에 대한 태도, 과업지향성 등의 측면에서 대조적인 특징을 보여주고 있다. 경쟁적 과정에서의 커뮤니케이션은 커뮤니케이션의 오도나 회피 등의 행위가 표출되지만, 협력적 과정에서의 그것은 정확하고 솔직한 정보교류의 기능을 수행하게 된다. 타인에 대한 태도의 경우 경쟁적 과정에서는 적대적이며 상호불신의 모습으로 나타나지만, 협력적 과정에서는 우호적이며 상호신뢰의 태도를 보이게 된다.

이와 같은 갈등과 협력에 관한 논의를 지방정부간 관계 차원에서의 갈등과 협력의 관계에 적용하여 나타내면 <그림 3-2>와 같다. 아래 모형은 지방정부간에 상호의존적 관계에서 형성되는 특정 문제(이슈)에서부터 출발하게 된다.

이러한 특정한 '문제'는 제도적·행태적 측면의 영향요인에 의해 '행위의 장'으로 이동하게 되어 교환이나 협상을 위한 논쟁 및 협의의 대상이 되며, 그 논의의 결과에 따라 궁극적으로는 지방정부간 관계의 방향성이 형성된다고 할 것이다. 이러한 방향성은 행위의 장에서 전개되어 온 다양한 행위자들의 이해관계 지향적 행태가 시간의 흐름이나 그 밖의 요인에 따라 어느 정도 정리되어 가장 직접적인 이해관계자(stakeholder) 혹은 갈등의 상대방(counterparts)이 명확히 드러나고 핵심적인 쟁점이 파악되면서 '교환과 협상'의 과정으로 이어지게 되는 것이다.

교환·협상과정에서 주요 행위자는 이해당사자간 자원이나 권력의 교환 혹은 갈등의 단초가 된 '문제'의 해결을 위한 협상활동을 전개한다. 행위의 장에서는 물론 교환·협상의 단계에서도 주요 행위자들의 역동적 활동이 전개되는데, 이 과정에서 주요 행위자들의 행태는 경쟁적이거나 협력적인 모습을 보이게 된다. 이 경우 협력에 대한 인식이 높거나 갈등의 정도가 통제 가능한 범주 내에서 전개되면 특정의 문제해결 또는 협력강화의 단계로 발전하게 된다.

하지만 경쟁의 정도가 심하고 갈등의 정도가 극에 달하게 되면 특정문제는 행위의 장으로 환류(feedback)되어 새로운 국면에서 다시 전개된다. 뿐만 아니라 교환·협상의 단계를 거친 특정문제가 종전에 다양한 행위자들간의 상호작용의 결과로 정의된 것과 전혀 다른 새로운 문제나 갈등을 야기할 수도 있는데, 이 경우에는 다시 갈등의 초기단계라고 할 수 있는 문제를 인식하는 단계로 환류되는 경우도 있을 수 있다(그림의 점선 부분). 이와 같이 교환·협상단계를 거치면서 문제가 해결되거나 협력관계가 강화되기도 하지만, 새로운 문제를 야기할 수도 있다.

<그림 3-2> 지방정부간 갈등과 협력의 인과구조

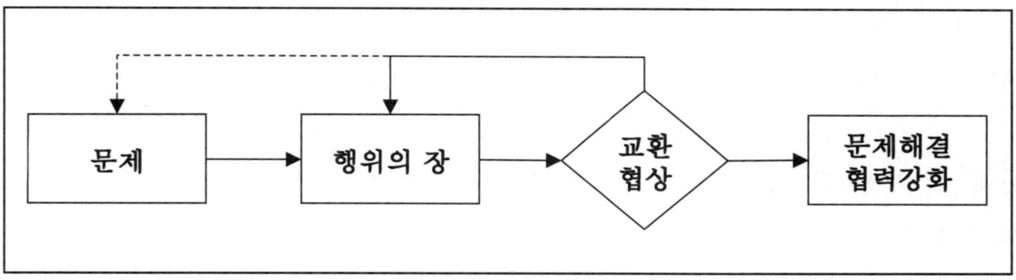

지방정부간 관계에 있어서 교환 및 협상의 과정은 갈등의 증감이 교차하는 동태적인 과정으로 이해하여야 한다. 따라서 이 과정에서 지방정부간 갈등에 대한 인식수준의 차이로 인해 수용, 협조, 타협, 회피, 갈등의 잠재화 등의 다양한 지방정부 수준의 행위패턴이 나타나게 된다. 수용, 협조, 타협의 경우 문제해결 및 협력강화로 가는 반면, 회피 및 갈등의 잠재화는 갈등현안의 새로운 국면을 조성하는 요인으로 작용하게 되고 이는 다시 행위의 장으로 피드백 된다. 결국 교환·협상의 과정은 문제의 해결, 즉 갈등의 해소를 위한 노력이 구체화되는 단계라고 할 수 있을 것이다.

갈등의 해결을 위한 전략은 학자들에 따라 다양한 관점에서 논의되고 있는데, 고경훈(2000)은 갈등의 당사자들이 협조전략을 선택하느냐, 갈등전략을 선택하느냐의 선택은 결국 자기집단에 돌아올 보상(pay-off)을 고려한 결정으로 보았으며, 따라서 이러한 갈등상황을 분석하기 위해서는 갈등 당사자들이 자신에게 돌아올 편익을 중심으로 자기만족과 상대방의 만족을 계량화하여 전략적으로 선택하게 된다고 보았다.

또한 전영길(1997)은 모의협상을 갈등분석 및 조정가능성 측정지표로 사용하기 위하여 이슈에 대한 찬/반의 형태로 구분하고자 하였다. 이는 어떤 한 이슈에 대해 양 조직이 나타내는 의견일치여부를 이용하여 합의가 가능한 의제와 불능한 의제를 명백히 구별하기 위한 것이라 할 수 있다. 따라서 조직간의 갈등을 조정하기 위해서는 이슈와 관련하여 합의가능영역의 파악이 선행되어야 한다고 보았다. 그는 이슈와 관련하여 집단별로 찬성과 반대라는 의견의 경향을 파악하여 합의가능영역을 도출하고자 하였다. 합의가능영역은 동의 합의가능영역과 부동의 합의가능 영역으로 구분하여 살펴볼 수 있다.

Rahim(1986)은 갈등의 당사자가 취할 수 있는 전략의 차원을 자신과 상대방의 만족도를 기준으로 하여 다섯 가지로 도출하였다. 첫째, 상대방을 압도하고 자기의 주장을 관철하는 강요(forcing)에 의한 처리방식이다. 둘째, 상대방의 주장을 따르는 것으로 수용(accommodation)에 의한 처리방식이다. 셋째, 상호교환과 상호양보를 위해 쌍방이 약간씩만 자기만족을 추구하는 타협(compromising)에 의한 처리방식이다. 넷째, 쌍방의 관심사를 모두 만족시키는 것으로 협조(collaborating)에 의한 처리방식이다. 다섯째, 쌍방 중 어느 일방이 갈등현장을 떠남으로써 자신과 상대방의 관심사를 모두 무시하는 회피(avoidance)에 의한 처리방식이다.

Thomas(1976)도 역시 갈등관리의 차원에서 자신의 이익을 만족시키려는 정도와 상대방의 이익을 만족시키려는 정도와 결합시켜 회피, 순응, 협동, 타협, 그리고 경쟁의 다섯 가지 전략을 제안한 바 있다. 사실 Thomas의 주장은 대인적 갈등의 관리방안에 초점을 맞춘 것인데, 이광종(1995)은 그의 모형을 좀 더 발전시켜 집단 간 갈등의 관리방안으로 적용하려고 시도하였다. 즉, 갈등관리의 전략을 집단목표의 양립성 정도(매우 양립적, 매우 양립불가능적)와 목표달성을 위한 상호작용의 중요성(매우 높음, 매우 낮음)의 두 차원의 네 가지 요소를 조합함으로써 다섯 가지의 갈등관리전략을 도출한 것이다. 이 경우에 회피(avoiding)는 상호작용이 어느 집단의 목표에 상대적으로 중요하지 않고 집단의 목표가 양립할 수 없을 때 일어난다. 집단들이 양립할 수 있는 목표를 향해 노력하지 않고 문제의 이슈가 중요하지 않기 때문에 집단들은 서로 상호작용을 피하려고 하는 경우를 말한다. 순응(accommodating)은 집단들의 목표가 양립할 수는 있으나 상호작용이 전반적인 목표달성에 중요하지 않다고 생각될 때 일어나는 경우를 말한다. 협동(collaborating)는 상호작용이 집단의 목표달성에 매우 중요하고 집단들의 목표가 양립 가능할 때 일어난다. 타협(compromising)은 상호작용이 목표달성에 중간 정도로 중요하고 목표가 완전히 양립가능하지도 않고 그렇다고 양립불가능하지도 않을 때 일어난다. 경쟁(competing)은 상호작용을 하는 집단들의 목표가 양립할 수 없고 상호작용이 각 집단의 목표달성에 중요할 때 발생하는 것으로 공격적인 행동을 함으로써 갈등을 해소하려 한다.

이상의 논의를 종합하여 지방정부간 관계에 적용함으로써 지방정부의 갈등관리 및 갈등해소 전략을 모색할 수 있을 것이다. <그림 3-3>은 이러한 지방정부간의 관계에서 갈등의 수준이 변화함에 따라 갈등 당사자인 해당 지방정부의 대응전략이 달라질 수 있으며, 궁극적으로 어떻게 갈등상태를 해소하거나 증폭시킬 것인지를 짐작케 할 수 있다.

A정부와 B정부 모두 갈등현안에 대한 갈등수준이 낮을 경우 두 정부는 수용 또는 협조의 태도를 보이게 된다. 또한 적정수준의 갈등을 보이는 경우 두 정부는 타협의 과정을 거쳐 문제를 해결하는 방향으로 접근을 시도하게 된다. 하지만 일방의 정부만 갈등수준이 높을 경우 갈등수준이 높은 정부는 갈등현안에 대한 해결방안 모색에 대해 회피하여 억압된 갈등으로 이끌게 된다. 마지막으로 두 정부 모두 갈등수준이 높을 경우 경쟁을 통해 적대적 행위를 보이게 되어 갈등현안의 해결은 어렵게 될 것이다.

<그림 3-3> 지방정부간 갈등변화와 대응의 상호작용

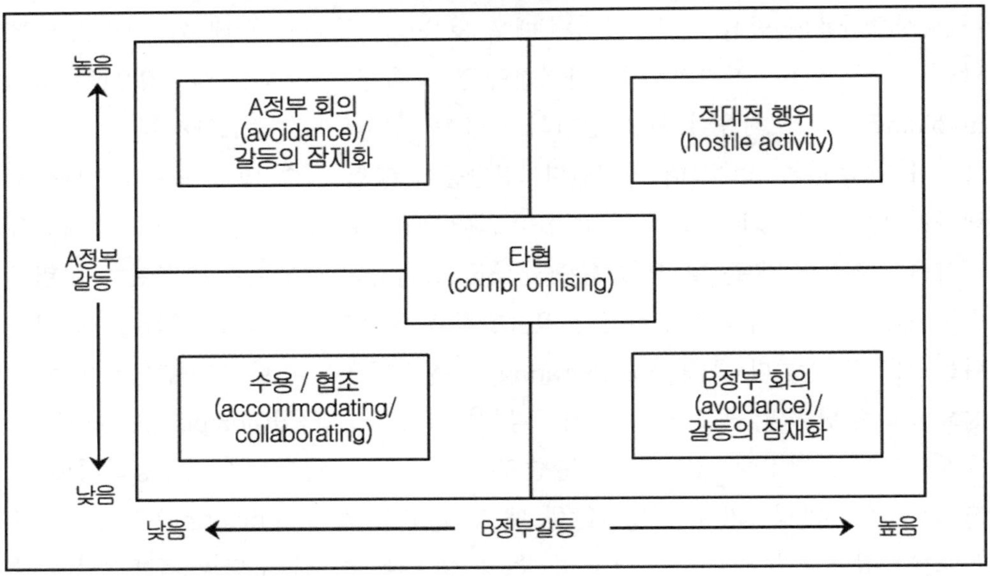

자료: Thomas(1976), Rahim(1986)

갈등의 해소에 있어서는 무엇보다도 갈등 당사자간의 이해와 협력을 바탕으로 해결하는 것이 바람직하지만, 제 3자의 개입을 통해 갈등이 해결되는 경우도 적지 않다. 일반적으로 갈등을 해소하는 방법으로는 크게 당사자간의 조정과 제 3자에 의한 조정으로 구분할 수 있다. 당사자간 조정은 외부기관에 의존하지 않고 갈등 당사자 간에 협상이나 타협, 협력적 문제해결, 광역행정방식을 통해 갈등을 해결하는 것으로서 제 3자에 의한 조정보다 그 해결방안의 수용가능성이 높고 갈등의 실질적 해소에 더 접근 할 수 있다는 점에서 보다 바람직한 방식이라고 할 수 있다. 이러한 방식으로는 행정협의회, 지방정부조합, 사무위탁, 협의·협약, 구역변경 등을 들 수 있다

제 3자에 의한 조정은 당사자 간 협상이나 타협에 의한 자율적인 해결방법을 통하여 자율적으로 갈등을 조정하거나 해결하지 못하는 경우에 필요하다(강인호 외, 2004). 이러한 방식으로는 상급기관에 의한 조정, 특별기관에 의한 조정, 환경분쟁조정위원회에 의한 조정, 지방정부분쟁조정위원회에 의한 조정, 구역개편, 사법부에 의한 조정 등이 있다. 지방정부간의 갈등을 해결하는 사법적 제도로서는 행정심판과 권한쟁의 심판이 있다.

3. 갈등과 협력의 동태성

1) 갈등과정과 동태성

갈등은 기본적으로 적어도 둘 또는 그 이상의 행위주체간의 관계를 상정한다. 따라서 지방정부간 갈등이란 지방정부간 권한, 이해관계 등이 서로 얽혀 국가 전체적 이익이나 공익보다는 행위주체간의 권한과 이익에 집착하는 정치적 과정에서 나타나는 상호대립의 상태로서, 서로가 각각 상이한 목표를 가지고 있고, 이것이 상대방에 의해 제약받거나 방해를 받는 경우에 발생한다고 볼 수 있기 때문에 갈등당사자간 의견불일치 혹은 대립으로 인해 사업이나 정책이 지연되고 원활하게 달성되지 못하는 상태로 정의할 수 있다(주상현, 2001c).

마찬가지로 지방정부간 갈등과 협력은 상호의존적 관계에서 형성되는 특정 문제(이슈)에서부터 출발하게 된다. 이러한 특정문제는 제도적·행태적 측면의 영향요인들에 의해 '행위의 장'에서 지방정부간 관계의 방향성이 형성되며, 이러한 방향성은 교환과 협상의 과정에서 갈등적 또는 협력적 모습을 보이게 된다. 이 경우 경쟁의 정도가 심하게 되면, 다시 말해 갈등의 정도가 극에 달하게 되면 특정문제는 '행위의 장'으로 피드백 되고, 이 경우 그 특정문제는 새로운 국면에서 다시 전개된다. 하지만 협력에 대한 인식이 높으면 이야기가 다르다. 즉 갈등의 정도가 통제 가능한 범주 내에서 전개되면 특정문제는 교환과 협상의 과정을 거쳐 문제의 해결 또는 협력의 관계로 발전하게 된다. 이와 같이 '행위의 장'에서 관련 행위자들의 특정과 갈등 및 협력요인들이 서로 영향을 미치게 되어, 그 수준이나 정도에 따라 협력관계가 형성되기도 하는 반면, 갈등이나 새로운 문제를 발생시킬 수도 있는 것이다(권경득 외, 2004).

그러므로 갈등과정과 협력과정은 상호 배타적인 관점에서 전개되는 것이 아니라, 동태적인 관점에서 상호의존적 관계를 형성하게 된다. 여기에서 '동태성'이라 함은 갈등이나 협력의 발생단계에서부터 해결 또는 미해결단계를 거치는 전 과정을 말하는 바, 해결이란 최종단계에서 상호간의 협력으로 인해 의도한 대로 일이 이루어지는 경우를 말하고, 미해결이란 최종단계에서 갈등의 지속으로 인해 의도한 일이 이루어지지 않는 경우를 말한다. 따라서 동태성을 파악하는 핵심개념은 시간의 흐름, 갈등요인 및 협력요인의 작용, 갈등에서 협력 및 협력에서 갈등 등의 방향전환 등이 해당한다.

즉, 정부간 관계에 있어서 '행위의 장'이라는 교환 및 협상의 과정은 갈등의 증감(+/-)이 교차하는 동태적인 과정으로 이해하여야 하며, 이 과정에서 정부간 갈등수준의 차이로 인해 수용, 협조, 타협, 회피, 갈등의 잠재화 등의 결과를 만들게 된다. 수용, 협조, 타협의 경우 문제해결 및 협력강화로 나아가는 반면, 회피 및 갈등의 잠재화는 갈등현안의 새로운 국면을 조성하는 원인으로 작용하게 되고 이는 다시 '행위의 장'으로 피드백 하게 된다(권경득 외, 2004).

이상과 같이 갈등 및 협력을 설명하는 과정론적 시각은 갈등을 전개과정에 따라 체계적으로 분석하고, 해결과정 혹은 해결을 위한 정책과정을 개인이나 집단 등 개별행위자들의 상호작용의 결과로서 파악하기 때문에 개인이나 집단들의 행태와 정책 산출간 인과관계를 규명할 수 있다는 장점도 존재한다(주상현, 2001b). 예를 들어, 권해수(2003)에 의하면 사례대상 또는 문제의 상태 그리고 이에 대한 영향요인들도 시간의 속성에 따라 변화하고 있기 때문에, 시간적 요소는 갈등의 해결과정 혹은 갈등과정에서 영향을 미치는 중요한 변수가 될 수 있다고 지적한다. 실제 정정길·정준금(2003)은 시간적 요소는 변화나 갈등이 완만하게 진행되는 시기에는 큰 문제가 되지 않을 수도 있지만, 급속한 변화가 계속되는 사회에서는 특히 중요한 문제를 제기할 수도 있다고 지적하면서, 기존의 연구에서는 이러한 시간적 요소가 중요하게 취급되지 않았다고 지적한다. 이상과 같이 갈등은 어느 정도의 시간적 지속성을 가지고 전개된다.[38]

따라서 갈등의 지속 또는 갈등의 해결을 파악하기 위해서는 갈등의 전개과정을 시간적으로 구분해 볼 필요가 있다. 왜냐하면 갈등과 협력은 특정시점에서 고정되는 것이 아니라 시간을 두고 변화하는 일련의 과정이기 때문이다. 분쟁이나 갈등의 이러한 속성을 Pondy(1966)는 갈등 에피소드(episode)의 연속이라고 표현하고 있다.

한편, 지방정부간 갈등에 관한 기존의 논의 중에서 갈등사례의 전개과정에 초점을 둔 연구는 갈등이 어떻게 발생하고 진행이 되는지에 관해 초점을 두는 관점

38) 갈등은 근본적으로 적어도 둘 또는 그 이상의 행위주체간의 관계를 상정하고 있다. 이러한 행위주체들 사이의 관계에 시간의 개념을 도입하여 시간적 거리를 두고 이들 관계가 일어난다면 이를 과정이라고 부를 수 있다. 즉, 당사자간의 관계가 시간적 연속선상에서 일어나고 있다면 그것은 과정적 속성을 띠게 된다고 할 수 있으며, 갈등을 과정적 관점에서 파악하면 갈등의 동태성을 보다 잘 이해할 수 있다(장석영, 2001).

들이다. 물론 이 경향의 연구도 갈등의 원인규명에 초점을 두기는 하지만, 근본적으로는 갈등이 진행되어 가는 과정에 연구의 관심을 부여한다(주상현, 2001b). 그리고 갈등의 과정을 논의하는 대부분의 연구들은 갈등의 단계를 구분하고 있는데, 갈등의 단계를 구분하는 기준으로 가장 많이 활용되는 것이 갈등의 양상, 시간, 갈등의 주체 등이었다. 이러한 점을 바탕으로 갈등을 동태적으로 분석하기 위해서는 갈등의 단계를 구분할 필요가 있다. 그리고 각 갈등단계의 구체적인 특징은 무엇인지를 현실적 사례를 분석함으로써 밝혀볼 필요도 있다.

2) 갈등양상과 동태성

일반적으로 갈등의 양상을 기준으로 갈등의 단계를 나누고 있는 논의들은 오래 전부터 꾸준하게 제기되어 왔다. 여기에 속하는 학자로는 Pondy(1967), Trolldalen(1992), 박호숙(1994), 유해운 외(1997), 이종렬·권해수(1998), 이인수(1999), 주재복(2000), 주상현(2001a, 2001b), 고경훈(2003) 등이 있다.

먼저 갈등의 양상에 따라 갈등단계를 구분하고 있는 연구로 Pondy(1967)는 갈등을 연속적인 에피소드로 보고 갈등의 단계를 잠재적 갈등, 인지적 갈등, 지각된 갈등, 현재화된 갈등, 갈등여파 등의 다섯 단계로 분류하고 이러한 단계들은 서로 연결된 것으로 보고 있다. 그리고 Pondy(1967)는 각 단계의 갈등의 특징을 다음과 같이 정리하고 있다. 먼저 잠재적 갈등이란 상황에 대한 상반된 인식으로부터 출발하는 것으로, 상황에는 부족한 자원에 대한 경쟁, 자율성 추구, 목표의 분산성, 역할 등이 있다고 지적한다. 인지적 갈등이란 한 사람 이상의 당사자가 잠재적 갈등을 인식하게 되는 상태를 말한다. 그리고 지각된 갈등은 갈등이 격화되어 상대방에게 적대감을 갖게 되는 단계로 긴장, 적의, 불안, 좌절감 등이 지각된 갈등에서 나타나는 현상이다. 또한 현재화된 갈등이란 적대적인 행동이 실제로 표출되는 단계로, 행위자의 관점에서 적어도 다른 참가자들의 목표를 좌절시키는 행동을 의미한다. 마지막으로 갈등여파란 현재화된 갈등이 발생한 이후의 결과 상태로서 이에는 협력적인 토대의 구축 혹은 갈등의 잠복 등이 있다(유해운 외, 1997).

갈등양상의 변화에 대해 Trolldalen(1992)은 갈등의 극단적 수준과 시간의 경과라는 두개의 차원을 가지고서 초기적 갈등 → 잠재적 갈등 → 인식적 갈등

→ 명백한 갈등이라는 네 가지 유형의 갈등상승모형을 정립하였다. 그에 의하면 갈등이 상승할수록, 그리고 시간이 경과할수록 갈등에 관련된 당사자들의 수는 증가하며 동시에 갈등의 수준도 극단화된다고 지적한다. 그리고 초기적 갈등과 잠재적 갈등을 예방하거나 회피하는데 실패할 경우에는 갈등상황은 명백하고도 인식적인 갈등으로 전환된다고 말한다. 즉, 부정적인 환경적 영향과 관련된 양립할 수 없는 목표를 모든 당사자들이 인식하게 된다는 것이다. 이때부터 당사자들은 경쟁으로 인식하고 그들 자신의 이해에 대한 위협으로 받아들이며, 인접 당사자들에게 그들의 입장을 알리며, 자신들의 입장을 옹호하고 방어하게 된다고 지적한다. Trolldalen(1992)이 정의하고 있는 각 갈등단계의 특징은 다음과 같다. 초기적 갈등이란 자원의 사용자간에 낮은 정도의 긴장을 의미하며, 잠재적 갈등이란 한 자원사용자가 그의 목적이 다른 사용자의 목적과 양립하지 않음을 알고 있을 때, 또는 다른 상대방들이 부정적 환경적 효과에 노출된다고 인식할 때 발생한다. 그리고 인식적 갈등이란 초기적 갈등과 잠재적 갈등을 예방하거나 회피하는데 실패할 경우, 상황은 명백하고도 인식적인 갈등으로 전환된다. 이때 당사자들은 경쟁으로 인식하고, 그들 자신의 이해에 대한 위협으로 받아들이는 단계이다. 명백한 갈등이란 당사자들이 자신의 입장을 옹호하고 방어하게 되는 단계이다.

국내의 경우 갈등양상에 대해 먼저 박호숙(1994)이 지방의 한 공단설립 사례를 분석하면서 갈등의 단계를 잠재된 갈등과 외현적 갈등 등의 2단계로 나누고 있다. 즉, 박호숙(1994)은 Pondy(1967)의 에피소드 모델을 단순화시켜 잠재된 갈등과 외현된 갈등으로 나누어 살펴보고 있는데, 이렇게 갈등의 양상을 단순화시켜서 보면 각 단계를 구분하기 힘들다는 한계를 극복할 수 있고, 또한 갈등의 실제 진행 상태를 보다 간명하게 파악할 수 있다는 실익이 있다고 지적한다. 왜냐하면 갈등의 단계를 잠재된 갈등과 외현된 갈등으로 나누는 것은 '관찰가능성 여부'라는 보다 명백한 기준에 따라 비교적 쉽게 구분이 가능하기 때문이라고 한다. 그리고 잠재된 갈등의 특징은 갈등행동 이전의 갈등상황이나, 행위주체들이 느끼는 스트레스, 긴장, 적대감 같은 감정 상태를 의미하며, 외현된 갈등이란 노골적인 갈등행동으로 말로 공격하는 행위, 정보를 왜곡시키는 행위, 육체적 격투행위 등이 이에 해당한다. 즉, 외현된 갈등이란 공개적인 공격에서부터 태업(sabotage), 냉담한 반응, 방어적 연합행동 등에 이르기까지 상대방의 목표달성을 방해하기 위하여 의식적으로 행하는 행위이다.

유해운 외(1997) 등은 환경문제에 대한 갈등의 관리과정에 중점을 두고 갈등관리과정을 갈등의 발달단계(잠재적 갈등단계) → 갈등의 표출단계(명시적 갈등단계) → 갈등해결의 탐색단계 → 후 갈등단계(갈등의 여파단계) 등의 네 단계의 갈등단계로 나누어 고찰하고 있다. 그리고 이들은 각 단계의 갈등의 특징을 다음과 같이 정리하고 있다. 먼저 잠재적 갈등이란 갈등현상이 일어날 수 있는 다양한 상태를 의미하며, 명시적 갈등이란 잠재화된 갈등이 표출되는 단계로 이때에는 갈등을 야기한 원인 자체가 분명하게 이슈화되고, 갈등당사자의 확인이 가능하며, 감정적인 차원으로 지각되는 때이다. 그리고 갈등해결의 탐색단계란 갈등이 표출된 뒤에 여러 가지 전략과 정책이 활용되는 단계로, 이에는 표출된 갈등에 대한 강압, 협의, 협상, 문제해결을 위한 제 3자의 개입 등이 이용되는 단계이다. 갈등의 여파란 갈등이 완전히 해결되어 갈등당사자간의 협력을 유도하는 상황이나 혹은 갈등이 피상적으로 해결되어 언제든지 표출될 수 있는 갈등의 잠복기를 의미한다.

위천공단 입지갈등사례를 분석한 이종열·권해수(1998)는 지역개발과정상 지방정부간 갈등분석과 관리전략이라는 연구에서 정책갈등을 하나의 과정으로 보고 갈등의 환경적 요소로 정치·행정, 경제, 사회적 요인을 들고, 정책갈등을 야기하는 동원화 기제로 조직적 차원(리더십, 응집력, 구조), 이념적 차원(규범, 정당성), 정치적 기회구조(동맹, 정치적 제휴의 안정성) 요인 등을 들고 있다. 그리고 이를 통해 지방정부간 정책갈등을 갈등태동기, 갈등증폭기, 갈등성숙기로 구분하여 위천공단 입지갈등 사례를 분석하고 있다. 또한 동일사례를 다룬 이인수(1999)는 갈등이슈의 특성, 갈등유형, 갈등강도, 갈등해결과정의 신뢰성, 갈등해결 방법 간의 상호영향관계를 중심으로 환경문제를 둘러싼 유형별 정부간 갈등전개과정을 모형화하였다. 그에 따르면 위천공단조성을 둘러싼 대구·경북과 부산·경남간의 갈등전개과정은 갈등이슈의 특성 → 갈등유형 → 갈등강도 → 갈등해결방법의 순서로 전개되었다고 한다. 따라서 갈등의 원인이 되는 갈등이슈(지역경제 활성화 대 환경오염문제)에 대한 지방정부간 견해차이가 동일한 사업을 둘러싼 갈등유형의 상반성(대구·경북의 공단유치 대 부산·경남의 공단기피)을 초래하였다. 그리고 지방정부간의 심각한 견해 차이는 갈등해결과정에서의 갈등의 직접적 이해당사자인 지역주민과 지방정부간의 상호대립으로 확대되어 정부간 갈등의 강도가 증폭됨으로써 갈등해결방법에 악영향을 미치게 되었다고 주장한다.

주재복(2000)은 한강 수계의 지방정부간 물 갈등 사례를 중심으로 정부조직간 갈등의 조정과정과 협력규칙을 논의하면서 갈등사례의 단계를 네 단계로 나누어서 살펴보고 있는데, 구체적으로 갈등의 초기단계, 갈등의 지속단계, 갈등의 심화단계, 갈등의 완화단계 등으로 나누어서 분석하고 있다. 그는 이러한 갈등단계의 구분 기준으로 시간의 연속성과 사건의 변화를 사용하고 있으나, 각 단계의 구체적인 특징을 명확하게 제시하지 못하고 있다. 그리고 주상현(2001a)은 전라북도청사 부지선정 정책사례를 분석하면서 사례분석의 과정을 시간적 순서에 따라서 갈등잠재기, 갈등심화기, 갈등해결기 등의 3단계로 나누고, 각 단계의 갈등의 특징을 다음과 같이 정의하고 있다. 먼저 갈등잠재기란 갈등행위 이전의 단계로 집단 간 갈등의 기본조건 또는 상황을 나타내는데, 당사자 간에 특정 정책에 대해 갈등을 느끼기 시작하여 긴장, 적의 적대감 등 어느 정도 갈등이 나타나기 시작하는 단계라고 한다. 갈등심화기는 수동적 저항에서 명백한 대응에 이르는 행위적 갈등과정이며, 갈등해결기는 지방정부간 정책갈등이 수면 아래로 잠재하거나 중앙정부나 제 3자에 의해 중재되고, 조정되거나 정부간 정치적 해결 등에 의해 갈등이 해결국면을 찾아가는 과정이라고 지적하고 있다(주상현, 2001b).

마지막으로 고경훈(2003)은 전북 외국어고등학교 유치를 둘러싼 전주시와 군산시간의 갈등사례를 연구하면서의 갈등의 단계를 양쪽 지방정부가 구사하는 전략에 맞추어서 구분하고 있다. 즉, 전주시와 군산시는 갈등의 전개과정에 따라 쟁점화, 정당화, 무시, 동원 등의 전략을 적용하였는데, 각각의 전략이 구사되는 단계에 따라 갈등의 단계를 갈등의 인지단계(쟁점화 전략), 갈등의 확산단계(정당화 전략), 갈등의 증폭단계(무시전략), 갈등의 비등단계(동원전략) 등으로 구분하고 있다. 그리고 갈등의 인지단계에서는 이슈의 쟁점화를 통해 유리한 입장을 차지하려는 시도가 이루어지며, 자신의 입장에 대한 지지를 이끌어내려는 행위가 존재한다. 갈등의 확산단계에서는 적극적인 대중의 지지를 확보하기 위해 자신의 주장을 정당화하고 동시에 상대의 주장을 반박하는 전략이 구사된다.

그리고 갈등의 증폭단계에서는 상대방을 인정하지 않고 자신의 의도만을 관철시키려는 이른바 무시전략이 사용되며, 갈등의 비등단계에서는 갈등이 임계치에 도달하는 단계로 지역주민과 시민단체까지 모두 동원하여 지역의 이익과 자존심을 걸고 폭발직전의 상황까지 이르게 되며, 이 단계에서는 강압과 위협의 수단이 사용되기도 한다.

3) 시간흐름과 동태성

갈등의 동태성은 시간흐름과도 밀접한 연관을 가진다. 시간에 따른 갈등의 단계구분을 하는 학자들의 연구를 살펴보면 다음과 같다. 시간을 기준으로 갈등의 단계를 나누고 있는 논문으로는 이종렬(1995), 박상필(2000), 전주상(2000), 이선우(2001), 백종섭(2002), 전주상(2002) 등의 연구가 존재한다.

먼저 이종렬(1995)은 핵폐기물처리장 입지선정과 주민갈등 사례를 논의하면서 주민저항의 단계를 연대기적으로 구분하고 있다. 즉 운동의 초기단계, 운동의 중간단계, 운동의 후기단계, 운동의 종결단계 등으로 구분하고 있는데, 여기서 주민저항운동은 바로 주민과 정부간의 갈등을 의미하는 것으로 갈등의 단계구분으로 볼 수 있는 것이다.

박상필(2000)은 한의사회와 약사회간의 한약분쟁 과정을 시기별로 3단계로 구분하고 있다. 제 1단계는 이익갈등의 발생과 분쟁의 격화(1993년 1-6월), 제 2단계는 정부개입에 의한 분쟁해결 시도(1993년 6-9월), 제 3단계는 경실련의 개입과 분쟁의 조정(1993년 9-12월) 등과 같이 시기별로 갈등의 과정을 구분하고 있다.

전주상(2000)은 갈등과정을 갈등의 인지 및 탐색, 갈등의 현재화, 갈등의 영향 등의 3단계로 나누고, 갈등의 인지 및 탐색단계의 특징으로 갈등의 원인이 되는 이해관계가 구체적인 이슈로 조직화되는 단계로 정의한다. 그리고 이 단계에서 갈등상황이 조성되고 집단의 구성원들은 자신들이 원하는 것을 표현하고 행동목표를 설정한다. 갈등의 현재화란 여러 종류의 명백한 갈등행위들이 나타나는 단계로서 수동적인 반대상태로부터 능동적인 공격행위에 이르기까지 물리적이고 폭력적인 수단들이 혼재되어 나타난다. 마지막으로 갈등의 영향단계란 비선호시설의 공사착공 이후부터의 단계를 갈등의 영향단계로 설정하고 있다.

예를 들어, 지방정부간 갈등에 관한 지금까지의 연구물과 문헌의 내용이 그러하다. 이선우(2001)는 영월 다목적 댐 갈등사례를 논의하면서 갈등을 시간의 흐름에 따라 갈등초기, 갈등중기, 갈등말기로 나누어 설명하고 있다. 백종섭(2002)은 서울시 추모공원 건립정책의 사례를 분석하면서 사례분석의 과정을 정책의 내용, 정책형성과정, 정책집행과정 등의 단계로 나누어 사례를 분석하고 있으며, 전주상(2002)은 강남 쓰레기소각장 입지갈등의 변화과정을 분석하기 위하여 사례에서 공통적으로 전환점이 될 수 있는 사건들에 초점을 맞추어 시간의 흐름과 갈등의 강도에 따라서 갈등단계를 제 1기(주민대표기구 구성 이전), 제 2기(주민대표기구 구성이후-공사착공), 제 3기(공사착공 이후)로 나누어 분석하고 있다.

4) 갈등주체와 동태성

갈등의 동태성은 갈등주체의 변화와도 상관성을 가진다. 갈등주체가 어떠한 규모와 역할로 바뀌느냐는 갈등의 동태성을 좌우하는 요소가 되고 있다. 이에 갈등주체의 따른 단계구분을 하는 연구들을 살펴보자. 갈등의 주체를 기준으로 갈등의 단계를 나누고 있는 학자로는 서휘석(1995), 박정용(2002) 등의 연구가 존재한다.

서휘석(1995)은 장곡취수장 갈등사례를 논의하면서 사례를 갈등의 주체를 기준으로 제 1단계부터 제 3단계까지 구분하고 있다. 즉, 지방정부간의 갈등(제 1단계), 지방정부간 주민간의 갈등(제 2단계), 중앙정부의 조정을 통한 갈등해결단계(제 3단계) 등으로 구분하고 있다. 그리고 박정용(2002)은 의약분업 정책사례를 분석하면서 사례를 둘러싼 갈등을 정책추진 주체별로 정리하고 있다. 즉, 그는 정책의 추진상황과 갈등을 제 1기부터 제 4기까지로 나누는데, 이러한 구분의 기준으로 정책추진 주체를 사용하고 있다. 구체적으로 보건복지부의 주도(제 1기), 새정치국민회의 주도(제 2기), 시민단체 주도(제 3기), 보건복지부 주도(제 4기) 등으로 나누고 있다.

5) 동태성의 유형화

이상에서 각 학자들이 설정한 동태적인 여러 갈등의 단계들을 살펴보았다. 그러나 모든 갈등상황이 이상과 같은 각 단계들을 거친다는 것을 의미하지는 않는다. 왜냐하면 갈등은 시간이 흐르면서 양적인 변화와 함께 질적인 변화가 일어나면서 다음 단계로 전환되는 것이 일반적이지만, 때로는 이러한 변화가 순차적으로 발생하지 않을 수도 있고, 어떠한 상태에서 다른 상태로 비약적으로 전환되기도 하기 때문이다(전주상, 2000).

이러한 현상을 갈등의 변동이라고도 할 수 있는데, 갈등의 변동을 설명하기에 가장 적합한 시각이 과정론적 시각이고 과정론적 시각에서는 갈등의 단계를 갈등양상에 따라 구분하고 있다. 그러므로 Pondy(1967)와 Trolldalen(1992), 박호숙(1994), 유해운 외(1997), 이종열·권해수(1998), 이인수(1999), 주재복(2000), 주상현(2001a, 2001b), 고경훈(2003) 등과 같이 갈등의 단계를 갈등의 양상에 따라 구분하는 것이 일반적이다.

갈등의 양상에 따라 갈등단계를 구분하고 있는 논의들을 고찰하면, 각 연구자들이 구분하고 있는 갈등의 단계들은 그 명칭에 차이가 있을 뿐, 내용상으로는 상당한 동질성을 가지고 있다. 그리고 선행연구자들이 지적하고 있는 갈등의 단계들 중 공통적으로 지적되고 있는 갈등의 단계는 갈등의 발생, 갈등의 증폭(심화, 확산), 갈등의 완화, 갈등의 종결이라는 것을 알 수 있다. 그러므로 이 책에서도 사례를 살펴보기 전에 일반적인 갈등의 단계를 갈등의 발생, 갈등의 증폭, 갈등의 완화, 갈등의 종결 등으로 구분한다.

결국 갈등의 단계를 갈등의 양상에 따라서, 그리고 과정론적 시각에 따라서 구분할 경우의 이점을 정리하면 다음과 같다.

첫째, 갈등의 단계를 갈등의 발생과 갈등의 증폭, 갈등의 완화와 갈등의 종결 등으로 단순화시켜서 보면 각 단계를 구분하기 힘들다는 한계를 극복할 수 있고, 또한 갈등의 실제적인 진행 상태를 보다 간명하게 파악할 수 있다는 실익이 존재한다. 왜냐하면 갈등의 단계를 갈등의 발생단계와 갈등의 증폭단계, 갈등의 완화단계로 나누는 것은 '관찰가능성 여부'라는 보다 명백한 기준에 따라 비교적 쉽게 구분이 가능하기 때문이다(박호숙, 1994).

둘째, 갈등을 설명하는 이상과 같은 과정론적 시각은 갈등을 전개과정에 따라 체계적으로 분석하고, 해결과정 혹은 해결을 위한 정책과정을 개인이나 집단 등 개별행위자들의 상호작용의 결과로서 파악하기 때문에 개인이나 집단들의 행태와 정책 산출간 인과관계를 규명할 수 있다는 장점도 존재한다(주상현, 2001b).

셋째, 지금까지 살펴본 논의들 중 가장 많은 수의 연구들이 갈등의 단계를 갈등의 양상에 따라서 구분하고 있다. 구체적으로 많은 학자들이 갈등의 단계를 갈등의 양상에 따라 구분하고 있다. 일반적으로 기준이나 지표 및 단계의 설정은 기존 논의들에 대한 비판적 고찰로부터 출발해야 하며, 기존 연구들에서 원용할 수 있는 기준이나 지표 및 단계를 선별하는 것이 이론의 발달에 대단히 중요하다. 따라서 유형화된 갈등단계의 설정도 기존 논의에서 가장 많은 갈등의 양상에 따라 갈등단계를 구분한 것이라 보면 되겠다.

5) 동태성의 특징

앞에서 살펴본 바와 같이 지금까지의 연구들의 공통점은 대부분 갈등의 동태성에는 동의하지만 갈등의 동태성을 구분하는 기준은 학자별로 상이함을 알 수 있었다. 따라서, 이 책에서 지방정부간 갈등과 협력을 바라봄에 있어 가장 핵심적 내용이라고 할 수 있는 동태성의 유형화된 특징을 정리해 보면 다음과 같다.

① 갈등발생

갈등발생단계는 외부적 갈등행위 이전의 단계로서 집단 간 갈등의 기본조건 또는 상황을 나타낸다. 이러한 갈등의 조건이나 원천은 관련 집단들에 의하여 인지되어 서로 간에 긴장·적의·불안 등을 느낄 수도 있다. 즉 이는 갈등행동 이전의 갈등상황이나, 행위주체들이 느끼는 긴장, 적대감 등과 같은 감정 상태를 주로 의미한다(박호숙, 1994). 따라서 이 단계에서는 갈등원인을 제공한 당사자 일방이 재빨리 조취를 취하여 갈등의 발생을 예방할 수도 있으나, 오히려 그러한 조치들이 갈등을 증폭시키기도 하는 단계이다(유해운 외, 1997). 갈등의 발생단계라고 규명지울 수 있는 구체적인 특징은 갈등의 기본조건 또는 상황의 발생(박호숙, 1994, 전주상, 2003), 양립할 수 없는 목표에 대한 당사자의 인식(김상구, 2002), 부정적인 환경적 효과에 노출되었다는 일방의 인식(김상구, 2002), 갈등의 원인이 되는 이해관계의 발생(전주상, 2000) 등으로 정리할 수 있다.

② 갈등증폭

갈등증폭단계의 특징은 노골적인 갈등행동이다. 말로 공격하는 행위, 정보를 왜곡시키는 행위, 육체적 격투행위 등이 이에 해당한다. 갈등의 표출은 공개적인 공격에서부터 사보타지, 입법방해, 방어적 연합행동 등에 이르기까지 상대방의 목표달성을 방해하기 위하여 의식적으로 행하는 행위이다(박호숙, 1994). 그리고 이 단계에서는 갈등을 야기한 원인 자체가 분명하게 이슈화되고, 갈등당사자의 확인이 가능하며, 갈등이 감정적인 차원으로 지각되는 단계이다. 또한 표출된 갈등에 대한 근시안적인 대처는 갈등의 정도를 더욱 심화시키고 분쟁을 장기화시키며 조직화시키는 원인을 제공한다(유해운 외, 1997). 이러한 맥락에서 사례별 다양성의 확보를 위한 3개 지역(영남, 전라, 충청) 사례분석에서 갈등의 증폭단계라고 규명지울 수 있는 구체적인 특징은 자신의 입장강요 및 양보의 기피(김상구, 2002), 위협 및 적대적인 행동(Pondy, 1967), 지역주민과 시민단체가 동원된 데모행위(고경훈, 2003), 경쟁적 관계 및 상호관계 악화(서휘석, 1995) 등으로 지적될 수 있다.

③ 갈등완화

갈등완화단계에서 갈등관련 당사자들이 갈등이 발생하고 있음을 인식할 때에는 혹은 갈등이 표출된 때에는 갈등해결을 위한 여러 가지 제도와 정책을 마련한다. 그리고 이 단계에서는 갈등을 해결하기 위한 각종 수단이 마련되는데, 이에는 갈등이 표출되기 전에 해결책을 모색하는 예방, 표출된 갈등에 대한 협의·협상, 문제해결을 위한 제 3자의 개입(알선, 조정, 중재) 등의 조치들이 존재한다. 이러한 맥락에서 사례별 다양성의 확보를 위한 3개 지역(영남, 전라, 충청) 사례분석에서 갈등의 완화단계라고 규명지울 수 있는 구체적인 특징은 협의·협상 등의 의견교환 및 타협과정의 존재(유해운 외, 1997), 중앙정부나 제 3자에 의한 중재 및 조정(주상현, 2001a), 토론회 및 청문회를 통한 공동이익의 추구(김상구, 2002), 신뢰와 양보를 통한 친화적 관계형성(서휘석, 1995) 등으로 정리할 수 있다.

④ 갈등종결

갈등종결단계란, 갈등의 근본원인을 제거시키는 수용할 수 있는 합의를 의미한다. 그러나 갈등의 완전한 해결은 그리 쉬운 일도 아니며, 다만 단기적인 관점에서 당해 갈등문제 자체가 완전히 해소될 수 있는 경우가 아주 없는 것은 아니다. 이러한 경우는 주로 갈등이 표출되기 전에 쌍방 갈등당사자들이 예방적 차원에서 완전한 합의를 도출할 때 가능하다(유해운 외, 1997). 따라서 사례별 다양성의 확보를 위한 3개 지역(영남, 전라, 충청) 사례분석에서 갈등의 해소 및 협력단계라고 규명 지울 수 있는 구체적인 특징은 당사자간의 합의라고 할 수 있겠다.

<표 3-7> 갈등의 동태적 특징

구 분	특징(1)	특징(2)
갈등의 발생단계 (잠재적·인지적·지각적 갈등단계)	• 갈등의 기본조건 또는 상황의 발생 • 양립할 수 없는 목표에 대한 당사자의 인식 • 부정적인 환경적 효과에 노출되었다는 일방의 인식 • 갈등의 원인이 되는 이해관계의 발생	• 상대방에 대한 경쟁이나 자율성 추구, 그리고 목표의 상이함으로 인한 긴장, 위협, 스트레스의 인식, • 행위주체에 대한 스트레스, 긴장, 적대감과 같은 감정상태의 존재, • 갈등당사자 확인과 갈등원인의 이슈화 (일간지, 방송, 시민단체 등), • 수동적 반대, 자신의 주장 정당화, 상대방 주장 반박전략 구사, 상대방의 무시전략
갈등의 증폭단계 (확산적·심화적 갈등단계)	• 자신의 입장강요 및 양보의 기피 • 위협 및 적대적인 행동 • 지역주민과 시민단체가 동원 된 데모행위 • 경쟁적 관계 및 상호관계 악화	• 상대방에 대한 공개적인 공격, 태업, 냉담, 방어적 연합(정부와 시민단체 및 언론, 지방정부간의 연합). • 상대방에 대한 적대적 행동표출, 능동적 공격(물리적 폭력적 수단이나 행동), • 정치적 기회구조를 이용하기 위한 동원전략의 구사(시민단체 동원, 지역주민 동원, 언론 동원) • 법적 소송
갈등의 완화단계	• 협의·협상 등의 의견교환 및 타협과정의 존재 • 중앙정부나 제 3자에 의한 중재 및 조정 • 토론회 및 청문회를 통한 공동이익의 추구 • 신뢰와 양보를 통한 친화적 관계형성	• 제 3자의 중재, 조정 • 정치적 해결 노력 • 협의회의 구성 • 합의 전략의 강구
갈등의 종결단계	• 해결	• 협력(혹은 협력토대 구축)
	• 미해결	• 갈등의 지속(잠재)

4. 갈등과 협력의 유형

1) 지방정부간 갈등의 유형

지방정부간 갈등의 유형은 일반적인 갈등의 유형과 같이 여러 가지 기준에 의해서 다양하게 분류될 수 있다. 이러한 지방정부간 갈등의 유형은 그 발생요인과 상당부분 관련을 맺게 된다. 한국의 경우를 중심으로 지방정부간 갈등의 요인에 관한 그간의 논의를 다음과 같이 소개할 수 있다.

지방정부간 갈등이 발생하는 주요한 요인으로 안국찬(2003)은 지방정부의 자율성 강화를 들고 있다. 사실 지방자치의 실시 이후 지방정부의 자율성이 강화됨에 따라 인접 지방정부간에 잠재되어 있었던 갈등이 표면화되어 나타나는 현상을 자주 접할 수 있었다. 동시에 자율성의 강화와는 상반되는 지방정부간 상호의존성의 증가 역시 갈등의 요인으로 작용한다고 보았다. 이 외에도 지역이기주의의 심화, 모호한 지방정부의 권한 및 기능범위, (지역)개발과 환경보존의 딜레마 등이 지방정부간 갈등을 유발하는 요인으로 작용한다고 지적하였다. 이와 같은 지방정부간 갈등요인에 대한 관점은 이 분야의 여러 연구에서 유사한 결과로 나타나고 있다. 즉 김성수(1995) 역시 자율성의 강화, 상호의존성의 강화, 지역이기주의의 현상, 기능의 배분상태 등을 지방정부간 갈등의 요인으로 지적하면서 정책우선순위의 차이, 특정 현안에 대한 인식의 차이, 그리고 보상체계의 미비 등을 추가하여 제시하고 있다. 한국지방행정연구원에서 조사한 1995년 6·27 지방선거 이후 1996년 3월말까지의 지방정부간 갈등사례집(김필두, 1996)에서도 다소간 차이는 있지만 지방정부의 자율성 강화, 정책목표의 차이, 관할권 다툼, 행정의 광역화에 따른 지방정부의 상호의존성 증가, 한정된 자원을 둘러싼 경쟁, 지역이기주의 현상, 민선단체장의 선거공약 등이 원인이 되어 지방정부 상호간의 갈등이 발생하고 있음을 보여주고 있다.

이와 같은 지방정부간 갈등은 그 주체와 내용 등 여러 가지 분류기준에 따라 유형화할 수 있다. 여기에서는 지방정부간 갈등의 유형을 정부간 관계를 고려한 갈등의 주체에 의한 분류, 갈등의 내용에 의한 분류, 갈등의 성격에 의한 분류 등으로 유형화시켜 보고자 한다.[39)]

39) 물론 이 외에도 학자에 따라서는 지방정부의 갈등을 여러 기준에 의해 다양하게 분류하고 있음은 주지의 사실이다. 예컨대 한국지방행정연구원에서 편찬한 지방자치시대의 갈등

(1) 갈등주체에 따른 분류

지방정부간 갈등은 갈등의 주체에 따라 다르게 분류된다. 여기서의 갈등의 주체란 지방정부인데, 현재 한국의 지방정부에는 서울특별시와 6대 광역시·도를 지칭하는 광역지방정부와 여타 시·군·구를 지칭하는 기초지방정부로 구분된다. 따라서, 지방정부간 갈등은 경우의 수에 의거하여 광역지방정부간 갈등, 광역지방정부와 기초지방정부간 갈등, 기초지방정부간 갈등의 세 가지로 구분된다. 이러한 지방정부간 갈등의 유형은 정부간 관계의 수평적 관계 측면에서 제기되는 경우의 광역지방정부와 기초지방정부간의 갈등과 수직적 관계 측면에서 광역지방정부간 갈등 및 기초지방정부간 갈등으로 재구성할 수 있다.

(2) 갈등내용에 따른 분류

지방정부간 갈등은 구체적인 갈등의 내용에 따라 정치·행정적인 측면의 갈등, 법·제도적인 측면의 갈등, 그리고 행태적인 측면의 갈등의 세 가지로 구분하여 볼 수 있다.

① 정치·행정적인 측면

지방정부간 관계에 있어서 정치·행정적인 측면의 갈등은 주로 단체장의 선거공약, 정책목표의 차이, 비용부담 및 보상체계, 의사소통체계 등과 관련하여 발생할 수 있다. 이를 좀 더 구체적으로 살펴보면 다음과 같다.

첫째, 단체장들은 선거과정에서 구체적인 실현가능성이나 검증절차 없이 지역주민들에게 많은 정책공약을 제시하는 경우가 많다. 이에 따라 단체장들은 자신이 제시한 정책공약을 실현하기 위하여 현행 법규와 관련된 행정절차라든가 사무규정을 무시하고 무리하게 공약사업을 추진하게 되고, 그 과정에서 인접 지방정부와의 갈등과 마찰은 발생할 수밖에 없다.

둘째, 지방자치제도 실시 이후 지방정부의 기능이 다양해지고 복잡해질수록 정책목표의 차이는 심화될 가능성이 커지게 된다(Dalton, 1959). 여기서 정책목표

사례집(1996)을 보면, 지방정부간 갈등을 갈등주체, 갈등내용, 갈등성격, 업무추진 및 진행단계에 따라 구분하고 있는데, 이러한 분류와 구별되는 점은 갈등을 지역개발분야에 따라 하천 관련 갈등, 광역시설 관련 갈등, 지역개발사업 관련 갈등으로 구분하고 있으며, 또 업무추진 및 진행단계에 따라 계획·입안단계 갈등, 실행단계 갈등, 관리·운영단계 갈등으로 구분하고 있다는 것이다.

의 차이란 각각의 지방정부가 추구하는 활동의 방향이나 사업달성의 평가기준이 서로 일치하지 않는다는 것을 의미한다(Schmidt & Kochan, 1972). 각각의 지방정부는 지역경제발전 등의 목표를 달성하기 위하여 다양한 정책을 추진하게 될 것이고, 바로 그 과정에서 비용·효과의 비교, 정치·사회·문화·경제적인 상태, 형평성, 이데올로기 등 많은 요소를 고려하게 되는데, 이러한 요소들이 지방정부간에 서로 차이가 있을 수밖에 없기 때문에 지방정부마다 다른 정책의 우선순위를 결정하게 된다. 이 경우 지방정부 상호간의 갈등은 불가피하다 할 것이다.

셋째, 오늘날 자치행정의 경향은 소구역의 지방정부가 독자적으로 처리하기에는 적합하지 않은 행정수요가 있고, 따라서 지방정부간의 상호협력을 통하여 공동 처리함이 보다 효율적인 경우가 많다. 그러나 바로 그 과정에서 각 지방정부간에 특정한 사업의 비용부담 문제가 제기될 수밖에 없으며, 특히 특정 지방정부에 상대적으로 불이익을 초래하는 시설의 입지나 정책이 부득이하게 집행되는 경우, 지방정부간에는 비용부담의 문제와 더불어 그 피해에 대한 보상 문제를 놓고 갈등이 발생하게 된다.

넷째, 커뮤니케이션은 상호의존성의 필수적인 요소이다. 즉, 상호의존관계가 제대로 기능하기 위해서는 커뮤니케이션이 제대로 활용되어야 한다. 하지만 이를 위한 합리적인 의사소통체계가 확립되어 있지 못해 지방정부 상호간에 많은 갈등이 유발되고 있다.

② 법·제도적인 측면

법·제도적인 측면에서 발생하는 지방정부간 갈등은 주로 지방정부의 자율성, 권한·기능의 배분상태, 관할권 및 재산권에 관한 이해관계의 차이 등에 기인하는 경우가 많다. 이를 구체적으로 살펴보면 다음과 같다.

첫째, 지방자치는 중앙에 집중된 권력을 지방으로 분산시킴으로써 지방정부의 자율성을 강화함과 동시에 정치·행정적 역량을 증대시킨다. 즉, 지방자치 하에서의 지방정부는 법률적으로 독자적인 법인격을 부여받은 법인체로써 외부의 압력이나 영향을 받지 않고 자기 책임 하에 지역발전을 위한 다양한 사업을 시행할 수 있다. 그러나 이러한 지방자치 실시에 의한 지방정부의 자율성과 자립성의 강화는 지방정부의 조정과 협조기능을 약화시키는 한편, 광역행정수요의 처리과정에서 지방정부간 이익이 첨예하게 대립되는 사태를 야기하게 된다.

둘째, 지방정부간 권한 및 기능범위가 모호하면 할수록 갈등은 증폭될 수밖에 없다. 특히 고유사무보다 위임사무가 많을 경우, 해당 지방정부의 결정영역은 상대적으로 줄어들게 되는 반면 그만큼 업무량의 증가만을 가져오는 것으로 인식되어 갈등을 발생시키는 원인이 된다.

셋째, 지방자치제가 본격적으로 실시됨에 따라 각각의 지방정부들은 자신의 영역을 지키거나 넓히기 위하여 다양한 수단과 방법을 강구하고 있을 뿐만 아니라 그 과정에서 재산권을 둘러싼 갈등도 증폭되고 있다. 그러나 이러한 관할권 내지는 재산권에 대한 문제는 당사자간의 일상적인 협상으로는 해결이 어렵고 중앙정부의 조직개편이나 행정개혁, 강력하고 실효성 있는 법령이나 제도를 통한 모색이 타당하다 할 것이다.

③ 행태적인 측면

행태적인 측면에서의 지방정부간 갈등은 지방정부간 상호의존성의 증대, 지역이기주의의 심화, 특정 현안에 대한 인식의 차이 등과 관련하여 발생하는 경우가 많다. 구체적으로 설명하면 다음과 같다.

첫째, 갈등은 공식조직에서의 기본적 관계 때문에 발생하는 경우가 많다. 여기에서 기본적 관계란 개인 또는 집단, 조직간 상호의존적 상태를 말한다(Pondy, 1966). 상호의존성이란 둘 이상의 행위주체가 조직에서 각각의 업무를 수행하는 과정에서 상호 간 지원이나 정보의 제공, 동조 및 기타 협동적인 분위기를 위하여 서로 의존하는 정도이다(Daft, 1992). 급속한 도시화와 산업화에 따른 생활권과 경제권의 확대로 단일행정 주체가 독자적으로 처리하기에 적합하지 않은 광역행정수요가 증대되어 지방정부간에는 공동의사결정과 상호 조정·협력의 필요성에 대한 압력이 가중되고 있는 바, 이로 말미암아 지방정부간의 갈등이 야기되고 있다.

둘째, 최근 지방자치제의 본격적인 실시와 더불어 국가전체 또는 공동의 이익보다는 자기 지역의 이익을 우선시하는 성향이 강하게 나타나고 있다. 특히 지역주민 또는 지방정부들의 집단이기주의 혹은 지역이기주의 현상은 지방정부간의 갈등을 야기하는 요인으로 작용하고 있다.

셋째, 지방정부간에 공동으로 의사결정을 하여야 할 특정 사안에 대해 상호인지의 차이로 갈등이 야기될 수 있다. 즉, 개발과 환경보존의 딜레마를 그 일례로 들 수 있는데, 최근 환경의 중요성이 대두되고 삶의 질이 강조됨에 따라 정부의 국책사업은 물론이고 지방정부의 지역개발사업도 환경조전 문제와 항상 대립되고 있는 실정이다.

④ 이해관계나 대상의 측면

지방정부간에 나타나는 갈등의 내용을 면밀히 검토해 보면, 몇 가지의 성격으로 재구성할 수 있다. 지방정부간의 갈등은 기본적으로 양당사자가 되는 지방정부간의 이해관계의 상충에서 비롯된 것이라는 점에 합의가 가능하며, 또 그러한 이해관계의 대상이나 성격이 무엇인가에 따라 지방정부간 갈등을 재분류할 수 있다.

이와 같은 관점에서의 지방정부간의 갈등유형을 '이해관계의 내용별 지방정부간 갈등 유형'으로 명명할 수 있다. 즉, 지방정부간에 나타날 수 있는 갈등의 성격에 초점을 맞추어 기피갈등인 님비갈등, 선호갈등인 핌피갈등, 지방정부간 자율성 강화에 따라 나타나는 사무권한 갈등, 그리고 지방정부간 재산권을 중심으로 나타나는 관할구역 권한의 네 가지로 구분한다.

최근 민선지방자치의 본격적인 실시로 각급 지방정부 마다 지역의 이익을 우선시하는 성향이 강하게 나타나고 있는데, 이러한 경향은 특정 이해관계나 대상에 대한 기피와 선호의 두 가지 현상으로 나타나게 된다. 즉, 지역주민 또는 지방정부들이 자기 지역에 불이익이 되는 시설의 설치를 무조건적으로 반대함에 따라 발생하는 갈등을 님비(NIMBY) 갈등이라고 할 수 있으며, 반대로 자기지역에 이익이 되는 시설의 설치를 요구하는 과정에서 나타나는 갈등을 핌피(PIMFY) 갈등이라고 할 수 있다.

관할구역 갈등이란 특정시설이 지방정부간 경계에 걸쳐 설치된 경우나 임해지역의 매립 등의 과정에서 새로이 형성된 지역에 대한 경제적·행정적 관리권한을 다투는 갈등, 즉 관할권이나 재산권을 중심으로 한 지방정부간 갈등이라고 할 수 있다. 그리고 사무권한 갈등의 경우에는 내용상 관할구역 갈등과 중첩되는 부분이 있을 수 있는데, 간단히 말하면 주로 지방정부간의 권한이나 기능범위가 모호함에 따라 발생하는 갈등이라고 정의할 수 있다.

2) 지방정부간 협력의 유형

앞에서 언급한 바와 같이 협력이란 어느 일방의 편파적이고 독점적인 이익관계가 아닌 협력당사자간의 대등한 상호관계성을 유지하면서 공동이익과 목적을 달성하고자 하는데서 출발하게 된다. 협력은 바로 이러한 과정에 개입되어 있는 관련기준들, 예컨대 협력의 주체, 방식, 강제성 등에 의해 다양하게 분류할 수 있다.

(1) 협력주체에 따른 분류

먼저 협력을 그 주체에 따라 분류하는 경우는 갈등의 분류와 유사하다. 이는 지방정부의 계층과 행정구역상의 소속이라는 두 가지 기준의 조합을 통해 유형화 할 수 있다. 즉, 지방정부간 갈등의 유형에서 설명한 바와 같이 지방정부간 협력유형을 기본적으로 수평적 협력과 수직적 협력으로 구분된다.

수평적 협력에는 광역지방정부 및 기초지방정부 상호간 협력이 있으며, 기초지방정부간 협력은 또 동일한 광역지방정부 내에서 존재하는 기초지방정부 상호간에 이루어지는 협력의 유형과 다른 광역지방정부의 기초지방정부와 이루어지는 협력의 유형으로 구분할 수 있을 것이다. 수직적 협력에는 광역지방정부와 기초지방정부간에 이루어지는 협력이 전형적인 경우이겠으나, 이 경우에도 특정 기초지방정부와 소속 (상위)광역지방정부간에 나타날 수 있는 협력의 유형과 관할 광역지방정부가 아닌 다른 광역지방정부와의 협력형태도 상정해 볼 수 있을 것이다.

(2) 협력방식에 따른 분류

협력을 하는 방식에 따라 협력을 분류하면 공법상 협력과 사법상 협력으로 구분할 수 있다(한표환·김선기·김필두, 2002). 공법상 협력은 지방자치법을 위시해서 지방공무원법 등 지방자치관련법에 근거를 두고 있으며, 지방정부간 상호합의에 의한 공동조직체가 구성되는지의 여부에 따라 두 가지, 즉 법인체를 통한 협력(지방정부조합)과 비법인체를 통한 협력(행정협의회, 단체장 등의 전국적 협의체)으로 구분된다.

반면에 사법상 협력은 상법상 주식회사나 제 3섹터 형태의 조직을 공동으로 설립할 수도 있고,[40] 민법에 의한 사단법인이나 재단법인을 공동으로 설립하여

일정한 사무를 수행하게 할 수도 있다.[41]

지방정부간 협력은 협력의 강제성 여부에 따라 자발적 협력과 비자발적 협력으로 구분할 수도 있다. 물론 지방정부간 협력은 자발적인 의사에 기초하여 협력이 추진되는 자발적 협력이 원칙이지만, 실제적으로는 법에 의해 강제로 의무화된 경우가 있는데, 지방자치법 제 152조에 의하면 지방정부조합의 경우 행자부장관이 공익상 필요할 때 지방정부조합의 설립·해산 또는 규약의 변경을 명할 수 있도록 규정함으로서 사실상 강제협력을 제도화하고 있다. 하지만 이는 협력의 절실한 필요성에도 불구하고 협력이 이루어지지 않는 경우에 동원할 수 있는 불가피한 보완적 수단으로 이해하여야 하며, 협력대상사무도 위임사무와 필요적 자치사무에 국한되어야 한다(김명현·유지태 2000).

(3) 협력내용에 따른 분류

지방정부간 협력은 협력의 성격이나 갈등의 유무, 대상(사업) 등에 따라 분류할 수도 있다. 이러한 여러 가지 분류기준은 곧 지방정부간 협력의 내용을 결정할 것이므로 협력의 내용에 다른 지방정부간 협력 유형으로 명명할 수 있다.

협력의 기본적인 성격은 어떠한 경우에도 최소한 물질적 협력이나 비물질적 협력의 어느 한 가지에는 반드시 속할 것이며, 갈등의 유무에 따른 협력의 분류도 가능할 것이다. 협력의 동기나 과정에 전적으로 갈등이 수반되지 않는 이른바 '갈등이 전혀 없는' 상태에서 지방정부 상호간에 이루어지는 '무갈등 협력'이 있을 수 있으며, 갈등이 잠재해 있거나 표면화한 경우 이러한 갈등적 요소와 관련하여 '갈등을 방지하기 위한 차원의 협력'과 '갈등을 해결하기 위한 차원의 협력'으로 구분할 수 있다. 마지막으로 협력의 대상사업을 기준으로 공공시설 설치·운영 분야, 지역경제개발 분야, 교육연구개발 관련 분야, 수자원 관리 분야, 그리고 일반 행·재정 관련 분야 등에 있어서 지방정부간 협력을 여러 가지 유형으로 나눌 수 있다.

---

40) 지방의 해외통상교류를 촉진하기 위하여 지방정부와 지역상공인이 공동출자하여 주식회사형태의 법인을 설립하는 경우를 예로 들 수 있다.

41) 행정자치부 산하기관인 한국지방행정연구원, 한국자치단체국제화재단, 자치정보화지원재단 등은 지방정부의 공동이익을 위하여 시·도간 공동출연으로 설립한 재단법인의 사례이며, 기초지방정부간 사례로는 안양시와 군포시가 공동으로 설립한 재단법인 지역정보센터 등을 들 수 있다.

제4절 지방정부간 갈등과 협력의 요인

1. 제도적 요인

지방정부간 갈등과 협력을 살펴하기 위한 잣대로서의 제도적 요인은 중요하다. 일반론적으로 기존의 제도적 요인은 갈등해소와 협력증진을 위한 공식적 제도와 협상의 장(갈등 및 협력 이해당사자간의 행위의 장)에서 활용되는 비공식적 제도로 나눌 수 있다. 그러나 지방정부간 갈등과 협력에 있어 이러한 모든 제도의 유형들을 그대로 적용시키는 것은 범주의 중복과 범위의 명확성 측면에서 무리가 있을 것이다. 주목할 것은 제도를 일반론적으로 종합하여 볼 때 공식적, 비공식적 제도로 나누어 봄은 모든 제도 연구자들의 공통점이었다. 따라서 그간 제시된 다양한 제도유형을 공식적, 비공식적 범주로 나누어 알아본 후 합리적 선택 신제도주의자인 Ostrom의 IAD(Institutional Analysis & Development Framework) 모형에 포함되어 있는 7가지 규칙에 대해서도 살펴보도록 한다 (Ostrom, 1992; Ostrom, Gardner & Walker, 1993).

1) 공식적 제도 분류

공식적 제도는 현재 갈등 및 분쟁을 해결하기 위해 공식적 제도적 장치로는 크게 갈등당사자간의 조정에 의한 방법과 제 3자에 의한 조정방안으로 크게 2가지로 분류된다. 당사자 갈등조정이란 지방정부간에 갈등이 발생했을 때 당해 지방정부들이 스스로 직접 갈등해결을 위해 조정활동을 하는 것을 말한다. 이를 위해 지방자치법 제 142조와 제 149조에서 각각 행정협의회와 지방정부 조합을 결성할 수 있도록 하고 있다. 제 3자에 의한 갈등조정제도로는 중앙부처, 중앙분쟁조정위원회 및 시·도지사, 지방정부 분쟁조정위원회, 환경분쟁조정위원회, 행정심판 등이 있다.

2) 비공식적 제도 분류

비공식적 제도는 협상과정(행위의 장)에서 활용하는 것으로 그동안의 관련 국내외 연구들에서 제시된 것을 종합하면 9가지 유형으로 분류할 수 있다.

(1) 참여규칙

참여규칙은 공동 의사결정의 상황에서 문제를 해결하기 위해서는 갈등당사자들이나 이해관계자가 직접 참여하여 지속적인 토론과 논변(argument)과정을 통하여 문제의 해결책을 찾아나가는 참여규칙이 필요하다. 당사자간의 지속적인 관계유지는 당사자들이 반복적인 상호작용을 함으로써 상대방의 전략, 기대, 한계 등에 익숙해져 시간이 지남에 따라 상대방의 가치를 깨닫게 되는 효과가 있다(Rabe, 1990).

(2) 분해규칙

분해규칙은 복잡하고 불확실한 상황에서 갈등문제를 해결하기 위해서는 갈등문제를 쟁점별로 분해하거나 범주화해서 문제를 해결해 나가는 것이다(이종범, 1999). 즉 분해규칙은 복잡한 문제를 범주화시켜서 문제를 해결하는 복잡성의 단순화와 비슷한 문제해결방식이다(주재복, 2001a). 이는 문제의 근본적인 원인을 파악하는 것으로 비용을 지불하는 집단의 입장과 편익을 보는 집단을 파악한다.

(3) 자원규칙

자원규칙에는 자원확대규칙과 자원교환규칙이 있다. 이들 규칙은 일반적으로 갈등문제는 비용편익의 분리구조에서 생기게 마련이라는 가정에서 출발한다. 이러한 구조에서는 어떤 조건이 개입되지 않으면 피해자(비용 지불자) 집단이 생기게 마련이고 이들은 자신의 피해의 보상을 받기 위해 행동하게 될 것이기 때문에 피해자 집단에 피해를 보상해 주는 방법은 협력행동을 유도하는데 중요한 요인이다(Lan, 1997). 특히 지방정부간의 갈등에 상위정부나 중앙정부의 재정적 지원은 지방정부간 갈등의 해결에 중요한 도구로 지적되고 있다. 또한 갈등당사자들이 서로 교환할 자원이 있고 자원교환이 서로에게 이익을 줄 경우에는 자원교환규칙을 통해서 문제가 해결될 수 있다(Weiss, 1988). 갈등이 발생할 수 있는 사안이 지방정부간의 협조로 전환되는 것은 공동보조를 취하면 공동이익을 얻을 수 있고 그렇지 않으면 모두에게 손실이나 위험이 발생한다는 인식에서 비롯된다는 점에서 공동이익의 확보나 위험인식의 공유는 이와 같은 맥락에서 이해할 수 있다.

(4) 조정자 규칙

조정자 규칙은 Ostrom(1990; 1992)의 연구에서 갈등 당사자간의 자율적인 갈등조정방법을 강조하지만 지방정부간의 갈등의 분쟁조정과정에서는 당사자간의 해결이 어려울 경우 제 3자인 갈등조정자가 개입하게 된다. 갈등조정자는 크게 3가지 역할을 하게 되는 갈등조정과정에서 화해를 알선해 주거나 또는 조정을 촉진해 주는 화해자 혹은 촉진자의 역할, 일반적인 조정을 수행하면서 대안을 제시하는 대안제시자의 역할, 그리고 약간의 강제적인 권한을 가지고 중재를 하는 중재자의 역할이다.

(5) 정보공유규칙

정보공유의 규칙은 두 집단간의 갈등관계를 협력관계로 전환하는데 핵심적인 요소가 정보이다. 만일 갈등 당사자간의 정보의 비대칭성이나 왜곡이 작용하게 된다면 성공적인 협력관계로 나가기 어렵다. 정보공유의 규칙은 참여규칙을 통해 상호의사전달의 원활성과 상대방에 대한 신뢰성을 전제로 한다.

(6) 결정규칙

결정규칙은 결정절차와 관련된다. 갈등당사자 사이의 협상과정 상에서 결정절차는 갈등문제의 구조와 상황에 따라 다양해 질 수 있다. NIMBY시설을 둘러싼 두 지방정부간의 갈등이 있을 경우 해당 지역주민이 먼저 반대하고 주민반대라는 명목으로 지방정부가 반대하는 것이 일반적인 갈등유형이다. 공식적으로 지방정부간에 행정협의회를 통해서 이 문제가 해결된다 하더라도 해당지역주민의 반대로 합의가 무산되는 사례가 종종 있다. 이 경우에는 지방정부와 지역주민간의 협의를 통한 나름의 결정규칙을 이해관련 지방정부간의 협의에 반영하지 못한 결과로 볼 수 있다. 그래서 결정규칙의 경우에는 공식적 협상의 장(혹은 지방정부간 관계)에서의 결정규칙 뿐만 아니라 비공식적 협상의 장(해당 지방정부와 이해주민 및 집단 간)의 결정규칙까지 포괄해서 본다.

(7) 지식결합규칙

지식결합규칙은 전문적 분석과 상식적 판단의 결합으로 만들어지며, 공동의사결정의 필요성이 클수록 분석적 방법보다는 협상, 타협, 영감 등의 비분석적 방법이 필요하다. 즉 복잡한 문제나 기술적 불확실성이 높은 문제는 해결과정에서 전문적 지식과 상식적 판단을 결합시켜 선택하는 지식결합규칙을 활용하는 것이 유리한 경우가 있다. 특히 동일한 가치 내에서 대안을 선택할 경우에는 전문지식에 기초한 판단이 상식적 판단보다 유리하지만 가치간의 선택을 할 때에는 전문적인 지식에만 의존한 판단은 위험하다(이종범, 1999). 즉 전문가의 의견도 중요하지만 이해관계자들이 참여한 공청회와 토론의 개최중요성을 강조한다.

(8) 부정적 학습규칙

부정적 학습규칙은 갈등문제의 심화와 협력 장애요인이 될 수 있는 것이다. 학습규칙은 기존의 선례나 해결규칙이 존재하는 갈등은 보다 쉽게 해결될 수 있다는 것이며 특히 기존의 경험을 긍정적으로 학습하였는가? 부정적으로 학습하였는가? 하는 것이 갈등해결에 중요한 요인이다. 비 선호시설 선정과정에서 지역공동체가 과거에 부정적인 선례를 직접적으로 학습하였거나 혹은 간접적으로 학습하였을 경우 부지선정의 어려움이 야기된다.

(9) 조직화 규칙

조직화 규칙은 갈등문제의 구조가 비용과 편익분리구조일 경우 갈등당사자들의 조직화정도는 갈등의 해결가능성에 영향을 미친다. 조직화 규칙은 갈등과정에서 두 집단이 모두 잘 조직화되어 있는 경우 자신의 입장이나 요구의 강도가 높아지고 갈등의 해결가능성은 줄어든다. 즉 이는 Wilson의 기업가적 정치적 상황과 이익집단 정치상황이 이에 해당한다(주재복, 2001a). 특정 집단이 조직화가 잘 되어 있다는 것이 그들이 동원할 수 있는 정치적 자원이 크다는 의미이다. 마지막으로, 자기재량강화 규칙(self-autonomy reinforcement rule)은 집단이 공식적 규칙의 규정이나 종전의 관행을 준수하지 않고 집단의 재량을 강화하고자 하는 것이다. 또한 공식적 규칙을 준수하지 않는 경우도 있을 뿐만 아니라 관행적으로나 상식적으로 해석가능하고 수용 가능할 갈등문제도 자기집단의 재량강화를 위해 공식적 규칙이나 관행을 자의적으로 해석하는 경우이다.

3) 제도적 요인의 구성: Ostrom의 제도 분류

Ostrom은 공유재의 관리에 있어서 집합적 행위들의 문제를 극복하는 방안으로 정부의 개입보다는 관련 이해당사자간의 자율적 협력방안을 제시하고 있다. 특히 그녀는 이러한 문제를 극복할 수 있는 방안으로 제도의 중요성을 강조하고 있다(Ostrom, 1990). 여기서 제도란 일종의 규칙이며, 공식적 규칙과 비공식적 규칙을 포함하며 어떤 문제영역에 실용규칙(working rule)의 집합으로 정의된다(홍성만 외, 2004). Ostrom(1994)은 어떤 행위상황에서 나타난 결과와 취해진 행동에 누적적으로 영향을 주는 제도로서 실용규칙을 일정한 수준으로 나눈 것이 유용하다고 파악하고 제도를 구성하는 규칙을 헌법적 선택규칙(constitutional-choice rule), 집합적 선택규칙(collective-choice rule), 운영규칙(operational rule)의 3가지 수준에서 제시한다. 그리고 지방정부간 갈등과 협력의 행동 상황, 즉 갈등과 협력의 구조에 영향을 미치는 일단의 규칙들을 내용별로 나누어 본다면 직위규칙. 경계규칙, 권위규칙. 통합규칙, 범위규칙. 정보규칙, 보상규칙의 총 일곱 가지로 나눌 수 있다.

(1) 수준별 분류

어떤 상황 내에서 행해진 행동과 야기된 결과에 누적적으로 영향을 미치는 세 가지 수준의 규칙들을 비교하는 것은 유용하다(Kiser & Ostrom, 1982). 첫째, 운영상의 규칙은 어떤 상황에서 참여자들에 의해 이루어진 일상의 의사결정에 직접적으로 영향을 미친다. 집합적 선택규칙은 적임자를 결정함에 있어서의 그것의 영향과 운영상의 규칙을 변경하는 데 사용된 구체적 규칙을 통하여 운영상의 활동과 결과에 영향을 미친다. 헌법상의 선택규칙은 운영상의 규칙과 적임자를 결정함에 있어서의 그들의 영향 및 차례로 일련의 운영상의 규칙들에 영향을 미치는 일련의 집합적 선택규칙을 정교하게 만드는 데 사용된 규칙들에 영향을 미친다.

각 분석수준에는 그 수준에서 의사결정의 유형이 발생할 수 있는 하나 또는 그 이상의 장들이 있다. 활동상황과 행위자의 요소들은 세 가지 수준에서 이러한 장들을 구성하는 데 사용된다. 앞에서 논의한 바와 같이, 장의 개념은 공식적 환경을 포함하지 않지만, 입법부, 정부 관료제, 사법부와 같은 공식적 환경을 포함할 수도 있다. 운영수준의 활동상황을 규정하는 데 사용될 수 있는 규칙들에 관한 정책결정은 보통 운영수준에서 수행될 뿐만 아니라, 하나 또는 그 이상의 집합적 선택의 장에서 수행된다. 딜레마는 분석의 운영상의 수준에 제한되지 않는다. 그것은 분석의 집단선택의 수준과 헌법상의 수준에서 자주 발생한다(Kiser & Ostrom, 1992).

① 헌법적 선택규칙

헌법적 선택규칙(constitutional-choice rule)은 운영규칙의 환경에 영향을 주는 집합적 선택규칙을 형성하는데 사용되는 법률과 같은 공식적 규칙을 의미한다. 지방정부간의 갈등과 협력과 관련된 헌법적 선택규칙수준의 대표적 규칙(제도)은 지방자치법이다. 지방자치법 제 8장 제 139조(지방정부 상호간의 협력)는 지방정부는 다른 지방정부로부터 사무의 공동처리에 관한 요청이나 사무 처리에 관한 협의·조정·승인 또는 지원의 요청이 있을 때에는 법령의 범위 안에서 이에 협력하여야 한다고 규정하고 있다. 이 법규에서는 지방정부간의 갈등조정과 협력을 위한 제도적 장치로써 지방정부간의 사무위탁(제 141조), 행정협의회(제 142조-148조), 지방정부조합(제 149조-154조), 지방정부의 장 등의 협의체(제 154조의 2) 등을 규정하고 있으며 지방자치법 제 140조에 분쟁조정위원회의 설치와 운영을 규정하고 있어 이와 같은 법규정들은 집합적 선택규칙의 형성에 영향을 줄 수 있다.

최근 빈번히 발생하는 환경갈등문제 조정과 관련하여 논의될 수 있는 헌법적 선택규칙으로는 환경분쟁조정법이 있다. 이 법규에서도 제 4조에 근거하여 중앙정부에 중앙조정위원회와 광역정부에 지방조정위원회를 설치토록 규정하고 있어 집합적 선택규칙의 형성에 영향을 줄 수 있다. 그 외 개별갈등문제와 협력사안과 관련하여 갈등과 협력을 조정하도록 근거를 두고 있는 공식적 제도로 국토이용관리법, 도시계획법, 수도법, 지방공기업법, 지역균형개발법, 환경영향평가법 등이 있으며 이는 본 논의에서 헌법적 선택규칙에 해당된다.

② 집합적 선택규칙

집합적 선택규칙(collective-choice rule)은 현행 지방정부간의 갈등과 협력을 위한 헌법적 선택규칙인 지방자치법에서는 지방정부간의 사무위탁, 행정협의회, 지방정부조합, 단체장의 협의체 구성을 통해 지방정부간의 갈등을 조정토록 되어 있다. 그리고 갈등과 협력을 초래하는 사안과 관련된 각 법규에서도 해당 이해당사자(지방정부)간에 협의를 규정하고 있다. 이와 같은 헌법적 선택규칙인 각 법규에 근거하여 지방정부간에 협의회를 구성하는 것이 집합적 선택(collective choice)이며, 이러한 협의회의 운영규정이 집합적 선택규칙이다. 예를 들면, 지난 7-8년 간 대구·경북과 부산·경남간의 위천공단입지와 둘러싼 갈등을 해결하기 위한 방안으로 낙동강특별법(낙동강수계 물 관리 및 주민지원등에 관한 법률)이 제정되었다. 그리고 관련 지방정부간의 합의를 통해 합리적인 낙동강수계관리를 위해 낙동강특별법에 근거하여 수계관리위원회를 두고 있는데 이 경우, 낙동강특별법이 헌법적 선택규칙이며 낙동강수계관리위원회의 해당 이해당사자들로 구성하는 것이 집합적 선택이고 이러한 위원회의 운영을 위한 규정이 집합적 선택규칙이다.

③ 운영규칙

운영규칙(operational rule)은 집합적 선택규칙에 근거하여 구체적으로 그 해결책의 모색을 유도한 규칙으로 관련 협의회나 협의체에서 갈등당사자(지방정부)간에 합의한 합의내용(협약서)과 같은 문서화된 규칙과 비 문서화된 규칙 등이 운영규칙의 범주로 파악할 수 있다.

(2) 내용별 분류

규칙의 내용별로는 간단히 다음과 같이 7가지 규칙으로 요약된다. 서비스의 전달이나 이용과 관련하여, 그 체제 내에 있는 직위의 종류, 각 직위에 대한 정원, 직위 점유자의 임기 등을 규정하는 직위규칙(position rules), 직위 점유자의 선정방법, 직위 점유자의 해직방법 등을 규정하는 경계규칙(boundary rules), 특정 직위를 맡은 사람이 할 수 있는 역할이나 기능을 규정해 주는 권위규칙(authority rules), 집합적 의사결정의 방식을 규정하는 통합규칙(aggregation rules), 행위자가 영향을 미치는 결과의 영역을 한정하는 범위규칙(scope rules), 행위자 사이에 정보가 배분되는 방식을 규정하는 정보규칙(information rules), 편익과 비용의 배분을 규정해 주는 보상규칙(payoff rules) 등이 있다. 이들 규칙 중 권위의 규칙은 범위의 규칙과 혼동하기 쉬운데, 전자는 어떤 직위에 있는 사람의 권한을 주로 규정하는 것으로서 누가 무엇을 결정할 수 있는가의 문제를 다루는데 비해, 후자는 어떤 공동체가 하는 일의 범위를 규정하는 것으로서 주로 사업의 범위를 정하는 것이다.

비단 현실세계에서 지방정부간 어떠한 상호작용과 그러한 환경이 주어진다면, 이상과 같은 일곱 가지의의 규칙을 통해서 행위자인 개별 지방정부의 활동유인에 영향을 주는 제도적 구조를 밝혀 볼 수 있고, 그러함으로써 활동유인과 그 결과 사이의 관계를 분석적으로 검토할 수 있다. 그러나 모든 지방정부들이 일단의 서면 규칙(공식적 규칙)을 준수하고 있다거나 혹은 분석과정에서 사용규칙(rules-in-use)을 쉽게 발견할 수 있다고 볼 수는 없다(Ostrom, 1986). 왜냐하면, 많은 현실에서는 서면으로 규정된 규칙과는 달리 실제로 적용되고 있거나 사용되고 있는 규칙이 비공식적으로 따로 있을 수 있기 때문이다. 경우에 따라서는 이러한 비공식적이고 보이지 않는 사용규칙이 명백한 서면상의 공식적 규칙과 배치되어 양립할 수 없는 경우도 많다. 이런 규칙들은 오랜 관행으로서 지방정부간 상호작용에 참여하는 일단의 사람들 즉, 주요행위자 및 내부적 공동체 사이에서 하나의 중요한 규칙으로서 기능하고 있다. 따라서 현실적으로 실제 일어나는 행위에 관한 정보를 사실상의 규칙이라 보고, 이런 규칙은 무엇이 이루어져야 하는가와 같은 법률상의 규칙보다 더욱 중요하다고는 얘기할 수는 없을지 모르나, 최소한 이와 마찬가지로 중요하다고 보고 있는 것이다(Hilton, 1992). 따라서 지방정부간 갈등 및 협력의 접근에 있어 제도적인 측면으로는 서면으로 규정해 두고 있는 것 외에 실제 어떻게 이루어지고 있는가에 대한 정보도 상당히 중요하다고 볼 수 있다.

① 직위의 규칙

직위의 규칙은 일련의 직위와 각 직위를 보유하는 참여자 수로 정의된다. 즉, 그 체제나 공동체, 협의체 내에 어떤 직위가 있는지, 그런 직위가 어떻게 채워지는지, 그런 직위의 임기가 얼마인지를 규정한다. 통상적으로 이런 직위규칙은 지방정부간 갈등 및 협력을 조장하는 어떠한 사안에 대한 관련기구나 협의체 내의 여러 직위를 규정하는 규칙이 있을 수 있으며, 동시에 이런 협의체의 활동을 지도 감독하는 정부기구나 외부기관의 직위를 규정한다. 전자의 예로서는 지방정부간 공동기구나 협의회의 장, 위원들과 같은 직위를 규정한 것을 들 수 있으며, 후자의 예로서는 지방정부간 관계를 승인해주는 외부기관의 직위를 들 수 있다. 갈등해결을 위한 기구를 마련할 것인가의 여부는 직위규칙이 밝혀 준다.

② 경계의 규칙

경계의 규칙은 주어진 상황에서 행위자가 누구인가를 결정해주는 규칙이며, 지방정부간 갈등과 협력에 있어 관련기구의 직위에 취임하거나 퇴임하는 참여자들이 누구인가로 정의된다. 예를 들면, 농촌지역의 공유자원인 물을 공동 이용하는 관개조합은 농부들이 각각 구성원이 되는 방법과 개인이 조합의 간부로서의 직위를 보유하는 데 적합하다고 생각되는 자격을 명시하는 규칙을 가진다. 이에 지방정부간 갈등 및 협력관계에서도 관계된 행위자는 해당 지방정부는 물론, 직접 관련된 공무원, 주민, 감독자로서의 중앙정부 등을 모두 포함한다. 이런 규칙에서는 갈등과 협력의 사안에 대해 누가 혜택을 받으며, 어떤 근거에서 이해당사자가 되며, 외부집단이나 중앙정부가 그 체제에 포함되는가 여부가 주요한 이슈이다. 구체적으로 지방정부간의 비용부담이나 편익갈등의 경우 우선 중앙정부로부터 허가를 받아야 하는데, 일반적으로 비용이나 편익에 관련된 시설은 해당 지방정부에게 허가를 주도록 되어 있다. 따라서 여기서는 해당 지방정부의 자격이 가장 중요한 경계규칙이다. 이러한 자격을 아주 엄격하게 제한하는 경우에만 갈등 및 협력의 복잡성과 해결과정의 혼란을 피할 수 있을 것이다. 그러나 오래 전부터 관행으로 해오던 사안에 대해 지방정부는 스스로의 권리를 주장할 수도 있다. 따라서 엄격하게 제한하게 되면 지방정부간에 갈등이 발생할 수 있으며, 양자 모두의 불만이 높아질 수 있으나 경계규칙을 엄격하게 설정하면 이해관계와 권한 및 책임이 단순화되어 갈등의 경우 해결가능성을, 협력의 경우에는 실무적 구체성을 제고시켜 주게 될 것이다.

③ 권위의 규칙

권위의 규칙은 의사결정의 각 과정에서 직위에 할당된 일단의 행동으로 정의된다. 예를 들면, 공유자원인 물이나 지하수 이용에 있어 한 농부가 다른 농부나 물 분배자에 의해 행해진 행동에 도전한다면, 관개조합의 규칙은 물 분배자나 감시자가 다음에 할 행동을 명시한다. 그리고 이는 특정 직위를 맡은 사람이 할 수 있는 역할이나 기능을 규정해 주기도 한다. 지방정부간 갈등 및 협력에 관한 여러 가지 의사결정과 관련하여 누가 무엇을 할 수 있는가를 밝혀주는 것은 곧 권위규칙이다. 지방정부간 협의회에서 갈등이나 협력을 위해 무엇을 결정할 수 있는가는 권위규칙의 좋은 예가 될 수 있다. 마찬가지로 협의회의 위원장이나 이에 참여하는 각 지방정부의 장이 어떤 권한을 갖고 있는가를 밝혀 주는 것도 권위규칙이다. 더욱 구체적인 예를 들면, 지방정부간 연안 어업권 갈등이 일어날 경우, 마을어장이나 연안어장 내의 다양한 양식어업들은 기초자치단체장이 면허를 발급하도록 되어 있으며, 구획어업도 자치단체장이 허가하도록 되어 있다. 이와 같은 기초자치단체장의 어업면허 발급권은 권위규칙의 예이다. 권위규칙은 범위규칙과 혼동하기 쉬운데, 전자는 어떤 직위에 있는 사람의 권한을 주로 규정하는 것으로서 누가 무엇을 결정할 수 있는가의 문제를 다루는데 비해 후자는 어떤 공동체가 하는 일의 범위를 규정하는 것으로서 주로 사업의 범위를 정하는 것이다.

④ 통합의 규칙

통합의 규칙은 중간과 최종의 결과에 대한 행동을 형성하기 위해 사용되는 특별한 과정에서의 전환기능으로 정의된다. 즉, 어떤 활동체제 내에서 집합적 의사결정이 이루어지기 위해서 선택이 어떻게 이루어지게 되는가를 밝히고 있는 것인데, 모든 의사결정이 자치적으로 이루어질 수도 있고 개별적인 의사결정이 선발된 대표집단에 위임되어 있을 수도 있다. 예를 들면, 하나의 결정이 조합규칙의 변경에 관하여 관개조합의 회의에서 이루어질 때, 각 구성원이 투표를 하며, 투표권은(대개의 경우 각 투표자에게 동등하게 주어지지만, 투표권은 소유하고 있는 토지의 양이나 다른 요인에 의해 가중치가 부여될지도 모른다) 흔히 가중치가 주어지고 추가된다. 이러한 투표에서 51%가 입법의 변경에 투표할 때, 규칙은 변경된다. 만약 51% 미만이 변경에 찬성할 때에는 그 규칙은 존속된다. 한국의 지방정부의 경우 지방자치의 실시로 형식상으로는 자율적 통치관리(governing)가 실시되고 있는데, 이 지방정부간 관계에서 편익과 비용에 대한 권한과 의무의 이행자를 어떻게 결정하며, 또한, 편익과 비용의 분배를 정부간 관계를 통제하는 합의기구나 외부기관에서 어떻게 결정하는가는 통합규칙에 의한 것이다. 지방정부간의 성공적인 갈등관리와 협력조장을 위해서 잠재적 이용자집단의 집합적 의사결정의 자율성은 상당히 강조될 필요가 있다.

⑤ 범위의 규칙

범위의 규칙은 중간 결과와 최종 결과를 불문하고, 영향을 받는 일련의 결과로 정의된다. 예를 들면, 만일 수준이 운영이나 권력을 발생시키는 데 요구되는 수준 이하로 감소한다면, 규칙은 저장소 배후에 축적된 물이 관개에 의해 감소하지 않을지도 모른다고 규정한다(Ostrom, 1986). 그리고 범위의 규칙은 공유자원의 이용 혹은 갈등해결, 협력조장을 위한 당사자들의 자발적인 결사체 혹은 집단이 할 수 있는 업무나 사업의 영역, 그 범위를 결정하는 규칙이다. 지방정부간 갈등에 있어서 범위의 규칙은 갈등의 이해관계자인 지방정부들이 자발적으로 만든 협의회, 조합 등이 갈등행위의 장에서 할 수 있는 업무와 사업의 범위를 규정해 주는 역할을 하게 되는 것이다. 만약 이러한 업무권한이나 사업권을 누가 가지게 되는가의 문제가 발생하게 된다면 그것은 범위의 규칙 문제는 아니라 권위의 규칙에 의해 해결된다.

⑥ 정보의 규칙

정보의 규칙은 의사결정 과정에서 각 직위에 이용될 수 있는 정보로서 정의되며, 곧 정보가 행위자 사이에 배분되는 방식을 규정한다. 예를 들면, 농촌지역에서 물을 공유하는 관개조합의 재정적 기록을 명시하는 규칙은 정기적인 연차회의 등에서 구성원들에 의해 이용되어진다. 그리고 이것은 지방정부간 관계의 장에서 갈등 및 협력을 분석할 때 갈등의 해결과 협력의 조장을 위해 관련 정보를 당사자들인 둘 또는 셋 이상의 지방정부들에게 알려주어야 하는지, 혹은 갈등해결방안의 조성, 편익과 비용의 수준 등 해당 사안에 있어서 중요한 정보를 주민 등 다른 이해관계자들에게도 어느 정도 알려주어야 하는가의 문제를 밝혀준다.

⑦ 보상의 규칙

보상의 규칙은 행위자들의 관계에서 요구되거나, 허용되고 금지된 편익과 비용으로 정의되며, 이는 착수된 모든 행동과 야기된 결과에 의해 기초 지워진다. 쉽게 말해, 지방정부간 갈등이나 협력 사안에 있어 편익이나 비용의 배분을 규정해주는 규칙이다. 예를 들면, 보상의 규칙은 농촌지역의 경우 한 농부가 관개체제로부터 공급받은 어느 정도의 물을 판매할 것인가의 여부, 어떤 곡물을 재배할 것인가, 몇 명의 유급 감시자를 둘 것인가, 체제를 유지하기 위해 어떤 노동의 의무가 수행되어야 한 것인가 등을 규정한다. 지방정부간 관계에 있어서는 갈등의 해결로 인한 결과물(편익, 소유권 등)의 일정한 비율을 갖는다든지, 혹은 일정한 비율의 결과물을 제외한 나머지는 이해당사자인 복수의 지방정부들이 공동으로 소유하게 된다든지 하는 것은 보상규칙의 예이다. 뿐만 아니라 한쪽 지방정부가 편익을 얻기 위해서는 어느 정도의 비용을 지불해야 한다든지, 혹은 갈등과 협력을 위한 조정기구에서 비용을 얼마를 모아서 부담해야 한다는 것은 모두 보상규칙이 밝혀 주는 것이다. 특히, 주어진 문화적, 물리적 상황에서 행위자의 활동과 결과 사이의 관계를 밝혀 주고 있어 참여자의 활동을 위한 유인구조는 보상규칙을 통해서 알 수 있다. 통상적으로 어떤 제도적 상황에서의 보상규칙은 특정 행위나 활동의 결과로서 마땅히 예견할 수 있는 것을 규정해 주고 있다.

4) 제도적 요인의 조건

합리적 선택 신제도주의의 개념적 분석틀은 이미 외국의 여러 학자들에 의해 발전되었고, 다양한 분야의 연구에서 실제 적용되었다(Kiser & Ostrom, 1982; Gellar, Oakerson & Wynne, 1990; McKean, 1992; Hackett, 1992; Ostrom, 1993). 이러한 연구에서 사용되고 있는 제도적 분석틀은 약간의 차이가 있지만, 중요한 것은 연구목적과 관련하여 지방정부간의 갈등해결과 협력방안을 모색하기 위해서는 갈등문제와 협상사안에 직면하고 있는 지방정부간의 협상의 장을 중심으로 하여 사회 환경적 요소와 문제 상황에 대한 구체적인 논의가 전제되어야 한다.

이에 제도분석과 관련하여 포괄적이며, 대표적으로 인정받고 있는 개념적 분석틀은 Ostrom의 IAD(Institutional Analysis & Development Framework)모형이다(Ostrom, Gardner & Walker, 1994; Ostrom, 1986; Kiser & Ostrom, 1982). Ostrom(1982)의 IAD 모형은 특정 행위상황에서 행위자들의 결과에 영향을 미치는 물리적 제약과 규칙에 의해 부과된 제약을 모두 고려함으로써 물리적 세계, 공동체의 규범, 규칙의 집합(a set of rules)의 배합에 의해 영향을 받는 반복적인 상황에서 나타난 결과를 잘 설명할 수 있다고 한다(홍성만 외, 2004). 그리고 IAD 모형은 연역적 방법을 사용하지 않는 역사적·사회학적 제도주의 그리고 합리적 선택 제도주의의 연역적 분석을 경험적으로 검증하는 연구에도 활용할 수 있을 만큼 다양한 인식론에 근거한 이론들을 종합하여 현상을 보다 정확하게 이해할 수 있도록 하는 유용성을 지닌다(이명석, 1998; 홍성만 외, 2004).[42] 예를 들면, 어떤 문제에 대한 과로서 나타나는 갈등이나 협력의 문제를 제도적 분석틀을 통해 분석해 볼 수 있다.

<그림 3-4> 제도적 분석틀(Institutional Analysis & Development Framework)

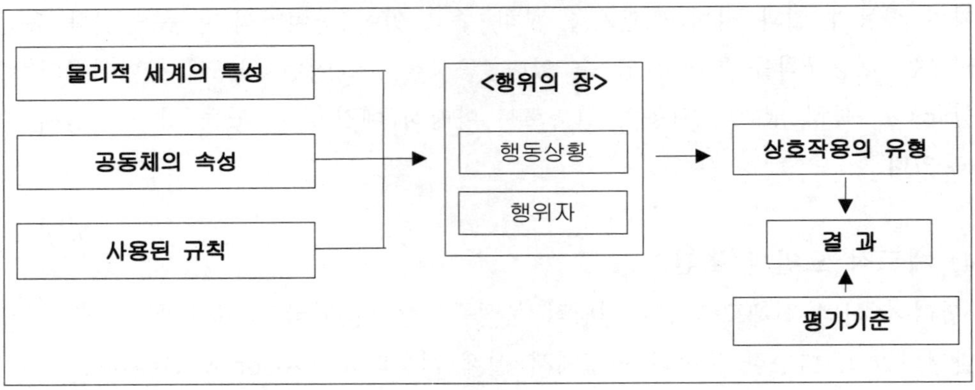

이 경우 가장 중점적인 연구대상은 각 사안과 관련된 행동의 장내에 있는 행위자들과 행동의 상황을 규정하는 일단의 규칙(rules)이다. 그러나 이러한 규칙들과 마찬가지로 각 사례에서의 행위의 장에 영향을 미치는 그 지방정부의 사회 문화적 특성 및 문제고유의 특성과 물리적 조건 등도 연구의 대상에 포함해야 한다. 이러한 규칙들은 지방정부의 갈등발생 및 협력유발과 관련한 다양한 수준의 공식적, 비공식적인 제도들이다. 즉, 지방정부간 갈등과 협력문제는 정부 상호간의 관계에 관한 어떤 규칙에 의해 크게 영향을 받는 사회적 현상이다. 지방정부간 갈등 사안과 관련한 법률이나 시행령, 혹은 정부의 관련정책 등의 변화가 각 지방정부 행태의 변화를 초래할 수 있으며, 이것은 갈등문제 해결과 밀접히 관련되어 있고 동시에 각 지방정부가 가장 쉽게 통제 조정할 수 있는 것

42) Ostrom(1982)의 IAD모형이 기존의 역사적 신제도주의자와 사회적 신제도주의자들과 구별되는 가장 분명한 이유는 행위의 장 이전에 설정된 세 가지 환경적 변수의 사용이다. 즉 역사적 시각에서는 행동영역이 가장 중요한 연구대상이며, 이를 둘러싸고 있는 환경적 변수는 많은 경우 주어진 것으로 간주되지만, 사회적 접근방법에서는 환경적 변수가 행동영역에 어떻게 영향을 미치는가하는 것이 가장 중요한 연구과제이지만 Ostrom(1982)은 이를 종합적으로 고려하였던 것으로 파악된다.

들이다. 이러한 관점에서 본다면 지방정부간의 강들과 협력 문제뿐만 아니라 이와 관련된 중앙정부의 많은 정책문제들을 이와 같은 제도론적 분석틀을 통해 분석할 수 있고, 정책적 처방을 제시할 수 있다.

따라서 이에 지방정부간의 갈등해결과 협력을 바라보는 제도요인의 틀로서 IAD 모형을 그대로 사용할 수도 있을 것이나, 이때에 현실적으로 수많은 갈등 및 협력의 사례에 대한 적용범위상의 한계가 발생하기 때문에 부적절하다. 즉, IAD 모형을 적용한 기존의 연구대상들은 주로 수자원 관리, 연안 어장관리 등 대부분이 공유재 관리와 관한 것이었다. 따라서 분석수준도 공유재 관리와 관련된 공동체내의 개인수준에 한정되었다.

그러나 지방정부간의 갈등문제와 협력 사안은 공유재적 성격을 지닌 재화와 서비스뿐만 아니라 권한 갈등, 선호시설 유치경쟁 등과 같이 공유재적 성격과 다른 갈등문제를 포함하고 있으며 분석대상 역시 지방정부이므로, 연구자들이 IAD 모형을 그대로 적용하기 위해서는 기존의 IAD 모형의 구성요소적인 내용과 분석수준에 수정이 요구된다고도 볼 수 있다.

결국 이러한 맥락에서 IAD모형은 현재까지 최초 제안자인 Ostrom(1992)의 의도 그대로 국내외적으로 공유재 관리(CPRM) 부문에 주로 적용되고 있는 것으로 보인다. 여기서 공통적으로 중요하게 다루고 있는 변수들과 이들의 관계는 <그림 3-4>처럼 제시될 수 있는데, 물리적 세계의 특성과 공동체의 속성, 사용된 규칙이 주요 독립변수이다.[43]

특히 이중에서 제도적 접근과 요인도출의 관점에서 가장 주목하는 관심사는 바로 세 번째인 '사용된 규칙'이며, 지방정부간 갈등 및 협력에 대한 제도적 접

43) 우선 생산되는 재화의 특성과 이용 가능하도록 만드는 시설의 물리적 특성은 개인 사이의 상호 의존성과 그 정도에 영향을 미친다(Ostrom & Ostrom, 1977; Gardener, Ostrom & Walker, 1990). 재화와 서비스의 이런 특성 외에도 공공서비스가 공급되는 지역의 지리적·물리적 특성도 크게 영향을 미친다. 다음으로 공동체의 속성에 대해 제도적 분석틀을 작성한 바 있는 Kiser & Ostrom은 공동체란 의사결정 상황을 형성하는 하나의 요소로서 의사결정 상황에 의해 직·간접적으로 영향을 받는 모든 개인들을 포함하는 것으로 정의하고 있다. 그들은 제도분석에서 적절한 공동체의 속성이란 공통의 이해 수준, 개인들의 선호의 유사성, 그리고 의사결정의 상황에 의해 영향을 받는 사람들 사이에 자원의 배분 정도를 포함하는 것으로 보고 있다(Kiser & Ostrom, 1982). 그 후 이런 개념을 좀 더 정교하게 일반화시킨 Singleton & Taylor는 공동체란 첫째, 규범적인 신념을 포함하는 공유하는 신념과 더불어 그들의 집합적 활동의 문제를 구성하는 것을 넘어서는 공유하는 선호를 갖고 있고, 둘째, 다소 안정적인 일단의 구성원을 갖고 있으며, 셋째, 앞으로 한동안 서로 교호작용을 할 것으로 기대하고, 넷째, 그 관계가 제 3자에 의해 매개되지 않는 직접적이며, 다원적인 일단의 사람들을 지칭한다고 밝히고 있다(Singleton & Taylor, 1992).

근방법에서 가장 중요하게 다루어지는 것은 제도로서의 일단의 '사용된 규칙'이라고 파악한다.[44] 왜냐하면, Ostrom의 신제도론적 분석틀은 물리적 특성, 공동체의 속성, 그리고 일단의 사용 규칙들에 의해 형성되는 행동의 상황 속에 있는 행위자가 자신들의 능력이나 가치관에 따라 똑같은 상황이 형성되더라도 다르게 행동할 수 있다고 본다. 이것은 행위자가 부여하는 가치에 차이가 있기 때문일 수도 있으며, 동시에 자신이 획득한 정보에 차이가 있을 수 있기 때문이라고 본다. 그러나 시간이 지나면서 정보가 더욱 많이 주어지고 다른 사람들의 행동을 참고하게 되면 결국 어떤 행동패턴이 나타나게 되며, 이런 행동패턴이 특정한 결과를 초래하게 된다. 따라서 일단 신제도론적 접근방법에서는 행위자의 특성이나 교호작용의 유형에 대해서는 크게 관심을 기울이지는 않는다(김인, 2002).[45]

한편, Ostrom(1986; 1992)에 의하면, '규칙'은 반복적이고 상호 의존적인 관계에 질서를 부여하기 위한 일단의 참여자들에 의해 공통으로 알려지고 사용되는 처방을 지칭하는 잠재적으로 언어적인 실체이다. 그리고 이때의 처방이란 어떤 행동이 요구되고, 금지되거나 혹은 허락되는지를 말해 준다고 한다.

구체적으로 규칙은 지위를 만들고, 참여자가 어떻게 그 직위를 점유하거나 이탈하는지를 언명하고, 이런 직위를 점유하고 있는 참여자들에게 영향을 미치도

---

44) IAD 모형에서 규정하는 행동의 장 내지 행위의 장은 행위자와 행위자가 처하는 행동상황을 포함하는 분석상의 개념이다. 행동상황은 분석자가 인간의 행동과 그 결과에서 규칙성을 설명하기 위해 행위자가 이익을 추구하는 행동과정에 영향을 주는 직접적인 구조를 추출시켜 줄 수 있도록 고안된 하나의 분석적인 개념이다(Ostrom, 1991). Ostrom은 이러한 행동상황의 구조를 설명하기 위해 일곱 가지 규칙에서 추론한 일곱 가지 변수들을 설정하고 있다. 즉 그녀는 참여자, 참여자가 점유하는 구체적인 직위, 결과가 영향을 받게 되는 세계의 상태, 허용 가능한 행동과 결과에 대한 이들의 연계, 각 참여자가 선택에 대해 할 수 있는 통제의 수준, 행동상황의 구조에 대해 참여자가 이용 가능한 정보, 행동과 결과에 할당된 유인과 억제책으로서의 비용과 편익이다.

45) 우선 물리적 속성에 대해서 설명하면, 물리적 속성은 지방정부간의 갈등을 야기하는 재화와 서비스의 성격이라고 규정한다. 여기서는 재화와 서비스의 유형을 물리적 시설과 비 물리적 시설로 구분하고 물리적 시설과 관련된 갈등 유형으로 NIMBY현상을 초래하는 시설과 PIMFY 현상을 초래하는 시설로 다시 구분한다. 그리고 물리적 시설이 아닌 것과 관련된 갈등유형으로는 공유재 관리와 관련되는 관할권 문제, 지방정부간의 수직적 혹은 수평적 관계에서 야기되는 권한문제로 구분한다. 한편, 여기서 적용하는 IAD 분석틀의 구성요소 중 행위자는 개인이 아니고 지방정부이다. 즉 분석수준이 개인이 아닌 지방정부라는 것이다. 따라서 여기서 지방정부는 지역공동체로부터 고도의 자율성을 가진 기관이 아닌 지역공동체를 구성하는 복수의 집단들 의견을 수렴하여 반영하며 때로는 지역공동체에게 기관의 의견을 제시하고 설득하는 등 종국적으로 지역공동체의 이해와 기관의 이해를 결합하여 대외로 지방정부의 이해를 대표하는 기관들을 의미한다. 특정재화와 관련된 갈등과 협력 상황을 분석하는데 있어서 공동체의 속성을 분석하기 위해서는 갈등을 야기하는 재화와 서비스의 특성을 둘러싼 지역공동체내의 다양한 이해관계구조와 지방정부기관의 이해구조를 심층적으로 분석하여 종국적으로 지방정부가 어떤 이해관계를 지니는지를 파악하는 것이 필요하다.

록 요구되고, 허락되거나 금지된 행동이 어떤 것인가를 언명함으로써 규정된 상황 내에서 질서와 예측 가능성을 얻기 위해서 일단의 개인들에 의한 묵시적이거나 명시적인 노력의 결과이다(Ostrom, 1986). 또한, 규칙은 사람들에 의해 바뀔 수 있지만, 규칙은 규칙 내에서 개인들이 채택하는 전략보다는 덜 빈번하게 변화되며, 행동들이 선정되는 상황의 구조에 직접적으로 영향을 미친다. 따라서 규칙 형태에 대한 분석은 사용된 규칙에서의 특정 유형이 어떻게 사람들이 직면하는 상황의 구조에 영향을 미치는지를 검토하는 것이다. 다음으로 이런 상황에 대한 분석은 그렇게 해서 생겨난 유인들이 어떻게 특정 유형의 행위와 총체적인 결과를 낳게 되는지를 분석하는 것이다. 정책분석의 누적적이고 효과적인 형태를 개발하기 위해서는 가능한 한 두 유형의 분석을 해야 할 필요가 있다. 규칙에 대한 분석이 없다면, 주어진 상황에 대한 분석은 상황의 불변적인 구조에 초점을 맞추는 꼴이 된다. 또한 상황에 대한 분석이 없다면, 규칙에 대한 분석은 규칙이 바뀌었을 때 사람들이 어떻게 행동한 것인지를 말해주지 못한다(Ostrom, 1988; 김인, 1998).

2. 행위자 특성 요인

지방정부간에는 어느 정도의 갈등은 피할 수 없는 구조적인 것으로 분석된다. 지방정부간에 특정문제에 있어서는 서로의 갈등상황에서 갈등행위자들이 이해관계와 함께 보이는 특성에 따라 갈등요인과 협력요인이 발생할 수 있는 것이다. 즉 지방정부간 갈등구조에서 행위자의 특성이 서로 영향을 미치게 되어, 그 수준이나 정도에 따라 협력관계가 형성되기도 하는 반면, 새로운 문제도 발생시킬 수 있는 것이다. 따라서 갈등유형의 다양성에 따라 각 유형별 해결방안도 차이가 날 수 밖에 없다.

이른바, 갈등행태(conflict behavior)는 갈등당사자가 갈등에 대처해 나갈 때 나타나는 가장 가시적인 측면이다. 갈등상황에서 회피(avoiding), 통제(controling), 타협(compromising), 문제해결(problem-solving), 경쟁(competition), 수용(accommodating), 협력(collaboration) 등 갈등당사자의 행동하는 모습들이다(Thomas, 1980; Pruitt & Rulbin, 1986). 일반적으로 협력 등의 관련 행위자 특성요인을 측정하는데 고려할 수 변수로 세 가지 측면에서 상정이 가능하다.

갈등의 구성요소로 둘 이상의 당사자, 상호의존성, 커뮤니케이션 내재(최해식, 2004) 등도 있지만, 갈등당사자, 갈등중재자, 외생변인 등에 의해 각 행위자의 특성을 파악하는 것이 이 요인의 핵심사항이라고 볼 수 있다.

1) 행위자의 분류

(1) 일반적 분류

사회현상이든 조직현상이든 어떤 현상에 대한 행위자 특성의 측면을 분석하기 위해서는 크게 개인적 수준, 집단적 수준, 조직적 수준 등에서 인간행태를 이해해야 한다(신유근, 1993; 김호섭 외, 2002). 개인, 집단, 조직전체를 별개의 차원으로 다루는 것은 개인의 합 이상의 것이며 조직 또한 단순한 집단이상의 독특한 성격을 갖고 있기 때문이다.

① 개인

개인의 행태는 조직의 모습을 이해하는 데 기본적 요소이다. 지방정부간 갈등현상을 분석하려고 할 경우에도 개별 지방정부는 하나의 조직이라 볼 수 있고 이 모습은 조직의 행태가 된다. 따라서 개인의 행태에 대한 이해는 조직행태 이해의 필수과제가 된다. 개인의 행태가 분석대상이 될 때 그 초점은 개인이 지닌 심리적 특성이나 이러한 특성과 조직행위관계에 맞추어진다. 개인적 속성이란 태도, 지각, 학습, 성격, 동기, 스트레스 등이다. 이런 변수들은 조직행위에 영향을 미치는 개인적 요인들이다.

② 집단

어떤 의미에서 조직에서의 모든 행위는 개인행위이다. 집단행위도 개인행위의 영역이다. 그러나 집단행위는 개인행위의 합과는 다르다. 집단은 단순한 개인의 합이 아니라 구성원 개개인의 성격이나 특성을 초월한다는 독특한 행동특성을 지닌다. 따라서 집단은 스스로가 사고하고, 목표를 설정하며, 행동하기도 한다. 집단행태는 집단내 행태, 집단간 행태 등이며, 여기에는 중요 변수는 집단의 의사소통정도(정보교환), 집단간 권력과 정치, 그리고 리더십차원이다(김호섭 외, 2002).

③ 조직

조직은 넓은 의미에서 개인과 집단을 포함하고 있다. 조직은 외부환경과 부단히 상호작용을 하게 되며 그 결과로 조직 내의 개인행위와 집단행위, 그리고 조직의 하위시스템에 영향을 미치게 된다. 조직적 수준에서는 구조, 절차, 문화, 기술, 환경, 전략적 선택 등의 변수를 다룬다.

④ 환경

개인이나 조직을 둘러싼 환경은 곧 개인과 조직이 탄생하고 생존하는 맥락적 변수이다. 따라서 환경과 조직간의 관계는 매우 중요한 의미를 지닌다. 사회 내에 존재하는 많은 요소들이 조직에 영향을 주고, 조직은 이러한 압력에 적절히 반응할 수 있어야 한다. 환경은 개인, 집단, 조직이든 행위자에 영향을 주는 변수이다.

(2) 수준별 분류

갈등행태(conflict behavior)는 갈등당사자가 갈등에 대처해 나갈 때 나타나는 가장 가시적인 측면이다. 갈등상황에서 회피(avoiding), 통제(controling), 타협(compromising), 문제해결(problem-solving)의 행태나(Pruitt&Rulbin, 1986), 혹은 경쟁(competition), 수용(accommodating), 협력(collaboration)의 행태(Thomas, 1980)들은 모두 갈등당사자의 행동하는 모습들이다. 갈등 및 협력과 관련 행위자의 특성을 측정하는 지표체계는 국내외 선행연구, 조사된 사례고찰 등을 통해 유용한 측정변수를 고찰하여 도출한다. 그리고 갈등 및 협력요인에 관한 선행연구는 국내외 문헌을 대상으로 검토해 본다. 기존에 연구된 문헌들을 검토해 보면 측정지표를 개발하는 데 도움이 되는 관련변수를 도출이 가능하다. 갈등과 협력의 관련 변수고찰도 개인, 집단, 조직 수준으로 나누어(천대윤, 2003 ; 최해진, 2004) 검토해 보면 다음과 같다.

① 개인적 수준

갈등을 개인적 수준에서 다룬 연구는 대부분 심리학적 연구들이다. 대표적으로 Chain & Schneer는 권력의 기반, 인성, 조직문화, 역할, 성의 차이에서 기인한다고 주장한다(Chain & Schneer, 1986). 또한 Lippitt는 의사소통의 실패,. 상호오해, 개성충돌, 가치관 차이, 희소자원 경쟁을(Lippitt, 1985), 유종해(2000)

는 양립할 수 없는 목적추구로 인한 승패상황, 제한된 자원의 획득과 사용에 관한 의견불일치와 경쟁, 지위(status)체계에서 부조화, 지각차이를, 이한검 외(2000)는 가치관 차이, 개인들이 성장한 사회적 배경차이, 개인간의 역할 불일치, 개인들이 소유하고 있는 정보차이, 경쟁에 의한 스트레스 등을 들고 있다.

② 집단적 수준

Minnery(1995)는 집단적 수준에서 갈등요인을 갈등당사자의 특징, 상호기대의 차, 상호간 인식의 차, 의사소통의 체계, 목표와 자원의 유용성 등을 지적한다. Sandole & Sandole-Staroste는 집단간 갈등해결이 파괴적 혹은 건설적 과정으로 가는 데 몇 가지 조건을 제시하면서 갈등해결의 실마리를 제공하고 있다(Sandole & Sandole-Staroste, 1987). 갈등해결의 파괴적인 과정의 조건으로 빈약한 의사소통, 강제적인 술책, 의심, 가치에서 기본적인 차이에 대한 인식, 힘의 차이를 증가시키기 위한 정향, 집단들의 합법성에 대한 도전을 들 수 있다. 건설적인 과정의 조건으로 충분한 의사소통, 믿음과 가치에서 유사성에 대한 인식, 서로의 합법성에 대한 충분한 인식, 문제 중심적인 교섭, 상호간의 신뢰와 확신, 정보공유 등을 들고 있다. 오광록은 구성원의 행동경향차이(관리유형, 지각차이, 성격차이)를 중요 변수로 제시한다(오광록, 1993). Jones는 상호의존성, 목표의 차이, 행위지향의 차이, 지각의 차이(Jones, 1983), 윤영채는 주민저항, 갈등해결에서 협상효과, 갈등해결에서 보상효과, 상급부서 개입, 전문가 의견 효과, 행정소송 효과(윤영채 외, 2000), 김종후는 대상주민의 참여, 시설에 대한 신뢰성 여부, 집행기관의 대응, 행정신뢰, 갈등의 강화를(김종후 외, 1994), 전주상은 의사전달, 주민참여, 갈등관리전략, 지방정부 자율성, 주민대표기구 대표성과 응집성, 제 3자의 역할(전주상, 2002) 등을 들고 있다. 이 밖에 하혜수는 당사자간 신뢰, 협상력, 전문가 활용, 협상전략 및 규칙 등(하혜수, 2003), 신희권은 지역내 전문가활용, 지방정부간 신뢰성(신희권, 2002), 백종섭은 주민참여, 보상제도 활용, 정책신뢰확보(백종섭, 2002), 소영진은 조정장치 미비, 결정자 불신, 이해관계크기, 집단 간 세력균형, 상대에 대한 요구강도, 조직화 정도(소영진, 1999), 심문보는 지각차이, 행동차이, 제한된 자원, 보상체계 차이(심문보, 1997) 등을 들고 있다.

한편, Deutsch는 집단 간 협력조건으로 정확하고 솔직한 정보교류, 갈등전략,

상대방에 대한 태도 등을 지적한다(Deutsch, 1973). 이종렬은 집단간 협력의 조건을 갈등조정자치, 협상문화, 사전적 예방수단을(이종렬 외, 1998), 이시경은 성공적 협력요인으로 협상에 대한 적극적 의지, 이해관계자의 권력배분, 협상비용(이시경, 2000), 김길수는 정보공개, 주민참여, 협상태도(김길수, 2002), 이선우는 집단 간 협력을 협상전략, 교육훈련, 협상방법, 협상태도(이선우 외, 2001) 등을 중요한 변인으로 지적한다.

③ 조직적 수준

먼저 Fink는 조직적 수준에서 갈등요인을 상충되는 목적, 상호 배척되는 이해관계, 적대감정, 상이한 가치체계로 보고 있다(Fink, 1968), Pondy는 희소자원 획득을 위한 경쟁, 자율성 추구, 목적의 차이(Pondy, 1972), Simon과 March는 공동의사결정의 필요에 대한 인식, 현실에 대한 지각의 차이, 목적의 차이(Simon & March, 1958), Litterer는 상충되는 목적추구로 인한 승패의 상황, 제한된 자원의 획득과 사용 경쟁, 지위부조화, 지각의 차이(Litterer, 1974) 등을 지적한다.

또한 Hall은 관할권, 이념대립, 권력차이(Hall, 1991)을 제시하고, Greenberg와 Baron은 세력차이, 보상시스템, 책임모호, 직무의 상호의존성, 자원부족 등(Greenberg & Baron, 1993)을 주장하며, 김영평은 기관관할권, 의사결정규칙, 정책지향차이를(김영평 외, 1991), 박근후는 가치전체, 관할권, 의사소통, 자원부족(박근후, 1992), 신형균은 영역의 중첩성, 대안선택기준, 자원의 상호의존성(신형균, 1992) 등을 들고 있다.

Weiss는 정부간 협력에 영향을 미치는 요인으로 문제의 긴급성에 대한 정부인식의 차이, 개선절차의 처리에 관련된 평가비용과 잠재적인 재정적 부담, 재정자원에 대한 타 정부 의존도, 행위에 대한 공공의 압력과 정치적 압력, 정부기관의 정보개방성 정도, 행위에 대한 책임성 정도 등을 들고 있다(Weiss, 1988). 사득환은 지방정부간 협력조건으로 사전적 협의제 및 인센티브제 시행, 협력적 규칙의 다양화, 협상과 토론문화 정착(사득환, 2002), 홍석균 등은 협력요인으로 협력관계구축요구 수준, 협력대상자의 적합여부, 협력절차의 과정 적합여부, 상호간 의존성, 상호간 호혜성, 수평적 의사 소통성, 협력성과의 공정한 분배성(홍석균 외, 2002), 박기묵은 경제적 보상제도, 상대방 신뢰성, 자원경쟁(박기묵, 1997),

윤의영은 지방정부간 갈등해소를 촉진하는 요인으로 경제적 부담, 중앙정부 지원, 갈등조정제도, 민주적 의사결정(윤의영, 2000) 등을 들고 있다. 이 밖에 주재복은 제 3자 중재안 수용성, 협상안 신뢰성, 협력규칙(주재복, 2001), 조승현은 제 3자 개입, 중앙정부개입, 당사자 신뢰성(조승현, 2003), 고경훈은 당사자 신뢰성, 지역민의식, 제 3자 신뢰성, 중재안 수용성(고경훈, 2003), 김인철은 협력기구 활성화, 사법적 판단결과 존중, 제 3자 중재(김인철 외, 1999), 이원일은 인사교류, 주민참여, 정보제공(이원일, 1998) 등을 협력요인으로 들고 있다.

지금까지의 지방정부간 갈등 및 협력수준에서 행위자의 특성에 초점을 맞추어서 볼 때, 갈등관련 행위자간 변수가 눈에 띄는 대목이다. 가령, 지방의회 개입수준의 정도, 단체장의 리더십문제, 단체장의 정치적 상징, NGO의 개입수준, 지방정부와 주민간 상호관계, 보상제도, 관련 행위자간 상호관계(단체장-의회, 주민-의회, 단체-단체), 제 3자 중재안 수용성 등이다. 따라서 여기에서도 이러한 변수들이 갈등에서 협력으로 진행하는 데 주요한 영향변수로 작용하고 있음을 판단하여 지방정부간 갈등과 관련한 자치단체장의 행위자 특성에 대하여 살펴봄에 있어서는 크게 자치단체장의 특성을 중심으로 논의하고자 한다.

(3) 상황적 분류

① 당사자

일반적으로 갈등이 발생하기 위해서는 당사자가 필요하다. 갈등은 일방적일 수 없기 때문에 양당사자를 전제하여야한다. 모든 사회갈등은 둘 이상의 사회적 실체인 갈등당사자들의 상호작용을 포함한다. 갈등당사자가 누구인지의 문제는 갈등의 특성을 잘 나타내 준다. 갈등 당사자로는 개인, 집단, 조직, 국가 등 그 차원이 다양하다. 조직상의 요인으로서 조직의 규모, 조직 상호관계, 조직특성 등이 고려되어야 한다. 지방정부간 갈등은 조직의 역할구조 및 기능에 따라 많은 영향을 받으며 조직의 특성에 의해서도 많은 영향을 받는다.

② 중재자

갈등의 해결을 위해서는 대부분 중재자가 필요하다. 특정문제로 갈등이 발생하면 갈등이 당사자 간 협상과 교환을 통해 협력으로 가는 것이 최선의 방법이다.

그러나 갈등당사자간 협상이 여의치 않을 경우 갈등은 지속적으로 갈 가능성이 있다. 이 때 갈등당사자들을 중재할 제 3자 개입이 불가피하다. 이 대 제 3자는 갈등당사자를 제외한 개인 혹은 집단이 될 수 있다. 따라서 측정지표를 개발하는 데 이 변수를 고려하는 것이 중요하다.

③ 외생요인

외생요인 변수는 일부 환경적 측면과 관련되는 것이지만, 이러한 변수와 관련하여 행위자 특성 측면이 나타날 수 있으므로 이에 대한 고려의 필요성이다. 가령 지역주민의 의식수준이나 관심도, 정치인 또는 시민단체나 언론이 개입하느냐의 여부 혹은 지방 혹은 총선이라는 선거시기에 따라 갈등당사자의 행태에 영향을 다르게 줄 수 있기 때문이다.

2) 행위자 특성 요인의 구성

(1) 자치단체장의 성격

개인행위를 형성하는 요인은 능력변수, 심리변수, 환경변수에 의하여 영향을 받아 형성된다(신유근, 1993). 여기에서 능력변수란 개인의 능력(ability)을 가리키는 것으로 이는 크게 개인의 신체적 능력과 정신적 능력으로 나눈다. 심리적 변수란 개인의 지각, 학습, 태도, 동기부여 등 우리가 심리학에서 다른 내용이다. 또 환경변수란 개인을 둘러싸고 있는 직접·간접의 영향요인으로서 여기에는 직무영역, 관리시스템, 조직분위기, 문화영향 등이 포함된다. 이러한 요인들이 어우러져 개인행위를 결정한다. 이 뜻은 세 요인이 개인에게 영향을 미치는 정도에 따라 개인행위의 차이가 나타난다는 것을 의미한다. 따라서 지방정부간 갈등해결을 주도적으로 전개해 나가는 자치단체장의 성격에 대한 논의가 필요하다. 여기에서의 단체장의 성격이란 문제를 협상으로 풀려는 의지, 협상의지수준을 확보하기 위한 개인적 특성이라 볼 수 있다. 단체장의 협상의지수준이 크거나 적극적이면 갈등문제가 협력으로 이어질 가능성이 크다(Augsburger, 1992). 따라서 자치단체장의 성격에 대해서는 매사에의 적극적 혹은 소극적인 태도 여부, 미래에 대한 긍정적 혹은 소극적인 태도 여부, 개인적 의지의 강도수준 등에 대한 자료수집이나 측정이 필요하다.

(2) 자치단체장의 리더십유형

지방자치의 부활에 의한 민선자치단체장들의 출현은 지방정부의 정책형성과정에서 단체장이 핵심적인 역할을 수행하게 되었다는 것을 의미한다. 즉 지방정부의 정책형성과정에 영향을 미치는 요인으로는 지방정부 외부환경요인(중앙정부 및 타 지방정부, 일반사회의 여론 등), 집행부 외부요인(지방의회, 이익단체, 주민여론 등), 집행부 내부요인(단체장 및 지방정부 공무원 등) 등이 있는데 민선자치시대의 등장은 중앙정부의 지방정부에 대한 일방적인 통제를 불가능하게 만들어, 지방정부의 정책형성과정에 영향을 미치는 요인 중 자치단체장이 차지하는 비중을 다른 어느 요인보다도 중요하게 만들었다(임승빈, 1996). 이러한 민선자치단체장들이 지방행정에 있어 핵심적인 지도자라는 것은, 자치단체장이 지방정치에의 참여자 중 누구보다도 우월한 자원(인력, 물자, 재원, 정보)을 보유하고 행사하는 위치에 있다는 점, 과거 임명직 자치단체장에 비하여 보다 많은 자원을 동원할 수 있고, 특히 자원의 구성 및 운영에 있어서 보다 높은 자율권을 행사할 수 있다는 점, 주민의 수권이라는 강력한 정당성에 의하여 그 권위를 인정받고, 과거의 임명직 자치단체장 평균 재임기간보다 안정적인 임기를 보장받는다는 점등과 한국 지방정부의 강시장제(strong mayor system)를 채택으로 인해 지방의회가 아직 단체장에 대한 강력한 견제장치의 기능을 수행하지 못한다는 점을 통해 확연하게 나타난다(이승종, 1998).[46] 이렇게 자치단체장이 지방행정에 있어서 핵심적인 지도자 역할을 하고 있다는 점에 기초하여 지방정부간 갈등과 협력에 있어서 보여 지는 자치단체장의 리더십 유형에 대한 연구가 필요하다. 따라서 자치단체장의 리더십 유형에 대해서는 변혁적 리더십과 거래적 리더십수준, 권위적 리더십과 민주적 리더십수준 등에 대한 질적면접이나 자료가 필요하다.

---

46) 강시장제는 모든 행정권이 시장에게 집중되고 시의회는 단순히 정책결정에만 관여하게 하는 미국의 시장제도로서 약시장제(weak mayor system)에 대응하는 개념이다. 약시장제가 시의회를 시정의 중심적인 기관으로 하여 행정권을 분산하고 있는 데 반하여, 강시장제는 시장을 중심으로 행정권을 집중시키고 있다. 강시장제의 특징으로는 첫째, 대부분의 중요한 공직의 임면권이 시장에게 있고 둘째, 독립적인 행정위원회가 없거나 극히 제한되어 있으며 셋째, 시장은 시의회의 의결에 대한 거부권을 가지고 있다는 점 등이다. 미국의 전통적인 권력분립주의와는 대립되지만 시정부의 행정기능이 급격히 확대됨에 따라 특히 대도시에서 강시장제를 도입하게 되었으며, 20세기 초부터의 시정개혁은 행정수반의 지위를 강화하는 것을 그 기본방향으로 전개되어 왔다. 강시장제는 약시장제의 분산적 정부형태가 지니고 있는 모순을 극복하기 위한 일종의 통합적인 시정부 형태이다.

(3) 자치단체장의 협상능력

Susskind & Cruikshank(1987)는 갈등당사자들이 갈등해소의 과정이나 실제에 대해 통제력을 보유하고 있을 때에는 비조력 협상 또는 당사자 협상이 제일 좋은 방안이라고 주장한다. 그리고 필요하다면 비조력 협상자들이 주선자나 중재자들로부터 갈등해소기법을 배울 수도 있다는 점을 강조한다. 당사자 협상은 이해상충 당사자들끼리 외부의 조력 혹은 도움 없이도 대부분의 경우 시장에서의 거래나 흥정같이 상호주장 및 양보를 통해 타협점을 찾아가는 과정을 말한다.

지방자치시대에 있어서 민선단체장은 정책이념과 목표를 제창하고 이에 필요한 정책안을 선도적으로 주도하고 그에 대한 지지를 확보하는 역할도 중요하다. 현실적으로는 그러나 그 정책에 관한 다양한 이해관계를 조정하고 정책의 우선순위를 결정할 수 있는 역할이 중요하다. 특히 정책의 우선순위를 결정하는 문제에서는 자신의 선거공약을 실현하는 과제를 어느 시기에 결정할 것인가 하는 정치적인 의사결정도 그들에게 요구되어 진다.

특히 중앙정부나 기타 지방정부와의 협상과 타협과 공동노력이 필요한 지방정부의 정책 사업을 조정하고 지방의회를 설득하며 행정조직을 동원하고 정책실행에 필요한 재정력을 준비하는 역할은 곧바로 민선단체장의 정치적인 생명에 직접적인 영향을 미치는 일이기 때문에 이를 조정하고 관리하는 역할이 중요하다고 할 수 있다. 따라서 지방정부간의 갈등에 있어서도 자치단체장은 이러한 협상능력을 기초로 하여 갈등해결을 확보하여야 한다. 따라서 지방정부간 갈등과 협력에 있어서 보여지는 자치단체장의 협상능력에 대한 연구가 필요하다. 따라서 자치단체장의 협상능력에 대해서는 개인적인 협상능력의 보유여부, 반대의견에 대한 포용력 여부, 인간관계의 원만성 수준 등의 측정이 필요하다.

(4) 자치단체장의 자원동원능력

지방정부의 수장인 단체장은 자기지역의 발전과 지역주민들의 복지증진을 도모해야 할 당위적 사명을 지니고 있다. 따라서 지역발전에 요구되는 각종 인적·물적 자원을 적절히 동원하고 이를 효율적으로 배분할 수 있는 능력을 지니고 있어야 한다. 또한 단체장은 중앙정부 또는 상급지방정부의 정책결정자들과 쉽게 접근할 수 있는 채널을 가지고 있어야 하고, 정계와 재계는 물론 학계와 산업계 등에도 지원을 받을 수 있는 능력 있는 사람이어야 한다. 단체장과 지방의회와의 관계, 단체장과 지역주민과의 관계 등뿐만 아니라 중앙정부와의 관계에 있어서도 단체장은 핵심적 지위에 있다. 원천적으로 지역경제력 및 재원이 빈약한 지역의 단체장은 외국이나 중앙정부 또는 재정력이 높은 타 지방정부와의 협상 및 계약을 통해 당해 지방정부의 자원을 증대시키기 위해 최선의 노력을 다해야 한다.

자치단체장은 지역발전을 위해 이러한 자원동원 노력에 충실해야 한다. 상황규정과 그에 대한 처방으로서 행동계획에 대하여 집단의 전폭적인 지지를 획득하고 사회적 통합을 이루어 나가야 한다. 이러한 동원기능은 정책수행 또는 집행기능이라고도 한다. 여기서 동원의 대상은 인적·물적 자원, 지식, 정보, 기술, 시간, 정치적 지지를 포함하는 일체의 자원을 의미한다. 정치지도자는 집단성원의 자발적 참여 속에 집단적 일체성을 확보하고, 집단성원의 동의에 의거하여 문제해결의 주도권을 취해 나가야 한다. 정치지도자가 정책수행 및 발전 관리에 필요한 각종의 자원을 얼마만큼 효율적으로 동원·배분할 수 있느냐에 따라 지도자의 지도역량은 평가받게 되는 것이다. 따라서 자치단체장의 자원동원능력에 대해서는 정치집단(지역국회의원, 지방의회)의 동원노력, 지역사회의 동원노력, 중앙정부의 지원획득을 위한 동원노력, 관료집단의 지지 동원노력, 중앙정부로부터의 예산지원 동원노력 등을 살펴보는 과정이 필요하다.

(5) 자치단체장의 전문성

민선단체장의 정책경험과 전문성이란 그들이 단체장이 되기 이전에 그 직업이나 학력 또는 개인적인 전문능력의 종류와 자격 등이 지방정부의 갈등해결자로서의 역할수행에 얼마만큼 적합한 것인가를 의미한다.

지방정부간의 갈등은 대체로 갈등당사자가 상이하고 그 원인도 단일의 원인에 의해 발생하는 것이 아니고 다양한 원인이 복잡하게 관련되어 있어서 단일의 방안에 의해 조정·해결되기 어려운 성질을 띠고 있다. 따라서 지방정부간의 갈등은 그 해결과정에 있어서 많은 시간이 요구되거나 해결의 실마리를 제대로 찾지 못하는 경우가 빈번하게 나타나고 있다.

오늘날 행정의 기능은 점차 전문화되어 가고 있는 추세인데, 이에 따라 제기되는 지방정부간 갈등의 대상도 다양한 분야의 전문 지식과 연관되어 있다. 따라서 이러한 갈등해결에는 다방면의 전문지식을 가진 자들에 의해 해결이 요청되지만, 이의 해결과정에 관여하게 되는 당사자들이 전문지식이나 정보 등을 제대로 갖추지 못한 경우가 있어 정부간 갈등 해결을 더욱 어렵게 하는 이유가 된다. 따라서 전문성이 부족한 단체장은 모든 결정을 상식이나 이해관계자의 일방적 주장을 토대로 내리는 경우가 많으므로 복잡성이나 기술성을 띠고 있는 사안에 대한 결정에서는 과오를 저지를 가능성이 농후하며 결국 시행착오를 일으킴으로써 시간과 경비의 낭비를 초래할 뿐만 아니라 지방정부간 갈등을 발생시킬 가능성이 많다(송창석, 1995). 또한 자신의 행정구역의 관리와 통제범위를 벗어나는 정책을 개발하고 시행하게 될 때 타정부와 법적이고 재정적이며 행정적인 관계 조정이 힘들다. 따라서 지방정부간의 갈등해결을 위해서는 보다 높은 자치단체장의 전문성을 필요로 하는 것이다. 따라서 자치단체장의 전문성에 대해서는 행정업무에 대한 경험정도, 행정에 대한 전문적 지식과 식견의 보유수준 등의 측정이 필요하다.

(6) 자치단체장의 관심과 의지

지방정부간 갈등에 있어서 자치단체장은 해당 자치단체 공무원들의 가치관, 신념, 규범 등에 영향을 미친다고 할 수 있다. 따라서 지방정부간 갈등에서는 자치단체장의 행동을 중요시하고 있으며 나아가 자치단체장이 갈등 및 협력문화를 변화시키는 것뿐만 아니라 유지시키는 등 문화적 혁신을 구축하는데 매우 중요한 역할을 담당한다.

자치단체장의 갈등에 대한 관심과 의지는 지방정부간 갈등을 성공적인 협력관계로 전환시키는데 있어서의 본격적인 요건들 중의 하나이다. 즉, 지방정부간에 갈등을 해결하고 성공적인 협력체제의 구축을 위해서는 자치단체장의 헌신과 고도의 가시적이고 명백한 실행노력을 요구하기 때문에 자치단체장은 지방정부간 갈등해결을 위해 적극적인 관여와 해결의지를 보여주어야 한다. 자치단체장의 갈등에 대한 관심과 의지에 대해서는 갈등단계에 따른 갈등에 대한 관심정도, 갈등단계에 따른 문제해결에 대한 의지수준 등의 측정이 필요하다.

(7) 상대방에 대한 신뢰

갈등상태에 대한 동일한 상황이더라도 서로가 다르게 인식할 수 있다. 갈등상대방을 '믿을 만한 상대'라고 인식할 수 있고, '믿지 못할 상대'라고 인식할 수 있는 것이다. 일단 상대를 신뢰한다고 생각하면 갈등상황이 해소되기 위한 실마리를 찾을 수 있지만, 그렇지 못한 경우는 부정적으로 진행될 가능성이 크다. 신뢰가 수반되지 않은 갈등상황은 좀처럼 문제를 풀기가 쉽지 않다. 따라서 자치단체장의 상대에 대한 신뢰에 대해서는 갈등해결에 있어서 자치단체장의 상대에 대한 신뢰성 수준 등의 측정이 필요하다.

(8) 중재자에 대한 신뢰

지역이해상충의 해결과정은 갈등의 불완전한 해결로 귀착하기 쉽다. 왜냐하면 다양한 구성주체로 이루어져 있는 집단의 이해상충은 공통목표라는 단일 기준에 의하여 완전히 해결된 다기보다는 당사자간의 교섭과 양보를 내용으로 하는 협상을 통해서 대개 잠정적으로 해결되기 때문이다. 이와 같은 해결방안은 갈등이 잠재되어 있다는 점에서 한계를 가지고 있지만 사회적인 공통목표에 대하여 당사자 집단이 공유하는 가치가 한계가 있을 때 거의 불가피한 선택으로 보여진다. 특히 이해상충의 영역이 거대해져서 개별 참여자들이 자신이 속해있는 현재의 위치와 현상에만 집착을 하고 전체적인 움직임을 소홀히 하는 경우에는 이해상충의 근본적인 원인을 해결하기보다는 지엽적인 문제에 집착하거나 국지적 합리성 추구에 머무르기 쉽다. 따라서 이해상충의 조정을 위하여 법정에 가기 전에 사업 시행당국이나 지역 주민이 아닌 제 3자 기관 또는 집단에 의해 문제에 접근하는 것이 필요한데, 이것이 바로 중재이다. 이러한 측면에서 중재란 이해상충 사안에 대한 새로운 선택기회를 중립적인 제 3자를 이용하여 비대결적인 탐색으로 찾아내는 것으로서 비용과 시간의 양 측면에서 소송보다 유리하다. 협상과정에서 중재방식을 활용함으로써 양극화된 갈등을 해결한 사례들이 적지 않다(박종화, 2001). 그러나 지방정부간의 갈등에 대한 중재방식이 성공을 거두기 위해서는 갈등중재에 나서는 중재자에 대하여 얼마나 중립적인지 등에 대한 상호 자치단체로부터의 신뢰감이 전제되어야 한다. 따라서 지방정부간 갈등에 대한 중재자의 범위에서는 중재자의 신뢰성 수준을 측정할 필요가 있다. 따라서 중재자에 대한 신뢰에 대해서는 단체장이 인식하는 중재자의 문제해결에 대한 중립성여부, 단체장이 인식하는 중재자의 상대 지방정부에 대한 호의적 태도 보유 정도 등을 알아보는 과정이 필요하다.

(9) 문제해결방식

단체장은 자신의 임기동안 중앙정치와 이익집단의 굴레에서 벗어나 지역문제의 해결과 지역 발전을 위해서 최선을 다하는 모습을 보여야 한다. 만약 지역일꾼으로 선출된 자치단체장이 중앙정치의 부패형태를 반복하거나 혹은 이익집단을 위한 행정을 한다면 4년 이후 다시 한번 유권자로부터 냉엄한 심판을 받기 때문이다. 자치단체장의 지역문제해결과 관련해서는 두 가지 역할이 요구된다.

첫째, 자치단체장의 지역문제에 대한 진단적 역할을 들 수 있다. 이것은 지방정부가 현재 놓여 있는 상황은 어떠하고 당면한 지역문제 상황이 어떠한지를 진단하고 주어진 여건과 정보의 의미를 정확하게 해석하는 역할을 말한다. 자치단체장은 시시각각 발생하는 수많은 지역문제를 접하고 해결해야 할 입장에 처하게 되는데 이를 위해서는 자치단체장의 지역문제의 인지와 정치적 상황의 규명이 선행되어야 한다.

둘째, 자치단체장의 지역문제에 대한 처방적 역할이다. 이것은 지역문제 상황진단에 대한 해결책으로서 지방정부로 하여금 취해야 할 행동을 처방해 주거나 자치단체장을 대표하여 취할 수 있는 행동을 처방해야 하는 기능을 말한다. 문제해결을 위한 대책을 강구한다고 해서 정책결정기능이라고도 부른다. 자치단체장은 지역사회의 발전과 지역주민들의 복지구현을 위해 모두가 추구해야할 바람직한 목표를 설정·제시하고 이의 달성을 위한 구체적인 과제와 해결방법을 제시해야 한다. 이처럼 지역문제 해결방식은 집단목적에 부합되는 방향으로 지역문제 해결에 대한 개념을 설정하여야 한다.

따라서 자치단체장은 지역주민들이 해결해 주기를 바라는 문제는 물론 미쳐 주민들이 인식하지 못한 문제와 장래에 예측되는 문제들까지 정확히 인지·파악함으로써, 문제의 원인과 결과 및 해결방안에 대해 주민들에게 설명하고 행정기구나 지방의회를 통해 정책적으로 해결할 수 있는 능력을 구비하고 있어야 한다. 그러나 지역사회문제의 정확한 인지를 위해서는 지역문제에 대한 풍부한 사전지식과 정확한 인지능력을 구비해야 한다. 또한 이러한 문제인지능력을 기초로 어떤 상황이나 일에 대한 정확한 분석력과 판단력을 구비하고 있어야 한다(이범준·이승권, 1997). 따라서 자치단체장의 문제해결방식에 대해서는 문제해결방식에 있어서 자치단체장의 적극적인 태도여부, 문제해결방식에 있어서 담당공무원에게의 권한부여 등의 측정이 필요하다.

3) 행위자 특성 요인의 조건

조직의 활동은 결국 개인들의 노력의 결합이라고 볼 수 있지만 그러한 활동들의 대부분은 집단을 통하여 이루어진다. 조직의 관리자가 추구하는 목표의 대다수는 집단 내 혹은 집단 간의 행위를 통해서 성취될 수 있다. 일반적으로 조직에는 공식적 집단과 비공식적 집단으로 나눈다. 공식적 집단(formal group)은 구체적인 업무나 목적을 달성하기 위해서 조직에 의해 의도적으로 형성된 집단이며 집단형성의 기초는 능률의 논리(logic of efficiency)이다. 그리고 공식적 집단은 대부분 조직도상에 나타나게 된다. 반면, 비공식적 집단은 조직에 의해서 의도적으로 형성된 것이 아닌 구성원들의 공동관심사나 정적연대에 의해 자연발생적으로 형성된 집단이다. 집단이 형성되는 이유는 과업달성, 문제해결, 사회적 심리적 욕구충족 등에 있다(신유근, 1993). 이에 지방정부간 협력과 관련한 행위자 특성요인으로 자치단체장의 리더십과 관련 행위자간의 상호관계를 고려할 수 있다.

지방정부간 갈등에 있어서 자치단체장의 리더십의 핵심은 다른 지방정부와의 협력의 역할이다. 자치단체장의 대외적 관계에서의 정치적 역할은 주로 다른 지방정부와 중앙정부간에서 살펴볼 수 있다. 여기서 역할의 주안점은 상호간의 갈등이나 부정적 측면을 최소화하고 지원과 협력을 최대한 이끌어내는 데에 있다.

자치단체장의 영향력의 크기는 단체장이 지닌 정치적 자원의 규모, 지방정부의 정치구조, 단체장의 성격과 스타일 등의 함수라고 할 수 있다(Ross et al, 1991), 단체장의 리더십에 영향을 미치는 정치적 자원의 유형으로는 재정적 자원과 인적 자원의 규모, 지방정부 관할 정책영역의 폭, 지방정부 내에서 단체장 정책관할 영역의 폭, 단체장의 급여수준, 대중매체에 대한 접근성, 그리고 정당 등의 정치조직과의 관계를 들 수 있다. 또한, 어떤 조직의 발전도 공식적이든 비공식적이든 효과적 리더십에 달려있다.[47] 물론 다른 변수들도 조직발전에 영향을 주지만 그 중에서도 최고 관리층의 리더십은 아마 가장 중요한 변수일 것이다(이광희, 2003). 특히, 지방정부간 갈등문제를 다루는 데 있어서 단체장의 영향력은 지방정부간 갈등해결에 중요한 변수로서 작용한다(천대윤, 2003). 가

---

47) Yate와 같은 이는 정치적 자원의 양과 혁신성의 정도라는 두 가지 차원에서 기초하여 단체장의 리더십을 사업가(entrepreneur)형, 보스(boss)형, 개혁운동가(crusader)형, 중개인(broker)형으로 구분하고 있다(Yate, 1977).

령, 단체장간의 경쟁적 리더십이 갈등을 증폭시키기도 하며(서울신문, 04. 2. 26; 내일신문, 04. 7. 27), 권위주의적이고 독단적인 성향을 가진 사람들은 갈등행위를 증대시키는 경향이 있고, 내향적인 사람은 외향적인 사람보다 협력증진에 실패하고 갈등을 야기하는 경향이 있다.

또한 자치단체장이 주도가 되어 지방정부간에 갈등을 해결함에 있어서 핵심적인 행위자 특성 요인으로는 자치단체장의 상대방과 중재자에 대한 신뢰성의 수준을 들 수 있다. 협상자의 신뢰성여부는 갈등상황을 긍정적으로 유도할 수 있다. 협상상대방에 대한 신뢰정도가 크다면 지방정부간 갈등을 협력으로 이어질 가능성이 크다. 협상상대를 신뢰하느냐 불신하고 있느냐는 갈등해결과정의 서로 다른 차원이다. 미국 Chattanooga지역에서 환경갈등을 둘러싼 갈등에서 협상자간의 신뢰성이 얼마나 중요한지를 보여주고 있다(Roy, Gray & Elliott, 2003). 이 도시에서 상호간 불신감이야말로 갈등해결의 커다란 장애물로 작용하였다.

지방정부간 갈등과 협력과 관련한 행위자 특성 차원의 요인에 대해서는 자치단체장의 특성에 대해서는 할 내용을 살펴보면 다음과 같다.

첫째, 자치단체장의 성격으로 매사에 성격이 적극적인지 소극적 인지의 여부, 미래에 대해서 긍정적인지 아니면 소극적 인지의 여부, 그리고 개인적 의지의 강도수준 등에 관해서 알아보아야 한다.

둘째, 자치단체장의 리더십유형으로서 변혁적 리더십 혹은 거래적 리더십 수준, 그리고 권위적 리더십 혹은 민주적 리더십을 가지고 있는지 여부를 알아볼 필요가 있다.

셋째, 자치단체장의 협상능력에 관한 것으로 개인적인 협상능력의 보유하고 있는 여부와 반대의견에 대한 포용력을 지니고 있는 지의 여부, 그리고 인간관계의 원만성 수준 등을 알아보는 것이 필요하다.

넷째, 자치단체장의 자원동원능력에 관한 것으로 정치집단(지역국회의원, 지방의회)의 동원노력, 지역사회의 동원노력, 중앙정부의 지원획득을 위한 동원노력, 관료집단의 지지 동원노력, 중앙정부로부터의 예산지원 확보할 수 있는 능력을 알아보는 것이 필요하다.

다섯째, 자치단체장의 전문성에 관한 것으로 행정업무에 대한 경험정도, 행정에 대한 전문적 지식과 식견의 보유수준 등을 알아보는 것이 필요하다.

여섯째, 현안에 대한 자치단체장의 관심과 의지에 관한 것으로 갈등단계에 따른 갈등에 대한 관심정도, 갈등단계에 따른 문제해결에 대한 의지수준 등을 알아보는 것이 필요하다.

일곱째, 자치단체장이 상대에 대한 신뢰성에 관한 것으로 자치단체장의 상대에 대해 어느 정도의 신뢰를 가지고 있는지를 알아보는 것이 필요하다.

여덟째, 갈등전개과정에서 갈등문제를 해결 및 조정하기 위해 중재자가 개입하게 되는 경우에 중재자에 대해서 자치단체장들이 어느 정도로 신뢰하는 지에 관한 것으로 단체장이 인식하는 중재자의 문제해결에 대한 중립성여부, 단체장이 인식하는 중재자의 상대 지방정부에 대한 호의적 태도보유 정도 등을 알아보는 것이 필요하다.

아홉째, 자치단체장의 문제해결방식에 관한 것으로, 문제해결방식에 있어서 자치단체장의 적극적인 태도여부, 문제해결방식에 있어서 담당공무원에게의 권한부여 등의 여부를 살펴보는 과정이 필요하다.

일반적으로 사회적 상호작용과정에서 행위자는 연구의 방법과 관점의 차이에 따라 다르게 정의된다(강신택, 1995). 갈등은 매우 독특한 사회적 상호작용이다. 개인적 차원에서 갈등은 의사결정 상황이나 도덕적 판단 등을 기준으로 발생하는 것으로 보고 있다(Augsburger, 1992). 사회현상으로서 갈등은 이런 개인적 차원의 갈등과는 그 성질이 다르다고 할 수 있다. 사회현상으로서 갈등은 둘 이상의 상호작용 행위의 당사자가 존재하며, 이들 이해관계 당사자들이 예측가능한 상호작용이 가능하도록 해주는 제도적 기반이 존재한다는 것을 전제로 한다. 제도적 기반이란 사회적 상호작용의 주체인 행위 당사자들이 상대방 행위자의 행위를 예측하고 대응할 수 있는 공식적·비공식적 제도체계를 의미한다. 갈등상황이 발생하는 과정에서는 주로 공식적 상호작용체계의 작동이 잘 이루어지지 않으며, 행위자들의 이해관계가 충돌하여 그 조정 메커니즘이 필요하게 되는 경우가 많다고 할 수 있다. 이런 관점에서 보면 행위자들의 사회적 상호작용 메커니즘이 갈등과 협력의 정의와 관계를 규정하는 과정에서 매우 중요한 것이라고 볼 수 있다. 이론적으로는 사회적 상호작용의 과정에서 기본단위를 이루는 행위자들의 특성과 선호체계를 가정하는 것은 지방정부간 갈등과 협력을 바라보는 기본전제와 단위를 규정하는 중요한 작업이라고 할 수 있다.

결국 행위자 특성으로 볼 때 지방정부간에 어느 정도의 갈등은 피할 수 없는 구조적인 것으로 보인다. 지방정부간에 특정문제에 있어서는 서로의 갈등상황에서 갈등행위자들이 이해관계와 함께 보이는 특성에 따라 갈등요인과 협력요인이 발생할 수 있는 것이다. 즉 지방정부간 갈등구조에서 행위자의 특성이 서로 영향을 미치게 되어, 그 수준이나 정도에 따라 협력관계가 형성되기도 하는 반면, 새로운 문제도 발생시킬 수 있는 것이다. 따라서 갈등유형의 다양성에 따라 각 유형별 해결방안도 차이가 날 수 밖에 없다. 이러한 것을 종합하여 볼 때 지방정부간 갈등과 협력에 있어 행위자 특성에 대한 구체적인 접근이 병행되어야 한다.

3. 환경적 요인

지방자치제의 본격적인 시행 과정에 있어 특히 문제가 되는 것으로는 지역 이기주의가 심화되어가고 있다는 것이며, 이러한 현상은 점차 다양한 형태로 나타나고 있다. 집단이기주의·지역연고주의·지역감정의 심화·확산으로 인한 부작용·반작용 등이 영향을 끼치고 있으며 가치관의 큰 혼란은 권위적·관(官) 우월적 관료행태를 배태시켰다. 이것 역시 지방자치의 본격적 실시와 함께 주민의 참여 분출과 상치되어 정부와 주민간에 갈등관계를 형성하는 요인이 되고 있다(김규정, 1997). 이러한 것의 해소가 어려운 점으로는 우리 사회의 전반적인 풍토가 민주적·자율적 방식을 통하여 갈등현안을 해결하려는 관행이나 행태, 그리고 협상방식에 의해 문제를 해결할 수 있는 능력 등이 미성숙 되어 있기 때문이라고 볼 수 있다.

또한 오늘날은 도시화가 빠르게 진행되고 있으며 교통통신의 발달, 매스컴의 비약적 발전 등으로 생활권, 경제권이 확대됨으로써 각 집단의 요구가 다양해지고 있고 일정구역에 국한되지 않는 광역적 수요가 나타나고 있다. 따라서 이에 적절히 대응하기 위해서는 소규모단위 행정보다 광역규모의 행정이 보다 경제적이며 도시지역에서의 주변단체와의 기능보완 내지는 연계의 필요성이 증대되고 있다. 이러한 배경에서 지방정부 사이의 협조와 협력이 필요하게 되는데, 각 지역의 입지조건·인적 자원의 질·지역의 발전정도에 따라 성장과 발전에 다양한 격차가 발생하며, 그에 따르는 경제·사회적 조건의 상이에 따라 정부간의 이해관계가 복잡해지고 정부에 대한 요구도 다양해져 갈등과 갈등이 야기될 소지가 증가하고 있다.

각 정부들은 자원의 효율적 이용, 규모의 경제실현, 외부효과의 적절한 분담문제 등과 같이 재정투자의 공간적 확산효과를 내부화 시킬 필요가 있어서 지방정부 상호간에 협력하여 해결해야 하는 정책이나 사업에 대한 의존도가 증가해 가는 추세에 있다. 즉, 지방정부 상호간에 공동으로 처리해야 하는 사업이 증가하게 되면서 각 지방정부 상호간에 비용부담에 대한 구체적인 결정과정에서 갈등관계가 심각하게 야기되는 것이다. 또한 공공시설로서 특정 지방정부에 혐오·위험시설이 입지하는 경우 비용과 편익의 불공평성이 내재하게 되어 갈등이 형성되고 있다.

1) 환경의 분류

환경적 요인은 앞에서도 살펴보았듯이 지방정부간의 갈등과 협력에 영향을 주는 환경적 변수로서 정치·경제·사회적 상황의 변화와 관련된 변수들을 말한다. 따라서 환경적 요인은 앞에서 언급한 것과 같이 행위자 특성 요인 중 외생요인으로서 지역주민, 정치인, 언론, 시민단체, 다른 정부가 개입하느냐 등과 같이 갈등당사자의 행태에 영향을 주는 요인을 의미한다. 환경적 요인에서 먼저 고려해야 할 요인은 정치적 요인과 사회경제적 요인으로 구분할 수 있다.

(1) 정치행정적 환경

정치행정적 환경으로는 각종 선거와 같은 정치적 사건의 존재유무이다. 그리고 중앙정부, 지방정부, 의회, 주민(NGO)간의 상호관계를 고려할 수가 있으며, 갈등관련 행위자(actor)들의 상호관계가 중요한 변수이다. 행위자들을 독립적으로 놓기보다는 이들이 상호간에 벌어지는 다양한 유형과 역학관계 등을 고려해야 한다.

먼저 조직 환경의 측면에서는 지방정치와 중앙정치 등이 중요한 변수이다. 갈등문제가 단체장의 재선의지와 그 여부에 따라 협력으로 가는 경우도 있다. 또한 지방정부간 갈등상황에서 중앙정부의 개입은 갈등문제가 해결되어 협력으로 갈 가능성이 크다.

또한 지방정부간 상호관계여부와 갈등당사자와 제 3자와의 관계이다. 갈등 당사자인 지방정부간의 관계가 수직적 관계(광역-기초)이냐 수평적 관계(기초-기초)이냐에 따라 갈등수준에 영향을 미칠 것이다. 또한 갈등은 스스로 해결할 수 없을 때 제 3자 개입이 불가피하다. 이때 갈등당사자와 제 3자간에는 첫째 갈등당사자가 제 3자에 대한 신뢰성 여부, 중재안 도출하는 과정에 정당성, 중재안에 대한 갈등당사자의 수용성이란 문제를 빠뜨릴 수 없는 대단히 중요한 요인이다. 수용성(acceptance)은 해결책이 갈등당사자들에 의해서 수용되는 정도이다. 당사자들은 두 가지 이유에서 해결책을 수용한다. 즉, 그들이 그 내용을 선호하기 때문에 또는 그 해결책이 도달한 과정이 공정하다고 생각하기 때문이다. 한 당사자가 행동할 힘이 없어서 해결책에 반대하지 못하는 경우는 수용성이 아니라 체념이다.

그리고 지방정부와 의회 간, 지방정부와 주민(NGO)간의 관계도 중요한데, 이들이 갈등문제에 대한 협력수준여부는 갈등해결에 영향을 미친다. 또한 지방정부, 지방의회, 지역주민 간에 갈등문제에 대한 합의수준여부가 갈등이 협력으로 이어지는데 영향변수로 작용할 것이다. 그리고 지방정부간 갈등은 갈등문제가 주민가 밀접한 관계를 맺고 있기 때문에 이들의 행태변수를 도외시 할 수 없다. 또한 주민참여 조장여부는 이들의 의견을 의사결정과정에 반영되는 정도이며, 만약 주민참여를 제한한다면 정부와 주민 간 갈등을 초래 할 것이다.

(2) 사회경제적 환경

사회경제적 환경의 요인으로는 주로 경제적 상황을 들 수 있다. 즉, 각급 지방정부들이 현실적으로 처해 있는 경제적 여건을 고려할 수 있다. 국가경제력의 수도권 집중심화로 지방정부의 경제적 여건이 상당히 열악한 상황에서 지방자치제가 실시됨에 따라 각 지방정부들은 지역경제활성화를 지역정책의 우선순위가 되고 있다. 더구나 경제사정이 열악한 일부 지방정부나 재정이 상대적으로 열악한 기초지방정부의 경우 갈등과 협력의 소지가 다른 광역지방정부들간의 관계와 차이가 날 수 있다. 그리고 이에 대한 주민들의 의식수준이나 관심도, 시민단체나 언론의 활동정도도 차이가 날 수 있는 사항이다. 따라서 지방정부간의 경제활성화를 위한 여러 노력들이 때로는 지방정부간의 갈등 및 협력을 초래할 수 있는 주요 요인이 될 수 있는 것이다.

2) 환경적 요인의 조건

행위자 특성의 조건과 마찬가지로 지방정부간 갈등 및 협력의 요인과 관련한 환경론적 요인의 주요 조건에 대해서 구체적으로 살펴보면 다음과 같다.

첫째, 지방정부의 경제적 상황과 정치적 사건에 관한 것으로 지역경제의 전반적 여건과, 지방정부의 재정능력, 지방선거, 국회의원 선거, 대통령 선거 등 각종 정치적 사건이 갈등전개과정에서 어느 정도 존재하고, 그것이 협력에 어떤 영향을 미쳤는지 정도를 살펴보는 것이 필요하다.

둘째 상급지방정부의 개입수준에 관한 것으로, 갈등단계마다의 중앙정부의 개입수준 정도, 갈등단계마다의 상급지방정부의 개입수준 정도 등을 살펴보는 것이 필요하다.

셋째, 지역정치집단의 개입정도에 관한 것으로 지역정치집단의 개입수준, 주민의 관심과 참여정도, 갈등전개과정마다의 지역주민의 관심수준과 참여수준 등을 알아보는 분석이나 연구의 과정이 필요하다.

제5절 지방정부간 갈등과 협력의 분석시각

1. 지방정부의 특성

1) 행위의 주체

일반적으로 지방정부는 정부의 행위구조 속에서 상대적으로 미묘한 입장에 처해 있는 정치적 행위자이다. 우선, 지방자치제가 시행되고 있기는 하지만 여전히 정부의 구조 측면에서 상급기관의 명령을 수행해야 하는 하급기관의 위치에 있기도 하다. 두 번째로 지방정부의 책임자는 이런 상급기관과의 정치적·제도적 상호작용 구조 속에서 선거에 의해 다시 선출될 수 있도록 행동해야 하는 특유의 행위유인이 발생한다.

그러므로 지방정부의 경제적 이해관계 구조와 정치적 이해관계구조가 얽혀 있는 가운데 제도적 구조 속에서 비용과 편익을 계산하고 행동하는 행위특성이 발생하게 된다. 극단적인 경우, 부안 핵폐기장의 유치과정에서 나타난 것처럼 단체장의 소신은 지역 주민의 정치적·경제적 이해관계와 부합하지 않을 경우 전혀 쓸모 없는 것이 되어버리기도 한다. 이는 지방정부의 의사결정은 그것이 정책갈등을 예정하고 있는 것이라고 하더라도 또, 경제적인 측면에서 비용과 편익구조가 예측 가능하다고 할지라도 단순히 경제적 측면의 분석에 의해 결정되는 것은 아니라는 특성을 나타낸다. 결국 이런 논의는 행위의 비용편익과 제도적 실현가능성 및 정치적 이해관계로부터 지방정부의 의사결정은 자유롭지 못하다는 것으로 볼 수 있다. 이 책에서는 이런 제도적 행위자로서의 지방정부의 특성을 전제한다.[48)]

2) 분석의 객체

뒤에 소개될 사례에서 각급 지방정부는 매우 중요한 분석의 대상이자 기본단위이다. 이는 다른 많은 연구에서 행위자에 대한 정교한 가정과 설계가 빠져 있는 것은 정책현상으로서 갈등현상을 연구하는 경우에 정책 대상 집단의 반응행위를 강조하고 그에 대한 처방적 대안을 제시하는데 연구의 초점이 맞추어져 있기 때문이다.

일반적으로 합리적 선택 제도주의에서는 인간의 합리적 행동을 가정한다. 합리적 행동이란 인간은 목적 지향적이기 때문에 주어진 조건과 제약 하에서 목적을 달성하기 위하여 최선의 대안을 선택하려한다는 가정을 말한다(정용덕 외, 2000; Kasper & Streit, 1998). 합리적 행동의 가정이 발생하기 위해서는 완전한 정보가 존재하는 확실한 상황(under certainty)이 전제조건으로 필요하다. 그러나 현실세계에서는 불확실한 상황(under uncertainty)이나 위험상황(under risk)에서 의사결정을 해야 하는 경우가 더 많다. 불확실한 상황이나 위험상황 하에서의 의사결정은 완전한 합리적 행위를 불가능하게 만드는 경우가 많다. 결

---

48) 합리적 선택 제도주의에서는 인간행동이 유발되는 원인으로 신고전학파 경제학이 가정하였던 이기주의(self-interest)에 대한 가정을 재고하고 있다. 이기주의에 대한 가정은 인간이 자신에게 이로운 이해관계에 따라 행동한다는 것이다. 그러나 현실적으로 나타나는 이타적 행동은 이런 가정의 비현실성을 노정해 준다. 신제도주의 경제학에서는 전적으로 이기주의적 속성에 의한 행동을 가정하지도 않지만 그렇다고 인간의 이기주의적 행동을 완전히 부인하지도 않는다. 이기주의에 대한 회의는 인간의 행동이 이기적 측면뿐만 아니라 이타적인 동기(altruism)에 의해서도 유발된다는 것이다. 그리고 이타주의의 형성과 개인의 상호작용 관계를 규정해 주는데 영향을 주는 요인으로서 사회적 규범과 제도의 기능이 강조되고 있다(North, 1990; Kasper & Streit, 1998).

국 인간은 자신이 인지할 수 있는 범위 내에서 정보를 수집하고, 그 수집된 정보 내에서 의사결정을 할 수밖에 없는 제한된 합리성(bounded rationality)을 갖게 된다. 인간의 거래에 대한 의도가 아무리 합리적인 범주에 속하더라도 행위는 인간 능력의 한계로 인하여 제한적일 수밖에 없다. 합리성이 제한되어 있다는 것은 거래의 당사자들이 거래의 과정에서 발생하게 되는 모든 상황을 사전에 미리 파악하고 계약에 임할 수는 없다는 것을 말한다. 여기서는 이와 같은 측면에서 행위자의 제한된 합리성을 가정하고 있다. 제한된 합리성에 대한 가정은 행위자가 정책의 제공으로 인하여 발생하는 이해관계의 변화(혹은 재산권과 거래비용의 변화)를 모두 파악할 수 없다는 점을 시사해 준다.

따라서 앞에서 가정하는 제도내의 행위자로서 지방정부는 정책의 영향을 가장 많이 받는 수동적인 제도의 구성인자인 동시에 정책의 변화를 위하여 가장 능동적으로 활동하는 정책변동의 대리인(agent)이기도 하다. 제도내의 행위자를 구분하는 데에는 다양한 기준이 존재할 수 있다. 그러나 제도의 변화를 유도할 수 있는 제도내의 행위자는 행동의 주체이어야 하며 제도에 의하여 제반 행동을 제약받고 그로 인하여 다양한 권리와 이익의 이해관계가 발생하는 존재이어야 한다.

좀 더 구체적으로 설명하자면 첫째, 지방정부의 행위는 우선 정책의 제공이나 정책과정의 참여자로서 특수한 이해관계를 생성시키기도 하고, 그 과정에서 정책갈등을 유발하거나 협력을 유발하는 주체로서의 지위를 갖는다. 이런 지방정부의 행위는 지방정부를 갈등과 협력의 주체로서 간주하고 분석의 대상으로 삼는다는 것을 의미한다. 두 번째로 지방정부는 특수한 이해관계의 형성과 변화과정에 참여하여 갈등과 협력의 조정자로서 기능하는 지위를 갖는다. 이 두 가지 지위를 중심으로 지방정부가 표출한 공식적 의사결정이 이 책의 주된 논의대상이 된다. 분석의 단위가 개인이 아니고 지방정부의 수준인 것은 명확하고 의도적이며 공식적인 의사결정과 그 결과물이 지방정부라는 법적 지위를 갖고 상호작용하는 과정을 분석하는 것이 이 책에서의 기본 분석단위와 분석대상이라는 것을 의미한다.

2. 갈등과 협력의 특성

1) 상호작용성

지방정부간 상호작용이란 특정 시점에 머물러 있는 것이 아니라 항시 시간의 변화에 따라 동시에 변화할 수 있는 가변적 특성을 지니고 있다는 점을 말한다. 즉 갈등과 협력의 구도란 사례별 상황 및 전개과정에 따라 다양한 모습으로 변질(갈등→갈등, 갈등→협력, 협력→협력, 협력→갈등)될 수 있는 가변적인 성격을 지니고 있고 상호작용은 기본적으로 갈등의 가변성의 맥락에서 이해된다. 따라서 어떤 요인들이 이러한 상호작용의 변화에 영향을 미치고 있는지에 대한 설명이 필요함은 물론이거니와, 가변성은 사례를 특정 시점에 고정하여 평면적으로 관찰하기보다는 사례의 모든 과정을 시간적 순서에 따라 관찰해야 할 필요성을 제기하고 있다.

2) 동태성

동태성(dynamics)이란 정태성(statics)에 대한 반대말로서 갈등에 있어서 그 기준은 시간의 고려여부이다. 따라서 동태성을 논하기 위하여는 시관(time perspective or time horizon)에 대한 논의가 필수불가결하다. 또 하나 중요한 가정은 현실세계는 갈등과 협력의 관계이다. 그 둘의 관계와 양상은 복잡성을 내포하지만 이론화하는데 갈등의 반대말이 협력이 아니며 반대말은 무갈등이다. 또한 협력의 반대말이 갈등이 아니며 반대말은 비협력이다. 이에 갈등과 협력은 병존할 수 있다는 견해가 타당성이 높다.

지방정부간 갈등과 협력을 살펴봄에 있어 쓰이는 개념으로서의 동태성이라 함은 갈등이나 협력의 발단에서부터 해결 또는 미해결의 과정을 말하는 바, 해결이란 최종단계에서 협력으로 인해 의도한대로 일이 이루어지는 경우를 일컫고 있으며 미해결이란 최종단계에서 갈등의 지속으로 인해 의도한 대로 일이 이루어지지 않는 경우를 일컫는다. 여기에서 동태성의 세 가지 핵심개념은 시간의 흐름, 진폭과 방향전환 등이다.

이미 앞에서 언급한 대로 동태성은 시간의 흐름과 밀접한 관계를 가진다. 즉 갈등은 시간 자체가 갈등의 해결을 가져다 주지는 않지만 시간과의 관계는 갈등이나 협력의 진폭이나 방향과 밀접한 관련성이 있다는데 의미를 둔다. 이에 시간적 전개과정에 다른 갈등과정 역시 발생, 증폭, 완화 또는 지속이라는 동태적 진폭과정으로 구분하여 살펴볼 수 있다.

3) 다양성

일반적으로 정부간 상호작용의 동태적 변화에 대한 체계적 설명은 지방정부간 상호작용의 사례별 다양성의 문제에서도 발견된다. 즉 지금까지 지방정부간 관계는 각종 정책사례에 따라 관련 이해집단들이 각자 자신의 이익을 표출시키려는 보다 다원화된 정책네트워크에 의해 계속 변화되어 왔다. 그러나 사례별 특수성만을 기술하는 작업은 정부간 상호작용이나 동태적인 특징을 체계적으로 설명해야 할 학문적 과제나 향후 정책적 대안 모색 작업에 크게 도움을 주지 못한다.

따라서 복잡한 지방정부간 갈등 및 협력에 관한 연구는 이제 기존의 법과 제도를 통한 정태적 분석에 더하여 사례와 관련된 다양한 하위집단들의 구성을 파악하고 법과 제도가 이들에게 어떠한 상황을 형성하는지, 그리고 이들이 각 행위자들에게 어떤 반응과 행동을 나타내어 어떤 결과를 초래하고 있는지, 그리고 더 나아가 행위자들을 둘러싼 환경적 요인들의 영향을 규명하는 한편, 유사 사례와의 비교를 통한 보다 체계적이고 광범위한 요인들에 대한 종합적 분석작업을 필요로 하고 있다. 따라서 여기서는 이러한 갈등의 다양성에 따른 논의의 필요성을 충족시키는 과정을 진행하였다.

3. 범위와 방식의 특성

1) 시간적 범위

1995년 6·27 지방선거의 실시 이후 두드러지게 부각된 정부간 관계와 다양한 유형의 갈등사례는 학계나 실무계의 중요한 연구대상이자 실질적 해결을 요하는 하나의 숙제가 되어 왔다. 그러나 지방자치제 실시 이후 지금까지 가시화된 많은 공식·비공식 사례들은 여전히 사건의 발단과 전개과정 그리고 관련이해집단의 성격 등에 대한 상세한 정보가 체계적으로 정리되지 못한 채 단편적인 정보로 언론에 소개되거나 단순히 개요만을 소개한 공공기관의 내부자료 형태로 존재하고 있다. 1996년 자료집형태로 발간된 행정자치부와 한국지방행정연구원의 지방자치시대의 갈등사례집이 있기는 하나 이는 민선자치제 실시 이후 10개월 간의 발생사례 112건만을 수록하고 있어 이미 자료집으로서의 의미를 상실한지 오래된 것으로 보인다.

그동안 갈등해결과 협력방안의 도출을 늘 강조해 왔던 정부의 입장이나 학계 및 언론의 주장을 생각해 볼 때, 이처럼 사례자체의 정리는 물론 연구 및 분석작업에 무심했던 것은 아이러니가 아닐 수 없다. 1995년 이후 2002년에 이르기까지 지방정부간 분쟁 및 협력사례의 규모와 증감 추이를 행정자치부의 내부자료를 통해 검토해 보면 분쟁의 숫자는 매 연도별로 점차 감소하여 2002년에는 총 25건의 사안만이 분쟁상태로 남아 있으며, 협력건수는 매년 새로운 발생건수가 생겨나 지속적으로 협력형태를 유지하고 있어 총 166건에 달하고 있는 것으로 나타나고 있다(행정자치부, 2002). 이를테면 분쟁보다는 협력사례가 훨씬 상회하는 희망적인 추세를 발견하게 되다.

그러나 이러한 표면적 경향에서 유의할 점은 행정자치부에 의해 집계되고 있는 분쟁 및 협력사례의 숫자가 단순히 공식채널을 통해 접수된 건수만을 다루고 있다는 점이다. 따라서 비공식적인 사안으로 남은 채 분쟁의 소지를 안고 있는 사례의 수는 포함되어 있지 않으며, 협력으로 분류된 사례의 경우 역시 운영상황에 따라 협력관계가 실제 어떻게 변질되었는지를 파악할 수 없다. 그리고 무엇보다 중요한 점은 일반적인 통계적 추이가 지방정부의 보고자료를 토대로 중앙의 관점에서 개괄된 것으로서 실제 사례와 관련된 지방정부의 관료 및 각종 이해집단의 관점까지 포괄하여 사례별 내용을 파악할 경우 갈등과 협력의 통계적 수치는 전혀 다르게 정의될 수 있다는 점이다. 결국 지방정부간의 갈등과 협력의 학문적인 취급은 지방에 기반을 둔 학자를 중심으로 지방문제에 대한 심층적 분석과정을 통해 다시 이루어져야 할 필요가 있다.

이와 같은 관점에서 지방정부간 갈등과 협력의 실제를 살펴볼 이 책의 시간적 범위는 한국에서 지방자치제도가 본격적으로 실시된 1995년 6월부터 2003년 6월까지의 8년 동안의 기간으로 설정하였다. 물론 개별적인 사안에 있어서는 시간적 범위가 탄력적으로 적용될 수도 있을 것이다.

2) 공간적 범위

이 책에서 소개될 실제 사례에 있어서의 공간적 범위로는 충청권(대전광역시, 충청남·북도), 호남권(광주광역시, 전라남·북도), 그리고 영남권(부산광역시, 울산광역시, 대구광역시, 경상남·북도)의 3개 권역 11개 광역지방정부와 예하의 기초지방정부를 대상으로 하였다. 이는 광역시 중에서는 유일하게 인천광역시만 제외되었고, 경기도, 강원도, 제주도의 3개 도와 서울특별시만이 제외된 것으로 전국적으로 상당히 광범한 공간적 범위를 포괄하고 있다.

지역을 충청·호남·영남지역에 한정한 것은 기본적으로 집필진의 지역적 기반을 고려한 것이다. 그러나 충청권, 호남권, 영남권으로 연구의 공간적 범위를 설정하는 것은 갈등 및 협력 유형에 있어서 지역적 차이 유무를 고찰하고 차이가 있다면 어떠한 요인이 있는지를 분석하기 위해서이다. 이들 세 지역은 전통적으로 뚜렷한 지방문화의 특징을 보여주고 있을 뿐 아니라, 절반 이상의 사례가 사실상 이들 지역으로부터 발생되고 있다는 점에서 국내 지방정부간 갈등과 협력 연구의 훌륭한 표본이 되고 있다. 갈등문제의 속성에 따라서는 단기간에 종결되는 것도 있지만, 장기간의 관찰을 통해서 분석해야만 하는 갈등문제가 많으며 그러한 장기적 관점에서 분석함으로서 그러한 갈등문제 근본적인 원인을 파악하고 해결방안을 모색할 수 있을 것이다.

3) 내용적 범위

지방정부간 갈등과 협력 사례의 유형적 측면에서 이 책은 실제로 명백한 지방정부들 사이의 갈등 및 협력사례에만 한정하기로 한다. 그러므로 중앙정부와 광역정부, 중앙정부와 기초정부와의 관계로 인해 나타나는 갈등 및 협력의 사례들은 사례소개와 연구의 내용적 범위에서 제외한다. 또한 정부간 관계라는 말이 시사하는 바와 같이 특정 지방정부 내에서 발생하는 시민 상호간의 관계나 시민과 지방정부간의 관계에서 나타나는 사례들 역시 이 책의 분석 및 탐색대상에서 제외한다. 그러므로 여기서는 정부단위에서 나타나는 갈등 및 협력사례, 즉 광역정부 대 광역정부, 기초정부 대 기초정부, 광역정부 대 기초정부의 세 가지 관계에서 나타나는 갈등 및 협력사례들만을 내용적 범위로서의 탐색대상에 포함시킨다.

한편, 갈등과 협력의 내용과 관련해서는 정치·행정적 갈등, 법·제도적 갈등, 그리고 행태적 갈등 등의 갈등원인별 지방정부간 갈등유형이 모두 포함되며, 이해관계의 내용별 지방정부간 갈등유형인 기피갈등(NIMBY), 유치갈등(PIMFY), 관할구역갈등, 그리고 관할 및 사무권한 갈등 등이 사례소개와 분석의 내용적 범위에 해당된다. 협력의 경우에도 지방정부간 협력의 주체 및 방식이나 내용에 따른 지방정부간 협력유형이 모두 내용적 범위에 포함될 수 있다.

4) 연구방식과 전개과정

이 책에서는 2편에서 소개되는 지방정부간 갈등과 협력에 관한 현실과 이에 대한 실제적인 자료의 수집을 위하여 문헌조사와 심층면접조사를 활용하였다.

첫째, 문헌조사의 경우는 사례와 관련하여 모든 문헌을 탐색하고 수집하였다. 지방정부간 갈등 및 협력과 관련된 각 정부의 공식문건(내부공식자료 및 회의록, 비망록, 보도자료)과 분쟁조정위원회의 회의록, 지방언론의 보도기사 등이 주요 탐색대상이었다.

둘째, 실제 사례와 관련하여 중앙 및 지방공무원, 언론계 인사, 관변 및 시민단체 인사 그리고 지역주민 대표들을 대상으로 사전예비조사와 심층면접조사를 실시하였다. 먼저 사전예비조사는 면접용 질문지를 완성한 이후 최종 인쇄에 넘기기 이전에 실제로 일정한 수의 사람들을 대상으로 질문지를 조사하는 과정으로서 언어구사, 배열순서, 형식과 내용 등이 적절한지를 확인하여 불필요하고 부적합한 문항들을 삭제·보완·수정하기 위한 것이었다. 사전예비조사는 영남, 충청, 호남의 3개 지역별로 1회 이상은 반드시 하되, 연구할 표본으로 뽑히지 않은 대상들로 가능한 한 표본과 비슷한 대상을 골라서 조사하였다. 심층면접은 기본적으로 연구진과 보조원, 전문조사원을 이용한 1:1 대인 면접으로 이루어졌으며, 질문지 조사와 병행되었다. 이 방법의 장점은 우편, 전화 방법보다 다양하고 자세한 내용을 질문할 수 있고, 사례연구에 필요한 기타 관련정보를 얻을 수 있다는 것이다. 반면에 단점으로는 비용과 시간이 많이 들고, 조사자와 응답자 간의 상호 이해 부족이나 조사 외적인 요인들로 인하여 오류가 개입될 여지가 있다. 또한, 지리적인 이유로 넓은 영역을 조사할 수 없는 한계가 있으나, 처음부터 이러한 점들을 극복하기 위해 예산의 지원이나 연구 인력의 규모가 큰 대학연구소간의 컨소시엄을 계획하였고, 조사와 면접의 실행 시 현직교수 및 전임 연구인력, 연구보조원이 전문조사원들과 동행하였으므로 여러 가지 물리적 한계를 극복할 수 있었다. 관련자 심층면접 시 중점적으로 조사한 내용은 아래의 <표 3-8>에 명시된 바와 같다.

<표 3-8> 관련자의 심층면접으로 알아본 내용

구분	내용
심층면접 조사내용	• 사례발생의 원인에 대한 인지여부 및 이해 정도 • 피면접자의 개인적 이해관계 • 상대 행위자에 대한 인식 • 사례 발전 과정에서의 역할과 관여정도 • 사례 관련 참여의 유형과 정도 • 기타 사례와 관련된 정보

사례연구를 보다 효율적으로 추진하기 위하여 전체 연구팀은 지역단위 연구소별, 그리고 3개 대학의 지역 연구소가 모두 참여하는 전체 단위별 워크숍(Workshop)을 각 대학별 연구책임자 주관 하에 정기적으로 개최하여 진행과정을 점검하였다. 또한 편의상 정부간 관계의 유형(①광역-광역, ②광역-기초, ③기초-기초)별로 공동연구원, 연구전임인력, 연구보조원이 지역단위로 3개 팀을 구성하여 팀장의 지도·감독 하에 자료조사 및 분석을 수행하였다. 매달 개최되는 워크숍에서는 각 팀에서 조사·분석한 자료를 상호 비교·검토하면서 자료수집 및 분석상의 문제점 그리고 애로사항 등에 관하여 상호 의견을 교환하고, 효율적인 자료수집 및 분석방안을 모색하였다. 또한 워크숍을 통하여 다양한 지역사회의 인사들, 중앙정부와 지방정부 공무원, 지방의회 의원, 학계 및 지방정부 출연 연구기관의 전문가를 초빙하여 그들의 의견을 연구과정에 적극적으로 반영하였다. 이에 실제 추진된 연구내용과 과정을 단계별로 살펴보면 다음과 같다.

첫째, 지방정부간 갈등 및 협력에 관한 기존 연구와 문헌을 검토하여 이론 및 경험적 연구의 동향을 종합적으로 재검토하고, 국내 관련분야 전문가와의 워크숍 또는 자문회의를 통하여 연구진행과정의 타당성을 검토하였다.

둘째, 지방정부간 갈등 및 협력사례에 관한 기초자료 및 관련 정보를 문헌분석을 중심으로 수집하여 데이터베이스(database)를 구축하고 심층적 사례조사의 대상으로 최종 선정하였다.

셋째, 지방정부간 갈등과 협력의 발생원인 및 주도적 행위자를 조사·분석하였는데, 이 때 문헌연구와 면접조사의 방법 등 다양한 방법이 사용되었다. 그리고 지역단위별 사례와 관련하여 하위집단 대표들과의 워크숍 및 간담회를 개최하였다.

넷째, 지방정부간 갈등과 협력관계의 해결 또는 전개를 위한 동원자원(mobilized resources)에 대한 조사·분석을 실시하고 유사한 외국사례를 현지 출장을 통해 탐색하였으며, 이에 관한 기초자료를 수집하였다.

다섯째, 지방정부간 갈등과 협력관계의 발전과정과 종결과정을 조사·분석하였으며, 지역단위별 세미나를 개최하여 분석사례들을 발표하고 이를 논의하였다.

마지막으로, 지방정부간 갈등과 협력사례에 대한 유형별 원인분석 및 효율적인 정책방안을 분석하였으며, 충청·호남·영남 3개 지역의 갈등 및 협력사례들을 정리 및 유형화하여 결과에 통합하였다.

4. 준거와 모형의 특성

1) 제도적 요인

공유재를 둘러싼 정부간 갈등현상을 연구하면서, 이른바 공유재 관리에 관한 7가지의 규칙을 제안한 Ostrom(1986; 1992)에 의하면, '규칙'은 반복적이고 상호 의존적인 관계에 질서를 부여하기 위한 일단의 참여자들에 의해 공통으로 알려지고 사용되는 처방을 지칭하는 잠재적으로 언어적인 실체이다. 그리고 이 때의 처방이란 어떤 행동이 요구되고, 금지되거나 혹은 허락되는지를 말해 준다고 한다. 구체적으로 규칙은 지위를 만들고, 참여자가 어떻게 그 직위를 점유하거나 이탈하는지를 언명하고, 이런 직위를 점유하고 있는 참여자들에게 영향을 미치도록 요구되고, 허락되거나 금지된 행동이 어떤 것인가를 언명함으로써 규정된 상황 내에서 질서와 예측 가능성을 얻기 위해서 일단의 개인들에 의한 묵시적이거나 명시적인 노력의 결과이다(Ostrom, 1986). 또한, 규칙은 사람들에 의해 바뀔 수 있지만, 규칙은 규칙 내에서 개인들이 채택하는 전략보다는 덜 빈번하게 변화되며, 행동들이 선정되는 상황의 구조에 직접적으로 영향을 미친다.

따라서 규칙 형태에 대한 분석은 사용된 규칙에서의 특정 유형이 어떻게 사람들이 직면하는 상황의 구조에 영향을 미치는지를 검토하는 것이다. 다음으로 이런 상황에 대한 분석은 그렇게 해서 생겨난 유인들이 어떻게 특정 유형의 행위와 총체적인 결과를 낳게 되는지를 분석하는 것이다.

만약 규칙에 대한 분석이 없다면, 주어진 상황에 대한 분석은 상황의 불변적인 구조에 초점을 맞추는 꼴이 된다. 또한 상황에 대한 분석이 없다면, 규칙에 대한 분석은 규칙이 바뀌었을 때 사람들이 어떻게 행동한 것인지를 말해주지 못한다(Ostrom, 1988).

지방정부간 갈등과 협력의 요인을 연구하기 위한 통합적 분석틀의 구성에 사용되는 독립변수인 7가지 규칙에 대해, 그 개념을 다시 명확하게 규정하기 위한 조작적 정의는 다음과 같다.

첫째, 경계의 규칙은 갈등에 관한 당사자와 이를 중심으로 한 공동체 회원(membership)의 자격에 관한 규칙이다. 지방정부간 갈등을 해결하기 위해 형성된 모임(공동체)에 참여하는 지방정부 및 관련 이해 관계자가 누구인가를 규정하는 규칙이다. 즉, 위천공단 지정갈등의 경우 낙동강 수질 개선과 관련하여 대구광역시, 부산광역시, 경상남도, 경상북도 등 어떤 광역지방정부가 포함되어야 하는지, 아니면 동일 수계의 다른 기초지방정부도 포함되어야 하는지 등의 문제이다. 나아가 해당 지방정부의 의회나 혹은 시민단체가 참여할 것인가의 문제는 넓은 의미의 경계 규칙상의 문제이다.

둘째, 통합의 규칙은 지방정부간 갈등을 해결하기 위해 형성된 공동체의 집합적 의사결정을 할 때 적용되는 의사결정 규칙이다.

셋째, 정보의 규칙은 공동체의 의사전달과 관련한 정보를 창출하고 전달하는 규칙이다.   넷째, 보상의 규칙은 지방정부간 갈등을 해결하기 위해 형성된 공동체가 문제 해결과 관련하여 얻게 되는 편익배분과 비용 분담에 관한 규칙이다.

다섯째, 권위의 규칙은 공동체 내의 각 직위를 맡는 사람들의 권한을 규정한 규칙이다. 특히 권위의 규칙은 범위의 규칙과 혼동하기 쉬운데, 전자는 어떤 직위에 있는 사람의 권한을 주로 규정하는 것으로서 누가 무엇을 결정할 수 있는가의 문제를 다루는데 비해, 후자는 어떤 공동체가 하는 일의 범위를 규정하는 것으로서 주로 사업의 범위를 정하는 것이다.

여섯째, 직위의 규칙은 공동체 내에 일련의 직위와 각 직위를 보유하는 참여자 수, 임기 등을 규정하는 규칙이다.

일곱째, 범위의 규칙은 공동체가 수행할 수 있는 일의 범위(기능)를 규정한다.

이상과 같은 일곱 가지의의 규칙을 통해서 행위자인 개별 지방정부의 활동유인에 영향을 주는 제도적 구조를 밝혀 볼 수 있고, 그러함으로써 활동유인과 그 결과 사이의 관계를 분석적으로 검토할 수 있다. 그러나 모든 지방정부들이 일단의 서면 규칙(공식적 규칙)을 준수하고 있다거나 혹은 분석과정에서 사용 규칙(rules-in-use)을 쉽게 발견할 수 있다고 볼 수는 없다(Ostrom, 1986). 왜냐하면, 많은 현실에서는 서면으로 규정된 규칙과는 달리 실제로 적용되고 있거나 사용되고 있는 규칙이 비공식적으로 따로 있을 수 있기 때문이다. 경우에 따라서는 이러한 비공식적이고 보이지 않는 사용규칙이 명백한 서면상의 공식적 규칙과 배치되어 양립할 수 없는 경우도 많다. 이런 규칙들은 오랜 관행으로서 지방정부간 상호작용에 참여하는 일단의 사람들 즉, 주요행위자 및 내부적 공동체 사이에서 하나의 중요한 규칙으로서 기능하고 있다. 따라서 현실적으로 실제 일어나는 행위에 관한 정보를 사실상의 규칙이라 보고, 이런 규칙은 무엇이 이루어져야 하는가와 같은 법률상의 규칙보다 더욱 중요하다고는 얘기할 수는 없을지 모르나, 최소한 이와 마찬가지로 중요하다고 보고 있는 것이다(Hilton, 1992).

2) 행위자 특성 요인

앞서 논의한 이론적 측면을 중심으로 지방정부간 갈등 및 협력의 특성과 측정 가능성, 지표로서의 적실성 등에 기초하여 측정지표체계의 주요영역과 세부영역 그리고 측정 지표항목을 설계하였다. 측정대상은 지방정부간 갈등과 협력과 관련되는 변수를 다루었으며, 측정단위는 개인, 즉 자치단체장과 조직적 수준을 설계하여 조사가 가능하도록 하였다.

개인의 행위자 특성요인에 있어서의 개인의 행위자 특성은 조직의 모습을 이해하는 데 기본적 요소이다. 따라서 개인의 행위자 특성에 대한 이해는 조직행태론의 필수과제가 된다. 개인의 행위자 특성이 분석대상이 될 때 그 초점은 개인이 지닌 심리적 특성이나 이러한 특성과 조직행위관계에 주어진다. 개인적 속성이란 태도, 지각, 학습, 성격, 동기, 스트레스 등이다. 이런 변수들은 조직행위에 영향을 미치는 개인적 요인들이다.

지방정부간 갈등 및 협력에 있어서 개인의 행위자 특성에 대한 연구대상은 자치단체장의 개인적 특성에 대한 지표로 구성하고자 한다. 이에 따른 갈등과 협력에 있어서의 주요 행위자인 자치단체장의 특성요인에 대해서는 첫째로 자치단체장의 성격으로 매사에의 적극적/소극적 여부, 미래에 대한 긍정적/소극적 여부, 개인적 의지의 강도수준 등을 고려하였다. 둘째로 자치단체장의 리더십유형으로 변혁적 리더십과 거래적 리더십수준, 권위적 리더십과 민주적 리더십수준 등을 고려하였다. 셋째로 자치단체장의 협상능력에 관한 것으로 개인적인 협상능력의 보유여부, 반대의견에 대한 포용력 여부, 인간관계의 원만성 수준 등을 고려하였다. 넷째로 자치단체장의 자원동원능력에 관한 것으로서 정치집단(지역국회의원, 지방의회)의 동원노력, 지역사회의 동원노력, 중앙정부의 지원획득을 위한 동원노력, 관료집단의 지지 동원노력, 중앙정부로부터의 예산지원 동원노력 등을 고려하였다. 다섯째로 자치단체장의 전문성에 관한 것으로서 행정업무에 대한 경험정도, 행정에 대한 전문적 지식과 식견의 보유수준 등을 고려하였다. 여섯째로 자치단체장의 관심과 의지에 관한 것으로는 갈등단계에 따른 갈등에 대한 관심정도, 갈등단계에 따른 문제해결에 대한 의지수준 등을 고려하였다. 일곱째로 상대에 대한 신뢰에 관한 것으로 상대자치단체장에 대한 신뢰성수준을 고려하였다. 여덟째로 중재자에 대한 신뢰에 관한 것으로는 단체장이 인식하는 중재자의 문제해결에 대한 중립성여부, 단체장이 인식하는 중재자의 상대 지방정부에 대한 호의적 태도보유 정도 등을 고려하였다. 마지막으로 문제해결방식에 관한 것으로 문제해결방식에 있어서 자치단체장의 적극적인 태도여부, 문제해결방식에 있어서 담당공무원에게의 권한부여 등을 고려하여 이에 대한 자료조사는 측정을 하도록 하였다.

3) 환경적 요인

조직은 넓은 의미에서 개인과 집단을 포함하고 있다. 조직은 외부환경과 부단히 상호작용을 하게 되며 그 결과로 조직 내의 개인행위와 집단행위, 그리고 조직의 하위시스템에 영향을 미치게 된다. 조직적 수준에서는 구조, 절차, 문화, 기술, 환경, 전략적 선택 등의 변수를 다룬다. 이러한 변수들 중 조직의 환경은 조직이 탄생하고 생존하는 맥락적 변수이다. 따라서 환경과 조직간의 관계는 매우 중요한 의미를 지닌다. 사회 내에 존재하는 많은 요소들이 조직에 영향을 주고, 조직은 이러한 압력에 적절히 반응할 수 있어야 한다. 환경은 개인, 집단, 조직이든 행위자에 영향을 주는 변수이다.

지방정부간 갈등과 협력과 관련되는 환경적 요인에서는 상급지방정부, 지역정치집단, 주민의 관심과 참여 등이 중요한 변수이다. 지방정부간 갈등 및 협력문제가 이러한 환경적 요인에 따라 갈등이 오히려 더 심화되거나 반대로 협력으로 가는 경우도 있다. 따라서 환경적 요인에 대해서는 상급지방정부의 개입정도, 지역정치집단의 개입정도, 주민의 관심과 참여정도의 수준을 고려하고자 하였다.

이에 따른 지방정부간 갈등과 협력에 있어서의 환경적 요인에 대해서는 상급지방정부의 개입수준은 갈등단계마다의 중앙정부의 개입수준 정도와 갈등단계마다의 상급지방정부의 개입수준 정도를, 지역정치집단의 개입정도는 지역정치인의 개입수준 등을, 마지막으로 주민의 관심과 참여정도는 갈등단계마다의 지역주민의 관심 및 참여수준 등을 알아보는 과정이 필요한 것으로 생각하였다.

4) 종합적 분석모형

지방정부간 갈등과 협력은 전술한 바와 같이 크게 세 개의 수준, 즉 제도적 요인·행위자 특성·환경적 요인에 복합적인 규정에 의해 생성된다.

연구대상이 되는 세 가지 요인 중 첫째, 제도적 요인은 7가지의 독립변수인 경계의 규칙(갈등해결을 위한 지방정부 및 이해관계자의 참여범위에 관한 제도), 통합의 규칙(갈등해결을 위한 의사결정방식에 관한 제도), 정보의 규칙(갈등해결을 위한 당사자간의 의사소통, 정보교환·공유에 관한 제도), 보상의 규칙(갈등해결을 위한 당사자간의 편익배분 및 비용분담에 관한 제도), 권위의 규칙(갈등해결을 위한 당사자간의 권한에 관한 제도), 직위의 규칙(갈등해결을 위한 협의기구 임원들의 구성과 임기에 관한 제도), 범위의 규칙(갈등당사자의 업무범위에 관한 제도 등의 요인에 의하여 구성되어 있다) 등으로 지방정부의 활동에 영향을 주는 요인으로 구성되어있다. 둘째, 행위자 특성요인은 자치단체장의 개인적 특성요인을 중심으로 구성되어 있다. 단체장의 성격, 리더십유형, 협상능력, 자원동원능력, 전문성, 관심과 의지, 상대에 대한 신뢰, 중재자에 대한 신뢰, 문제 해결방식 등이 주요요인이다. 셋째, 환경적 요인은 주로 정치적 환경을 중심으로 구성되어 있는데 상급지방정부의 개입정도. 지역정치집단의 개입정도, 주민의 관심과 참여정도 등이다.

이러한 요인들에 의해 발생하는 문제상황은 문제의 성격과 차원을 포함한다. 문제의 성격은 어떤 범주내로 유형화될 수 있는 갈등·협력의 내용을 뜻한다. 특히 갈등·협력을 발생시키는 자원(resources)에 내재된 특성은 특정 문제의 성격을 두드러지게 만든다. 이러한 의미에서 우리는 문제의 성격을 다음과 같이 범주화하고자 한다. 우선 자원에 대한 극명한 선호 또는 기피를 표출하는 상황이다. 이는 자원의 이용에 따른 편익과 비용부담을 분리시키는 외부효과(externality)에 따른 이익갈등이다. 이러한 상황은 흔히 님비(NIMBY) 또는 핌피(PIMPY)라는 개념으로 통칭된다. 둘째, 특정 시설이 지역간 경계에 걸쳐 설치된 경우나 임해 지역의 매립 등의 과정에서 새롭게 형성된 지역에 대한 행정적·경제적 관리권한을 다루는 문제상황이다. 또한 기존 행정구역의 분리나 통합 등 고도의 정치적인 경계 재편(border realignment)도 여기에 포함된다. 이 갈등의 핵심은 관할권 내지 재산권, 지역주의 등이라 할 수 있다. 셋째, 지방정부간 권한이나 기능의 범위가 모호함에 따라 발생하는 문제상황이다. 주로 인사교류, 재정적 권한, 인허가권을 둘러싸고 이러한 문제상황이 발생한다.

이러한 갈등의 내용은 양자 또는 복수의 지방정부간에 등위적이거나 등차적인 관계속에서 구조화된다. 즉 지방정부간 문제의 차원은 수평적 차원과 수직적 차원으로 나누어진다. 전자는 권한이 동일한 지방정부간에 생성되는 갈등으로서 광역지방정부-광역지방정부간 갈등, 기초지방정부-기초지방정부간 갈등이 있다. 그리고 후자는 권한의 소유 정도가 서로 다른 정부간에 발생하는 갈등으로 광역지방정부-기초지방정부 갈등이 있다. 그렇지만 현실적으로 지방정부간의 주요한 문제상황은 행정기관 상호간의 갈등과 더불어 지역주민까지 포함되어 복합적으로 구조화된다.

이와 같은 문제상황은 문제의 해결을 의도하는 교환·협상 과정에서 갈등·협력수준의 동태적인 변화를 겪는다. 단적으로 교환·협상 과정에서 오히려 갈등의 정도가 극에 달하게 되면 문제상황은 해결상황의 단계로 진입하지 못한다. 반면 협력에 대한 인식이 높고 갈등을 통제 가능한 범주내로 가져오면 문제의 해결 또는 협력의 관계로 발전하게 된다. 그러므로 갈등과정과 협력과정은 상호 배타적인 관점에서 전개되는 것이 아니라, 동태적인 관점에서 상호의존적 관계를 형성하게 된다. 즉, 정부간 관계에 있어서 교환·협상 과정은 갈등의 증감(+/-)이 교차하는 동태적인 과정으로 이해해야 하며, 이 과정에서 정부간 갈등수준의 차이로 인해 수용, 협조, 타협, 회피, 갈등의 잠재화 등의 결과를 만들게 된다. 수용, 협조, 타협의 경우 문제해결 및 협력강화로 나아가는 반면, 회피 및 갈등의 잠재화는 갈등현안의 새로운 국면을 조성하는 원인으로 작용하게 되고 이는 다시 '행위의 장'으로 피드백하게 된다(권경득 외, 2004).

이상과 같이 갈등 및 협력을 설명하는 과정론적 시각은 갈등을 전개과정에 따라 체계적으로 분석하고, 해결과정 혹은 해결을 위한 정책과정을 개인이나 집단 등 개별행위자들의 상호작용의 결과로서 파악하기 때문에 개인이나 집단들의 행태와 정책산출간 인과관계를 규명하기에 유용하다(주상현, 2001b). 여기에서 '동태성'이라 함은 갈등이나 협력의 발생단계에서부터 해결 또는 미해결단계를 거치는 전 과정을 말하는 바, 해결이란 최종단계에서 상호간의 협력으로 인해 의도한 대로 문제의 해결상황이 이루어지는 경우(갈등→협력/협력→협력)를 말하고, 미해결이란 최종단계에서 갈등의 지속으로 인해 의도한 이루어지지 않는 경우(갈등→갈등/협력→갈등)를 말한다. 따라서 시간의 흐름, 갈등요인 및 협력요인의 작용, 갈등에서 협력 및 협력에서 갈등 등의 방향전환 등이 동태성을 파악하는 핵심개념에 해당된다.

다음에 이어질 2편의 실제부분에서는 갈등사례의 경우, 갈등상황의 진폭정도를 기준으로 크게 발생-증폭-지속 또는 완화-해결이라는 네 가지 단계로 구분하여 7가지 규칙을 중심으로 한 제도적 요인, 단체장을 중심으로 한 행위자 특성요인, 그리고 지방정부간 각 행위자의 구조와 과정 속에서 갈등을 둘러싸고 있는 환경적 요인들의 영향력 정도를 살펴보기로 한다. 한편 협력사례의 경우는 협력상황의 진폭정도를 단계별로 명확히 구분하기 어렵다는 점에서 협력의 경과를 중심으로 위의 세 요인들의 영향력을 살펴보기로 한다.

| 제2편 지방정부간 갈등과 협력의 실제 |

제4장 광역지방정부간 갈등과 협력

제1절 광역지방정부간 갈등사례

1. 님비: 위천공단 지정 갈등사례

1) 사례의 개요

1980년대 후반 환경오염이 사회적 문제로 제기되면서 다량의 폐수를 방출하는 염색업체도 환경규제의 대상이 되었다. 대구 및 주변 경북 지역에서 비산염색공단 이외 지역에 산재해있던 180여 개 염색업체는 1989년 9월 염색협업공단추진위원회를 구성하여 공해방지시설을 갖춘 신규염색공단개발을 추진하기로 하고 후보 입지로 달성군 위천리 지역 일대를 경상북도에 제안하게 되었다. 경상북도는 1990년 달성군 위천리 일대를 음식료품, 섬유, 의복 중심의 공업개발 장려지구로 지정해 줄 것을 건설부에 건의하였고, 1990년 12월 동 지역(276.5만평)은 국토이용계획이 변경되어 도시지역으로 전환되었다. 같은 해에 경상북도는 건설부에 지방공단지정 승인을 신청하게 되었으며, 이 당시 신청한 위천지방공단의 규모는 104.8만평(공단 90.1만평, 배후 주거지역 14.7만평), 오·폐수배출량 16만톤/일(폐수 15.5만톤/일)이었다. 그러나 기존염색공단의 공단화를 염려한 일부 업체의 반대와 낙동강 수질오염을 우려한 부산, 경남권의 반발로 공단설립은 출발부터 제동이 걸렸다. 1991년 낙동강 페놀오염사태와 더불어 염색공단 폐수 무단배출사건이 발생하여 부산-경남 지역의 주민들은 수질에 대해 더욱 더 민감한 반응을 보이게 된 것이다. 1992년 4월 10일 중앙관련기관 실무협의(상공부 주관)에서 환경처는 낙동강 수질 오염을 우려하여 이를 반대했다. 4월 15일 위천공단조성과 직접 관련된 관계기관 회의(상공부, 환경처, 부산, 대구, 경남, 경북 담당과장)에서도 환경처의 반대로 의견조정이 곤란하여, 이 안건은 청와대 회의에 회부되었다. 4월 17일 청와대 비서실에서 열린 위천공단조성을 위한 관계기관회의(경제기획원, 상공부, 건설부, 환경처, 경상북도담당국장)에서 공단조성 시 폐수종말처리장 설치 등 철저한 공해방지계획을 수립하여 낙동강 수질오염의 해소방안을 수립하기로 했다. 그러나 1992년 5월 8일 공업단지 입지심의위원회 회의(중앙부처 관계국장 18명)에서 환경처의 반대로 입지지정이 유보되었다.

1995년 3월 행정구역이 개편되면서 달성군이 대구광역시로 편입되어 업무이관이 되자 위천공단 조성업무는 재추진되었다. 이에 따라 4월부터 부산에서 위천공단에 반대하는 시민단체의 움직임이 확대되었다. 대구시는 6월 환경영향평가서에서 주요 유치업종을 자동차산업을 위시한 첨단산업으로 바꾸고 조성면적 220만평의 국가공단 지정을 건의하였다. 그러다가 6월 27일 지방선거를 중심으로 이 문제는 중요한 지역이슈가 되었는데, 부산시의 반대 움직임과 더불어 대구시에서도 위천공단을 국가공단으로 지정하기 위한 시민결의대회가 열리게 되어 지역 간 갈등으로 비화되기 시작하였다. 더구나 그 이듬해인 1996년 4월 11일의 총선을 둘러싸고 정당과 의회가 이 문제에 개입하면서 본격적인 지역연합조직들이 각 지역별로 형성되기에 이른다. 부산, 대구에서는 각각 위천공단 설립 반대와 추진을 위한 조직체가 결성되었다. 이로 인해 두 지역의 갈등은 점차 첨예하게 되었다. 이런 상황에서 정치권에서는 정당의 이해관계에 따라 이 문제에 접근함으로써 갈등은 더욱더 심화되었다. 즉, 정당의 주요 직위에 있는 정치인들이 대구에서는 위천공단설립을 찬성하는 발언을 하고 부산에 가서는 위천공단설립을 반대하는 발언을 함으로써 갈등을 조절하기보다는 악화시키게 된 것이다. 1996년 중반 정부와 여당에 의해 위천공단 지정을 결정하겠다는 시한 설정(1년)에 관련된 발표가 있게 되고, 국무총리와 여당 대표의 위천공단 지정 발언에 대해 부산지역과 대구지역 단체들이 강력하게 항의하면서 갈등이 더욱 격화되었다. 12월 30일 여당의 당정협의에서 공단지정 방침이 결정되어 수질개선 대책과 위천공단 지정을 다음해 1월에 발표하겠다는 입장을 천명하자 부산지역의 반대는 정점에 다다르게 된다. 12월 30일 당일 부산에서는 부산 시청이 점거되어 무기한 농성이 시작되었다.

부산-경남 지역의 반대 움직임은 1997년 1월 10일 대규모 시민 결의 대회로 나타났고, 이 대회에는 부산에서 1만 5천명, 경남에서 7천명이 참가하였다. 부산의 시민 결의 대회 이후 낙동강 수질개선 특별법을 제정하기 위한 본격적인 움직임이 시작되고 환경부는 '상수원 수질 개선 특별 법안'을 제정하려고 하면서 갈등의 이슈가 법안 제정 문제로 넘어가게 되자 갈등은 다소 주춤한 듯이 보였다. 그러나 문희갑 대구시장이 1997년 5월 19일 위천공단을 국가공단으로 지정하지 못하면 지방공단으로 전환하여 추진할 것이며, 수질개선계획은 일부 포기할 수밖에 없다는 내용의 기자회견을 하였고, 이로 인해 다시 부산의 반대 움직임이 거세지게 되어 갈등이 재연되기도 하였다. 환경부가 제시한 낙동강 수질개선 특별법안과 부산시의 제안, 기타 법안들이 임시국회에 상정되었지만 임시 국회에서 법안 처리를 다음 회기로 연기하면서 특별법 제정은 더 뒤로 미루어졌다. 1997년 12월에 있었던 대통령 선거에서 김대중 대통령 후보는 위천공단을 둘러싼 갈등을 취임 후 6개월 이내로 매듭짓겠다고 하였지만 6개월의 시한인 1998년 8월 26일이 지난 이후에도 별다른 해법을 찾지 못하였다. 그 후 중앙정부는 국무총리 산하에 낙동강 수질개선기획단을 설치하여 낙동강수계 수질개선대책을 협의하기 시작하였다. 하지만 1999년에 들어서자 2000년 총선을 대비하여 정치인들이 대구-경북 지역에서 위천공단 조기 설립 약속 등을 남발하고, 1997년 IMF 경제위기 상황에서 낙후된 지역경제상황을 이용하여 지역정서를 부추기는 정치집회(구미 집회)를 계속 개최하게 되자 위천공단 설립을 둘러싼 지역갈등은 더욱 더 해법을 찾기 어렵게 보였다. 2000년 1월에 물이용조사단을 구성하였으며 4월 물이용조사단은 2002년부터 낙동강 오염총량관리시행을 검토한다고 발표하고 동년 6월에 낙동강특별법이 국무회의 심의를 거쳐 국회에 제출되었다. 그러나 낙동강특별법 내용에 대해서 관련 지방정부의 이해관계가 대립되어 2001년 6월 국회통과가 좌절되었다. 2000년 9월 낙동강수계 물관리종합대책-낙동강 생명찾기 대장정(시안)-이라는 정책을 통해 해법을 찾아보려는 노력이 있었으나, 대책안이 경상남도의 황강 쪽으로 새로운 광역 상수원을 개발하는 것을 전제로 하여 위천공단을 승인하려는 수순에 불과하다고 이해하는 부산-경남 지역의 반대로 인해 각 지역마다 공청회가 거부되기도 하였다. 이에 김대중 대통령은 2001년 11월에 내각에 3대강 특별법을 통과시키라고 지시하였으며 2001년 12월에 우여곡절 끝에 낙동강특별법이 국회를 통과하게 되었다. 낙동강특별법이 통과됨에 따라 2002년 1월에 건교부는 구체적인 댐건설과 관련하여 관련 지방정부와 협의방침을 표명하였으며 동년 2월에는 낙동강

특별법 관련 시·도관계자 회의가 개최되게 되었다. 한편 동년 4월 대구상공회의소는 물이용부담금축소를 주장하였으며 동년 5월 부산상공회의소 역시 물이용부담금의 차등적용을 환경부에 요구하였다. 2002년 4월에는 낙동강특별법에 근거하여 낙동강수계관리위원회가 발족하게 되었으며 동년 7월 15일 낙동강특별법이 본격적으로 시행되게 되었다.

<표 4-1> 갈등의 주요 진행과정

년월일	주요내용
1989. 9월.	대구지역 1백30여 염색업체 대표자들 위천에 염색공단 개발 추진
1991. 12. 14.	경상북도, 건설부에 위천지방공단(1백4만평) 지정 신청
1991. 12. 16.	건설부, 낙동강 수질보호 이유로 재검토 요구
1995. 3. 1.	행정구역개편으로 대구시로 업무이관
1995. 5. 19.	대구상의, 위천공단을 3백4만평으로 확대조성하여 첨단산업을 유치해야 한다고 건설교통부와 대구시에 건의
1995. 6. 5.	대구시, 정부에 위천국가산업단지 지정 건의
1995. 6. 27.	민선지방선거(대구에 문희갑, 부산에 문정수 시장 당선)
1995. 6. 28.	건설교통부, 대구시에 국가공단 지정불가 통보
1995. 7-8월	대구시의회 공단지정 촉구결의, 국가공단지정 대구시 범시민 결의대회
1995. 7. 19.	부산시 낙동강 수질감시위원회, 청와대·건교부·환경부에 위천공단 반대 건의서 전달
1995. 8. 16.	부산 환경보전연맹, 대구시청 항의방문
1995. 9. 18.	부산여성단체협의회, 위천공단 반대 1백만 서명운동 시작
1995. 10월.	김윤환 신한국당대표, 김영삼대통령에게 국가공단 지정 건의
1995. 12월.	건설교통부, 국가공단 지정 관계관 회의개최
1996. 1. 19.	신한국당 김윤환 대표 대구 파크호텔에서 지방정부간 협의를 거쳐 2월 말까지 공단 지정, 환경오염 방지대책 완벽하게 할 것이라 약속
1996. 2. 2.	대구경제활성화시민운동본부, 2백50만 시민서명운동 전개
1996. 3. 1.	대구시는 위천국가공단 지정을 위한 최종계획서를 건설교통부에 제출.
1996. 3. 5.	신한국당 김윤환 대표는 관훈클럽 토론회에서 총선 때 부산과 대구의 표를 의식해서 위천공단 지정을 미루는 것 아니냐는 지적에 대해 "위천공단의 지정은 이미 결정된 일이지만 맑은 물을 보장하는 것도 중요하다"고 답변. 이에 대해 부산 쪽에서는 곧바로 반발
1996. 3. 6.	건설교통부, 수질평가 자문회의 개최
1996. 3. 7.	신한국당 강삼재 사무총장 "위천공단 조성문제와 관련, 당론이 결정된 바 없으며 부산·경남주민의 희생을 전제로 한 공단조성은 반대한다"고 주장, 대구시의회, 위천공단 조기지정 촉구결의대회
1996. 3. 19.	신한국당이 대구지역총선 필승 결의대회에서 위천공단조성을 총선공약으로 공식 발표. 이에 대하여 부산 경남지역 시민단체들이 일제히 비난성명을 내는 등 강력 반발
1996. 3. 19.	국회의원 선거
1996. 4. 11.	정부, 2백만여평 규모로 부지축소 검토

1996. 5월.	정부가 규모 축소를 전제로 위천공단 지정 방침 내부적으로 정함
1996. 6월	환경부 3차 수질평가 자문위 3차회의
1996. 6월	정종택 환경부장관, 공단 지정 조건부(규모축소) 승인발표
1996. 6. 21.	부산출신 국회의원 21명 환경부장관에게 공단지정 불가입장 전달
1996. 6. 27.	문희갑 대구시장, 대구출신 국회의원 17명에게 공단이 당초 규모로 추진될 수 있도록 협조 요청
1996. 6. 27.	정종택 환경부장관, 21일 발표 철회
1996. 6. 27.	정부와 신한국당은 당정회의를 갖고 위천공단을 연내에 국가공단으로 조성하는 것은 불가능하므로 이에 앞서 낙동강수질을 대폭 개선키로 함("先 수질개선 後 공단 지정" 방침 결정).
1996. 8. 22.	신한국당 이홍구 대표, 대구에서 '낙동강 先 수질개선 後 단지 지정 검토' 발언으로 대구시민들의 엄청난 비판에 직면
1996. 8. 23.	대구시의회 등 대구지역 1백30개 기관 시민단체로 구성된 「위천국가공단추진 범시민대책위원회」 발족, 범시민서명운동에 들어감.
1996. 9. 9.	대구시, 위천국가공단이 무산되면 오는 2002년까지 예정된 낙동강 하수 처리시설 건설비 2천8백억원의 투자를 포기할 것이라고 선언
1996. 9. 10.	위천단지 조기 지정 촉구 대구 범시민궐기대회 개최
1996. 9. 21.	농림부, 위천단지 내 농림지역 편입 제외 요구
1996. 11. 19.	위천단지 3백4만평에서 2백20만평으로 축소하여 연내지정 방침 발표.
1996.12. 19.	이수성 총리, 대구방문시 1997년 1월중 낙동강수질개선책이 발표될 것이고 거의 동시에 위천공단 지정될 것이라고 언급 (공단지정과 수질 개선 동시추진으로 정책 선회)
1996. 12. 28.	건설교통부가 대구시에 위천공단 재설계후 신청토록 지시. 1월 예정이었던 공단지정을 3월로 연기.
1997. 1. 9.	부산「위천공단 결사저지 부산시민 총궐기본부」에 참여단체를 110개에서 150개로 확대개편하기로 결의
1997. 1. 24.	대구시, 공단규모 축소하여 지정 재요청
1997. 2. 20.	「상수도수질관리특별조치법」의 국회통과와 병행하여 위천공단을 지정할 예정이었으나 노동법 파동, 한보사태 등으로 국회가 정상화되지 못하고, 부산의 반대와 부산출신 장관 부임 등으로 공단지정이 계속 지연됨
1997.3-5월.	강경식 재정경제원 장관, 김영삼 대통령에게 국가공단은 더 이상 지정을 중단하고, 지방공단 규모를 최대 30만평에서 100만평으로 확대 방침보고.
1997. 5. 20.	대통령 선거, 김대중 후보는 6개월 이내 매듭짓겠다고 함
1997. 12월	총선을 대비한 대구지역 국회의원들의 위천공단 조기 건립 공약남발로 인한 갈등 재현
1999. 6월	물 이용 조사단 구성(정부, 전문가, 지방정부)
2000. 1월	3대강 특별법 국회 상정, 낙동강 특별법 국회통과
2001. 12월	낙동강 특별법에 근거한 낙동강 수계관리위원회 구성, 활동시작

2) 갈등단계별 요인

본 사례에서는 이론적 논의에 따라 지방정부간 갈등을 유발시키는 요인을 제도적 요인, 행위자 특성요인, 환경적 요인 등의 세 가지 차원으로 나누어 조명하였다.

(1) 갈등발생단계

① 제도적 요인

우선 위천공단 지정갈등의 제도적 원인은 갈등의 초기단계에서 다른 영향요인들보다 크게 작용했다고는 볼 수 없을 것이다. 다만 일부 규칙에 대한 제도적 미비점이나 통합의 규칙, 직위의 규칙이 각각 실정법상에 존재하였으나, 대구지역의 용수원과는 달리 부산주민들의 식수원에 관련된 물관리에 대한 구체적인 규정이 미흡하였고, 특히 민선지방자치 이전에 제정되어 중앙정부와 지방정부의 관계에 대해서만 언급되어 있을 뿐, 공단조성과 관련된 지방정부간의 협의나 사전조율에 관한 내용에 관한 경계의 규칙이 미흡했던 것이 큰 원인이라고 지적할 수 있다. 이는 갈등발생의 직접적 원인은 아니지만, 다른 행위자 특성요인이나 환경적 요인 촉발에 대한 선행변수로 중요하게 작용하였다. 예를 들면, 낙동강의 관리권을 둘러싼 갈등이나 의사결정과정에 자신들은 제도적으로 배제되었다는 이유(경계의 규칙)로 국가공단조성이라는 정부정책에 무조건 반대하는 부산이 이에 속했다.49)

구체적으로 산업입지 및 개발에 관한 법률 제 6조 제 1항은 국가산업단지 지정은 건설교통부장관이 한다고 규정되어 있으며, 제 6조 3항에는 건설교통부장관은 국가산업단지를 지정하고자할 때에는 산업단지개발계획을 수립하여 관할 시·도지사의 의견을 듣고, 관계중앙행정기관의 장과 협의한 후 심의회의 심의를 거쳐야 한다. 산업단지개발계획 중 대통령령이 정하는 중요사항을 변경하고자 할 때에도 또한 같다라고 규정하고 있다. 마찬가지로 제 3조에는 산업입지심의회 설치규정이 되어 있으며, 심의회 구성(시행령 제 2조의 3에 규정)은 건교부장관이 위원장을 그리고 차관이 부위원장으로 하며 20명의 위원으로 구성된다는 규정이 있다. 이는 통합의 규칙과 직위의 규칙에 해당된다. 그러나, 개발과 환경논리의 갈등 시에 일어날 수 있는 문제, 예를 들어 낙동강의 수질관리와 관

---

49) 지방자치의 짧은 경험과 역사 속에서 지역간 이해관계를 자율적으로 조정·타협할 수 있는 제도적 틀이나 규범이 형성되지 못하였고, 과거와 마찬가지로 중앙정부가 이러한 문제에 대한 결정권한을 독점하고 있는 상태였으나, 중앙정부는 민선단체장에 대한 제어능력의 저하, 일손의 부족 등으로 각 지역에서 일시적으로 분출되는 욕구와 갈등을 효과적으로 제어하거나 충족시켜주기에는 역부족이었다. 즉 중앙정부에 과부하(overload)가 걸리게 되어서 문제해결능력이 저하된 것이다. 이런 상태에서 심각한 지역간 갈등이 발생하면 이러지도, 저러지도 못하고 지역의 눈치만 보면서 움직이는 경우가 허다하게 발생하였다.

련하여 구체적으로 대구광역시, 부산광역시, 경상남도, 경상북도 등 어떤 광역지방정부가 포함되어야 하는지, 아니면 중앙정부도 포함되어야 하는지, 기초지방정부도 포함되어야 하는지 등의 문제, 즉 경계의 규칙이 언급되지 않았고, 나아가 해당 지방정부의 의회나 혹은 시민단체가 참여할 수 있을 것인가의 문제도 언급되지 않았다.

마찬가지로, 지방자치법 제 8장에서 지방정부간의 발생하는 분쟁을 조정하기 위해 중앙분쟁조정위원회 설치규정, 행정협의회, 지방자치단체조합 설립규정이 제시되어 있다. 특히 제 142조에는 행정협의회 구성 시에 규약을 정할 것(제 142조 제 2항), 그리고 제 143조에는 협의회 구성방법, 제 144조에는 규약의 내용을 명시할 것 등이 규정되어 있다. 이는 통합의 규칙 및 직위의 규칙에 해당된다고 할 수 있다. 지방자치법 제 9장의 중앙정부의 지도와 감독에는 제 155조 제 1항에 중앙정부의 장과 상위정부는 지방정부의 사무에 대해 조언 및 권고하거나 지도할 수 있는 권한을 가지고 있다고 명시하고 있고, 지방정부의 사무가 중앙정부나 상위정부의 명령에 불복 및 법률위반, 공익을 저해하는 경우, 시정명령을 할 수 있는 권한이 규정되어 있다고 할 수 있다. 이는 권위의 규칙에 해당된다고 볼 수 있다. 그러나, 산업입지 및 개발에 관한 법률과 마찬가지로, 갈등당사자간의 명확한 구체적인 당사자의 실체의 규정이 미흡하였으며, 지방정부 및 관련 이해 관계자가 누구인가를 규정하는 규칙, 지방정부 간 갈등을 해결하기 위해 형성된 공동체가 문제 해결과 관련하여 얻게 되는 편익 배분과 비용 분담에 관한 규칙, 갈등의 해결과 협력의 조장을 위해 관련 정보를 당사자들인 둘 또는 셋 이상의 지방정부들에게 알려주어야 하는지, 혹은 갈등해결방안의 조성, 편익과 비용의 수준 등 해당 사안에 있어서 중요한 정보를 주민 등 다른 이해관계자들에게도 어느 정도 알려주어야 하는가의 문제도 규정되지 않고 있다.

② 행위자 특성 요인

행위자 특성요인은 위천공단 지정갈등의 발생단계에서 작용한 가장 중요한 요인이라고 볼 수 있다. 왜냐하면, 대구시장이 갈등의 발생단계에서 나타낸 행태는 뚜렷하였고 비교적 입장이 명확하였기 때문이다. 구체적으로 갈등의 원인을 제공한 대구시장의 특성은 적극적 성격과 문제해결방식을 가지고 있었고, 자원

동원능력, 관심과 의지, 상급기관인 중앙정부에 대한 신뢰가 높았던 반면, 정작 중요한 협상능력과 전문성은 낮았던 것으로 파악된다.

1989년 대구지역 염색업체들의 자체염색공단추진으로 태동했던 위천공단조성 문제는 한 동안 결실을 맺지 못하고 지지부진한 상태로 방치되어 왔다. 이에 1995년 3월 1일 시·군통합으로 위천지역이 대구광역시로 편입되면서 공단조성의 움직임이 본격화되었다. 더욱이 1995년 6월 27일 지방선거를 통해 대구시 시장으로 당선된 문희갑 대구시장은 그 동안 침체의 늪에서 빠져나오지 못했던 대구경제를 부흥시키기 위해 대구의 산업구조개편을 목적으로 위천국가공단지정을 추진하기 시작하였다. 특히 대구시(대구시장)는 이전의 섬유염색업종을 주종으로 하는 공단조성계획을 백지화하고 1조 2,419억원의 예산을 투자해 전자, 정보통신, 자동차, 생명유전공학 등 기술 및 지식집약형 산업을 육성한다는 전제 하에 위천국가산업단지 조성을 건설교통부에 요구하게 되었다. 이에 1991년 낙동강 페놀사건 등으로 낙동강 수질문제에 예민해 있던 부산시와 경상남도가 강력히 반발함으로써 위천문제를 둘러싼 갈등이 표면으로 떠오르기 시작한 원인이 되었다. 1995년 7월 대구시장은 하수처리율 100% 달성, 환경기초시설 100%건설, 하수처리장 3차 고도정수처리·임하댐도수로 사업을 통한 부족한 낙동강 하천유지용수 공급 등으로 수질환경오염을 최소화하겠다는 위천공단조성 용역보고서를 근거로 국가공단 지정을 재차 요청했다. 그러나 중간용역보고서에 대하여도 환경단체들은 대구시가 오염방지시설에 필요한 총 7천 5백억원에 달하는 비용을 조달할 방안이 없으며[50], 설사 이러한 시설이 이루어지더라도 기존의 폐수처리시설로는 기계산업에서 발생하는 도금폐수와 유기용제류 등 난분해성 물질의 처리가 불가능하며, 보고서가 예상하는 낙동강 총 오폐수 발생량의 3% 비중은 그 질적 독성으로 보아 허용될 수 없다는 견해를 보였다. 그러나 1995년 7월 대구시는 다시 위천국가공단 지정을 당시의 건설교통부, 재정경제원, 환경부, 농림수산부 등에 재건의 했으며, 대구시의회는 위천국가공단 지정 촉구를 결의하는 등 중앙정부의 정치적 결단에 힘입어 위천공단 건설을 추진하겠다는 자세를 계속 유지하였다.

50) '낙동강 위천국가공단조성에 대한 영남지역 공동토론회'에서 대구대학교 최병두 교수는 대구시의 수질오염방지 계획에 대하여 공단조성계획만 있고 재정조달계획은 없다며 계획의 허구성을 지적했다(환경운동연합, 1996, 환경운동 1996년 3월호, 21쪽).

③ 환경적 요인

환경적 요인에서는 대구시의 당시 침체되었던 사회경제적 요인과 부산의 낙동강 수질에 대한 시민적 증가된 관심이 가장 크게 영향을 미쳤던 것으로 보인다. 대구는 전통적으로 섬유, 안경, 자전거 등 경공업 위주의 산업구조를 가지고 있었다. 한국이 저임금에 의존하여 경공업 제품을 수출하던 시기에 대구 경제는 호황을 구가하였다. 그러나 이들 산업 자체가 부가가치가 낮은 사양산업인 데다가 급격한 임금인상과 불황이 겹치면서 대구경제는 걷잡을 수 없는 수렁에 빠져 들어가게 되었다. 전국 최고의 실업율, 최고의 부도율, 1인당 GNP 전국 광역시중 최하위 등이 1995년도 대구의 경제상태를 나타내는 지표들이었다. 기존의 사양산업에 의존해서는 이렇듯 침체된 지역경제를 되살리기 어렵기 때문에 경제회복을 위해서는 지역의 산업구조를 첨단업종 중심으로 근본적으로 개편해야 하는데, 문제는 어떻게 첨단산업을 불모지인 대구로 오게 하느냐에 있었다. 국가공단으로 지정되면 막대한 지원금을 중앙정부로부터 받을 수 있으므로 공단조성 원가가 대폭 낮아져서 분양가를 대폭 내릴 수 있으며, 이를 무기로 첨단산업을 유치한다는 것이 대구시의 계획이었다. 위천공단의 조성은 대구시의 경제를 회복시키는데 핵심적인 중요성을 지닌 절체절명의 과제로 인식되었다. 이에 대구시는 서울이나 부산과 달리 현재 시내에 국가공단이 하나도 없음을 들어 국가공단의 지정을 강력히 요구하게 된 것이었다.

그러나, 이와는 반대로 부산과 경남 주민들은 하루 2백50만t의 낙동강 물을 식수로 쓰고 있었다. 그런데 낙동강의 하상이 높아 수량이 적고 경사가 완만하여 오염물질의 퇴적이 많이 일어나며, 더욱이 근래 들어 극심한 가뭄이 계속되는 바람에 낙동강의 수질이 급격히 악화되었다. 따라서 먹는 물의 확보는 부산과 경남지역의 오랜 숙제가 되어왔다. 이러한 마당에 낙동강 상류에 대규모 공단이 들어서면 이미 중증에 걸린 낙동강이 '죽음의 강'으로 전락, 식수는커녕 허드렛물로도 사용할 수 없게 된다는 우려를 부산시민과 시민단체들은 이미 어느 정도 공유하고 있었다. 대구·경북의 지역경제 회생도 중요하지만 6백만 부산·경남 주민들의 생존을 위협하는 공단 설치는 절대 안 된다는 것이었다. 특히 부산시민들은 해마다 악화 일로를 걷는 식수상황에도 불구하고 정부가 전혀 수질개선을 위한 구체적인 노력을 보이지 않는데 대한 불만감이 수년간 누적되고 있었다. 낙동강 수질개선을 위한 투자를 한다고 말만 해놓고 실제 수질은 계속 악화되어 왔기 때문에 적어도 환경분야에서 만큼은 대구시와 정부의 약속을 믿을 수 없다는 분위기가 팽배해 있었다.

(2) 갈등증폭단계

① 제도적 요인

위천공단 지정을 둘러싼 두 광역지방정부간 갈등의 증폭은 관련법률에 근거, 건설교통부와 대구시가 공단지정 방향으로 의견조율을 시작하면서 본격화되었다. 즉, 대구시는 산업입지 및 개발에 관한 법률에 근거하여 위천국가공단지정을 신청하였고, 대구시의 위천국가공단 지정요구에 대해 건설교통교부는 최초에는 1995년 6월 지방공단으로 개발할 것을 권유했다. 그러나, 대구시는 분명한 관련 법안의 근거를 바탕으로 동년 7월에 건설교통부, 통상산업부, 재정경제원 등에 위천국가산업단지의 지정을 재건의 하였다. 이에 건설교통부는 1995년 8월에 대구시의 재건의에 대해서 구체적인 개발계획 및 수질오염방지대책을 제출하라고 회신하였다. 이에 대구시는 예산이 확보되는 대로 위치, 부지규모, 토지이용계획, 재원조달계획, 조성일정과 방법, 수질오염방지대책 등을 빠른 시일에 마련하는 한편 부산과 경상남도와의 대화를 위해 대구시, 대구시의회, 지역경제단체, 환경단체들로 범시민추진기구를 구성하고 부산지역설명회 개최와 위천공단 개발계획 용역입찰을 계획하고 공단추진을 본격화할 방침을 마련하였다. 그러나 부산과 경남지역의 위천공단조성에 대한 격심한 반발이 이어져 대구시의 설득노력에도 불구하고 위천국가산업단지 조성추진이 본격화된 1996년에 갈등양상이 더욱 과열되었다.

결국, 갈등증폭의 제도적 요인은 경계의 규칙, 통합의 규칙, 정보의 규칙, 보상의 규칙, 권위의 규칙, 직위의 규칙이 모두 부재한 상태에서 발생하였으며, 산업입지 및 개발에 관한 법률로써, 여기에는 현행 낙동강특별법(낙동강수계 물관리 및 주민지원등에 관한 법률)에서 규정한 각종 세부조항이 미비한 상태였다. 즉 낙동강과 직접적으로 닿아 있는 공단지정에 있어 산업입지와 수질관리에 대한 혜택과 관련하여 얻게 되는 편익배분과 비용 분담에 관한 규칙, 중앙정부 이외 부산이 가장 밀접한 연관이 있는 지역임에도 이해관계자로 포함되어야 하는지 등의 문제가 있었으며, 기존의 법률은 이에 대한 규정이나 해석의 여지를 허용하지 않았다.

마찬가지로, 건설교통부에서는 '낙동강수질평가단'을 구성하여 그 결과에 따라 결정을 하기로 하였으나, 평가단내부에서도 권위나 직위, 통합의 규칙과 관련해 의견이 대립되는 혼란을 겪게 되었다. 동년 4월과 5월에 건교부 수질자문위원회 및 환경부 수질영향 검토안이 발표되었는데 낙동강 전반적으로 수질오염 대책 필요성이 있다는 의견으로 종합되었고 이에 따라 공단규모의 축소 의견이 제시되었다.

② 행위자 특성 요인

행위자 특성에서 갈등의 발생이후, 가장 중요한 작용요인은 상대방 대한 불신이었다. 그리고, 대구시장의 적극적 성격과 문제해결, 자원동원능력, 관심과 의지, 중재자에 대한 신뢰감이 높았으나, 낮은 협상능력, 전문성의 문제로 갈등을 증폭시켰다. 반대로 부산의 경우 상대 지방정부와 중재자에 대한 신뢰부족이 갈등을 증폭시키는 요인으로 작용하였다.

먼저 상대방의 대한 불신은 대구와 부산의 지역감정에 근거하고 있었던 것으로 보인다. 김영삼씨가 대통령에 당선되면서 대구경북지역(TK)은 과거보다 부산·경남이 발전되어 가는데 대한 소외감과 불만감이 팽배해 있었으며, 불만감은 현재의 대통령 출신지인 부산지역에 대한 감정을 급속히 악화시켰다. 반대로 부산경남지역(PK)은 그동안 인구나 경제규모 면에서 더 큰 지역임에도 불구하고 대통령을 배출하지 못한 야당지역으로서 정치적으로 '소외되어 왔으며, 같은 경상도인데도 다르게 취급받아 온데 대한 감정이 쌓여 있어 TK와 PK간의 지역감정은 당시 악화되어 있었다. 이러한 지역감정이 공단설치 문제를 합리적으로 해결하기 어렵게 만들고, 상대지역에 대한 반대운동에 시민들이 쉽사리 뭉칠 수 있는 조건을 만들었던 것이다.

그리고, 내부적으로 보면 민선 지방선거로 본격적인 지방자치시대가 개막됨에 따라 각 지역간 경쟁의식이 대폭 강화되었으며, 모든 지역들이 첨단산업의 유치로 지역경제를 활성화시키려는 욕구를 가지게 되었다. 대구지역에서 민선으로 선출된 광역시장과 더불어 구청장 등의 기초자치단체장들은 지역주민들의 숙원사업에 민감한 반응을 보였다. 그리하여 대구는 위천공단 지정촉구운동을 시가 주도하여 전개하였고, 부산에서도 지정 반대운동을 시가 적극적으로 참여하여 이끌어갔다. 이러한 양상은 과거 임명직 시장의 시절에는 시민운동에 소극적인 반응만을 보여 왔던 것과 매우 대조적인 일이라 할 수 있다. 관(官)이 적극적으로 운동을 이끌어가자 시의회, 시민단체, 상공인, 지식인 등 전 부문에 걸친 집단들이 자연스럽게 하나로 묶어질 수 있었다. 대규모 공단의 설치로 인한 낙동강 물의 오염도 증가를 우려한 부산의 반대에 대하여 대구시장은 위천공단에 첨단공해방지시설을 설치, 폐수를 완벽히 정화 처리해 부산경남 주민들이 우려하는 낙동강오염을 원천봉쇄 하겠다며 무조건적인 반대는 거두어 달라고 호소하였다. 그리고 위천국가공단 지정을 수용하지 않을 때는 행정소송도 불사하겠으며, 최악의 경우 지방정부에 권한이 있는 지방공단으로 변경, 위천공단을 조성하는 방안까지 검토하고 있는 것으로 알려졌다. 또한 위천공단 조성이 무산되면 하수처리에 필요한 2천 8백 10억원의 투자를 포기할 수밖에 없다는 시장 예하 실무자들의 협박성 발언도 서슴지 않았다.

③ 환경적 요인

환경적 요인에서는 갈등의 발생과 마찬가지로 대구의 사회·경제적인 요인과 부산시민의 관심이 가장 큰 영향을 미치는 가운데, 인접 광역지방정부, 중앙정부의 중재거부와 총선이라는 정치적 변수도 새로운 영향력으로 작용하였다. 즉, 1996년 총선, 1997년 대선, 그리고 1998년 지방선거의 과정에서 위천공단계획은 치열한 정치적 쟁점으로 비화되어 대구 및 부산·경남지역 정치가들은 이에 대한 적극 유치/적극 반대의 입장을 표명하였다. 그러나 중앙정부는 정치적 쟁점에 대해 양면적이거나 극히 모호한 태도를 보였다.

먼저 경상북도는 낙동강 상류지역에 독자적인 공단조성을 꾀하고 있었기 때문에 자연스레 대구시의 입장을 지지하였고, 경상남도의 경우에는 먹는 물의 문제를 부산과 공유하고 있었기 때문에 자연히 유치반대의 입장에 서게되었다. 따라서 위천국가산업단지를 둘러싼 갈등은 대구-경북지역과 부산-경남지역의 갈등으로 비화되기에 이른다. 한편 대구시는 1996년 4월 11일 총선 이전에 공단지정에 유리한 여건을 조성하기 위해 동년 3월 1일 위천공단 조성사업을 추진하기 위한 국가공단지정요청서를 다시 건교부에 제출하였다. 이는 다시 부산과 경남지역의 강한 반발과 항의를 유발하였으며, 정치권에서는 동년 8월에 정부와 신한국당간의 당정협의에서 낙동강, 금호강 수질개선이후 공단지정할 방침을 발표함으로써 '선 수질개선, 후 건설'의 정부입장이 표명됨에 따라 위천국가산업단지 조성문제는 일단 유보하게 되었다. 이에 대구시는 동년 9월 두류공원에서 위천공단 조기지정 궐기대회에 노총 대구지구와 직장별 노조원, 국회의원, 기업인을 포함한 시민 3만여 명이 참가하여 정부안에 대해서 강력하게 비난하였다. 또한, 이들 양 지역의 시민들은 성명전, 시의회 결의문, 상경 시위, 지역출신 국회의원에 대한 압력, 서명운동, 소송 제기, 정당지도자의 지역방문시 요구, 궐기대회 등 온갖 형태의 운동을 전개해 가며 각자의 요구를 관철시키려 노력하였으며, 이는 양 지방정부간 갈등을 더욱 가중시키는 원인을 제공하였다.[51)]

낙동강 수질악화를 막겠다는 대구시의 주장에 대해 부산시장과 시민들은 여러 가지 이유로 의심하고 있었다. 간단하게, 부산의 요구사항은 '위천공단 설립반대' 또는 '선 수질개선 후 공단지정'이라 할 수 있으며 낙동강 수질보전을 위한 특별법을 제정하고 낙동강을 상수원특별대책지역으로 지정하라는 요구를 함으로써 상당한 대구에 대한 불신이 매우 높았음을 알 수 있다.[52)]

마찬가지로, 중앙정부의 개입거부 및 중립적 태도도 갈등을 증폭시켰다. 건설교통부 입장에서는 위천공단 지정은 대통령 공약사항 이었음으로 큰 문제가 없는 한 원칙적으로는 지정해야 했다. 그러나 부산시의 반발이 워낙 거세고 부산

---

51) 당시 여당이었던 신한국당은 계속 양 도시의 반발을 받으며 우왕좌왕하였다. 즉 이 문제와 관련하여 정치적 부담이 상대적으로 작은 야당이 대구 쪽으로 지지 입장을 분명히 밝힌 데 반해, 신한국당은 이러지도 저러지도 못함으로써 정치적으로 손실을 입었다. 특히 대구지역의 보수적 정서 상 진보적 성격의 국민회의는 별로 득을 볼 수 없었지만, 보수적 색깔을 표방한 자민련의 경우 보수적인 여당과의 경쟁에서 유리한 위치를 차지할 수 있었다. 또한 같은 신한국당 국회의원끼리도 출신지역에 따라 극단적으로 대립하는 양상을 보였다.

52) 물의 오염 정도를 측정하는 BOD 지수만으로는 소량만 포함되어도 치명적 장해를 야기하는 중금속, 유기화학물질 등을 모두 거를 수 없다. 만일 위천공단에 첨단업종이 들어서면 아연, 크롬, 페놀 등 난분해성 중금속 물질이 배출돼 고도처리시설을 갖추더라도 이들 물질을 기준치 이하로 떨어뜨리기 어렵다. 따라서 대구시의 약속처럼 낙동강 오염을 완전 차단하기 힘들고 막대한 재원이 필요한 오염방지 시설비와 정화처리비용도 현실적으로 감당하기 어렵다는 지적이다. 이와 관련하여 부산시민들이 제기하는 의문은 대구시가 위천공단을 국가공단으로 추진하는 것은 국가의 지원금으로 입주업체의 부담을 덜어주기 위한 것이다. 그런데 폐수처리를 완벽하게 하고 환경감시를 철저하게 한다면 엄청난 비용이 들어가고 입주업체의 부담이 크게 늘어나게 된다. 이는 모순이며, 과연 대구시가 입주업체의 부담을 늘려가면서까지 수질개선을 위해 노력하겠는가? 더욱이 부산 경남 주민들의 반대 배경에는 그동안 페놀사건, 암모니아성 질소유입 등으로 당할 만큼 당했고 그때마다 정부가 발표한 맑은 물 공급대책이 구호에 그쳤다는데 대한 분노와 불신도 적지 않게 깔려 있는 마당에 대구도 공단이 일단 설치되고 나면 부담만 늘어나고 지역경제에 별 도움이 되지 않는 수질개선 노력에 소극적인 태도로 바뀔 우려가 있다고 보았다. 또한, 이러한 의심은 대구시의 위천공단에 관한 대구시의 계획이 구체적이지 못하거나 비현실적인 부분을 상당히 포함하고 있어서 더욱 증폭되는데, 경상남도가 경남개발연구원에 의뢰, 20일 제출받은「위천공단 조성에 따른 낙동강수질보전대책 검토보고서」는 "공단위치와 재원조달계획, 금호강 하천정화사업 등이 대부분 구체성이 없거나 현실성이 결여돼 있다"며 공단조성 반대의견을 나타냈다(동아일보, 1996. 3. 21).

의 정치적 비중이 매우 크기 때문에 섣불리 결정할 수 없었다. 위천공단 지정 문제의 공식적인 결정권한은 건설교통부가 가지고 있으나 문제의 크기가 건설교통부가 임의로 결정할 수 있는 범위를 벗어남으로써 건설교통부는 결정권자가 아니라 결정의 추인자 지위로 전락한 상태였다. 환경부도 마찬가지로 원칙적으로는 부산 측의 입장을 지지하지만 문제의 민감성 때문에 일정한 입장표명을 못하고 눈치만 보고 있었다. 특히 환경부는 위천공단의 설치가 낙동강 수질에 미칠 영향을 평가해야할 주무부처임에도 불구하고 계속 정치권에서 해결할 일이지 우리가 개입할 단계가 아니다, 부총리급으로 격상되면 몰라도 지금은 나설 힘도 없다는 말만 되풀이하면서 환경영향에 대한 입장표명을 유보했다(동아일보, 1996. 9. 15).

(3) 갈등지속단계

① 제도적 요인

갈등지속단계에서의 제도적 요인은 문제해결을 위해 만든 공동체에 있어 통합의 규칙, 정보의 규칙, 보상의 규칙, 권위의 규칙, 직위의 규칙의 부재 및 미합의 상태가 크게 작용하였던 것으로 볼 수 있다.

1996년 12월 정부는 위천공단의 규모를 304만평에서 220만평으로 축소하여 연내(1996년)지정 방침을 발표한다. 이에 부산시와 경남지역은 다시 강력히 반발하였다. 1998년 김대중 정부로의 정권교체 이후 위천공단 지정을 위한 건교부, 환경부 등 관계부처와 대구시, 부산시 등 관련 지방정부, 환경단체들이 모두 참여한 '위천공단대책위원회'를 구성하였다. 구체적으로 1998년 8월 낙동강 수질개선에 영향을 주는 위천공단문제를 해결하기 위하여 민·관 협동으로 이른바 '낙동강수질개선과 위천공단대책위원회'를 구성하였다. 대책위원회는 이해 당사자인 부산, 경남, 대구, 울산, 강원도의 시민단체, 민간전문가, 관련 행정기관, 서울의 시민단체 등으로 구성되었고 낙동강 현지답사를 통해 수질개선과 공단조성에 관련한 수 차례의 회의를 개최하였다. 그러나, 갈등해결을 위한 실질적 결론을 내고 제 역할을 다 하지 못하였다. 왜냐하면 여기서 위원회의 집합적 의사결정을 할 때 적용되는 의사결정 규칙, 위천공단대책위원회라는 공동체가 문제해결과 관련하여 얻게 되는 편익배분과 비용 분담에 관한 규칙, 공동체 내의 각 직위를 맡는 사람들의 권한을 규정한 규칙, 범위(기능)를 규정한 규칙을 놓고 많은 갈등이 발생하였기 때문이다. 또한 수질문제라는 특성상 객관적인 연구나 검증을 위한 기구를 먼저 만들지 않고, 이해관계자들의 주관적 의견만이 모여진 위원회는 갈등해결이라는 관점에서 그 실효성이 매우 적었다고 볼 수 있다. 그럼에도 불구하고 1997년의 낙동강수계 물관리대책위원회와 민관합동감시단, 1998년의 낙동강수질개선과 위천공단대책위원회는 특히 주목할 만하며, 비록 무산되기는 하였으나 1999년의 낙동강수계 물관리 종합대책에 관한 공청회와 대구 공청회는 낙동강 물 관리문제에서 이제까지는 거의 볼 수 없었던 중앙정부, 환경단체, 지역주민이 연계되는 형태의 가능성을 보여 주었다. 즉 낙동강 물관리 정책에서 가시적인 정책과정의 참여자로 네트워크(network)와 거버넌스의 모습이 드러나기 시작했다고 판단할 수 있다.[53)]

② 행위자 특성 요인

행위자 특성에서 먼저 대구시장은 문제해결능력에서 거래적 리더십과 설득, 높은 관심과 의지, 중재자인 중앙정부에 대한 신뢰를 보여주었으나, 부산시장은 상대단체인 대구시와 중재자인 중앙정부에 대한 불신을 계속적으로 보여주었다.

먼저 대구시장의 거래적 리더십과 설득전략은 1997년 5월 대구시가 위천공단을 국가공단이 아닌 지방공단으로 개발을 검토한다고 발표한 것이 그 예이다. 대구시장은 공단의 규모를 축소하는 이른바 '상황적 보상'을 함으로써 부산지역의 반발을 완화시키려 시도하였으며, 이에 중앙정부와 계속적인 접촉 및 협조를 시도하였다.

③ 환경적 요인

환경적 요인으로는 대구에 대한 여당의 정치적 지원과 부산시민의 맑은 식수

---

53) 페놀사태 이후 정치권과 정부에서는 낙동강 수질 개선을 위한 각종 개선책을 내 놓았으나, 악화된 여론을 무마하기 위한 것이었다는 지적들이 있었다. 낙동강 물 관리 정책 목표가 제대로 성과를 거두지 못한 것은 환경부 설립이전에는 중앙정부차원의 주도로 인한 낙동강 수질개선 대책으로 이들간에 수량관리기능과 수질관리기능을 분리하는 방식으로 물 관련기능을 여러 부처에 산재해 있다는 것이 두드러진다. 그러나, 환경부 설립 이후 중앙정부의 주도로 인한 낙동강 물 관리 정책은 많이 변화하는 것을 살펴볼 수 있다. 「물관리협의체」등 9번의 낙동강 물 관련 정책에 대한 공식적인 조직구성에서 볼 때 중앙정부 주도로 이루어진 것은 물관리 정책조정위원회 뿐이고 모두 지방정부, 환경단체 및 시민단체, 지역주민이 주체가 되거나 이들의 협의체 방식을 지향하고 있음을 볼 수 있다.

에 대한 지속적이고 높은 관심, 그리고 중앙정부의 적극적 개입과 이의 실패 등을 들 수 있다. 구체적으로, 1999년 1월 당시 여당인 국민회의 정책위의장이 대구에서 위천공단조기지정 방침을 언급하자, '낙동강 살리기 위천공단 결사저지 부산총궐기본부' 등 부산지역관련 단체들의 반대하고 나섰다. 동년 6월에 환경부장관이 먼저 수질개선 이후에 공단조성을 조성하도록 하겠다고 발표함으로써 위천공단문제는 낙동강 수질관리로 방향이 선회하게 된다. 따라서 동년 8월에 환경부와 건교부는 물이용부담금 조성을 검토한다고 발표하였으며 건교부는 낙동강 물관리 종합대책의 일환으로 낙동강수계 일부지역에 댐을 건설할 방안을 검토한다고 발표하였다. 그러나, 부산시와 시민들은 이러한 중앙정부의 대안마저도 수용하지 못한다는 입장을 보였다.

(4) 갈등완화단계

① 제도적 요인

갈등완화단계는 우선 낙동강수계 물이용조사단 이라는 제도적 기구를 만들면서부터라고 볼 수 있다. 여기에는 낙동강 수계와 물을 직접적으로 이용하는 지방정부의 이해관계가 모두 반영됨으로써 경계의 규칙이 명확해졌다는 점과 함께, 그동안 제한적이었던 정보의 규칙을 증진시키는데 큰 역할을 한 것으로 판단된다.

2000년 1월에 낙동강 수계를 이용하고 있는 모든 지방정부와 전문가, 시민들이 참여한 가운데, 각 이해관계자들은 '물이용조사단'을 구성하였으며 조사단 내 오염총량관리조사반에서 낙동강수계 구간별 목표수질 기준안을 마련하고(2000. 2. 18 - 2000. 12. 31) 질소, 인 등 추가 기준설정항목에 대하여 검토하고 시행시기 결정을 위한 용역을 실시하는 등 활발한 활동을 시작하였다. 같은 해 4월 물이용조사단은 2002년부터 낙동강 오염총량관리시행을 검토한다고 발표하고 이 대책을 법적으로 지원하기 위해 2000년 회기 내에 낙동강 특별법을 통과시키려고 동년 6월에 낙동강특별법안이 환경부에서 출발하여 국무회의 심의를 거쳐 국회에 제출되었다.

그러나 낙동강특별법 내용에 대해서 관련 지방정부간의 이해관계가 대립되고 이는 지역을 기반으로 한 국회의원 사이의 의견충돌로 이어짐으로써, 2001년 6

월 국회통과가 좌절되었다. 이에 김대중 대통령은 2001년 11월에 내각에 3대강 특별법을 통과시키라고 내각에 지시하였으며, 이후 2001년 12월에 우여곡절속에 낙동강특별법이 국회를 통과하게 되기에 이른다.

② 행위자 특성요인

갈등완화단계에서 나타난 행위자 특성에서는 부산시장이나 대구시장 모두 중재자에 대한 신뢰를 보여주기 시작한 가운데, 상대단체에 대한 신뢰도 조금씩 회복되는 경향을 보였다. 그리고 두 행위자 모두 자원동원능력이나 의지, 관심, 협상에 있어 점점 수그러드는 경향을 보였다.

③ 환경적 요인

환경적 요인으로 환경부에서 낙동강수계 물관리종합대책 확정(1999. 12. 30)하여 발표한 것이 갈등의 해결단계에서 법 제정과 함께 분위기 전환에 영향을 미쳤다. 여기에 따라 오염총량관리제, 갈수기 하천유지용수 증대, 취수원 다변화 대책 등 총 39개 추진과제 확정되고, 낙동강수계 물관리종합대책 세부추진계획 확정·시달(2000. 5)되는 등 주요 후속조치가 계속 추진되기에 이른다. 또한, 갈수기 유지용수 관리, 취수원 다변화, 오염총량관리 조사반 등 이른바 낙동강 물이용조사단 구성·운영(2000. 1-12)하고 낙동강수계 물관리종합대책 추진실태를 평가(2001. 2)하는 등 낙동강 수질보전을 위한 활발한 활동이 전개되었다.

(5) 갈등해결단계

① 제도적 요인

갈등해결단계에서 가장 중요하게 작용했던 제도적 요인은 경계의 규칙, 통합의 규칙, 정보의 규칙, 보상의 규칙, 권위의 규칙, 직위의 규칙이 갈등의 완화국면에 모두 작용하였던 것으로 볼 수 있다. 왜냐하면, 이 모든 규칙을 담고 있는 낙동강특별법이 국회에서 통과됨에 따라 2002년 1월에 건설교통부는 구체적인 댐건설과 관련하여 관련 지방정부와 협의방침을 표명하였으며 동년 2월에는 낙동강특별법 관련 시·도관계자 회의가 개최되게 되었다. 한편 동년 4월 대구상공회의소는 물이용부담금축소를 주장하였으며 동년 5월 부산상공회의소 역시 물이용부담금의 차등적용을 환경부에 요구하였다. 2002년 4월에는 낙동강특별법에 근거하여 낙동강수계관리위원회가 발족하게 되었으며 동년 7월 15일 낙동강특별법이 본격적으로 시행되게 되었다.

제도적 관점에서 요인별로 낙동강특별법을 살펴보면 규칙의 내용별로 구분할 수 있다.

첫째, 경계의 규칙에는 다음과 같은 조항이 있다. 낙동강수계 물관리 및 주민지원 등에 관한 법률 제 3조에서는 낙동강수계에서 취수한 수돗물을 사용하는 동수계밖의 모든 지역(지방정부)에 이 법이 적용된다. 그리고 낙동강수계관리위원회 규정 제 4조 제 1항과 2항에는 낙동강특별법 제 37조 5항의 규정에 의한 자문위원회는 위원장 1인을 포함한 24인의 위원으로 구성한다. 자문위원회의 위원구성은부산광역시장·대구광역시장·울산광역시장·경상북도지사·경상남도지사·강원도지사가 추천하는 각 광역시·도의 주민대표 1인, 시민사회단체대표 1인, 산업계대표 1인, 환경관련 전문가 1인으로 하고 있다.

둘째, 권위의 규칙에는 다음과 같은 조항이 있다. 환경부장관은 수변구역 지정 및 해제할 권한(동법 제 4조 제 1항과 3항)과 낙동강 수계의 오염총량관리에 있어서 목표수질을 정하며(동법 제 9조 제 1항) 환경부장관은 오염총량관리제의 시행에 필요한 자료를 효율적으로 활용하기 위한 정보체계를 구축하기 위하여 관계중앙행정기관, 지방정부, 정부투자기관, 정부출연기관 등 관계기관의 장에게 필요한 자료를 제출하도록 요청할 수 있다. 이 경우 관계기관의 장은 특별한 사유가 없는 한 이에 응하여야 한다(동법 제 9조 제 4항). 또한 환경부장관은 광역지방정부에서 수립한 오염총량관리기본계획의 승인권을 가진다(동법 제 10조 제 1항). 광역자치단체의 장은 상수원보호구역을 지정할 권한을 가진다(동법 제 7조 제 1항). 시장·도지사는 취수시설(수도법 제 3조 제 7호 및 제 8호의 규정에 의한 광역상수도 및 지방상수도의 취수시설에 한한다. 이하 같다)에서 취수하는 원수(原水)의 연평균 수질이 대통령령이 정하는 기준에 미달하는 경우에는 그 취수시설의 상류 집수구역(빗물이 자연적으로 수질환경보전법 제 2조 제 4호의 규정에 의한 공공수역으로 흘러드는 지역으로서 주변의 능선을 잇는 선으로 둘러싸인 구역을 말한다. 이하 같다) 중에서 환경부령이 정하는 지정기준에 해당되는 지역을 수도법 제 5조의 규정에 불구하고 상수원보호구역으로 지정하여야 한다. 다만 연평균 수질이 취수시설에서 취수하는 원수보다 나은 하천(취수시설이 있는 하천이나 호소에 직접 유입되는 지류를 말한다)의 집수구역에 대하여는 그러하지 아니하다. 낙동강수계관리위원회의 장은 위원회를 대표하며 위원회의 사무를 통할한다(동법 제 37조 제 4항). 그리고 낙동강수계관리위원회 규정 제 3조 제 2항에 명시되어 있다. 즉 위원회장은 위원회를 소집하며 그 의장이 된다. 동규정 제 11조에 의하면 본 규정에서 제외된 사항 중 운영위원회의 운영에 관하여 필요한 사항은 위원회의 의결을 거쳐서 위원장이 정하도록 하고 있다.

셋째, 통합의 규칙에는 다음과 같은 조항이 있다. 광역시장시장군수 등 지방자치단체장은 오염총량관리시행계획에 대한 전년도의 이행사항을 평가한 보고서(이하 "평가보고서"라 한다)를 작성하여 지방환경관서의 장 및 낙동강수계관리위원회에 제출하여야 한다. 이 경우 시장군수는 관할 도지사를 거쳐 이를 제출하여야 한다(동법 제 11조 제 3항). 특별지방환경관서의 장은 제출된 평가보고서를 검토한 후 오염총량관리시행계획의 원활한 이행을 위하여 필요하다고 인정되는 경우에는 광역시장시장군수에게 필요한 조치나 대책을 수립시행하도록 요구할 수 있다. 이 경우 광역시장시장군수는 특별한 사유가 없는 한 이에 응하여야 한다(동법 제 11조 제 4항). 환경부장관과 지방자치단체장은 목표수질을 달성하기 위해 필요한 경우 사업장별로 오염부하량을 할당할 수 있으며(권위의 규칙), 이 경우 환경부장관 또는 지방자치단체장은 이해관계자가 지정내용을 미리 알 수 있도록 필요한 조치를 하여야 한다(동법 제 12조 제 1항). 지방자치단체장은 관할지역의 수질이 목표수질보다 나쁜 경우 건축물의 신축을 허가하지 않을 수 있다(동법 제 15조). 수도사업자는 대통령령이 정하는 바에 따라 취수량공급량손실율 등 물이용부담금의 산정 및 예측에 필요한 자료를 낙동강수계관리위원회에 제출하여야 한다(동법제 32조 제 2항). 낙동강수계 상수원의 수질관리와 관련하여 협의조정하기 위하여 낙동강수계관리위원회(이하 "위원회"라 한다)를 설치한다(동법 제 37조). 낙동강수계의 관계 지방정부는 낙동강수계관리위원회가 결정한 사항에 따라야 한다(동법 제 37조 제 6항). 낙동강수계관리위원회 규정에서는 위원회운영에 관한 규칙으로 규정 제 3조 제 1항과 3항에 규정되어 있다. 즉 위원회 회의는 정기회와 임시회로 구분하며 정기회는 반기마다 1회 임시회는 필요에 따라 소집가능하다. 위원회의 회의는 재적위원 3분의 2이상의 찬성으로 의결하고 다만 위의 법 제 37조 제 1항 제 2호의 사항에 관하여는 지방자치단체장인 위원의 3분의 2이상의 찬성을 포함한 재적위원 3분의 2이상의 찬성으로 의결한다.

넷째, 보상의 규칙에는 다음과 같은 조항이 있다. 환경부장관 또는 지방자치단체장은 할당된 오염부하량 또는 지정된 배출량을 초과하여 배출한 자에 대하여 총량초과부과금(이하 "부과금"이라 한다)을 부과하며(동법 제 13조) 오염부하량 또는 배출량을 초과하여 배출한 업체에 대해서 조업을 금지할 수 있으나 조업을 정지하면 주민의 생활, 대외적인 신용, 고용물가 등 국민경제 그밖의 공익에 현저한 지장을 가져올 우려가 있다고 인정되는 경우에는 그 조업정지에 갈음하여 3억원 이하의 과징금을 부과할 수 있다(동법 제 14조 제 1항). 관련 지방정부가 오염총량관리를 불이행하는 경우, 재정적 지원의 중단 또는 삭감 그밖의 필요한 조치와 폐수배출시설의 설치(변경을 포함한다) 제한할 수 있다(동법 제 16조). 물이용부담금을 부과한다(동법 제 32조) 공공수역으로부터 취수된 원수를 직접 또는 정수하여 공급받는 최종수요자에게 물사용에 따른 부담금(이하 물이용부담금 이라 한다)을 부과징수하여 기금에 납입하여야 한다. 동법에서의 기타 보상규칙으로는 벌칙규정(동법 네44조), 양벌벌칙규정(동법 제 45조), 과태료부과(동법 제 46조)을 두고 있다. 기타 보상에 관련된 규칙은 낙동강수계물관리및주민지원등에관한법률 제 32조에 규정되어 있다.

다섯째, 직위의 규칙에는 다음과 같은 조항이 있다. 낙동강수계관리위원회는 환경부장관을 위원장으로 하며, 건설교통부차관부산광역시장대구광역시장울산광역시장경상북도지사경상남도지사강원도지사 및 한국수자원공사사장으로 구성한다(동법 제 37조 제 3항). 낙동수계관리위원회는 위원회의 원활한 협의조정과 전문적인 자문을 위하여 자문위원회를 둔다(동법 제 37조 제 5항). 그리고, 자문위원회의 직위규칙은 낙동강수계관리위원회 규정 제 4조 제 3항과4항에 명시되어 있다. 자문위원회의 위원장은 위원중에서 호선하되, 그 임기는 1년으로 하며 자문위원회의 위원의 임기는 2년으로 하되, 1차에 한하여 연임될 수 있다. 다만, 보궐위원의 임기는 전임자의 잔임기간으로 한다.

여섯째, 범위의 규칙에는 다음과 같은 조항이 있다. 본 위원회의 관할영역을 나타낸 것으로 낙동강수계관리위원회의 협의 및 조정대상 규정 제 2조에 명시하고, 낙동강수계물관리및주민지원등에관한법률 제 8조에 의한 토지 등의 매수에 관한 사항, 동법 제 23조의 규정에 의한 주민지원사업의 계획에 관한 사항, 동법 제 39조 제 1항의 규정에 의한 수질보전활동이나 수질감시활동의 지원에 관한 사항, 자문위원회의 자문범위는 동 규정 제 5조 제 1항의 1호와 2호에 명시되어 있다. 즉 기금관리기본법 제 5조의 규정에 의하여 수립하는 낙동강수계관리기금운용계획에 관한 사항과 물이용부담금의 부과율에 관한 사항이다.

일곱째, 정보의 규칙에는 다음과 같은 조항이 있다. 낙동강수계관리위원회 규정 제 8조에서는 위원회가 업무수행을 위하여 필요한 경우에는 공청회·세미나의 개최, 설문조사, 방송토론 등을 통하여 여론을 수집할 수 있도록 명시하고 있으며 동 규정 9조에서는 위원회의 효율적인 업무수행을 위하여 필요하다고 인정되는 때에는 관계 전문가 또는 관계 기관·단체에 자문을 하거나 조사 또는 연구를 의뢰할 수 있다고 명시하고 있다.

<표 4-2> 4대강 특별법 주요내용비교

구 분	한강특별법 (1999. 8. 9)	낙동강특별법 (2002. 7.15)	금강특별법 영산강특별법
상수원댐 상류 수변구역지정 및 행위제한	○	○	○
하천구역 비료·농약 사용제한	×	○	○
하천인접지역 오염저감시설설치	×	○	×
상수원보호구역 직권지정	×	○	○
오염총량제 실시	임의제	의무제	의무제
수질오염사고예방을 위한 완충저류시설 설치등	×	○	×
특정수질유해물질 관리강화	×	○	○
하수관거 등 검사·관리의무	×	○	○
하천 인접지역의 폐기물매립시설 입지 제한	×	○	○
수질개선사업 및 주민지원사업 재원확보를 위한 물이용부담금의 부과, 징수	○	○	○
상수원관리지역 등 주민지원사업	○	○	○
수계관리위원회 설치	○	○	○

한편, 엄격하게 말하면 위천공단 지정 갈등사례는 제도적으로 순수한 지방정부간의 갈등문제로 볼 수 없는 점이 있다. 특히 합리적 선택론에 입각한 신제도주의자들은 갈등문제를 가능한 중앙정부(상위정부)의 관여 없이 해당 이해당사자들(지방정부)간에 자율적 해결을 초점을 두고 있으며 이러한 해결과정에서 제도(규칙)의 중요성을 강조하고 있다. 그러나 위천공단 지정갈등사례는 처음부터 관련 지방정부간의 협의체를 구성하여 자율적 해결하는 방안보다는 중앙정부의 결정에 의존하고자 하였다. 그럼에도 불구하고 위천공단 조성문제는 문제가 야기된 지 근 10여 년이 지난 후 문제를 해결하기 위한 제도가 만들어짐에 따라 갈등이 완화되는 과정에 이르게 된다. 이는 Ostrom(1990)의 논의에서와 같이 제도의 진화과정을 가진다는 점에서 의의를 가질 수 있을 것이다.

그리고, 현재 위천공단 갈등문제가 진행되는 과정을 분석하면 현재까지도 위천공단 지정 문제는 공단의 입지설정보다는 낙동강 수계의 물관리에 초점을 두고 있다. 이는 결국 '선 수질개선 후 공단조성'이라는 전제에서 시작된다. 이러한 전제를 근거하여 현재 낙동강 수계관리를 위해 낙동강수계관리위원회가 구성되어 있으며 이는 소위 낙동강특별법(낙동강수계 물관리 및 주민지원 등에 관한 법률) 제 37조에 근거하고 있다. 앞의 도표에서 나타내는 바와 같이 낙동강 특별법은 4대강 특별법 중에서 낙동강 물에 미칠 영향을 고려하여 가장 엄격하고 까다로운 내용을 담고 있어, 이 제도의 시행으로 대구시의 경제논리보다 부산시의 생존권으로서의 맑은 물을 요구할 권리가 타당하게 인정된 것이라 할 수 있다.

② 행위자 특성요인

갈등의 해결기제로서 제도적 장치가 만들어진 후 행위자 특성은 뚜렷하게 나타나지 않는 가운데, 주변 상황의 논리, 즉 중앙정부와 낙동강특별법이 부산시에 유리하도록 상황을 조성하게 됨에 따라 거기에 맞게 행동하는 모습을 보였다. 즉, 가장 중요한 행위자인 시장은 물론 지역국회의원, 지역언론, 경제인, 시민도 이전의 갈등단계만큼 지역의 이익을 위한 활발한 활동을 보이지 않았다.

③ 환경적 요인

환경적 요인으로도 갈등사안에 대해 늦게나마 중앙정부와 정치권의 적극적 개입으로 인하여 역시 제도적 해결장치가 만들어진 것이었다. 환경부는 낙동강특별법 추진과정에서 각계 대표자들과 여러 차례에 걸쳐 협의를 진행하고 그 결과로 규제와 관련된 구체적인 내용들에 대해서 합의를 도출해 냈다. 이 과정에서 정책을 추진하는 중앙정부와 해당 지역의 시민단체, 영향을 받는 주민, 지방정부 등 다양한 이해당사자들이 자신들의 의사를 적극적으로 제기할 수 있었다. 또한 수혜자 부담 원칙에 의거해 부산시민에게 물이용부담금을 징수하여 상류지역 주민에 대한 지원정책을 마련함으로써 이해당사자의 동의를 확보하는데 유용하게 활용했다. 즉 이 위천공단 갈등사례는 네트워크를 강조한 (로컬)거버넌스의 가능성을 일부 보여준다고도 할 수 있다. 이해당사자들이 참여하여 대화와 협상을 통하여 만들어진 정책이 그렇지 않은 정책들 보다 이해당사자들로부터의 수용도가 높으며, 이는 주민참여의 중요성과 대화와 타협의 중요성을 나타내는 것이다.

(6) 요약 및 결론

위천공단 건설 문제는 대구지역의 낙후된 산업구조가 환경문제와 관련된 모순에서 출발한 것이지만, 낙동강유역의 환경문제 전반을 함축적으로 표현하고 있다는 측면에서 이해될 수 있다. 그리고, 갈등의 출발은 비교적 단순하였지만, 복잡한 정치·경제적 이해관계와 시민들의 관심이 얽혀있는 위천공단 지정갈등은 다음과 같은 세 가지 특징을 지닌 것으로 보인다.

첫째, 위천공단지정 갈등에는 매우 첨예한 가치의 대립이 특징이다. 대구-경북지역에서는 이른바 과학기술과 체계적 관리에 의한 낙동강 수질의 통제를 주장하지만 부산-경남 지역에서는 이에 대한 불신과 식수원으로서의 낙동강에 대한 우선 순위를 먼저 내세움으로써 첨예한 갈등을 빚었다는 것이다.

둘째, 위천공단지정 갈등은 지방정부간의 갈등으로서 표면화되기는 하지만 기존의 중앙집중적이며 근대적인 수자원이용(개발)방식에 대해 시민들이 환경권을 앞세워 이의를 제기했다는 점에 주목할 필요가 있다. 즉, 시민 또는 환경단체가 중요한 행위자(actor)로 등장하게 되고 특히 환경정책의 본질상 직접적인 관계가 있는 지역주민이 점차적으로 중요한 역할 행위자로 부각되었다는 것이다. 이러한 현상은 환경문제 해결이나 관리에 있어서 중앙집중적 방식에 문제가 있다는 이의제기로서 이해될 수도 있고, 제도권 정치 속에 포함되기 어려운 다양한 행위자들(특히 시민들)의 움직임이 과거에 비해 두드러지게 증가하였다는 것으로 이해될 수도 있다. 어떤 식으로 이해되든지 간에 환경관리에 있어서 시민들의 능동적 문제제기가 사회적 파급효과를 가지게 되었다는 사실은 환경문제해결이나 환경관리에 있어서 민주적인 방식이 무엇인지 고민해야 하며, 다양한 이해관계를 어떤 식으로 공정하게 정책에 반영시킬 수 있는가 하는 문제도 고찰할 필요가 있음을 드러내고 있다.

셋째, 위천공단지정 갈등은 실제의 피해를 둘러싼 갈등이 아니라 앞으로 있을지도 모르는 환경오염 혹은 환경 질 저하에 대한 태도의 차이에서 비롯된 갈등이라는 특징이 있다. 즉 위천공단이 설립될 경우 발생할지도 모르는 상수원 오염, 식수의 부족, 환경오염 사고와 같이 미래의 불확실한 상황에 대한 태도의 대립 혹은 인식의 차이에서 비롯된 갈등이기 때문에 구체적인 과학적 자료를 제시하거나 경제적 수단이나 협상을 통해서 갈등을 해소하기에 어려운 측면들이 존재한다.

무릇 강 상류에 있는 지방자치제는 지역경제활성화를 위해 교통이나 용수공급 등 입지여건이 좋은 강 유역에 집중적으로 다양한 형태의 개발계획을 수립하여 추진하게 되고 하류지역에 있는 지방자치제의 경우는 상류지역의 개발사업추진으로 인한 환경오염부하 가중이나 수질오염 악화의 이유를 들어 그 개발계획을 막으려 대응하기 마련이다. 이 과정에서 상·하류간의 이해관계가 첨예하게 대립되고 분쟁이 이루어지고 있는데 이는 환경문제가 갖고 있는 광역성과 외부효과 특성 때문이다.

한국의 경우는 위천공단을 계기로 3대강 특별법과 수계관리위원회 등 이러한 문제에 대한 분명한 원칙과 조직이 마련되어 있어 앞으로 중요한 현안과제로 대두될 경우에도 해결의 제도적 기반이 마련된 것으로 판단된다. 즉, 수계를 중심으로 한 환경관리체계가 확립되어 행정단위와 유역관리청의 기능과 역할분담 문제뿐만 아니라 수역의 환경용량까지 고려하는 개발계획의 가부결정에 이르기까지 종합적으로 포괄하는 종합관리체제가 구축되었는데, 이러함에도 불구하고 수자원에 대한 소유권의 미정립, 수질오염에 따른 외부효과(external effect)의 내부화의 어려움, 환경영향평가의 미흡과 총량규제의 미실시, 소극적인 배출허용기준의 지역지정 등 개발행위를 규제할 만한 법적 기반의 미흡 등 분명하지 않은 복잡한 고려사항이 많아 공유자원의 대표적인 케이스인 물관리에 있어서 쉽게 해결할 수 없는 소위 '뜨거운 감자'로 부각될 가능성이 높을 것이다.

2. 핌피: 경마장 유치 갈등사례

1) 사례의 개요

한국마사회가 부산에 경마장을 만들기로 계획한 것은 지난 1990년이다. 건립 후보지도 을숙도 석대동에서 둔치도로 바뀌었다. 그러나 1992년 마사회는 경마장 건설 후보지를 부산 대신 경주보문단지로 변경했다. 둔치도가 그린벨트여서 건립이 불가능하다는 것이 이유였다. 그러던 중에 1993년 경상남도가 경마장 유치에 뛰어들었다. 부산시는 경마장 유치를 추진해오다 2002년 부산아시안게임 유치로 인해 보류했었으나, 1996년 지역상공인과 지방정부를 중심으로 이를 재추진하여 강서구 둔치도에 승마경기장을 건설하고, 아시안게임이 끝나면 이를 경마장 시설로 전환'할 것을 구상하게 되었다. 이때부터 부산과 경남이 치열한 경마장 유치경쟁을 벌이기 시작하였다.

부산시는 문정수 시장 취임 직후부터 경마장 유치를 역점사업 중 하나로 선정하여 유치노력을 기울여 오다 1996년 1월 부산시와 부산시 상공계가 아시안게임을 위한 승마경기장을 강서구 둔치도에 건설 후 대회가 끝나면 이를 경마장으로 활용하는 방안을 추진하면서 경마장 유치노력이 가속화되었다. 그러나 경상남도도 경마장 유치를 공언하면서, 김혁규경남지사가 이를 부산·경남의 공동수익사업으로 할 것을 요구하게 되었다. 이에 대해 부산시는 1996년 8월에 단독으로 둔치도에 경마장을 건설하기로 내부방침을 확정하고 아시안게임 이후 경마장 재활용계획을 문화체육부에 제출했으나, 이를 승마장으로 축소 건설하라는 문화체육부의 답변을 듣게 된다. 반면 경상남도는 경남 진해시와 부산 강서구에 걸친 경마장 건설계획, 즉 공동 유치안을 건설교통부에 제출하면서, 1996년 9월에 대통령 및 국무총리로부터 이에 대한 긍정적 답변을 얻어내었다.

1996년 10월에 문화체육부와 한국마사회가 부산 둔치도와 경남 진해시, 2곳의 후보지에 대해 합동실사를 실시하고 난 직후, 경상남도는 문화체육부와 한국마사회에 진해시 웅동 2동과 부산시 강서구 녹산동 일대 40만평(경남 16만평, 부산 24만평)의 부지에 대한 경마장 조성계획을 밝혔다. 이에 대해 부산시는 1996년 11월에 둔치도에 경마장이 유치될 경우 일정기간 마권(레저)세를 감면하는 등 정부의 요구조건에 적극 협조할 것이며, 둔치도와 경남 김해시 장유면에 걸쳐 경마장을 공동으로 유치해 마권세를 50대 50으로 배분할 것이라는 답변서를 '경마장 후보지 합동실사반'에 제출했다. 1996년 12월에 부산시와 경상남도는 강서구 범방동 범방마을과 김해시 장유면 수가리 가동마을을 경마장부지로 최종 합의하고 경마장 운영에 따른 마권세는 반반씩 갖기로 합의하였다. 1997년 3월에 한국마사회와 부산시, 경상남도는 양 지방정부가 당초 합의했던 금병산 일대지역에 경마장을 건설하기로 합의하고 문화체육부에 최종승인을 요청하였다. 그리고 그 다음날 경마장 공동건립이 확정되었고, 경마장 부지는 김해시 장유면 수가리 일부와 부산 강서구 범방리 일원 금병산 자락 50만평으로 결정되었다.

경마장 예정지에 대해 건교부가 그린벨트 해제문제에 완강히 반대하고, 문화체육부 등 중앙관계부처가 지역주민의 반대 등을 이유로 사업승인이 어렵다고 밝히자, 부산시는 경마장 건설을 재추진하기 위해 경상남도와 공동으로 중앙부처를 재차 설득하기를 원한 반면, 경상남도는 경마장 입지 재선정을 주장했다. 경마장건설을 둘러싸고 1998년 7월 경상남도가 다시 뒤늦게 경마장 위치를 진해가주동과 강서구 녹산동 옥포마을로 이전을 주장하면서, 그 근거로 금병산에 경마장을 건설하면 집단묘지 이전의 민원발생과 지반연약으로 공사비가 많이 든다고 주장하면서 또다시 부지변경을 주장하고 나섰다. 이에 대해 부산시는 경마장 위치를 변경할 경우 부산에서의 접근성이 떨어지고 장기적으로는 경전철과 지하철 3호선을 연결해야 하기 때문에 수천억원의 예산을 투자해야 하는 문제가 있음 지적하며 경상남도의 부지변경에 반대하였다. 한편 1998년 11월 한국마사회가 범방, 수가리 일대 경마장 위치를 번복하고 재실시하겠다는 입장을 부산시에 통보해 오면서, 경마장 위치를 둘러싼 갈등이 더욱 증폭되었다. 1999년 4월에 이르러 부산시와 경상남도는 행자부차관 주재로 마사회, 문화관광부 관계자들이 참석한 가운데 열린 공동경마장 부지선정 관계자 회의에서 '마권세의 균등한 배분을 위한 행정구역 경계조정의 조속한 추진, 행정구역경계의 경마장 경주로 중앙통과, 경마장 부지의 동일면적 편입 등'을 전제로 범방동 390번지 일대에 공동경마장을 건설키로 잠정 합의했다.

부산시장, 경남지사, 마사회장은 1999년 5월 14일, 부산 강서구 범방동 금병산 일원의 32만평 부지에 경마장을 건립키로 최종 합의하고 합의서를 교환했다. 두 시·도와 마사회는 이날 합의서에서 경마장과 승마경기장의 위치를 이같이 결정하면서 경주로와 부지면적이 양 시·도 간에 절반씩 걸치도록 행정구역을 조정, 마권세를 50대 50으로 나눠 갖기로 했다.

2000년 2월 22일 부산시와 경상남도, 부산강서구청, 김해시는 '경마장 관련 관계기관회의'에서 경마장 편입부지 매수 업무를 관할기초지방정부인 강서구청과 김해시가 각각 별도로 추진하되 전담반을 강서구청에 마련하고 김해시는 일정 인원을 강서구청에 파견, 보상업무를 처리하기로 했다. 그 결과 부산, 경남 공동경마장 용지매수 업무의 원활한 추진을 위해 부산 강서구청과 김해시가 부지매입 전담반을 강서구청에 설치, 합동으로 근무하게 하였다. 이들 기관은 또한 경마장설치 인·허가지원단을 구성키로 합의하고 필요 인력은 부산시와 경상남도가 협의하여 추후 차출키로 했다.

<표 4-3> 갈등의 주요 진행과정

년월일	주요내용
1996. 1.	부산시와 부산상공계, 아시안게임을 위한 승마경기장을 대회가 끝나면 이를 경마장으로 활용하는 방안 추진. 한편 경상남도도 경마장 유치를 선언.
1996. 8.	경상남도는 진해시(경상남도)와 강서구(부산시)에 걸쳐 경마장을 건설하겠다는 계획(공동유치안)을 건설교통부에 제출. 한편, 문화체육부에서 부산시의 경마장 재활용계획에 대해 승마장으로 축소 건설하라고 답변함.
1996. 9 .	부산시는 둔치도의 경마장 유치당위성을 설명하는 건의서를 건교부에 제출.
1996. 9. 12	경상남도 측이 대통령, 국무총리로부터 공동유치안에 대한 긍정적 답변을 얻어냄.
1996. 9. 17	부산시는 경상남도의 공동유치 건의는 일단 수용하되 경마장 입지는 둔치도 고수 입장제시.
1996. 9. 18	부산시의회 '경마장 부산단독유치 촉구결의문'채택키로 함. 결의문이 작성되는 대로 청와대 항의방문, 대통령 면담추진 등 단독유치 운동 전개키로 함.
1996. 10. 29	문화체육부와 한국마사회가 부산 둔치도와 경남 진해시, 2곳의 후보지에 대해 합동실사 실시.
1996. 12. 13	부산시와 경상남도, 강서구 범방동 범방마을과 김해시 장유면 수가리

	가동마을을 경마장부지로 최종 합의. 경마장 운영에 따른 마권세는 반반씩 갖기로 합의.
1996. 12. 20	한국마사회가 기술실사 결과 양 지방정부가 합의한 부지에 대해 과다한 공사비를 이유로 난색.
1996. 12. 27	경상남도는 진해시와 웅동2동과 부산 강서구 송정동 일대에 경마장 유치를 재추진.
1997. 3. 5	범방마을 '경마장설치반대대책위원회' 측과 유치에 따른 협상을 제기한 주민들간 갈등으로 대책위원회 위원들 일괄사퇴. 한편 협상필요성을 제기한 주민들이 '경마장대책위원회'를 구성함.
1997. 3. 7	부산경마장 공동건립 확정. 경마장 부지는 김해시 장유면 수가리 일부와 부산 강서구 범방리 일원 금병산 자락 50만평으로 결정.
1997. 4. 7	경남지사와 부산시장이 문화체육부와 청와대를 방문, 경마장 건설 조기승인을 건의. 그러나 경마장 예정지에 대해 건교부가 그린벨트 해제문제에 완강히 반대하고, 문화체육부 등 중앙관계부처가 지역주민의 반대 등을 이유로 사업승인이 어렵다고 밝힘.
1997. 4. 22	부산시는 경마장 건설을 재추진하기 위해 경상남도와 공동으로 중앙부처를 재차 설득하기로 한 반면, 경상남도는 경마장 입지 재선정을 주장.
1997. 7. 10	경상남도는 행정구역개편을 전제로 김해시 장유면 장유리 율하리 일대를 새로운 후보지로 제시. 그러나 부산시는 기존의 합의사항을 관철 주장.
1998. 7. 17	부산시와 경상남도는 기존에 합의했던 경마장 유치를 재추진키로 하고 부산시장과 경남지사가 현장답사 후 적지를 선정, 정부측에 경마장승인을 공동으로 요청키로 함.
1998. 11.14	한국마사회가 범방, 수가리 일대 경마장 위치를 번복하고 재실시하겠다는 입장을 부산시에 통보.
1999. 1. 22	건설교통부장관은 경마장 부지 선정과 관련, 부산시와 경상남도가 추진 중인 행정구역 개편방안을 정부차원에서 적극 지원하겠다고 밝힘.
1999. 3. 27	부산시 문화관광국장과 경남의 문화관광국장이 경마장 문제를 협의했으나, 경남 측에서 행정구역변경에 대한 보장책이 없다며 최종합의를 거부.
1999. 4. 7	부산시와 경상남도는 행정자치부차관 주재로 마사회, 문화관광부 관계자들이 참석한 가운데 열린 공동경마장 부지 선정 관계관 회의에서 범방동으로 결정.
1999. 5. 14	경마장부지 절반을 포함한 25만-30만평을 경상남도에 주고 이에 상응하는 땅을 받는 방식으로 행정구역 조정방법 결정.
1999. 8. 12	부산시, 경상남도, 한국마사회 '공동경마장 건설 관련 부산, 경남권 행정구역 경계조정 변경협의회를 열어 경마장 부지를 사실살 확정.
1999. 8. 17	부산시와 경상남도의 행정구역 조정협의 사실상 확정, 부산시는 강서구 범방동 금병산 남쪽 임야 2만 여평을 경상남도에, 같은 면적의 김해시 장유면 수가리 가동마을 일대 농경지와 임야를 부산으로 각각 편입하는 것으로 합의.
1999. 11. 4	건교부 차관, 부산시 부시장, 경상남도 부지사, 한국마사회 부사장은 '개발제한구역 행위승인범위'등에 대한 회의를 갖고 공동경마장 건설에 합의.
1999. 11. 9	'부산시 등 4개시·도의 관할구역변경에 관한 법률'을 국무회의에 상정
2000. 1. 12	'부산시 등 4개시·도의 관할구역변경에 관한 법률' 제정

2) 갈등단계별 요인

경마장 유치와 관련해서 갈등발생단계를 인식하는 정도는 양 지방정부간의 약간의 차이가 있고, 또한 중첩되는 부분이 있어 어느 시점이 정확하게 갈등의 발생단계 혹은 증폭단계, 완화단계라 말하기는 곤란한 점이 있다.

하지만, 여기에서 제시한 갈등단계별 특징을 기준으로 해서 나누어 보면, 이 사례의 경우 1996년 1월 부산광역시가 부산시와 부산상공계가 아시안게임을 위한 승마경기장을 대회가 끝나면 이를 경마장으로 활용하는 방안을 추진하고, 경상남도가 공동유치를 제시하면서 경마장 유치에 적극적으로 나서면서부터 발생한 것으로 보여 진다. 갈등의 증폭단계는 1997년 4월 경남도지사와 부산시장이 문화체육부와 청와대를 방문, 경마장 건설 조기승인을 건의했으나 경마장 예정지에 대해 건교부가 그린벨트 해제문제에 완강히 반대하고, 문화체육부 등 중앙관계부처가 지역주민의 반대 등을 이유로 사업승인이 어렵다고 밝힘으로써, 경상남도는 입지 재선정을 주장하고 부산시는 기존의 합의사항 관철을 주장하면서 양 지방정부간의 갈등이 증폭된 것으로 보여 진다.

갈등의 완화단계는 1999년 1월 건설교통부장관이 경마장 부지선정과 관련, 부산시와 경상남도가 추진 중인 행정구역 개편방안을 정부차원에서의 적극지원의 의사를 밝히고 4월에 부산시와 경상남도는 행정자치부차관 주재로 마사회, 문화관광부 관계자들이 참석한 가운데 열린 공동경마장 부지 선정 관계관 회의에서 범방동으로 결정하면서부터 완화단계로 나누어 볼 수 있다.

양 광역지방정부가 경마장 유치에 적극적일 수밖에 없는 가장 큰 이유는 경마장 운영과 관련된 수입과 관련되어 있는 것으로 보여 진다.[54] 기존 지방세법상 '한국마사회는 납세의무자로서 경마장 소재지 및 장외발매소(場外發賣所) 소재지의 도·특별시·광역시에 마권세[55]를 납부할 의무가 있다(지방세법 제 152조). 과세표준은 승마투표권(勝馬投票券)의 발매금 총액으로 하고(동법 제 153조), 세율

---

54) 마사회의 한 관계자는 부산의 경우 경마장을 개장하면 2~3년 후엔 손익분기점에 달할 것으로 보인다는 내용으로 말하고 연간매출액도 서울경마장의 약 30%정도는 될 것으로 추정했으며, 2001년 기준 서울경마장의 예상매출액이 4조원이라는 점을 감안하면 부산의 매출액은 이의 30%인 1조 2천억원이 된다. 이럴 경우 1년 동안 부산 혹은 경남에 떨어지는 마권세만 1천 2백억원이 된다.

55) 마권세는 지방세(地方稅)이고 보통세(普通稅)이며(지방세법 제 5조), 특별시세(特別市稅)·광역시세(廣域市稅)·도세(道稅)에 속한다(동법 제 6조). 종전에는 경주·마권세(競走·馬券稅)라고 하였으나, 2001년의 지방세법의 개정에 의하여 레저세로 명칭이 변경되었다.

은 100분의 10으로 한다(동법 제 154조).'라고 규정되어 있다. 예로 경기도 과천에 있는 서울경마장의 경우 1995년 1년 동안 마권 판매로 벌어들인 수입이 자그마치 2조1천58억원이며, 경마장을 운영하는 한국마사회는 마권매출액의 10%인 2천1백억원를 지방세인 마권세로 관할 지방정부인 경기도에 납부한다. 이러한 이유로 양 지방정부는 경마장 유치를 위해 매우 적극적인 것으로 보인다.

경마장 유치와 관련된 갈등을 발생단계별로 요인들을 제도적 요인과 행위자의 특성, 환경적요인으로 나누어 분석하면 다음과 같다.

(1) 갈등발생단계

① 제도적 요인

갈등의 발생의 요인으로서의 제도적 요인은 지방세법과 행정협의회가 존재했었으나 크게 작용하지 않은 것으로 분석되었다. 제도적 요인 중 경계의 규칙은 명확했으나 통합의 규칙, 정보의 규칙, 보상의 규칙, 범위의 규칙 등은 미비한 것으로 나타났다. 지방세법과 관련해서 경마장수익에 대한 마권세인데, 마권세는 지방세 10%, 교육세 5%, 농어촌특별세 2%, 법인세 3% 등으로 구성되어 있어 10%의 지방세는 지방정부의 재정에 큰 도움을 줄 수 있는 것이었다. 또한 갈등발생단계에서 경상남도의 경마장 공동건설에 요청에 대해 행정협의회의가 구성되어 있었으나 그 기능은 미비했고, 실무자간 비공식적 의견교환만이 이루어진 것으로 면접결과 나타났다.

부산시의 경우 2002년 아시안게임의 승마경기장을 경마장을 사용할 경우 한국마사회가 1천억원 이상이 소요되는 건립비용의 대부분을 부담하게 돼 그만큼 승마장 건립비용이 절감될 수 있고, 또한 경마장이 유치되면 시는 마권세 농어촌진흥기금 등 연 9백억원씩의 지방세 수입을 올릴 수 있고 직접고용 1천6백명, 간접고용효과가 2만명으로 예측돼 지역경제 발전에 큰 도움을 줄 수 있을 것으로 파악하고 있었다.

반면 경상남도의 경우 울산광역시 승격에 따른 경상남도의 8백억원대의 세수감소를 보충하기 위해 1996년 8월에 경마장을 부산과 공동으로 만들 수 있도록 해달라는 경마장을 건설계획을 건설교통부에 제출했었다.

② 행위자 특성 요인

갈등발생단계에서 행위자의 특성요인 중 중요하게 작용한 것은 양 자치단체장의 적극적인 관심과 의지의 표명이었다. 양쪽 자치단체장 모두 협상능력과 자원동원능력, 전문성이 뛰어난 것으로 나타났다. 부산광역시의 경우는 갈등발생단계에서 보면, 문정수시장 취임 직후부터 '경마장 유치'를 역점사업 중 하나로 선정하여 유치노력을 기울여 오다 1996년 1월 부산시와 부산시 상공계가 아시안게임을 위한 승마경기장을 강서구 둔치도에 건설 후 대회가 끝나면 이를 경마장으로 활용하는 방안을 추진하면서 경마장 유치노력이 가속화되었으며, 1996년 3월 국무총리실에서 열린 지방자치제도발전위원회 제 1차 회의 참석 후, 시 관계부서 국장 과장들을 대동해 내부무장관과 문화체육부장관을 잇달아 만나 경마장 유치와 관련 2002년 부산아시안게임에 필요한 국제규모의 승마경기장을 확보하고 대회 후 경마장으로 활용할 수 있도록 한국마사회 추진 중인 경마장 유치를 문화체육부가 적극 지원해 줄 것을 요망했으며, 동년 6월 가덕도신항만 부지와 항만운영실태 점검을 위해 부산을 방문한 나웅배 부총리겸 재정경제원 장관에게 사직경기장을 비롯한 아시안게임 경기장 6개 시설 건립을 위해 신청한 국비 8백25억원, 초읍터널 접속도로 등 6개 진입로 건설지원비 1천 39억원이 최대한 반영될 수 있도록 요청함과 동시에 경마장의 부산유치를 위해 정부 차원의 지원을 호소했다. 반면, 김혁규 경남도지사는 여러 경로를 통해 부산과 경남의 공동수익사업으로 경마장 설치가 절실하니 이를 허용해 줄 것을 주장했고, 또한 협조공문을 청와대, 총리실, 문화체육부 등의 주요 부처에 발송한 것으로 나타났다. 또한 1996년 9월 경상남도는 경남 진해시와 부산 강서구에 걸친 경마장 건설계획, 즉 공동유치안을 건설교통부에 제출하는 한편, 대통령 및 국무총리로부터 이에 대한 긍정적 답변을 얻어냈었다.

③ 환경적 요인

갈등발생 초기단계에서의 환경적 요인으로서는 부산광역시의 경우는 상급정부(중앙정부 포함)의 개입수준은 높지 않았으며, 지역의 언론과 지방의회, 시민단체의 관심과 참여는 어느 정도 높은 것으로 나타났다. 특히 갈등발생 초기 지역주민들의 관심과 참여는 더 높은 것으로 분석결과 나타났다. 상급정부의 경우는 부산의 둔치도와 경남 진해시 2곳의 후보지에 대해서 합동 실사를 하고 경마장

조성계획을 발표하는 등 크게 개입하지 않았으며, 지역언론의 경우는 부산의 지역신문인 P신문의 1996년 1월 1일부터 1997년 3월까지의 경마장 유치관련 기사의 수가 50여 개 정도 되는 것만 보더라도 지역 언론이 어느 정도 관심을 보였는지를 알 수 있었다. 특히 부산상공계는 경마장건설계획 초기부터 부산시와 함께 적극적으로 아시안게임 승마경기장을 경마장으로 활용하는 방안에 적극 참여하는 모습을 보여 왔었다. 지역 주민의 경우는 둔치도개발운영위원회는 둔치도 경마장 유치를 위한 강서구민 궐기대회를 개최하고, 탄원서 등을 제출하기도하고, 또한 강서구 녹산동, 범방동 일대 주민은 미나리 농사 지장과 조상 묘지 이장 곤란 등의 이유로 설치 반대를 결의하기도하는 주민들간의 갈등도 나타났었다.56) 경상남도의 경우 또한 부산시와 크게 다른 점은 없었으나 지역언론과 지역주민의 관심과 참여는 부산시와 비교하여 그 정도가 조금 약한 것으로 분석되었다. 이는 단체장과 지방정부, 지역주민, 지방의회, 경제단체 등 모두가 이해관계가 일치했었기 때문에 지역언론과 지역주민은 경마장 공동유치에 대해 부산시를 가능한 자극하지 않으려는 것으로 해석될 수 있을 것이다. 또한 울산광역시의 승격으로 경상남도에서 분리됨으로 인한 지방재정의 악화도 경상남도가 경마장 유치에 적극적인 요인이었다.

(2) 갈등증폭단계

갈등의 증폭단계는 1997년 4월 경남도지사와 부산시장이 문화체육부와 청와대를 방문, 경마장 건설 조기승인을 건의했으나 경마장 예정지에 대해 건교부가 그린벨트 해제문제에 완강히 반대하고, 문화체육부 등 중앙관계부처가 지역주민의 반대 등을 이유로 사업승인이 어렵다고 밝혔다. 이에 경상남도는 경마장 입지 재선정을 주장하며, 행정구역개편을 전제로 한 김해시 장유리 일대를 새로운 후보지로 제시했으나 부산시는 기존의 합의사항관철을 주장하면서부터 두 지방정부간의 갈등이 증폭되는 것으로 보여 진다.

---

56) 강서구 범망마을 주민들은 '경마장 조성 범망마을 대책위원회'를 구성하여 보상문제 등에 대해 논의하는 반면, 일부주민은 '범망동 범투쟁위원회'를 비롯해서 인근주민 반대의 반대 등 주민간의 양분된 모습을 보였다.

① 제도적 요인

갈등증폭단계의 제도적 요인은 갈등을 해결하기 위한 행정협의회가 존재하고 있었다. 하지만 갈등 해결을 위한 의사결정 방식이 불분명했고, 당사자간의 의사소통, 정보교환, 공유, 당사자간 권한배분도 불분명하여 그 기능을 제대로 발휘하지 못한 것이 원인이 되었다. 즉 건교부가 그린벨트 해제문제에 완강히 반대하고 문화체육부 등 중앙관계부처가 사업승인이 어렵다고 밝히자, 경상남도는 부산지역에서 또 다른 경마장 부지를 구하는 것이 현실적으로 불가능하고 청와대측이 양 시·도가 다른 부지를 선정해 신청하면 경마장 건설을 승인할 수 있다는 입장을 보이고 있는 만큼 경남에 경마장을 유치하되 경마장 땅의 절반을 행정구역 개편을 통해 부산에 편입시키고 마권세수익(연 1천억원 예상)은 양 시·도가 균분하자는 안을 부산시에 제안했다. 그러나, 부산시는 시·도간의 행정구역 개편은 국회의결을 거쳐야 하는 사항으로 경마장유치를 위한 행정구역 개편 요구는 설득력이 부족해 현실적으로 불가능하다고 주장하면서, 행정구역 개편을 구실로 경남지역에 경마장을 우선 설치하고 나서 마권세 수익 등을 독식하려는 의도라며 서로 상대를 불신하는 모습까지 보이기도 했다.

② 행위자 특성 요인

갈등증폭단계에서 행위자 특성요인은 이해관계자들의 갈등을 심화시키는데 많은 영향을 미친 것으로 분석되었다. 두 자치단체장의 적극적인 관심과 의지의 표명과 자원동원의 능력 등이 상호 복합적으로 작용하여 갈등이 증폭된 것으로 나타났다. 1998년 6월에 청와대에서 있은 김대중 대통령 초청 전국 시·도지사간담회에서 경마장유치 필요성을 재확인하고, 7월에는 안상영 부산시장과 김혁규 경남지사가 후보지들에 대해 현장답사 가지는 등 적극적인 행태를 보였었다. 부산발전연구원이 1998년 11월에 발표한 양 지방정부가 주장하는 후보지들에 대한 평가에 따르면 부산시와 경상남도, 한국마사회가 지난해 3월 합의한 범방·수가지역이 경상남도가 뒤늦게 합의를 번복하고 이전을 주장하고 있는 송정·웅동지역 보다 사업비가 1천억원 정도 절약되고 접근 교통망도 훨씬 양호하다는 평가결과를 내놓기도 했다.

또한 11월 13일 한국마사회는 부산시장실에서 안상영 부산시장에게 경마장 위치를 지난해 3월에 합의했지만 경상남도의 강한 이의제기가 있는 만큼 양 시·도가 합의하지 못하면 평가단을 통한 재실사가 불가피하다며 부산시의 협조를 요청했으나, 안상영 부산시장은 이미 합의한 경마장 위치가 접근성이 좋고, 한국마사회와 경상남도 및 부산시가 합의한 사항을 번복할 수 없으며, 합의 불이행 때 예상되는 부산시민과 부산시의회의 반발을 무마할 수 없을 뿐 아니라 위치가 변경될 때 접근도로 건설 등으로 엄청난 예산이 추가 소요된다는 이유를 들어 재실사에 반대했다. 반면 김혁규 경남지사는 이날 진해 웅동지역이 범방·수가리 지역을 능가하는 경마장 적지라며 위치변경을 주장한 뒤 양 시·도 경계지역 내 경주로 배치와 균등한 토지편입을 통해 마권세 배분상의 분쟁요인을 사전에 예방하는 실질적인 공동경마장이 건설된다면 수용할 것이라고 말했다.

③ 환경적 요인

갈등증폭의 환경적 요인으로는 갈등이 증폭되면서 한국마사회와 중앙정부, 지역의 언론과 지역의 국회의원, 지역주민 등의 참여와 관심은 매우 높게 나타났다. 지역 주민의 경우는 주민대표들이 한국마사회를 방문하고 경마장부지의 조기 확정을 요구했고, 범망동 경마장대책위원회는 비상대책위원회를 열어 조속한 경마장 건설을 촉구하기도 했었다. 반면에 경마장 건립을 반대해온 범방동범투쟁위원회는 '경마장 유치 완전백지화 궐기대회'를 개최하는 등 주민들은 경마장 건설에 대해 적극적인 모습을 보였다. 또한 한나라당 김동욱 도지부장 등 경남출신 의원 15명은 1998년 8월 이정무 건설교통부장관과 면담을 갖고 2002년 아시안게임 승마장 건설 예정 부지를 범방·수가지역에서 송정·웅동지역으로 변경해 줄 것을 건의하는 등 지역 국회의원들도 경마장 입지선정과 관련해서 적극적인 모습을 보였다.

(3) 갈등의 완화 및 종결 단계

갈등의 완화단계는 1999년 1월 건설교통부장관이 경마장 부지선정과 관련, 부산시와 경상남도가 추진 중인 행정구역 개편방안을 정부차원에서의 적극지원의 의사를 밝히면서부터 갈등이 완화되기 시작한 것으로 보여 진다.

① 제도적 요인

갈등의 완화 및 종결단계에서의 제도적 요인이 크게 작용한 것으로 분석되었다. 특히 제도적 요인 중 경계의 규칙과 통합의 규칙, 보상의 규칙, 범위의 규칙이 크게 작용한 것으로 나타났다. 즉, 1999년 5월 경마장부지 절반을 포함한 25만-30만평을 경상남도에 주고 이에 상응하는 땅을 받는 방식으로 행정구역 조정방법을 결정하고, 1999년 11월에 부산·경남권 공동경마장 건립에 따른 행정구역 개편을 규정한 부산시 등 4개시·도의 관할구역변경에 관한 법률[57]을 국무회의에 상정하여 2000년 1월 12일에 공포되었다. 또한 부산시와 경상남도, 부산 강서구청, 김해시는 '경마장 관련 관계기관회의'에서 경마장 편입부지 매수업무를 관할 기초지방정부인 강서구청과 김해시가 각각 별도로 추진하되 전담반을 강서구청에 마련하고 김해시는 일정한 인원을 강서구청에 파견, 보상업무를 처리하기로 했다. 그리고 서로 경마장설치 인·허가지원단을 구성키로 합의하고 필요인력은 부산시와 경상남도가 협의해 추후 차출키로 했다. 이밖에 부산시와 경상남도는 '경마장 관련 행정절차가 최대한 빨리 진행되도록 한다'는 원칙에 합의하고 도시계획 시설 결정 추진기관을 부산시로 하며 경상남도는 관련 업무를 부산시에 위임하기로 결정했다.

② 행위자 특성 및 환경적 요인

갈등증폭단계에서 행위자 특성요인은 갈등의 완화 및 종결에 있어 다른 요인들에 비해서 적게 작용한 것으로 분석되었다. 하지만 단체장의 협상능력과 자원동원능력 문제해결방식에 있어 적극적 문제해결 방식은 크게 작용한 것으로 나타났으며, 또한 정치적 요인 즉, 중앙의 정치적 지원과 상급정부와 마사회의 중재노력 등이 많이 작용한 것으로 나타났다. 즉, 건설교통부 장관이 경마장 부지 선정과 관련해서 행정구역개편방안을 적극 지원하겠다고 밝힌 후, 부산시와 경상남도는 행정자치부차관 주체로 마사회, 문화관광부 관계자들이 참석한 가운데 마권세 균등한 배분을 위한 행정구역 경계조정과 행정구역 경계의 조속한 추진, 행정구역경계의 경마장 경주로 통과, 경마장 건설부지의 동일면적 편입을 전제

57) 부산광역시 등 4개 시·도의 관할구역 변경에 관한 법률 [제정 2000.1.12 법률 제 6114호]의 해당 주요내용은 다음과 같다. 제 2조 (부산광역시와 경상남도간 관할구역 변경): ① 다음의 지역을 부산광역시 강서구의 관할구역에서 제외하고, 동 지역을 경상남도 김해시의 관할구역에 편입한다. 부산광역시 강서구 범방동중 산28의1번지(일부), 산29번지(일부), 산31의1번지…… 1475번지, 1476번지. ② 다음의 지역을 경상남도 김해시의 관할구역에서 제외하고, 동 지역을 부산광역시 강서구의 관할구역에 편입한다. 경상남도 김해시 장유면 수가리중 산60의6번지, 산60의10번지, 산60의12번지…… 805의4번지, 806번지 내지 808번지.

로 공동경마장 부지선정 관계관 회의에서 범방동으로 결정하였다[58]. 1999년 11월에는 건교부차관, 부산광역시장, 경남도지사, 한국마사회 부사장은 개발제한구역 행위승인범위 등에 대한 회의를 갖고 공동경마장 건설에 합의했다.

(4) 요약 및 결론

이 사례의 경우는 갈등의 주체는 부산광역시와 경상남도이며, 원인은 초기에는 경마장 수익과 관련된 경제적 이해관계였으나 시간이 경과 될수록 입지 선정에 대한 갈등으로 변화되었으나 가장 근본적인 이유는 지방세수입과 관련한 경제적 이권 다툼이라 볼 수 있다.

한국마사회가 부산에 경마장을 만들기로 계획한 것은 지난 1990년이다. 건립후보지도 을숙도 석대동 둔치도로 바뀌었으며, 1992년 마사회는 경마장 건설지를 부산 대신 경주보문단지로 변경했다. 둔치도가 그린벨트여서 건립이 불가능하다는 게 이유였다. 1996년부터 경상남도가 경마장 유치에 적극 뛰어 들면서부터 부산과 경남이 치열한 2파전이 예상되었다. 연간 1천억 원 안팎의 노다지 마권세를 노린 줄다리기였다. 정치권 입김까지 가세, 제 2지방경마장 부지 선정은 10년 가까이 혼미를 거듭했다. 결국 부산시와 경상남도가 마권세를 균등 배분키로 하고 범방동경마장을 결정했다. 말썽의 소지를 우려, 행정경계선도 경주로(競走路) 중앙으로 변경키로 합의했다.

갈등의 요인별로 살펴보면 갈등발생단계에서는 부산이 경마장 건설과 관련해서 지역상공인과 독자적인 경마장 유치를 위해 노력하는 가운데 경상남도가 공

---

58) 승마장 및 경마장은 부산 강서구 범방동과 경남 김해시 장유면 수가리 일대 124만5천여㎡의 부지에 들어서게 된다. 이는 경기도 과천에 있는 서울경마공원 114만7천㎡보다 큰 규모. 또 서울경마공원은 경주로가 2개이지만 부산·경남 경마장은 연습주로 1개를 포함해 3개가 되며, 주차장 수용규모도 서울은 3천500대인 반면 부산·경남은 6천100대로 더 넓다. 토지 보상비를 포함한 총 사업비 4천733억원은 한국마사회가 부담하게 되며, 동부건설이 시공을 맡는다. 22만3천㎡의 아시안게임 승마장은 내년 7월에 우선 완공돼 경기를 치르며 27일 승마장과 동시에 공사가 시작된 경마장은 2004년 12월 완공돼 2005년 개장한다. 또한 이 승마장은 아시안게임에 사용된다. 그러나 경마장은 이후 지방재정에 상당한 수익을 주는 복합레저공간으로 자리 잡게 될 전망이다. 부산시는 우선 부산·경남 경마장의 연간 매출액이 서울경마장(지난해 4조5천억원)의 절반에 못 미치는 2조원 정도가 될 것으로 예상하고 있다. 그러나 이것으로도 마권세 2천억원을 확보할 수 있어 부산과 경남은 각각 1천억원의 세수를 증대시킬 수 있다. 부산시는 또 공사 과정에서 연인원 60만명의 고용을 창출할 수 있으며 개장 이후에도 1천500여명을 상시 고용시킬 수 있어 지역경제 활성화에 엄청난 도움이 될 것으로 기대하고 있다. 부수적으로 연결도로 설치와 밀양-녹산간 지방도 확장 등 도시 인프라를 구축할 수 있는 것도 매력이다. 무엇보다 부산시는 서부산권에 관광·레포츠 자원인 경마장이 들어서면 지역 균형개발에 큰 기여를 할 것으로 내다보고 있다(부산일보 2001. 8. 28).

동유치를 주장하면서 갈등이 발생되기 시작했었는데, 여기에 양 자치단체장의 적극적 관심과 의지표명 그리고 리더십도 가세하였으며, 또한 지방의회와 지역주민, 지역언론들이 적극 가세하였다. 갈등의 증폭단계에서는 의사결정 방식, 당사자간의 의사소통, 정보교환 및 공유, 당사자간 권한배분의 불명확함과 양 자치단체장의 적극적인 관심과 의지의 표명과 자원동원의 능력 등이 상호 복합적으로 작용했으며, 이는 상대단체에 대한 불신으로까지 이어졌다. 게다가 중앙정부, 지역의 언론과 지역의 국회의원, 지역주민 등의 매우 높은 참여와 관심을 나타내었다. 갈등의 완화 및 종결단계에서는 중앙의 정치적 지원과 상급정부의 중재가 가장 크게 작용하였으며, 이로 인한 부산시 등 4개시·도의 관할구역변경에 관한 법률이 제정되고 경마장설치 인·허가지원단을 만들기로 합의하면서, 제도적 요인들이 명확해지고, 이로 인해 갈등이 종결되었다.

이 사례의 경우는 많은 시간이 소요되기는 했으나 폭력이나 법정분쟁까지는 가지 않았고, 중앙정부 및 관련 상급정부의 중재노력으로 갈등이 종결되었으나, 경마장 건설이후 운영권과 관련해서는 정확하게 제도화하고 있지 않아 갈등의 불씨는 여전히 안고 있는 것으로 보여 진다.

3. 관할구역: 해상 도(道)경계 조정 갈등사례

1) 사례의 개요

아산국가공업단지 항만개발사업 계획에 의거 시행하고 있는 항만시설의 일부가 준공되자 인천지방해양수산청장의 지적등록 신청에 따라 경기도(평택시)에서 종전의 지형도상의 도간 해상경계를 불문하고 신규 토지등록을 마침에 따라 도간 경계분쟁이 야기되었다. 또한 서해안 고속도로상에 서해대교가 건설됨에 따라 도(道)경계표지판 설치 위치에 대한 다툼도 발생하게 되었다. 본 사례 갈등은 1997년 12월 1단계 평택항 호안 및 안벽공사 준공으로 서해대교 인근에 59만여㎡의 공유수면매립지가 조성되면서 시작되었다. 당진군은 1999년 12월 당진군 관할 토지라며 공유수면매립지 제방 3만 7691㎡ 가운데 3만 2885㎡를 당진군 신평면 매산리 976으로 토지대장과 지적도에 중복 등록하고 평택시에 등록된 토지의 말소를 요청했다. 이에 평택시는 2000년 3월 행정자치부 중앙분쟁조정위원회에 분쟁조정을 신청했고 위원회가 이 문제해결을 위해 자료를 수집하고 심의중인 가운데 당진군이 2000년 9월 7일 헌법재판소에 권한쟁의 심판을 청구한다. 당진군이 헌재에 재판을 청구하자 행자부 중앙분쟁조정위원회는 경기도가 신청한 조정안을 헌재에 계류 중인만큼 조정위에서 다룰 사안이 아니다는 이유로 각하하게 된다.

결국 헌법재판소는 현장조사와 수 차례의 변론을 거친 후 2004년 9월 23일 재판관 5대4의 의견으로 당진군의 손을 들어주게 된다. 헌법재판소 전원재판부는 '아산만 해역에 있는 제방 중 당진군 공유수면에 위치해 있는 제방 자치권은 당진군 소유'라며 제기한 '권한쟁의심판사건'에서 당진군에 자치권이 있다고 결정했다. 공유수면에 대한 행정구역의 경계는 국립지리원이 간행한 지형도상의 해상경계선을 행정구역 구분의 근거로 제시했다. 이에 따라 당진군은 제방뿐 아니라 향후 완공될 평택항의 전체면적 중 자신의 해상경계선내의 350만평까지 소유하게 됐다. 하지만 헌법재판소의 단서에 따라 분쟁의 불씨가 국회로 넘어가게 되었다.

이 갈등의 주체로는 직접당사자인 평택시와 당진군 그리고 양 기초지방정부를 대리하고 있는 경기도와 충청남도라 할 수 있다.

<표 4-4> 갈등의 주요 진행과정

년월일	주요내용
1992. 7. 25	'아산국가공업단지항만개발사업 실시계획'을 승인
1993. 8. 21	아산국가공업단지 항만개발사업 중 호안 및 기타공사에 대한 실시계획을 변경 승인
1997. 12. 17	평택항 1단계 항만시설 준공
1998. 2. 6	토지신규등록(인천지방해양수산청→평택시)
1998. 3. 23	토지신규등록(1998년5월6일 소유권 보존 등기)
1999. 7. 1.	건설 중인 토지등록 재조정 요청(충남지사→인천지방해양수산청)
1999. 12. 7	당진군에서 항만부지 이중등록
2000. 3. 3.	행정자치부 중앙분쟁조정위원회에 조정신청(평택시)
2000. 9. 1.	헌법재판소에 권한쟁의 심판청구(당진군)
2001. 1. 31	행정자치부 중앙분쟁조정위원회 각하결정
2001. 12. 2.	준비서면 제출(평택시)
2002. 6. 2	준비서면 제출(당진군)
2003. 3. 5	추가서면 제출(평택시)
2004. 9. 23	헌법재판소 당진군 자치권 인정
2005. 현재	헌재의 결정 이후 경기도와 평택시, 평택시의회 등 강력히 반발 국회입법추진 천명/ 충청권 입법청원 저지 천명

2) 갈등단계별 요인

(1) 갈등발생단계

① 제도적 요인

갈등발생단계에서의 제도적 요인은 본 사례에 크게 영향력을 미치는 아주 중요한 요인들이다. 요인을 정리해 보면 항만시설등록으로 인한 경계문제, 해양매립에 따른 토지귀속문제, 토지의 등록문제, 국립지리원 발행 지형도상 경계인정문제 등이다.

첫째, 항만시설등록으로 인한 경계의 문제에 대한 충남(당진군)의 주장은 해상에서의 경계는 관습법적 지위를 인정하여 해양·수산행정의 기준이 되고 있다. 경기도(평택시)에서 해상경계에 대한 법률적 검토 및 사전협의 없이 충남지역인 토지(제방)를 일방적으로 신규등록 한 것은 원인 무효이며 인천지방해양수산청장의 착오로 토지등록을 신청한 것을 인지한 평택시는 이를 거절했어야 했다. 항만시설로 일부 준공된 지점은 충청남도(당진군)의 어업권등록 및 어업피해 보상지역으로 지형도상 도 경계기준이 종전 충청남도 측 행정 관할구역임을 증명하고 있다. 지방정부의 행정구역은 지방자치법 제 4조에 의하여 정하도록 되어 있으나, 공유수면(바다)에 대하여는 행정구역 경계에 관한 명문화된 법규가 없어 그동안 해상경계를 근거로 관습적으로 운영되고 있다. 이에 대해 경기도(평택시)는 평택항 항만시설공사 준공과 동시에 인천지방해양수산청장이 평택시에 행정구역으로 등록한 신청에 따라 지적공부에 등록한 것이므로 지극히 적법하다고 주장하였다.

둘째, 해양매립에 따른 토지귀속 문제인데 충남(당진군)측은 공유수면(바다)매립으로 새로이 조성된 토지는 다툼이 없을 경우에는 공유 수면 매립 준공 후 지적법 제 15조의 규정에 의하여 행정구역에 편입하였으나, 다툼이 있을 경우에는 당사자간 합의나 상급기관의 중재에 따라 조정하고 있어 경기도의 해상경계를 넘은 충남해역에 대한 신규 토지등록 문제는 다툼이 필연적인 것을 잘 알고 있는 평택시에서 당사자간 합의나 상급기관의 중재는 물론 지방자치법 제 4조에 의한 행정구역의 결정 없이 평택시로 일방적으로 등록한 것은 명백한 절차상의 하자로 당연 무효이다. 또한, 아산항 항계내 지역은 지형도상 도간 해상

경계를 기준으로 충청남도와 경기도에서 각각 관리하여 오고 있는 지역으로 해상(바다)에서의 신규 토지등록 기준은 지형도상의 도간 해상경계를 종전 구역으로 보아야 하며 이를 변경하고자 할 경우에는 지방자치법 제 4조에 의거 처리하여야 한다고 주장하였다. 이에 대해 경기도(평택시)는 .해면(바다)을 매립하여 새로이 조성한 토지의 귀속(매입)에 대한 문제이므로 지방자치법 제 4조에서 정하는 협의대상이 아니다.

셋째, 토지의 등록문제인데 충남(당진군)은 토지의 경우 필지의 등록으로 특정되며 그 소속의 위치는 기존 지방정부의 권한이 미치는 영향권 내에서 등록되어야 하고 해상경계 지점 270m 구간은 항로인 해상(바다)이기 때문에 평택시와 연결하여 매립(구조물 포함)한 토지(제방)가 아니므로 평택시장의 등록은 위법이라고 주장하였다. 즉 아산항국가공업단지개발 기본계획 중 토지이용계획상 충남측 유보구역 승인과 항만개발사업 중 호안 및 기타공사 실시계획 변경 승인서상의 지역위치에 경기도 평택군 및 충남 당진군 일원으로 고시하고 있음에도 인천 지방해양수산청이 당진군과 협의 없이 평택시에 일방적으로 토지등록을 신청한 것은 위법 부당하며, 인천지방해양수산청에서는 고시한 내용을 근거로 당진군과 평택시에 각각 구분하여 토지등록을 신청하여야 함에도 지방정부간 협의 및 통보 없이 지적법 제 15조에 의거 평택시로 등록 신청한 행위는 당연 무효라고 주장하였다. 반면, 경기도(평택시)는 공유수면매립 전구간이 평택시 토지와 연결 축조된 반면 충남 당진군과는 육지와 떨어져 있는 곳에 위치한 토지로서 지적법 제 15조에 의거 평택시로 등록되어야 함이 타당하다고 주장하였다.

넷째, 국립지리원 발행 지형도상 경계인정 문제에 대해 충남(당진군)은 국가기본도상의 해상경계 표시는 1961년 국방부, 내무부, 문교부가 합동으로 우리나라 국토 전역의 지명 정비를 할 때 도서의 행정구역을 구별하기 위하여 획선된 것으로, 국립지리원에서는 이를 바탕으로 지도에 해상경계를 표시하였고 해양수산부 및 지방행정기관에서는 국립지리원의 지형도를 근거로 어장도 및 행정지도를 제작하고 있으며, 해양에서의 관할구역을 정하지 못한 상황에서 입법(성문법)의 미비를 보충하는 관습(불문)법의 역할을 해오고 있다는 점을 제시하였다. 이는 국립지리원에서 업무협조(지도 58280-512호,1996. 7. 9)로 유권 해석한 의미와 상통하므로 이를 경계의 성격을 가지지 않는다고 부인하는 것은 논리적 모순이라는 점이라고 주장하였다. 또한, 충남의 경우 국립지리원의 지형도는 도식적용 규정을 보더라도 제 45조(경계의 표시원칙)에 경계는 그 경로가 불명확한 것을 제외하고는 이를 생략하지 않으며, 제 46조(경계의 표시원칙)에 해상경계가 명확할 경우에는 해안선으로부터 도상 1cm까지 표시한다는 내용, 제 47조(도서 등의 소속을 표시하는 기호)에 도서 등의 소속을 명시할 필요가 있는 경우에는 해당 행정구역과 관련시켜 표시한다라는 규정을 들었다.

유사한 사례로 충청남도와 전라북도간의 도계정정에 대한 질의 시에 국가기본도를 근거로 양 지방정부간 합의 처리하라는 내무부 질의응답 자료(1972 10. 31) 및 어장의 경계에 대한 대법원 판례, 수산업협동조합법 제 16조 제 2항에서 말하는 시·군의 구역은 시·군의 토지나 해면에 대한 행정구역을 뜻하는 것이라 함에서도 이를 증명하고 있다. 이에 맞서 경기도(평택시)는 국립지리원에서 발행하는 지도상의 경계표시는 도서(섬)등의 소속을 해독하기 위한 기호로 지방정부에서 행정구역경계 기준으로 적용하는 것은 적법하지 않다는 주장이다.

이러한 주장 등으로 양 지방정부는 첨예하게 의견대립을 하였으며 이로 인해 갈등이 발생하였다. 이 사례는 단순히 도로 표지판설치의 문제가 아닌 해상경계 문제가 주요한 현안이다.

② 행위자 특성 요인

1992년 7월 25일 해운항만청장이 서해에서 아산방조제 사이에 위치하고 있는 해역 중에서 충청남도 당진군 송악면 한진리 앞 해역에서 아산방조제 사이에 위치하고 있는 해역에 항만시설을 건설하는 '아산국가공업단지항만개발사업 실시계획'을 승인하고, 1993년 8월 21일 '아산국가공업단지 항만개발사업 중 호안 및 기타공사에 대한 실시계획'을 변경 승인한 후, 사업시행자인 인천지방해운항만청장은 아산국가공업단지 항만개발사업 호안 및 기타공사를 제 1단계로 실시하게 된다.

그 후 1997년 12월 17일에 1단계 평택항 호안 및 안벽공사 준공이 되었으며, 서해대교 인근에 59만여㎡의 공유수면 매립지가 조성되게 된다. 사업시행자인 인천지방해양수산청장은 1998년 2월 6일에 평택시장에게 제 1단계 항만시설용 제방에 대한 신규 토지대장 등록신청을 하였으며, 이에 따라 평택시장은 같은 해 3월 23일 매립지 59만여㎡를 경기도 평택시 포승면 만호리 572등 9필지로 나뉘어 지번을 부여한 뒤 해양수산부를 소유자로 하여 소유권 보존등기를 마치게 된다.

그런데 2000년 11월 준공예정인 서해대교상에 설치될 도계 표지판 위치문제를 놓고 1998년 말 경기도와 충청남도 관계자간 협의과정에서 충청남도 측은 공유수면매립지가 평택시의 지적공부에 등록돼 있다는 사실을 알게 된다. 이에 충청남도와 당진군은 평택시와 당진군의 해상 경계선에 있는 공유수면매립지를 평택시가 협의도 없이 신규 등록한 것은 행정절차를 무시한 처사라며 원인무효라고 주장했고 이때부터 매립지소유권을 두고 본격적인 분쟁이 벌어지게 된다.

1999년 12월 당진군은 국립지리원이 1977년에 편집하여 1978년에 발행한 지형도상의 해상경계선에 의하면, 평택시장이 등록한 제 1단계 항만시설용 제방 면적 37,690.9㎡ 중에서, 당진군의 관할구역에 속하는 면적 32,834.8㎡의 제방은 청구인의 관할구역에 속하므로, 평택시에 본 제방에 대한 토지대장의 등록을 말소해 줄 것을 수차례 요구하였고, 평택시는 이에 불응하게 된다.

그리하여 당진군은 1999년 12월 7일 당진군의 관할토지라며 공유수면 매립지 제방 3만 7,691㎡ 가운데 3만 8,025㎡를 당진군 신평면 매산리 직권으로 제방을 지번 충청남도 당진군 신평면 매산리 976으로 1999년 12월 10일에 신규등록하고, 소유자를 해양수산부로 하여 당진군의 토지대장에 등록하였다. 이로써 결국 본 제방은 피청구인 평택시의 토지대장과 청구인의 토지대장에 이중 등록된 상태가 되었다.

③ 환경적 요인

환경적 요인으로는 지역의 경제적 파급효과를 고려한 지방정부의 이의제기와 지역 주민들의 정서와 자존심이 주된 요인갈등의 원인이라 정리할 수 있다. 양 지방정부가 땅 싸움을 벌이는 곳은 약 1만여평에 불과한 방파제로 행정구역상 '관할권'분쟁이다. 땅의 소유권은 해양수산부(국유지)소유이고 세금을 징수하는 것도 아니지만 어느 경계선을 따라 행정구역이 구분되는냐에 따라 향후 2011년까지 조성될 600만평 중 수백만평의 평택항 내외항 부두의 관할권이 갈라지기 때문에 양 지방정부가 갈등을 일으켰던 것이다. 특히 62선석 규모의 평택항은 당진(15선석), 평택(45선석), 화성(2선석)등 3개 시·군에 걸쳐서 조성되는데 경계가 어떻게 조정되느냐에 따라 당진이 가장 많은 선석을 보유할 수도 있기 때문이다. 즉 컨테이너나 항만시설에 부과하는 지역개발세 수입이 수억 원에 달할 뿐 아니라 중소기업이나 주민들의 항만이용이 간편해지는 등의 이점이 있기 때문이다. 당진군은 당진군 관내부두의 명칭도 '당진항'으로 개명하고 항만관리 및 운영권을 지방정부에 달라는 주장이다.

(2) 갈등증폭단계

① 제도적 요인

갈등의 증폭단계에서도 제도적인 요인이 가장 큰 영향요인이 된다. 이 시기에는 양 지방정부가 상급지방정부에 조정을 신청하거나 헌법재판소에 권한쟁의 심판청구를 하는 등 지방정부간의 협상이나 협의보다는 중재나 조정, 법원의 판결에 의한 의존함으로서 더욱 갈등이 증폭되는 결과를 가져왔다.

평택시가 2000년 3월 행정자치부 중앙분쟁조정위원회에 분쟁조정을 신청함으로서 갈등이 증폭되었다. 이에 당진군은 당시의 이중등록 상태를 시정하고자 2000년 8월 14일 본 제방에 대한 토지대장의 이중등록을 말소해 달라고 평택시에 요청하였다. 이에 대해 평택시는 같은 해 8월 28일 본 제방은 합법적인 신규등록 신청에 의거하여 신규 등록되었으며, 오히려 당진군이 이중등록한 토지를 말소하는 것이 합당하다며, 당진군의 등록말소요청을 거부하게 된다.

이에 당진군은 ① 이 사건 제방에 대한 자치권이 당진군에 속하고, ② 평택시장이 이 본 제방에 대한 토지대장 등록을 말소하지 아니하고 있는 부작위는 위법임을 확인해 달라는 청구취지로 2000년 9월 7일 헌법재판소에 권한쟁의심판청구를 하게 됨으로써 갈등은 더욱 심화되었다. 양 지방정부간 갈등이 첨예하게 대립된 가운데 지난 2001년 3월과 4월 헌법재판소 전원재판부의 심리에 따라 1, 2차 변론을 마쳤다.

당진군은 2001년 6월 2일 헌법재판소에 ① 본 제방은 당진군의 관할구역에 속하고, ② 당진군이 본 제방에 대한 평택시장의 토지대장 등록을 말소할 것을 요구한 것에 대해 평택시장이 2000년 8월 28일 거부한 처분을 취소해 달라는 청구를 추가하게 된다. 또한 당진군은 헌법재판소에 2002년 6월21일에 평택시를 새로운 피청구인으로 하여 지정하고 ① 피청구인 평택시의 본 제방에 대한 장래처분이 당진군의 자치권한을 침해할 위험성이 있으므로, ② 본 제방에 대한 자치권한이 당진군에게 속한다는 것을 확인해 달라는 청구취지를 추가하게 된다. 한편 중앙분쟁조정위원회는 2001년 9월 18일 평택시가 신청한 분쟁조정을 헌법재판소에 계류 중인 사안은 다룰 수 없으므로 각하하였다.

② 행위자 특성 요인

양 지방정부가 법적인 공방으로 점점 대립이 격화되고 있는 상황에서 해양수산부가 해상도계문제와 깊은 관련이 있는 당진항 분리지정갈등의 중재과정에서 평택·당진항으로 변경하기 위한 협상카드로 도계분쟁소송을 취하할 것을 제안하였다. 해양수산부 오윤열 서기관은 2004년 4월4일 평택·당진항을 수용할 것을 통보하면서 평택과의 갈등을 해소하기 위하여 도계분쟁의 해결에 성의를 보여야 한다는 입장을 밝혔다. 평택항의 명칭을 당진·평택항으로 변경하면서 평택의 반발이 예상되기 때문에 이를 무마하기 위한 협상카드를 찾는 과정에서 제기되었다. 해수부의 제안에 당진군은 심한 불신감을 드러내고 있었다. 김낙성 당진군수는 도계분쟁은 해수부의 소관사항도 아닐 뿐만 아니라 그 동안 수시로 말을 바꾼 전례로 볼 때 소송을 취하한다고 통합명칭이 된다는 보장이 없다며 서부두는 명백히 충남도계 내에 위치하고 있으며 앞으로 상당한 실익이 발생할 것으로 예상된다고 말해 해수부의 제안을 거부하였다. 이에 반해 당진항지정추진위(상임위원장 김천환)는 해수부의 통합명칭안을 받아들여야 하며 이를 위해서는 도계분쟁소송을 취하하고 경기도 평택과 함께 서부두와 내항의 공동개발을 위한 협의체 구성에 참여해야 한다고 주장하였다. 이와 함께 법률자문을 통해 헌재소송을 취하해도 해당 시설물이 경기도 관할이 되지 않으며 추후에 다시 소송을 제기할 수 있다고 주장하였다.

③ 환경적 요인

갈등의 증폭기단계에서는 환경적 요인이 큰 영향력을 미치지 못하였다. 당진군은 해상도계로 기준으로 할 경우 서부두와 내항 개발 면적이 350여만 평에 달해 포승공단 분양가인 평당 50만원만 적용해도 시가로 1조 5천억원에 달한다고 밝히고 있어 도계분쟁에 경제적 이익을 염두에 두고 있음을 내비쳤다. 그러나 한편에서는 이러한 당진군의 주장에 대해 정부소유의 국가 시설물에 땅값을 매기는 것부터 말이 되지 않는다고 반박하였다.

(3) 갈등지속단계

① 제도적 요인

지루한 수 년 간의 양 지방정부간 관할권을 둘러싼 분쟁은 2004년 9월23일 헌법재판소 전원재판부가 권한쟁의심판사건에서 당진군에 자치권이 있다고 결정함으로서 일단락되게 된다. 헌법재판소는 결정문에서 "법규정에는 없지만 학계통설과 판례등을 종합해 볼 때, 지방정부의 자치권이 미치는 관할구역의 범위는 육지는 물론 바다에도 포함되므로 공유수면에 대한 자치권이 존재한다고 밝혔다. 재판부는 또한 공유수면에 대한 행정구역의 경계로서 국립지리원이 간행한 지형도상 행상경계선이 존재하는데 이는 일제시대부터 현재까지 그 자체로 행정구역을 구분하는 경계의 역할을 하고 있다고 볼 수 있다고 덧붙였다. 하지만 헌재는 이 같은 결과가 불합리하다고 판단할 경우 법률과 대통령령으로 제방에 대한 구역경계를 변경할 수 있다는 단서를 붙여 향후 조정될 수 있는 여지를 남겼다.

② 행위자 특성 요인

헌재가 당진의 손을 들어주자 70개 시민단체는 평택항 지키기 범시민운동본부를 구성하여 각종 집회를 이 따라 개최하면서 강력히 반발하고 여기에 경기도가 이의를 제기하고 평택시의회, 경기남부권의회, 지역국회의원 등이 가세하게 되었다. 또한 경기도 의회는 6명의 의원으로 특위를 구성한 뒤 지역 국회의원과 함께 입법청원 방침을 굳히게 된다. 국회 입법을 통해 헌재가 결정한 '국가에서의 합리적인 행정구역 조정을 이끌어 내겠다는 것이다.

이에 당진군은 헌재의 결정을 무시하는 처사를 묵과할 수 없다며 강력하게 반발한다. 당진군은 헌재의 결정은 법률은 법률로 경계를 결정하기 전에는 헌재의 결정을 따라야 하는 것을 의미하는 것이지 법률을 바꿔 경계를 변경해야 한다는 뜻이 아니다며 경기지역 움직임을 좌시하지 않겠다고 천명한다. 당진군은 이에 따라 경기도의회의 입법청원에 대해 범 충청권 국회의원을 동원해 입법을 막기로 결정, 관리권 분쟁은 결국 국회로 공이 넘어가게 되고 갈등은 계속되고 있다.

③ **환경적 요인**

환경적 요인으로는 충남·대전·충북지역은 해상 물동량을 분담할 무역항 중 개발이 완료된 일반(공용) 무역항이 전무한 상태이고, 충청지역의 해상수송 물동량은 지리적 위치에 특성상 서해대교와 아산호 방조제를 통하여 거리가 가장 가까운 아산항을 이용할 수밖에 없으며 주민이용 편리성과도 관계가 깊다.

(4) 요약 및 결론

이 갈등의 주체로는 직접당사자인 평택시와 당진군 그리고 양 기초지방정부를 대리한 경기도와 충청남도라 할 수 있다. 갈등의 원인을 찾아보면 다음과 같다. 양 지방정부의 도계갈등이 벌어지는 곳은 약 1만여 평에 불과한 방파제로 행정구역상 '관할권'분쟁이다. 땅의 소유권은 해양수산부(국유지)소유이고 세금을 징수하는 것도 아니지만 어느 경계선을 따라 행정구역이 구분 되느냐에 따라 향후 2011년까지 조성될 600만평 중 수백만평의 평택항 내·외항 부두의 관할권이 갈라지기 때문에 양 지방정부가 심한 갈등을 벌였던 것이다. 특히 62선석 규모의 평택항은 당진(15선석), 평택(45선석), 화성(2선석)등 3개 시·군에 걸쳐서 조성되는데 경계가 어떻게 조정되느냐에 따라 당진이 가장 많은 선석을 보유할 수도 있기 때문이다. 즉 컨테이너나 항만시설에 부과하는 지역개발세 수입이 수억원에 달할 뿐 아니라 중소기업이나 주민들의 항만이용이 간편해지는 등 이점이 있기 때문이다. 당진군은 당진군 관내부두의 명칭도 '당진항'으로 개명하고 항만관리 및 운영권을 지방정부에 달라는 주장이다.

결론적으로 지역의 경제적 파급효과를 고려한 지방정부의 이의제기와 지역 주민들의 정서와 자존심이 주된 갈등의 원인이라 정리할 수 있다.

4. 사무권한: 신항만 명칭 및 관할권 갈등사례

1) 사례의 개요

신항만 사업은 1994년 12월 건설교통부에 의해 가덕도 신항만 개발계획이 부산과 경남권역에 대한 광역개발계획으로 고시되면서 시작된 국책사업으로, 1995년 3월 민자유치사업으로 선정된 후 같은 해 4월 해운항만청에 의해 신항만 개발기본계획이 용역발주하면서 본격 추진되기 시작하였다. 신항만 사업은 진해시 용원동과 안골포, 부산 가덕도 지역 일원의 507만여 평에 컨테이너 부두를 만드는 것으로 해양수산부, 부산신항만(주), 한국컨테이너부두공단에서 모두 9조 1542억 원을 들여 2011년까지 완공예정으로 하고 있다.

이러한 신항만 개발계획은 사업이 진행되면서 부산신항만의 명칭으로 추진되었는데, 2000년 12월 경상남도 도의회에서 이태일 의원이 신항의 명칭을 포함하여 관련된 제반 사항에 대해 문제점을 지적하면서 해당지역 주민과 언론의 관심을 끌게 되었다.[59] 특히 이태일 의원은 명칭문제와 관련하여 '신항만의 중심지역의 절반 이상이 경남지역이므로 부산신항만이 아닌 진해신항만이 되어야 한다'고 주장하면서 부산시가 2001년 부산항만공사를 출범시키는 것은 준공 후 신항만을 부산으로 편입시켜 자치권을 행사하려는 것이라며 우려를 나타냈다. 그러자 곧이어 진해시 의회는 신항만 건설과 관련하여 '경상남도와 진해시가 각종 배후 수송로 건설을 지원할 뿐 아니라 항만의 중심이 진해지역임에도 불구하고 그 명칭과 관리권이 부산시를 중심으로 추진되는 것은 부당하다'며 '공사완료시 신항만의 행정관할권과 관리운영권은 진해시에 편입돼야 할 뿐만 아니라 (가칭)부산신항만이라는 명칭도 진해신항만으로 변경해 줄 것을 강력히 촉구한다'고 내용의 대정부 건의문을 채택했다(2001년 12월 29일). 진해시에서는 '진해신항만찾기 범시민연대'가 결성되고, 경상남도에서는 신항만에 대한 도의회의 행정사무조사특별위원회 출범하는 등 부산신항만이라는 명칭에 반대하는 움직임이 점차 형성되기 시작하였다. 그러나 이와 같은 갈등의 발생단계에서는 진해시를 포함한 경상남도의 문제제기가 신항만 명칭에 대해 소홀했던 지방정부의 각성의 성격이 컸고, 의사전달방식 역시 부산시를 직접적으로 하기보다 해양수산부를 상대로 건의 및 요청을 하는 편이었다. 또한 부산시 역시 이에 대해 별다른 언급이나 반응을 보이지 않았기 때문에 갈등이 증폭되지는 않고 있었다고 볼 수 있다.

그러나 2003년으로 접어들면서 해양수산부의 중재안을 두고 이루어진 회의에 부산시가 명칭변경불가를 주장하며 불참하고, 뒤이어 실무협의에도 불참하면서 양 시·도 간에 갈등이 심화되었다. 특히 부산시는 2003년 7월에 부산지방해양수

59) 이태일 의원은 신항만의 명칭과 완공 후 관리운영 문제를 비롯하여 부산신항만(주)-부산광역시-경상남도의 위·수탁협약서, 오염 준설토의 처리문제, 매립용 바다모래 채취 문제 등을 지적했다.

산청 부산항건설사무소가 경상남도의 요청으로 '부산신항만건설현장'이라는 홍보간판문구에서 '부산'을 삭제하자 직접적인 의사표명과 대응하기 시작하면서 갈등이 증폭되었다. 부산시는 '부산시항만 명칭은 절대 바뀔 수 없다'는 보도자료를 배포하는가 하면, '왜 부산신항이어야 하는가에 대한 자료'를 작성하여 팜플렛으로 제작·홍보하였다(2003년 7월). 한편 이와 같은 지방정부의 갈등이 심해지자 양 지역의 감정적 대립도 격해지고 있었다. 진해시에서는 '진해신항만발전범도민추진위원회'에서 '부산에게 빼앗긴 경남땅 되찾기 운동'을 상징적 차원에서 벌이는 등(2003년 7월 25일)의 활동을 추진했고, 부산지역에서도 부산지역시민, 항만단체 등이 신항명칭 사수 등을 위한 '부산항발전협의회'를 결성(2003년 7월 30일)하는가 하면, '부산신항세계항만들기범국민운동본부'에서는 김혁규지사의 퇴진운동을 벌였다. 이러한 양 지역의 갈등에 대해 해양수산부는 부산·경남간 신항만 명칭과 관련하여 양 지방정부간 협의가 여의치 않을 경우 상급기관에 의한 조정 또는 사법적 방법 등을 통해 해결할 것임을 밝혔다(2003년 11월 12일).

이처럼 지방정부의 갈등이 주민간의 감정적 대립으로 이어지는 등 갈등이 증폭되자 양 시·도는 행정협의회를 개최하는 등 해결방안을 모색하기도 하였다. 오거돈 부산시장 권한대행은 2003년 12월 28일 경남과 부산간의 갈등을 해결하기 위해 협의할 것을 제안했고, 2004년 4월 2일 양 시·도는 9년 만에 행정협의회를 개최했으나 신항만 명칭문제와 관련해서는 실무협의회에서 거론하지 않기로 해 의안으로 상정되지 못하였다. 그리고 2004년 6월 7일 허남식 신임 부산시장이 취임 후 기자회견에서 '경상남도와의 마찰을 해소하기 위해 주민대표와 실무 공무원이 참여하는 광역행정협의회를 구성할 것'이라고 밝히는 등 해결을 위한 모임을 마련하고는 있으나 양 시·도가 주장을 굽히지 않음으로써 갈등은 여전히 지속되고 있다.

한편 이처럼 양 시·도가 명칭을 두고 평행선을 달렸던 이유 가운데 한 가지가 관할구역 때문이었다고 볼 수 있다. 신항만의 명칭은 매립부지의 행정구역 확정에도 영향을 미칠 가능성이 있었고, 이름을 상대 단체에 빼앗긴다면 실리도 명분도 찾기 어려울 것이라는 판단 때문에 양쪽 지방정부는 쉽게 합의를 이루지 못했던 것이다. 관할구역을 둘러싼 갈등내용을 보다 구체적으로 살펴보면 다음과 같다. 2003년 1월 김혁규 도지사가 대통령직 인수위원회에 신항만 명칭 변경을 건의하면서 이 지역의 행정구역 획정 문제가 새로운 논란거리로 떠올랐다. 행정구역획정 문제는 이 곳이 향후 지방세 수입 등 지역경제에 미치는 영향이 막대한 데다 경제자유구역 관리를 위한 공동행정기구 구성과 항만공사(PA)의 각 지방정부의 참여규모 등의 현안들과 직·간접적으로 맞물려 있어 양측의 선점다툼이 심화될 소지를 않고 있었던 것이다. 신항만 중 북컨테이너부두(89만평)와 북컨테이너 항만관련단지(93만평)로 구성된 북항 182만평은 육안 또는 지리적으로 보면 경남 진해시 웅동2동에 위치하고 있다. 그러나 매립 전에는 공유수면, 즉 바다였기 때문에 경상남도 관할도, 부산시 관할도 아닌 '무관할 지역'이었다. 그런데 신항만 조성공사를 염두에 둔 부산시는 1996년 12월 부산시도시기본계획을 수립하면서 현 북항 부지 중 상당부분인 75만평을 부산시로 편입시키고 2000년 1월에 도시계획재정비를 통해 이를 결정고시 했다. 경상남도도 이에 맞서 비슷한 시기에 동일 부지에 대해 도시기본계획과 재정비계획을 결정·고시하면서 북항 내 70만평이 부산시와 경상남도의 중복관할지역으로 되었다. 여기서 문제가 되었던 것은 건설교통부의 승인으로 동일지역에 대해 중복된 도시계획을 각각 승인을 내려 분쟁의 소지를 않고 있었다. 북항은 2006년 1단계 3선석 개항을 앞두고 부산시 강서구나 경남 진해시 가운데 어느 한쪽 지방정부에 지적법 상 토지 신규등록을 해야 했는데, 이를 두고 양 시·도가 서로 관할권을 주장하면서 대립하고 있었다.[60]

또한 이러한 명칭 및 관할권 문제는 2003년 설립예정으로 있던 항만공사(PA)와도 밀접하게 관련되어 있었다. 부산시와 경상남도는 중앙정부가 항만을 직접 관리하는 방식보다 정부투자기본법의 간섭을 받지 않는 항만공사를 설립해 관

60) 경상남도와 진해시는 당시 유사한 사안으로 헌법소송 계류 중이었던 평택시와 당진군의 분쟁사례에 대한 자료수집에 나서는 등 법적 투쟁에 대비하고 있었다. 부산시 역시 자료수집을 하는 한편 평택시와 당진군 사례에 대한 헌재의 결정에 주목하고 있었다. 평택시와 당진구은 서해대교 건설과 평택항 매립을 하면서 일부토지를 평택시가 일방적으로 등록하는 바람에 양측이 상부기관에 유권해석 다툼을 벌이다 결국 2000년 9월부터 헌재에 권한쟁의 심판을 청구해놓은 상태였다. 이 사안에 대해서 2004년 9월 헌법재판소의 결정이 내려졌는데, 헌재는 공유수면 매립지와 관할기준을 '해상경계선'으로 삼아야 한다는 결정을 내렸다. 헌재는 공유수면매립지에 대한 권한 다툼과 관련하여 '개별법률이나 대법원 판례 등을 종합할 때 지방정부의 자치권이 미치는 관할 구역의 범위에는 육지는 물론 바다도 포함되므로 바다에 대해서도 지방정부의 자치권한이 존재한다....바다의 행정구역 경계에 대해 법률로 규정돼 있지 않아 분쟁의 소지가 발생하고 있다....어업허가, 어업단속 등 지방정부가 행정권한을 행사하는 과정에서 국립지리원의 해상경계선을 기준으로 삼아온 점 등에 비춰 이 해상경계선을 행정구역 경계로 보는 것이 타당하다'고 밝혔다.

리해야 한다는 점에는 의견을 같이 하고 있었으나 항만공사의 관할권에는 이견을 보이고 있었다.

특히 경상남도는 부산지역에 항만공사가 설립될 경우 기존의 부산지역 항만만 관리하고 신항만은 별도의 항만공사를 설립·운영해야 한다는 입장이었던 반면, 부산시는 1개의 항만공사를 설립해 부산과 진해지역에 건설되는 신항을 동시에 관리할 수 있도록 해야 한다는 입장이었다. 그러나 이러한 입장 차이는 2003년 4월 국회에서 PA법이 통과되면서 '우선 정부와 부산시 추천인사 11인으로 구성해 운영하되, 신항이 출범하는 2006년부터는 항만위원을 15인으로 늘려 경상남도지사가 추천하는 2명을 반드시 참여토록한다'는 것으로 일단락되었다. 그러나 이 문제를 두고 경상남도 의회에서는 3인 이상은 보장되어야 한다는 점을 계속해서 주장하고 있었다. 이러한 입장차이로 여전히 부산시는 '부산신항만'을, 경상남도에서는 '부산진해신항만'을 주장하며 갈등을 지속하고 있는 상태이다.

<표 4-5> 갈등의 주요 진행과정

년월일	주요내용
1994년 12월	건설교통부에 의해 '가덕도 신항만 계발계획'이 부산·경남권 광역개발계획으로 고시.
1995년 3월	신항만이 민자유치사업으로 선정됨.
2000년 12월 4일	경상남도 도의회의 이태일 의원이 신항만 명칭과 완공 후 관리·운영문제 제기.
2000년 12월 20일	부산신항만 기공식.
2001년 1월	경상남도는 부산신항만과 관련한 대책을 강구하기 위해 해양수산과 내에 항만건설지원팀을 구성.
2001년 1월 27일	진해시민으로 구성된 '진해신항만 이름찾기 범시민연대' 결성.
2001년 2월 1일	경남시·군의회의장협의회는 '진해신항만'으로 변경해달라는 건의문을 채택하여 해양수산부 등 관련부처에 보내기로 함.
2001년 2월 16일	신항만에 대한 경상남도 도의회의 행정사무조사특별위원회 출범.
2001년 2월 28일	김혁규 경상남도지사가 도의회에서 신항만에 대해 최초로 언급.
2001년 2월-5월	진해신항만조사특위, 진해시 의장 등 진해시의회는 직접 해양수산부를 방문하여 해양수산부 장관에게 명칭변경을 요청하고 건의서를 전달함.
2003년 1월 13일	김혁규 도지사 대통령인수위원회에 신항면 명칭변경 및 항만운영권 등에 관한 경상남도 차원의 제안서 제출.
2003년 1월 22일	경상남도에서 '신항만명칭(주권)찾기운동본부(가칭)' 출범. 100만명 서명운동 추진.
2003년 4월 11일	경상남도는 '신항만 건설 관련 관계관 간담회' 개최.
2003년 4월 17일	진해시의회는 이용기 부산항건설사무소장·김영복 항만공사과장등과의 간담회 개최.

2003년 4월 17일	국회에서 신항만공사법안 심사가 이루어짐.
2003년 4월 24일	해양수산부는 부산신항의 명칭을 부산진해신항만으로 하고, 영문표기는 Busan New Port로 하기로 결정했으나, 최종 확정을 앞두고 부산시가 불참함으로써 무산됨.
2003년 4월 28일	경남 정무부시장, 부산시 행정부시장, 해양수산부 차관 3자 회동.
2003년 5월	신항면 명칭을 부산신항만으로 규정하지 않고 항만법 시행령에 따라 '신항만'으로 표시하기로 합의.
2003년 5월 12일	해양수산부가 비공식적으로 실무회의를 개최하고자 했으나 부산시의 불참으로 무산됨.
2003년 7월	경상남도 도의회가 청와대·국무총리실·해양수산부를 직접 방문하여 대정부 건의문을 전달함.
2003년 7월 11일	부산지방해양수산청 부산항건설사무소가 '부산신항만건설현장'이라는 홍보간판문구에서 '부산'을 삭제하자 부산시가 홍보자료와 보도자료를 배포하는 등 적극 대응에 나섬.
2003년 7월 15일	부산시는 긴급 간부회의에서 명칭확보를 위해 그동안 항만정책과에서 맡아온 신항만 문제를 자치행정과 및 전 실·과가 담당하고 시의회 및 시민단체 등과 연대하여 강력대응 방침을 결정.
2003년 7월 15일	부산시민단체대표자협의회는 '부산신항 명칭은 절대로 바뀌어서는 안 된다'는 성명서를 발표.
2003년 7월 25일	경상남도 도의회 농수산위에서 신항만 명칭은 '진해신항'으로 명명될 수 있도록 도의 전행정력을 쏟을 것을 촉구함.
2003년 7월 26일	'진해신항만발전범도민위원회'에서 '부산에게 빼앗긴 경남땅 되찾기 운동'추진.
2003년 7월 30일	김혁규 도지사 신항만명칭에 대해 정부(청와대·중앙부처)에 중재 요청. 부산지역 시민 항만단체 등이 신항명칭 사수 등을 위하 부산항발전협의회를 결성.
2003년 8월 7일	'부산신항 세계항 만들기 범국민운동본부'결성. 김혁규지사 퇴진운동 벌임.
2003년 8월 26일	경남·군의회의장협의회는 '진해신항'명칭을 요구하는 대정부 건의안 채택.
2003년 11월 26일	경상남도는 신항만 자문위원단을 구성함.
2003년 12월 28일	오거돈 부산시장 권한대행은 경남과 부산간의 갈등해결을 위해 협의를 제안.
2004년 2월 11일	경상남도 김윤근 의원이 해양수산부의 적극적인 중재를 요청함.
2004년 9월 1일	경남상공회의소협의회가 해양수산부에 '부산·진해신항'으로 해달라는 탄원서 제출.
2004년 9월 10일	해양수산부의 중재로 경상남도와 부산시가 협의를 가졌으나 성과 없이 끝남.

2) 갈등단계별 요인

(1) 갈등발생단계

① 제도적 요인

갈등발생단계에서는 신항만 명칭에 대한 경상남도의 도의회의 문제제기와 공론화가 주요내용이 되고 있었기 때문에 이 단계의 제도적 요인 역시 두 지역에 걸쳐있는 항만의 명칭결정에 대한 항만법 및 관례, 국토의 계획 및 이용에 관한 법률이 문제가 되고 있었다. 항만법 제 2조의 2에서는 국민경제와 공공의 이해에 밀접한 관계가 있는 항만은 대통령령으로 명칭을 지정할 수 있다고 규정해 두고 있다. 그러나 국토의 계획 및 이용에 관한 법률 제 11조를 보면 광역계획권이 2이상의 특별시·광역시·도의 관할구역에 걸쳐 있는 경우에는 관할 시·도지사가 공동으로 수립한다는 규정은 있으나 명칭결정에 대한 세부사항은 두고 있지 않다. 즉, 신항만의 명칭결정에 있어서 경계의 규칙과 통합의 규칙, 정보의 규칙이 모호하여 양 시·도는 서로 다른 관례를 근거로 각각 자신의 지역명이 들어간 명칭을 주장했던 것이다.

신항만사업은 대규모 국책사업으로 건설교통부에 의해 고시될 당시의 명칭은 '가덕도 신항만 계발계획'이었다. 그러나 사업이 진행되는 과정에서 '부산신항만'이라는 명칭이 사용되기 시작했고 이에 대해서 경상남도 도의회에서는 경남의 토지가 50%가 훨씬 넘게 포함되어 있음에도 불구하고 '부산신항만'이라는 명칭을 사용하는 것을 받아들일 수 없다는 문제를 제기하면서 갈등이 시작되었다. 경상남도 도의회의 이태일 의원은 서울 김포공항과 동경 나리타공항의 예를 들어 신항만이 조성되는 지역의 명칭을 쓰는 것이 일반적이라고 주장했다. 그러나 부산시는 정부가 신항만 건설예정지역의 명칭을 부산신항으로 고시할 때 경상남도 지사와 협의가 이루어졌으며, 이후 '부산신항'으로 고시할 때에도 경상남도 지사와 진해시장과의 협의절차를 거쳤으므로 하자가 없다는 입장이었다. 경상남도는 이에 대해 부산신항은 사업명칭일 뿐 공식명칭이 아니며 과거에 협의한 것은 명칭협의가 아닌 사업추진에 대한 합의였다고 밝혔다.

한편 신항만 조성과 관련하여 경계의 규칙, 통합의 규칙, 정보의 규칙이 미비하다는 점이 갈등을 발생시키고 있었다. 진해시 의회는 사업추진과정과 관련 문제에 있어 진해시가 배제되었다는 점을 들어 반발하고 있었다. 진해시 의회의 주장을 살펴보면 다음과 같다. 첫째, 신항만 총면적의 대부분이 진해시에 속해 있음에도 불구하고 부산시와 해양수산부는 환경영향평가 등 제반기초조사에서부터 경상남도와 진해시를 참여시키지 않았다. 둘째, 배후수송로와 진해시내 산업도로 등 각종지원사업을 적극 추진 중임에도 불구하고 진해시의 입장은 반영되지 못하고 있는 실정이었다. 셋째, 신항만조성과 관련하여 진해시의 자연경관 파괴, 해상관광공원 개발축소, 어업기반시설 상실 등 진해 지역의 이해관계가 걸린 문제가 산재하고 있음에도 불구하고 이러한 관련문제의 해결이 이루어지지 못하고 있었다.

② 행위자 특성 요인

갈등발생단계에서의 행위자 특성요인은 크게 두드러지지 않는다. 갈등발생단계에서는 부산시와 경상남도 사이의 직접적인 충돌이나 마찰은 나타나지 않았는데, 이는 신항만 명칭에 대한 문제제기가 경상남도 의회에 의해 이루어지면서 경상남도 내의 진해시와 진해시의회가 명칭변경 요구에 적극적으로 나서는 등의 태도를 보인 반면, 도지사의 경우 적극적인 입장표명을 자제하는 모습을 보였던 것과 관련이 있다. 이는 신항만 사업이 부산시와 경상남도의 협의 하에 이루어진 것이었다는 점, 또 당시 양쪽 시·군은 신항만 이외에도 긴밀한 협력을 요하는 사업이 많이 진행되고 있었다는 점 때문으로 실제 김혁규 지사는 신항만 명칭에 대한 직접적인 언급은 자제하는 모습을 보였으며 이례적으로 이에 대해 언급을 했을 때도 모호한 태도를 보이고 있었다. 2002년 2월 28일 열린 제 174회 임시회에서 경남과 부산은 원래 한 뿌리였고 동일한 경제구역으로 공동경마장 건설사업의 도내 참여문제를 비롯해 거가대교 건설, 부산대 제 2캠퍼스 이전문제, 아시안게임문제 등에 대해 머리를 맞대고 긴밀하게 협력하고 있다고 논의되었다. 그리고 경남과 부산은 이해를 달리하는 부분의 처리 기본원칙도 대승적 차원에서 양보와 타협을 통해 해결방안을 찾아 나가야 할 것이다라고 언급한 바 있다.[61]

③ 환경적 요인

환경적 요인으로는 앞서도 언급했듯이 경상남도 의회의 문제제기가 매우 중요하게 작용했다. 경상남도 의회의 이태일 의원이 신항만 관련 현안에 대해 문제점을 지적한 이후 언론에서 경상남도와 진해시가 부산신항만 건설에 들러리를 서는 것이 아니냐는 비난이 일자, 경상남도와 진해시 및 도의회와 시의회, 시·군

---

61) 이러한 단체장의 애매한 태도는 이후 경상남도가 도의회의 활동을 돕기는커녕 오히려 안 보이게 방해까지 했다는 주장으로 이어졌다(경남도민일보 2003년 4월 14일자 기사내용 참고).

의회협의회 등이 활동에 나서기 시작했다. 경상남도와 진해시 관계자들은 부산신항만과 유사한 사례로 꼽히는 경기 평택항 건설사업을 조사하기 위해 경기도청과 평택시청, 충남도청과 당진·안산 등을 방문하여 충남 측의 대응방향과 향후 대책을 파악, 이를 벤치마킹하여 부산신항만 문제에 대응하기로 하고 경상남도는 이와 별도로 부산신항만과 관련한 대책을 강구하기 위해 해양수산과 내에 항만건설지원팀을 구성했고, 진해시는 기획감사실 내에 기획팀을 구성하여 가동시켰다(2001년 1월). 한편 경남시·군의회의장협의회는 '진해신항만'으로 명칭을 변경해달라는 건의문을 채택하여 해양수산부 등 관련부처에 제출했다. 한편 도의회는 '부산신항만 특별조사위원회'를 구성하여 신항만개발 사업과 관련하여 명칭 문제 외에도 진해안골포 오염준설토 투기, 부족한 어업피해보상 등 각종 문제 규명을 촉구하고 있었다.

이 외에도 당시 해양수산부 장관의 발언이 갈등의 전개에 영향을 미치고 있었다. 부산신항만 명칭변경 문제와 관련하여 해양수산부를 방문한 진해시의회 김영조 의장일행에게 다음과 같이 말하였다.

그것은 "진해신항만은 곤란하지만 '부산진해신항만'으로 명칭을 바꾸는 것은 긍정적으로 검토하겠다고 말한 것을 비롯하여(2001년 2월 27일), 경남 지역경제협의회에 참석하여 현재 정해진 것은 없으며 짧은 시간에 결정할 사안도 아니다.....(중략).....향후 항만 명칭 뿐 아니라 운영방식 및 주체 등에 대해 해양수산부·경상남도·부산시 등 관계기관간 협의를 통해 해결해야 할 것이다.......(중략).....그러나 행정구역 등 진해시의 편입지분이 많은 만큼 그에 합당한 이익이 돌아가도록 하겠다"는 말 등이었다. 이에 대해 경상남도는 정부에 의해 '부산신항만'이라는 명칭이 확정된 것이 아니라는 것을 확인한 만큼 조직적인 차원의 대응을 펴나가야 한다는 주장이 제기되었다.

(2) 갈등증폭단계

① 제도적 요인

갈등증폭단계에서 주요한 제도적 요인은 지적법과 공유수면매립법의 미비를 들 수 있는데, 이는 명칭 문제와 함께 관할구역에 관한 갈등이 심화되기 시작했기 때문이다. 부산시와 경상남도는 신항만 북측 부두(89만평)과 배후부지(93만평) 등 새로 생기는 182만평 토지에 대한 행정구역 확정문제를 두고 입장 차이를 보였는데, 지적법상 토지 신규등록청이 부산시 강서구냐, 경상남도 진해시냐에 따라 향후 종합토지세, 취득세 등 지방세수 차지문제와 각종 부두공작물 설치 허가청이 결정되도록 되어 있었다. 이러한 토지 신규등록청은 공유수면이 어느 지방정부로 귀속되느냐에 따라 달라질 수 있으므로 공유수면매립법이 중요한 의미를 갖고 있었으나, 공유수면 매립에 따른 행정구역 획정에 기준이 될만한 규정이 없는 실정이었다. 당시 공유수면을 두고 부산시와 경상남도가 각각 소유권을 주장하면서 갈등이 증폭되었는데, 부산시의 경우 '지형도상 해상경계선'을 근거로 북항의 상당부분이 부산시 행정구역임을 주장했던 반면 경상남도의 경우 '행정구역 획정의 일반원칙'을 들어 북항매립지 전체가 경남에 편입되어야 한다고 주장하고 있었다. 보다 구체적으로 살펴보면 경상남도는 지형도상의 해상경계표시는 도서 등의 소속을 해독하기 위한 기호에 불과한 것으로 행정구역 획정의 기준이 될 수 없다(국립지리원 유권해석)는 논리를 펴고 있었다. 대신 항만운영의 효율성, 지리적 여건, 주민생활권, 행정능률성 등 행정구역 획정의 일반적인 원칙을 들어 북항매립지가 진해시로 편입되어야 한다고 주장했다. 이에 비해 부산시는 도시계획선과 해상경계선 등을 기준으로 내세워 북항매립지의 부산 편입을 주장하고 있었다.

한편 신항만공사법안의 내용을 두고 부산시와 경상남도의 주장이 대립되고 있었다. 신항만공사법안은 부산(진해)신항만의 개발과 관리·운영을 맡게 되는 항만공사 설립에 관한 것으로 그 가운데 첨예한 의견대립을 보였던 것이 '부칙 제 7조 위원회 구성의 특례'부분이다. 이는 최초로 구성된는 부산항만공사 항만위원회의 정수를 11인으로 하고 이 가운데 부산시장이 추천하는 5명을 해양수산부장관이 임명하도록 되어 있다. 항만위원회는 사장추천을 비롯하여 예산·결산과 재산 취득, 임대료와 사용료 기준 등을 심의·의결하는 기구이기 때문에 이 법안이 그대로 확정된다면 경상남도의 권한은 사실상 없어지는 것이나 다름없었다.[62]

62) 항만공사법안과 관련한 이러한 대립은 부칙 제 7조를 삭제하고 시행령으로 대체하는 수준에서 합의가 이루어졌다. 그러나 신항만 명칭문제에 대해서는 경상남도는 '부산·진해신항'을, 부산시는 '부산신항'을 고수해 합의를 이루지 못하고 항만법안에는 '신항만'으로 표기하기로 결정했다(2003년 4월 29일).

② 행위자 특성 요인

갈등증폭단계에서는 행위자 특성이 중요한 영향요인이 되고 있었다. 부산시의 회피적 태도는 양 시·군의 갈등이 심화되는데 영향을 미쳤으며, 이후 적극적인 입장표명 및 대응으로 전환하면서 갈등이 더욱 증폭되었다. 경상남도의 요청으로 해양수산부가 중재에 나서 부산신항의 명칭은 부산진해신항만으로 하고 영문표기는 Busan New Port로 하기로 결정했으나 최종 확정을 앞두고 부산시가 불참하면서 갈등은 더욱 증폭되었다. 이후 양 시·도가 공식적 협의에 대해 부담을 나타내자 해양수산부가 비공식적 실무회의를 마련하고자 했으나 이것 역시 부산시가 불참을 통보하면서 무산되었다. 그러나 부산시는 부산지방해양수산청 부산항건설사무소가 '부산신항만건설현장'이라는 홍보간판문구에서 '부산'을 삭제한 이후 관심과 의지의 강도가 높아졌다. 이와 관련하여 부산시 홍보자료 및 보도자를 배포하는 한편, 긴급 간부회의를 열고, 항만정책과에서 맡아온 신항만 문제를 자치행정과 및 전 실·과가 담당하고 시의회 및 시민단체 등과 연대하여 강력대응 방침을 정했다. 또한 갈등증폭단계에서는 경상남도 도지사의 관심과 의지, 중재자에 대한 신뢰가 영향을 미친 것으로 나타났다. 김혁규 도지사는 갈등발생단계에서는 직접적인 개입을 자제하는 행태를 보이는 경향이 있었으나 갈등이 심화되면서 직접 청와대와 중앙부처에 중재를 요청하는 등 신항만 문제에 대해 높은 관심과 의지, 중재자를 신뢰하는 특성을 보였다.

<표 4-6> 주요 쟁점별 양 시·도의 입장차이

쟁점	신항만을 둘러싼 양 시·도의 입장차이	
	부산광역시	경상남도
신항만 조성지와 선석의 비율	진해 웅동지역의 준설토 투기장 195만평을 사업면적에 포함시키지 않고 볼 때 부산시가 차지하고 있는 면적은 78%에 해당한다. 97년의 신항 기본계획의 사업면적 324만평 중 78%인 252만평이 부산시 관할이며, 신석 30선석 중 77%인 23선석이 부산지역에 해당한다.	신항만 조성지의 82%가 경남에 속해있으니 '부산신항만'이 될 수 없다. 해양수산부가 97년과 99년에 고시한 항만 건설 사업계획에 진해 웅동 준설토 투기장을 포함한 507만평으로 전체 사업면적을 정해놓고 있으므로 경남 진해 땅의 북항과 서항(준설토 투기장 포함)의 합산 면적은 415만평으로 전체 면적의 82%에 해당한다. 또한 선석수도 30선석 중 18선석이 경상남도에 해당한다.
브랜드 가치와 파워	'Port of Busan'의 이미지는 이미 전 세계에 널리 알려져 있기 때문에 향후 영향력을 고려해 볼 때 '부산신항'이 가치가 더 크다.	진해라는 지명이 들어간다고 해서 부산항의 브랜드가 손상되지는 않는다. 오히려 동북아의 대표적인 군항으로서의 이미지를 부각시킨다면 기존의 부산항의 이미지와 함께 더욱 신항만의 브랜드 가치를 높일 수 있다.
국내·외 적인 추세	일본의 나고야시와 아이치현에 걸친 항의 경우 아이치현보다 네임벨류가 높은 나고야를 선택해 나고야항이라고 부르고 있다.	두 지역이 겹쳐지는 항만의 이름은 두 지역의 이름을 함께 쓰는 것이 국내·외적인 추세다. 미국의 뉴욕·뉴저지항, 프랑스의 마르세유·포항, 국내의 평택·당진항이 그러하며 항만은 아니지만 천안·아산역이나 창선·삼천포대교도 그러하다.
기존의 협의사항	신항만 건설 예정지역의 명칭을 정부가 고시할 때 경상남도(도지사)와 의 협의가 됐었다.	사업추진을 위해 편의상 붙인 명칭을 뿐 '부산신항'은 법률상 공식명칭이 아니며 정식항만 명칭은 두 지방정부가 합의해 처리해야 할 것이다.
행정구역· 항계선	현재 신항만이 부산항의 항계선 내에 건설되고 있다. 항만법에는 부산항의 해상구역을 경남 진해시 명동 신명 남단으르 기점으로 해 부산 광안리 해수용장 남측 끝단까지로 하고 있다. 즉 행정구역과 관계없이 항만법상 부산항으로 고시된 지역에서 공사가 진행되고 있으며 이미 사업계획상 부산시항으로 고시되어 구속력을 가진다.	부산시가 관할이라고 주장하는 면적과 선석 수가 부산시 자체 도시계획선을 기준으로 계산하고 있는, 이른바 자의적으로 계산된 수치이다. 국책사업이자 이웃 지방정부가 대등한 당사자임에도 부산시의 일방적 도시계획선을 적용하고 있다.
사업추진과 행정구역 편입	행정구역 편입 움직임은 사실무근이다. 신항만 자체가 부산항을 보강하기 위해 계획되었고 부산항과의 상호보완이 절실히 요구된다. 물량처리, 수출입 화물의 연계수송 등 모든 것이 부산항과 연계되어 있으며, 배후수송로, 항만지원 기능, 신항의 기반시설도 부산에서 공급하고 있다.	신항조성으로 경남 주민 1만 여명이 직·간접적으로 손해를 입었으며, 1200여 세대 어민들이 생계터전을 잃었다. 또한 1963년 부산이 직할시 승격과 함께 편입해 간 경남 땅이 무려 1억 1200만평이나 되는데 신항만으로 인해 또다시 땅을 편입하기 위한 움직임이 나오는 것이 우려된다.
지역시민 단체의 활동	부산에서는 '부산항발전협의회'가 결성되어 '부산신항만 명칭 사수 결의문'을 발표하고 공상남도의 소모적 논쟁을 즉각 중단할 것과 부산항의 허브항 육성에 적극 협조할 것을 촉구했다.	경상남도에서는 '진해신항만발전범도민추진위원회'가 발족되어 '진해신항만'의 명칭의 타당성을 주장함과 동시에, 부산은 지역패권주의를 즉각 중단할 것, 아울러 부산이 편입해간 경상남도의 땅을 환원할 것을 요구했다.

자료: 경남도민일보(2003. 8. 16).

그리고 김혁규 도지사는 2003년 4월 11일 부산지방해양수산청과의 간담회에서 "진해 땅을 개발하면서 부산도시개발공사가 공사하고 행사장에서도 부산시장만 발언 기회를 주는 등 도지사 10년 동안 이보다 자존심 상하는 일은 없었다. 주민을 설득해 보상업무 등 협조를 했는데도 공사 때문에 물동량이 늘어나 도로를 내는 데 해양수산부 땅이 필요해 도움을 청했으나 장관이 안 된다고 하더라. 그리고 일방적으로 진행해도 고통받으며 도왔는데 이제 그럴 필요를 못 느낀다"는 내용으로 발언했다.

그러나 이와 같은 김혁규 도지사의 태도에 부산시민의 반발이 커지면서 양 지역 주민의 갈등이 심화되었다. '부산신항 세계항 만들기 범국민운동본부'는 김혁규 지사에 대해 '개인의 정치적 입신을 위해 (신항만 이름과 관련한 협의 내용을) 비열하게 번복하고 근거 없는 허위사실을 발표하여 주민들을 기만'했다고 주장하면서 '김혁규 지사가 억지 행태를 당장 중단하지 않으면 지사 퇴진운동 벌이겠다'고 밝혔다. 한편 이에 대해 경상남도와 진해신항만발전 범도민추진위원회는 '자기 단체장도 아닌 남의 단체장에 대해 퇴진운동을 벌인다는 것은 상식 이하'라고 비판하면서 양 지역의 감정적 대립도 확산되고 있었다.

한편 행위자의 특성 가운데 양 시·도의 자원동원능력에서 차이가 나타났다. 이는 '신항만공사법안'의 심사 과정에서 잘 드러났는데, 2003년 4월 17일 이루어진 국회 농립해양수산위원회 법안심사소위가 만든 법안을 보면 항만위원회 구성을 두고 경상남도의 권한은 배제하고 부산시의 추천권만 보장하는 것으로 나타나 있다. 이를 두고 경상남도에서는 부산시에서 편법을 동원했다는 비난이 쏟아진 동시에 경상남도 내부에서도 이를 방관했다는 분위기가 조성되었다. 원래 법안심사소위에 부산 출신위원이 없었으나 허태열(부산 북·강서을)의원이 해당 회기에 한해 처음부터 소위위원이던 이인기 의원과 자리를 바꾼 것으로 확인되어 부산시가 계획을 세우고 개입했을 가능성이 제기되었다. 반면 문제가 된 부칙 제 7조는 항만공사법을 만든 다음 시행령을 마련하는 과정에서 거론하기로 한 내용이었기 때문에 경상남도는 이를 법안 통과 뒤에 시행령 제정 과정에서 다루면 된다고 생각하고 있었기 때문에 소위 심의 하루 전에 삽입된 해당 내용에 대해 대응을 하지 못한 것에 대해 내부에서 비난여론이 있었다.

③ **환경적 요인**

갈등증폭단계에서는 지역주민의 정서가 중요한 환경적 요인으로 작용했다. 갈등증폭단계에서는 명칭갈등 뿐만 아니라 행정구역을 둘러싼 갈등도 첨예했는데, 여기에는 행정구역 조정과 관련하여 경남도민이 가진 정서가 작용하고 있었다. 경남은 1963년부터 다섯 차례에 걸쳐 여의도 면적의 130배에 해당되는 땅을 부산시에 내주었으며, 더 이상 경남 땅을 부산시에 넘겨 줄 수는 없다는 입장이었다. 부산시는 1963년 경남에서 분리되어 직할시로 승격됐으며 이 때 동래군의 일부가 부산시에 편입되면서 부산의 영역은 넓어진 반면 세력이 크게 줄어든 동래군은 1973년 양산군에 편입되어 사라졌다. 부산시는 그 뒤에도 1978년 2월 김해시 대저읍 51㎢와 가락·명지면 45㎢를 편입하고, 1989년 1월 김해군 가락·녹산면의 69㎢와 지금 가덕도 일대에 해당하는 의창군 천가면의 21㎢를 편입했다. 지방자치가 부활된 이후인 1995년 3월에는 양산군 장안·기장읍과 일광·정광·철마면 일대 218㎢를 비롯해 70년대 이후 395㎢ 이상의 경남 땅을 편입해왔다.

(3) 갈등지속단계

① **제도적 요인**

갈등지속단계에서 갈등해결을 위한 새로운 제도의 신설 등은 나타나지 않았으나, 갈등증폭단계에서 문제가 되고 있던 사안은 대체로 정리되었다. 우선 관할구역과 관련하여 문제가 되었던 법률의 미비는 부산·진해 신항만과 유사한 문제로 헌법소송을 진행중이던 평택시와 당진군의 분쟁이 헌법재판소의 판결로 마무리되면서 공유수면을 두고 벌어진 부산시와 경상남도의 논쟁도 일단락되었다(2004년 9월). 항만공사법 역시 항만위원회의 정수와 참여시기를 두고 의견차를 좁히면서 2003년 4월 29일 국회에서 처리되었다. 그러나 신항만 명칭에 대해서는 합의점을 찾지 못한 상태로 갈등은 지속되고 있는 상태이다.

② **행위자 특성 요인 및 환경적 요인**

갈등지속단계에서는 행위자 특성 요인 중 부산시의 적극적 문제해결 방식으로의 전환이 영향을 미치고 있었다. 부산시가 이전까지 회피적인 문제해결방식을 주로 취하면서 경상남도와의 협의가 사실상 이루어지지 못하고 있는 실정이었다. 그러나 부산·진해신항의 명칭과 관련하여 오거돈 부산시장 권한대행이 김혁규 경상남도지사에게 광역행정협의회를 제안(2003년 12월 28일)하고 경상남도에서 이를 받아들임으로써 갈등국면의 전환이 이루어졌다. 그러나 문제해결을 위한 협의를 가질 것에 양 시·도가 합의를 이루었을 뿐 갈등을 빚고 있는 신항만 명칭에 대해서 조정안 혹은 타협안을 제시한 것은 아니므로 차후 갈등이 완화 및 해결될 수 있을 지에 관해서는 예측하기 어려운 실정이다. 한편 부산시 시민단체 및 사회단체에서도 '부산신항만'을 경상남도 시민단체 및 사회단체에서는 '부산·진해신항'을 요구하면 갈등을 지속하고 있다.

(4) 요약 및 결론

신항만 명칭 및 관할권 갈등과 관련된 주체는 부산시, 경상남도(진해시 포함)이고, 해양수산부가 사업청이자 중재자의 역할을 하고 있다. 이 외에 갈등과 관련된 집단으로는 시민단체와 지역상공단체 등이 있다. 갈등의 주요원인은 지역이기주의이며 경제적 이해관계, 지역주민의 정서를 들 수 있다.

각각의 갈등요인 갈등전개과정에서 어떻게 작용하고 있는지 정리해보면 다음과 같다. 제도적 요인을 살펴보면, 갈등발생단계에는 항만법 및 관례, 국토의 계획 및 이용에 관한법률 등이 문제가 되었다. 즉 신항만 명칭결정에 있어서 경계의 규칙과 통합의 규칙, 정보의 규칙이 모호하여 양 시·도는 서로 다른 관례를 근거로 각각 자신의 지역명이 들어간 명칭을 주장했다. 한편 부산시의 경상남도가 신항만 사업을 추진하는 과정에서 이루어진 협의내용을 두고 양 시의 입장차이가 나타났는데 부산시는 협의 결과 '부산신항'에 대해 합의가 이루어졌다고 주장한 반면 경상남도는 명칭합의가 아닌 사업추진에 대한 합의였다고 주장했다. 즉 부산시와 경상남도의 협의과정에 있어 통합의 규칙, 정보의 규칙이 부재하여 협의결과를 두고 두 시·도가 갈등을 빚고 있었다. 그 외에 갈등증폭단계에서는 관할권 갈등이 대두되면서 지적법과 공유수면매립법의 미비가 문제가 되었다. 공유수면매립과 관련한 행정구역 획정의 기준이 될 만한 규정이 없어 갈등이 심화되고 있었다. 한편 항만공사법을 두고 항만위원회 구성, 즉 직위의 규칙을 두고 부산시와 경상남도가 첨예한 의견대립을 보이고 있었다. 갈등지속단계에서는 갈등해결을 위한 새로운 제도의 신설 등은 나타나지 않았으나, 갈등증폭단계에서 문제가 되고 있던 행정구역 획정 및 항만공사법에 대한 의견차가 좁혀지면서 양 시·도가 광역행정협의를 통해 문제해결을 모색하는 것에 의견을 같이 했다.

행위자 특성 요인을 살펴보면, 갈등발생단계에서는 단체장의 특성은 크게 두드러지지는 않았다. 문제를 제기한 것이 지방정부나 단체장이 아니라 경상남도 도의회였고, 경상남도 도지사가 명칭변경에 대해 적극적으로 입장을 표명하는 것을 자제하는 모습을 보였다. 부산시의 경우도 단체장이 직접 문제해결에 나서는 등의 모습은 보이지 않았다. 그러나 갈등증폭단계에서는 행위자 특성이 중요하게 작용했다. 부산시의 경우 해양수산부의 중재에 회피적 태도를 보이고 협의에 불참하면서 갈등이 증폭되고 있었는데, 이후 부산지방해양수산청 부산항건설수무소가 '부산신항만건설현장'이라는 홍보간판문구에서 '부산'을 삭제한 후 신항만 명칭에 대해 관심이 커졌다. 그리고 항만공사법안 심사과정에 정치적 자원을 동원함으로써 부산에게 유리한 방향으로 이루어지도록 영향력을 행사했고 이를 두고 경상남도의 비난이 일었다. 경상남도 역시 위임형의 문제해결방식을 보이던 경상남도 도지사가 직접 중재요청에 나서는 등 신항만 문제에 대해 높은 관심과 의지, 중재자에 대한 신뢰, 적극적 문제해결방식을 보였다. 갈등증폭단계에서는 양 시·도의 관심과 의지가 높아지면서 명칭문제가 공론화 되고 양 시·도의 의견대립이 심해지고 있었으나 문제해결을 위한 공동체가 구성되지 못하고 있었으나, 부산시의 문제해결방식이 적극형으로 전화되면서 광역행정협의회의 구성에 양 시·도가 동의하면서 현재는 갈등지속단계의 상태이다.

환경적 요인을 살펴보면, 갈등발생단계에서는 경상남도 도의회의 문제제기, 해양수산부의 발언으로 경상남도 지역에서 '부산신항만'에 대한 관심이 높아지기 시작했다. 그리고 갈등증폭단계에서 관할권 갈등이 심화되면서 경남지역이 부산으로 편입되는 것에 대한 지역주민의 정서가 환경적 요인으로 가세하기 시작했다. 이후 양 시·도가 광역행정협의회의 구성에 동의한 상태에서도 양 지역의 주민 및 시민단체가 명칭을 두고 갈등이 지속되고 있다.

제2절 광역지방정부간 협력사례

1. 사례의 개요: 거가대교 건설 협력사례

이 사례의 주요 협력주체는 부산시와 경상남도이며, 이 외에 국방부(해군), 민간투자기업단, 대통령 등이 있다. 협력의 주요원인은 남해안 일대의 관광자원 개발과 물류소통 원활화 및 남해고속도로와 경부고속도로의 교통분산 등을 위해 건립을 하고 있다. 거가대교는 1993년 교통부와 경상남도에 의해 건설될 계획을 가졌으나, 예산조달의 어려움으로 미루어지다 1996년 착공하여 2000년까지 완공을 목표로 하였었다. 하지만 국방부와의 의견충돌, 수주업체의 위기, 공사비 분담을 두고 경상남도와 부산시간에 갈등을 빚으면서 2010년 완공을 목표로 지금 현재 공사 중이다. 원래의 명칭은 거산대교였으나, 거산이 김영삼 전대통령의 아호여서, 부산과 거제의 중간지점인 가덕도의 명칭을 따서 거가대교로 명칭이 바뀌게 되었다.

1997년 (주)대우에서 민자참여 의향서를 제출함에 따라 활기를 띠었으나, 해군에서 함대통과를 문제시하여 연기되었고, 1997년 8월 국방부와 합의가 이루어져 1998년 1월부터 사업희망자를 받게 되었다. 1998년 10월 실시설계를 하여 2001년 착공, 2006년 완공을 목표로 하였지만, (주)대우에서 약 1조 8천억원에 대한 재정지원을 요구하였고, 중앙정부에서는 외자유치금에 대한 보증서를 지금까지 발급한 전례가 없다는 이유로 재정지원을 하지 않아 거가대교 건설사업은 잠시 대기상태를 맞이하기도 하였다. 그러던 중 1999년 4월 김대중 전대통령이 경상남도 지방행정개혁보고회의에서 거가대교 건설을 적극 지원하겠다고 밝히고, 동년 5월에 (주)대우가 프랑스 GTM과 5억달러 투자를 협약함으로써 공사가 가시화 되었다.

1999년 대우그룹의 자금난으로 인해 다시 위기를 맞이하게 되나 대우와 외국투자기업들의 공동자본기관 GK(주)를 설립하면서 위기를 넘겼다. 동년 10월 안상영 전 부산시장, 김혁규 전 경남지사와 GK(주)간 예비협약을 가결하게 되었고, 또한 김대중 전대통령도 11월 추가 지원할 것을 약속하였다. 하지만 부산시와 경상남도의 공동부담금 약 3천 400억 원을 두고 갈등을 하게 되었고, 2002년 1월에 들어서야 합의를 하여 동년 10월에 들어 착공하도록 계획을 세웠다.

그러던 중 2002년 8월 GK(주) 내부의 외국투자기업에서 업체간 지분과 권한문제를 두고 갈등을 빚어 컨소시엄이 결렬되어 거가대교 건설의 성립자체가 불투명해졌다. 그러나 동년 9월에 들어 (주)대우를 중심으로 국내건설업체 9개 사가 컨소시엄을 재구성하면서 위기를 넘기게 되었다.

그리고 2003년 7월 11일 '부산-거제 연결도로 건설조합'을 설립하기로 하였으나, 설립 전날 부산에서 조합에서 근무할 공무원의 인사가 끝나지 않았다며 경남에 통보하게 하였고, 경남에서는 이를 신항만 명칭 및 행정구역획정 등과 관련하여 부산시에서 고의적으로 일으킨 것이라고 보았고, 이것이 양 지방정부간의 감정싸움이 되어 조합의 설립을 무기한 연기할 뻔 했으나, 조합은 순조롭게 설립되었다. 마침내 2003년 11월 경남 진해에서 노무현 대통령의 참석으로 기공식을 열리게 되었고 2010년 완공을 목표로 현재 공사 중에 있다.

<표 4-7> 협력의 주요 진행과정

년월일	주요내용
1993	-경상남도와 건설교통부에 의해 거가대교의 건설이 계획되나 예산문제로 미뤄짐
1997. 4	-(주)대우에서 민자참여 의향서 제출
1999. 4	-김대중 대통령 경상남도 지방행정개혁보고회의에서 거가대교 건설을 적극 지원할 의사를 밝힘
1999	-대우 부도사태 발생, 외국자본도입(GK(주) 설립)
2002. 1	-부산시와 경상남도 분담금 합의
2002. 8	-외국자본 구성 GK(주) 내부갈등으로 해산
2002. 9	-국내 건설업체 9곳을 중심으로 GK(주) 재결성
2003. 11	-기공식 가짐, 2010년 완공예정

2. 협력의 과정과 요인

거가대교 건설을 둘러싼 협력사례의 공식적인 명칭은 부산-거제간 연결도로 민자투자사업 추진협상이고 협력관련 당사자는 부산광역시와 경상남도간이다. 또한 초기 갈등의 원인은 선호시설 입지선정에 따른 수익권 분할 혹은 사회간접자본시설의 유치와 비용분담 및 세외 수익의 확보 때문이었다. 따라서 부산광역시와 경상남도가 협력을 실질적으로 추진하게 된 배경도 경제적인 실익에 있었다.

실제 부산광역시와 경상남도는 1997년 4월 30일 (주)대우가 거제-가덕대교 건설사업에 민자참여 의향서를 제출함에 따라 국방부와 해군에 건설기본계획 2개안을 제시하고 교량 건설방식 협의에 들어가는 등 사업추진을 본격화하였다. 이 과정에서 부산광역시와 경상남도는 (주)대우측과 협의를 거쳐 마련한 2개 시안 가운데 제 1안은 총 공사비 1조1백40 억원을 투입하여 연장 7.9Km 가운데 가덕-대죽도 구간 2.9Km는 침매터널로, 대죽도-저도 2.5Km 구간은 터널로, 저도-거제도 장목 구간 2.5Km는 교량으로 건설하되 38년간 6천9백92 억원의 통행료를 받는 것으로 돼있었다. 제 2안은 총공사비 1조 7백 75억원을 투입하여 가덕도-대죽도 3Km는 침매터널로, 대죽도-장목 4.9Km 구간은 교량(사장교 400m포함)으로 건설하는 안으로 38년간 7천4백 억원의 통행료를 징수하는 방안이었다. 부산광역시와 경상남도는 이들 2개 시안 가운데 제 2안이 관광자원 측면에서 사업성이 크고 사후관리가 수월하기 때문에 국방부와 해군 측에 제 2안에 동의하도록 설득하였다. 이와 같이 양 지방정부는 경제적 실익 앞에서 상호간의 협력을 구사하는 전략을 선택하였고, 실제 경제적 실익 때문에 갈등이 협력으로 전환되는 결과를 초래하였다.

그러므로 갈등의 증폭현상은 거가대교의 사례에서는 찾아 볼 수 없는 현상이며, 한번 발생한 갈등이 지속적으로 전개되다가 경제적 실익 앞에서 협력을 하게 되는 사례이다. 또한 갈등이 지속된 시기는 2001년 1월부터 2003년 11월까지 이며, 2003년 11월 27일부터는 지방자치단체조합이 설립되면서 본격적인 협력을 하고 있다.

(1) 제도적 요인

부산광역시와 경상남도간의 협력유형은 행정협의회, 지방자치단체조합, 협약, 정보교환 및 연락회의, 직원파견, 공동투자 등의 형태였다. 이 중에서 지방자치단체조합은 부산광역시와 경상남도 담당자들이 면접에서 모두 잘된 정도라고 응답하고 있었으며, 부산광역시에는 행정협의회, 정보교환 및 연락회의 등이 잘된 것으로 응답하고 있는 반면에, 경상남도에서는 지방자치단체조합, 협약, 직원파견, 공동투자 등이 잘된 것으로 응답하였다.

그리고 협력이 진행된 순서는 부산광역시에서 협상을 주관하여 협약추진을 주도하였으며, 이에 대한 경상남도의 협조(직원파견, 예산분담 등)로 협약과 지방자치단체조합이 형성되었다고 부산광역시는 지적한다. 그러나 갈등의 사태에서 협력으로 진행한 일련의 시간적 과정을 살펴보면 행정협의회(민자유치추진협의회)가 먼저 추진되었고, 다음으로 협상단의 일종인 정보교환연락회의가 구성되었고, 여기서 협약이 성공적으로 달성되어 양 지방정부의 직원파견과 지방자치단체조합이 구성되어 공동으로 투자하는 형태의 협력과정을 거쳤다. 특히 이 과정에서 감정의 악화가 나타나기도 하였다. 2003년 7월 11일 본격적인 공사를 위해 '부산-거제 연결도로 건설조합'을 설립하기로 하였지만, 설립일 전날 부산광역시는 조합에서 근무할 공무원에 대한 인사가 아직 끝나지 않았다고 경상남도에 통보하게 되고, 경상남도에서는 이를 이슈화되고 있는 신항만 명칭 및 행정구역 획정 등과 같은 부산광역시와 경상남도간의 기존 갈등문제와 관련하여 부산광역시에서 고의적으로 일으킨 것으로 보았고, 이것이 양자간에 감정악화로 발전하여 조합의 설립을 무기한 연기하기로 발표하였으나, 곧 화해하여 공사에 들어갈 것을 약속하였다.

또한 부산광역시와 경상남도 사이에 협력이 일어나도록 주도적인 역할을 한 주체는 광역자치단체장과 지역국회의원이라고 공통적으로 응답하고 있으며, 이외에 부산광역시는 중앙정부를, 경상남도는 광역의회를 지적하고 있다. 그리고 부산광역시와 경상남도 사이에 협력이 일어나도록 한 관련 제도는 사회간접자본시설에 대한 민간자본유치촉진법이었다. 또한 협력이 처음 발생했을 당시 공식적 협의기구로서는 중앙부서의 회의를 통하여 총괄추진부서가 확정되고, 지원부서 등이 확정되는 순서로 진행되었으며, 이후 당사자간 행정협의회(민자유치추진협의회)를 구성한 후, 부산광역시와 경상남도의 협상단인 정보교환연락회의가 구성되고 운영되었다. 그리고 비공식적 협의기구로서는 실무부서간의 협의가 이루어졌다.

부산광역시와 경상남도간에 협력이 이루어졌을 당시 제도의 내용은 거의 없는 것으로 나타나고 있다. 구체적으로 협력당사자간 및 이해관계자의 참여범위에 관한 제도, 의사결정방식에 관한 제도, 당사자간의 편익배분 및 비용분담에 관한 제도, 협력당사자간의 권한에 관한 제도, 협의기구 임원들의 구성과 임기에 관한 제도, 협력당사자간의 업무범위에 관한 제도 등은 없었고, 다만 의사소통, 정보교환 및 공유에 관한 제도는 불분명하였다는 것이다.

부산광역시와 경상남도간에 연결되는 도로를 건설하는 경우는 국가지원 지방도로, 이는 사회간접자본시설에대한민간자본유치촉진법에 따라 중앙부처인 건설교통부가 담당하여 추진하여야 하나, 중앙부처 회의를 통하여 부산광역시가 주관하고 경상남도와 건설교통부가 협조하는 형식으로 책정되었다. 그리고 이러한 방식에 의하여 갈등이 해결되고 협력으로 나아간 방식은 중앙부처, 즉 관계부서 회의를 통해 결정되었다.

(2) 행위자 특성 요인

먼저 단체장 즉, 부산광역시장 및 경남도지사의 등의 성격은 매사에 매우 적극적인 편이었고, 미래에 대해 긍정적이며 낙관적인 편이었으며, 자신의 의지를 관철시키기 위해 좀처럼 자신의 입장을 굽히지 않는 성격이었다. 그리고 양 자치단체장 모두 자원동원능력이 매우 높은 편이었다. 구체적으로 지역 국회의원과 지방의회 의원 및 지역사회로부터 높은 정치적 지지를 받고 있었고, 해당 지방정부의 관료들로부터도 높은 지지를 받고 있었다. 또한 중앙정부와 긴밀한 관계를 유지하며 각종 문제해결을 위하여 중앙의 행정적 지원을 잘 획득하였고, 중앙의 예산지원을 잘 획득하는 편이었다. 마지막으로 양 자치단체장의 전문성도 매우 높은 편이었다. 다시 말해, 양 단체장 모두 행정업무에 대한 오랜 경험을 갖고 있었고, 행정에 대한 전문적인 지식과 식견을 가지고 있었다.

(3) 환경적 요인

부산광역시와 경상남도간의 협력과정에서 나타난 환경적 요인은 무엇보다도 협력을 위해 중앙정부가 깊이 개입하였다는 것이다. 실제 1997년 8월 국방부와 협의가 끝나고 1998년에 착공하여 2004년에 완공을 목표로 하였었다. 하지만 (주)대우와 사업기간 및 부대시설 등에 대한 합의 및 통행료 등의 합의를 이끌지 못하다가 1998년 5월에 들어 합의를 하게 되고 건설 시기는 2001년에서 2006년까지로 연기하게 되었다. 그렇지만 (주)대우가 여전히 재정지원 및 외국자원유치금액에 대한 보증서 발급 등을 요구하여 공사는 여전히 불확실성을 가지고 있었다. 그러던 중 1999년 4월 22일 김대중 전대통령이 경상남도 지방행정개혁보고회의에서 거가대교 건설을 적극 지원하겠다고 밝히고, 동년 5월 11일 (주)대우가 프랑스 GTM과 5억 달러 투자를 협약함으로써 공사가 가시화되었다.

또한 지역정치집단의 개입정도도 높은 편이었다는 것이다. 구체적으로 협력을 위해 지역 정치집단(지역국회의원, 지방의원) 등이 깊이 개입하였고, 지역언론과 시민단체 등도 깊이 개입하였다는 것이다. 그러나 주민의 관심과 참여정도는 부산광역시와 경상남도간에 약간의 차이가 있는 것으로 나타나고 있다. 부산광역시의 경우 지역주민의 관심과 참여 정도는 보통 수준이었으나, 경상남도의 경우는 지역주민의 관심이 매우 높았고, 참여의 정도도 비교적 높은 편이었다. 그리고 부산광역시와 경상남도간의 협력과정에서 갈등이 발생한 주요한 원인은 경제적 이해관계의 변화 때문이며, 이러한 역할을 주도적으로 한 주체는 지역사회의 언론이었던 것으로 나타나고 있다. 실제 협력과정에서 갈등을 초래한 주요한 원인은 경제적 이해관계의 변동 때문이었다. 예를 들어, 2000년에 들어 부산시장과 경남지사는 GK(주)의 외국투자기업들과의 만남을 자주 가지게 되었고, 동년 10월 19일 이들과 예비협약서에 서명을 하게 된다. 또한 김대중 전대통령이 기획예산처 및 산업자원부가 지원할 수 있도록 하겠다며 약속하면서 거가대교 건설은 점점 가시화되었다. 하지만 2001년에 들어 부산시와 경상남도가 3,377억원에 대한 분담금에 대하여 경상남도가 부산시에 65%를 부담할 것을 요구하였고, 이에 반발한 부산시의 미협력으로 공사는 연기되게 되었다. 그러나 2002년 1월이 되어 부산신항 및 동남권 산업개발을 위해 50 대 50으로 부담하기로 양 지방정부간에 합의가 이루어져 거가대교는 순조롭게 진행되었다.

(4) 요약 및 결론

이상에서 거가대교 건설을 둘러싼 부산광역시와 경상남도간의 갈등 및 협력사례를 살펴보았다. 여기서 양 지방정부간의 갈등원인과 협력원인을 분석하면 다음과 같다. 먼저 갈등발생의 원인은 선호시설 입지선정에 따른 수익권 분할 혹은 사회간접자본시설의 유치와 비용분담 및 세외수익의 확보 때문이었다. 따라서 부산광역시와 경상남도간에 협력을 실질적으로 추진하게 된 배경도 역시 경제적인 실익에 있었다. 그러므로 동 사례의 특징은 갈등증폭현상을 찾아 볼 수 없다는 것이며, 한번 발생한 갈등이 지속적으로 전개되다가 경제적 실익 앞에서 협력을 하게 되는 것이 특징이다. 그러나 일시적이지만 갈등이 증폭되는 현상도 나타나는데, 이것은 신항만 명칭 및 행정구역 획정 등과 같은 부산광역시와 경상남도간의 기존 갈등문제와 관련하여 감정의 악화가 초래되었기 때문이었는데,

이것도 경제적 실익 앞에서 양 지방정부는 곧 화해를 하고 지방자치단체조합을 순조롭게 설립하였다.

그리고 한번 발생한 갈등이 3년 동안(2001년 1월부터 2003년 11월까지)이나 지속하게 된 원인은 부산광역시와 경상남도간에 협력이 이루어지도록 하는 제도적인 내용이 거의 없었다는 데에 그 원인이 있었다. 구체적으로 협력당사자간 및 이해관계자의 참여범위에 관한 제도, 의사결정방식에 관한 제도, 당사자간의 편익배분 및 비용분담에 관한 제도, 협력당사자간의 권한에 관한 제도, 협의기구 임원들의 구성과 임기에 관한 제도, 협력당사자간의 업무범위에 관한 제도 등은 없었고, 다만 의사소통, 정보교환 및 공유에 관한 제도는 불분명하였다는 것이다.

다음으로 양 지방정부간에 협력을 하도록 유도한 원인은 앞서 언급하였듯이 경제적 실익에 있었다. 먼저 협력을 유도한 제도적 요인은 행정협의회, 지방자치단체조합, 협약, 정보교환 및 연락회의, 직원파견, 공동투자 등의 형태였다. 또한 협력이 진행된 순서는 행정협의회(민자유치추진협의회)가 먼저 추진되었고, 다음으로 협상단의 일종인 정보교환연락회의가 구성되고, 여기서 협약이 성공적으로 달성되어 양 지방정부의 직원파견과 지방자치단체조합이 구성되어 공동으로 투자하는 형태의 협력과정을 거쳤다. 게다가 부산광역시와 경상남도 사이에 협력이 일어나도록 주도적인 역할을 한 주체는 광역자치단체장과 지역국회의원이라고 공통적으로 응답하고 있으며, 이외에 부산광역시는 중앙정부를, 경상남도는 광역의회를 지적하고 있다.

협력을 유도한 행위자 특성요인을 보면, 먼저 부산광역시장 및 경남도지사의 등의 성격은 매사에 매우 적극적인 편이었고, 미래에 대해 긍정적이며 낙관적인 편이었으며, 자신의 의지를 관철시키기 위해 좀처럼 자신의 입장을 굽히지 않는 성격이었다. 그리고 양 자치단체장 모두 자원동원능력 및 행정에 대한 전문성이 매우 높은 편이었다. 마지막으로 협력을 유도한 환경적 요인은 무엇보다도 중앙정부가 깊이 개입하였다는 것이다. 또한 지역정치집단(지역국회의원, 지방의원)의 개입정도도 높은 편이었으며, 지역언론과 시민단체 등도 깊이 개입하였다는 것이다.

제5장 광역과 기초지방정부간 갈등과 협력

제1절 광역과 기초지방정부간 갈등사례

1. 님비: 김제공항 건설 갈등사례

1) 사례의 개요

전라북도는 서해안시대를 맞이하여 국내도시 뿐만 아니라 국제도시를 연결할 수 있는 공항 설립의 필요성을 인식하고, 1998년 8월 전라북도의 강력한 의지로 신공항건설을 추진하였다. 그러나 신공항입지가 김제지역으로 선정되면서 김제시(시장, 시의회, 지역주민)의 강력한 반발로 인해 갈등이 초래되었다. 특히 김제시장, 김제시 의원 등이 주민의 정서를 바탕으로 반대의사를 표명하면서 전북도지사와 갈등을 빚은 사례이다. 김제시는 전라북도의 상호 협의 없는 일방적인 밀어붙이기식 추진에 반발하였고, 전라북도는 이러한 김제시의 반대를 소지역 이기주의라고 비판하였다.

공항건설에 관한 찬반양론을 살펴보면 먼저 김제시(시의회, 공항건설반대투쟁위)는 공항건설의 타당성과 효율성의 문제를 들어 반대논리를 주장하였다. 신공항 건설예정 후보지인 김제시 일대는 현재의 군산공항과 불과 27㎞의 거리인데다가 군산공항은 항공수요 감소로 기존노선마저 폐쇄하고 있는 실정이다. 그만큼 인접한 지역에 또 하나의 공항을 건설할 이유가 있겠느냐 하는 점이다. 더구나 현재 진행 중인 새만금 간척사업이 끝나게 되면 그 곳에도 국제공항이 들어설 예정이었다. 이에 결국 전북지역에는 세 개의 공항이 있게 된다는 것이었다.

그렇다면 과연 한 지역에 세 개나 되는 공항이 필요 하느냐는 입장이다. 또한 전주-군산간 도시고속화도로가 생기면 김제공항과 군산공항은 5분 정도의 시간차이가 난다. 5분을 아끼기 위해 김제공항을 이용할 리는 없다는 것이다. 더구나 정읍, 순창, 무주, 진안 등의 지역은 김제보다 광주공항이 거리 상으로 더 가깝다. 2007년 개통 예정인 호남고속전철을 이용하면 서울과 전주 간 이동시간은 단 1시간 30분이다. 그러나 항공기를 이용하면 접근, 대기, 탑승, 이동, 도심지 진입 등으로 2시간이 넘게 소요되는데, 과연 누가 항공수단을 이용할 것인가 하는 질문의 답은 너무나 분명하다는 것이다(디지털 김제시대, 2001. 11. 27). 특히 주민 의견이 전혀 반영되지 않은 채 부지가 결정됐을 뿐 아니라 공항이 들어설 경우 축산업 기반 붕괴와 김제시의 50만평 산업단지 계획 차질 등이 우려된다는 점을 주장하였다(새전북신문, 2000, 7. 25). 이러한 주장에 대해 전라북도는 군산의 미군비행장만을 이용하다 보니 산업단지 내 외국 자본투자와 첨단산업 및 외국인 관광객 유치가 어려우며, 그리고 21세기 환황해권시대에 새 공항이 반드시 건설돼야 한다는 논리를 주장하였다(전북일보, 2000. 10. 2; 전북도민일보, 2000. 11. 12). 공항건설갈등이 지속되는 가운데 2001년에 와서는 건교부의 전라북도와 김제시의 갈등을 강제적으로 조정하여 공항건설 사업에 추진력을 부가시켰다. 이에 따라 2001년 7월 2일에 건교부는 김제공항건설을 위한 기본계획을 고시하게 되었고, 그 동안 지속적 반대를 하였던 지역주민들이 보상문제에 의견조율을 거치면서 갈등은 점차로 완화되었다.

<표 5-1> 갈등의 주요 진행과정

년월일	주요내용
1996. 12.	• 건교부 전주권공항건설 타당성 조사
1997. 07.	• 전라북도 교통개발원 타당성 검토 용역의뢰
1998. 08. 2	• 전라북도의 김제공항 건설계획안 발표
1999. 3	• 감사원의 공항건설감사에서 종합적 교통체계망 미 반영 지적
2000. 5. 6	• 건교부의 김제공항건설 기본설계 용역 추진
2000. 9. 25	• 김제시장(곽인희)의 공항반대투쟁위원회 집회에서 공항건설 반대의사 표명
2000. 9. 26	• 김제시장의 공항반대의사표명에 대해 전북도지사(유종근)은 지역이기주의이라고 비판
2000. 10.30	• 전라북도 갈등해결 위해 김제시와 대화모색(정부부지사와 김제시장 회합)
2001. 6. 8	• 김제지역주민 서울 종묘공원에서 공항반대투쟁 항의 집회
2001. 6. 10	• 김제지역주민 유종근 전북도지사와 오장섭 건교부 장관 퇴진 요구 집회
2001. 6. 20	• 건교부주관으로 공항건설 공청회 개최했으나 주민반대로 무산
2001. 6. 30	• 건교부의 전라북도와 김제시의 갈등을 강제적으로 조정(보상)
2001. 7. 2	• 건교부 김제공항건설 기본계획 고시
2001. 9. 3	• 김제공항건설지원사업소 설치 승인안이 행자부 심사통과

2001. 11.12 2001. 11.21 2002. 6. 17	• 공항부지 보상 문제 전라북도와 주민들간 잠정 합의 • 김제공항건설지원사업소 출범 • 김제공항부지 보상 본격화

2) 갈등단계별 요인

(1) 갈등발생단계

① 제도적 요인

갈등초기 갈등원인이 비선호시설(소음피해)의 반대라는 측면이 있었지만 관련 법률에 의한 행정절차의 무시도 갈등원인으로 작용하였다. 관련법률은 행정절차법과 항공법이 있었으나 이른바 경계의 규칙이나 범위의 규칙 등이 없어 규정자체가 추상적이었다. 공항입지를 선정하기 위해서는 행정절차법 제 7조(행정기관간의 원활한 협조)와 항공법 89조 3항의 규정(건설교통부장관이 종합계획 또는 기본계획을 수립하고자 하는 경우에는 관할 단체장의 의견을 들은 후 관계중앙행정기관의 장과 협의하여야 한다)에 따라 모든 적법절차를 거쳐함에도 불구하고 이러한 행정절차를 무시한 전라북도의 공항건설추진이 갈등의 원인으로 작용하였다. 이러한 행정절차의 무시행위는 갈등과정 전반에 걸쳐서 김제시와 시의회, 그리고 지역주민들이 끊임없이 문제를 제기하였다.

② 행위자 특성 요인

갈등초기 행위자의 특성에서 부각되는 요인은 양 지방정부의 리더십, 문제해결방식의 차이이다. 전북도지사(유종근)는 오랜 학자생활의 경험에 따른 전문지식, 과거 대통령참모 역할에 의한 자원동원능력, 업무의 추진력이 돋보이는 단체장이었으나 공항건설사안에 관련해서는 그러한 추진력이 오히려 하급단체에 대한 권위주의적 행태로 나타났다.[63] 즉, 그의 해박한 경제지식, 강한 추진력이 오히

---

63) 유종근은 전북 정읍 출신으로 익산 남성고와 고려대 상대를 졸업한 뒤 도미(渡美), 뉴욕 주립대에서 경제학박사를 취득하고 뉴저지 주립 Rutgers대학 교수로 재직(73-94년)하면서 88년 재미 민주국민협의회 공동의장, 재미 한미경제학회 부회장(91년) 등을 거치며 교포사회에서 '경제통'으로 각인되었다. 1994년 귀국한 그는 아태평화재단 사무부총장을 맡으면서 전문지식을 살린 왕성한 활동으로 영향력을 넓혀 정치적 초석을 다졌으며 김대중대통령 취임 직후외환위기 극복과정에서 상당한 신임을 얻어 지난 98-99년 대통령 경제고문으로 활약하기도 했다. 1995년 지방선거에서 당시 민주당 전북도지사 경선에서 쟁쟁한 정치 거

려 주변을 포용하지 못하는 독선으로 이어졌다(김제시관계자 A씨, 2005. 1. 12 ; 연합뉴스, 2002. 3. 14). 갈등이 표면화 된 이후 전북도지사는 김제시장(곽인희)이 공항반대투쟁위원회 집회에서 공항건설 반대의사를 밝혔다는 소식을 접하고 불편한 심정을 드러냈다. 구체적으로 공항건설은 도의 현안사업으로 김제시장이 소수의 지역이기주의에 동조하는 것은 유감이다는 말을 했다(전북일보, 1999. 11. 26). 이러한 불편한 감정은 김제시에 대한 예산지원의 삭감을 지시로 이어졌다. 김제시보다 월등한 자원과 권력을 가진 전라북도가 문제를 합리적으로 풀려고 하지 않고 힘에 의한 일방적으로 밀어붙이기를 시도하였다. 실제로 전북도지사의 강제적 조치(예산삭감)가 있게 되는데, 이는 갈등해결을 더욱 어렵게 만들었다. 이러한 사업추진방식에 대해 전북도의회에서도 문제가 제기되었다. 1999년 6월 28일 제 153회 임시회 2차 본회의에서 황호방 의원은 도정질문을 통해 신공항 부지선정과 관련하여 해당지역 주민의 의견과는 전혀 아랑곳없이 몰아 부치기 식으로 공항건설을 추진하려하기 때문에 사업이 난항을 겪고 있다고 말했다. 그리고 단 한차례의 공청회나 여론수렴절차도 없이 밀어 부치는 처사는 독재적 방식이라고 비판하였다(전북일보, 1999. 6. 28).

반면 김제시장(권인희)[64]는 오랜 정당활동의 경험으로 자원동원능력은 컸으나 공항건설에 관련하여 그의 행태는 소극적 태도에 가까웠다. 공식기자회견에서 공항반대의사를 대외적 표명하고, 힘으로 일방적 밀어붙이는 전라북도에 대해 강한 반발감정을 표출하기도 했지만, 갈등초기 적극적 대응모습은 발견되지 않았다(김제지역주민 A씨, 2005. 1. 13). 물론 혈연과 지연이 작용하는 지역사회에서 상급단체장을 공개적으로 비난하고 전면적으로 나서면서 상대를 압박하는 태도는 아마 상당한 부담감으로 작용했을 것이다(김제시관계자 C씨, 2005. 1. 13). 이러한 그의 태도는 다음에서 탐색된다. 1999년 11월 19일 국회 앞에서 공항건설반대투쟁위원회 주최로 전주공항백지화 시위를 벌였던 시위대중 일부는 귀향한 뒤 김제시장실 점거시위를 벌이며 공항반대운동에 보다 적극적 동참

물들을 예선에서 꺾고 본선에서도 임명제 지사를 역임한 정치 선배인 당시 민자당 강현욱 의원을 제치고 초대 민선 도지사에 당선되었다. 원활한 도정 수행으로 신뢰를 얻은 그는 1998년 민선 2기 지사선거에서 경쟁자 없이 단독 출마해 80%의 압도적인 지지를 받으면서 정치적 기반을 구축하였다(연합뉴스, '유종근의 정치역정', 2002. 3. 14).

64) 곽인희는 전주고등학교를 나와 연대, 전주대를 졸업하고 이후 국회의원보좌관, 통일민주당중앙위원, 아태재단 김제지부장, 전북도의회의원 등의 정당활동의 경험으로 민선초대와 2대이어 2004년 3대째 김제시장을 재직하였다.

을 요구하였다(전북일보, 1999. 11. 19). 또한 문호용 시의원(공덕면)도 시정질의를 통해 김제시장(곽인희)에게 보다 확고한 입장표명과 함께 적극적 행동을 나설 것을 권고하기도 하였다(디지털김제, 2000. 9. 18). 공항건설반대투쟁은 김제시-의회-주민들이 공조체제였으나 주로 시의회와 지역주민들이 보다 적극적인 대응을 하였다.

갈등초기 주민들의 관심과 참여도 크게 작용하였다. 공항건설사업추진이 지역사회에 알려지기 시작하면서 김제시민을 중심으로 공항건설반대투쟁위원회(상임위원장 최규섭)가 결성되고 목소리를 내기 시작하였다. 우선 1999년 6월 30일 전북도청에서 기자회견을 갖고 전주신공항건설 타당성 재검토 용역조사의 중간보고서가 경제적 타당성을 찾기는 힘들 것이라고 예상하면서도 공항건설의 필요성을 인정하는 앞뒤가 맞지 않는 결론을 내리고 있으며, 충분한 시간과 예산을 갖고 체계적이고 종합적인 재용역 조사가 이뤄져야 한다는 성명서를 발표하였다(전북일보, 1999. 6. 30). 또 11월 10일에 전라북도의 공항건설에 대해 주민의견수렴이 없이 사업을 집행하고 있다고 하면서 사업중지를 요청하면서(새전북신문, 1999. 11. 10), 11월 18일에 국회에서 집회를 갖고 공항건설 반대시위를 벌이기도 하였다(전북일보, 1999. 11. 18). 그러나 공교롭게도 전주상공회의소와 애향운동본부, 건설협회전북도회 등은 오히려 공항건설의 찬성기자회견을 하여(전북일보, 1999. 11. 22), 상반된 태도를 보였다.

결국 1997년 7월에 전북도지사에 제출된 신공항건설 타당성 조사보고서에서 김제지역이 공항후보지로 지정됐다면 도지사는 건교부에 공항건설을 건의하기 전에 김제시장 및 시의회와 이 문제를 협의했어야 했으나, 협의를 안한 나머지 김제시장과 시의회는 모르는 상황이었다.[65] 따라서 발생초기 전라북도의 상호협의 없는 권위적인 문제해결방식이 갈등을 야기된 주요 원인이다. 또한 갈등초기 지역정치집단의 개입정도도 높은 편이었다. 우선 두드러진 현상은 공항 건설사업을 둘러싸고 전북출신 의원들끼리 대립적인 양상이었다는 점이다. 장성원의원(김제출신)은 건교부에 부지변경을 요구하며 반대 주장을 하였으나, 장영달의

65) 이와 관련하여 수없이 많은 민원이 발생하자, 건교부는 전라북도와 김제시 및 의회를 통해 입지를 재조정하라고 요청하는 공문을 전라북도와 김제시로 발송했으나 김제에는 이 공문이 오지 않았다는 점이다. 이는 전라북도가 건교부 공문을 김제에 가지 못하도록 막았다는 사실이 뒤늦게 밝혀지기도 했다(디지털 김제시대, 1999. 12. 10). 이런 일련의 전라북도의 태도는 김제시의회, 지역주민들에게 반감을 가져다 주었다.

원(전주출신)은 오히려 건교부에 예산반영을 요청하는 상이한 태도를 보였다(전북일보, 1999. 6. 22). 주민들의 반대에도 불구하고 전라북도도 중앙정부(건교부, 기획예산처), 지역출신국회의원과 연계하여 공항건설에 대해 강한 의지를 가지고 추진하였다.

(2) 갈등증폭단계

① 제도적 요인

갈등증폭단계에서 '환경영향평가법'상의 문제가 갈등요인으로 작용하였다. 환경부는 2000년 10월 15일 항공법에 의한 공항기본계획이 확정되지 않은 상태에서 평가서가 작성됐다며 문제를 제기하였다. 공항건설사업에 있어 우선 항공법 89조 3항과 4항의 규정에 따른 공항기본계획 절차를 완료할 것과 기본계획에 대한 관계행정기관의 협의의견 및 기본계획내용을 반영하여 평가서를 작성 제시해야 한다고 지적하였다. 또한 주민의견수렴절차의 미이행에 대하여도 공항인근지역에 거주하는 주민 등의 의견을 수렴한 후 사업시행여부를 결정하라고 통보하였다(디지털 김제시대, 2000. 10. 15). 그렇지 않아도 공항건설에 대해 불편한 감정을 가진 지역주민들에게 환경부의 이러한 제도적 절차에 대한 문제제기는 주민불만을 가중시켰다. 협력장치로서 제도는 없었으나 전라북도는 한편으론 증폭된 갈등을 풀려는 의지에서 전라북도 관계자(정무부지사)와 김제시장간의 비공식적 접촉은 종종 이루어졌다.

② 행위자 특성 요인

건설교통부가 1999년 12월29일 대우엔지니어링 등에 기본설계 용역계약을 체결된 이후, 전라북도와 김제시에 필요한 자료를 제출해 주도록 요구하는 등 주민반대에 아랑곳하지 않고 공항건설이 지속적으로 추진되자 김제시와 시의회, 지역주민들의 감정은 한층 고조되었고, 전라북도의 지속적인 강행의지에 대해대해 집단행동으로 대응하면서 갈등은 증폭되었다.

갈등증폭단계에서도 행위자 특성으로 전라북도와 김제시는 갈등초기와도 큰 차이가 드러나지 않는다. 전라북도는 갈등초기부터 일방적 밀어붙이기의 경향은 여전하였다. 1998년 김제공항건설발표 이후 2년 넘도록 김제시장과 지역주민들의 조직적인 반대가 계속되는 가운데 이에 대한 설득작업과 공감대형성은 미흡한 상황이었다. 김제시와 시의회, 지역주민들이 공항반대입장을 지속적으로 표명함에도 불구하고 전라북도는 직접 대화를 회피한 채 예산지원중단이라는 강경전략으로 대응하였다.[66] 그럼에도 비록 김제시장이 2000년 9일 25일 공항건설반대의사를 대외적으로 표명했음에도 이후 김제시(곽인희)는 소극적 대응으로 일관하였다. 이러한 태도에 대해 지역주민과 반대투쟁위는 2000년 4월 23일과 6월 27일 두 차례에 걸쳐 건설교통부에서 개최되었던 전주신공항 기본설계 자문회의[67]에 김제시가 불참하고 일체의 의견개진도 하지 않았기 때문에 건교부에서 김제시는 공항건설에 의견 없음으로 처리 통과시켰다며 문제를 제기하였다. 또한 이를 시의회나 반대투쟁위에 공개조차 하지 않고 이에 대한 문의과정이 수차 있었는데도 없었다며(디지털 김제시대, 2000, 6. 28), 소극적 대응에 벗어나서 보다 적극적 대응을 촉구하였다.

③ 환경적 요인

지역주민들은 갈등초기 공항반대투쟁위원회구성, 성명서 발표 등으로 대응했으나 갈등이 증폭되면서 점차로 입장표명의 강도가 커지고, 항의시위 등의 집단행동으로 표출되었다. 공투위는 입지타당성문제에서부터 입지선정 등 이 모든 과정이 절차가 무시된 행정이라고 주장하였다. 어떻게 공청회, 세미나, 토론회 한번 없이, 또 주민동의 없이 공항건설 타당성을 조사했으며(1996. 12-1997. 7), 전북도청이 교통개발연구원에 연구용역을 의뢰했으나 이를 알리지 않았고, 이것이 1999년 3월 감사원 감사에서 지적을 받았다고 주장하였다. 이에 대해 전라북도 건설교통국장(임종정)은 2000년 11월 28일 김제공항건설시민토론회에서 교통개발연구원에 용역을 의뢰했고 수없이 현장조사를 하고 김제시에서 자료도

66) 그렇다면 이러한 지속적인 반대에도 불구하고 전라북도는 왜 강행의지를 굽히지 않은 배경은 무엇인가? 양 당사자의 입장에서 판단해 봐야 하나 당시 지역언론 등 관련 자료를 검토해 볼 때 반대론자의 시각은 공항개발계획은 유종근도지사와 도내일부 정치권 인사들의 치적사업이며, 특히 전라북도의 사업추진 스타일이 유지사의 정치적 영향력 확대의도와 무관치 않다는 입장을 가진 것으로 알려지고 있다.

67) 이 전주신공항 기본설계 자문회의는 전주신공항건설 기본설계용역을 심도 있고 객관성 있게 추진하기 위해 외부전문가들로 구성하여 김제시 등 관계기관의 의견청취를 목적으로 하고 있었다. 또한 공항입지 선정단계에서 입지의 적정성 및 주변 환경성 등에 대한 청문절차로 매우 중요한 회의였다.

받아왔기 때문에 공개적으로 시행했으며, 공항입지선정은 건설교통부가 1990년 실시한 타당성 용역 결과를 비롯한 각종 조사에서 여러 후보지 중 김제가 가장 적절하다는 결과가 나왔기 때문이라고 해명하였다(디지털김제시대, 2000. 12. 2). 또한 공투위는 천막농성과 단식농성을 벌이고(전북일보, 2000. 6. 4), 7월 4일에 공항건설 2001년 예산 논의 결코 용납 안된다는 성명서를 발표하고(디지털김제시대, 2000. 7. 7), 7월 14일에는 건설교통부가 김제시 백산면사무소에 개최한 공항건설사업환경영향평가(초안) 주민설명회에서 이곳에 참여는 공항건설을 인정하는 행정절차가 되므로 불참하기도 하였다(디지털김제시대, 2000. 7. 14). 급기야 9월 25일 김제시장이 공식적으로 반대의사를 표명하자 전라북도는 한편으로 불만을 표시하면서 이 문제를 대화를 풀려는 의지를 나타낸다. 10월 30일 전라북도와 김제시가 갈등해결에 발벗고 나서기 시작하였다. 전라북도정무부지사(장세환)와 김제시장(곽인희)는 김제시장실에서 면담을 갖고 공항관련 해법에 관한 논의를 하였다. 이 자리에서 곽시장은 갈등해결방안으로 공항예정부지에 주민불만이 크고 소음공해 등의 피해가 예상되니 공항예정지의 재고를 요구하였고, 이에 대해 부지사는 이미 건교부에서 예정부지 고시가 된 상태이기 때문에 수용이 어렵다는 입장을 표명하였다(전북일보, 2000. 10. 31). 양측의 입장차이가 여전했으나 이의 만남은 증폭된 갈등이 완화되는데 실마리를 찾게 된다. 또한 이 만남 이후 전라북도는 김제시와 대화창구를 열어놓고, 주민대표 및 지역주민들을 만나 충분한 보상책과 주변지역 개발방안 등을 모색하여 문제해결에 적극 나서겠다는 방침도 결정하였다. 여기에 더하여 전북도지사가 김제 공덕면 주민들에게 앞으로 전북이 발전하기 위해서는 공항이 필수적 시설인 만큼 고장발전차원에서 지역주민들이 공항건설에 동참해 줄 것을 호소하는 사과서한을 보내고, 대화에 응해 줄 것을 요청하였다(전북일보, 2000. 12. 20). 갈등을 대화로 풀려는 이러한 전라북도의 일련의 태도변화는 이후 갈등을 완화시키는 데 일조 하였다.

(3) 갈등완화단계

① 제도적 요인

갈등상황이 지속되는 가운데 2000년 12월부터 2001년에 들어서면서 갈등은 완화국면에 접어든다. 건교부의 적극적 역할이 모색 된 것이다. 건교부는 전라북도와 김제시간 갈등을 강제적으로 조정하여 공항건설 사업에 추진력을 부가시켰다. 갈등완화단계에서 부각되는 제도적 요인은 탐색되지 않는다. 단지 갈등을 해결하지 위한 공식적 만남(회합, 방문)이나 비공식적 접촉이 이루어졌다.68)

② 행위자 특성 요인

완화단계에서 행위자 특성은 갈등해결을 위한 전라북도와 건교부의 적극적 역할이 돋보인다. 김제지역 시민단체 및 해당지역주민들의 강력한 반대를 하는 가운데, 2001년 3월 13일 공항건설문제 해법을 찾기 위해서 김제시장실에서 대화의 장이 마련되었다. 건교부 수송정책실장(김세찬), 전라북도건설교통국장(권영길), 김제시장(곽인희) 등 3개 기관 관계자들이 공항건설환경영향평가 공청회 장소선정을 논의하기 위한 회동이었는데, 공청회 장소에 대해 합의점을 도출하지 못했으나 건교부와 김제시 양측 모두가 향후 대화의 장을 갖기로 의견일치를 보아 갈등해결의 실마리를 찾았다(전북일보, 2001. 3. 21). 6월 20일에 공청회가 김제예술회관에서 항공국장(함대영), 공항시설과장(유석종), 지역주민들 등이 참여한 가운데 열렸는데, 일부 참석자의 반대로 심도 있는 논의는 못했다. 그러나 건교부는 공청회가 끝난 이상 당초 일정대로 공항건설을 해나가겠다고 의지를 표명하였다(전북일보, 2001. 6. 20).

③ 환경적 요인

2001년 7월 2일 건교부는 김제공항건설을 위한 기본계획을 고시하였는데, 이러한 고시는 이른바 사업추진을 위한 법적인 타당성을 인정받은 것으로 일부 주민반대에도 효과적으로 대처할 수 있음은 물론 지지부진한 국가예산 반영에도 상당한 설득력을 발휘할 수 있게 되었다. 이어 8월 20일 전라북도는 서울지방항공청으로부터 보상업무 전반을 도가 위임받는 위탁협약을 체결하여 김제공

68) 그러나 공청회 문제로 건교부와 지역주민들간의 마찰도 제기되었다. 건교부가 2001년 6월 4일 '환경교통재해등에관한영향평가' 법규정에 의하여 공항건설사업관련 공청회실시공고(건설교통부공고 제 2001-173호)를 일방적으로 게재하였다. 이러한 행위는 곧바로 공항반대투쟁위원회를 자극하였다. 이에 대해 공투위 2001년 6월 5일 김제시가 5월 31일, 건교부로부터 공청회 개최와 관련한 협조공문을 접수하고 6월 5일까지 주민의견수렴을 위한 절차를 이행 중인 상황에서 최소한의 절차와 협의마저 생략한 채 일방적으로 건교부가 공고를 냈다며 비난하였다(디지털김제시대, 2001. 6. 6).

항건설에 따른 보상 준비작업이 착수되었고(전북일보, 2001. 8. 20). 지역주민들이 공항건설의 부당성을 지속적으로 주장하고 있는 상황에서 11월 18일에는 일부 주민들이 보상문제를 거론하여 상황이 일보 진전되기에 이른다. 특히 현지지역에서 공항건립 불가를 전제로 투쟁을 해왔기 때문에 보상기준 등을 거론하는 것은 어려운 분위기였으나, 일부 주민들이 보다 구체적으로 보상문제를 거론하면서 상황이 반전되었다(전북일보, 2001. 11. 18). 11월 21에는 공항건설을 지원할 행정부서로서 김제공항건설지원사업소가 본격 출범하고, 12월 28일 김제공항 보상심의위원회(위원장김제시장)가 첫 회의를 개최되는 등 공항건설사업이 빠르게 진행되었다.

한편 건교부의 공항건설사업의 '고시'로 통해 공항추진사업이 탄력을 받을 시기에도 공투위의 반대는 여전하였다.[69] 그러나 11월 12일에 김제공항건설의 새로운 국면을 맞게 된다. 그 동안 공항건설을 반대했던 주민들로 구성된 보상대책위가 출범, 적정보상을 요구하고 나선 것이다. 김제공항보상대책위원회(위원장 강기군)는 김제시청을 방문하여 공항건설에 따른 보상문제를 빠른 시일 내에 계획을 발표하고 현실적인 보상금액을 요구하고 나섰다(전북도민일보, 2001. 11. 12). 2002년 6월 17일에는 전라북도와 공항부지주민간에 감정평가 관련절차 및 보상에 관한 간담회를 가졌는데, 이 자리에서 주민들은 보상가 산정을 위한 감정가격을 수용하였다. 일련의 과정을 볼 때 건교부의 적극적 역할, 전라북도의 대화모색과 이에 따른 지역주민의 분위기 반전 등이 겹치면서 갈등이 완화되었다.

(4) 요약 및 결론

김제공항건설은 전라북도가 김제시와 지역주민들의 의견수렴 없는 일방적인 사업진행에 대해 김제시가 반발하면서 갈등이 발생하였다. 김제시와 지역주민들은 입지타당성 조사를 도내 전문가의견 수렴 없이 일방적으로 추진하고, 또 그것을 근거로 공항건설을 건교부에 건의하여 일사천리로 공항건설계획을 추진하

69) 공항건설반대투쟁위는 법원에 건설교통부를 상대로 김제공항개발 기본계획 고시처분 취소소송을 제기하고(디지털김제시대, 2001. 11. 14), 급기야 국회예산결산위원회에 예산을 삭감시키기 위해 상경투쟁까지 이어졌다(전북일보, 2001. 11. 28). 그럼에도 불구하고 국회 건설교통위는 11월 6일 예산통과가 어려울 것이라는 당초 예상과는 달리 심의에서 김제공항 건설을 위한 내년도 예산 173억 원을 통과시켰다

였다는 것이다. 김제시는 이러한 전라북도의 상호 협의가 없는 일방적인 밀어붙이기식 추진에 반발하였고, 전라북도는 김제시의 이러한 반발을 소지역 이기주의라고 비판하였다.

갈등요인별로 살펴보면 갈등초기단계는 전라북도의 행정절차 무시, 권위주의적 태도, 지역주민들의 반발이 갈등요인으로 작용하였다. 갈등증폭단계는 전라북도의 지속적인 강행의지와 지역주민들의 집단행동이 갈등증폭의 요인이 되었다. 갈등완화단계는 단체장간의 대화모색과 지역주민들의 보상문제에 대한 의견접근이 갈등완화에 중요 요인으로 작용하였다. 발생초기는 행위자 특성요인이 증폭단계에서는 환경적 요인, 완화단계에선 행위자 특성과 환경적 요인이 부각되고 있다. 결국 공항건설을 둘러싼 전라북도와 김제시간 갈등은 자치단체장의 행위자 특성, 지역주민의 높은 관심도, 건교부의 적극적 역할이 부각되는 사례이다. 갈등조정은 건교부의 적극적 조정을 통해 이루어졌지만 완전한 갈등의 해결이 아니며 잠재하고 있다. 이 사례를 통해서 볼 때 자치단체장 갈등해결을 위해서는 갈등당사자가 참여하는 '상호협의체 구성'이 필요하고, 해당지역에 대한 적절한 보상책 등이 갈등관리의 시사점으로 제시된다.

2. 핌피: 정부기관 합동청사 유치갈등사례

1) 사례의 개요

광주지방 국세청과 조달청 등 광주·전남에 산재한 10여 개 정부기관을 한 곳에 수용할 수 있는 정부합동청사를 나주시에 신축한다는 정부의 방침에 대해 광주광역시가 강력하게 반발하고 나서 시·도간 갈등이 나타났었다. 정부청사 문제는 당초 행정자치부가 광주·전남 10개 특별행정기관의 합동청사를 나주지역에 건립하기 위해 2004년도 행자부 예산에 설계비 등의 명목으로 17억원을 반영한 사실이 알려지면서 광주시가 강력 반발, 논쟁이 가열되기 시작되었다. 그 당시 정부에서는 1997년부터 지방에 있는 국가기관청사 합동화 사업을 추진하여, 강원도와 제주도에 이어 3번째로 광주·전남에 신축할 계획을 세웠다. 그 후 행정자치부는 2003년 5월과 9월에는 현지실사를 거쳐 나주시 남평지구를 입지로 선정하고, 광주광역시와 나주시, 토지개발공사, 주택공사에 협조 공문을 발송하였다. 2004년 10월 21일 행정자치부가 국회에 제출한 2004년 예산안에 의해 2004년부터 2008년까지 총 907억 여원을 투입, 택지개발예정지구인 나주시 남평읍 대교리 1만 5천평의 부지에 1만 5천 500평 규모의 광주·전남지역 정부합동청사를 신축한다고 밝혔다. 이에 따라 행정자치부는 2004년도에 부지매입비 7억 5천 여만원과 설계비용 10억 여원을 합한 총 17억 4천 500만원의 예산을 투입해 본격적으로 기본설계 및 토지매입에 들어갈 방침이었다. 또한 2005년에는 시공자 선정 및 공사 시공, 2006년 지하층 건설 완료, 2007년 마감공사 완료, 2008년 입주를 마친다는 계획이었다.

이 같은 내용이 공개되자 나주시는 즉각적으로 신정훈 나주시장과 이길선 나주시의회 의장 명의로 23일 공동으로 성명서를 발표하고 정부합동청사 나주 신축은 집권국가, 집중사회의 낡은 패러다임을 분권국가, 분산사회의 새로운 패러다임으로 전환시키는 중요한 역사적 계기가 될 것이라고 환영하면서 정부합동청사 신축을 위한 행정적 지원과 함께 시민적 협조와 노력을 다하겠다고 밝혔다. 그러나 광주광역시에서는 뒤늦게 2004년도 국회의 예산안 심의과정에서야 광주광역시로 입지를 변경해 줄 것을 행정자치부에 건의함으로써 갈등이 시작되었다.

<표 5-2> 갈등의 주요 진행과정

년월일	주요내용
1997. 2.	• 지방에 있는「국가기관청사 합동화 사업」을 추진하여, 강원도와 제주도에 이어 3번째로 광주/전남에 신축할 계획수립
2003. 5월초	• 행정자치부의 나주시 남평지구 현지실사
2003. 5. 21	• 정부청사관리소에서「광주·전남 지방합동청사 건립부지 관련 협조요청」 공문을 발송(수신처: 광주광역시, 나주시, 토지개발공사, 주택공사)
2003. 11월 초	• 광주광역시는 통합청사 건립후보지로 첨단산업단지, 북구 본촌동 건설관리본부청사 인근, 남구 행암동 효천역 부근 등 3곳의 부지를 선정하고 시와 행자부가 협의를 통해 최종 부지를 선정할 수 있도록 해줄 것을 행자부에 요청
2003. 11월 중	• 나주시청을 비롯한 민간단체와 주민들의 광주시의 뒤늦은 주장에 대한 강력한 반발이 전개
2004. 1. 15	• 박태영 지사와 박광태 시장간의 만남에서 정부합동청사는 중앙정부의 결정에 따르기로 합의함에 따라 양자간의 갈등은 일단락

2) 갈등단계별 요인

(1) 갈등발생단계

갈등의 발생단계에서 두드러지게 나타난 특징으로 상대 지방정부와의 긴장관계로 의사소통의 경직화와 신문, 방송, 시민단체 등을 통한 갈등 이슈화의 특징을 보여주고 있는 것으로 나타났다. 지방정부는 갈등의 발생단계에서 상대 단체와의 갈등사안에 대한 갈등의 정도에 대해서는 해당 지방정부간에는 서로 강하다고 느끼고 있었다. 또한 갈등의 발생단계에서 주도적인 역할의 주체에 대해서는 자치단체장, 시민단체로 나타났다.

① 제도적 요인

1997년 3월 행정자치부에서 지방청사 합동화 사업을 대통령에게 보고하였다. 2000년 2월에는 기획예산처의 국유부동산 활용도 제고방안에 의해 춘천, 청주 지방합동청사 건립을 추진하였다. 이에 2003년 5월 광주·전남 정부지방합동청사 신축을 추진하였다. 이 후 2003년 5월 21일 정부청사관리소에서 광주·전남 지방합동청사 건립부지 관련 협조요청공문을 발송(수신처: 광주광역시, 나주시, 토지개발공사, 주택공사)함과 동시에 후보지 검토 착수에 들어갔다. 그리고 2003년 5월 26일부터 29일까지 정부합동청사 입지 검토차 정부청사관리소 관계공무원이 현지를 방문 조사하였다. 현지 방문은 광주-광산구 수완지구, 남구 진월동, 나주시-남평읍, 송월동을 대상으로 현지 조사하였다. 그리고 2003년 9월에는 정부예산안에 나주시 남평을 대상지역으로 확정, 설계 및 토지 매입계약금 등으로 17억원을 반영하였다.

제도적 요인으로서 양 지방정부간의 갈등과 밀접하게 조례나 규칙 등의 관련제도 등은 마련되지 않았다. 그리고 갈등발생초기에 갈등을 해결하기 위한 상대 단체와의 공식적 기구(행정협의회 등), 비공식적 기구(단체장이나 실무자간의 정기회동 등) 등 상호협의기구는 존재하지 않았다. 이에 따라 상대 지방정부와의 긴장관계로 인한 의사소통의 경직화로 인하여 갈등이 진행되기 시작하였다.

② 행위자 특성 요인

본격적인 갈등은 박광태 광주광역시장이 2003년 10월 27일 국무총리실과 행정자치부를 방문해 광주·전남지역 정부기관 종합청사를 나주 남평읍 대교리 일대 49,500㎡ 부지에 건립한다는 계획을 세운 것과 관련하여 이를 전면 백지화하고 광주에 짓도록 요구하는 건의서를 제출하면서 양 지방정부간의 갈등이 시작되었다. 이번 합동청사 마찰은 행자부가 나주시로 부지를 명기한 뒤 국회에 예산을 요구한 사실이 알려지면서 광주광역시가 시와 협의 없는 청사문제는 용인할 수 없다며 강하게 이의를 제기해 본격화되었다. 광주광역시는 2003년 11일 열린 국회 행정자치위원회에서 허성관 행자부장관이 민주당 전갑길 의원(광주 광산)의 질의에 대해 "광주에 있는 특별지방 행정기관들이 광주 밖으로 빠져나갈 이유가 없다"고 답변한 사실을 들어 사실상 통합청사 건립지를 광주로 확정한 것이나 다름없다고 주장하였다. 광주광역시는 이에 따라 통합청사 건립후보지로 첨단산업단지, 북구 본촌동 건설관리본부청사 인근, 남구 행암동 효천역부근 등 3곳의 부지를 선정하고 광주광역시와 행자부가 협의를 통해 최종 부지를 선정할 수 있도록 해줄 것을 행자부에 요청하였다. 그러자 당초 통합청사 건립예정지로 거론됐던 나주시는 2003년 12월 4일 광주시의 청사 건립지 확인 선언과 관련, 김두관 장관시절 이미 나주로 확정된 것을 광주로 바꾸는 것은 있을 수 없는 일로 묵과하지 않겠다며 크게 반발하였다.

신정훈 시장은 지방합동청사 남평지역 유치에 대해 시의장과의 공동 환영 성명서가 잉크도 마르기 전에 광주광역시에서 제동을 걸자 2003년 12월 28일 전남도청에서 기자회견을 갖고 합동청사 건립계획은 행자부의 장기계획으로 기획예산처와 총리의 결재를 얻어 내년 예산을 편성한 사업이라며 일부 정치인의 지역 이기주의에 따라 변경될 사항이 아니며, 이 계획은 광주광역시 인접에 청사를 건립, 지역균형발전을 도모하고 민원인 불편 최소, 예산절감 등을 꾀하는 광주광역시와 전남의 상생사업이라고 주장하였다.

ⅰ) 광주광역시장: ① 갈등문제에 대한 관심과 의지에 있어서 갈등사안이나 문제의 해결에 대하여 깊은 관심이나 강한 의지를 나타내지는 않았다. ② 그러다 보니 상대단체와 중재자에 대한 신뢰수준도 낮은 편이었으며, 갈등발생초기부터 본인이 직접 갈등해결을 위해 나서는 편이 아니었다. 그렇다고 담당공무원을 통해서 문제를 해결하도록 하지도 않은 것으로 나타났다. 이는 광주광역시장이 갈등초기부터 매우 권위적인 태도를 보여주는 것으로 이해할 수 있다.

ii) 나주시장: 나주시장은 광주광역시장과 비교하여 갈등발생초기부터 문제 해결에 대한 관심과 문제의 해결을 위한 강한 의지 등 광주광역시장과는 상대적인 특징을 보여 주었다. 그리고 갈등발생초기부터 본인이 직접 문제해결을 위해 적극적으로 나서는 편이었다.

③ 환경적 요인

나주시민들의 대정부 반발의 형태는 2003년 11월 8일에 열렸던 시민궐기대회를 전후로 지속되어 왔던 행자부와 국회 앞 1인 릴레이 시위에도 나주지역 전 시민단체가 참여하는 등의 반발이 이어졌다. 남평읍 대책위에서는 매주 목요일 밤 촛불시위를 1개월이 넘게 지속하였는데 국회와 행자부 앞 일인릴레이 시위는 2003년 11월 10일부터 15일까지는 공무원노조가 17일부터 21일까지는 남평읍 비상대책위원회 회원들이 상경해 지속적으로 유지해왔다. 또한 24일과 25일에는 청년연합회가 1인 릴레이시위에 참여했고 26일과 27일에는 재향군인회 회원들이 바톤을 이어받아 계획대로의 지방청사 신축을 촉구하였다. 28일과 29일에는 시민대책위 상임공동대표와 해병전우회가 릴레이시위를 이어받았고 2003년 11월 1일부터 2일까지는 나주농민회가, 3일과 4일에는 나주사랑모임, 5일과 6일에는 농협나주시지부, 8일과 9일은 농촌지도자회, 10일과 11일은 여성단체협의회가 행자부 앞 1인 릴레이시위를 계속하였다.

이러한 상경 1인 릴레이시위가 지속되고 있는 가운데 지역균형발전과 정부합동청사 나주신축을 위한 시민대책위원회에서는 9일 제 2차 시민궐기대회까지 이어졌다. 특히 청사 건립부지로 거론됐던 나주 남평읍민 등 시민들도 정부통합청사 신축관련 남평읍민 총궐기대회를 2003년 12월 4일에 개최한 데 이어, 5일에는 버스 2대에 나눠 타고서 국회와 행자부를 항의 방문하는 등 합동청사 유치를 둘러싼 광주광역시와 나주시의 대립이 격화일로를 걷고 있었다. 그러다가 예산안 심의 부대의견에 청사부지 선정을 원점에서 재검토하고 광주광역시 및 전라남도와 충분한 협의를 거친 후 추후 결정하기로 하였다.

i) 광주광역시: 갈등발생단계에서의 해당 지방정부의 정치적 환경과 관련하여 상급지방정부의 개입이나 지역정치집단의 개입, 그리고 주민의 관심과 참여정도 수준은 낮은 것으로 나타났다.

ii) 나주시: 갈등발생문제 초기부터 지역정치집단(지역국회의원, 지방의회, 지역

언론, 시민단체 등)의 관심과 참여는 매우 높았으며, 지역주민들의 관심과 참여도 높게 나타났다.

(2) 갈등증폭단계

갈등증폭단계의 특징으로 두드러지게 나타난 것은 기자회견, 성명서, 공청회 개최 등을 통한 상대 지방정부에 대한 공개적이고 적대적인 비난이나 공격이 나타났다는 점이다. 또한 증폭단계에서 나타난 사용전략으로서는 지방의회, 시민단체, 지역주민, 언론 등을 통하여 상대 지방정부에 대한 비난이나 공격, 그리고 국회의원 등 정치권을 동원한 유리한 정치상황의 조성 등을 전략으로 활용한 것으로 나타났다. 그리고 해당 지방정부 모두는 갈등증폭단계에서 상대 지방정부와의 갈등사안에 대한 갈등의 정도가 높았다고 인식하였다. 갈등의 증폭단계에서 주도적인 역할의 주체에 대해서는 해당 자치단체장, 시민단체로 나타났다.

① 제도적 요인

광주광역시와 나주시의 갈등에 있어서 그들의 주장 역시도 첨예하게 대립되고 있었다. 먼저 나주시의 입장은 합동정부청사 신축계획은 2003년 5월 현지실사를 거쳐 남평읍을 정부안으로 확정된 것을 바꿀 수는 없다는 것이다. 그리고 남평지역은 도시계획상 그린벨트 지역으로 지역개발정책에서 철저히 소외됨으로 인하여 지역개발이 이루어지지 못하였기 때문에 그동안의 보상차원에서도 합동정부청사의 입지가 필요하다는 것이다(남평은 광주도시계획에 포함된 지역이고, 남평읍 면적의 360~600여 만평 정도가 광주시를 위한 그린벨트로 묶여 30여년간 지역개발이 규제되었다). 따라서 지역균형발전 차원에서 지방도시와 주변 낙후지역간 상생의 관계를 유지할 필요가 있다는 주장이다.

이에 반해서 광주광역시의 입장은 먼저 전남도청 이전으로 도심 공동화 현상과 도심상권 붕괴 등 지역 경제 쇠퇴가 우려되는데 특별지방해정기관마저 나주로 이전시 광주광역시민들이 크게 분노한다는 것이다. 또한 당초 소재한 지역으로 합동청사를 건립했던 타 지역과는 달리 납득할 수 없는 사유(저렴한 지가 등)로 광주광역시 소재 기관의 나주시로의 이전은 형평성에 어긋난다는 것이다. 광주광역시와 나주시의 청사유치 사태의 쟁점은 광주광역시가 주장한대로 정부가 독자적으로 결정했는가와 나주시의 안을 정부 확정안으로 볼 것인가의 문제,

그리고 행자부장관과 총리가 재검토를 결정했는지의 진실성 여부 등이었다.

② 행위자 특성 요인

ⅰ) 광주광역시장: ① 광주광역시장은 갈등초기에 비해서 갈등문제에 대한 관심과 의지에 있어서 갈등사안이나 문제의 해결에 대하여 깊은 관심이나 강한 의지를 나타내었다. ② 그러나 상대단체와 중재자에 대한 신뢰수준은 여전히 낮은 편이었으며, 갈등증폭단계에도 단체장이 직접 갈등해결을 위해 나서는 편이 아니었다.

ⅱ) 나주시장: 나주시장은 광주광역시장과 비교하여 갈등발생초기부터 문제 해결에 대한 관심과 강한 의지 등을 여전히 높게 보여주는 특징을 보여 주었다.

③ 환경적 요인

광주광역시와 나주시의 청사유치 사태의 쟁점은 광주광역시가 주장한대로 정부가 독자적으로 결정했는가와 나주안을 정부 확정안으로 볼 것인가의 문제, 그리고 행자부장관과 총리가 재검토를 결정했는지의 진실성 여부 등이다. 이상택 광주광역시 도심활성화 추진기획단장은 정부기관 나주이전은 도심공동화를 심화시키는 것으로 시와는 전혀 사전 협의없이 독자적으로 결정했다고 주장했다. 그러나 행자부 정부청사관리소는 2003년 5월 26일부터 4일간 광주 2곳과 나주 2곳 등 4곳에 관계 공무원을 파견, 양 지방정부 공무원을 동반한 가운데 예상 토지매입가격과 적정성 등을 검토한 것으로 확인됐다.

따라서 광주광역시가 행자부의 부지선정 사실과 타당성 조사가 진행 중이라는 사실을 사전에 알았던 것으로 나타났다. 결국 광주시의 안일한 대처가 뒤늦은 갈등의 원인을 제공했으며 더욱이 나주 유치안은 2003년 6월 행자부장관 결재와 7월 총리 결재를 거쳐 국회에 내년도 예산을 요구하는 상황까지 진행됐음에도 불구하고 광주광역시는 전혀 무대처로 일관하였다는 지적까지 받고 있다. 또 나주시 유치안을 놓고 정부 확정안 여부로 논란을 빚고 있었다. 나주시의회는 2003년 12월 28일의 결의문을 통해 정부청사 계획이 광주시의 방해로 무산될 경우 나주시민은 정부와 광주시를 상대로 강력히 투쟁할 것이라고 천명하였으며, 곧바로 각 지역청년회와 상가번영회, 재향군인회 등 30여 개의 광범위한 시민단체도 합세하여 갈등이 심화되기 시작하였다. 특히 정부의 향후 계획에 광주

전남 지방합동청사 부지로 나주시 남평읍이 구체적으로 명기돼 있고 금액까지 확정되어 당시 김두관 전 장관과 고건 국무총리까지 결재했던 사실을 확인하였다. 요약하면 광주광역시와 나주시 양쪽 지방정부 모두는 갈등증폭단계에서 해당 지방정부의 정치적 환경과 관련하여 상급지방정부의 개입이나 지역정치집단의 개입, 그리고 주민의 관심과 참여정도수준은 높게 나타났다.

(3) 갈등완화단계

① 제도적 요인

갈등완화단계에서 두드러지게 나타난 특징은 제 3자의 중재와 노력이 나타났으며, 해당 지방정부간에 정치적인 해결노력을 많이 기울였다는 점이다. 갈등완화를 위해 노력한 주도집단으로 해당 지방정부 모두는 해당 자치단체장과 지방의회, 시민단체 등을 들고 있다. 또한 해당 지방정부들이 주로 사용한 전략은 갈등해결의 합의전략을 모색하였다는 점이며, 따라서 최종적으로 합의한 전략도 당사자간의 협상으로 나타났다. 이에 전반적으로 갈등완화단계에서 필요로 하는 제도에 대한 개정이나 신설 노력은 없었으며, 만약 제도에 대한 개정이나 신설이 이루어졌다고 하더라도 정부간의 협력을 이루어 내는 데는 비효과적이라고 인식하는 것으로 나타났다.

② 행위자 특성 요인

광주광역시와 나주시간의 첨예한 대립이 빚어졌던 정부기관 합동청사 건립 문제가 원점에서 재검토되는 것으로 일단락 되었다. 주관부처인 행정자치부는 건립 계획 입안 과정에서 지역민들의 의견 수렴 절차가 없었다는 점을 인정하면서 전면 재검토 방침을 밝혔다. 행자부가 늦게나마 잘못을 인정하고 다시 합리적 절차를 거치겠다고 한 것은 바람직하지만 그 동안의 과정을 돌이켜보면 정부의 한심스러운 작태를 탓하지 않을 수 없다. 16개 지방청 1천 여명의 직원이 입주할 합동청사 건립은 예산 자체도 막대하지만 사후 영향도 적지 않은 일이다. 어디에 들어서는가에 따라 지역민 편의나 이해도 크게 엇갈릴 뿐더러 해당 기관 공무원들의 생활에도 큰 영향을 미친다. 따라서 행자부는 입안 과정에서 최소한 이런 문제들을 충실히 헤아렸어야 하였다. 결국 2004년 1월 15일 박태

영지사와 박광태시장간의 만남에서 정부합동청사는 중앙정부의 결정에 따르기로 합의함에 따라 양자간의 갈등은 일단락 되었다.

i) 광주광역시장: ① 광주광역시장은 갈등증폭단계와 비교하였을 때 더욱 갈등문제에 대한 관심과 의지에 있어서 갈등사안이나 문제의 해결에 대하여 깊은 관심이나 강한 의지를 나타내었다. ② 그러나 상대단체에 대한 신뢰수준은 여전히 낮은 편이었지만 중재자에 대한 신뢰는 상대적으로 높은 편이었다. 결국은 갈등완화를 위하여 광주광역시장은 갈등해결을 위해 직접 나서게 되는 결과를 가져왔다.

ii) 나주시장: 나주시장은 갈등발생초기부터 지속적으로 갈등문제해결에 대한 관심과 강한 의지 등을 여전히 높게 보여주는 특징을 보여 주었다.

③ 환경적 요인

광주광역시와 나주시는 갈등완화단계에서 해당 지방정부의 정치적 환경과 관련하여 상급지방정부의 개입이나 지역정치집단의 개입, 그리고 주민의 관심과 참여정도수준은 높게 나타났다. 또한 갈등발생단계부터 갈등완화단계까지의 전 과정 기간동안의 갈등과 관련한 지역사회의 이해관계에서는 자치단체장과 지방의회, 그리고 자치단체장과 주민과의 이해관계에서 일치도가 가장 높게 나타났다. 그리고 지역사회에서 이해관계자(지방행정부, 지방의회 의원, 시민단체, 주민, 언론 등)들 사이에 의견조율 및 이해조정이 잘 되지 않는 이유로서는 집단간의 경제적 이익차이 때문으로 나타났다.

(4) 요약 및 결론

정부합동청사유치문제를 둘러싼 광주광역시와 나주시간 갈등은 무엇보다 행자부의 애매 모호한 태도에서 비롯된 것이다. 따라서 행자부가 양 기관의 갈등을 더욱 증폭시키는 변명에 급급할 것이 아니라 하루라도 빨리 명확한 입장표명을 하였다면 양 기관의 갈등은 조기에 진화될 수 있었다. 마찬가지로 논란을 제공한 광주광역시도 해당 문제에서는 당당하지 못한 행동을 하고 있었다. 즉, 정부기관 합동청사건립은 단기간에 결정된 사항이 아니고 이미 대통령의 재가를 얻어 정부예산으로 반영까지 된 것을 광주광역시는 소위 뒷북을 친 결과였다. 특히 행자부가 양 지방정부의 갈등문제와 관련해 두 지방정부에 공문까지 보내고 부지선정을 위해 현장조사까지 하였었는데 아무런 조치도 취하지 않았던 광주광역시의 행태는 비판을 면치 못했다. 정부합동청사건립 논란은 결론적으로 행자부의 눈치보기와 광주시의 뒤늦은 대응이 광주와 전남 지역민의 갈등을 부추기는 불씨를 제공하였던 셈이다.

무릇 국가공공기관을 한군데로 모으는 것은 업무의 효율성과 기관간의 유기적 관계를 고려한 결정이었을 것이다. 그러나 이보다 더 중요한 것은 민원인들의 접근성이 용이하도록 하는 지리적 위치다. 아무리 국가사업이라고 해도 부지선정 때 기관들이 자리 잡고 있는 지방정부와 충분한 조율을 거쳤으면 갈등이 생길 이유가 없었을 것이다.

분석결과 갈등해결방법에서 제도적 방법은 갈등해결에 도움이 되지 못하였지만 사례분석에서 보았듯이 자치단체장간의 정치적 타협에 의해 갈등해결이 이루어져 제도적 협력보다는 비제도적 협력, 즉 정치적 협력메커니즘이 갈등해결에 매우 유용한 것으로 판단되었다. 따라서 지방정부간에 발생한 분쟁을 해결하기 위해서는 먼저 갈등당사자들이 만나야 한다는 점이 강조된다. 즉 지방정부간의 분쟁을 협력으로 유도하기 위해서는 이해관계자들이 만나서 서로의 주장과 이해관계에 대해 진지한 논의와 토론이 있어야 한다. 그 중심에서 해당 자치단체장이 정치적 협력을 주도해야 한다. 또한 앞으로 지방정부간 갈등해결을 위해 행정협의회나 분쟁조정위원회 운영에 대한 제도적 보완과 활성화가 필요하다.

3. 관할구역: 공유재산구역 환수 갈등사례

1) 사례의 개요

이 사례의 갈등 주체는 울산시와 울주군 및 행정자치부이다. 갈등의 주요원인은 울산시와 울주군의 도·농 통합으로 공유재산이 모두 울산시 관할로 되었으나, 광역시 승격 후 울주군이 자치권을 부여받으면서 환수할 재산의 규모 때문이었다. 1995년 울산시와 울주군(통합전의 울주군의 행정구역 명칭은 울산군이었음)은 도·농 통합을 하였고, 1997년 광역시로 승격하게 된다. 통합전 울주군 소유의 공유재산은 7천4백43필지 1천28만8천여제곱미터에 달했으나, 1997년 자치군으로 전환하면서 인수받은 재산은 전체의 24.7%인 4천9백70필지 2백54만4천여 제곱미터였다. 예전 관할구역의 대부분을 환수 받지 못한 울주군은 1998년 민선자치단체장 선거 때 환수를 공약으로 내세우는 등 재산환수 움직임을 가속화하였다. 환수의 배경은 울산시가 광역시로 승격되면서 울주군도 기초지방정부로 자치권을 가지고 있기 때문이었다. 이에 울산시는 '광역시 설치에 관한 법률', '지방자치법', '울산광역시 설치에 따른 공유재산 조정지침' 등을 근거로 하여 법적 근거 없이는 되돌려 줄 수 없다고 하였다. 2000년에 들어 울주군은 광주광역시 광산군과 부산광역시 기장군 등 유사한 사례를 내세우며 법적 소송에 들어 갈 수 있음을 알렸고, 이에 울산광역시는 울주군간의 협상으로 광역시 설치에 관한 법률에 따라 33필지 30만 제곱미터의 관리권을 울주군에 이전하였으나, 미비하다고 느낀 울주군은 2000년 4월경 특별위원회를 설치하여 체계적으로 환수를 요구하게 되었다. 동년 7월경 울주군은 울산시와의 협상이 원하는 방향으로 나아가지 않자 행정소송 등 법적 해결도 불사하겠다고 밝혔고, 울산시는 동년 10월경 지속적인 울주군의 압박에 당근과 채찍의 수단을 내세운다. 회유책으로는 사회간접자본을 투자하고 공유재산에 대해 무상대여 등을 들 수 있으며, 이를 바탕으로 상호비방이나 무분별한 언행과 여론형성은 자제하자고 밝혔다.

2000년 11월경 울주군 의원들과 울산시장과의 간담회에서 심완구 울산시장은 지금까지 공식적으로 울주군이 공유재산 환수를 요구한 적이 없다며 공식적으로 요청할 경우 행정자치부와 협의를 거쳐 반환할 용의가 있다고 밝혔다. 이에 갈등이 종식되는 듯 보였으나 2001년 행정자치부가 울산광역시 설치 등에 관한 법률 제 6조[70]에 따라 법률에 위반되므로 환수가 불가능하다고 밝혔다. 이에 분개한 울주군은 소송에서 패소하더라도 법적 소송으로 가겠다고 언급하였고, 울산광역시 관계자는 무상대여나 양여하는 방안 등을 검토하였다. 그러나 3월 중 울주군 관계자는 재산환수를 위해 4월 추가경정예산에 4000만원을 소송비로 확보키로 했으며, 변호사에게 법률적 자문을 구하는 등 민사소송을 위해 법률검토를 하고 있다고 밝혔다.

70) 제 6조(재산의 승계)의 내용은 다음과 같다. ① 이 법의 시행당시 울산시의 공공시설 및 재산과 제 3조의 관할구역 안에 있는 다음 각 호의 공공시설 및 재산은 울산광역시가 각각 이를 승계 한다. 다만, 제 2호의 공공시설 및 재산 중 그 설치목적이 제 3조의 관할구역에 국한되어 있지 아니한 것과 성질상 울산광역시가 승계 함이 부적당하다고 인정되는 것으로서 내무부장관이 지정하는 것은 그러하지 아니하다. 1. 교육법 제 81조의 규정에 의한 학교 중 공립학교와 그 재산. 2. 제 1호외의 경상남도의 공공시설 및 재산. ② 이 법의 시행당시 울산시의 구 및 읍·면·동의 행정목적에 직접 사용하고 있는 공공시설 및 재산은 1항의 규정에 불구하고 울산광역시의 구 또는 군이 각각 이를 승계 한다.

<표 5-3> 갈등의 주요 진행과정

년월일	주요내용
1995 1997. 7 1998. 6 2000. 3 2000. 10 2001. 1 2001. 4	-울산시 울산군(울주군) 도·농 통합 -울산시가 울산광역시로 승격 -민선자치단체장 선거에서 환수가 이슈화 -울주군 법률소송 준비, 울주군과 울산시 감정대립 -울산시 회유책 내놓음 -울주군 울산시와 행자부에 환수요청 -행자부에서 환수불가 내림 -울주군 법률소송 재준비

본 사례의 본질은 '울산광역시 설치에 따른 공유재산 조정지침'에 대한 울주군의 반발로 야기된 울산광역시라는 광역지방정부와 울주군이라는 기초지방정부간의 갈등이다. 갈등 발생의 구체적인 이유는 양 지방정부간의 경제적 및 재정적 이익, 광역지방정부와 기초지방정부라는 권력상의 차이, 법령의 규제 모순[71] 등인 것으로 설문조사결과 나타나고 있다. 또한 갈등의 발생단계에서 주도적인 역할을 한 주체에 대하여 울산광역시는 울주군 기초자치단체장, 울주군의회 의원, 울주군 지역주민[72] 등이라고 인식하고 있으며, 울주군은 울주군 기초자치단체장과 울산광역시장 및 중앙정부인 행정자치부로 인식하였다. 그리고 갈등의 발생단계에서 울산광역시와 울주군간의 갈등 정도는 강한 것으로 양 지방정부의 실무자들은 인식하고 있었다.

2) 갈등단계별 요인

(1) 갈등발생단계

① 제도적 요인

울산광역시와 울주군간의 갈등이 처음 발생했을 당시 가장 밀접하게 관련된

71) 2001년 행정자치부가 울산광역시 설치 등에 관한 법률 제 6조에 따라 법률에 위반되므로 환수가 불가능하다고 밝혔는데, 이것이 법령의 규제 모순이라고 울산광역시 담당자는 응답하고 있다.
72) 1997년 7월 울주군이 자치군으로 전환하면서 인수받은 공유재산은 통합 전 7천4백43필지 1천28만8천여 제곱미터의 24.7%인 4천9백70필지 2백54만4천여 제곱미터였다. 이에 울주군민들의 원성이 커져갔고, 1998년 민선단체장선거에서 후보들은 공유재산환수를 공약으로 내세우게 되었는데, 이러한 이유로 인하여 울산광역시는 울주 군민이 갈등발생의 주요한 주체로 보고 있었다.

법·제도는 '울산광역시 설치에 따른 공유재산 조정지침'과 '지방재정법 및 동법 시행규칙'인 것으로 나타났다. 즉, 울산광역시 설치에 따른 재산(재정) 확보를 위하여 일정 면적이상의 기초지방정부 재산을 광역지방정부(울산광역시 설치)로 이관하는 것을 주요 내용으로 하는 '울산광역시 설치에 따른 공유재산 조정지침'에 대한 울주군의 불만이었다. 울주군은 법적으로 대처코자 하였으나, 언론과 여론이 이에 대하여 자제를 요청하는 분위기에 따라 법적 소송을 제기하지는 않았다. 그리고 지방재정법 및 동법 시행규칙에 따르면 울주군이 공유재산 무상양여를 신청할 경우, 공용 또는 공공용으로 사용제한을 규정하고 있어, 이 역시 울주군의 불만 대상이었다.

실제 울주군이 공유재산을 인수받지 못한 배경은 지방자치법과 행정자치부 공유재산조정지침(이후 광역시 설치에 관한 법률)상 200제곱미터 이하만 자치권 소유로 환원한다는 규정 때문이었으며, 민선자치시대를 맞아 재산환수를 놓고 격론이 벌어지기 시작하였던 것이다.

또한 갈등이 처음 발생했을 당시 공식적 협의기구 혹은 비공식적 협의기구가 존재하였는지에 대하여 울주군은 모든 협의기구가 존재하지 않았다고 응답하고 있는 반면에, 울산광역시는 비공식적 기구이지만 존재하였다고 응답하고 있다. 구체적으로 울주군 기초자치단체장이 공유재산 무상양여를 울산광역시에 서면으로 요청할 경우, 양 지방정부간의 실무협의를 통하여 건물은 예산지원으로 토지는 무상양여로 지원할 수 있었다고 응답하고 있다. 그리고 갈등이 발생했을 당시 관련 제도의 내용을 분석한 결과, 갈등당사자간의 권한에 관한 제도 및 업무범위에 관한 제도 등은 분명하였으나, 갈등해결을 위한 지방정부 및 이해관계자의 참여범위에 관한 제도, 갈등해결을 위한 의사결정방식에 관한 제도 등은 불명확하였고, 당사자간의 의사소통, 정보교환·공유에 관한 제도, 당사자간의 편익배분 및 비용분담에 관한 제도, 협의기구 임원들의 구성과 임기에 관한 제도 등은 없는 것으로 나타났다.

② 행위자 특성 요인

먼저 양 자치단체장의 성격이 매우 적극적이었고, 특히 울주군수는 자신의 의지를 관철시키기 위해 좀처럼 자신의 입장을 굽히지 않는 성격이었다. 따라서 공유재산을 둘러싼 갈등에 대한 관심과 의지도 높은 편이었다는 것이다. 즉, 단체장은 갈등발생 초기부터 갈등사안에 대해 매우 깊은 관심을 가지고 있었고, 문제해결을 위한 강한 의지를 보여주었다는 것이다. 따라서 문제해결방식도 담당공무원을 통하여 해결하기 보다는 자신이 직접 나서서 해결하는 편이었으며, 단체장은 자신의 단체가 직접 개입하는 것을 주저하지 않는 편이었다는 것이다. 이러한 결론의 근거는 다음과 같은 사실에서도 찾을 수 있다.

울주군수는 1998년 민선자치단체장 선거 때 공유재산 환수를 공약으로 내세우는 등 재산환수 움직임을 가속화하였고, 2000년 10월에는 원전건설과 신불산 케이블카 설치문제 및 공유재산 환수문제 등이 잘 해결되지 못하자 울주군의 경상남도 복귀운동을 펼치겠다고 울산시를 협박하였다. 특히 2001년 행정자치부가 울산광역시 설치 등에 관한 법률 제 6조에 따라 법률에 위반되므로 환수가 불가능하다고 밝히자, 울주군수는 소송에서 패소하더라도 법적 소송으로 가겠다고 언급하였고, 그 해 3월 재산환수를 위해 4월 추가경정예산에 4000만원을 소송비로 확보키로 했으며, 변호사에게 법률적 자문을 구하는 등 민사소송을 위해 법률검토를 하고 있다고 밝혔다.

또한 울주군수의 자원동원능력은 높은 편으로 나타나고 있는데, 구체적으로 갈등의 주체인 울주군수는 울주군의회로부터 높은 정치적 지지를 받고 있었으며, 지역사회의 군민들과 해당 단체의 관료들로부터도 높은 지지를 받고 있었다. 이러한 사실은 2000년 6월에 울주군의회가 공유재산과 관련 특별위원회를 구성해 울산시에 반환을 요구하고, 동년 11월에는 울주군 의원들이 울산광역시장과의 공유재산 문제에 대한 간담회를 가졌고, 이 자리에서 공유재산 환수를 요구한 사실에서 찾을 수 있다. 게다가 울주군이 재산환수를 위해 2001년 4월 추가경정예산에 4000만원을 소송비로 확보키로 한 것에 대하여 울주군의회는 적극적으로 지원한 것에서 찾을 수 있다.

③ 환경적 요인

2000년 10월에 들어 울주군과 울주군의회는 공유재산을 돌려주지 않을 경우 경상남도로 복귀하겠다는 의사를 표방하고, 이를 군민투표를 통하여 결정하겠다고 밝혔다. 이에 대하여 울산시는 울주군에 대해 비판을 가하면서도 울주군민의 정서를 고려해 법적 근거가 없어 울주군 재산을 환원할 수 없지만, 울주군이 행정적 목적으로 필요로 할 땐 무상대부나 양여가 가능하다고 밝혔다. 또한 울주군에 집중적인 지원계획을 수립하고 사회간접자본 및 농어촌 발전자금 등 재정지원을 할 것을 약속하며, 상호비방이나 불필요한 무분별한 언행과 여론화는 상호자제하자고 하였다는 사실에 비추어 볼 때, 울주군은 울주군민을 수단으로 삼아 울산시를 압박하였던 것이다.

마지막으로 갈등발생단계에서의 환경적 요인으로 지역주민, 특히 울주군민의 관심과 참여정도가 높은 것으로 나타나고 있으며, 상급정부의 개입 및 지역정치집단의 개입은 높지 않았다는 것이다.

(2) 갈등증폭단계

① 제도적 요인

갈등증폭단계에서 갈등양상의 특징은 무엇보다도 법적 소송의 제기로 나타났다. 2000년 11월에 들어 울주군 의원들과 울산 심완구시장간의 간담회를 가졌다. 그러던 중 공유재산의 문제에 대해 심시장은 울주군이 공식적으로 공유재산 환수를 요구한 사실이 없다고 해명하며, 울주군이 공식적으로 공유재산 환수를 요청할 경우 법률 검토를 거쳐 반환할 수 있는 것은 반환하고 반환할 수 없는 것은 행정자치부에 건의해 법률을 개정해서라도 울주군에 반환할 용의가 있다고 밝혔다. 이에 울주군에서는 울산광역시 설치에 따른 공유재산 지침의 개정과 미환수 재산 이관을 행정자치부와 울산시에 요청하는 등의 법적 절차를 가졌다. 이에 갈등이 해결하는 것으로 보였다. 하지만 2001년 초 행정자치부는 울주군의 환수요청이 법률에 배치된다며 불가하다고 통보하였다. 즉, 1997년 7월 광역시로 승격되면서 문제의 재산이 자연히 광역시 재산으로 승계 되었으며 울산광역시 설치 등에 관한 법률 제 6조(재산의 승계)에 따라 기초지방정부로 새로이 설치된 울주군이 이전 울산군의 재산소유권을 주장할 수 있는 법적 근거가 없다고 밝혔다. 이에 울산시는 공유재산 반환의 근거인 공유재산 조정지침의 개정과 관련 행정자치부에 질의한 결과 개정불가라고 회신해 옴에 따라 공유재산을 돌려줄 수 없다고 밝혔다. 이에 대해 울주군은 재산환수를 위해 2001년 4월 추가경정예산에 4000만원을 소송비로 확보키로 했으며, 변호사에게 법률적 자문을 구하는 등 민사소송을 위해 법률검토를 하고 있다고 밝혔다. 그러나 실제 법적 소송은 광역지방정부와 분쟁으로 이어지고, 언론의 부정적 반응으로 인하여 이루어지지는 않았다.

② 행위자 특성 요인

갈등증폭단계에서 행위자 특성 및 환경적 요인의 특징은 기자회견·성명서·공청회 등을 통한 상대 지방정부에 대한 공개적이고 적대적인 비난 공격, 지방의회·시민단체·지역주민·지역언론 등을 통한 상대 지방정부에 대한 비난이나 공격 등으로 나타났다. 그리고 이처럼 갈등이 증폭된 원인은 울주군수와 울산광역시장간의 표출되지 않은 불편한 관계 때문인 것으로 설문조사결과 나타나고 있다. 또한 갈등을 증폭시킨 주체에 대하여 울주군은 기초자치단체장, 광역자치단체장 및 기초의회 등으로 인식하고 있었으며, 울산시는 기초자치단체장, 기초의회 및 지역주민(대표) 등으로 인식하고 있었다.

이는 실제 갈등의 진행과정에서 지방정부간의 감정싸움으로 까지 진행되었다. 2000년에 들어서 울주군은 등기부 열람조사를 통해 묘지와 도로 등 공유재산 1백만제곱미터에 대해 1차로 귀속권을 주장하고 반환해 줄 것을 울산시에 요청하였으나, 이 중 국립공원인 울주군 상북면 등억리 소재 30만 제곱미터에 대해서만 부지반환을 승인하였다. 그러나 이에 만족하지 못한 울주군은 고문변호사를 통해 토지소유권 반환소송을 준비하고 있다고 울산시에 통보하게 된다. 이에 울산시는 '광역시 설치에 관한 법률'과 '지방자치법' 등에 따라 임야의 경우 3천제곱미터, 일반토지는 200제곱미터 이상은 광역지방정부인 울산시가 귀속권을 가진다며 법적으로 돌려줄 근거가 없다고 강경입장을 보였다. 하지만 울주군은 광주시에 편입되었던 광산군과 부산시의 기장군이 비슷한 이유로 재판을 통해 토지 또는 현금으로 되돌려 받은 판례가 있다며 소송을 하면 승소할 것이라 보았고 역시 강경한 입장을 나타내었다. 이런 울주군의 반응에 대해 울산시 관계자는 군립공원 내 30만 제곱미터의 공유지 역시 울주군에 반환한 것이 아니라, 당초 공원 안 부지의 귀속권이 잘못돼 이번에 조정한 것이라 밝히며 필지별 소규모의 공유지는 자치구·군의 재정확충을 위해 넘겨주고 있으나, 모든 공유지를 다 돌려달라는 것은 딴 살림을 차리자는 것으로 볼 수 있다고 밝히는 등 감정싸움으로 치달았다.

(3) 요약 및 결론

이상에서 공유재산 환수를 둘러싼 울산시와 울주군간의 갈등사례를 살펴보았다. 여기서 갈등단계별로 작용한 갈등의 원인을 분석하면, 먼저 갈등발생단계에서는 제도적 요인으로 울산광역시 설치에 따른 공유재산 조정지침과 지방재정법 및 동법 시행규칙인 것으로 나타났다. 즉, '울산광역시 설치에 따른 공유재산 조정지침'은 울산광역시 설치에 따라 일정 면적이상의 기초지방정부 재산을 광역지방정부(울산광역시 설치)로 이관하는 것을 주요 내용으로 하고 있는데, 이에 대한 울주군의 불만이었다. 또한 갈등이 처음 발생했을 당시 공식적 협의기구 혹은 비공식적 협의기구가 작용하지 않고 있다가 울주군이 경상남도 편입운동과 법적 소송준비를 하자 실무회의를 통하여 재산환수를 공동으로 진행하였다는 것이다. 그러나 이마저도 행정자치부의 개입으로 불발로 끝났다.

그리고 행위자의 특징 요인은 양 자치단체장의 성격이 매우 적극적이었고, 특히 울주군수는 자신의 의지를 관철시키기 위해 좀처럼 자신의 입장을 굽히지 않는 성격이었다. 따라서 공유재산을 둘러싼 갈등에 대한 관심과 의지도 높은 편이었다는 것이다. 즉, 단체장은 갈등발생 초기부터 갈등사안에 대해 매우 깊은 관심을 가지고 있었고, 문제해결을 위한 강한 의지를 보여주었다는 것이다. 따라서 문제해결방식도 담당공무원을 통하여 해결하기보다는 자신이 직접 나서서 해결하는 편이었으며, 단체장은 자신의 단체가 직접 개입하는 것을 주저하지 않는 편이었다는 것이다. 또한 울주군수의 자원동원능력은 높은 편으로 나타나고 있는데, 구체적으로 갈등의 주체인 울주군수는 울주군의회로부터 높은 정치적 지지를 받고 있었으며, 지역사회의 군민들과 해당 단체의 관료들로부터도 높은 지지를 받고 있었다. 마지막으로 갈등발생단계에서의 환경적 요인으로 지역주민, 특히 울주군민의 관심과 참여정도가 높은 것으로 나타나고 있으며, 상급정부의 개입 및 지역정치집단의 개입은 높지 않았다는 것이다. 갈등증폭단계에서는 제도적 요인으로 법적소송의 준비로 나타났고, 행위자의 특징적 요인은 울주군수와 울산광역시장간의 표출되지 않은 불편한 관계로 인한 감정싸움 등으로 정리할 수 있다.

4. 사무권한: 황룡취수장 사용허가연장 갈등사례

1) 사례의 개요

최근 광주광역시와 장성군이 황룡취수장의 사용허가연장 여부를 둘러싸고 신경전을 벌였다. 황룡취수장은 장성읍 한복판을 가로지르는 황룡강에 위치한 수돗물 원재료인 원수를 생산하는 곳이다. 이 취수장에서 뽑아 올린 물은 장성군 남면에 위치한 광주광역시 상수도사업본부 남면정수장으로 보내져 상무대 일대에 공급되고 있었다.

광주광역시는 1983년부터 20년간 장기 점·사용 허가를 받아 황룡강 하류에 취수장을 설치해 생활용수를 취수해왔다. 그러다가 관할관청인 장성군이 2003년 6월 30일 기한이 만료됐다는 이유로 취수를 불허했다. 시는 취수불허로 1일 3만t의 물을 공급받던 광산구 하남산단과 비아·월곡동 등 일부지역에 단수사태가 발생하자 허가 연장을 요구했으나 장성군은 취수장 주변이 상수원보호구역으로 계속 묶일 경우 개발제한 피해를 볼 수밖에 없다는 점을 들어 불허 입장을 고수해 왔다. 광주광역시는 상무대 일대와 광주광역시 일원의 원활한 수돗물 공급을 위해 황룡취수장을 계속 사용해야 한다는 입장이다. 반면, 장성군은 황룡취수장이 들어서면서 장성읍 한복판이 상수원보호구역으로 묶여 각종 개발이 불가능, 막대한 지장을 받고 있는 만큼 더 이상 점용허가를 연장해 줄 수 없다는 것이었다. 그러나 결국 장성군은 2003년 8월 28일부터 2006년 3월 31일까지 취수를 허용했다.

<표 5-4> 갈등의 주요 진행과정

년월일	주요내용
2003. 6. 30	• 장성군 취수기간만료에 따라 취수불허 방침전달
2003. 7. 2	• 광주시 취수연장을 장성군에 신청
2003. 7. 14	• 광주시 상수사업본부 기자화견에서 대책마련 발표
2003. 7. 30	• 황룡강 취수장 중단
2003. 8. 11	• 광주광역시와 장성군의 취수장 연장관해 협의
2003. 8. 22	• 장성군 광주시 요구 수용으로 종결 해결

2) 갈등단계별 요인

(1) 갈등발생단계

갈등이 발생한 이유로는 집단 간의 경제적 이익의 차이 때문으로 나타났다. 그리고 갈등의 발생단계에서 두드러지게 나타난 특징으로 상대 지방정부와의 긴장관계로 의사소통의 경직화와 신문, 방송, 시민단체 등을 통한 갈등 이슈화의 특징을 보여주고 있는 것으로 나타났다. 또한 지방정부는 갈등의 발생단계에서 상대 지방정부와의 갈등사안에 대한 갈등의 정도에 대해서는 해당 지방정부간에는 서로 강하다고 느끼고 있었으며, 갈등의 발생단계에서 주도적인 역할의 주체에 대해서는 자치단체장, 시민단체로 나타났다.

① 제도적 요인

황룡취수장의 하천점용허가 기한이 2003년 6월 30일로 다가온 가운데 광주광역시와 장성군이 사용 여부를 놓고 첨예한 갈등을 빚었다. 황룡취수장은 관선시대인 지난 1983년부터 광주시가 장성군으로부터 점용허가를 받아 운영 중이나 점용허가 기간이 완료되면서 이해관계가 엇갈리고 있다. 황룡취수장은 수돗물의 원재료인 원수를 생산하는 곳으로, 취수장의 물은 광주광역시 상수도사업본부 남면정수장(장성군 남면)으로 보내져 광주광역시 일원과 상무대 일대에 공급된다. 허가기간이 1주일 앞으로 다가온 가운데 광주광역시는 원활한 수돗물 공급을 위해서는 황룡강 취수장을 계속 사용해야 한다는 주장을 펼치고 있는 반면, 장성군은 황룡강 취수장이 생기면서 장성읍 한복판이 상수원 보호구역으로 지정돼 각종 개발이 불가능, 지역경제 활성화에 지장을 받고 있어 더 이상의 점용허가는 불가피하다는 입장으로 맞섰다.

상수원보호구역 금지행위로 군은 매년 추진하고 있는 홍길동 축제 등 각종 행사를 시행하면서 행사구간 축소 등 많은 제약을 받고 있는 실정이다. 또 황룡취수장에서 시로 공급하는 물 값은 농업기반공사가 취득하고 취수장을 관리·감독하는 인원들도 시청 공무원으로 구성·운영되고 있어 허가 연장 불허에 대한 군민들의 의견이 모아졌었다. 광주광역시는 지난 1982년 하남공단과 비아주택단지를 조성하면서 공업용수와 생활용수 공급을 위해 황룡강물을 이용한 수돗물 생산 계획을 추진하였다. 제도적 요인으로서 양 지방정부간의 갈등과 밀접하게 조례나 규칙 등의 관련제도 등은 마련되지 않았다. 그리고 갈등발생초기에 갈등을 해결하기 위한 상대 단체와의 상호협의기구도 존재하지 않았다.

② 행위자 특성 요인

광주광역시는 허가가 만료된 1993년 하천점용허가 기한 연장을 또다시 신청하였다. 하지만 관선시대와 달리 민선시대로 접어들면서 지역발전이 최고의 가치로 등장하면서 상수원보호구역 해제에 대한 주민들의 목소리가 높아져 가고 있었다. 광주광역시는 황룡취수장을 통해 1일 평균 5천-6천t의 수돗물을 상무대 지역에 공급하고 있는 만큼 취수장 점용허가 연장이 절실하다는 입장이다. 특히 황룡취수장이 폐쇄되면 광주시내 고지대 수돗물 공급에 차질을 빚는다고 설명한다. 광주광역시내 해발 70m이상 지역은 일정하게 수압을 유지해야 하는데 취수장이 기능을 상실하게 되면 수압을 유지할 수 없다는 주장이었다.

이와 관련 상수도사업본부 관계자는 황룡취수장을 통해 1일 평균 5천-6천t의 수돗물을 장성 상무대 지역에 공급하고 있는 만큼 취수장 점용허가 연장이 절실하며, 폐쇄될 경우 광주시내 고지대 수돗물 공급이 차질을 빚는다고 입장을 밝혔다. 관계자는 이어 황룡취수장이 폐쇄되면 광주 문흥지구, 대성여고 뒷편, 사직공원 주변 등 7개 지역 고지대 수돗물 공급이 어렵게 된다며 황룡강 점용기간을 3년-4년만 연장해 준다면 그 기간을 이용해 강변여과수를 개발하거나 취수장 위쪽에 새로운 취수구를 건설할 계획이라고 대안을 제시하였다.

황룡취수장 사용허가 연장 갈등과 관련하여 광주광역시장은 갈등사안이나 문제의 해결에 대하여 깊은 관심이나 강한 의지를 나타내지는 않았다. 갈등발생초기부터 본인이 직접 갈등해결을 위해 나서는 편이 아니었다. 상수도사업본부에 권한을 위임한 편이었던 것으로 나타났다. 반면 장성군수는 광주광역시장과 비교하여 갈등발생초기부터 문제 해결에 대한 관심과 강한 의지를 보여 주었다.

③ 환경적 요인

장성군 의회와 사회단체는 장성군 황룡취수장 반대 투쟁위원회를 구성해 점용허가권자인 장성군수에게 더 이상 허가연장을 하지 말라며 강력히 촉구했다. 투쟁위원회 공동대표인 윤시석 군의회 부의장은 현재의 상수원 보호구역은 문화센터와 읍 시가지를 관통한 지역으로 호남복합 화물터미널 배후 주거단지와 국민임대주택단지 예정지구로 고시된 지역이다면서 상수원보호구역이 해제되지 않는다면 지역사회 발전에 막대한 지장을 초래한다고 말했다. 윤시석 공동대표는 이어 시가 주암댐 물로 식수를 충분히 해결하고 있는데도 장성읍 도시계획지구의 중심부를 20년 동안 상수원 보호구역으로 묶어 놨다면서 전 군민의 힘과 뜻을 모아 적극적으로 대처해 나갈 방침이라고 강조하였다. 갈등발생단계에서의 해당 지방정부의 정치적 환경과 관련하여 상급정부의 개입은 없었다. 그러나 장성군의 지방의회와 시민단체의 개입, 그리고 주민의 관심과 참여정도수준은 매우 높은 것으로 나타났다.

(2) 갈등증폭단계

갈등증폭단계의 특징으로 두드러지게 나타난 것은 장성군에서 기자회견, 성명서, 공청회 개최 등을 통한 상대 지방정부에 대한 공개적이고 적대적인 비난이나 공격이 나타났다는 점이다. 또한 증폭단계에서 나타난 사용전략으로서는 지방의회·시민단체·지역주민·언론 등을 통하여 상대 지방정부에 대한 비난이나 공격 그리고 국회의원 등 정치권을 동원한 유리한 정치상황의 조성 등을 전략으로 활용한 것으로 나타났으며, 해당 지방정부 모두는 갈등증폭단계에서 상대 지방정부와의 갈등사안에 대한 갈등의 정도가 높았다고 인식하였다.

① 행위자 특성 요인

장성군이 광주시가 요구한 황룡취수장 점·사용 허가 연장 불허 방침을 내린 가운데 시가 2003년 7월 또다시 취수연장 신청서를 제출하였다. 광주광역시는 광산구에서 생활용수로 사용해온 황룡강의 취수를 장성군이 2003년 6월 30일 중단결정을 내려 하천 점·사용을 허가 해줄 것을 긴급 요청하였다.

황룡강 취수가 중단되면서 광산구 하남산단과 광주광역시내 고지대 주민들의 물 공급 부족이 우려되고 있었다. 2003년 6월 30일 황룡취수장 공급이 중단되면서 광산구 하남공단(7천t), 상무대(6천t), 비아·월곡동 주민 생활용수(1만t)이 이날로 끊겼다. 이에 따라 시는 주암호에서 2만t, 동복호에서 1만t 등 3만t을 비상 공급하는 등 임시대책을 마련했다. 시내 상수도관이 특정 지역별로 일정한 수압을 유지할 수 있도록 설치돼 있어 주암호·동복호 물이 광산구에 공급된다 해도 이 지역은 물론 다른 고지대에도 수압이 낮아져 시민생활에 불편이 따를 것으로 예상되었기 때문에 이러한 이유로 광주광역시는 황룡강 취수장 연장 요청을 강력히 주장하였다.

이와 관련 장성군은 상수원 보호구역으로 지정·고시되면서 지역경제 발전의 걸림돌로 작용, 주민들이 그 피해를 고스란히 입고 있다며 허가 연장을 거부해 왔다. 특히 시는 취수원 변경 및 상수원보호구역 지정·해제 등의 대책을 마련할 것이라며 오는 2008년까지 점·사용 연장을 요구했지만 김흥식 장성군수가 이 같은 시의 대책으로는 군민들을 설득할 수 없다고 판단, 불허 통보를 결정했다. 그러나 식수원 확보를 위해 장성군과 갈등을 빚고 있는 광주광역시 상수도사업본부가 원활한 취수원 확보를 위해 강변여과수의 도입 등 새로운 대책을 마련, 본격적인 협상에 들어갔다. 상수도사업본부가 마련한 대책은 현재 취수장 점·사용 허가 여부로 논란이 된 장성군 장성읍 기산리 황룡취수장 하천변 제방에 폭 500mm, 깊이 40m의 관정을 심어 관로를 통해 식수를 확보하는 강변여과수 방식이다.

주로 낙동강 수계에서 사용되고 있는 강변여과수 방식은 모래와 자갈 등 자연정화기능이 있는 지층을 통해 걸러진 물을 취수하기 때문에 취수지역을 상수원보호구역으로 지정하지 않아도 된다는 이점이 있다. 이 경우 장성군은 계획대로 강변 인근에 개발을 시행할 수 있으며, 시는 안정적으로 취수원을 확보할 수 있는 일석이조의 효과를 가져 올 수 있다. 그러나 강변여과수 방식을 채택하기 위해서는 지층이 자연정화기능을 갖추고 있는지를 알아보는 지질조사를 통과해야 된다.

상수도사업본부는 강변여과수 방식과 별도로 장성댐에서 직접 취수하는 방안도 검토하였다. 장성댐 제방쪽에서 영천면까지 4km에 걸쳐 지하에 묻혀있는 500mm 관로에 새 관로를 연결시켜 취수원으로 확보한다는 것이다. 이 방법 역시 장성군이 계획 중인 개발구역과 상당한 거리를 두고 있다는 점에서 광주광역시와 장성군의 대립을 해결할 수 있는 대안 중 하나로 분석되고 있다. 이에 앞서 시는 취수원을 장성댐 인근 상류쪽으로 이전하는 방법을 모색했으나 장성군은 별다른 반응을 보이자 않았었다. 시는 이 새로운 대책을 가지고 2003년 7월 15일 본격적인 협상에 나서 황룡강 취수원 문제를 매듭짓는다는 방침이었다.

갈등증폭단계에서 광주광역시장은 권위적인 행태로 일관하여 갈등문제에 대한 관심과 의지에 있어서 갈등사안이나 문제의 해결에 대하여 깊은 관심이나 강한 의지를 나타내지는 않았다. 따라서 상대단체에 대한 신뢰수준은 여전히 낮은 편이었으며, 갈등증폭단계에도 광주광역시장이 직접 갈등해결을 위해 나서는 편이 아니었다. 이에 장성군수와 나주시장은 광주광역시장과 비교하여 갈등발생초기부터 문제 해결에 대한 관심과 강한 의지 등을 여전히 높게 보여주는 특징을 보여 주었다.

② 환경적 요인

취수장 문제와 관련 장성군의회와 사회단체는 장성군 황룡취수장 반대 투쟁위원회를 구성, 점용허가권자인 장성군수에게 더 이상 허가연장을 해주지 말 것을 강력히 촉구하고 나섰다. 투쟁위원회는 특히 광주시가 주암댐 물로 식수를 충분히 해결할 수 있음에도 장성읍 도시계획지구의 중심부를 지난 1983년부터 20년 동안 상수원 보호구역으로 묶어놨다는 비난과 함께 연일 서명운동과 집회를 통해 점용허가 연장 불가를 주장하였다. 특히 장성군민 1,000여 명이 참여한 가운데 열린 이날 결의대회에서, 참석자들은 장성군은 광주시가 신청한 황룡취수장 연장 허가를 즉시 불허하고 광주광역시는 20년 동안 장성군민의 정신적, 물질적 피해를 보상해줄 것 등을 요구했다.

이들은 광주광역시가 지난 1983년부터 하남공단 공업용수와 비아지역 식수 공급을 목적으로 황룡강 취수장 점·사용 허가를 얻은 후, 1일 3만 톤씩 20년 간 취수해 왔으나 장성군 장성읍 기산리와 황룡면 장산리 일대 6.1㎞가 상수원보호구역으로 지정돼 황룡강 생태조성사업 등 지역발전에 엄청난 피해와 장애가 되고 있다고 주장했다.

또한, 이들은 광주시가 주암댐 물로 식수를 해결하지 못할 상황이라면 몰라도 현재 광주광역시 전역과 목포시 일원까지 급수하면서 장성읍 도시계획지구 중심부를 20년 동안 상수원 보호구역으로 묶어 지역발전에 많은 제약과 불편을 주고 있는 것은 장성군민에게만 일방적인 희생을 요구하는 것이라며 지방자치시대에 당연히 되돌려 받아야 한다고 목소리를 높였다. 이에 대해 광주광역시는 2005년 수도정비기본계획을 재정비할 때 취수장 폐지 또는 대체 수원 개발 등의 방안을 검토하겠다며 대책이 마련되는 오는 2008년까지 5년간 점용허가를 연장해 줄 것을 요청하였다.

갈등증폭단계에서 해당 지방정부의 정치적 환경과 관련하여 상급정부의 개입은 낮았지만 해당 지방정부의 시민단체와 장성군의 지방의회와 시민단체의 개입, 그리고 주민의 관심과 참여정도수준은 더욱 높은 것으로 나타났다.

(4) 갈등완화단계

① 제도적 요인

갈등완화단계에서 필요로 하는 제도에 대한 개정이나 신설 노력은 없었으며, 만약 제도에 대한 개정이나 신설이 이루어졌다고 하더라도 정부간의 협력을 이루어 내는 데는 비효과적이라고 인식하는 것으로 나타났다.

② 행위자 특성 요인

광주광역시 상수도본부와 장성군은 2003년 8월 중순경 취수가 중단된 황룡취수장을 공업용수 전용 취수장으로 전환하고 오는 2005년까지 상수원으로 활용하는 방안을 논의했다. 이에 따라 장성군은 주민반발 등으로 무조건 반대한다는 입장에서 점유사용허가 연장을 재검토하는 방안으로 선회했다. 광주광역시는 지난 1983년부터 20년간 장기 점·사용 허가를 받아 황룡강 하류에 취수장을 설치해 생활용수를 취수해왔으나 군이 지난 6월 30일 기한이 만료됐다는 이유로 취수를 불허했다. 이로 인해 시는 1일 3만t의 물을 공급받던 광산구 하남산단과 비아, 월곡동 등 일부지역에 단수사태가 발생하자 허가 연장을 요구했으나, 군은 취수장 주변이 상수원보호구역으로 지정돼 개발제한 피해를 볼 수 밖에 없다는 점을 내세워 허가 반대 입장을 표명하였다.

광주광역시의 이러한 대안은 황룡취수장을 공업용수 전용 취수장으로 전환하더라도 개발의 걸림돌인 상수원 보호구역 지정을 받지 않아도 되기 때문에 마련됐다. 이 경우 장성군은 황룡취수원 일대에 계획 중인 생태공원 조성에 차질을 받지 않게 되어 있었다. 하지만 광주광역시 상수원의 이 같은 결정은 장성군의회와 주민들이 점용허가에 강력하게 반대하고 있다는 점에서 수용여부는 불투명한 상황이었다. 장성군 의회 등은 그동안 취수원 상류이전, 장성댐 직접취수, 강변여과수 등 광주광역시가 제시한 3가지 대안을 모두 거부하였다.

광주광역시 상수도사업본부 관계자는 허가연장에 대한 원칙에는 합의했으나 장성군에서 여론수렴 등의 시간이 필요하다고 해 결정이 연기됐다고 말했었다.

이와 관련 장성군의회 윤시석 부의장은 공업용수 변경에 따른 주민피해 및 지역발전 장애 요소 등에 관한 충분한 협의를 통해 입장을 밝힐 예정이라고 답변했다. 광주광역시와 장성군간 허가연장 여부를 놓고 마찰을 빚어온 황룡취수장 문제가 연장 쪽으로 가닥이 잡혀가고 있었다. 특히 그 당시 광주광역시 상수도 사업본부에 따르면 최근 장성군이 황룡취수장의 점유사용허가 연장을 재검토하고 있는 것으로 나타났다.

광주광역시는 지난 1983년부터 20년 간 장기사용 허가를 받아 황룡강 하류에 취수장을 설치해 생활용수를 취수해왔으나 관할관청인 장성군이 기한이 만료됐다는 이유로 취수를 불허했다. 광주광역시는 취수불허로 1일 3만t의 물을 공급받던 광산구 하남산단과 비아·월곡동 등 일부지역에 단수사태가 발생하자 허가 연장을 요구했으나 장성군은 취수장 주변이 상수원보호구역으로 계속 묶일 경우 개발 제한 피해를 볼 수밖에 없다는 점을 들어 불허 입장을 고수해 왔다. 그러나 시가 최근 취수장의 용도를 생활용수에서 수원보호구역 보호 대상이 아닌 공업용수로 전환하겠다고 통보함으로써 장성군이 허가 연장방향으로 급선회했다.

갈등완화단계에서 광주광역시장은 갈등의 발생기와 증폭기에 비해서 갈등사안이나 문제의 해결에 대하여 높은 관심이나 강한 의지를 나타내었다. 그러나 상대 지방자치단체에 대한 신뢰수준은 여전히 낮은 편이었다. 장성군수는 갈등발생초기와 갈등증폭단계부터 지속적으로 갈등문제해결에 대한 관심과 강한 의지 등을 여전히 높게 보여주는 특징을 보여 주었다.

③ 환경적 요인

장성군의 환경적 요인은 황룡취수장 연장허가를 반대하는 군민들의 목소리가 높아가고 있는 가운데, 장성군의회(의장 김병관, 북하)에서는 2003년 6월 19일 황룡취수장 허가반대 투쟁위원회(공동위원장 윤시석· 김재남)를 결성하여 군민 총 궐기대회를 열 계획으로 참여를 종용하는 호소문을 장사씨름대회가 열리고 있는 홍길동체육관에서 의원들과 의회 사무과 직원들이 직접 배포하기까지 하였다. 그리고 광주·전남환경운동연합과 (사)주암호보전협의회 등 지역 4개 환경단체는 2003년 6월 19일 황룡취수장과 관련, 성명을 내고 하루 3만t의 수돗물을 공급하고 있는 상수원과 취수장을 일방적으로 폐쇄하는 것은 있을 수 없는 일이라고 주장했다. 이들은 또한 황룡취수장과 상수도보호구역 지정으로 인해 지역개발에 막대한 지장을 초래한다는 것은 설득력이 없다며 광역상수원인 주암호만으로 광주의 상수원이 충분하다는 타당성이 부족하다고 주장하였다. 따라서 갈등완화단계에서 해당 지방정부의 정치적 환경과 관련하여 지역정치집단의 개입, 그리고 주민의 관심과 참여정도수준은 높게 나타났다고 할 수 있다.

(4) 요약 및 결론

광주광역시와 장성군의 양 지방정부는 2003년 9월부터 2005년 6월까지, 하루 1만t정도 취수 조건으로 잠정합의했으나 최종 협의결과에 따라 유동적이다. 그러나 양 지방정부는 취수장 문제와 관련하여 지속적으로 협의를 추진하고 있어 갈등이 해소되어 협력관계로 진행될 것으로 판단된다.

이러한 갈등에 대한 분석결과 제도적인 측면에서는 갈등발생단계부터 갈등완화단계까지의 갈등관련제도는 존재하지 않았으며, 관련제도에 대한 개정 및 신설도 없는 것으로 나타났다. 행위자측면에서는 기초지방정부인 장성군의 자치단체장들을 비롯하여 지방의원들의 적극적 대처로 갈등에 대한 해결의지가 높게 나타났다. 광주광역시와 장성군과의 황룡취수장 사용허가연장과 관련한 갈등완화를 위해 노력한 주도집단으로 해당 지방정부는 물론 지방의회, 시민단체의 적극적 역할을 들 수 있다.

또한 이들이 주로 사용한 갈등해결 전략은 합의전략을 모색하였다는 점이며, 따라서 최종적으로 합의한 전략도 당사자간의 협상으로 나타났다. 물론 여기에는 제 3자의 중재는 없었지만 양자간에 이해관계가 일치하였기 때문에 당사자들에 의해 지방정부간의 갈등이 원만하게 이루어졌다는 데 그 의의를 찾을 수 있는 사례로 여겨진다.

제2절 광역과 기초지방정부간 협력사례

1. 사례의 개요: 빨치산 루트 관광화사업 협력사례

이 사례의 협력주체는 광역지방정부인 경상남도와 기초지방정부 3개군(산청군, 함양군, 하동군)이다. 이 중 산청군과 함양군, 하동군은 직접적으로 서로에게 영향을 미쳤으며, 경상남도는 이들의 상위정부로서 협력사업추진 시 이들을 공동으로 보조 또는 지지하는 역할을 하였다. 사례의 개요는 다음과 같다.

최초 1998년 3월 10일 경상남도와 산청군, 함양군, 하동군은 지리산 일대에 빨치산 루트 및 아지트를 복원하여 관광 상품화 할 계획에 있다고 밝히게 된다. 이는 세수의 부족과 이를 만회할 자원이 부족한 상황에서 지역적 특색을 살리며, 과거를 재조명 할 수 있는 기회라 생각하고 3곳의 기초지방정부들이 앞장서서 생각하고 추진한 일이었다(경남신문, 2001-05-09). 하지만, (사)한국자유총연맹 등 주요 반공단체들은 빨치산활동을 미화시키고 역사적 사실을 왜곡시킬 수 있다며 크게 반발하였으며, 산청, 함양, 하동 등 해당지역의 유지들도 쓰라린 과거를 회상하게 하는 졸속 시책이라 반발하였다. 또한 일부에서는 단체장 선거(1998년 6월 4일 제 2회 전국동시지방선거)를 앞두고 지방정부들이 새로운 시책을 경쟁적으로 개발하는 과정에서 나왔다며, 당시의 기존 민선단체장들을 비난하였다(경남신문, 2001. 11. 23).

1998년 12월 8일 이런 비난에도 불구하고 하동군이 가장 먼저 앞장서서 지리산 빨치산거점을 역사체험 문화관광코스로 개발하기 위한 추진위원회를 구성하여 본격 추진하는 등 원래의 계획을 진행하기 위해 노력하였다(경남도민일보, 2001. 4. 23). 또한 동년 12월 30일에는 경상남도가 하동군, 산청군, 함양군에 안내센터 3개소를 설립하고 20개소의 빨치산루트에 안내간판을 설치, 관광자원화하기 위해 내년 도예산에 6억원의 사업비를 확보했다고 발표하는 등 적극적 노력이 끊이지 않았다. 이러한 광역과 기초지방정부의 순탄한 협력과 지원이 연이어 나오자, 반공의식을 주장하는 지역시민단체들은 빨치산 활동이 미화될 가능성이 높다라며 사업 계획을 그만두기를 지속적으로 군과 도에 요청했다. 이어 1999년 7월 9일 경상남도지사실에서 행정·정무부지사와 산청, 함양, 하동 등 3개 군·부군수 및 관광상품 개발 설계 용역사인 서울 삼안기술공사 대표가 참석한 가운데 용역보고회를 열게 된다. 이 자리에서 관광코스와 거리, 각 지방정부별 사업비 분담금을 정하게 되고[73], 동년 11월 3일 산청군 루트부터 착공을 시

---

73) 모두 12개 도보관광코스로 총 연장 113.7Km, 각각 1~3시간, 3~5시간, 5~8시간 소요되는 3개의 단계별 코스로 개발되는 내용으로 확정되었다. 비용의 경우 경상남도의 간접사업비 6억원 지원을 제외하고, 직접사업비로 코스가 가장 긴 산청군은 15억8천4백만원을 부담하고, 함양군은 3억4천만원, 하동군은 4억9천4백만원 등 모두 24억1천8백만원으로 3개 군이 원만하게 합의하였다.

작하는 동시에 전시관도 착공에 들어가게 되었다. 결국 약 1년 6개월의 공사 끝에 2001년 5월 6일 '지리산 빨치산토벌 전시관'으로 명명된 산청군 시천면 중산리 중산관광지에서 단체장 유관기관장 주민 등 800여명이 참석한 가운데 문을 열었다. 개장 이후 빨치산루트와 전시관은 학생 및 30대-60대의 사람들이 찾는 지역관광명소가 되었을 뿐만 아니라 각 학교에서 교육의 장으로 찾고 있어 본래의 설립취지를 만족시키고 있다(한국일보, 2001. 11. 07).

<표 5-5> 협력의 주요 진행과정

년월일	주요내용
1998. 3. 10	경상남도와 하동, 산청, 함양군이 전남·북과 협조, 빨치산 루트 및 아지트를 재현해 관광 상품화 계획을 밝힘.
1998. 12. 08	하동, 산천, 함양군 추진위원회를 구성
1998. 12. 30	경상남도, 지원사업비 6억원을 차기연도 예산에 편성 발표
1998. 12. 31	사회단체(반공단체)와 일부 시민단체들 관광 상품화에 반발
1999. 7. 8	경상남도지사실에서 행정 정무부지사와 산청, 함양, 하동 등 3개 군 부군수 및 관광상품 개발 설계 용역사인 서울 삼안기술공사 대표가 참석한 가운데 용역보고회 열림, 개발구역과 사업비 분담금을 합의하여 정함
1999. 11. 3	지리산 빨치산루트 관광화사업 기공식 및 착공
2000. 10. 16	제 1회 지리산천왕축제 계획 발표(빨치산 명칭 사용)
2000. 10. 17	군(軍) 당국, 빨치산 용어보다는 공비 용어 사용해 줄 것을 요구
2000. 11. 2	공비용어 사용하기로 경상남도, 하동, 산청, 함양군, 군 당국이 합의
2001. 4. 21	산청군 '지리산 빨치산 토벌 전시관 및 이동루트'로 정해 홍보에 나섬
2001. 4. 22	함양군과 하동군 공비로 명칭 변경할 것을 요구, 도와 산청군의 의견에 합의
2001. 5. 6	'지리산 빨치산토벌 전시관'으로 명칭 통일하여 개관 및 답사루트 개장
2001. 5. 6	빨치산루트 관광화 사업이 관광객과 청소년들의 산 교육장으로 자리 잡고 있음

구체적으로 지리산 지역을 중심으로 활동하던 빨치산에 대한 인식과 당시 모습을 재현한 함양군 마천면 지리산 백무동 루트, 영원사 루트, 서암 루트, 선녀굴 루트, 노장대 루트 등 5개의 빨치산 루트가 현재 개설되어 있으며, '지리산 빨치산 토벌 전시관'도 산청군 지역(뱀사골)에 개장되어 있다. 그리고, 빨치산의 생활을 담은 초막, 토굴, 암반굴 등 아지트 복원과 활동모습을 재현시킨 밀랍인형 전시관 건립, 폐교부지에 화전민 전시관, 토벌대 막사를 재현한 안내센터를 짓고 쌍계사 등 기존 관광자원과 연계하여 운영되고 있다. 전반적으로 이 루트와 전시관은 1998년 3월에 경상남도와 산청군, 하동군, 함양군이 협력하여 관광자원개발사업 차원과 역사적 재조명이라는 차원에서 진행되었으며, 개장 후 현재까지 6.25 참전자 뿐만 아니라 많은 수의 학생들이 이곳을 찾고 있어 관광

상품으로서의 가치뿐만 아니라 살아있는 교육 현장으로서의 역할도 동시에 수행하고 있다.

2. 협력의 과정과 요인

협력의 성공조건 및 요인으로서 첫째, 경제적인 편익과 비용의 문제에서 3개 군은 모두 경남내륙지방에 위치하여 당시 급속한 도시화로 인하여 내부적인 인구감소와 이로 인한 세수감소를 해결하기 위한 경제적 유인이 절실한 실정이었으며, 이러한 심각성을 경상남도 역시 공유하고 있었다. 따라서, 지역경기를 활성화하기 위한 고민과 재정확충을 위한 노력이 협력사업 추진동기에 가장 크게 작용하였던 것으로 볼 수 있다. 또한, 비용의 문제에서 먼저 상위지방정부인 경상남도가 사업비 지원을 표명하였으며, 이어 3개 군은 경남도청에서 부지사의 조정 하에 각각의 가용재원과 사업분담규모에 따라 적절하게 배분함으로써 큰 마찰은 없었던 것으로 보인다.

둘째, 지방정부간 자원수준과 문화, 이기주의의 극복 문제에 있어 기초지방정부들은 서부경남 내륙 비도시 지역이라는 특성으로 인해 상호 지역성이 유사하였던 것으로 판단된다. 그리고, 사업주관자로서의 경상남도는 인구공동화현상과 지역낙후현상이 나타나고 있는 서부경남지역 지방정부에 대한 특별지원책을 강구하던 차였으며[74], 세 기초지방정부는 모두 지역주민들이 농업을 기반으로 하고 있어 높은 평균연령과 전통적인 농촌문화에 기반한 보수성향이 뿌리깊은 곳이었다. 또한, 이들은 상위정부의 적극적인 조치, 즉 경상남도의 능동적 재정지원과 명분조정에 의해 협력이 촉진되었던 것으로 풀이된다. 예를 들면, 사업계획발표 당시 경상남도청의 한 관계자는 사업추진당시 건립목적을 한국전 당시 지리산 주변에서 빨치산, 국군, 주민 등이 겪어야 했던 뼈아픈 비극을 되풀이해서는 안 된다는 교훈을 새기기 위해서였다고 밝히며, 지리산 국립공원구역 내 아직 찾지 못한 아지트가 숱하게 있는 만큼 국립공원관리공단과 협의해 체험현장으로 개발하는 방안을 모색하자는 당위성에 하동, 산청, 함양이 모두 공감하였다고 밝혔다.

---

74) 2005년 6월까지도 경상남도 내 20개 기초지방정부 중 하동(54,881명), 산청(36,849명), 함양(41,922명)은 행정구역면적 대비 인구가 가장 적은 곳에 포함되고 있으며, 65세 이상 인구도 각각 21.32%(하동), 24.46%(산청), 23.25%(함양)로서 이른바 초고령 지역으로 분류된다(경남도청, http://www.provin.gyeongnam.kr).

셋째, 행위자의 능력, 의지, 가치관의 문제에서 먼저 세 기초단체장 중 하동군수(당시 정구용)는 전문관료출신 민선1-2기 연임단체장로서 가장 적극적인 사업추진의지를 보였으며, 나머지 산청군수(당시 권순영: 관료출신)와 함양군수(당시 정용규: 지역출생, 관료출신) 역시 민선1-2기를 연임하며 지역의 문제와 현안에 대하여 많은 관심과 의지를 가지고 있었던 것으로 볼 수 있다. 이에 초기에 하동을 중심으로 한 기초지방정부 사업추진 협력관계가 형성되었으며, 김혁규 경남지사와의 면담과 긴밀한 연락을 통한 사업구체화가 급속하게 진전되었다. 예를 들어, 세 지방정부는 우선 지리산을 중심으로 빨치산을 홍보하기 위한 지역축제를 여는 등 자신들만의 자원을 최대한 활용하기 위해 상당한 노력을 하였다.[75] 하지만, 사업진행중인 2001년 4월 21일 산청군이 하동 및 함양군과 협의한 공비명칭 사용약속을 깨고 빨치산 홍보에 나서자, 기존 합의를 일방적으로 바꿔 사용한다며 산청군 측에 불만을 나타냈다. 하지만, 함양군과 하동군의 이런 반응에 산청군은 공비란 용어는 남북 화해의 분위기에 맞지 않을 뿐 아니라 관광객의 유치에도 도움이 되지 않을 것 같아 공원 이름을 빨치산으로 정했다며 지역여론수렴을 거쳐 바꿨기 때문에 아무런 문제가 없다고 밝히며, 오히려 양 지방정부도 빨치산으로 명칭을 개칭할 것을 요구하게 된다. 이에 양 지방정부와 경상남도는 사업비를 가장 많이 낸 산청군의 영향력과 전시관의 지리적 위치(산청소재), 그리고 단순한 명칭 때문에 사업이 위기를 맞을 수 없다는 공통적인 인식 하에 산청군에게 양보하게 되었다.

넷째, 제도적 장치나 협력기구의 문제에서 세 기초지방정부는 1998년 건설 계획을 밝힌 후 주변 지방정부와 사회단체, 시민단체, 군(軍) 등 비난을 받았지만 자치단체장 주도 하에 약 8개월만에 빨치산루트 관광화사업추진위원회를 구성하는 긴밀함을 보였다. 그리고, 여기에서 곧바로 3개월만에 사업설계용역회사(서울: (주)삼안기술공사)를 발주하고, 경상남도지사실에서 행정 정무부지사와 용역보고회를 추진함으로써 명분 뿐인 협의회가 아닌 가시적이고 실질적인 활동을 보여주었다. 또한, 사업종료시까지 추진위원회를 통한 의견교류가 활발하

75) 2000년 10월 16일 관련 세 지방정부는 10월 21일과 22일 양일간 지리산 백무동 계곡에서 제 1회 지리산천왕축제를 개최한다고 발표한다. 하지만 축제 중 일부 행사 중 빨치산과 토벌군의 만남의 명칭에 대해 해당지역의 군(軍) 당국이 공비로 수정해 줄 것을 요구한다. 산청군에서는 행사나 전시관의 이름을 공비로 하면 반공색채가 짙어 관광객들이 발길을 돌릴 수가 있다며 난색을 표하였으나 경상남도와 함양군 하동군이 공비로 하는 것에 잠정 동의하여 일단 공비토벌전시관으로 전시관 명칭을 명하기로 예정한다.

였으며, 현재까지도 축제 및 전시관 운영, 관광객 유치, 홍보활동 등을 의논하는 중요한 장치로 활용되고 있다.

이상에서 빨치산 루트 관광화사업을 둘러싼 경상남도와 3개 기초지방정부의 협력사례에서 양자간에 협력을 하도록 유도한 가장 큰 일차적 원인은 앞서 언급하였듯이 경제적 편익과 비용문제의 해결에 있었다. 다음으로 협력을 유도한 주요 행위자인 도지사 및 군수들은 모두 전문관료출신, 민선 1-2기 연임이라는 공통점이 있었으며, 자원동원능력 및 행정에 대한 전문성이 매우 높은 편이었다. 그리고, 자원수준과 이질감 극복을 위해 경상남도가 적극적으로 나섰으며, 이에 기초지방정부간에도 원만한 합의가 형성되었다(전라남도 민원실, 1999). 이러한 결과 만들어진 협의기구인 지리산 빨치산루트 관광화사업추진위원회는 현재까지 관광사업의 지속성과 성공적인 효과유지를 담보(연합뉴스, 2005. 7. 30)하고 있는 것으로 풀이된다.

제6장 기초지방정부간 갈등과 협력

제1절 기초지방정부간 갈등사례

1. 님비: 가야산 골프장 건설 갈등사례

1) 사례의 개요

이 사례의 갈등 주체는 경북 성주군과 고령군이었다. 해인골프장 문제는 성주군이 경북 성주군 구륜면 배운리 산 65의 95필지(가야산 국립공원내 부지 1,559,637㎡)에 체육시설인 27홀 규모의 골프장을 설치하기 위하여 1990년 4월 건설교통부의 가야산 국립공원 계획변경 결정고시를 받고 같은 해 12월 11일 (주)가야개발을 국립공원 개발사업자로 지정함으로써 시작되었다. 이에 골프장 건설로 인한 최초의 피해지역인 경북 고령군 덕곡면 주민들이 반대투쟁위원회를 구성하여 본격적인 골프장 반대운동에 들어갔다. 골프장 예정부지는 행정구역상 성주군에 소속되어 있으나 건설로 인한 피해는 40여 도의 경사가 진 하류지역(고령군 지역)으로 집중될 수밖에 없었기 때문이다. 요컨대 가야산 골프장 건설을 놓고 성주군은 골프장 건설이 매년 20억-30억 원의 세입을 가져온다는 계산이며, 고령군은 해인사 스님들과 골프장 건설 인근 덕곡면 주민들 그리고 환경단체를 중심으로 환경파괴를 이유를 들어 결사반대 하는 입장이었다. 엄밀히 보아 이 사례는 성주군과 고령군이라는 지방정부 단체 사이에 발생한 사례라기보다는, 사안의 증폭과정에서 성주군과 개발업자 그리고 고령군의 민간부문으로 갈등관계가 확산되어 나간 사례라고 할 수 있다. 즉 가야산 골프장 건설문제는 경북 성주군과 고령군과의 단순한 정부간 갈등에 그친 것이 아니라, 갈등이 확산되는 과정에서 국립공원개발사업자인 (주)가야개발과 국립공원 내 골프장 건설을 반대하는 많은 환경단체간의 법정 공방과 장외 대립으로 전개된 것이다.

가야산 골프장 건설을 둘러싼 경북 성주군과 고령군의 갈등의 원인은 근본적으로 본격적인 지방자치시대의 제도적 틀이 마련됨으로서 지방정부의 세수확대를 위해 마련되고 있는 각종 개발사업에 기초하는 것이라고 볼 수 있다. 요컨대 지방자치제의 실시와 더불어 우려했던 부작용 즉 혐오시설을 기피하는 님비현상과 수익시설 유치를 위한 핌피현상이 도처에서 빚어지며 지역이기주의로 치닫는 사태들이 현실로 나타난 것이라고 볼 수 있다. 민선 이전인 1990년부터 시작하여 2003년 1월 대법원의 최종 판결에 이르기까지 무려 14년 간에 걸쳐 지속된 이 사례의 주요 특징별 전개과정은 <표 6-1>과 같다.

<표 6-1> 갈등의 주요 진행과정

년월일	주요내용
1990. 04. 11.	건설교통부장관의 가야산 국립공원계획 변경결정고시
1990. 12. 11.	(주)가야개발을 국립공원개발사업자로 지정
	고령군 덕곡면 주민들의 골프장 건설 반대투쟁위원회 구성, 반대운동 시작
1994. 12.	경상북도-성주군과 가야개발이 제출한 해인골프장 건설사업계획 승인허가
1995. 04. 29.	세계골프 추방의 날 -환경단체 시위행진
	가야산국립공원 골프장 허가에 대한 반대성명 발표
1995. 05. 29.	가야산 골프장 건설 저지를 위한 해인사 승려들의 산중 결의대회
1995. 07. 10.	행정심판위원회의 국립공원 내 골프장 건설은 부당·취소 판결
	가야개발의 소송제기 가능성 표현
1995. 08. 24.	문체부의 사업계획 승인 취소
	(주)가야개발 행정심판 취소 가처분 신청(서울고법)
1995. 10. 23.	성주군·군의회 군정협의회를 통해 '가야산 골프장 유치에 따른 건의문'
	경상북도와 문체부에 제출/ 성주청년회의소 '골프장 유치추진위원회'구성/
1995. 11. 14.	고령군 공동대책위원회·덕곡면 투쟁위원회 등은 골프장을 건설하려는
	성주군내 각 기관단체의 움직임에 대한 반박 성명서를 발표
1995. 11. 27.	고령군 가야산 해인 골프장 설치에 대한 공식적인 반대 표명
1996. 06. 20.	서울고법 - '해인골프장 취소는 부당' 판결
1996. 07. 01.	'가야산 국립공원 내 해인골프장 전면백지화를 위한 1백 10인 선언' 발표
	가야산 국립공원 내 해인 골프장 건설 반대운동이 해인사 총림대책위와
	환경·시민 단체들을 중심으로 확산
1996. 07. 08.	해인사 총림대책위원회 무기한 승려정진 기도
1996. 07. 10.	해인사 총림대책위원회 '가야산 환경조사단'구성 및 가야산 해인 골프장
	3일간 생태계조사
1996. 07. 12	골프장 전면 백지화 해인사 산중결의대회(5백여명의스님·합천군민·
	고령군민·환경운동연합회원등 1천여명)
1996. 07. 15.	환경운동연합 가야산 국립공원내 골프장 건설 저지를 위한 1백만명
	서명운동에 돌입
1996. 07. 19.	가야산 해인 골프장 건립 반대 서명운동(불교계 백만인 서명운동)
1996. 08. 10.	해인 골프장 전면 백지화 추진 1백만명 서명 청원운동 전개
1996. 08. 19.	해인 골프장 반대서명 1백만 돌파, 고령군민 궐기대회
1996. 11. 15.	고령-해인골프장 반대집회(골프장반대추진위원회·해인사승가대·고령군민·

	대학생등 570여명)
1997. 07. 07.	서울행정법원 - 가야산 골프장 건설 연장 허가 재신청 불허처분
2000. 01. 08.	취소청구소송에서 원고 패소 판결내림
2003. 02. 07.	대법원 - 성주 가야골프장 건설 백지화

2) 갈등단계별 요인

(1) 갈등발생단계

1990년 4월 11일 건설교통부가 가야산 국립공원계획변경을 결정하여 고시함과 동시에 이 지역에 골프장이 건설될 계획이라는 사실이 고령군 주민들 사이에 알려지게 됨에 따라 성주-고령간 갈등이 시작되었다고 할 수 있다. 즉 동년 5월에 고령군 덕곡면 원송리 344번지 곽종화 외 지역주민 다수가 경상북도, 농수산부, 건설교통부 등에 진정서를 제출하게 되는데 이것이 갈등발생의 단초가 되고 있다. 같은 해 12월에 성주군 관내의 신흥 건설업체인 (주)가야개발이 국립공원개발사업자로 지정되었고, 산발적으로 관계기관에 반대의견을 제출해 오던 고령군 덕곡면 지역주민들은 1991년 8월 해인골프장 반대추진위원회(위원장 최원길)를 정식으로 구성하여 조직적인 반대운동을 전개하기 시작했다. 1994년 경북지사가 (주)가야개발의 해인골프장 건설사업계획을 승인한 뒤 추진위원회의 반대운동이 전국적인 규모로 확산되기까지에 해당하는 이 사례의 발생단계는 주로 고령군 추진위원회의 성주군 및 관계기관에 대한 지속적인 진정서와 호소문 제출, 그리고 시위와 결의대회 및 언론공격 등의 활동으로 점철되고 있다.

한편 성주군은 초기에 골프장 건립 예정지에 인접한 백운동 주민들의 반발이 제기되었으나, (주)가야개발 측의 보상제안 이후 누그러졌으며 성주군청 역시 지역개발사업을 긍정적인 입장에 평가하고 고령군 측의 강한 반발에 냉담한 반응으로 일관하였다.

이 시기는 마침 환경영향평가법에 따른 주민의견수렴절차가 진행 중이었기 때문에 추진위원회의 조직적인 활동이 매우 중요한 시기였고, 이를 알고 있었던 추진위원회측은 관계기관에 주민의견을 진정서 형태로 제출하는 활동을 계속했다. 그러나 주민들의 진정내용은 관계기관에 의해 받아들여지지 않자, 추진위원회는 1991년 9월 청와대 등 7개 기관에 골프장 건설 불가 입장을 밝힌 호소문을 제출했다. 물론 이들 기관에서도 이러한 주민들의 반대의사는 받아들여지지 않았다. 1992년 5월 환경영향평가 초안 공람이 공고되었고, 추진위원회는 대구공해추방운동협의회에 자문을 구하여 주민의견서를 제출하였다. 이후 추진위원회는 1992년 8월 10일 도영환 위원장 체제로 조직개편을 하고, 동년 8월 24일 골프장 반대 고령군민결의대회의 개최 등을 통해 꾸준히 반대활동을 벌이게 된다. 1994년 12월 24일에 마침내 경상북도가 관계기관간의 협의를 마치고 결국 사업승인을 하게 되자 추진위원회는 보다 강경한 대정부 투쟁의 필요성을 인식하고 명칭을 해인골프장 건설반대 덕곡면 투쟁위원회로 바꾸고 임원도 더욱 보강하였으며, 외부 환경단체는 물론 해인사 등과의 연대활동을 벌여나가게 된다.

① 제도적 요인

갈등발생단계에서 갈등이 처음부터 강하게 나타나게 된 중요한 요인 중 하나는 국립공원 내에 체육시설을 건설할 수 있도록 허용하고 있는 당시 건설교통법 체육시설이용 및 설치에 관한 법률 조항에 대한 양측의 입장차이라고 할 수 있다. 이 법에 따르면 성주군은 당연히 가야산 일대에 골프장 건설을 추진할 수 있었으나, 고령군의 입장에서는 당시 현행법 체계를 수용할 수 없는 상황이었다.

고령군은 1990년 환경청의 환경처 승격과 함께 전면 개편된 환경정책기본법과 내무부의 자연공원법을 근거로 건설교통부와 성주군이 추진하고자 하는 골프장 건설에 반대하는 입장을 표명하였다. 우선 1990년 전면 개편된 환경정책기본법에 따르면 사업계획에 대한 초안평가서 작성 후 주민의견을 반영하여 최종평가서를 작성하도록 하였고, 평가협의내용에 대한 이의 신청, 사업계획의 변경에 따른 재협의, 평가협의 내용의 이행여부조사 확인 등 사후관리제도를 도입하여 평가협의 내용 이행에 실효성이 확보되도록 하고 있다. 또한 1992년 8월에 개정된 환경정책기본법 시행령에서는 지역단위의 개발사업에 대한 환경영향평가 협의업무를 지방환경청으로 위임하여 현지성 있는 환경성검토가 가능하도록 하였다. 이에 더하여 1993년 6월에는 환경영향평가대상사업의 범위, 시기, 협의절차 등 구체적이고 집행적인 사항까지 환경정책의 기본법에서 정해야 하는 등의 입법기술상의 어려움을 해결코자 환경영향평가법을 제정, 동년 12월부터 시행하게 되었다. 환경영향평가법 및 동시행령에서는 환경영향평가가 요구되는 사업의 목록을 제시하는 대상사업목록명시방식을 채택하고 있으며, 대상사업범위는 도시개발, 산업입지 및 공업단지조성, 에너지개발, 항만건설, 도로건설, 수자원개발, 철도건설(도시철도 포함), 공항건설, 하천이용 및 개발, 매립 및 개간사업, 관광단지의 개발, 체육시설의 설치, 산지개발, 특정지역의 개발, 폐기물처리시설 및 분뇨처리시설의 설치, 군사시설사업, 토석·모래·자갈·광물의 채취사업 등 17개 사업범위에 이르고 있다. 이에 따라 고령군측은 해인골프장 건설에 대한 환경영향평가를 주장할 수 있는 법적 근거를 갖추게 된 셈이었다.

또한 자연공원법 공원계획을 결정함에 있어서는 당해 계획이 자연환경에 미치는 영향을 대통령령이 정하는 바에 의하여 미리 평가하여야 한다고 명시된 규정 역시 고령군 측이 주장하는 주요한 법적 근거였다. 즉 이 법에 따르자면 환경영향평가는 반드시 공신력 있는 기관에 의해 실시되도록 되어 있음에도 불구하고, 1990년 건설교통부의 국립공원이용계획에 대한 변경결정은 공원관리청의 직접적인 평가나 검토 없이 사업자가 작성한 환경영향평가서만을 근거로 하고 있다는 점에서 절차상의 하자가 있다는 것이었다.

요컨대 성주와 고령 사이의 갈등발생초기 단계에 영향을 미친 중요한 제도적 요인은 각 지방정부가 근거로 삼고 있었던 법적 근거가 상이했으며, 이러한 모순된 법체계를 조정할 수 있는 구체적 방안이 존재하지 않고 있었다는 점에서 찾을 수 있다.

실제 양 지방정부의 관련 실무자들은 갈등발생단계에서 양측의 갈등상황을 조정할 수 있는 경계규칙, 결정규칙, 정보규칙, 보상규칙, 권위규칙, 직위규칙, 범위규칙 등에 관한 제도적 요건이 거의 전무했다고 응답하고 있다. 또한 이 시기는 민선 이전의 관선체제로서, 양 지방정부의 단체장이 자주 교체되는 상황이었으며 상호간 행정협의회 등을 통한 구체적인 협의활동 역시 전무한 실정이었다. 골프장건설 문제가 양 지방정부간의 합의나 협의과정을 통해 해결될 수 있는 성격이 아니었다는 점 역시 양 지방정부간 협의부재의 원인이었다고 할 수 있다.

② 행위자 특성 요인

발생단계에 해당하는 시기는 민선 이전의 관선 단체장 체제로서 성주와 고령 모두 빈번한 단체장 교체를 경험하고 있었다. 예컨대 성주군의 경우 사건이 발생한 이후 민선 이전까지에 이르는 5년여 동안 무려 다섯 명의 다른 군수가 재임하고 있다[76]. 이중 일부 군수는 삼 개월이라는 짧은 임기만을 채우고 있어 양 지방정부 사이에 나타난 갈등의 문제를 적극적으로 해결할 의지가 매우 약했다고 할 수 있다. 실제 성주군의 경우 1990년부터 1995년까지의 해인골프장 건설문제와 관련한 업무추진일지를 검토해 보면 성주군 군수의 교체시기마다 매번 고령군 주민들의 진정서제출 및 기계적인 회신내용이 반복되고 있음을 살필 수 있다. 고령군 덕곡면 주민들의 반대추진위원회측의 진정내용은 대체로 골프장설치를 계속 추진할 경우 중대한 사건이 발생할지도 모르며 현재 성주군에서 추진하고 있는 골프장건설은 덕곡주민에 대한 예비학살행위일 뿐 아니라 관계기관에 대한 금품매수의혹까지 제기하는 강력한 내용을 담고 있었다. 이에 대한 성주군의 회신내용은 대체로 합법적인 절차에 따라 골프장건설을 추진할 예정이며, 사업이 시행될 경우 사업시행의 전 과정에서 철저한 행정지도와 감독을 통해 덕곡면 주민들의 피해가 최소화될 수 있도록 노력할 것이며, 무조건적인 반대보다는 향후 대화와 협조를 통해 문제를 해결해 나가도록 당부하는 내용으로 일관되고 있다. 한편 고령군의 반대추진위원회는 고령군 측에도 자신들의 반대운동을 적극 지지하고 행정적인 도움을 줄 것을 요청하였으나, 실제 고령군 측에서는 일체의 군수간담이나 실무협의과정을 통해 문제를 해결할 수 있는 입장이 아니라는 점을 누차 강조하였다. 즉 성주과 고령의 단체장들은 주민들의 반발에 미온적인 대응으로 일관하였으며, 책임소재를 중앙 및 관계기관에 전가하는 회피적 행태를 보이기에 급급했다고 볼 수 있다. 실제 양 지방정부의 실무자들에 대한 면담결과 당시 단체장들은 골프장 문제에 관심을 높이 가지고 있었던 점은 인정되나, 문제해결방식에 있어서는 무척 소극적인 경향을 보이고 있었다는 사실을 확인할 수 있다. 문제해결은 양측 모두 중재자 혹은 상급기관에서 해결해 줄 것을 기대하는 편이었다.

③ 환경적 요인

이 사안과 관련된 환경적 요인들의 영향정도는 양 지방정부에서 다소 차이가 있는 것으로 나타난다. 우선 성주군의 경우 1990년 건설교통부의 결정고시와 더불어 (주)가야개발에 대한 사업자승인이 결정됨과 동시에 건설예정지 인근에 위치한 관내 백운리 주민들로부터 피해보상에 대한 진정과 항의에 접하게 된다.

76) 1990년부터 1995년에 이르기까지의 성주군 군수는 다음과 같다. 백장현(1989. 1. 1. - 1991. 12. 25.), 김상순(1991. 12. 26 - 1993. 3. 30.), 이숙현(1993. 3. 31. - 1993. 6. 2.), 오해보(1993. 6. 3. - 1994. 12. 31.), 권혁대(1995. 1. 1. - 1995. 6. 30).

당시 성주군 관내 백운리 주민들의 제기한 민원내용은 대체로 다음과 같다. ① 골프장 공사 중 토사유출로 인하여 농경지 피해는 물론 노동 저수지가 매몰되어 대규모 인재가 발생할 수 있음. ② 골프장건설시 농약의 과다사용 및 독성으로 인하여 하류지역에 피해가 우려되고 있음. ③ 생활오수배출로 인하여 수질오염이 우려되고 있음. ④ 골프장 이용객과 주민과의 위화감이 조성될 우려가 있음. 이에 대한 성주군의 입장은 (주)가야개발측과의 연대노력을 통한 주민설득이었다. 즉 (주)가야개발측은 건설과정에서 주민들에 대한 피해가 최소화될 수 있는 방안을 설명하였으며, 군 또한 개발업자의 입장을 지지하는 자세를 취했다. 심지어 성주군은 백운리 주민들에게 골프장 건설은 백운리와 고령군의 덕곡면이 연계된 관광개발벨트 효과를 일으킴으로써 지역소득증대에 기여할 것임을 역설하기도 하였다. 아무튼 1990년부터 대략 1년 정도 지속적으로 나타난 백운리 주민들의 반발과 진정은 성주군의 적극적인 개발의지를 통해 비교적 쉽게 누그러졌다. 1991년 7월 12일에는 백운 1리 주민과 골프장 건설에 따른 협약서를 작성·공증하였고, 같은 해 8월 26일에는 백운 2리 주민과도 같은 협약서를 작성·공증함에 따라 자체 관내 주민들의 반발은 해소하고 있다. 상급정부와 지역정치집단의 개입과 영향 역시 관련 공무원과의 면담결과 그리 높지 않았던 것으로 나타나고 있다. 다만 지역언론과 지역주민들의 관심과 참여정도가 발생초기에 해당하는 1990년부터 1992년의 시기에 다소 높았던 것으로 조사되고 있다.

한편 고령군의 경우는 덕곡리 주민들의 골프장건설반대추진위원회 측의 끊임없는 항의방문과 협조요청에 시달렸던 것으로 나타나고 있다. 그러나 앞서 지적한 바와 같이 고령군은 덕곡리 지역주민들의 요청에 따라 공식적으로 성주군 측에 항의를 하거나 관계기관 협의를 할 입장이 아니라는 점만을 반복적으로 표명함으로써 지역주민들의 반발을 사고 있었다. 한편 지역국회의원들의 경우는 1998년까지 성주-고령이 동일 선거구로 통합되어 있었다는 점에서[77] 어느 측의 입장에 쉽게 동조할 수 없는 난처한 상황에 처해 있기도 했다. 따라서 지역국회의원들의 경우 가급적 깊이 개입하지 않으려는 방관자적 입장을 견지하고 있었다. 지역언론의 경우도 성주군과 고령군이 각기 자체의 언론보도 매체를 가지고 있

77) 1998년 이후 성주와 고령의 통합선거구는 각각 성주-칠곡 선거구와 고령-달성군 선거구로 분할됨.

지 않은 상황이었다. 하지만, 대구매일신보를 비롯한 대구권 신문들이 깊은 관심을 가지고 보도를 한 것은 사실이나 어느 쪽 입장을 일방적으로 지지하기보다는 사건 자체의 심각성을 보도하는 중립적 입장을 견지하고 있었다고 할 수 있다.

(2) 갈등증폭단계

1994년 12월 경상북도는 성주군과 가야개발이 제출한 해인골프장 건설 사업계획을 승인함으로서 가야산 골프장을 둘러싼 논쟁이 가열되었다. 즉 그동안 덕곡면투쟁위원회를 중심으로 진행되어 오던 해인골프장 건설반대운동은 가야산국립공원의 생태계 파괴를 우려하는 환경운동연합 등 시민환경단체와 한국 불교의 대표적 상징인 해인사 성지를 지키려는 불교계가 강력히 반발하여 이들 단체가 조직적인 반대운동을 전개함으로써 전국적으로 확산되는 계기를 마련하였다. 시민환경단체와 불교계는 각각 가야산국립공원 해인골프장 건설반대 공동대책위원회를 구성하였는데, 이에 따라 총 6개의 공동대책위원회가 구성되었고, 공동대책위원회에 참여한 단체만도 100여 개에 달하는 등 골프장 건설 지역의 사회행동 사상 가장 많은 관련단체가 참여하였다. 이들 공동대책위원회는 각 공동대책위원회의 실무책임자로 구성된 해인골프장건설반대 연석회의를 구성하여 긴밀한 협조 하에 다양한 사회행동을 조직적으로 전개하였다. 연대사업으로는 수차례의 골프장 건설반대 집회, 시위, 서명운동, 진정서 제출, 항의방문, 전문가의 실태조사 등이 실시되었고, 이어 1995년 4월 6일 문화체육부 행정심판위원회에 해인골프장사업계획승인취소 청구소송을 제기하는 법적 행동으로 이어지게 되었다.

1995년 4월 29일 세계 골프추방의 날 행사에서 가야산 국립공원 골프장 허가에 대한 반대성명이 발표되었고, 5월 29일 가야산 골프장 건설 저지를 위한 해인사 승려들의 산중 결의대회가 열렸다. 동년 7월 6일 해인골프장 건설을 반대하는 경북 고령군 덕곡면 투쟁위의 청구로 열린 행정심판위원회에서 해인 골프장 사업계획승인이 적법하긴 하지만 국립공원 내 골프장을 건설하면 심각한 환경파괴를 유발하고 국립공원을 훼손할 우려가 크기 때문에 심판청구인의 의견을 받아들이는 것으로 판결한다며 골프장 사업계획을 취소하라는 결정을 내렸다. 이에 골프장 건설사업자인 (주)가야개발측은 8월 24일 해인골프장의 사업계획이 법적인 하자가 없기 때문에 행정심판결정은 부당하다며 문체부의 사업계획 승인취소결정에 불복하고 서울고법에 행정심판 취소 가처분 신청을 하기에 이르렀다.

10월 23일에는 성주군·군의회 군정협의회를 통해'가야산 골프장 유치에 따른 건의문'을 경상북도와 문체부에 제출하였으며, 가야산 골프장 건설을 옹호하는 성주군의 성주청년회의소는 '골프장 유치추진위원회'를 구성하여 골프장 건설을 통한 세수증대를 주장하기에 이르렀다. 이에 11월 14일에는 고령군 공동대책위원회와 덕곡면 투쟁위원회 등은 골프장을 건설하려는 성주군내 각 기관단체의 움직임에 대한 반박 성명서를 발표하였고, 고령군도 1995년 11월 27일에 지방자치제실시 후 처음으로 가야산 해인골프장 설치에 대해 공식적인 반대를 표명함으로서 찬성입장을 밝힌 성주군과의 갈등이 심화되었다.

이 과정에서 나타난 주요한 특징은 갈등관계에 대한 전국적인 관심사안으로 사태가 확산되었다는 점이다. 즉 해인골프장 반대운동이 각종 언론에서 국립공원 보존차원의 문제로 집중 보도하기 시작했으며, 이에 대한 국민들의 공감대도 점차 확산되는 조짐을 보이고 있었던 것이다. 이 과정에서 당시 내무부는 1995년 6월 개정된 자연공원법에 국립공원 내에는 골프장, 스키장을 설치할 수 없다는 내용을 삽입하였으며, 95년 6월 21일 이를 입법예고 하였고, 1996년 7월 1일부로 시행령이 발효되기에 이른다.

그러나 1996년 6월 20일 서울 고등법원은 (주)가야개발이 제출한 가야산 체육시설(해인골프장)사업계획 취소처분에 대한 취소청구 소송에 대해 문체부장관의 사업계획승인 취소 결정은 부당하다는 원고승소 판결을 하였다. 이후 가야산 골프장 건설을 둘러싼 문제는 환경단체와 시민단체의 반발을 불러와 6월 26일에는 해인 골프장 건설 저지를 위한 대책회의를 열어 공사저지를 위한 상시감시반 가동과 문화체육부 방문 및 대법원에 상고, 규탄집회 계획을 세우기에 이르렀다. 7월 1에는 '가야산 국립공원 내 해인골프장 전면백지화를 위한 1백10인 선언'이 발표되었으며, 7월 8일에는 가야산 국립공원 내 해인 골프장 건설 반대운동이 해인사 총림대책위와 환경·시민단체들을 중심으로 확산되었다. 또한 7월 10일부터 해인사 총림대책위원회의 무기한 승려정진 기도가 시작되었으며, 7월 15일에는 골프장 전면 백지화를 위한 해인사 산중결의대회를 가졌는데 500여명의 스님과 합천군민, 고령군민, 환경운동연합회원 등 1천여 명이 참석하였다.

이 과정에서 문화체육부는 1996년 7월 12일 자신의 행정결정에 대한 서울고등법원측의 부당판결에 불복하는 대법원 상고를 하고 투쟁위원회 위원장 도영환을 비롯한 12인을 피고보조참가인으로 신청하는 조치를 취했다. 그러나 엄밀히 보아 문화체육부는 당시 적극적으로 나서서 재판에 임하고자 하는 의지가 없었다. 다만 여론이 증폭되고 있는 상황에서 최소한의 역할만을 하고자 하였다. 그럼에도 불구하여 1996년 7월 20일 국회 사회문화분야 대정부 질의에서 국민회의 조성준 의원의 가야산 해인골프장 허가 취소 여부를 묻는 질의에 대해 이수성 국무총리는 문화유산보호 등을 위해 정부는 골프장 건설을 반대하는 입장이라고 밝힌 바 있었다.

1996년 8월 10일에는 가야산 해인 골프장 건립 반대 서명운동과 청원운동을 전개하였다. 11월 15일에는 해인 골프장 반대서면 1백만 돌파기념 고령군민 궐기대회가 열렸으며 12월14일에는 경상북도가 지방정부간의 행정협의회 활성화를 각 시·군에 당부하기까지 하였다. 그러나 성주군과 고령군은 이를 다루기 위한 행정협의회를 열지 않았다. 인근 지방정부와의 협력 없이는 업무의 효율적 추진이 불가능하다고 지적하면서 연중 2차례 이상 행정협의회를 개최해 이를 자율조정기기로 자리 잡게 할 수 있도록 해 줄 것을 각 시·군에 요청한 상급정부의 요청이 해당 지방정부의 냉담함으로 인해 불발된 것이다.

1997년에도 가야산 골프장 건설에 반대하는 환경·시민단체와 함께 고령군민의 반대운동은 계속되었다. 7월 1에는 가야산 골프장 반대 궐기대회와 가두행진을 벌였으며, 7월 7일에는 고령에서 해인 골프장 반대집회가 열렸다. 여기에는 골프장 반대추진위원회, 해인사 승가대, 고령군민, 대학생 등 570여명이 참석하였다.

이상의 꾸준한 반대운동에도 불구하고 1997년 12월 23일 대법원은 원심을 확정하는 판결을 내놓았다. 즉 가야산 골프장 허가취소는 부당하다는 판단이었다. 같은 날 대구환경운동연합은 대법원의 원심확정판결 백지화를 촉구하는 성명을 발표하였으며, 1998년 1월 14일에는 가야산 국립공원 내 골프장 건설을 반대하는 해인총림결의대회를 열어 해인사 골프장과 관련한 대법원의 판결이 부당하다며 대법원의 판결을 백지화하라고 촉구하였다. 그 후 여러 차례 규탄집회 등을 하였으나 뚜렷한 전환점을 찾지 못한 채 반대운동은 소강상태에 들어가게 된다. 한편 1997년 하반기에 시작된 IMF 경제위기의 영향으로 (주)가야개발의 자금사정이 매우 악화되어 1998년 4월 17일 해인골프장 착공계를 경상북도에 제출하였으나 이를 일년간 연기하기에 이른다.

① 제도적 요인

위의 갈등증폭과정에서 발견되는 주요 제도적 요인은 여전히 반복되는 법과 제도의 혼선과 충돌상황이라고 할 수 있다. 이러한 혼선 상황을 간단히 정리하면 다음과 같은 과정이다.

* 1990년 4월 건설교통부의 국립공원이용계획변경 승인
* 1995년 7월 행정심판위원회의 결정: 골프장건설사업 승인의 적법성은 인정되지만 심각한 환경파괴가 우려됨으로 사업승인을 취소하라는 결정
* 1995년 8월 (주)가야개발이 서울고등법원에 행정심판 취소 가처분 신청
* 1996년 6월 20일 서울고등법원이 (주)가야개발이 제출한 가야산 체육시설(해인골프장)사업계획 취소처분에 대한 취소청구 소송에 대해 문체부장관의 사업계획승인 취소 결정은 부당하다는 원고승소 판결
* 1996년 7월 문화체육부의 서울고등법원 판결에 대한 대법원 상고
* 1997년 12월 대법원의 원심 확정 판결: 가야산 골프장 허가취소는 부당하다는 판결

즉 건설교통부의 사업승인 → 문화체육부의 사업취소 결정 → 서울고등법원의 사업취소결정에 대한 부당성 판결 → 대법원의 확정 판결로 이어지고 있다. 다시 말해 행정부 내에서의 엇갈린 판단이 법원의 판결을 통해 골프장건설의 적법성이 확인되는 절차를 밟고 있다. 그러나 이 과정에서 또 한 가지 주목되는 점은 당시 내무부 측의 자연공원법 시행령 개정이다. 즉 1996년 7월 1일부로 발효된 자연공원법 시행령은 국립공원 내에는 골프장, 스키장을 설치할 수 없다고 규정함으로써 사실상 해인골프장 건설의 위법성을 명시하고 있는 것이다. 요컨대 개발과 환경보존이라는 두 가지 가치에 대한 행정기관의 입장과 법적 해석이 다르게 나타나고 있었으며, 법원의 개발사업승인의 유효성에 대한 판결은

양립된 두 가지 가치대립상황을 더욱 가열시켰다고 할 수 있다.

② 행위자 특성 요인

민선 1기로 취임한 성주군의 김건영 군수는 취임 초기부터 이 사안에 대해 깊은 관심을 가지고 있었다. 물론 사안의 심각성을 고려한 나머지 민선 공약사항으로 거론된 바는 없다. 단체장 본인이 해결할 수 있는 사안이 아니기도 했지만 이미 사태가 전국적인 규모로 확산된 상태였으며, 적법한 절차에 따를 경우 충분히 골프장건설이 무리 없이 추진될 수 있을 것이라는 믿음을 가지고 있었다. 성주군의 업무추진일지에 따르면, 실제 김건영 군수는 취임 직후 고령군 덕곡면 반대추진위원회 위원들의 항의 방문 및 면담요청에 적극적으로 대응하여 골프장 건설사업의 적법성과 환경파괴위험의 최소화 노력을 설명한 것으로 나타나고 있다. 그러나 형식적인 회신으로 일관되던 과거 관선 시장과 달리 성주군 개발사업의 실현을 위해 적극적으로 반대추진위원회에 대응하는 김건영 군수의 활동은 오히려 고령군 반대추진위원회의 강한 반발을 촉발시켰다.

한편 고령군의 민선 1기 군수로 취임한 산림조합장 출신의 이진환 군수의 경우는 반대추진위원회가 주장하는 골프장건설반대를 심정적으로 지지하는 입장을 표명하고 있음에도 불구하고 사실상 고령군의 행정적 능력으로 해결할 수 없는 사안임을 거듭 신중하게 반대위원회 측에 설명했다. 자신이 직접 나서기보다는 실무진을 통해 반대위원회 측과 접촉하도록 하였으며 고령군이 문제에 깊이 개입되는 것 역시 꺼리는 상황이었다. 이미 그가 취임하기 이전에 문제는 전국적인 이슈로 확산된 뒤였기 때문이다. 성주군에 대한 공식적인 반대의견 표명이나 행정협의회 개최를 통해 문제를 해결해 보라는 경상북도 도지사의 요청에 대해서도 이진환 군수는 응하지 않는 상태로 사태에서 한 발 물러나 조망하는 입장을 계속 견지했다. 이 같은 고령 군수의 행태는 반대추진위원회로 하여금 더 이상 행정기관의 협조를 확보할 수 없다는 사실을 확인시켜 주었으며 장외투쟁을 더욱 가열시키는 요인으로 작용했다고 볼 수 있다.

③ 환경적 요인

환경적 요인에 대한 양 지방정부의 인지정도의 차이는 흥미롭게 나타난다. 즉 성주군의 경우 상급정부(중앙정부와 광역지방정부)와 지역국회의원들의 개입정도는 높지 않은 것으로 인지되고 있는 반면, 고령군의 경우는 높은 것으로 대비되고 있다. 지역언론과 시민단체 그리고 지역주민들의 관심과 개입에 대해서도 성주군의 경우는 그저 그런 보통수준으로 인지하고 있는 반면, 고령군의 경우는 대체로 높았던 것으로 인지하고 있다. 이는 일단 성주군 측이 개발사업의 추진을 위해 건설반대와 관련된 외부적 요인들에 대해 소극적으로 대응하고 있었음을 알 수 있게 한다. 또한 성주군의 경우 이미 관선 군수 시절에 관내 백운리 주민들의 진정과 호소를 무마한 상태였고, 개발사업이 가져올 순경제효과에 대한 지역 내 공감대가 조성되어 있는 상황이기도 했다.

반대로 고령군의 경우 상급정부(중앙정부와 광역지방정부)의 관심과 개입정도는 매우 높았던 것으로 인지되고 있다. 반대추진위원회의 요청에 따라 중앙정부 및 경상북도 측과 수시로 행정적 연락을 취할 수밖에 없었던 고령군의 입장에서는 상급정부들의 지시와 결정에 의존할 수밖에 없었다는 것이다. 지역 내 국회의원 그리고 언론과 시민단체들의 관심과 개입 역시 높았다고 인지하고 있는데 이는 고령군 스스로 주도적인 입장을 취할 수 없었던 상황에서 이들의 활동 추이에 따라 사태를 관망할 수 없었던 이유 때문이라고 풀이된다. 마지막으로 지역주민들의 관심과 참여 역시 매우 높은 것으로 인지되고 있는데, 덕곡리 반대추진위원회의 거센 반대운동에 비추어 볼 때 당연한 것이라 할 수 있다. 이처럼 성주군과 고령군 양측이 환경적 요인에 대해 각각 다르게 인지하고 있었다는 사실은 두 정부를 통괄하여 조정할 수 있는 통합조정기구나 협의회가 존재하지 않고 각각 다양한 외부요인들에 의해 영향을 받고 있었기 때문이라고 하겠다.

(3) 갈등완화단계

(주)가야개발이 신청한 공사기간연장허가 재신청이 1998년 12월 15일 국립공원관리공단 이사장이 불허처분을 하게 됨에 따라 건설반대운동은 전혀 새로운 국면을 맞이하게 되었다. 국립공원 내 골프장 사업은 다른 지역과 달리 광역자치단체장에 의한 골프장 사업허가와 함께 국립공원관리공단 이사장에 의한 공원사업시행 허가를 얻어야 사업추진이 가능했기 때문이다. 해인골프장 사업허가 과정을 보면 당초에는 국립공원관리공단이 절차상 하자가 없다는 이유로 공원사업시행허가를 하였다. 그러나 해인골프장 반대운동의 영향으로 정부는 1995

년 자연공원법을 개정하면서 국립공원 내 골프장 건설을 사실상 불가능하게 하였고, 1997년에는 내무부 산하의 국립공원관리공단을 환경부로 이관하는 등 국립공원에 대한 정부 행정이 이용중심에서 보존중심으로 전환하게 되는 변화를 보이게 된다. 이러한 영향으로 국립공원관리공단은 사업주의 공사기간연장 재신청에 대해 국립공원 보존을 이유로 불허를 하게 된 것이다.

사업주는 이에 불복하여 1999년 2월 10일 서울행정법원에 국립공원관리공단을 상대로 공원사업시행기간연장허가재신청불허처분취소 소송을 제기하였다. 해인골프장 반대운동 진영은 해인골프장 사업을 백지화할 수 있는 새로운 계기를 마련한 셈이었으므로 다시 반대운동을 적극적으로 개진하기 시작했다. 반대운동 진영이 가장 중점을 둔 부분은 소송에서 승리하는 것이었다. 국민적 공감대를 얻었음에도 불구하고 아직까지 법적 근거를 확보하지 못했기 때문이다. 반대운동 진영은 재판부의 현장검증이 재판과정에 큰 영향을 미칠 수 있다고 판단하여 1999년 11월 1일 재판부의 현장검증을 이끌어내고 현장을 직접 본 재판부는 중단되었던 변론을 재개하도록 하였으며, 그 결과 2000년 1월 7일 서울행정법원은 원고 패소 판결을 내렸다. 재판부는 공원사업 시행허가는 국립공원관리공단의 재량행위로 국립공원의 자연환경은 보존돼야 하고 환경단체, 불교계, 지역주민 등이 벌여온 반대운동으로 미루어 볼 때 해인 골프장 사업 시행은 부적절 하다고 판시 이유를 밝혔다. 소송결과가 알려지자 사업주는 소송결과에 대한 보복으로 환경운동연합 대표와 실무책임자를 폭행하는 사건을 일으키기도 하였다.

사업주가 1심 판결에 불복하여 항소하였으나 2001년 1월 19일 서울고등법원은 원고의 항소를 기각하였다. 물론 2심 판결에 반대운동 진영 측이 전국 200여 개 단체와 1천 여명의 서명에 의한 전국적인 진정서제출운동이 영향을 미친 것도 사실이다.

결국 7년 간 지속된 해인골프장 반대운동은 2003년 2월 7일 대법원의 성주 해인골프장 건설 백지화라는 최종판결로 마무리되게 된다. 환경보전이 우선이냐, 개발이 먼저냐의 문제로 10여 년 동안 논란을 빚었던 사업에 대해 대법원이 원고 패소판결을 내림으로써 백지화 쪽으로 최종 결론이 난 것이다. 재판부는 판결문에서 "원고가 사업시행기간 연장기간이 지나도록 공사를 착수하지 않았고 국립공원 내 골프장을 건설할 경우 자연훼손, 생태계 파괴 등이 우려되는 사정을 감안할 때 시행기간 재연장 불허처분은 정당하다"고 밝혔다.

① 제도적 요인

갈등완화 및 해결단계에서 나타난 제도적 요인의 가장 큰 특징은 행정부 및 재판부의 변화라고 할 수 있다. 앞서 증폭과정에서 건설교통부와 환경부 그리고 내무부의 입장이 서로 개발과 보존이라는 양립하는 가치로 엇갈리고 있었던 상황에서 재판부는 건설사업승인의 적법성에 초점을 맞추어 판결을 내리고 있었던 반면, 1998년 이후에는 행정부의 입장도 국립공원보존 쪽으로 방향이 모아지게 되었을 뿐 아니라 재판부 역시 이러한 상황변화를 충분히 고려하여 판결을 내리고 있었던 것이다. 무엇보다도 이러한 변화에 영향을 미친 것은 반대운동의 지속적인 활동도 있었지만, 국민여론을 인식하여 이루어진 1996년 자연공원법의 개정이라고 할 수 있다. 사실상 이 법의 개정은 국립공원 내 골프장 건설을 불법화할 수 있는 분명한 법적 근거를 마련해 주었기 때문이다.

② 행위자 특성 요인

1998년 민선2기 재선에 성공한 성주군 김건영 군수의 경우 동년 12월에 이루어진 국립공원관리공단의 공사기간연장불허처분결정은 매우 실망스런 일이었다. 가까스로 대법원판결을 통해 행정심판위원회의 사업취소승인결정의 위법성을 인정받아 골프장건설재개의 기회를 잡았음에도 불구하고, 자금사정의 어려움으로 사업개시를 미룰 수밖에 없었던 상황에서 국립공원관리공단의 공사기간연장불허처분은 또 다른 법적 난관을 예상케 하는 일이었기 때문이다. 당시 성주군은 이미 골프장 부지와 접한 수륜면 백운리 일대에 2001년까지 46만평 규모의 관광단지를 조성해 연 67만 명의 관광객을 유치할 계획을 세우고 있는 상황이었다. 이에 더해 성주군은 또 가야산 북쪽 능선인 가천면 신계리에 2005년까지 42만평 규모의 관광단지를 만들어 숙박단지, 쇼핑센터, 산악자전거장, 자동차야영장, 놀이동산, 눈썰매장 등 30여종의 집단시설을 설치할 계획까지 세우고 있었다. 이런 모든 지역개발계획들이 일시에 수포로 돌아갈 상황이었다. 그러나 김건영 군수의 경우 군의 입장에서 공식적으로 국립공원관리공단의 결정에 행정소송을 제기할 입장은 되지 못했으며, 다만 (주)가야개발 측의 법정소송을 측면지원 하는 정도의 역할밖엔 할 수 없었다. 고령군과의 관계에서도 가급적 골프장건설문제를 둘러싼 직접적인 언급을 회피하려는 경향을 보였다.

한편 고령의 민선2기 새로운 군수로 선출된 이태근 군수는 군 입장에서의 공식적인 개입에 무척 신중한 입장을 견지하는 편이었다. 실무자와의 면담결과 이태근 군수의 갈등사안에 대한 관심정도는 그리 높지 않은 편이었으며, 어차피 법원소송의 결과에 따라 문제가 해결될 사안이므로 관망하는 자세였다.

갈등의 발생과 증폭단계에서와 마찬가지로 완화 및 해결단계에서도 역시 양 지방정부의 대표행위자는 군수들이 아니라 (주)가야개발과 반대투쟁위원회였다고 할 수 있다. 군수들은 이들의 대립양상으로부터 가급적 한발 물러서 있음으로써 정치적 공방에서 벗어나려는 소극적 행위특성을 보여주었다고 하겠다.

③ 환경적 요인

환경적 요인에서 주목되는 부분은 무엇보다도 사회적 분위기의 변화라고 하겠다. 시민단체와 언론 그리고 지역주민들의 거센 반발이 끊임없이 제기되면서 환경보존의 필요성에 대한 국민적 공감대가 형성되어 나갔다는 점이다. 상급정부들의 관심과 개입정도는 완화단계에 이르러서는 보통의 수준으로 떨어지고 있다. 어차피 법원의 판결에 따라 사태가 진정될 수밖에 없는 상황이었기 때문이다.

(4) 요약 및 결론

이 갈등사례는 성주군과 (주)가야개발이 가야산 해인사 인근 국립공원 내에 골프장을 건설하려 한 계획으로 촉발된 것으로서 이로 인한 자연생태계의 파괴 및 주민생존권 위협을 우려한 고령군과 지역주민 및 시민단체들의 강한 반발로 확산된 것이었다. 갈등의 전 과정에서 나타난 주요한 특징은 개발과 자연보존이라는 두 가지의 가치가 법체계 상에서 계속 양립된 가운데 중앙부처의 입장이 다르게 나타났으며, 결국 사회적 분위기의 반전으로 인해 법원의 판결이 보존쪽으로 기울어짐으로써 결론이 난 사례라고 할 수 있다. 여기서 주목되는 점은 시민단체와 지역주민들의 참여가 법체계를 새롭게 바꿀 수 있다는 점이다. 즉 1997년 자연공원법 개정 시행령은 구체적으로 국립공원 내에 골프장건설을 할 수 없다는 조항을 포함함으로써 당시까지 모호하게 존재했던 실정법상의 건설승인근거를 삭제한 것이다.

2. 핌피: 경북도청 이전 갈등사례

1) 사례의 개요

대구광역시는 1981년 경상북도에서 분리가 되었으나 경북도청은 대구광역시 북구 산격동에 위치를 하고 있다. 대구광역시가 경북에서 분리된 때부터 경북도청 이전 논의가 있었으나 활발한 건 아니었다. 그러던 중 1992년 민선 1기 지방의원(도의원) 선거 때 공약 사항으로 경북도청을 1995년까지 이전할 것을 약속하게 된다. 1992년 도의회가 경북도청이 가지고 있던 이전권한을 가져오게 되고 같은 해 '도청이전특위'를 구성하게 되었으며 다음단계로 경상북도에 있는 22개의 시·군 중 이전지로 적합한 곳을 찾던 중 좀 더 객관성을 높이기 위해 1994년 외부용역을 주게 된다. (주)동명기술공단이 의뢰를 받게 되고 22개 시·군 중 1차 조사로 안동, 구미, 영천, 경주, 포항, 의성 6곳을 선정하였고, 다시 2차 조사 후 1·2차 점수를 합쳐 안동시 풍산읍, 포항시 기계면, 구미시 해평면의 3개 지역 순의 이전 적합지를 도청이전특위에 1995년 2월경 보고하였다. 이에 도청이전특위 위원장이 1995년 3월 20일 임시회를 열어 이전후보지를 최종 결정할 것이라고 발표하였다. 이미 1995년 3월 10일 김윤환 전(前)정무장관 이전 결정을 연기해 줄 것을 요청하였으나 이전특위는 정치적 관여를 최소화해야 한다는 입장에서 임시회를 개회할 것이라 발표하여지만, 임시회 실시전 84명의 도의원 중 51명(주로 동남권의원들)이 동명기술공단의 자료가 공정성 및 신뢰성에 의문이 있다며 보고 된 자료를 폐기하였다.

이후 이전지역의 추천에 있어 같은 시·군 내에서도 여러 지역을 추천하게 되는 혼란이 일어나게 되었다(한 예로 구미시 내에도 4개의 후보지가 나타났다). 민선 1기 도의원들은 이전권한을 다시 도행정부로 이관하였고, 이의근 경북도지사는 합의 없는 이전은 없을 것이라 밝힘으로 후보지를 둘러싸고 갈등은 더욱 심화되게 되었다. 이 상황에서 1996년 국회의원 선거 중 경북 각 지역의 후보들이 도청을 자신들의 지역으로 이전할 것을 공약으로 내세움으로 갈등을 더욱 부추기게 된다.

1996년 안동을 주축으로 경북 북부지역 도청이전주민연합이 설립되었으며 1998년 경주포항이 영천을 도청 이전지로 추천하면서 경북동남권 연합을 형성

(울진, 영천, 경산, 영덕, 청도 등 9개 시·군)하게 된다. 동남권의 연합을 두고 안동 및 구미 지역에서는 도지사 선거를 앞두고 특정 후보 밀어주기라 비판을 하게 되고 구미를 중심으로 하는 경북중서부 유치추진위가 형성되었다. 즉, 이전에 대한 갈등이 각 시·군에서 일어난 것이 아니라 경상북도 북부, 중부, 남부권 간의 갈등으로 나타나게 된다.

1999년 6월 말경 전남도청 이전이 구체화되자 이의근 도지사가 이전을 미루고 있다며 후보지들의 비난이 일어났으며, 같은 해 7월 14일 안동시에서 경북도청이전 건의안을 경북도지사와 경북에 전달하였다. 같은 해 7월 21일 동남권연합에서 이전추진회의를 개최하였고, 7월 26일 영천시에 다시 모여 군위와 청송도 이전에 협력할 것이라는 확약을 받게 된다. 안동과 영천의 활발한 움직임과 대조적으로 경북 중부지역의 후보지인 의성에서 특별한 움직임이 없자 의성군민들이 중서부유치위를 비난하게 되고 이에 자극받은 중서부유치위는 구미에서 회의를 개최하게 된다.

1999년 8월 3일 국민회의 권정달의원이 갈등을 해결하기 위해 중앙정부가 나서줄 것을 요구하였으나 다음날인 4일 김기재 전(前)행정자치부장관은 도청이전지가 결정된 후 승인요청을 하면 적극 지원하겠다고 발표를 하였다. 2000년 3월부터 동남권위원회에서 이전을 위한 시민모금운동 등 다양한 활동을 하였다. 2000년 4월 국회의원 선거를 앞두고 안동, 영천, 구미 등의 지역에서 후보들이 도청이전을 공약으로 다시 내세우기 시작하였다. 하지만 이번 공약에 대해서는 앞의 상황과는 달리 지역간 합의가 필요한 민감한 사안이며 불가능한 공약이라 비판을 받기도 하였다. 그러던 중 경북도청에서 예산편성시기에 이전관련 예산을 삭감하게 되었으며, 도청이전보다는 대구경북을 합치자는 통합론이 대두되기 시작하였고 이전비용이 3조가 넘을 것이라는 믿기지 않는 의견도 나오게 된다.

2002년 민선3기 도지사 선거에서 이의근 도지사가 재선을 하게 되고 그는 여전히 도청이전은 지역간 합의가 필요함을 피력하였으며, 대구경북통합론도 고려해야 할 것이라 진술하였다. 그러던 중 안동을 중심으로 하는 북부지역유치위에서 행정의 불편 등을 지속적으로 토로하자 2003년 10월 29일 안동시에 행정업무를 보기 위한 경상북도 북부청사를 개청하게 되었다. 그러나 안동에서는 아직까지 시민단체를 중심으로 활동이 진행중이며, 이 때문에 이전에 대한 갈등은 계속되고 있는 상황이다. 또한, 보다 큰 명분과 실리를 추구하는 대구시와 경상북도의 통합론에 밀려 도청 이전 문제는 최근 수면 아래로 가라앉은 상태이지만, 대구시청과 경북도청의 이해관계가 달라 통합론 마저도 순조롭게 진행되기는 어려워 보인다.[78)]

<표 6-2> 갈등의 주요 진행과정

년월일	주요내용
1981. 5	대구가 경상북도에서 분리(직할시로 승격, 후에 광역시로 변경)
1992. 4	민선 1기 도의원 선거에서 도청이전을 공약으로 내세움(도청이전특위설립)
1994. 3	이전 적합지역 조사를 (주)동명기술공단에 의뢰
1995. 2	동명기술공단에서 적합성이 높은 지역을 안동, 포항, 구미 순으로 발표
1995. 3	도의회에서 동명기술공단 자료 폐기, 이전권한 도지사에게로 이전
1996. 5	15대 국회의원 선거 중 후보들이 경북도청이전을 공약으로 세움, 북부지역 도청이전 주민연합 설립
1998. 7	동남권연합 설립, 중서부이전위 설립
1999. 6	전남도청이 무안으로 이전 합의(경상북도에 자극을 줌)
1999. 8	권정달 의원이 중앙정부가 나서줄 것을 요청하나 거절당함
2000. 4	16대 국회의원 선거에서 이전이 다시 공약으로 나타남
2000. 12	대구와 경북통합론 대두(대구에서 반대)
2002. 5	이의근 도지사 재선
2003. 10	동 풍상읍에 경북도청 북부지청 개청
2004	도청이전문제가 최근 대구-경북 통합론으로 변질되어 논의됨

2) 갈등단계별 요인

(1) 갈등발생단계

① 제도적 요인

우선 갈등의 발단원인으로서의 제도적 요인은 행위자 특성이나 환경적 요인들

78) 도청이전은 현재의 중간지방정부의 2체제 구조인 광역시와 도의 존재를 그대로 인정하자는 전제에서 시작하였다. 본격적인 지방자치가 시작되면서 개선하여야할 많은 문제들 중에서 자치구역의 개편 문제는 자주 거론되어 왔고 1995년에 제정된 도·농 복합형태의 시 설치에 따른 행정 특례에 따른 법률로 기초지방정부의 시. 군통합이 추진되었다. 그러나 중간지방정부에 대하여는 현 상태 유지론, 도의 폐지론, 도의 규모축소론, 시. 도통합론이 대두되고 있으나 중앙정부는 어떤 조치도 취하지 못하고 있어 현 상태 유지론이 그대로 인정되고 있는 상태에서 도청이전 문제가 심각하게 논의되고 있다. 현 상태 유지는 광역시와 도의 엄청난 경제적 불균형, 생활권과 자치권의 불일치, 중복투자로 인한 규모경제성 저하, 광역사업의 연계성 부족, 시.도간의 경쟁의식과 이질감 등의 문제가 발생하여 도의 폐지론, 도의 규모 축소론, 시.도 통합론이 대두하게 되었다.

에 비하여 영향력은 다소 떨어지지만 나름대로 비중 있는 원인이었던 것으로 파악된다. 가장 크게는 우선 지방자치법이 존재하였으나, 사안에 대한 규정 자체가 미흡하였고, 해당 지방정부에 대한 구체적인 조항이 미흡했던 것이 큰 원인이라고 지적할 수 있다. 즉, 경상북도는 1949년 법률 제 8호에 의하여 지방자치법 시행에 따라 대구광역시로 개칭한 이전 대구시를 경상북도에 포함하고 있다가 1981년 법률 3424호에 따라 직할시로 승격시키고 경북에서 분리시켰다. 이후 대구직할시는 관할구역을 계속하여 확장시켰다. 경상북도 도청이전 사업은 1981년 7월 1일 대구직할시의 승격이후 경상북도로부터 분리됨에 따라 경상북도의 도정중심인 도청이 타 행정구역인 대구직할시내에 소재하게 된 모순이 발생하게 된다. 이러한 모순에 의해 도민의 자치행정 및 행정서비스 제공에 많은 불편이 야기되었으며, 경상북도의 자부심이 손상되는 일면을 보였다. 따라서 경상북도의 정치, 경제, 문화, 교육, 생활 등의 중심지가 대구시에 소재함으로써 도민의 일체감 조성 미흡과 모든 사회활동을 대구시에 의존하게 되어 경상북도의 발전과 위상에 저해요인으로 작용하게 되었다. 지방자치의 본격 실시에 따라 지방의회가 구성되면서 도청이전을 조속히 추진하기 위해 1992년 4월 3일 도의원 48인의 발의에 의거하여 '도청이전추진특별위원회'가 구성되면서부터 도청이전에 대한 도민의 여론집약과 공감대 형성, 조기이전 여건조성, 도청이전 최적입지 선정을 위해 활동하게 되었다.

도청이전의 당위성을 주장하는 가장 중요한 제도적 근거로서 '지방자치법'상 광역시는 도와 분리된 별개의 지방정부이나, 타 지방정부의 관할구역 내에 도청이 소재 함으로서 도의 입장에서는 많은 경제적 손실을 보고 있으므로 이를 막기 위하여 도청은 지방자치법 상의 도의 관할구역 내로 이전해야 한다는 논리이다.[79]

79) 이는 지방자치가 실시되기 전에는 별다른 문제로 부각되지 않았으나 지방자치가 실시된 이후에는 서로 다른 지방정부가 한 지방정부의 관할권 내에 존속하는 것은 모순이라는 지적이다. 경상북도 J의원은 도정중심의 도청이 대구에 소재 함으로서 도민의 자치행정에 모순이 발생하고, 서비스 제공에 모순이 있고, 도민의 일체감을 조성할 수 없을 뿐 만 아니라 경상북도의 발전과 위상에 문제가 있다고 지적하고 도청을 도라는 자치구역 안으로 이전함으로서 도청이 구심점이 되어 도민을 결집시키고 주인의식을 함양하게 된다고 주장한다(제 5대 본회의 제 106회 제 2차 1996년 6월 17일 도정 질문). 또한 K의원은 도청이 자치권도 미치지 못하는 대구에 소재 함으로서 지방자치의 정신에도 위배되고 도민의 자존심을 훼손시킨다고 지적한다(제 6대 본회의 제 139회 제 2차 1999년 9월 8일 도정질문).

또한, 도의회 차원에서 만들어진 경북도청 이전에 관한 제도적 협의기구가 제정한 내부의 운영규칙에서 많은 요소가 누락되어 있는 상태였다. 구체적으로, 도청이전추진특별위원회가 도의회에서 결의되어 임시적 협의기구로 구성(1992. 4. 4)되었으나, 추진위원의 지역별 배정(경계의 규칙)문제로 시작부터 진통을 겪었으며, 결국 최종 발의된 4가지 유형의 배정안 중 하나가 채택되기는 하였다.[80] 마찬가지로 도청이전추진계획안이 2차 도청이전특위회의(1992. 9. 2)에서 가결되었으나, 그 내용에 참여자와 임기만을 규정한 경계의 규칙 및 직위의 규칙만 있을 뿐 다른 규칙들은 구체적으로 언급되지 않았다. 특히, 비용과 편익 배분에 관한 보상의 규칙과 통합 및 정보의 규칙, 권위의 규칙은 다루어지지 않았고 범위의 규칙은 추상적인 문구로 객관성과 구체성에서 많이 미흡하여 향후 이 협의기구 내에서 지역을 대표하는 위원들 사이에 갈등이 발생되는 단서를 제공하였다.

② 행위자 특성 요인

갈등발생단계에서 행위자 특성요인 중 중요하게 작용한 것은 도청유치를 위한 각 자치단체장들의 적극적 관심과 의지, 그리고 경북도지사의 상대적인 소극적 성격 및 문제회피형 해결방식 추구였다. 즉, 도청 유치경쟁은 지방정부간 지역 이기주의 또는 애향심 어디에서 비롯되었던 간에 매우 치열한 편이었고 어느 누구도 다수의 도민과 도의원이 수긍할 수 있는 객관성과 합리성에 바탕을 둔 도청 이전부지에 대한 보편타당성이 있는 기준점을 제공하지 못하였다. 다만, 각자 지역의 특성에 근거하여 자기 지역으로 도청이전의 당위성을 주장하고 있는 실정이었으며, 이러한 지역 간의 유치경쟁은 도청을 이전한다는 전제에서 시작하여 상호 타협의 여지가 애초부터 부족하였다.

또한, 경북도청에서 권한을 이양 받아 열심히 논쟁했던 민선 1기 도의원들은 임기가 끝나, 이전권한을 다시 경북도청(도지사)에 이관하였지만, 이의근 도지사는 도청이전은 자신이 독단적으로 해야 하는 것이 아니라 경북도민 전체의 합

---

80) 도청이전추진특별위원회 구성 제 1안은 지역을 동, 서, 남, 북, 중부로 나누어 한 지역에 3명씩 15명을 구성하는 것이었고, 2안은 국회의원 선거구별로 21명을 안배하는 것이었다. 3안은 시와 군을 합쳐서 한 개의 지역으로 규정하여 단위별로 1명씩 총 24명으로 구성하자는 것이었으며, 4안은 시/군별로 무조건 1명씩 총 34명으로 구성하자는 것이었다. 논란 끝에 경상북도의회 제 65회 본회의에서 2안이 최종 가결되었다(경북도의회 회의록, 1992. 5. 27).

의가 있어야만 가능한 것이라는 발표를 하여, 문제에 대한 적극적인 관심이나 해결의지를 보이지 않았다. 왜냐하면, 도지사는 도청이전에 관한 권한이 도의회 소관이라고 말할 수 있는 명분이 있었고 굳이 여기에 개입하고 나서서 문제의 소지를 크게 만들 필요가 없었기 때문이다. 이러한 도지사의 특성과 행태는 갈등발생 뿐만 아니라 증폭에까지 큰 영향을 미치게 된다.

③ 환경적 요인

환경적 요인으로 먼저 갈등발생에 가장 크게 작용한 것은 시민단체 및 주민의 관심이었고, 다음으로 지방정부의 행정부와 도의회간의 의견부조화로 인한 문제와 민선1기 단체장 선거 당시에 했던 공약 등 정치적 요인이었다. 1981년 경북에서 대구가 분리되면서부터 경북도청이 대구 이외의 지역으로 가야한다는 주장이 간헐적 나타났었다. 하지만 본격적으로 갈등이 일어나게 된 것은 1992년 민선 1기가 시작하면서부터이다. 이 시기 도의원들은 300만 경북도민의 편의와 경북지역의 경제적 발전을 위해 도청을 이전할 것을 공약하게 된다. 1992년 도의회는 지금까지 경북도청이 가지고 있던 이전권한을 가져오게 되고, 이전의 박차를 가하기 위해 '도청이전특위'를 도의회에 설치하게 된다. 특위는 22개 시·군 중 이전지로 가장 적합한 곳을 찾는데 노력하였으며 범위지역을 점차 좁혀나가는데 성공하였다. 이들은 이전부지 결정의 공정성과 신뢰성을 높이기 위해 1994년 외부용역을 맡기게 되는데 그 사업체에 (주)동명기술공단이 수주를 받게 되었다.

용역을 받은 기관은 약 1년 간 유사한 외국사례를 집중적으로 조사하였으며, 그곳에서 사용한 기법들을 이용하여 22개 지역에 차례대로 도입하였다. 1차 조사는 사회경제적 입지기준으로 안동, 경주, 구미, 영천, 포항, 의성의 순으로 6곳을 정리하였고, 이 후 6곳의 선정지를 중심으로 물리·환경적 기준으로 2차 조사를 하여 구미, 의성, 포항, 안동, 영천, 경주 순으로 나타났고, 1·2차 조사의 점수를 합산하여 최종적으로 안동시 풍산읍, 포항시 기계면, 구미시 해평면 순 1995년 2월 초경 발표를 한다. 이에 도청이전특위의 주기돈 위원장은 1995년 3월 20일 경 임시회를 열어 선정지를 결정하겠다고 발표를 하고, 도청이전에 대한 또 다른 당위성은 도지사의 선거공약과 도민의 여론에 입각한다고 공표한다. 왜냐하면, 제 1 순위로 나타난 안동 출신의 도의원과 지지세력 의원은 극소수에 불과했고, 다수결의 원리에 따른 이 같은 용역결과의 불수용 결정을 저지할 만한 힘이 없었기 때문이다.

한편, 갈등발생 초기에는 일부 주민과 행정기관간의 의견불일치 현상도 일어났었다. 1995년 도청이전 예정지역 6개 시·군 주민들이 토지거래규제 조치의 강화로 인한 피해를 내세워 도청유치 무용론을 제기한 것이 그 예이다.

한편, 경상북도와 대구시의 상대적 경쟁, 도민의 불편과 이에 따른 관심의 증가, 도청유치를 신청한 지방정부간의 다른 생활수준과 경쟁관계 등도 갈등의 발생에 중요한 환경적 영향요인으로 작용하였다.

1994년 12월 20일 지방자치법 개정이 이루어진 이후 직할시의 명칭을 광역시로 변경하면서 달성군을 대구광역시에 포함시켰으며 다른 주변 지역도 대구광역시에 포함시켜줄 것을 건의하였으나 경북의 반대에 직면하여 결국 달성군만이 대구광역시의 권역에 포함시켰다. 비록 달성군만이 대구광역시에 포함되긴 하였으나 경북의 입장에서 보면 달성군이 대구광역시에 편입되는 것조차도 그리 달가운 것은 아니었다. 대구라는 도시가 경북으로부터 분리되고 달성군 마저 또다시 분리되는 것은 경북의 권한 축소는 물론 경쟁상태에 있는 대구광역시의 권한을 강화시켜줄 수 있기 때문이었다. 마찬가지로, 도청이전 후보지가 위치한 6개의 지방정부는 저마다 자기 지역이 최적지라는 논리를 펴며 유치활동을 지속적으로 추진하였다. 유치운동을 가장 활발하게 벌이고 있는 곳은 안동시였다. 안동시는 지리적으로 경북 북부지역의 중심지일 뿐만 아니라 교육·문화·행정도시며 상대적으로 낙후된 북부지역의 균형개발을 위해서도 도청은 안동으로 와야 한다는 주장을 폈다. 안동의 경우 '경상북도 북부지역 도청유치주민연합'이라는 인터넷 홈페이지(http://dochung.or.kr)를 일찌감치 개설하고 후보지 평가에서 1위를 한 안동시로의 도청이전이 이루어져야하다고 주장하였다. 포항시도 1990년 2월 지역 유력인사들로 도청유치 준비위원회를 발족시켜 '도내 제 1의 도시'라는 강점과 세계 제 1의 철강도시, 동해안 교통 및 유통의 중심지로 환태평양 시대에 북방교역의 전진기지 역할을 할 산업도시라는 점을 적극 부각시켰으며, 경주시도 1992년 6월 도청유치 추진위원회를 발빠르게 구성, 교통의 중심지며 역사와 문화의 전통적인 특성을 골고루 갖춘 도시라고 맞섰으며, 경북 동남권인 경주가 적지임을 강조하고, 각계·각층의 지지를 호소하였다. 내륙산업도시 구미시는 다른 곳에 비해 도시기반이 잘 갖춰져 있고 2000년대를 겨냥해 인공과 자연의 조화를 살려 건설한 도시에 도청을 유치해야 한다며 활발한 운동을 벌였다. 그리고, 영남대학교 지역개발연구소에 용역 의뢰해 마련한 구미권의 도청유치 타당성을 각계·각층에 알리고 교통의 중심지며 도로·통신·상하수도 등 도시기반시설의 우수성을 주장의 근거로 내세웠다. 대구광역시의 베드타운으로 성장하는 도중이었던 영천시도 거의 초기인 1990년 2월 도청유치위원회를 구성, 교통의 중심지면서도 땅값이 비싸지 않아 도시기반시설 건설에 큰돈이 들지 않는다며 기세를 늦추지 않았다. 의성군은 1990년 2월 도청유치 추진위원회를 구성한 이후 각계·각층에 호소문을 보내 도청유치의 필요성을 적극 홍보하였다.

<표 6-3> 경북도청 유치대상 및 신청도시들의 주장 요약

유치도시 (시민대표)	도청유치의 타당성 및 근거내용
안동 (이동석)	**첫째, 지역의 균형개발이다.** 경북의 산업시설은 구미-대구-포항지역으로 연결되는 산업벨트를 따라 발전되고 있으나 안동을 포함한 북부지역은 상대적으로 발전되지 못하여 많은 주민이 다른 지역으로 이주하고 있다. 70년대에는 안동을 포함한 인근 지역 인구가 200만에 달하였으나 지금은 80만 정도만 거주하고 있는 실정이다. 도청을 안동지역으로 이전함으로서 10만 이상의 인구 유입효과를 가져올 수 있고 지역경제의 활성화에 도움이 될 수 있다. 낙후된 북부지역을 그대로 두고 균형발전이란 기대하기 힘들다. **둘째, 지리적 중심지이다.** 도청이 지리적으로 중심지에 위치함으로서 도민의 접근성이 용이하고 주민의 의사에 따라 도정을 원활히 수행할 수 있다. 안동지역은 동서남북을 연결하는 중심지로서의 역할을 충분히 수행할 수 있다. 안동을 중심으로 한 중앙고속도로는 남과 북을 이어주는 역학을 수행할 수 있고 울진-서산과 영덕-대천을 연결하는 동서고속도로는 동과 서를 이어주게 되므로 안동은 지리적으로 경북에서 중심지이다. **셋째, 전통문화의 산실이다.** 안동은 전통적으로 학문과 문화의 뿌리가 깊은 곳으로 산업사회에서 퇴색해 가는 윤리와 도덕정신을 함양시킬 수 있는 토대가 되어 경북도민의 자긍심을 일깨울 수 있는 곳이다. **넷째, 대도시로부터 이탈이다.** 도청이 대구 또는 인근지역에 위치함으로서 교통체중에 따른 경제적 손실과 환경오염뿐만 아니라 인구집중 현상이 더욱 심화되어 사회적 비용이 증가된다. 또한 중간 지방정부로서 동등한 지위에 있는 대구광역시에만 도움이 될 뿐 경북에는 전혀 도움이 되지 않는다. **다섯째, 자연환경과 저렴한 지가이다.** 안동을 중심으로 한 북부지역은 낙동강 상류에 위치해 있고 태백산맥과 소백산맥 등 풍부한 수자원과 아름다운 자연경관을 가지고 있고 도청이전을 위한 지가가 비교적 저렴하여 부지확보가 용이하다. **여섯째, 용역의 결과이다.** 동명기술공단에 의뢰한 용역결과(1995년 2월)에서 안동이 최적지로 이미 판명되었다.
의성 (김종태)	**첫째, 북부지역의 낙후성 탈피이다.** 의성군은 다른 지역에 비하여 상대적으로 낙후되어 있어서 도청이 이전해 옴으로써 의성과 인근지역의 개발을 촉진시킬 수 있다. **둘째, 저렴한 지가이다.** 의성군은 다른 지역에 비하여 지가가 매우 저렴하여 토지매입에 많은 예산을 절감할 수 있다. **셋째, 인구분산 효과이다.** 의성군은 대구로부터 60km 이상 떨어져 있어서 대도시의 인구분산 효과를 가져올 수 있지만 대구의 인근지역으로 도청이 이전될 경우 인구의 집중화를 가져올 수 있다. **넷째, 교통의 요충지이다.** 의성군은 위치적으로 보아 경북의 중심지로써 교통의 편의성을 최대한으로 확보할 수 있는 곳이다. **다섯째, 용수 확보의 용이성이다.** 의성 가까운 곳에 안동댐과 임하댐이 있고 사곡면에 저수량 600만톤의 사곡댐을 건설하고 있을 뿐만 아니라 수자원 이용을 위한 댐건설의 적지가 여러 곳이 있으므로 용수해결에 가장 유리한 조건을 갖추고 있다. **여섯째, 유일한 군부 경쟁지이다.** 의성군을 제외한 다른 도청유치 경쟁 도시는 모두 시이며 이는 의성군만이 상대적으로 낙후되어 있음을 입증하고 있다. 그러므로 지역의 균형개발을 위하여 의성군으로 도청 유치가 필요하다.
구미 (신광도)	**첫째, 개발잠재력과 개발효과 확산성이다.** 구미는 경북의 경제적 구심점으로서 자연자원과 연구기술자원이 타 지역에 비하여 월등하며 구미를 중심으로 한 교통 통신과 산업간의 연계성이 좋아 개발효과를 여타 지역으로 확산시키는데 유리한 조건을 가지고 있다. **둘째, 지역의 통합성과 행정의 대응성이다.** 교통의 요충지로서 우리나라 3대도시인 서울은 3시간, 부산은 2시간, 대구는 30분 이내 접근이 가능하고 호남지역과도 접근이 용이하고 편리한 교통 통신망으로 주민의 접근이 수월하여 주민의 요구를 쉽게 수렴할 수 있을 뿐만 아니라 연구 기술인력이 확보되어있다. **셋째, 개발비용의 절감이다.** 구미시는 이미 사회간접시설이 타 지역에 비하여 월등하게 확보되어 있어서 도청 이전 과정에서 많은 비용을 절감할 수 있다. **넷째, 국제적 명성이다.** 구미시는 이미 공업단지로서 세계적인 명성을 가지고 있어서 도청소재지로서 상징성이 확보되어 있는 상태이다. **다섯째, 도·농 복합지역이다.** 도청은 발전의 핵심을 이룰 수 있는 도시와 농촌의 복합지역이 최상의 조건이라 할 수 있다. 도.농 복합도시로서 구미는 자연자원과 인공자원을 충분히 갖추고 있는 도시이다.
영천	**첫째, 접근성이다.** 영천은 타 도시로부터 접근이 용이하다. 영천은 경부선, 중앙선, 동해남부선, 경부고속도로가 통과하고 있고 어느 지역으로나 이동이 편리하고 동대구 지하철 1호선이 영천까지 연장되면 교통의 편리성을 인하여 지역간의 연계성과 균형발전을 이룰 수 있는 가장 적절한 곳이다. **둘째, 지리적 중심성이다.** 영천은 지리적으로 도의 중간지점에 위치해 있어서 도청 유치로 인한 긍정적 파급효과가 경북 전체에 미칠 수 있어서 균형 발전에 밑거름이 될 수 있다. **셋째, 수자원의 원활한 공급이다.** 안동 임하댐에서 영천댐까지 수로공사가 끝나면 산업용수와 생활용수의 공급은 전혀 문제가 될 수 없다.

자료: 지방포럼(한국지방행정연구원 발행) 1999년 11. 12월호 지역초점 논단 pp.86-93.

(2) 갈등증폭단계

① 제도적 요인

갈등증폭단계의 제도적 요인은 갈등을 해결하기 위해 형성된 모임(공동체)에 참여하는 지방정부 및 관련 이해 관계자로 구성된 공동체의 집합적 의사결정을 할 때 적용되는 의사결정규칙이 부재했다는 것이다. 즉, 도청사 이전을 위해 도의회에서 구성한 도청이전추진특별위원회에서 집합적 의사결정에 관한 통합의 규칙이 형성되지 않았던 것이 가장 큰 원인이었고, 마찬가지로 경계의 규칙, 정보의 규칙이 창출되기는 하였으나 영향력을 제대로 발휘하지 못했던 것이 일부 원인이 되었다.

구체적으로, 도의회 제 9차 특위회의에서 최초 동명기술공단에 도청사 이전 적합지 검토작업을 용역의뢰 하기로 하였으나, 그 결과에 대한 수용여부에 대해 문제를 제기하는 사람이 없었으며 이는 회의록 어디에도 언급되지 않았다. 이에 입지후보지선정 용역의 결과가 안동, 구미, 포항의 순으로 나타나자 1995년 3월 10일 임시회 개회 전 84명의 도의원 중 동남권을 중심으로 하는 의원 대부분과 선정지에서 탈락한 의원들 51명이 외부용역의 결과가 공정성과 신뢰성에 문제가 있다고 지적하며 반발하였다.

이에 따라, 최초 합의하였던 용역발주의 원칙은 깨어지고 결국 도청사후보지 입지를 전문적으로 의뢰 받아 연구한 동명기술공단의 연구결과발표를 폐기하게 되었다. 그리고, 이 문제를 후보지 확정시까지 도의회 차원에서 논의하지 말 것과 즉각 도지사로 도청이전권한을 위임하는 것을 의결하게 된다. 따라서, 이러한 통합규칙의 부재로 인해 다른 제도적 합의까지 깨어짐에 따라 각 이해관계자들(기초지방정부) 사이의 갈등을 증폭시키는 계기가 되었다.

② 행위자 특성 요인

갈등증폭단계에서 행위자 특성요인은 문제에 대한 이해관계자들의 갈등을 심화시키는데 중요한 영향을 미쳤다. 즉, 경북도지사의 도청이전에 대한 비전문성과 위임형 문제해결방식, 예하 유치대상 자치단체장들의 적극적 관심과 의지, 자원동원능력 등이 복합적으로 작용하여 갈등이 증폭되었다는 것이다.

먼저, 1994년 6월 전남, 경북, 충남도지사 모임에서 경북도지사는 광주의 경우

직할시가 된지 대구보다 늦고 광주시세도 대구보다 낮아 시·도 통합의 필요성과 가능성이 훨씬 높지만 대구는 분리된 지 너무 오래돼 시·도 통합이 사실상 어렵다고 말해 도청이전을 계속 추진할 것임을 시사하였다. 그러나 대외적인 발언과 경상북도 내에서의 말은 달랐다. 199년 8월 14일 도의회 본회의시 도청이전의 추진의지와 방향에 관한 도정질문에 대해 도지사는 신중하고 다양한 방법으로 검토되어야 하고, 방법론상에 있어 충분한 연구검토를 거친 후 연차별로 추진하겠다는 일반론적인 말만 되풀이하였다. 이에 경북 북부권에서는 도청이전과 관련하여 경상북도가 형법상 직무유기, 행정법상 부작위에 해당된다고 주장하고, 이의근 경북지사를 상대로 행정심판 청구는 물론 직무유기 혐의로 고발도 불사하겠다는 의사를 밝혔다.

또한 1994년 10월에는 경상북도 북부지역 도청유치주민연합이 도청이전 지연문제와 관련 경북지사의 소신 없는 도정을 규탄하는 성명을 냈다. 도청이전에 관한 경북도지사의 소극적 행태의 지속은 개인의 입장에서 어떻게 보면 당연한 것이라 볼 수 있다. 왜냐하면, 주민의 심리는 득보다는 실에서 그 원망이 오래가는 법이며, 도지사의 주도로 도청이 이전된다면 해당 이전지역의 주민들이 느끼는 고마움은 잠시이지만, 유치되지 않는 다른 지역의 주민은 향후 도지사의 재임이나 업무활동에 대해 큰 거부감을 느낄 것이기 때문이다. 마찬가지로 여기에 민선 2기 도지사의 재선문제도 함께 걸려 있어 어느 한 지역에 적극적인 도청유치활동에 나설 시 개인적으로는 엄청난 부담을 안을 것이 분명하였다.

한편, 환경적 요인으로 시민단체와 주민의 관심 및 참여가 폭발적으로 증가한 것도 갈등증폭의 원인이 되었다. 경상북도 북부지역 도청유치주민연합은 정부와 경상북도의 개발정책에 대 해 분노를 느낀다는 유인물 2만 여장을 제작해 안동 등 북부지역 각급 기관단체와 시·군의회, 주민들에게 배포했다. 마찬가지로 도의원들의 최초 동명기술공단 용역의뢰결과자료 폐기결의와 이의근 도지사의 이러한 발표로 인해 경북의 각 시·군들은 다시 자신들이 적합지라며 주장을 하게 되고 심지어는 시(市) 내에서도 3-4곳을 후보지로 올리는 상황이 발생하게 된다.[81]

81) 도청이전과 관련하여 설문조사를 실시한 대구지역의 전문여론조사기관인 '온조사연구소'에 의하면, 1996년 6월 13일부터 15일까지 경북도민 1,100명, 공무원 100명을 대상으로 설문을 실시한 결과, '도지사 임기 중 도청이전 후보지 선정을 하는 것이 좋다'가 공무원 36.4%, 도민 38.2%로 비슷하게 나타났으며, '도청이전을 서두를 필요가 없고 신중히 해야 한다'가 46%로서 전반적으로 도청이전에는 공감하면서 그 지역이나 시기에 대해서는 대부분 언급을 하지 않은 것으로 나타났다(경북도의회, 도청이전 설문조사용역보고서, 1996).

③ 환경적 요인

갈등증폭의 환경적 요인으로 정치적으로는 15대 총선의 실시가 급격히 등장한 중요요인으로 작용한 가운데, 도지사 및 기초자치단체장 선거의 실시도 영향을 미쳤다. 그리고, 선거를 기점으로 지방정부간의 상호불신으로 인한 일시적 연합이 이루어졌다. 1996년 15대 국회의원 선거 때 경상북도 각 시·군의 후보들은 자신들의 지역에 도청을 이전할 것을 공약으로 내세우며 갈등은 더욱 심화되었다. 즉, 도청이전문제가 4.11 국회의원선거에 단골이슈로 등장하고 있으며, 경상북도내 도청이전 후보지마다 서로 자기지역이 결정되지 아니하면 각 시·군이 승복할 수 없는 분위기인데다 지역 이기주의에 편승한 시·군별 유치활동이 지속적으로 전개되자 도가 해결방안 마련에 큰 어려움을 겪게 되었다.

먼저 1996년도에 안동시를 주축으로 하여 경북 북부지역에 경북북부지역 도청이전 주민연합을 설립하여 체계적으로 도청이전에 협력하게 된다. 그 결과 1998년 경주와 포항이 영천을 도청 이전지로 추천하게 되고 이에 자극을 받아 다른 지역인 울진, 영천, 경산, 영덕, 청도 등 9개 시·군이 경북동남권 연합을 형성하게 되었다. 동남권 연합을 두고 북부지역 이전연합과 구미는 도지사 선거를 앞두고 특정 후보 밀어주기라고 비판과 반발을 하였다. 이 시기 경북의 중서부도 구미를 중심으로 도청 유치추진위를 형성하였다.

즉, 도청의 유치를 위해 개별 지방정부보다는 경제권역을 중심으로 북부, 중서부, 동남부의 3개 지역으로 힘을 집중하여 도청이전을 다투게 된 것이었다. 북부연합은 1999년 7월 14일 경북도청 이전에 관한 건의안을 경북도청(도지사)에게 전하는 등의 활동을 계속하였으며 동남권 연합도 7월 21일 이전추진회의를 개최하고 26일 영천에서 다시 회의를 가지는 등의 활동으로 군위와 청송도 경북도청을 영천으로 이전하는 것에 협력한다는 것을 확인하였다. 북구와 동남권의 활발한 움직임과는 대조적으로 중서부지역위에는 별다른 움직임이 없자 후보지인 의성군민들은 위원회를 강하게 비난하였고 이에 자극을 받은 중서부유치위는 구미에서 회의를 개최하였다.

(3) 갈등지속단계

① 제도적 요인

갈등지속단계의 제도적 요인은 갈등증폭의 요인과 크게 다르지 않은 것으로 볼 수 있다. 즉, 갈등을 해결하기 위해 경상북도 및 관련 이해관계 지방정부들로 구성된 공동체의 집합적 의사결정에 대한 제반 규칙이 부재했고 경계의 규칙이 무너짐으로써 이해관계자가 변화, 확산되었다는 것이다. 예를 들면, 도의회에서의 합의기구 설치 실패가 갈등지속의 원인으로 지적될 수 있다. 먼저 1997년 1월 경북도의회 전동호 의장은 대구시의회의장 등과 접촉하여 대구-경북의 통합을 추진하기 위해 범 시·도민 기구를 만들겠다고 밝혔다. 그러나, 경북도청 실무공무원들이나 시민단체 등은 대구시 경상북도통합문제는 원칙적인 측면에서는 찬성한다고 밝히고 다만 대구직할시가 경상북도에서 분리된 지 16년이나 지나 현실적으로는 힘들 것으로 내다봤다. 그리고, 1999년에 대구시와 경상북도의 통합문제가 대두되고 있었던 시기에, 이웃 광역지방정부인 전남의 도청 이전 결정의 영향으로 경북도청 이전 후보지 선정작업이 활발히 진행되었다. 경상북도는 2년 동안 중단상태에 있는 '도청이전 추진 소위원회(위원장 이해두 대구대 교수)'를 소집하여 절차를 논의하였지만 상당부문 선거를 앞둔 포석의 일환으로 추진되었다는 평가를 받았다.

또한, 앞선 갈등증폭단계에서 초기 주민연합 차원이었던 북부권, 동남권, 중부권 연합은 이제 지방정부까지 찬성과 지원을 하기에 이르러 공식적인 연합으로서의 면모를 갖추게 된다. 이에 초기 갈등당사자였던 안동, 구미, 포항, 영천, 의성, 경주 등 6개 도시에서 외형적으로는 경북 전역 도시로의 갈등행위자 확산이 이루어지기에 이른다. 그러나, 직접적인 이해관계가 없는 도시들은 명분에만 동참할 뿐 적극적인 참여나 지원은 이루어지지 않은 것으로 보여진다.

② 행위자 특성 요인

갈등지속의 행위자 특성요인으로 경남도지사의 도청이전에 대한 문제의 회피적 태도, 위임형 문제해결방식의 견지를 들 수 있다. 예를 들면, 1999년 6월 말경 이웃의 전남도청이 무안으로 이전하는 것으로 구체화되자 이의근 도지사가 표를 위해 이전을 계속적으로 미루고 있다며 후보지 자치단체장들의 비난이 일어나기도 하였다. 그러나, 도지사는 경북의 도청이전은 단순히 전남의 도청이전이 무안으로 확정된 것에 따라 판단할 사항이 아니라 근본적으로 광역지방정부의 구역개편 문제와 밀접히 연관되어 있기 때문이라고 회피하였다. 2000년 10월 행정자치위원회

국정감사장에서 이의근 지사는 도청이전 문제에 대해 도청은 반드시 이전돼야 하지만 현재 정부에서 추진중인 행정계층 구조 개편과 도의회 도청이전추진위원회의 조례안 통과 결과를 지켜보고 합리적인 대안을 모색하겠다고 밝혔다. 마찬가지로, 2001년 4월 12일에도 제 156회 경북도의회 본회의에서 이의근 경북지사는 경북도청이전 문제와 관련, 지금은 결정을 내릴 수 없다며 도청 이전에 대한 결론을 자신의 임기 내에 내리지 않겠다며, 도민의 합의가 이뤄지지 않은 상황에서의 이전 결정은 또 다른 정치적 소모전만 야기할 우려가 있다며 이같이 밝혔다. 그는 지사가 결정을 내리더라도 도의원 과반수가 동의, 이를 통과 시켜야 하며 이전에 따른 2조-3조원의 소요 재원 확보도 지금 재정상 어려운 문제라고 지적했다. 경북도청의 경우 용역결과 도청후보지 1순위인 안동을 중심으로 도청이전을 조속히 추진할 것을 주장하고 있으나, 도지사의 입장에서는 원칙적으로 시·도 통합이 어렵기 때문에 도청이전을 추진해야 한다고 주장하면서도 현실적으로 여러 가지 문제들로 인해 당장 이전하는 것은 어렵다고 밝혔다.

③ 환경적 요인

환경적 요인으로는 우선 각 지방정부가 산발적인 자체적 유치운동을 전개한 것이 갈등지속에 중요한 영향을 미쳤다. 먼저 1997년 10월 영천시청년연합회(회장 조규창)는 영천시민 1천 여명이 참가한 가운데 도청유치추진결의대회를 개최하였다. 1998년에는 6. 4 지방선거를 맞이하여 포항·경주·영천·경산·청도·영덕·울진 등 동남권 7개 시·군 지역대표들은 도청이전후보지로 영천을 새로운 대안으로 제시하였다. 이에 대해 북부권 7개 시·군의 시장 및 군수와 의회의장들도 모임을 갖고 경북도의회의 용역결과를 존중해야 한다는 원칙을 재천명 할 것이라고 밝혔다. 한편 구미를 중심으로 한 김천, 상주, 군위, 칠곡, 성주, 고령 등 중부권 7개 시·군 시장·군수들도 동남권, 북부권과는 달리 별도의 모임을 가졌으며, 지방정부간 갈등은 계속적으로 도내 3개 권역별 다툼으로 변모하여 지속되는 양상을 보였다.

한편, 4.13 총선의 도래와 함께 상급정부인 중앙정부가 개입을 원천적으로 거부하여 중재자 역할을 하지 않으려 한 것과 도청이전과 연관된 새로운 대안들의 가세도 환경적 요인으로 작용하였다. 도청이전과 관련하여 소모성 갈등과 경쟁이 지속되자 1999년 8월 3일 국민회의의 권정달 의원은 갈등의 해결을 위해 중앙정부가 나서줄 것을 요구한다. 하지만 8월 4일 김기재 전(前) 행정자치부 장관은 중앙정부가 이전지를 확정하는 데는 관여할 수 없으며, 도청이전지가 결정되어 승인요청을 하게 된다면 적극 지원하겠다고 발표하였다. 이에 중재자를 잃은 행위의 장에서 지방정부간 갈등은 계속적으로 완화되지 않았다. 2000년 3월 동남권 연합은 도청을 영천으로 옮기는데 힘을 싣기 위해 1억 모으기 시민 모금운동 등 다양한 활동을 계속하였다. 그리고, 2000년 4월 국회의원 선거를 앞두고 안동, 영천, 구미 등의 지역에서 후보들이 다시 도청이전을 공약으로 내세우기 시작하였다.

하지만 앞선 선거에서와는 달리 이런 공약에 대해서 지역간 합의가 필요한 문제라 한 개인이 할 수 없는 불가능한 공약이라며 비난을 하는 세력이 나타나기도 하였다. 2000년 말 도의회는 2001년 예산편성 중 이전관련 예산을 삭감하게 되는데 이는 광역시 및 인근 도의 통합이 중앙정부에서 논의되고 있어 어떤 상황이 발생할지 모르는 상황이므로 이전을 뒤로 미뤄야 한다는 관점이 도의원들 사이에서 팽배했기 때문이었다. 즉, 가장 최근부터는 대구와 경북을 합치자는 통합론이 대두되고 있었으며, 이전비용이 3조가 넘는 천문학적 수치가 나올 수 있기 때문에 도청이전을 더 기다려 보자는 것이었다.

이에 대해 구체적으로 살펴보면, 도청이전갈등이 지속되면서 수면 아래로 가라앉은 원인에 대해 경상북도의 행정구역개편과 관련된 새로운 제도적 해법의 제시와 이를 주장하는 세력의 가세를 들 수 있다. 그것은 크게 세 가지로 나눌 수 있는데 대구와 경북의 통합론, 현상유지론, 분할론이다.

먼저 대경통합론 또는 시·도통합론의 근거는 대구시민의 70%가 경북도민이며, 대구가 역사적으로 경북의 중심지라는 것과, 대도시로서의 기능수행을 위해 대구가 더 많은 지리적 공간을 필요로 할 것이기 때문에 향후 대구가 경북의 공간을 더 이상 암묵적으로 잠식하지 말아야 한다는 것이다. 이에 대해 현상유지론은 거대도시로서의 대구와 경북 소재 중소도시의 기능이 완전히 다를 뿐만 아니라 통합론에서 주장하는 파생문제와 해결방안이 일치되고 있지 않다는 것이 골자이며 이럴 바에 차라리 그대로 두자는 주장이다. 분할론은 조선시대부터 진행된 행정구역개편의 역사를 근거로 중앙의 통제와 일제수탈이 용이한 구역으로 짜여져 있으므로 지방분권시대에 맞도록 사사건건 대립되는 경북 3개 지역(북부권, 남부권, 동해권)을 완전히 분할하자는 주장이다.

현실적으로 보면 분할론이 가장 실현가능성이 미흡한 가운데, 대경통합론은 대구시와 시민의 이해관계에 역행하기 때문에 추진이 쉽지 않다. 그러므로, 자연히 현상유지론이 힘을 가지고 있는 실정이지만 보다 중요한 것은 도청이전이라는 미시적, 지역적 문제가 대경통합론이라는 거시적이고 큰 명분을 가진 제안에 밀려 점점 수면아래로 가라 앉고 있다는 것이다. 즉, 도청의 이전 문제는 광역시와 도를 분리한다는 전제에서 시작되었으므로 분리가 타당한 방법인지, 통합이 타당한 방법인지, 아니면 다른 대안이 있는지도 고려해봄으로써 이전의 정당성과 부당성을 다소나마 큰 시각에서 판단될 수 있는 근거를 마련할 수 있다는 주장이다. 따라서, 이는 도청이전 갈등이 20년 가까이 지속되고 있지만, 향후에도 해결의 실마리를 찾는데 걸림돌이 될 것은 분명해 보인다.

최근인 2002년 민선 3기 도지사에 이의근 도지사가 재선을 하게 되었고, 그는 여전히 도청이전은 지역간 합의가 필요하며 대구·경북통합론도 고려해야 할 것이라 진술하였다. 그러던 중 안동을 중심으로 하는 북부지역유치위원회에서 행정의 불편과 과거 조사결과 폐기에 대해 불만이 드높아지자 2003년 10월 29일 안동시에 건설, 산림, 보건 등과 관련한 행정업무를 보기 위한 경상북도 북부청사를 개청하게 되었다. 이에 북부의 불만은 감소하게 되었으나 도청이전에 관한 갈등은 계속되고 있는 상황이다.

(4) 요약 및 결론

도청이전은 갈등의 성격상 행정서비스 제공, 상징성, 영역성, 도민의 결속력 강화, 지역발전의 매개적 역할 등 많은 장점을 가지고 있어 각 기초지방정부마다 유치를 희망하는 문제로 요약된다. 그러나, 이해관계의 상호대립 케이스가 너무 많고, 이 때문에 지금까지 계속 이전이 완료되지 않고 표류하고 있는 유형의 지방정부간 갈등문제라고 할 수 있다.

경북도청의 이전문제와 관련된 갈등사례의 갈등 주체는 안동, 구미(의성), 영천을 중심으로 하는 경북의 북부, 중서부, 동남부이며 이 외에 경북도청, 경북의 도의원 및 국회의원이 있다. 갈등의 주요원인은 경제적 외부효과, 지역주의, 객관적 지표에 대한 불신, 최초에 이전권을 가진 도청(도지사)의 무사안일과 소극적 행태 등이었다.

경북도청 이전을 둘러싼 갈등과 대립은 초기에는 각 시·군을 중심으로 일어났으나 1990년 대 중후반부터는 경제권을 중심으로 북부, 서부, 남부로 나누어 나타나게 된다. 경북도청이전 갈등의 발생 이후 전반적인 흐름을 보면, 갈등의 지속기까지 경북에 속한 기초지방정부들, 즉 안동지역, 포항지역, 안강지역, 영천지역, 구미지역, 의성지역은 각각 자기지역으로 도청을 유치하기 위한 활동에 박차를 가하였다. 특히 안동지역은 성명서 발표, 유인물 배포, 서한문 발송, 신문광고, 16대 총선 당시 국회의원 입후보자로부터 도청이전 약속을 실행시키기 위한 약속에 대한 공증을 받는 등 안동지역으로의 도청이전을 적극적으로 추진하였고, 포항, 안강, 영천지역은 경산, 군위, 청송, 영덕, 청도, 울진과 합세하여 영천으로 도청이전을 추진하기 위한 지역연대를 결성하였다. 구미지역과 의성지역은 나름대로의 정당성과 논리에 따라 도청이전을 촉구하였다.

즉, 경북 4개 도시의 유치경쟁은 매우 치열하고 각 도시마다 가장 적합한 기준을 설정하여 그 기준에 따라 자기 도시로의 도청 이전에 대한 정당성을 주장하고 있다. 이들이 주장하는 공통점을 찾는다면 모두 경북의 발전을 위하여 도청은 접근성이 용이하여야 한다는 점이고 각 도시는 지리적 중심성, 교통의 요충지 또는 편리성에 따라 주장하고 있다. 접근성에 대한 주장은 객관적 판단이 매우 어려워 도시마다 주관적 판단에 따라 다를 수밖에 없다. 객관적 판단을 위하여 복잡하고 어려운 절차를 거쳐야 할 뿐 만 아니라 그 결과 역시 매우 회의적일 수 있다. 예를 들면 접근성이란 사람이 직접 방문할 수 있는 거리를 말하는지, 시간을 말하는지, 아니면 둘 모두를 말하는지를 알 수 없을 뿐만 아니 라 버스와 열차의 배차시간, 주차공간, 도로의 폭, 속도제한, 도로조건, 접근시간 등 너무나 많은 분석적 관념이 포함되어 있다.

또한 분석적 관념에 대한 가중치를 어떻게 부여할 것인가는 접근성에 대한 또 다른 문제를 제기 시킨다. 이들의 도청이전에 따른 경북의 개발 방법은 크게 두 가지로 구분할 수 있다. 하나는 낙후지역을 개발함으로서 균형발전을 이룩할 수 있다는 주장이고 다른 하나는 개발효과를 다른 지역으로 파급할 수 있다는 주장이다. 안동과 의성은 상대적으로 낙후된 지역이므로 도청이전을 통하여 개발이 촉진되어야 한다고 주장하는 반면 구미와 영천은 긍정적 파급효과를 확산할 수 있다고 주장한다. 이들 주장 역시 주관적 판단에 의존할 수밖에 없었다. 낙후지역으로의 도청이전은 많은 비용을 필요로 하고 투자한 만큼 개발효과가 있을지는 예측하기 힘들고 지역적으로 광범위한 개발보다는 매우 지협적인 개발에 그칠 확률이 크고 구미와 영천지역으로 도청을 이전하더라도 긍정적 파급효과를 보장할 수도 없다.

비단 경북도청이전 문제는 안동, 구미, 영천 등 기초자치단체장과 주민만의 문제도 아니며, 감정만으로 해결할 수 있는 문제는 아닌 듯하다. 중요한 것은 기존 대구시내 도심의 수많은 주민들이 오늘도 경북도청과 더불어 삶의 영위하고 있으며, 앞으로도 그러하길 바랄 것이다. 경북도청이 위치하고 있는 대구광역시 북구의 경우 경북도청 및 유관기관들이 이전된다면 기존의 해당 구역은 또 한번의 공동화라는 몸살을 앓아야 할 것은 불을 보듯 뻔한 일이다.

그럼에도 불구하고 각 도청유치 경쟁지역은 모두 도청 이전의 필요성을 강조하고 있고 도청이전을 통하여 도가 광역시에 소재 함으로써 발생하는 경제적 손실을 막을 수 있고, 지역간의 균형발전을 기하고, 이전으로 인한 긍정적 파급효과를 확산시킨다고 다 같이 주장하고 있으나 이전 지역에 대하여는 지역이기주의이던 애향심이던 간에 자기지역으로의 유치를 정당화하고 있어서 이전지역에 대한 합의도출이 매우 어려운 실정인 것은 분명하다.

또한, 최근의 양상에서 도청이전 문제는 보다 크고 거시적인 명분을 내세우는 대경통합론에 밀려 수면 아래로 가라앉은 상태이며, 이러한 것은 갈등이 해결되지 않고 계속 지속되는 가장 중요한 원인을 제공하고 있다. 왜냐하면, 당사자들간 도청이전 갈등 자체에 대한 관심과 적극성이 떨어짐으로 인해 해결방안과 실현가능성은 더욱 낮아지고 있기 때문이다. 그리고, 현장조사 결과로 볼 때 다른 도시와는 달리 후보지 1순위였던 안동시의 시민단체는 대경통합론과 상관없이 계속적인 유치의지를 보이고 있으며, 이것이 다시 가시화될 경우 다른 도시들도 다시 갈등의 장에 가세할 것이 분명하기 때문이다.

3. 관할구역: 시와 자치구간 행정구역 경계조정 갈등사례

1) 사례의 개요

한국에서 행정구역의 경계선은 전통적으로 산능선과 강을 경계로 구분하는 것이 통례인데, 1978년 2월 15일 당시 김해군이던 대저읍,명지면, 가락면이 부산시에 편입될 때 경계구역을 강심(江心)으로 하지 않음으로써 향후 두 지역간의 행정구역 경계를 둘러싼 갈등문제를 초래할 불씨가 내재되게 되었다. 특히 서낙동강변에 위치한 김해시 대동면 초정지구(강서구 대저동 출두리), 식만지구(강서구 가락동)와 수안·신안치등섬은 행정구역 경계설정에 있어서 선례에 의하지 아니하고 불합리하게 확정됨에 따라 1995년부터 부산시(부산시 강서구)와 김해시간에 행정구역 조정문제를 둘러싼 갈등문제가 발생하게 되었다.

김해시 대동면 초정리 신정마을에 속해 있는 일부세대(10세대)의 주민들은 김해시가 생활권임에도 불구하고 부산시에 주소지를 둔 탓에 각종 증명서발급 및 공과금납부의 불편뿐만 아니라 일부 주민들의 경우 경작중인 농경지가 부산광역시 관할이어서 자연재해 농작물 피해 정부지원이나 각종 영농기술 지도 등에 있어 같은 마을의 경남주민들에 비해 손해를 보고 있었다. 이에 1995년 11월에 대동면 초정리 일부주민들과 김해시 불암동 분도마을과 부산시 강서구 가락동 식만리 시만마을 주민들이 행정구역 경계재조정을 요구하는 건의서를 통해 김해시로 편입을 희망하자 그 동안 행정경계구역이 불합리하게 획정된 4곳(대동면 초정지구, 신안치등섬, 수안치등섬, 강서구 가락동 식만지구)의 경계를 재조정할 것을 부산시 강서구에 협의 요청하였다. 이에 부산시 강서구는 1996년 4월에 행정구역경계의 재조정은 관련법규에 의해 처리할 사항으로 당해 지역주민들의 의견과 지방의회의 의견을 수렴해야 하며, 당해 구역은 김해시와 부산시 강서구의 경계일뿐만 아니라 경상남도와 부산광역시간의 경계이기도 하므로 시·구간 및 광역시와 광역지방정부간의 행정협의회 등의 절차를 요구하였다.

1996년 11월에 개최된 부산시 강서구와 경상남도 김해시간의 제 1차 서낙동강권 행정협의회에서는 8개 현안[82]이 상정되었는데 그 가운데에서 강서구와 김해시간의 행정구역조정문제도 주요안건으로 상정되었으나 법률적 문제와 외부적 요인 등을 감안하여 계속 협의해 나가기로 하였다.

1997년 4월에 개최된 제 2차 서낙동강권 행정협의회에서 부산 강서구와 김해

---

82) 제 1차 서낙동강권 행정협의회에 논의된 안건으로는 비관리청 하천공사 폐천부지 양여, 강서구 관내 김해시 공유재산 정리(강서구 안건),행정구역 경계조정 (김해시 안건),김해 부산시 연결도로망조기개설(김해시 안건), 신어천 직강공사, 부마고속도로 서부산 요금소 이전문제(부산시 안건), 마을버스 노선연장, 환경오염방지시설 설치및 감시 등 8가지 안건이다.

시간의 행정구역조정 문제가 구체적으로 논의되었다. 김해시는 대동면과 강서구 대저1동간의 경계는 위치적으로 부산시 강서구보다 김해시 대동면에 근접하여 있으며, 수안, 신안의 치등섬은 서낙동강 유역의 퇴적작용으로 대동면과 연결되어 있고, 식만지구 농경지(부산시 강서구 가락동 소재)는 이를 경작하는 주민 대다수가 김해 지역주민이고 김해시와 동일한 생활권이기 때문에 초정지구, 식만지구,신안·수안 등치섬을 김해시로 편입해 줄 것을 요구하였다. 이에 대해서 강서구청은 시·도간 경계 조정작업은 관련법 개정이 전제돼야 한다며 부정적 입장을 취하였다. 그리고 초정지구 주민들의 여론을 수렴한 결과 김해지역 편입에 반대하고 있으며 강서구 의회 역시 현상태 유지를 원하고 있어 김해시의 주장은 받아들이기 힘들다는 입장이었다.

1997년 11월에 개최될 예정이었던 제 3차 서낙동강권 행정협의회는 실무협의회를 거쳐 본협의회를 갖기로 했으나 부산 강서구와 김해간의 행정구역조정 문제를 비롯한 다른 의제에 대한 합의점을 도출하기 어려워 본협의회 자체를 다음 해로 연기되었다. 1998년 4월 강서구와 김해시간의 제 4차 서낙동강권 행정협의회가 개최되었으나 행정구역조정안건에 대해서는 해당지역주민의 민원 제기로 인해 이 문제가 이슈화가 되지 않는 한 당분간 행정협의회 논의의제에서 다루지 않기로 하였다.

이와 같은 양 지방정부간의 비공식적 합의에도 불구하고 김해시는 1999년 행정자치부에서 발간하는 지방자치시대의 분쟁사례집에 부산시-김해시 행정구역 경계조정 사례를 게재하는 등 중앙정부차원에서 이 문제에 대한 관심을 유발하도록 노력하였을 뿐만 아니라 경상남도와 부산광역시간에 이 문제를 논의토록 하기 위해 경상남도와 부산광역시에 공문을 발송하여 협의·요청하였다. 그러나 경상남도부터는 긍정적인 답신을 수령했으나 부산시로부터는 아무런 반응을 얻지 못함으로써 이 문제는 갈등상태가 지속하게 되었다.

추가로 관심의 범위에는 포함되지 않지만 2003년 11월 김해시 의회에서 활천동·어방동 시의원이 시의회 질의에서 이 문제를 제기함에 따라 다시 이슈화되게 되었다. 이에 김해시는 2003년 11월 10일 부산시 강서구에 행정구역 경계 재조정을 협의·요청하였으나 강서구는 기존의 입장을 고수하며 협의를 기피하였다.

<표 6-4> 갈등의 주요 진행과정

년월일	주요내용
1995. 11	초정지구(부산시 강서구 대저1동 출두리) 일부 주민 김해시 편입요구
1996. 11	김해-강서구간 제 1차 서낙동강권 행정협의회 개최(본 안건 협의)
1997. 04	김해-강서구간 제 2차 서낙동강권 행정협의회 개최(본 안건 본격적 협의)
1997. 11	김해-강서구간 제 3차 서낙동강권 행정협의회 개최(본 안건 다음 연기)
1998. 4	김해- 강서구간 제 4차 서낙동강권 행정협의회 개최(향후 본 안건이 이슈화될 경우 계속협의)
1999. 01	행정자치부 발간 <지방자치시대의 분쟁사례집>에 안건사례 게재
2003. 11	김해시 시의회에서 본 사례 다시 제기
2002. 11	김해시 강서구에 행정구역 경계 재조정 협의 요청(강서구 기본입장 고수)

2) 갈등단계별 요인

(1) 갈등발생단계

① 제도적 요인

전통적으로 행정구역의 경계선을 구분 짓는 선례를 따르지 않음으로써 야기된 김해시와 부산시 강서구의 일부지역의 행정구역 재조정을 둘러싼 갈등문제는 지방자치제가 실시되기 이전이었으면 중앙정부의 조정을 통해서 쉽게 해결될 수 있는 문제였다. 그러나 지방자치제가 실시된 이후에는 지방정부간의 행정구역의 재조정문제는 여러 과정적 절차를 거쳐야 할 뿐만 아니라 각 지방정부의 이해를 반영하여 법률로써 규정토록 되어 있어 해결이 용이하지 않다. 지방자치법 제 4조 2항에 의하면 지방정부를 폐치·분합 하거나 그 명칭 또는 구역을 변경할 때에는 관계 지방정부 의회의 의견을 들어야 하거나 주민투표법 제 8조의 규정에 의하여 주민투표를 실시토록 되어 있다. 지방자치법 제 4조 3항에서는 자치구가 아닌 구(區)와 읍(邑)·면(面)·동(洞)을 변경하거나 설치·분합할 때에는 행정자치부장관의 승인을 얻어 당해 지방정부의 조례로 정한다고 되어 있다. 그리고 행정자치부 훈령인 행정구역 조정업무 처리에 관한 규칙 제 9조에는 시장·군수 및 자치구의 구청장은 행정구역의 조정을 하고자 할 때에는 시·도지사에게 실태조사서를 제출하고 시·도지사는 이를 검토하고 그 검토결과를 당해연도 3월 31일까지 행정자치부장관에게 제출하여야 하도록 되어 있다. 이와 같은 지방자치법과 행정자치부의 훈령에 규정된 통합규칙에 따라 김해시는 부산시 강서구에 행정구역 재조정 협의를 요청하였다. 이에 부산시 강서구는 서낙동강 지역의 부산시 강서구와 경상남도 김해시의 행정구역 재조정문제는 단순히 강서구 지역과 김해지역만의 문제가 아니라 종국적으로는 경상남도와 부산광역시간의 광역지방정부의 수준에서 다루어야 문제로 보아 적극적으로 대응하지 않았다.

② 행위자 특성 요인

1995년 11월의 서낙동강 유역의 부산시 강서구 일부지역 주민의 김해시 편입요구는 당시 민선자치단체장이 선출된 직후에 제기된 사안으로서 당시 김해시 시장과 부산시 강서구 구청장은 대외적으로 드러나게 의사를 표명하지 않았지만 내부적으로는 상당한 관심을 가지고 있었다. 김해시장은 서낙동강 지역의 행정구역의 재조정문제뿐만 아니라 부산시(강서구)와 관련된 현안들을 협의체를 통해서 협의하도록 적극적 관심과 해결의 의지를 보였다. 강서구 구청장 역시 강서구 관내의 김해시 잡종재산 정리, 마을버스 노선 문제 등 김해시와 관련된 현안을 논의하기 위해 김해시와 협의체를 구성하는데 적극적 관심과 의지를 가지고 대응한다. 다만 강서구청장의 경우 행정구역 재조정문제에 관해서는 김해시보다는 소극적 관심과 의지를 가지고 있었다.

③ 환경적 요인

서낙동강 지역의 김해시와 부산 강서구간의 행정구역 재조정 문제에 있어서 갈등이 야기된 주요원인은 해당지역주민들에 의해 비롯되었다. 1978년 2월 김해군의 일부지역을 서낙동강의 강심을 기준으로 부산시와 김해군의 행정구역을 획정하지 않고 부산시로 편입시킴에 따라 서낙동강 유역의 초정지구에 거주하는 10세대 40명 주민과 신안등치섬의 7세대 22명 그리고 수안치등섬과 식만지구의 농경지를 경작하는 주민들이 실제 생활권역과 행정권역의 차이로 야기되는 공동체내의 이질감과 자연재해로 인한 농작물 피해시 지원과 영농기술 지도혜택 등에서 제외를 당하자 해당지역주민들은 김해시로 다시 편입하기를 원했다. 당시 강서구청 직원들이 이 지역을 방문 또는 유선통신을 통해서 여론을 수렴한 결과, 해당지역의 주민들간에도 김해지역 재편입에 대해서 의견이 일치되어 있지 않았으며 김해지역으로 재편입을 요구하는 해당지역주민들의 인식기저에는 부산시로 편입되었을 경우에 그들에게 부여될 혜택이 기대에 미치지 못한 것에서 비롯되었다. 해당지역주민들은 김해시 시민보다는 부산광역시 시민으로 되게 되면 보다 해당지역이 개발될 것으로 기대했으나 오히려 이웃 김해지역은 1990년대에 급속히 발전하는 반면 강서구 지역은 행정구역상으로는 부산광역시이지만 부산시의 변방지역으로 지역발전이 여전히 낙후되어 동일 지역내의 김해시민들과 상당한 열등감과 이질감을 느끼게 되었다. 이에 강서구청은 해당지역주민들에게 향후 해당지역발전을 위해 적극적인 관심을 가질 것으로 약속하였다.

(2) 갈등지속단계

① 제도적 요인

김해시는 서낙동강 지역의 행정구역 재조정문제와 관련하여 조정대상지역 주민의견 합동조사를 실시하고 행정협의회를 개최할 것을 요구하였다. 앞서 언급한 바와 같이 부산 강서구 역시 김해시와 관련된 현안문제를 해결하기 위해 행정협의회를 구성하기 위해 1996년 10월에 실무협의회를 가진다.

지방자치법 제 142조 및 동법시행령 제 48조, 제 54조에 의거하여 '서낙동강권 행정협의회'를 구성하고 동법 제 144조에 의해 행정협의회 규약을 제정하였다. '서낙동강권 행정협의회 규약'에는 본 행정협의회를 통해서 현안문제들을 효율적으로 처리하기 위한 규정들이 명시되어 있다. 우선 서낙동강권 행정협의회 규약 제 3조에는 경계규칙[83]과 직위규칙[84]이 규정되어 있으며 동규약 제 4조에는 범위규칙[85]이, 동규약 제 5조와 6조에는 통합규칙[86]이, 동규약 제 10조에

83) 서낙동강권 행정협의회 규약 제 3조 1항에는 협의회는 경상남도 김해시, 부산광역시 강서구로 구성한다고 규정되어 있다.

84) 서낙동강권 행정협의회 규약 제 3조 1항에 협의회 위원은 김해시장과 강서구청장으로 한다라고 규정되어 있으며 제 3조 2항과 3항에는 협의회 회장은 개최지 시장·구청장이 되며, 회장유고시는 소속기관의 부시장,부구청장이 직무를 대행한다. 그리고 협의회 사무를 원활하게 처리하기 위해 간사와 서기를 둘 수 있으며, 김해시의 간사는 기획담당관, 강서구청의 간사는 기획감사실장, 서기는 양기관의 기회계장으로 한다라고 규정하고 있다.

85) 서낙동강권 행정협의회 규약 제 4조에는 협의회가 협의할 사항을 다음과 같이 규정하고 있다. 광역계획의 수립 및 변경에 관한 사항, 도시종합계획의 수립 및 변경에 관한 사항, 도시계획의 수립 및 변경에 관한 사항, 도시계획 구역내의 건축 및 토지이용에 관한 사항, 공공시설 설치 및 관리운영에 관한 사항, 주택단지, 공업단지 등의 조성사업에 관한 사항, 행정구역상 경계관리 등의 사무를 협의조정 또는 공동처리, 개발제한구역 내에서의 공동감사, 단속 기타 이와 관련된 사항, 자원개발사업의 실시에 관한 사항, 공해 및 환경

는 보상규칙[87]이 규정되어 있다.

1996년 11월에 개최된 제 1차 서낙동강권 행정협의회에서는 부산 강서구와 김해시간에 상호관련된 현안 8개가 상정되었으며 서낙동강권 행정협의회 규약의 범위규칙에도 행정구역 재조정문제를 포함되어 있듯이 상정된 8개 현안중에는 행정구역 재조정 문제도 중요의제로 포함되어 있었다. 그러나 제 1차 행정협의회에서는 상호간의 의사타진하는 수준에 머물었다.

1997년 4월에 개최된 제 2차 서낙동강권 행정협의회에서는 행정구역 재조정 문제가 본격적으로 핵심적 현안으로 다루어졌다. 김해시는 <표 6-5>와 같이 신안등치섬과 수안치등성은 퇴적물 축적으로 인한 지형변화로 지리적으로 김해지역에 가깝다는 이유로 그리고 초정지구와 식만지구는 두 지역 주민들의 생활권이 김해에 있다며 김해지역으로 편입을 주장하였다.

<표 6-5> 김해시가 제안한 조정지역 현황

지구별	면적	비고
초정지구	135,868 평방미터	10세대 40명
신안치등섬	134,689 평방미터	7세대 22명
수안치등섬	117,025 평방미터	전체 농경지
식만지구	680,000 평방미터	전체 농경지

자료: 김해시 내부자료(1996).

이에 부산시 강서구는 행정구역 재조정 문제가 시·도간의 문제이기 때문에 지방자치법 규정된 법절차를 따라 법률개정 및 제정을 통해서 해결되어야 할 문제라고 주장하고 행정조정 재조정문제에 대한 협의 자체에 부정적 입장을 취하였다.

오염과 관련된 사항, 도시세력권내의 자원 및 유통조사, 물자, 자원, 생산물의 수급조정에 관한 사항, 버스노선 신설, 연장 등 교통망 확장에 관한 사항, 주요 연결도로 등 도로망 신설, 변경, 확장, 포장 등에 관한 사항, 기타 광역개발 및 재산관련 등 행정수행상 필요한 사항 등.

86) 서낙동강권 행정협의회 규약 제 5조에는 회의는 정기회의와 수시회의로 구분하여 정기회의는 양기관의 협의하에 매년 2월부터 3월, 10월부터 11월, 년 2회에 번갈아 개최하고 수시회의는 필요시 요구한 기관에서 개최토록하고 있다. 동규약 제 6조에는 협의안건의 의결은 위원상호합의하에 결정한다고 규정되어 있다.

87) 서낙동강권 행정협의회 규약 제 10조에 공동사무처리, 공동개발사업 실시에 따른 필요경비는 그때마다 협의 결정한 비율에 의하여 분담토록 한다라고 규정되어 있다.

1997년 11월에 제 3차 서낙동권 행정협의회가 개최를 위해 실무협의회를 가졌다. 이 실무협의회에서 부산 강서구는 행정구역 재조정문제와 관련하여 부산시와 경남간 경마장입지 문제해결 사례와 마찬가지로 김해시에서 편입하고자 하는 해당면적과 상응하는 면적을 강서구에 편입시켜줄 것을 요구하였다. 이에 김해시는 강서구의 대안에 대해서 부정적 입장을 취하고 협의가 결렬되었다. 즉 다시 말해서 보상규칙에 대해 두 지방정부간의 합의가 성사되지 못한 것이다. 따라서 제 3차 본협의회는 행정구역 재조정 사안뿐만 아니라 다른 여러 현안에 대한 조정이 어려워 주요현안들을 제 4차 본협의회에서 다루기로 하고 마무리 되었다.

1998년 4월에 개최된 제 4차 서낙동권 행정협의회에서 행정구역 재조정에 대해서 부산 강서구와 김해시간의 상호간의 각각의 기존의 입장을 고수함으로써 두 지방정부간에 미해결의 문제로 남게 되었다.

② 행위자 특성 요인

갈등지속단계에서 김해시장은 갈등발생단계와 마찬가지로 행정구역 재조정 문제를 서낙동강권 행정협의회의 주요의제에 포함하도록 하는 등 대해서 부산시 강서구청장보다 적극적으로 관심과 의지를 가졌다. 한편 부산시 강서구의 담당부서(기획과, 총무과)는 해당지역주민의 일부주민들이 김해시 편입을 반대하고 있다는 자체 여론조사결과를 공표함으로서 행정구역 조정문제에 대해서 소극적 관심을 취한다. 그리고 해당지역주민들을 대상으로 하여 향후 지역개발을 약속하는 전략을 취하였다. 그리고 강서구 의회에서도 행정구역 재조정문제에 대해서 현상유지를 원한다고 의견을 표명한다.

서낙동강권 행정협의회에서 협의과정에서 김해시는 행정구역 재조정문제를 주요의제로 지속적으로 다루고자 하였으나 부산 강서구는 이 현안보다는 다른 현안에 더 관심을 두었기 때문에 여러 차례의 행정협의회가 진행되었음에도 불구하고 협의가 진전되지 못하였다. 더욱이 강서구가 부산경마장 유치와 관련된 선례를 들어 김해시에 편입되는 면적만큼 동일한 면적을 부산 강서구에 편입시켜줄 것을 요구함에 따라 이 현안을 둘러싼 협의가 어렵게 되었다. 따라서 부산 강서구와 경남 김해시는 해당지역주민들이 민원을 제기하여 지역사회의 문제로 재이슈화 되지 않은 한 당분간 이 문제를 논의하지 않기로 함으로써 미해결의 갈등문제로 지속되게 되었다.

(3) 요약 및 결론

부산 강서구와 경남 김해시를 두고 흐르는 서낙동강 유역지역의 초정지구와 신안치등섬, 수안치등섬, 식만지구의 주민들은 생활과 행정적 불편성과 경제적 손실등 이유로 김해지역으로 편입을 요구하였다. 이에 김해시(김해시장 포함)는 부산-김해간 행정구역 재조정문제에 대해서 적극적 관심과 해결의지를 가지고 부산 강서구에 행정협의회를 구성할 것을 제의하였다. 그러나 이 문제의 상대자인 부산 강서구는 이 문제에 대해서는 그다지 적극적인 관심과 해결의지를 보이지 않았다. 그러나 부산 강서구는 강서구내 김해시 잡종재산 문제, 마을버스 연장운행 등과 같이 김해시와 협의할 사안들이 있었기 때문에 행정협의회를 구성하는데 동의하였다. 따라서 지방자치법 제 142조 및 동법시행령 제 48조, 제 54조에 의거하여 '서낙동강권 행정협의회'를 구성하고 동법 제 144조에 의해 행정협의회 규약을 제정하였다. '서낙동강권 행정협의회 규약'에는 본 행정협의회를 통해서 현안문제들을 효율적으로 처리하기 위해 경계규칙, 범위규칙, 직위규칙,권위규칙, 통합규칙, 보상규칙이 명시되어 있다. '서낙동강권 행정협의회 규약'의 범위규칙에는 부산-김해 행정구역 재조정문제를 포함한 8개의 의제가 상정되어 있었으며 제 1차에서 제 4차 서낙동강권 행정협의회에서 부산-김해 행정구역 재조정문제가 논의되었으나 부산 강서구와 김해시간의 의견대립만 확인한 채 종국에는 이 문제가 해당지역주민의 민원으로 인해 이슈화가 되지 않은 이상 논의의제로 다루지 않는 것으로 비공식적으로 합의를 함으로써 행정구역 재조정을 둘러싼 갈등문제는 두 지방정부간에 미해결의 과제로 남게 되었다. 이와 같이 본 사례가 해결되지 않고 미해결과제로 남게된 이유를 사례분석을 통해 살펴보면 다음과 같다.

첫째, 행정구역 재조정 문제는 지방자치제가 실시된 이후 해당 지방정부의 정치·행정적 이해는 물론 경제적 이해와 관련되기 때문에 본래적으로 해결하기 어려운 문제이다. 특히 본 사례분석의 대상인 부산 강서구와 김해지역간의 행정구역 재조정문제는 단일 광역지방정부내의 기초지방정부간의 행정구역 재조정문제가 아니라 종국적으로는 광역자지단체간의 행정구역 재조정이기 때문에 이 문제를 해결하기 위해서는 지방자치법에 규정한 절차에 따라 해당 지역주민의 투표 혹은 지방의회의 동의가 선행되어야 하며 이는 상위 광역지방정부 수준에서도 광역지방정부 의회의 동의를 얻고 행정자치부 장관의 승인을 얻어 법률로 정하여야 하는 복잡한 과정을 거쳐야 해결될 수 있는 문제이다. 따라서 본 사례와 관련하여 기초지방정부 수준에서 행정구역 재조정을 하는 것은 처음부터 어려운 문제였다.

둘째, 갈등발생의 촉매역할을 한 해당지역주민이 소수이기 때문에 이러한 문제를 지속적으로 사회적 문제로 이슈화하는 데 한계가 있다. 따라서 해당 지방정부들이 이 문제를 행정협의회 안건으로 논의하였지만 상호간의 타협할 수 있는 소지가 희박하기 때문에 계속해서 논의의 안건으로 삼는 것이 비효율적이라 보고 해당지역주민들이 이 문제를 사회적 이슈화할 경우에만 논의대상으로 한 것도 이러한 점을 고려한 것이다.

셋째, 부산-김해간 행정구역 재조정문제는 처음부터 행정구역 획정이 비합리적으로 되어 해당지역주민의 불편을 초래하여 발생한 갈등문제임에도 불구하고 해당 지방정부들이 이 문제를 해결하는 전략으로써 편입해주는 면적만큼 해당지역의 면적을 편입시켜주는 이른바 주고받기 식의 상호 자원교환을 전제로 하는 보상전략을 내세움으로써 두 자지단체간에 타협이 이루어 질 수 없었다.

4. 사무권한: 갓바위 캐릭터 사업권 갈등사례

1) 사례의 개요

민선지방자치의 실시 이후 각급 지방정부들은 자체세원을 위한 관광사업을 많이 구상해 왔었다. 대구광역시 동구도 역시 이러한 취지에서 1998년 12월에 관광캐릭터 사업을 위해 보물 제 431호 관봉 석조여래 좌상(일명 갓바위)에 대한 캐릭터 사업과 이에 따른 이름공모를 통한 상표등록을 계획하고 나서자 행정상 소유권을 가진 경산시가 크게 반발하고 나섰다. 갓바위는 1969년에도 이와 유사한 관리권 시비가 붙은 적이 있어 30년 만에 이웃 지방정부간 시비가 재현된 셈이었다. 갓바위는 지난 1965년 정영호 문화재위원 등이 팔공산을 답사하다가 발견, 그 해 9월1일 보물로 지정됐다.

갓바위는 당시만 해도 주민들 사이에 심한 가뭄시 기우제를 지내면 영험한 효과를 본 것으로 알려져 기우제를 지내곤 했지만 참배객이 거의 없어 그렇게 주목을 받지는 못했다. 이에 따라 1965년 팔공산의 대구시 동구쪽(당시 달성군 공산면 직인동)에 건립된 관암사가 불상의 관리권을 갖고 있었다. 대구와 경산 경계지점에 위치한 갓바위의 영험함이 알려지고 참배객이 늘어나면서 대구 동구지역과 경산지역이 불상 소재지 및 소유권에 대한 분쟁이 붙어 5년여 동안 법정다툼끝에 71년 1월 대법원서 경산시 와촌면 대한리 선본사에 소유권이 있다고 판시, 현재까지 선본사에서 관리해 오고 있었다. 문제가 불거지자, 경산시는 1999년 12월 24일 경산시 명의의 항의 공문에서 갓바위의 소재지가 경산시 와촌면 대한리 산 35번지로 경산시 관할이며 보물로 지정된 문화재를 임의로 형상화해 캐릭터로 하는 것은 문화재보호법에 저촉된다는 점을 상기시켰다. 또 경산소재 문화재를 마치 동구청 관할 문화재인양 상표등록을 계획하는 것은 전국의 관광객들에게 착각현상을 불러일으키는 일로 모든 계획은 즉각 철회돼야 한다고 촉구하면서부터 갈등이 시작되었다.

또한 갓바위를 관할하는 선본사 스님들도 대구 동구청을 찾아 갓바위를 희화화해 상업적 이용에 대해 반대 의사를 밝혔다. 또한 경산시는 동구청이 캐릭터 사업을 중단하지 않을 경우 법정소송도 불사할 방침임을 밝혔다. 그러나 동구청은 경산시의 이 같은 거센 반발에도 불구, 계획대로 진행시킨다는 입장이었고. 해당 구청장(당시 임대윤)은 행정구역은 경산이 맞지만 갓바위 집단시설지구가 동구에 있고 대구에서 더 많은 사람들이 갓바위를 찾고 있어 충분히 연고권이 있다고 주장했다. 또한 캐릭터 사업은 관광객을 상대로 한 것인 만큼 앞으로 계획대로 추진해 나갈 것이라는 뜻을 밝혔다(대구신문, 1999. 12. 28). 이미 경산시는 1999년 1월 6일에 특허청에 공문을 보내 갓바위(관봉석조여래좌상)를 형상화해 상품화하는데 반대하며, 행정구역상 소재지가 경산시 와촌면에 위치한 국가지정문화재(보물 제 431호)를 동구청이 캐릭터로 개발하려는 행위는 지방정부간 분쟁소지를 낳을 우려가 많아 상표권등록을 보류해달라고 요청했었다. 이와 같은 경산시의 거센 반발에도 불구하고 동구청은 같은 해 1월 9일 대구 동구청이 추진하는 팔공산 갓바위 캐릭터의 이름이 '갓방구'로 최종 결정됐다고 밝혔다. 이어 4월에는 제 1회 갓바위 관광축제를 개최하는 등 '갓방구'를 활용하기 위한 다양한 사업을 폈으며, 이후 최근까지 약 3년이 경과하는 동안 경산시는 이에 대한 뚜렷한 대응을 하지 않았다.

경산시는 대구 동구청보다 1년 늦은 2000년부터 갓바위 축제를 개최하고 있으며, 현재의 상황은 대구 동구청이 매년 4월, 경산시가 10월에 축제를 개최하여 같은 내용의 지역축제가 연간 2번씩 개최되고 있어 이용객들이 혼선을 빚을 가능성도 있지만, 서로에게 신경 쓰지 않는 양 지방정부간의 독자적인 행보로 갈등의 변동은 현재 나타나지 않고 있다.

<표 6-6> 갈등의 주요 진행과정

년월일	주요내용
1998. 12. 23	대구 동구청이 보물 제 431호 관봉 석조여래 좌상(일명 '갓바위')에 대한
	캐릭터 사업과 이에 따른 이름공모를 통한 상표등록계획 발표
1998. 12. 24	경산시는 임대윤 대구 동구청장에게 경산시장 명의의 항의 공문을 발송
1998. 12. 26	경산시의원 전원이 갓바위 캐릭터 개발사업 중지 촉구 결의문 채택,
	동구청을 항의 방문
	갓바위 선본사 스님들이 동구청장을 방문, 갓바위를 희화화해 상업적
1998. 12. 26	이용을 반대하는 입장을 전달
	경산시가 특허청에 심사보류를 요청하는 공문을 발송
1999. 1. 6	경산시 주민대표들이 동구청을 항의 방문, 등록철회를 강력히 요구
1999. 1. 7	대구 동구청은 팔공산 갓바위 캐릭터 이름을 '갓방구'로 최종확정함.
1999. 1. 9	제 1회 갓바위 관광축제를 개최하는 등 대구 동구청에서는 갓방구
1999. 4.	케릭터를 적극적으로 활용하기 위한 사업들을 폄.
2003. 3.	갓방구 축제, 갓바위 축제 등은 매년 대구 동구청 주관하에 지역행사로
	진행되고 있음. 그러나, 경산시에서도 갓바위 축제를 독자적으로 진행하고
	있으며, 양쪽 축제의 시기는 각각 4월과 10월로 다름.

2) 갈등단계별 요인

(1) 갈등발생단계

① 제도적 요인

우선 갈등의 발단원인으로 작용한 제도적 요인은 크게 세 가지 차원으로 구분할 수 있다. 먼저 갓바위와 관련된 문화재보호법과 대법원 판례(경계의 규칙)가 존재하였으나, 이의 무단이용시 관할단체가 행사할 수 있는 권한에 대한 규정 자체가 미흡하였고, 개인이 아닌 해당 지방정부에 대한 구체적인 구속력이 미흡했던 것이 큰 원인이라고 지적할 수 있다. 또한, 현행 특허법은 문화재를 상표권으로 등록하기 위해 캐릭터화 할 경우 법충돌의 소지를 안고 있다는 점도 분쟁의 발단에 중요한 영향을 미쳤다. 그리고 지방재정법시행령 및 이를 근거로 작성된 각종 공문서, 즉 행정자치부에서 각 지방정부에 하달된 공유재산관리지침도 갓바위를 캐릭터로 이용하는데 대한 근거로 작용하였고 문화재보호법과는 대치되는 경향이 있었다.

일반적으로 오래 전부터 관행으로 해오던 사안에 대해 한 지방정부는 다른 지방정부에 대해 스스로 그에 대한 권리를 주장할 수도 있다. 따라서 누가 무엇에 대한 권리를 행사하는가에 대한 경계의 규칙을 엄격하게 제한하게 되면 지방정부간에 갈등이 발생할 수 있으며, 양자 모두의 불만이 높아질 수 있으나 이를 엄격하게 적용하면 이해관계와 권한 및 책임이 단순화되어 갈등의 경우 해결가능성을, 협력의 경우에는 실무적 구체성을 제고시켜 주게 된다.

이른바, 팔공산은 대구와 경북지역 사람들에게는 명산으로 알려져 있다. 이 갈등의 발단은 대구 동구청이 보물 제 431호 관봉 석조여래좌상(일명 갓바위)에 대한 캐릭터 사업과 이에 따른 이름공모를 통한 상표등록을 계획 발표(1998. 12. 23)하고 나서자 행정상 소유권을 가진 경산시가 크게 반발하고 나선 것이다. 그러나, 대구 동구청은 이에 대한 명확한 움직임을 보이지 않은 채 계속 사업을 추진하였다. 왜냐하면, 법적으로 직접적인 문화재를 개발하는 것이 아닌 간접적인 갓바위의 상표권88) 에 대한 규정은 미흡하였고 따라서, 이에 대한 사업추진도 무리가 없었기 때문이다.

구체적으로 문화재보호법 제 1조는 국가지정문화재와 그 보호물 또는 보호구역을 지정하거나 중요무형문화재의 보유자보유단체 또는 명예보유자를 인정하고자 할 때에는 문화관광부령이 정하는 기준 및 절차에 의하여야 한다고 규정하고 문화재나 주변지역에 대한 물리적인 개발이나 사업을 추진할 경우에만 소유권자와 협의하도록 되어 있다. 따라서, 물리적 개발이 아닌 무형의 캐릭터사

88) 같은 산업재산권이라는 틀 안에 있지만 상표와 특허는 너무나 다른 개념의 권리이다. 일단 상표는 이름에, 특허는 기술에 부여되는 권리라는 점에서 다르다. 꾸준히 명성을 쌓아온 지역 전통식품은 이름만 가지고도 많은 사람들을 끌어들일 수 있다. 이러한 명성을 도용·악용하는 사례를 방지하기 위해 정당권리자에게 독점 배타권을 부여하는 상표권은 한번 설정되면 10년에 한번씩 존속기간 갱신등록을 하여 거의 영구적으로 사용할 수 있도록 되어 있다. 하지만 특허의 경우, 발명을 보호·장려하여 산업기술을 발전시키는 것이 목적인데 기술을 누군가가 계속 독점하게 된다면 기술의 발전은 커녕 오히려 그 발전이 저해되는 현상이 일어날 것이다. 따라서 특허의 권리 기간은 출원 후 20년만 누릴 수 있게 특허법으로 규정되어 있다.

업의 경우에 이 조항은 해당구속력을 가질 수 없으며 대구 동구청은 이를 이용하여 갓바위에 대한 캐릭터사업을 추진하였다.

또한, 지방재정법시행령(제 77조 제 1항 제 5호)과 지역경제 활성화를 위한 향토지적재산의 발굴·육성지침(내무부 재정경제과 1997. 7. 10시달)도 대구 동구청의 갓바위에 대한 사업추진에 정당성을 부여하였다. 여기에서는 향토지적재산을 지방정부에서 조사·발굴하여 특허, 실용신안, 의장권, 상표권을 확보하여 제 3자의 권리침해를 방지하고, 상품화, 권리대여 및 품질인증제 등을 통해 향토문화의 계승발전과 지방재정 기여 및 지역경제 활성화 도모하는데 적극적 업무추진이 필요함을 명시하고 있다. 이때, 향토지적재산이라 함은 우리 민족이 과거·현재·미래를 통하여 전통문화와 고유기술을 바탕으로 전승 발전시키고 배타적으로 지배·관리가 가능한 모든 유·무형의 창작물을 의미하며, 단순히 과거에 존재해 왔던 전통문화 및 고유기술만을 의미하는 것이 아니라 이를 바탕으로 상품의 실용화·생활화를 통한 새로운 문화를 창조하여 독특한 상품을 개발하고 산업활성화를 유도할 수 있는 것이 되지 않으면 안 되는 것을 뜻한다. 다시 말해 향토지적재산은 단순한 과거의 산물이 아니라 현재화되고 미래화 되어야 할 대상이며, 국내외적으로 새로운 문화 창조와 독특한 상품 경쟁력을 유지할 수 있는 것으로서, 그러기 위해서는 지방정부가 미리 향토지적재산권을 확보하여 국내외의 권한 없는 제 3자의 모방을 방지할 수 있는 힘과 지역경제 및 지방재정에 기여하는 차원에서 지적재산권 확보가 필요한 중요한 업무분야라고 명시하고 있다.

② 행위자 특성 요인

행위자 특성요인은 갈등발생단계에서 작용한 가장 중요한 요인이라고 볼 수 있다. 왜냐하면, 대구 동구청장 및 경산시장이 갈등의 발생단계에서 나타낸 행태는 잘 대비되고 있기 때문이다. 먼저 대구 동구청장은 갓바위 캐릭터 사업에 대해 매우 적극적인 행동을 보였던데 반해, 경산시장은 그러하지 못하였다. 즉, 경산시장은 행정구역 내에 갓바위가 포함되어 있었음에도 불구하고 대구 동구청이 먼저 캐릭터 사업을 적극적으로 추진하자 뒤따라 관심을 가지기 시작하고 이에 반대하는 입장을 소극적으로(매일신문, 2000. 1. 2; 대구신문, 2000. 1. 19) 보였다. 그러한 증거는 경산시가 대구 동구청의 갓바위 캐릭터 사업계획이 발표되기 이전에 이러한 사안의 추진상황이나 정보를 전혀 획득하지 못하였고, 대구 동구청이 특허청, 언론이나 상급 광역지방정부인 대구시에 이를 알릴 시점에 이르러서야 비로소 언론사와 동시에 이러한 사실을 입수(내외연합신문, 1999. 12. 30; 팔공신문, 2000. 1. 16)하였다는 점에서 알 수 있다.

또한, 캐릭터 사업이 발표된 뒤에도 경산시장은 공문만을 발송하였을 뿐, 항의방문이나 적극적인 방법을 동원한 공식적인 항의를 제대로 하지 않았고, 대구 동구청장을 문화재보호법 위반 혐의로 형사고발하지도 않는 등 적극적인 대응이 미흡하였다. 만약 초기 법정분쟁에서 재산권을 적시에 권리화 할 경우 관련 분야에서 지식재산권을 둘러싼 개인간, 기업간, 국가간 갈등을 피할 수 있으며, 캐릭터 사업과 관련하여 갈등소지가 있는 경우에도 크로스 라이센스, 맞고소 등의 대응전략을 사전에 갖출 수 있어 갈등의 사전 예방이 가능했을 것이다. 그리고 대구 동구청의 경우, 경산시와의 갓바위에 관한 특허권침해소송에서 패소할 경우 사업자체를 포기해야 하는 수준의 막대한 대가 지불할 경우의 수도 존재하고 있었다.

그러나, 경산시장은 그러한 조치를 전혀 취하지 않음으로써, 캐릭터 개발과 동시에 해당기관에 통보하고 빠르게 사업을 추진하는 등의 적극적인 모습을 보인 대구 동구청장에 비해 다소 소극적이며, 안일한 대응을 보였으며 이에 경산시공무원들도 초기에 적극적으로 나서지 못했다. 그리고 나중에 이는 캐릭터의 가치가 점점 올라가기 시작하자 양 지방정부간 갈등을 더욱 가중시키는 원인을 제공하였다.

③ 환경적 요인

환경적 요인에서 대구 동구청은 경산시에 비하여 지방정부의 재정적 자원의 여유가 있었던 것으로 판단된다. 대구 동구청의 1999년 예산은 1.088억원이었으며, 2000년에는 이보다 약 10% 증액된 1.171억원으로 나타났다(대구 동구청 통계연보, 2000). 이에 비해 1997년부터 예산이 감소하기 시작하여 1998년 이후에는 1,560억원으로 동결되는 수준이었으며, 이에 재정적 자원이 넉넉하지 못한 실정이었다(경산시 통계연보, 2002). 따라서, 경산시는 새로운 사업보다는 기존 지출부문에 관심을 기울이고 있었고, 이에 갓바위 캐릭터 사업을 새롭게 추친할 만한 여력을 가지고 있지 않았다.

같은 맥락에서 경산시 주민들의 지역총생산이나 소득수준은 대구 동구청의 그 것보다 낮았으며, 생활수준도 대도시 지역인 대구 동구청이 더 높았다. 이에 지역주민들이 갓바위의 무형적 가치에 대한 의식수준이나 관심도 경산시보다는 대구지역 시민들이 더 높았던 것을 알 수 있다. 또한, 갓바위가 자리한 지정학적 위치도 갈등의 소지를 일부 제공하였는데, 두 지방정부 사이의 경계지역에 위치하여 항상 여러 가지 논란이 있어왔다.

예를 들어, 1999년에 발생된 갓바위 캐릭터 갈등은 전혀 새로운 것이 아니라 1969년에도 이와 유사한 관리권 시비가 붙은 적이 있어 30년 만에 이웃 지방정부간 시비가 재현된 것이다(대구신문, 1999. 12.22). 갓바위는 지난 1965년 정영호 문화재위원 등이 팔공산을 답사하다가 발견, 같은 해 9월 1일 보물로 지정됐다. 갓바위는 당시만 해도 주민들 사이에 심한 가뭄시 기우제를 지내면 영험한 효과를 본 것으로 알려져 기우제를 지내곤 했지만 참배객이 거의 없어 그렇게 주목을 받지는 못했다.

이에 따라 1965년 팔공산의 대구 동구지역 방향(당시 달성군 공산면 직인동)에 건립된 관암사가 불상의 관리권을 갖고 있었다. 대구와 경산 경계지점에 위치한 갓바위의 영험함이 알려지고 참배객이 늘어나면서 대구 동구지역과 경산지역이 불상 소재지 및 소유권에 대한 갈등이 붙어 5년여 동안 법정다툼끝에 1971년 1월 대법원서 경산시 와촌면 대한리 선본사에 소유권이 있다고 판시, 현재까지 선본사에서 관리해 오고 있다.

(2) 갈등증폭단계

① 제도적 요인

양 기초지방정부간 갈등의 증폭은 대구 동구청의 갓바위 캐릭터에 대한 특허권 신청을 하면서 본격화되었다. 즉, 캐릭터 사업으로 인하여 발생되는 편익에 대한 보상의 규칙이 갈등을 더욱 심화, 확대한 셈이 되었다.

대구 동구청은 갓바위 캐릭터 사업을 발표한지 약 2주 정도가 지난 1999년 1월 6일에 경산시가 대구 동구청의 갓바위 캐릭터사업 추진과 관련, 특허청에 공문을 내고 심사보류를 요청했고, 주민대표들이 1월 7일 동구청에 항의 방문하는 등 양 지방정부간 갈등이 증폭되었다.

경산시는 1월 6일 특허청에 보낸 공문내용은 갓바위(관봉석조여래좌상)를 형상화해 상품화하는데 반대하며 행정구역상 소재지가 경산시 와촌면에 위치한 국가지정문화재(보물 제 431호)를 동구청이 캐릭터로 개발하려는 행위는 지방정부간 갈등소지를 낳을 우려가 많아 상표권등록을 보류해달라고 요청했다. 그러나, 현행 특허법 제 98조(타인의 특허발명등과의 관계), 즉 특허권자전용실시권자 또는 통상실시권자는 특허발명이 그 특허발명의 특허출원일전에 출원된 타인의 특허발명등록실용신안 또는 등록의장이나 이와 유사한 의장을 이용하거나 특허권이 그 특허발명의 특허출 원일전에 출원된 타인의 의장권 또는 상표권과 저촉되는 경우에는 그 특허권자실용신안권자의장권자 또는 상표권자의 허락을 얻지 아니하고는 자기의 특허발명을 업으로서 실시할 수 없다는 조항에 해당사항이 없으므로 대구 동구청에 대한 캐릭터 사업의 허가의 뜻을 내비쳤다.

마찬가지로 특허청은 특허법상의 상표권에 대해 한국에서 상표권자가 될 수 있는 자격을 갖는 자(개인 또는 법인)로서 국내에서 상표를 사용하는 자 또는 사용하고자 하는 자는 상표법이 정하는 바에 의하여 자신(혹은 법인, 단체)의 상표를 등록 받을 수 있다는 내용도 이러한 결정에 참고하였다고 밝혔다(대구 동구청, 기획관리실 공무원 K와의 인터뷰).[89]

② 행위자 특성 요인

행위자 특성에서 먼저 대구 동구청장은 자원동원능력, 관심도, 전문성이나 사업의 의지에서 경산시장보다 우위에 서 있었던 것으로 보이며, 상대방인 경산시

---

89) 상표권자가 될 수 있는 자격은 우리 나라 국민(법인 포함)은 모두 해당되며 외국인은 상호주의 원칙과 조약에 의거하여 그 자격이 결정된다. 캐릭터의 경우, 상표 등록 출원과 특허청 상표 심사관의 심사를 거쳐 등록 요건을 갖춘 상표는 독점적 권리인 상표권으로 등록되는데 이러한 상표권의 존속기간과 효력, 침해에 대한 구제방안 등을 설명하면 다음과 같다. 첫째, 상표권 존속기간은 상표의 설정등록일로부터 10년간이나, 상표권의 존속기간 갱신 등록 출원에 의하여 10년간씩 그 기간을 갱신할 수 있으므로 계속 사용할 수 있는 반영구적인 효력을 갖는다. 둘째, 상표권의 이전이라 함은 상표권 내용의 동일성을 유지하면서 소유주체만을 교체하는 것을 말한다. 상표권도 무체재산권의 일종으로서 일반 재산권과 마찬가지로 자유로운 이전이 허용되나 상표법의 목적에 비추어 수요자 이익보호 등을 위해 필요한 경우에 일정한 제한이 가해지고 있다. 셋째, 상표의 사용권 제도란, 상표권자는 자신이 등록상표를 사용하여 수익을 올릴 수도 있고 사업능력이 부족하거나 자금력이 부족할 경우에는 타인에게 사용권을 주어 일정한 로열티 수입을 확보할 수도 있는데 이를 상표의 사용권 설정이라고 한다. 이에는 전용사용권과 통상사용권 두 가지가 있다. 넷째, 상표권자의 보호에서 상표권의 효력은 상표를 등록할 경우 상표권자는 적극적으로 지정상품에 관하여 그 등록상표를 사용할 권리를 독점하는 독점권과 타인이 등록상표와 동일 또는 유사한 상표를 사용하는 경우 그 사용을 금지할 수 있는 금지권을 행사할 수 있다.

에 대한 불신도 다소 보였던 것으로 판단된다. 경산시장의 캐릭터 사업 철회 요구에 대해 동구청장은 전문기획업체에 의뢰, 캐릭터 개발에만 1천 7백여만원의 예산을 이미 들였다며 철회의사가 없음을 분명히 했다(매일신문, 1999. 1. 7).

이어 연속적으로 1999년 1월 9일 대구 동구청은 동구청이 추진하는 팔공산 갓바위 캐릭터의 이름이 '갓방구'로 최종 결정됐다고 밝혔다. 대구 동구청은 사안이 불거져 나올 즈음 갓바위 캐릭터 작명위원회를 열고 작명 공모에 참가한 851명 중 가장 많은 198명이 제안한 '갓방구'를 캐릭터의 이름으로 채택했으며, 갓방구는 갓바위의 갓에 바위의 경상도 사투리인 '방구'를 붙였다는 것이었다. 이처럼 캐릭터 사업에서 가장 중요하다고 여겨지는 도안과 명칭에 관련된 일정 추진이 거의 동시에 이루어진 점으로 미루어보아 이는 확고한 사업의지나 관심, 그리고 예산이 뒷받침되지 않았다면 불가능한 것으로 판단된다.

마찬가지로, 대구 동구청장은 경산시에 대해 기존의 대법원 판례에 갓바위가 경산시의 관할구역이라고 명시되어 있었음에도 불구하고, 양 지방정부 지적과에서 다시 갓바위의 정확한 위치를 측량해보자고 제안하였는데, 경산시는 이에 순순히 응하여 양 지방정부 지적공무원이 동원되어 다시 갓바위의 주변의 지리를 재측량하였다(경산시 공무원 K와의 인터뷰). 그러나, 이 결과도 마찬가지로 갓바위가 경산시 행정구역 내에 있다는 결과를 재확인하는 수순에 불과하였다. 문제는 경산시에 대구 동구청의 이러한 행태에 대해 계속 적대적인 갈등행위를 보인 것이 아니라 제안이나 이의제기에 따라감으로써 갈등의 증폭이 이루어질 계기를 스스로 완화시켰다는데 있다.

③ 환경적 요인

경산시장과 시민들은 갓바위 캐릭터에 대해 한차례 대구 동구청을 항의방문하였을 뿐, 적극적인 홍보나 지역사회단체 등에 의한 이슈화가 단합하여 이루어지지 않아 경산 지역 전체 주민들은 이에 대한 별다른 반응을 나타내지 않았으며, 이에 따라 별다른 문제해결의 소지는 더 이상 나타나지 않았다. 쉽게 말해 갈등의 중심적 이해관계자인 경산시가 별다른 행동을 보이지 않음으로써, 갈등이 증폭되는 듯 하다가 다시 종결되는 계기를 맞았다.

(3) 갈등해결단계

① 제도적 요인

갈등이 종결된 제도적 요인은 특허청이 대구 동구청의 갓바위캐릭터 특허권 및 상표권 등록신청에 대해 허가를 하면서부터이다. 구체적으로 대구 동구청이 문화재 보호법의 직접적인 저촉을 피해 특허청에 상표권 등록을 마치고 허가를 받음(대구신문, 2000. 3. 7)에 따라 갓바위 캐릭터의 소유권은 대구 동구청으로 완전히 넘어갔으며, '갓방구'는 현행 특허법이 정하는 바에 의해 명시적인 보호를 받게 되었다.

이에 따라 2003년 대구 동구청의 갓바위 캐릭터 사업엔 지금까지 양초, 열쇠고리, 수건, 목걸이 등 5개 업체가 구청과 계약을 체결하는 등 활기를 띠고 있으며, 또한 1999년 4월부터 제 1회 갓바위 관광축제를 개최한 이래, 갓방구를 활용하기 위한 다양한 사업을 폈다.

예를 들어, 2000년 11월 동구청과 공산농협은 향후 3년 간 갓방구 캐릭터 상표권 사용계약을 체결했으며, 사과 외에도 느타리버섯, 깻잎 등 지역 특산물에 캐릭터를 사용해 내년에 18개 농가 190t의 상품을 시중에 내놓았다(대구 동구청 인터넷 홈페이지, 2004). 이후 대구 동구청 편에 있는 팔공산 갓바위지구 상가번영회는 지난 99년부터 갓방구 축제를 하다 2003년 들어서는 갓바위축제로 이름을 바꿔 매년 5월 축제를 열고 있다(매일신문, 2003. 5. 13). 결국 갓바위 캐릭터인 갓방구의 소유권은 대구 동구청이 계속 행사하고 있으며, 이로 인한 적지 않은 경제적 이익을 누리고 있는 셈이 되었다.

② 행위자 특성 요인

갈등종결의 행위자 특성요인은 갈등의 발생이나 증폭단계에서 보여준 시장의 경산시장의 소극적 행동과 의지, 문제회피형 내지 하부위임형 문제해결방식, 자원동원능력이 가장 중요한 사항이다. 이와 더불어 환경적 요인으로는 지역시민단체에 비해 주민의 관심이 처음부터 미미하였지만, 특허청에서 대구 동구청에 대해 특허권 허가를 내린 후에는 그나마도 문제를 제기하던 사람들과 시민단체도 잠잠해지는 현상이 일어났다. 즉, 지방정부간 합의의 필요성이 감소했고, 캐릭터 사업이슈에 대한 주민의 관심이 전반적으로 감소함으로써 갈등이 스스로 종결된 경우라고 할 수 있다.

마찬가지로, 경산시는 대구 동구청의 캐릭터 행사와는 상관없이 별도로 갓바위

축제를 개최함으로써, 양 지방정부가 각각 4월과 10월에 축제를 개최하고 있는 실정이다. 경산시 입장에서는 축제의 출발은 1년 늦지만, 여기에 경산시장이 별도의 예산을 배정하여 전반적인 수익이 대구 동구청보다 낫다고 판단하고 있어 지방정부에서는 나름대로 이에 대해 만족하고 있는 것으로 나타났다. 또한, 갓바위에 접근하는 도로가 대구 동구청에서 올라가는 쪽임에도 불구하고, 여기를 이용하는 사람은 과반수가 되지 않으며 현재 갓바위를 방문하는 사람의 약 60% 정도가 경산시에서 운영하는 등산로를 이용하고 있어, 경산시 입장에서는 캐릭터의 중요성 보다는 갓바위를 지방정부가 소유하고 있고 이를 이용하는 사람이 경산시 것이라고 생각하는 사실이 더 중요하다고 판단하는 것으로 보였다(경산시 공무원 K와의 인터뷰).

결국 대구 동구청이 2000년 이후 계속적으로 특허법을 근거로 한 경산시 행정구역 내에 있는 갓바위 캐릭터에 대한 소유권을 행사하고 이로 인한 경제적 이득을 챙기고 있음(팔공신문, 2002. 5. 15)에도 불구하고, 경산시는 이에 대한 뚜렷한 이의제기를 하지 않고 있는 실정이다. 따라서, 양 지방정부간의 합의가 이루어지지 않은 상태에서 갈등의 종결로 접어든 셈이 되었다. 따라서 향후 경산시가 이에 대한 문제제기를 계속 현재까지처럼 하지 않는다면 갈등은 표면화되지 않을 것으로 전망된다.

(4) 요약 및 결론

갓바위 캐릭터 사업 갈등사례의 주체는 대구 동구청과 경산시이며, 원인은 대구 팔공산 갓바위를 이용한 캐릭터 사업에 대한 소유권 다툼이며, 갓바위 캐릭터 사업과 관련한 경제적 원인과 지역주의가 핵심이었다. 갓바위의 행정적 소재는 경산시 와촌면 대한리 산 35번지로 경산시 관할이다. 하지만 7부 능선까지는 대구시 동구의 관할이고 갓바위 집단시설지구가 동구에 있어 많은 사람들이 대구를 통해 갓바위를 찾고 있어 동구에도 연고권이 있다는 것이 대구 동구의 주장이다. 이에 반해 경산시는 인근 자치구가 경산시 소재의 문화재를 캐릭터 사업에 일방적으로 이용하는 것은 명백한 월권행위라는 주장이다.

갈등요인별로 살펴본 결과, 최초의 갈등발생단계에는 문화재보호법의 제도적 모호성과 약한 구속력을 이용한 대구 동구청의 캐릭터 사업추진이 가장 큰 원인이었던 가운데, 대구 동구청장의 적극적인 의지와 리더십도 가세하였다. 이에 비해 경산시장은 비교적 안일하고 소극적 대응자세를 보여주었다. 또한, 지방정부의 재정적 여유의 차이도 일부 요인으로 작용하였다. 갈등의 증폭기에는 문화재보호법에서 특허법으로 제도적 관심이 이동하게 되는 가운데, 대구 동구청의 사업추진이 가속화되었고 이에 대한 경산시의 소극적 대처는 여전하였다. 이후 갈등의 종결단계에서는 경산시장의 사안에 대한 회피적 성격이 나타나는 가운데, 특허법이라는 제도에 의해 캐릭터 사업과 관련 행사는 계속적으로 진행되고 있다.

최근 지방정부들이 상징 상표 출원에 앞 다퉈 나서고 있다. 예를 들면, 서울시의 왕범이를 비롯해 각 지방정부가 개발하여 상표 출원한 상징 상표 등이 매년 급증세를 보이고 있다. 지역의 상징적 상표는 지역 고유의 이미지를 대외적으로 알려 주민통합을 이룰 수 있는 데다 특산물 홍보 등 경제적 효과도 노릴 수 있어 지방정부들이 앞 다투어 출원하고 있는 것으로 풀이된다.

이제는 지방정부에서도 지적재산권 등록을 통한 고부가가치의 중요성을 점점 인식해가고 있으며 지식정보사회에 적응하여 가고 있다. 지방정부에서 개발한 고유 캐릭터 내지 특산물에 대한 상표, 유명관광지 등을 상표로 등록하여 둔다면 상표권을 둘러싼 갈등을 사전에 막을 수 있을 뿐만 아니라 독점적 사용이 가능한 상표권으로 확보하여 영구적 권리로 타인의 무단사용을 막을 수 있고, 독점적 수익사업도 안정적으로 할 수 있다. 이렇듯 상표에 관하여 선출원-후등록주의를 취하고 있는 한국에서는 사용하고자 하는 상표는 등록을 해야만 상표의 재산적 가치가 확보되므로 좋은 상표를 선택하여 하루라도 빨리 상표권으로 등록을 받는 것이 유리하다.

이러한 맥락에서 이 사례는 경산시장과 지방정부의 소극적인 대응에 따라 법정분쟁까지는 가지 않았고, 대구 동구청의 강력한 추진으로 갓바위 캐릭터로 인한 축제개최 등 수익사업은 지금까지 계속 되고 있으나, 이 갈등은 언제든지 수면위로 올라올 여지를 남겨 두고 있다. 왜냐하면, 근본적으로 양 지방정부간 합의에 의해서 갈등이 종결된 것이 아니며, 다만 갈등이 자연스럽게 스스로 종결되어 버린 것은 경산시의 갈등발생에 대한 회피행동과 경산시의 직접적인 피해발생이 없다는 사실, 그리고 경산시도 4월을 피해 10월에 갓바위 축제를 개최하고 있어 대구에 비해 부족할 것이 없다는 이유 때문이다. 그러나, 지방정부간의 경쟁이 심화되고 1년에 같은 이름의 축제가 두 번 개최되는 기형적 현상에 대해 행위자나 환경적 조건이 바뀔 시에 언젠가는 갓바위 문제가 다시 쟁점화 될 불씨는 여전히 살아 있는 것으로 생각된다.

앞으로 이러한 갈등의 예방을 위해서는 지방정부 관할 재산권 보호법 체계의 정비, 중앙의 재산권 보호 부서의 통합 추진 및 문화재와 관할재산권 갈등해결 기구의 통합 추진 설치가 달성되어야 한다. 마찬가지로, 특허청은 앞으로도 제도가 갈등당사자들에게 적극 활용이 될 수 있도록 지속적이고도 효과적인 홍보와 함께 조정의 효력을 재판 외 화해보다 구속력이 큰 재판상 화해로 강화하는 등 실효성을 확보하는 방안은 물론 지방자치제 실시의 확대에 따른 상표권이나 캐릭터 등과 관련된 각종 갈등증가에 대비한 분쟁조정범위 확대, 분쟁조정 상임위원제도 도입 등 관련조직의 보강방안 등 제도의 운영을 내실화하기 위한 노력을 지속적으로 기울여 나가야 할 것이다. 이와 함께 중장기적으로는 지방정부간 각종 권한분쟁과 관련하여 알선, 조정, 중재 등 기존의 분쟁해결체계 등을 면밀히 연구하여 새로운 분쟁해결 모델을 개발하는 노력을 기울여야 한다.

제2절 기초지방정부간 협력사례

1. 사례의 개요: 광양만·진주권 광역개발 협력사례

이 사례의 협력주체는 초기에는 경상남도와 전라남도가 먼저 기초지방정부간 협력사업 이전에 일정한 협의를 거친 사례이다. 이 사례는 초창기에 광역지방정부간(경남-전남) 협력의 문제로 오인될 소지가 있다. 하지만, 이는 개발구역에 위치한 기초지방정부간의 실제적 협력을 위한 광역지방정부의 일시적인 합의형성일 뿐이었다.

구체적으로 진주권을 중심으로 한 서부경남지역은 1995년 제 3차 국토종합개발계획 수정안에서 진주권을 중심으로 한 서부경남을 전라남도의 동부 광양만권에 포함하여 개발하는 광역권개발계획이 포함되게 된다. 하지만 4차 국토종합개발계획(1997년 6월)에서 진주권은 광양만권에서 제외되었는데 이는 경계구역을 빌미로 한 전라남도의 반발이 거세었기 때문이다. 이에 진주시의원들과 상공관계자들이 다시 강력히 반발하였고, 진주시 여론과 경상남도는 서부경남의 발전을 위해 힘써줄 것을 건설교통부, 전라남도 등에 요구하였다.

이에 1997년 9월 4일 경상남도와 전라남도의 실무자가 광양만권과 진주권을 하나로 하여 발전시키는 내용을 협의하였으며, 10월 경남, 전남, 국토개발연구원 등과 가진 2차 실무협의회에서 진주권을 광양만권에 포함시켜 개발하는 것에 잠정적으로 합의하게 된다. 이는 1998년 1월 전남 광양에서 김혁규 경남지사와 허경만 전남지사가 공동개발합의문에 서명하면서 이제 개발사업은 해당지역 기초지방정부들의 협력문제로 넘어가게 된다.

경남과 전남 이 두 단체에서 실제적으로 협력을 한 기초지방정부를 보면 진주, 사천, 남해, 하동, 광양, 순천, 여수, 고흥, 보성(여천군과 여천시도 있었으나 중반에 빠짐)이 있다. 사례의 개요 및 주요 전개과정은 <표 6-7>과 같이 시기별로 요약될 수 있다.

<표 6-7> 협력의 주요 진행과정

년월일	주요내용
1995. 12. 1	제 3차 국토종합개발계획 수정안에서 진주권을 광역권개발계획에 넣음
1997. 6. 2	3차 국토종합개발계획 백지화되어 진주권 광역권개발계획에서 제외 (전남반대), 진주시의원 진주권 개발이 제외될 경우 전원 의원직 사퇴 결의
1997. 9. 4	경남과 전남 양도 실무자 1차 협의회
1997. 10. 22	경남. 전남, 국토개발연구원과 함께 가진 2차 실무협의회에서 진주권을 광양만권역에 포함시켜 개발하는 방향으로 잠정 합의
1998. 1. 15	전남 광양에서 김혁규 경남지사, 허경만 전남지사가 공동개발에 합의
1998. 3. 4	진주 동방관광호텔 회의실에서 양 도지사, 권역 내 회의원,도의회의장,시장. 군수,시.군의회 의장 등 관계관 60여명이 참석한 가운데 '광양만진주권 광역권개발추진협의회'를 구성(협의회 규약 마련)
1998. 12. 2	경상남도가 고성군, 통영시, 지리산권역을 함께 포함시키는 계획안 발표 '광양만· 진주권광역권개발협의회' 구성 광역개발협의회 규약을 심의·확정하고 공동합의문 채택과 공동협의회의 회장선출
1998. 12. 17	※경남지역의 진주시 사천시 남해군 하동군과 전남지역의 광양시 순천시 여수시 고흥군 보성군 등 모두 9개 시·군 국토개발원 전남도청에서 광양만. 진주권 광역개발계획 최종보고회 개최
1998. 12. 26	광역국토개발계획안을 확정 발표
1999. 3. 1	광양만진주광역권 개발계획을 승인해 주도록 건교부에 요청
1999. 12. 8	건교부 진주 광양만권 등 4개 광역권 지방거점도시로 집중개발 할 예정이라 발표(4개 광역권개발계획)

1999. 12. 15	광양만진주권광역개발계획 확정
2000. 6. 14	광양만·진주권 광역개발협의회 우선순위 사업 30개 발표
2000. 11. 28	전남 순천대학교 문화강당에서 '광양만·진주광역권 발전을 위한 심포지엄' 개최
2000. 11. 29	진주 광양만 개발사업 공전이라는 의견 나옴(경전선 직·복석화 사업 등에 예산배정 안되어 있음)
2001. 3. 20	광양만·진주권 광역개발협의회 중앙정부 예산지원 문제 관련 불만
2001. 9. 7	광양만·진주권 광역개발협의회 지역 16개 현안사업을 조속히 추진해 줄 것을 정부건의
2001. 9. 11	전남과 경남 광양만권을 광역시로 승격시키자는 여론 나타남, 중앙인사위원회 송재구 위원은 이 지역을 '전경시'로 명명하자는 의견 제시
2001. 11. 2	광양만과 진주권을 묶어 광역시로 발돋움하기 위한 광역포럼 창립
2001. 11. 8	진주시청 대회의실에서 '광양만 진주광역권 발전을 위한 심포지움' 열림
2001. 12. 5	광양만·진주권 광역개발협의회 경남, 전남 관광지도 제작 합의
2003. 6. 20	광역개발 9개 건의안 채택 및 관광개발협의회 구성 건의

2. 협력의 과정과 요인

이 사례에서 기초지방정부간 협력의 요인 혹은 이의 성공조건은 다음과 같이 분석될 수 있다.

첫째, 경제적인 편익과 비용의 문제에서 이 협력은 시작되었다. 이 협력의 최초 주요동기는 행정경계구역 보다는 경제권역을 더 중요시 여겨서 나타난 것으로 경제적 외부효과발생과 이로 인한 지역발전이라 할 수 있다. 구체적으로 우선 진주를 중심으로 한 서부경남지역의 기초지방정부들은 부산을 중심으로 하는 동남권과는 거리상의 이유로, 전라남도와는 경계구역상의 문제로 경남의 다른 지역에 비해 발전이 더디게 일어나고 있었다. 즉, 재정자립도면에서 당시 서부경남지역의 기초지방정부들은 재정자립도가 21.8%로서 동부경남의 79.2%, 중부경남의 46.5%에 비해 낮은 등 전국에서도 최악의 상태에 있었다. 더구나, 이 지역 인구는 1975년 이후 연평균 0.51%씩 지속적으로 감소하고 있었다(경상일보, 2001. 9. 5; 경남신문, 2001. 9. 10). 반면에, 광양만·진주지역은 항만, 공항 등 주요기반시설이 비교적 잘 갖추어져 있는데다가 기초산업이 집적하고 있어 연관산업의 성장가능성이 높으며 토지자원이 풍부하여 신산업 발전 여건을 골고루 구비하고 있는 만큼 이 지역을 대표적 신산업지대로 개발할 필요성을 모든 기초자치단체장들은 공유하고 있었다. 구체적으로는 광양항 1단계 건설이 완료되고 여수공항과 사천공항 등 항공시설의 입지로 중추교역기지로서 기반을 확보하였고, 대전-진주간, 전주-광양간 고속도로 건설 추진으로 연계교통체계의 대폭적인 개선이 이루어졌으며, 중추산업(제철, 석유화학, 항공)이 성숙함에 따라 주변지역의 연관산업단지 개발이 활성화되었다. 또한, 통합여수시, 광양시, 순천시, 진주시, 사천시 등이 도·농 통합 시로 운영됨으로써 행정구역의 통합으로 광역적 도시기능정비가 가능해진 것도 광역권 개발에 대한 기대를 크게 하였다. 따라서, 기초지방정부들은 일정한 비용을 부담하더라도 광역권 개발을 통한 경제적인 외부효과와 실익이 더 클 것이라고 생각하였다.

둘째, 지방정부간 자원수준과 문화, 이기주의의 극복 문제에서 이 협력사례는 아주 특징적인 점을 가지고 있다. 원래 광양만지역과 진주지역은 지리적으로 인접하여 있을 뿐 아니라 사회, 경제, 문화, 보유자원의 측면에서 유사하고 상호보완적 성격을 보유하고 있었으나, 민선자치 이전 행정구역에 집착한 지역 이기주의적인 시설투자와 산업유치 경쟁으로 투자의 비효율을 초래하고 환경과 주민생활의 질을 저하시킬 우려가 상존하여 왔다. 따라서 각 지역 기초지방정부의 상위정부인 전라남도와 경상남도가 이를 먼저 인지하고 상호 협력을 하여 이 권역을 공동으로 계획, 개발함으로써 중복투자를 피하고 상호보완적 기능을 극대화하는 지혜를 발휘하려 한 취지였다. 또한, 최초에는 중앙정부의 안일하고 미온적인 조치로 인하여 진주시와 다른 지역 간의 산발적인 갈등까지도 발생하였으나, 연이은 건설교통부의 중재와 광역정부의 적극적 수용으로 조기에 해결되며, 광역권 개발에 대한 중앙정부의 적극적인 지원으로 지역간 격차를 해소하는 적극적인 조치가 연이어짐으로 인해 추진의 가속도가 빨라졌다. 1995년 12월 중앙정부에서 제 3차 국토종합개발계획을 세우게 되고 수정안 입안시 광역권 개발지역으로 지정된 가까운 광양만권에 포함시켜 발전시키기로 한다. 하지만 제 4차 국토종합개발계획이 시행되면서 진주는 광양만권 광역개발에서 제외되게 된다. 이는 경계구역 상의 문제로 서부경남권을 포함하여 발전하는 것을 꺼린 전남의 반대가 컸기 때문이다. 이런 상황이 부딪히자 1997년 5월 29일 김혁규 경남지사는 건설교통부장관을 만나 진주권을 독자적으로 발전시키는 계획안을 건의하였으며, 진주시의회의 의원 44명도 진주권을 광역개발계획에서 제외시킬 경우 의원직 사퇴 등 실력행사를 펴기로 했다. 이에 건설교통부는 전남과 경남(진주)을 중재하기 시작하여 9월 4일 건설교통부를 주관으로 하여 경상남도와 전라남도의 실무자협의를 1차로 가졌고, 10월 22일 2차로 경상남도, 전라남도, 국토개발연구원과 함께 진주권을 광양만권에 포함시켜 개발하는 방향으로 잠정합의 하게 되었다. 그리고, 연이어 1999년 12월 8일 건교부는 진주·광양만권을 포함한 4개 광역권을 지방거점도시로 집중개발 할 것이라 발표하였으며, 1999년 12월 15일에는 광양만진주권광역개발계획이 확정되었다고 발표하는 등 광역권 개발에 박차를 가하는데 기여하였다(경상일보, 2000. 1. 14).

셋째, 행위자의 능력, 의지, 가치관의 문제에서 각 기초자치단체장과 실무관료들은 모두 광역권 개발에 대한 협력의지가 강한 가운데, 특히 광역권 지정과 광역권개발협의회 구성시까지 진주시장(백승두)과 실무관료(도시개발국장), 시의회는 이 사안에 대해 매우 적극적이었으며, 이에 가장 가시적이고 활발한 활동과 성과를 보여주었다. 또한, 다른 기초자치단체장들도 상호 4개 단체이상 연합전략을 구사하여 도지사와 건교부에 대한 요구를 하는 등의 의지를 보여주었다.

넷째, 제도적 장치나 협력기구의 문제에서 먼저 기초지방정부들은 중앙정부와 광역정부의 지원 하에 신속하게 추진협의회 형식의 임시기구를 만들었으며, 이어 이에 대한 공식기구인 개발협의회(9개: 여수, 순천, 광양, 고흥, 보성, 진주, 사천, 남해, 하동)변화를 모색하여 협력의 지속성을 보장함과 동시에 광역정부 및 중앙정부에 대한 공식적인 건의나 요청을 점점 증가시키게 된다. 1998년 3월 4일 경남의 진주시, 사천시, 남해군, 하동군과 전남지역의 광양시, 순천시, 여수시, 여천시, 여천군, 고흥군, 보성군으로 이루어진 '광양만·진주권광역권개발추진협의회'를 구성하였으며, 협의회 규약도 마련하는 등의 진척을 보인다.[90] 더욱 나아가 동년 12월 17일 '광양만·진주권광역권개발추진협의회'에서 여천시와 여천군을 제외한 9개 시·군은 '광양만·진주권광역권개발협의회'를 따로 구성하였으며, 협의회 규약을 심의 확정하고 공동합의문 채택과 공동협의회의 회장을 선출하였다. 즉, 진주시청 제 1청사 대회의실에서 기존의 추진협의회에서 벗어나 '광양만·진주권광역권개발협의회'를 발족하였으며, 이 자리에는 경남과 전

90) 1998년 3월 4일에 진주시 동방관광호텔 회의실에서 경남과 전남의 도지사, 권역 내 국회의원, 도 의회의장, 시장, 군수, 시·군의회 의장 등 관계자 60여명이 참석한 가운데 '광양만진주권광역권개발추진협의회'를 구성하였으며, 이 자리에서 협의회의 규약도 마련하였다. 이때 참석한 경남과 전남의 기초단체들을 살펴보면, 경남에서는 진주시s, 사천시, 하동군, 남해군이며 전남에서는 광양시, 순천시, 여수시, 여천시, 고흥군, 보성군, 여천군으로 모두 11개 시·군이었다.

남의 5개시 4개 군의 시장, 군수, 의회의장 등 50여명이 참석하여 협의회의 규약을 심의·확정, 공동합의문 채택, 협의회 회장을 선출하는 등 발 빠르게 나아갔다.[91] 그리고, 12월 26일에는 국토개발원이 전남도청에서 '광양만·진주권 광역개발계획 최종보고회'를 열어 광역국토개발계획안을 확정하여 발표하였고, 이듬해 3월 1일 경상남도는 국토개발연구원의 계획안을 기반으로 하여 건설교통부에 광역권 승인을 요청하였으며, 이는 곧 수용되기에 이르렀다. 더욱이, 2000년 6월부터 '광양만·진주권광역권개발협의회'는 하나의 공식적인 정부간 협력조직으로서 중앙정부에 예산배정 등의 안건을 적극 요구하기 시작했다. 2000년 6월 14일 전남 광양시청 상황실에서 광역권개발 조기시행 등을 공동 건의하기로 하였는데, 주요 내용은 지난해 12월 건설교통부에서 광양만·진주권광역개발계획을 확정했으나 이에 따른 예산반영은 미흡하다고 보고 132건의 사업 가운데 우선순위 30개 사업을 선정하여 빠른 시일 내 반영해 줄 것 요구하는 것이었다. 2000년 11월 28일에는 '광양만·진주권 광역권 발전을 위한 심포지엄'이 건설교통부 주관으로 경남 및 전남 관계자와 진주, 사천, 순천, 광양, 여수시 등의 지역상의 회장단 및 시민 약 400명이 참석하여 전남 순천대 문화강당에서 개최되었다. 주요 내용은 기초지방정부 상호간의 동질성을 찾아 협력을 더욱 촉진하고 중앙정부와 지방정부간 협력방안도 모색하는 것이었다. 다음날인 29일에는 심포지엄 중 나온 예산배정문제와 관련하여 중앙정부에 배정을 촉구하기도 하였으며, 예산이 배정되지 않자 2001년 3월 20일 정부가 공당사업에 무관심하다며 항의성 회의를 연 후 시행을 촉구하는 건의문을 채택하여 관련부처에 제출할 계획도 있다고 밝혔다. 이러한 배경에서 현재까지 '광양만·진주권광역권개발협의회'는 9개 기초지방정부들간의 공식적 협의기구로서 우선순위 사업을 선정하여 발표하고[92], 광역포럼 창립, 각종 지역개발 심포지엄, 광역권 관광지도 개발사업, 광역권 도시화 추진 등의 후속사업을 추진하면서 끊임없이 상호 긴밀한 협력을 하고 있다(경상일보, 2003. 6. 19; 2004. 1. 29; 경남도민일보, 2003. 6. 20). 구체적 예를 들어, 2001년 9월 7일 '광양만·진주권광역권개발협의회'는 서

91) 이때 참석한 시·군은 앞서 '광양만진주권광역권개발추진협의회'에서 여천시와 여천군을 제외한 9개 시·군이다. 그리고, 협의회 회장에는 백승두 진주시장과 신준식 순천시장이 공동 선출되었다.

92) 우선 추진 대상 주요사업은 남해-여수간 연륙교 및 제 2 돌산교 가설. 진주-통영 및 목포-광양간 고속도로 건설, 진주, 사천, 진교 하수종말처리장 설치, 여수, 사천공항 확장, 전라선 철도 개량 등이었다.

울 63빌딩 르네상스홀 정기회에서 우선순위 사업을 16개로 줄인 뒤 건설교통부에 광역개발 조기 추진과 조기 예산방영을 건의하는 등 적극적인 활동을 하기 시작하였다. 더욱이 9월 11일에는 중앙인사위원회의 송재구 위원이 광양만·진주권을 광역시로 승격시켜 '전경시'로 명명하자고 주장하기도 하였다. 그리고, 2001년 11월 2일 '광양만·진주권광역권개발협의회'에 참여한 각 시·군의 의원 2명(총18명)은 순천시청 회의실에서 '남해안 광역포럼'을 가졌으며, 8일에는 진주시청 대회의실에서 '광양만·진주광역권 발전을 위한 심포지엄'을 여는 등 활동을 하기도 하였다. 마찬가지로, 2001년 12월 5일 '광양만·진주권광역권개발협의회'는 남해군청 회의실에서 경남과 전남의 이름난 관광지를 한데 모은 광역관광지도가 제작하는데 합의하였으며, 그 자리에서 지도의 크기, 인쇄부수, 예산문제 등도 합의했다. 또한 섬진강과 지리산권의 구례군에 대해서도 지도 제작에 참여를 권고하기도 했다. 또한 이들은 최근 2003년 6월 20일 남해안 관광벨트의 핵심권역인 광양만에서부터 진주권까지의 관광 상품개발을 위해 관광개발협의체를 구성하여·운영키로 하는 등 지속적으로 협력하고 있다. 가장 최근에는 광양만·진주권 광역시 준비기구 창립하여 이 기구를 통해 통합 가능성을 검토하고 각 시.군의 조직을 그대로 유지한 채 공동의 이해가 걸린 중요한 문제는 협의해 결정, 또는 시행하는 연담도시 구성도 검토했다.

제7장 종합적 논의와 진단

제1절 정부간 관계별 논의와 진단

1. 광역지방정부간 갈등과 협력

광역정부간 갈등 및 협력사례는 갈등이 협력으로 이어지기 위해서는 단체장의 적극적 문제해결의지와 그리고 불신감 해소, 이를 뒷받침할 수 있는 제도적 장치의 설치가 가장 핵심적인 조건이라는 점을 지적할 수 있다. 단체장의 회피적 및 상대에 대한 무시태도, 지방정부간 불신감, 의사소통장치의 미흡, 제도적 장치 미흡 등이 두드러지게 부각되고 있기 때문이다. 또한 광역지방정부간 갈등에서는 조직의 단위가 큰 만큼 갈등사안이 정치권, 지역언론, 선거, 중앙정부개입 등과 밀접한 상관관계를 이루고 있어 정치문제화 경향이 나타나고 있다.

이는 광역차원의 갈등사안이 문제성격자체가 지역적 범위를 벗어나서 정치적 문제로 확대 가능성을 보여주고 있다. 때문에 광역지방정부간 갈등은 당사자간 협상보다는 제 3자 중재에 의해서 해결되고 있는 사례가 다수 발견되고 있다. 특히 갈등유형이 무엇이든 갈등해결과정에서는 중앙정부가 중재자로서 개입하고 있다는 점이 돋보인다. 이런 측면에서 볼 때 조직단위가 비교적 큰 광역지방정부간 갈등은 제 3자의 개입이 불가피하므로 적절한 중재자의 역할도 모색되고 있다. 이와 관련하여 최종적으로 합의한 갈등해결방식에 대해서는 당사자간의 협상이 가장 많이 나타나고 있지만, 중앙정부의 조정도 비교적 현실적으로 높은 효용성을 나타나고 있다.

2. 광역과 기초정부간 갈등과 협력

광역과 기초정부간 갈등사례는 광역단체장의 소극적 태도, 기초단체장의 적극적 태도, 실효성 있는 제도적 장치 미비, 시민단체 및 지역언론 관심과 참여, 중앙정부 중재노력, 공식적 협의보다 비공식적 협의 활발 등이 갈등과 협력의 주요 요인으로 부각되고 있다. 또한 광역과 기초정부간 갈등문제는 이들간의 전통적인 관계를 무시 할 수 없는 점도 부각되고 있다.

현저한 경향은 아니지만 광역과 기초간은 수직적 관계에 놓여 있기 때문에 이것이 갈등해결에 중요한 변수로 작용하고 있다는 점이 주목된다. 즉 당사자간 조정방식이더라도 이들간에는 자원의존(예산, 인사)관계에서 현저한 차이가 나기 마련이다. 마찬가지로 갈등해결에 중앙정부개입도 빈번하게 발견되고 있다. 갈등해결방식은 당사자간의 협상이 가장 많이 나타나고 있고 그 다음으로 중앙정부의 조정도 많이 나타나고 있다.

3. 기초정부간 갈등과 협력

기초정부간 갈등 및 협력사례에는 주민반응에 기초한 단체장의 적극적 행동, 단체장의 상대무시, 지역주민과 의회의 높은 관심 등이 주요한 요인이며, 그러다 보니 갈등해결은 상급정부의 조정과 법원에 의존하고 있는 경향이 두드러지고, 특히 기초정부간 갈등에서는 그 지역 광역지방정부의 조정자 역할이 두드러지게 부각되고 있다.

<표 7-1> 정부간 관계별 진단

정부관계	갈등요인	협력요인	특 징
광역-광역	-단체장의 회피적 태도 -단체장의 상대단체에 대한 무시태도 -입지과정에 상대단체 참여배제 -지방정부간 불신감 -지방정부간 의사소통장치 미흡 -제도적 장치 미흡 -선거 -지역언론의 과잉보도	-단체장의 상대존중 태도 -단체장의 적극적 문제해결의지 -입지결정과정에 상대단체참여 -중재자 조정 -지방정부간 불신감해소 -지방정부간 의사소통장치 설치 -공유가능한 제도적 장치 설치	-중앙정부 개입 -중앙정치권 개입 -갈등사안정치문제화
광역-기초	-광역단체장 소극적 태도, 기초단체장 적극적 태도 -제도(관련법령)의 미비와 불명확성 -제도적 협력장치의 미비 -지역정치인과 지역주민, 시민단체의 높은 관여	-단체장의 적극적 문제해결의지 -제 3자 중재(중앙정부, 시민단체) -비공식적 협의 -공유가능한 규칙(제도)만들기	-광역과 기초정부간 수직적 관계의 속성 -중앙정부의 개입
기초-기초	-기초단체장의 행동차이(적극적 행동, 소극적 행동) -제도(관련법령)의 미비와 법규정의 자의적 해석 -행정협의회의 형식성 -지역주민의 집단행동 -지역정치집단 관여 (국회의원, 의회)	-중앙정부 중재 -광역단체장의 조정자역할 -제도설치와 명확한 규칙설계 -법원판결 -협력장치의 설치	-광역지방정부의 조정자 역할 -법원의 법적 판결 경향

제2절 갈등유형별 진단

지방정부간 갈등 및 협력의 사례별 다양성측면에서 중요한 것이 이를 갈등유형별로 진단하고 살펴보는 것이다. 이미 여기에서는 논의의 편의상 갈등유형을 기피시설, 유치시설, 관할구역, 관할권한 등으로 분류하였다. 여기서 부각되는 요인은 어떤 것들이 있으며 무슨 특성이 있는지 전체사례를 망라하여 살펴보면 다음과 같이 논의된다.

1. 님비갈등(비선호시설의 기피갈등)

님비갈등 혹은 비선호시설 갈등은 쓰레기 처리장, 정신병원, 화장장 등 비선호시설 입지결정을 둘러싸고 지방정부간 대립양상을 말하는 데, 이런 님비갈등은 해당지역 주민의 반발로 시작하여 관련 자치단체장들간의 대립, 이것은 곧 지역사회내의 구성원인 지역정치인, 시민단체, 언론간의 연합체를 구성하여 종국적으로는 지방정부간의 격렬한 대립양상으로 전개되는 구조를 가지고 있다.

해당지역주민들이 비선호시설 입지를 반대하는 이유로는 크게 두 가지로 구분할 수 있다. 하나는 일반적으로 비선호시설이 입지하게 될 후보지들은 지역사회 내에서 사회적으로 그리고 경제적으로 혜택을 덜 받은 주변지역이다. 따라서 이러한 지역주민들은 언제나 지역사회 내에서 소외당하고 있다는 의식을 가지고 있기 때문에 비선호시설 계획 시에 지역주민의 이해가 반영되지 않을 경우, 강력한 반발의 행태를 취한다. 다른 하나는 해당지역주민들이 가지고 있는 비선호시설에 대한 가치관이다. 이러한 가치관은 사회경제적 환경의 변화에 따라 형성·변화되기도 하고 선행된 사례로부터 학습효과를 통해서도 형성·변화되기도 한다. 비선호시설에 대한 지역주민들의 부정적인 가치관 확립은 갈등을 유발하는 계획이 변경되거나 취소되지 않는 한 갈등이 지속될 개연성이 크다.

님비갈등에서 갈등단계별 요인을 살펴보면 갈등발생단계에서는 단체장의 행동차이, 입지결정과정에서 상대단체 의견무시, 관련법규의 미흡이나 법규정의 자의적 해석, 제도적 장치의 부재, 상황변화에 따른 협약의 미준수 등의 요인이 결합하여 갈등이 발생하였다. 갈등증폭단계는 단체장간 불신감, 법령규정의 불명확성, 선거, 자치단체장의 적극적 관여, 지역정치인 등 제 3자의 높은 개입

등의 요인이 결합되어 갈등이 심화되었다. 특히 갈등이 증폭됨으로써 자치단체장의 정치적 부담이 작용하여 자치단체장이 본격적 개입하였으며, 지역주민의 반대에 따른 집단적인 반대행위가 표출되었고, 더불어 지방의회 의원들과 시민단체들의 관심표명과 참여가 본격적으로 이루어졌다. 갈등완화단계에서는 중앙정부 조정, 상급정부의 중재노력, 시민단체의 적극적 참여, 법원의 판결 등 제 3자 조정, 제도형성 등이 주요 요인으로 작용하였다.

결국 님비시설 혹은 비선호시설에 대한 기피갈등은 단체장이 상대단체를 무시내지 경시하거나 게다가 상대를 불신감을 가지고 있는 사례가 많다. 여기에다 비선호시설 입지결정을 둘러싸고 협의제도가 없거나 제도가 있더라도 자의적 해석이 갈등을 초래하고 있다. 기피시설은 유치시설과 함께 지역의 경제적 이해와 밀접한 관련이 있기때문에 지역주민, 시민단체 및 지역의회, 지역정치인들이 깊이 관여하고 있다. 따라서 기피갈등의 해결을 위해서는 단체간의 상대를 존중하고 신뢰성을 확보해야 하며, 상호간 공유할 수 있는 합리적 제도적 규칙의 설계가 중요하다.93) 또한 기피갈등과정에서 상호간 합의가 안되는 경우는 사업부의 판결과 중앙정부와 상급정부의 중재도 협력요인으로 제기되고 있다.94)

2. 핌피갈등(선호시설의 유치갈등)

핌피갈등은 지방정부간 선호시설이나 이익이 되는 시설을 서로 유치하고자 하는 과정에서 생기는 갈등이었다. 이러한 갈등은 다음과 같은 단계별 특징이 있었다.

먼저 갈등발생단계는 관련단체장간의 적극적 유치행태, 지역주민들의 유치행동

93) 합리적 제도적 장치란 형식적 행정협의회가 아닌 실질적으로 갈등을 해결하기 위해 상방간에 필요에 의해서 구성된 행정협의회를 의미한다. 이와 같은 협의체에서는 합리적인 통합규칙,범위규칙, 보상규칙, 직위규칙,경계규칙이 규정되기 때문에 협의체에서 논의된 협의안이 실현될 개연성이 높다. 그러나 형식적 행정협의회의 경우, 진주시와 사천시간의 협의회에서 합의된 안이 해당 지역주민들이 거부당함으로서 종국에는 협의체가 무산되기도 하였다. 예컨대 대구와 부산간의 위천공단조성을 둘러싼 갈등에서는 갈등발생초기부터 쌍방간의 대화의 노력이 부족하여 갈등이 지속되었다. 그러나 음성군과 진천군간의 광역쓰레기 매립장 조성사례에서는 18차례의 행정협의회를 통해서 각 지방정부의 역할분담을 명확히 하는 통합규칙과 광역쓰레기 매립장 운영비용에 대한 보상의 규칙이 합리적으로 명확히 규정됨에 따라 갈등이 협력으로 전환하게 되었다.

94) 님비갈등을 둘러싼 대립이 지방정부간의 협의를 통해서 쌍방간의 이해의 차이를 좁히지 못하고 갈등의 양상이 증폭되거나 지속되는 경우에 상급정부와 중앙정부 조정 혹은 사법부의 판결에 의해 해결되는 사례가 영남지역의 성주시와 고령군간 골프장 사례에서 발견된다.

가세, 관련법률과 조례 혹은 규칙의 미비, 지방의회와 지역언론의 관심, 지역국회의원과 관련 상급정부의 관심과 참여의 증가 등의 요인 등이 작용하고 있다. 갈등증폭단계에서는 지방정부간 의사소통의 미비로 상호불신과 유치관련 행위자의 관심가세가 겹치면서 갈등이 심화되었다. 이렇게 증폭된 갈등은 중앙정부의 중재, 제도설계 및 형성 등으로 갈등이 해결되고 있다. 따라서 유치시설을 둘러싼 광역정부간 갈등에서는 상호불신해소를 위한 의사소통장치의 설치, 유치관련행위자의 이해를 적절하게 조정할 수 있는 중재자, 그리고 행위자 모두가 공유할 수 있는 제도적 장치설치 등이 중요한 협력요인으로 제기되고 있다.

핌피갈등은 단체장의 적극적 유치행태, 이에 대한 지역관련행위자의 가세, 갈등을 조정해줄 관련제도(법률, 제도)의 미비 등이 주요한 요인이다. 따라서 발생초기에 우선적으로 시설과 관련된 제도적 장치나 협력기구의 실질적 역할여부를 점검하고 이에 대한 협력을 모색하는 동시에 양쪽 단체장과 관료의 적극적, 아전인수격 행태에서 발생되는 감정적 충돌을 방지해야 한다. 즉, 선호시설 유치갈등이 증폭 내지 확대되기 전에 지방정부는 함께 협의하여 일단 임시적인 제도방안을 마련하거나, 시설의 편익분배에 관해 시설유치가 끝날 때까지 협조하기로 합의하면 쉽게 해결할 수 있는 문제를, 법·제도에 대한 무지나 자의적 해석, 감정적인 대응으로 분쟁을 악화시키는 사례가 많다. 특히, 지방정부간 갈등해결을 위한 행정협의회의 중요성을 선호시설 유치갈등사례에서도 재확인하였는데, 이에 관해 부산과 경남간의 경마장 유치갈등과 경북도청 이전을 둘러싼 경북기초정부간 유치갈등이 잘 대비되었다.

또한 선호시설 유치를 둘러싼 지방정부간 갈등이 완전하게 해결되기 위해서는 공식적인 제도나 협의기구를 이용하는 것보다는 비공식적인 시민단체 및 주민의 관심과 참여, 단체장과 관료의 적극적인 협상과 문제해결 노력이 선행되어야 한다. 즉, 반드시 공식적인 해결방법보다는 오히려 비공식적인 해결방법이 효과적일 수 있다. 선호시설 유치갈등의 원인은 님비현상과는 달리 특정 지방정부나 주민에게 일방적으로 귀책사유가 있다고 보기 어렵고, 갈등주체 모두에게 어느 정도의 책임이 있는 경우가 많기 때문에 그 해결책의 모색은 갈등네트워크에 관계된 참여자 모두의 공동관심사가 되어야 한다.

그리고, 기존의 비선호시설 입지갈등에서 당사자 간 합의가 가장 이상적이고 중요하였던 것과는 달리 선호시설은 당사자간 합의 이상으로 제 3자에 의한 조정이나 중재가 갈등해결에 중요한 역할을 함을 확인할 수 있다. 예를 들어 경마장 유치갈등에서는 마사회의 중재역할이 컸다. 경북도청 이전과 같이 갈등이 전혀 해결되지 않은 사례는 모두 중재자가 없거나 개입을 거부하는 상태였다. 이에 갈등당사자의 상호신뢰를 받을 수 있는 중재자의 활동은 불필요한 절차와 오해를 피할 수 있게 해주고 보다 나은 핌피갈등의 대안을 찾는데 큰 도움이 되며, 특히 중앙부처나 상급정부의 중재 개입시에 반드시 직접개입이 아니더라도, 민간중재자에게 보수를 주는 대신 분쟁당사자들이 무료로 중재자의 도움을 받을 수 있도록 하는 것도 좋은 방편이 될 것이다.

3. 관할구역갈등

지방정부간 관할구역 갈등은 주로 행정구역이나 경계, 부동산 환수 등을 둘러싼 갈등이었다. 이 갈등에서는 다음과 같은 특징들이 발견된다.

먼저 갈등의 발생단계에서는 단체장의 태도와 관심, 지방정부간에 협의체 구성 등의 제도적 장치의 미비, 지방정부별로 유리한 현행 법규정의 자의적 해석, 해당 지방정부의 경제적 이익을 고려한 무리한 사업강행 등의 요인이 갈등발생에 주요 영향변수로 작용하였다. 갈등의 증폭단계에서는 해당 지방정부간에 행정협의회 차원에서 갈등해결을 위한 논의가 이루어졌지만 논의자체가 유명무실화 되었으며, 또 다른 사례에서는 자치단체장간의 행태적 차이 즉 적극성과 소극성 등이 갈등을 심화시킨 요인으로 나타났다. 갈등의 완화 및 종결단계에서는 제도적 장치미흡과 상대 지방정부에서의 갈등해결안에 대한 수용거부에 따른 독자적인 행태를 보여줌으로써 갈등이 지속되는 특징을 보여주고 있다. 즉, 관할구역갈등은 관할구역이해에 대한 적극적 관심, 그러나 이에 대한 단체장들의 불명확한 태도로 갈등이 발생하고, 단체장의 소극적 문제해결 태도와 지역언론의 과잉보도가 겹치면서 갈등증폭으로 이어지고, 공유된 제도적 장치 미설치로 인해 갈등이 지속되고 있다.

관할구역갈등은 다른 유형의 사례에 비해 제도적 요인이 상대적으로 중요하게 나타나고 있다. 갈등을 유발하는 요인이 되기도 하고, 또한 갈등을 해결하는 기제로 작용하기도 했다. 즉, 대부분 관련법률과 규정이 존재했음에도 불구하고,

그것에 대한 해석상의 차이와 영역의 경계가 모호함으로 인해서 갈등이 일어나는 경우가 많았다. 특히 두 지역, 혹은 그 이상 지역 간의 경계를 가로지르는 수자원이나 산림자원의 경우 경계를 정확하게 구분하기가 힘들거나, 이와 관련된 사업의 비용분담, 허가 등과 관련한 갈등에서 이러한 요인들이 많이 작용하였다. 또한 갈등을 해결 기제로서 작용하게 된 것은, 갈등이 심화되자 해결을 위한 제 3자의 중재와 공식적 기구들의 만들어지기도 했다. 또한 법률의 개정 등이 갈등을 해결하는데 중요한 기제로 작용한 것으로 나타났다. 따라서 갈등이 협력으로 이어지기 위해서는 단체장의 적극적인 문제해결의지와 관련행위자들이 공유할 수 있는 제도적 장치설치가 중요한 협력요인으로 제기되고 있다.

4. 사무권한갈등

지방정부간 사무권한 갈등은 대부분 인·허가문제나 특정문제에 대한 사업권, 관할 및 관리권, 소유권 등을 둘러싼 갈등이었다. 이러한 형태의 갈등에서는 다음과 같은 특징들이 발견된다.

갈등의 발생단계에서는 관할권한에 대한 규정의 불명확, 법규정들의 상호중복, 행정협의회의 형식성으로 인한 제도적 장치의 효력 미약 등의 요인이 갈등단계의 주요 영향변수로 작용하였다. 갈등의 증폭단계에서의 요인은 자치단체장의 적극적인 관여와 의지, 상급지방정부의 갈등의 조정자 역할미흡 등의 요인을 들 수 있는데 특히 상급지방정부의 미온적인 역할은 사무권한갈등의 초기단계에서부터의 적절한 역할을 하지 못함으로 인하여 갈등을 더욱 증폭시켰다. 갈등의 완화 및 종결단계에서는 지방정부간의 협의와 상급정부에 의한 조정이 이루어지지 못함으로 인하여 헌법재판소에 권한쟁의심판 청구하는 등의 갈등이 지속되는 특징을 보여주고 있다. 따라서 제도적 규칙마련과 불신감 해소, 단체장의 적극적 문제해결의지, 중재자의 개입 등이 중요한 협력요인으로 제기되고 있다.

사무권한은 지방정부간의 권한이나 기능범위가 모호함에 따라 발생하는 갈등들인데, 대부분 업무추진 과정에서 책임과 권한 등에 관한 사항으로 비용분담 및 관리권 갈등이 가장 많았다. 이는 지방정부 사이의 공동으로 사용하거나 관리해 오던 공유재 성격을 지닌 수자원 같이 경계가 불분명함으로서 생기는 사례들이 많았다.

따라서 제도적 요인이 다른 요인들에 비해 중요한 것으로 나타났는데, 이러한 이유는 무엇보다도 불명확하게 규정된 법률과 규정에 기인한 것으로 나타났다. 즉 어떠한 원칙만 규정되어 있을 뿐 구체적으로 이러한 문제를 어떤 원칙에 입각하여 분할할 것인지는 세부 시행령이나 조례에 준하도록 되어 있기 때문으로 나타났다. 또한 사무권한의 갈등의 경우는 주민들의 생활과 밀접한 부분들로서 주민들이 갈등에 많은 관심을 가지고 있었기 때문에 단체장의 적극적 행태를 나타내게 한 주요 요인으로 보인다. 마찬가지로 갈등해결에 있어 상급지방정부의 개입이 갈등의 발생기에는 나타나지 않았지만, 갈등의 증폭단계에서부터는 직접 개입하기보다는 문제를 위한 중재자로 나서는 경향이 나타났었다. 시민단체의 경우는 갈등의 발생단계부터 강한 관심과 참여를 나타냄으로 해서 단체장이나 혹은 상급지방정부, 기초지방정부들의 부담으로 작용해 갈등해결의 간접적 요인으로 작용한 것으로 나타났다. 이와 같이 관할권한과 관련한 갈등의 해결에서 가장 중요한 것은 당사자간의 합의와 제 3자에 의한 중재가 필요한 것으로 나타났다. 무엇보다 사무권한 관련 갈등이 일어나지 않기 하기 위해서는 구체적인 제도적 장치가 마련되어야 할 것으로 보인다.

중요한 것은 갈등유형별로 요인을 종합적으로 볼 때 기피시설 및 유치시설의 갈등은 행위자 특성 요인이, 관할구역 및 권한갈등은 제도적 요인이 부각되고 있는 점이다. 이는 구체적으로 <표 7-2>에서도 나타난다.

<표 7-2> 갈등유형별 진단

갈등유형별	갈등발생기	갈등증폭기	갈등완화기
비선호시설	1순위: 지역주민 2순위: 기초의회 3순위: 기초단체장/시민단체	1순위: 지역주민 2순위: 기초의회 3순위: 기초단체장	1순위: 광역단체장 2순위: 중앙정부 3순위: 광역의회/기초단체장
선호시설	1순위: 기초단체장/시민단체 2순위: 광역단체장/기초의회 /지역주민 3순위: 광역의회/지역국회의원	1순위: 시민단체 2순위: 기초단체장 3순위: 기초의회	1순위: 광역단체장/기초단체장 2순위: 지역주민 3순위: 지역국회의원
관할구역	1순위: 기초단체장 2순위: 지역주민/기초의회 3순위: 광역단체장/시민단체	1순위: 기초단체장 2순위: 기초의회 3순위: 시민단체/지역주민	1순위: 기초단체장 2순위: 광역단체장 3순위: 중앙정부/시민단체
사무권한	1순위: 기초단체장 2순위: 기초의회 3순위: 시민단체	1순위: 기초단체장 2순위: 기초의회 3순위: 시민단체	1순위: 기초단체장 2순위: 광역단체장/시민단체 3순위: 기초단체장

갈등유형별 주도적 행위자를 살펴보면 갈등발생에서는 님비갈등의 경우 지역주민이 1순위로 가장 높은 비율을 차지하고, 핌피갈등은 기초단체장과 시민단체가 가장 높은 비율을 차지하였다. 관할구역갈등과 사무권한의 경우는 기초자치단체장이 가장 높은 비율을 차지하였다.

이렇게 볼 때 선호시설의 경우 기초단체장과 시민단체가 보다 적극적인 역할을 수행함을 알 수 있고, 비선호시설의 경우 지역주민이 보다 많은 역할을 수행하고 있음을 알 수 있다. 갈등증폭단계에서는 핌피갈등의 경우는 시민단체가, 님비갈등의 경우는 지역주민(대표)이 가장 높게 나타났다. 관할권 갈등 경우는 기초자치단체장, 사무권한의 경우도 역시 기초자치단체장이 1순위로 나타나고 있다. 갈등완화단계에서는 님비갈등의 경우 광역단체장, 핌피갈등도 광역단체장, 관할구역은 기초자치단체장, 관할권한의 경우 역시 기초자치단체장이 가장 많은 역할을 하는 것으로 분석되고 있다.

제3절 갈등단계별 진단

앞서 강조된 바와 같이 갈등은 고정되어 있는 것이 아니라 시간의 진행에 따라 변하는 그러한 동태성을 가진다는 점이 중요하다. 이런 점에서 볼 때 지방정부간 갈등과정에서 갈등단계별로 부각되는 요인은 무엇이며, 그런 갈등양상에 영향을 미치는 요인은 무엇인지를 분석해보면 다음과 같다.

1. 갈등발생

갈등발생단계에서는 단체장의 행동, 상대 지방정부의 무시, 제도적 장치미비, 지역정치인과 제 3자의 관여 등이 주요요인으로 작용하고 있다. 행위자 특성요인으로 단체장의 행동차이가 중요요인으로 작용하고 있는데, 기피갈등에 소극적 태도가 반면에 유치갈등에 경쟁적인 과잉행동이, 관할구역갈등에 적극적 관심이 또한 상대 지방정부에 대한 무시행위도 갈등요인으로 작용하고 있다. 제도적 요인으로는 갈등사안을 조정할 법규나 규칙이 존재하지 않거나 존재하더라도 법규의 자의적 해석이 발생을 초래하고 있다. 여기에다 기피시설입지갈등에 지역

정치인과 시민단체가 관여하는 정도도 역시 갈등요인으로 작용한다. 특히 유치갈등의 경우 지역주민들의 적극 참여가 갈등요인으로 작용하고 있다. 갈등발생단계에서는 행위자 특성 요인이 중요한 요인으로 부각되고, 그 다음으로 제도적 요인 여기에다 환경적 요인 부가되어 갈등이 발생하고 있다.

2. 갈등증폭

갈등증폭단계에서는 단체장간 불신감, 단체장의 행동차이, 제도의 미비, 상급정부의 조정자 역할 미흡, 지역정치인과 제 3자의 참여증가, 주민의 집단행동, 선거 등이 주요 요인으로 작용하고 있다. 행위자 특성 요인에서는 단체장간에 상대를 믿지 못하는 불신감이 팽배하거나, 갈등사안이 기피갈등의 경우 단체장의 회피적 태도와 유치갈등에 단체장의 경쟁적 태도가 갈등을 증폭시키고 있다. 제도적 요인에서는 갈등사안에 대해 관련 법규가 명확하지 않거나, 행정협의회가 있음에도 이것이 유명무실하여 제대로 작동하지 않으면 갈등이 증폭되고 있다. 여기에다 상급정부의 조정자로서 역할이 미흡하고, 지역정치인과 시민단체의 참여폭이 증가되고, 갈등과정에 선거변수가 겹치게 되면 갈등은 증폭되고 있다. 증폭단계에서는 행위자 특성과 제도적 요인이 핵심적 요인으로 여기에 환경적 요인이 부가적으로 작용하고 있다.

특히 갈등발생단계에서부터 갈등을 점차적으로 증폭시키는 영향요인으로는 님비갈등에서는 단체장의 회피적 태도, 지방정부간 불신감, 법령의 미비와 불명확성, 지역주민들의 집단행동. 지방의회와 시민단체의 관심과 참여증대, 선거 등이, 핌피갈등에서는 유치관련 행위자자의 참여증가, 지방정부간 의사소통장치미비로 불신감 증가, 제도적 장치 설치 미흡이, 관할구역갈등에서는 단체장의 행동차이, 행정협의회 형식성, 지역언론의 과잉보도가, 사무권한갈등에서는 단체장의 적극적 관여, 단체간 불신감 심화, 지방의회, 지역정치인, 시민단체 등의 참여증가가 갈등을 증폭시키는 데 영향요인으로 작용하고 있다.

3. 갈등완화

갈등완화단계에서는 제도적 장치 설치, 비공식적 협의, 중앙정부 및 상급정부의 중재, 시민단체의 노력, 법원의 판결, 단체장의 적극적 해결의지 등이 주요

작용요인으로 나타나고 있다. 제도적 요인으로는 법률이나 조례를 새롭게 제정하거나 개정, 또 새로운 협력규칙의 설계로 갈등이 완화되고 있으며, 여기에다 제 3자의 중재와 법원의 판결도 완화시키는 요인으로 작용하고 있다. 완화단계에서는 제도적 요인이 중요 요인으로 부각되고 있다. 갈등상황에서 당사자들이 공유할 수 할 수 제도설계가 중요하다는 점이다.

특히 갈등증폭단계에서 점차적으로 갈등을 완화시키는 영향요인으로는 님비갈등에서는 제 3자 중재, 제도형성이 핌피갈등에서는 제 3자 중재, 제도형성, 단체간 적극적 협상노력, 관할구역갈등에서는 법원판결, 관할권한갈등에서는 중앙정부 중재, 단체장의 문제해결노력, 제도형성, 법원의 판결 등이 갈등을 완화시키는 데 주요 요인으로 작용하고 있다. 갈등이 지속되는 단계에서는 제도적 장치미비가 주요 요인으로 작용을 하고 있음을 알 수 있다.

4. 갈등지속

지방정부간 갈등증폭에서 완화로 가지 않고 갈등이 강하게 혹은 약하게 계속 지속되는 경우도 많다. 갈등지속단계에서는 단체장의 문제해결에 대한 소극적 태도와 제도적 장치의 설치 미흡이 주요 요인으로 작용하고 있음을 알 수 있다. 그리고 갈등지속기에는 갈등증폭기와 마찬가지로 제도적 요인 중 집합적 의사결정이 이루어지기 위해서 선택이 어떻게 이루어지게 되는가를 밝히고 있는 통합의 규칙과 더불어 비용의 배분을 규정해주는 규칙인 보상의 규칙도 큰 영향을 미치는 것으로 나타났다. 통합의 규칙에 대해 지방정부의 경우 지방자치의 실시로 형식상으로는 자율적 통치관리(governing)가 실시되고 있는데, 이 지방정부간 관계에서 편익과 비용에 대한 권한과 의무의 이행자를 어떻게 결정하며, 또한, 편익과 비용의 분배를 정부간 관계를 통제하는 합의기구나 외부기관에서 어떻게 결정하는가는 통합의 규칙에 의한 것이다. 그런데, 동태적 맥락에서의 분석결과처럼 이것이 갈등지속의 요인으로 작용하고 있다면, 지방정부간의 성공적인 갈등관리와 협력조장을 위해서 잠재적 이용자집단의 집합적 의사결정의 자율성은 상당히 강조될 필요가 있다. 또한, 행위자 특성 요인 중에서는 상대방이나 상급정부에 대한 신뢰감이 가장 큰 영향요인으로 나타났다. 이는 지방정부의 정부간 갈등의 관계가 법적권위 및 요건에 관련된 구조 이상인 신뢰와 상호

지원을 바탕으로 하는 정치적 관계라는 것을 확인시켜주고 있다. 그리고 갈등지속에 영향을 미친 환경적 요인 중에서는 정치인의 개입과 참여 및 선거여부가 중요한 영향요인이었다고 볼 수 있다. 즉, 지방정부간 당사자간 갈등이 이해관계의 복잡성으로 오랫동안 지속되면 외부의 정치적인 이용 등으로 지방정부간 감정적 골이 더욱 깊어져 갈등의 해결기미가 전혀 보이지 않는 미해결 사례가 될 수 있으므로 주의해야 한다는 점을 확인하였다.

5. 갈등완화와 갈등해결

지방정부간 갈등의 완화 내지 해결양상은 갈등이 잠정적으로 해결된 경우, 갈등이 완전하게 해결된 경우, 갈등이 해결되지 않고 지속하는 경우, 협력이 협력으로 이어지는 경우가 있다.

갈등이 잠정적으로 해결된 사례를 들여다보면 제 3자의 중재 혹은 상급정부의 중재, 자치단체장과 관료들의 적극적 문제해결노력, 제도적 장치와 협의기구 설치 등이 주요한 요인으로 작용하고 있으며, 여기에 주민과 시민단체의 관심과 참여도 부가적 요인으로 작용하고 있다. 갈등이 완전하게 해결된 사례는 문제해결을 위한 단체장의 적극적 대처, 당사자간 정책적 협의 노력, 지역정치인과 언론의 적극적 참여, 시민단체의 적극적 관심과 참여 등이 주요한 요인으로 작용하고, 갈등이 지속된 사례에서는 제도적 장치의 미비가 중요 요인이다. 여기에 상대단체에 대한 불신감 및 감정악화, 지방정부간 지나친 경쟁과 견제, 제 3자 중재 실패 등이 주요한 요인으로 지적된다. 따라서 단체간에 협력을 위해서 제도적 장치의 설치가 우선적 조건이라 할 수 있다.

약간의 갈등소지가 발생하다가 이것이 적극적 협력으로 이행된 사례는 지방정부간 협약에 의해서 사업이 진행되고 있었다. 거가대교 건설을 둘러싼 부산시와 경상남도의 협력단계를 보면 행정협의회에서 민자유치추진협의결성, 정보교환연락회의, 그 다음 협약을 체결하고, 직원파견, 단체간 조합을 구성하고 공동투자 등의 순으로 진행되었다.

종합적으로 볼 때 결국 갈등발생 및 증폭은 행위자 특성과 제도적 요인이 갈등완화 및 해결은 제도적 요인이 주요 요인으로 작용하고 있다. 따라서 지방정부간 갈등은 단체장의 행동이나 제도미비로 인해 발생하고 제도적 요인에 의해서 갈등이 해결되고 있음을 보여주고 있다.

그리고 지방정부간 적극적 협력사례의 경우, 협력의 발생과 지속과정의 전반적 내용을 따져 볼 때, 경제적인 편익과 비용의 문제가 지방정부간 협력에서 가장 중요하고 비중이 높은 필요조건인 것으로 나타났으며, 협력의 추진결과로 발생한 제도적 장치와 협력기구가 가장 그 다음으로 중요한 성공조건인 것으로 드러났다. 또한, 사례에서 성공조건의 시간적 순서는 경제적인 편익과 비용의 문제로 시작하여 자원수준과 문화, 이기주의의 극복, 행위자들의 각종 노력, 제도적 장치나 협력기구의 구성 순으로 나타났다.

이에 협력관계를 구축의 조건은 갈등과 유사하게 서로 시간적인 전후맥락을 구성하며, 둘 이상의 복수요인의 상승작용(synergy effect)에 따른 일으키고 이 결과물이 기본적으로 바깥으로 드러날 때 협력관계가 구축되었다고 볼 수 있다는 이론적 가정은 사실로 드러났다. 이에 현재 한국의 지방정부간 관계에서 장기적인 관점에서 협력을 통한 경제적 편익이 비용보다 크다는 것이 예측되면 협력시작의 필요조건이 충족된 것으로 본다는 해석이 가능하며, 제도적 장치와 기구는 협력진행과정에서의 충분조건이자 협력지속의 필요조건으로 볼 수 있다.

제4절 전략적 함의와 시사점

1. 지방정부간 갈등의 예방과 관리

1) 님비갈등

지방정부간 비선호시설을 둘러싼 님비갈등은 쓰레기 처리장, 정신병원, 화장장 등 비선호시설입지 계획을 수립한 지방정부와 비선호시설이 들어서게 될 후보지역의 지역주민간의 대립양상을 의미한다. 하지만 여기서는 광역정부간의 관계와 광역과 기초, 기초정부 상호간의 관계에서 님비갈등사례의 다양한 유형을 분석하였다. 이에 앞의 논의를 토대로 하여 지방정부간의 님비갈등을 야기하는 공통적인 요인들과 해결기제에 대한 시사점을 살펴본다.

첫째, 지방정부간의 님비갈등 역시 일반적 님비갈등과 마찬가지로 비선호시설

입지 예정지의 지역주민의 반발에 의해 갈등양상이 전개되는데 이러한 해당지역주민의 반발원인이 무엇인가 따라 갈등전개과정 전반에 크게 영향을 줄 수 있다. 해당지역주민들이 비선호시설 입지를 반대하는 이유로는 앞서 언급한 바와 같이 해당지역 주민들의 피해의식과 입지하려는 시설에 대한 부정적 가치관이다. 영남지역의 대구와 부산 간의 위천공단지정사례에서 나타나 있듯이 사회경제적 환경의 변화로 환경 질에 대한 관심이 높아지고 1990년대 초반의 낙동강 페놀사건과 같은 환경사건을 경험한 부산·경남지역주민들은 지역의 상수원인 낙동강 중상류지역에 친환경적 산업공단을 설립된다하더라도 무조건인 반대입장을 표명하였으며 이러한 가치관을 바꾸지 않음으로써 결국 대구위천공단의 조성이 무산되게 되었다.

둘째, 지방정부간의 님비갈등은 앞에서 논의한 님비사례에서 나타나 있듯이 해당지역 주민의 반발로 시작하여 관련자치단체장들간의 대립, 이것은 곧 지역사회내의 구성원인 지역정치인, 시민단체, 언론간의 연합체를 구성하여 종국적으로는 지방정부간의 격한 대립양상으로 전개되는 구조를 가지기 때문에 좀처럼 해결되기 어렵다. 따라서 이러한 난제를 풀기 위해서는 대립하고 있는 지방정부간에 비공식적이든 공식적이든 협의할 수 있는 장이 마련되는 것이 필요로 된다. 이와 같은 대립하고 있는 지방정부들간에 협의 장이 마련된다는 것은 상호간에 정보교환(정보규칙)을 할 수 있을 뿐만 아니라 빈번한 접촉과 대화를 통해서 상대방에 대한 신뢰가 구축됨에 따라 갈등을 해결하기 위한 합리적인 제도적 장치도 마련될 수 있다. 대구와 부산 간의 위천공단조성을 둘러싼 갈등에서는 갈등발생초기부터 쌍방 간의 대화의 노력이 부족하여 갈등이 지속되었다.

셋째, 님비갈등을 둘러싼 관련 지방정부간의 대립이 지방정부간의 협의를 통해서 양자간의 이해의 차이를 좁히지 못하고 갈등의 양상이 증폭되거나 지속되는 경우에 상급정부와 중앙정부 조정 혹은 사법부의 판결에 의해 해결되는 사례가 영남지역의 성주시와 고령군간의 사례에서 발견된다. 그러나 님비갈등과 같이 좀처럼 해결되기 어려운 갈등문제라 하더라도 가능한 관련 지방정부간에 협의를 통해서 문제가 해결되는 것이 바람직하다. 앞서 논의한 바와 같이 님비사례 뿐만 아니라 다른 갈등유형사례에서도 상급정부나 중앙정부의 조정이나 직권 그리고 사법부의 판결에 의해 갈등이 해결되는 경우가 나타나고 있다. 이는 한국의 경우, 아직 지방자치의 역사가 일천하고 중앙집권적 경향이 강하기 때문에 지역 간의 문제를 상급정부의 권한에 의존하여 해결하고자 하는 것에서 비롯된 것이다. 그리고 이 점은 지방정부 스스로의 권한과 영역을 줄이는 것으로 지방정부간의 갈등문제를 상급정부나 중앙정부의 권한의 힘을 빌려 해결하는 것은 갈등원인 자체가 제거되어 해결된 것이 아니라 잠복된 것으로 간주할 수 있다. 따라서 사회적, 정치적, 경제적 환경이 변화하게 되면 또 다시 갈등문제로 재현될 가능성이 있기 때문에 상급정부나 중앙정부에 의존하기보다는 지방정부간의 협의를 통해서 해결하는 것이 가장 바람직할 것이다. 만약 제 3의 조정자가 요구되는 상황이라면 갈등당사자들이 수긍할 수 있는 중립적이고 전문성을 지닌 구성원으로 구성된 기구를 설치하여 중재안을 제시하도록 하는 것이 바람직하다.

2) 핌피갈등

앞 부분에서는 광역정부 상호간, 광역정부와 기초정부간, 기초정부 상호간 비선호시설 및 선호시설 유치, 관할구역 및 사무권한을 둘러싼 서로 다른 성격을 가진 갈등사례들을 비교분석하고 있는데, 이 때 고려된 것은 지방정부의 수준, 갈등과정의 영향요인, 해결상태 등이었다.

이러한 분석은 우선 지방정부간 핌피갈등이나 관할권, 구역 갈등 현상을 주로 비선호시설의 설치에 대한 대응개념 내지 피해를 상쇄시키는 보상적 차원에서 연구하는 기존의 관점에서 벗어나 하나의 독립된 중요한 갈등유형의 하나로 취급하고자 하였다.

이에 이 부분에서는 선호시설과 관련된 각 지방정부 수준별 핌피갈등 사례유형에 대해 공통적 갈등요인과 해결기제에 대한 종합적 논의를 하기로 한다.

전반적인 분석과 비교결과를 놓고 볼 때, 각 유형별 갈등의 발생과 해결에 영향을 미치는 요인의 상대적인 중요성을 가늠하기란 쉽지 않아 보인다. 그 이유는 같은 광역정부간 혹은 기초정부간 갈등 내용일지라도 갈등관련 지방정부의 수준이나 시설특유의 기대효과에 따라 이 책에서 상정한 세 가지 요인의 영향력은 개별 사례마다 각기 다르게 나타났기 때문이다.

그러나, 향후 선호시설을 둘러싼 지방정부간의 핌피갈등 발생의 주요 원인을 예측하고, 치열한 유치갈등의 해결실마리를 찾기 위해 어떠한 점이 우선적으로 고려되어야 할 것인지에 대해서는 사례비교를 통한 공통요인과 차이요인 분석 결과를 중심으로 일정 부분 논의의 필요성을 가진다.

첫째, 사례에서도 언급되었지만 선호시설에 관련된 지방정부간 갈등이 발생할 초기에 우선적으로 시설과 관련된 제도적 장치나 협력기구의 실질적 역할 여부를 점검하고 이에 대한 협력을 모색하는 동시에 양쪽 단체장과 관료의 적극적, 아전인수격 행태에서 발생되는 감정적 충돌을 방지해야 한다. 만약 이러한 두 가지 사항에 대한 조치를 전혀 실행하지 못한다면 갈등은 곧바로 증폭단계에 돌입하게 됨을 경마장이나 경북도청 유치 갈등사례에서 확인하였다.

둘째, 선호시설 유치를 둘러싼 지방정부간 갈등이 완전하게 해결되기 위해서는 공식적인 제도나 협의기구를 이용하는 것보다는 비공식적인 시민단체 및 주민의 관심과 참여, 단체장과 관료의 적극적인 협상과 문제해결 노력이 선행되어야 할 필요가 있다. 그 이유는 앞의 사례들에서 나타난 바처럼 당사자간의 합의 이상으로 제 3자에 의한 조정이나 중재가 갈등해결이 중요한 요인이었음을 확인할 수 있었기 때문이다.

셋째, 갈등 당사자인 지방정부간 입장이 너무 강경하여 주민과 시민단체, 관료가 모두 만족하는 공동의 대안을 만들 수 없는 경우, 갈등의 장기화와 이로 인한 인적, 물적 손실을 예방하기 위해 우선 잠정적이고 불완전하게나마 갈등을 해결하기 위해서는 제도적 장치와 협의기구의 수준을 높인 것이 좋은 대안인 것을 알 수 있다. 이 때, 양 지방정부는 단체장과 같은 주요 행위자들만 참석하여 우선적으로 갈등지속과 지방정부간의 낭비를 예방하기 위한 임시적으로나마 제도적 합의를 하는 것이 중요하다. 예를 들면, 선호시설 유치갈등 사례의 주체는 대부분 수평적 관계의 지방정부이며, 수직적 관계라 하더라도 지시, 감사권이 있는 귀속관계는 아님이 드러났다. 따라서, 지방정부간 '계약'이나 '협정'이 유용한 수단이 되는데, 이는 공유재인 선호시설을 시장논리로 접근하는 것이다. 구체적으로 선호시설의 편익효과와 어느 한쪽의 유치 실패 시에 주어지는 보상에 대한 사전계약이나 협정이 체결된다면 갈등소지를 상당부분 줄일 수 있음을 뜻한다.

넷째, 만약 선호시설을 둘러싼 당사자간 핌피갈등이 이해관계의 복잡성으로 오랫동안 지속되면 외부의 정치적인 이용 등으로 지방정부간 감정적 골이 더욱 깊어져 갈등의 해결기미가 전혀 보이지 않는 미해결 사례가 될 수 있으므로 주의해야 한다는 점을 확인하였다. 즉, 갈등발생 이후 증폭단계에서도 사안의 특성과 상황적 특수성에 의해 외부 중재자의 개입이 전혀 이루어지지 않는다면 당사자들인 지방정부 상호간의 유연한 입장 변화가 유일한 대안임을 지각해야 한다. 또한, 정치인은 선호시설과 관련된 갈등사안을 선거공약 등 개인적 이익의 수단으로 이용하는 것을 자제해야 한다.

끝으로 선호시설은 기존의 혐오시설이나 비선호시설과는 달리 막연한 거부감이나 감정적 요인이 적은 만큼 향후 대안모색을 위한 각종 제도적 장치나 협의기구, 공식-비공식적 협상은 개별적 갈등원인(시설유형, 유치효과, 관련정부간 관계 등)의 면밀한 검토에서 시작되어야 함을 중요한 함의로 지적한다. 많은 연구에서 흔히 지방정부간 갈등은 당사자가 상호 협상(negotiation)의 단계를 거치면 일단 긍정적인 방향으로 나아갈 수 있다고 한다. 그러나, 선호시설유치 갈등사례에서 당사자간 일방적 설득이나 경제적 유인이 없는 대화의 방법은 통제권 없는 지방정부간 대등한 힘의 관계에서 지방정부간 선호시설 유치경쟁을 약화시키는데 큰 도움이 되지 못함을 밝혔다. 따라서, 선호시설이 혐오시설과는 다르게 개별시설의 특성과 관련정부의 수준에 따라 보다 세분화된 갈등관리전략이 마련되어야 한다는 해석이 허용된다.

3) 관할구역갈등

관할구역 갈등은 특정시설이 지방정부간 경계에 걸쳐 설치된 경우나 행정구역조정, 임해지역의 매립 등의 과정에서 새로이 형성된 지역에 대한 경제적·행정적 관리권, 소유권을 다투는 갈등, 즉 관할권이나 재산권을 중심으로 한 지방정부간 갈등의 한 유형이다.

지방자치가 본격적으로 실시됨에 따라 각각의 지방정부들은 자신의 영역을 지키거나 넓히기 위하여 다양한 수단과 방법을 강구하고 있을 뿐만 아니라 그 과정에서 재산권을 둘러싼 갈등의 사례가 늘어나는 추세에 있다. 완전한 일반화는 어렵겠지만 관할구역 갈등의 요인들을 제도요인과 행위자(단체장)특성, 환경적 요인을 종합 비교해 본 결과 아래와 같이 나타났다.

먼저 관할구역 갈등의 경우 제도적 요인은 다른 유형의 사례에 비해 상대적으로 중요하게 나타났는데 갈등을 유발하는 요인이 되기도 하고, 또한 갈등을 해결하는 기제로 작용하기도 했다. 즉, 관할구역의 경우 대부분 관련법률이 존재했음에도 불구하고, 그 법률의 해석상의 문제와 영역의 경계가 모호함으로 인해서 갈등이 일어나는 경우가 많았다. 또한 갈등해결이나 완화과정에서는 제 3자의 중재와 공식적 기구들이 새로 만들어지기도 했고, 더불어 법률의 개정 등이 갈등을 해결하는데 중요한 기제로 작용한 것으로 나타났다.

행위자의 특성의 경우 자치단체장들은 대부분 갈등의 발생단계에서부터 문제해결을 위한 적극성을 띠고 있었다. 하지만 광역지방정부와 기초지방정부간의 갈등의 경우 광역자치단체장은 갈등의 발생단계에서는 상대적으로 소극적인 행태를 나타내었다. 이는 기본적인 권력의 차이가 작용한 것으로 볼 수 있다. 하지만 갈등의 증폭단계나 해결단계에서는 단체장이 적극적인 행태로 변화되는 모습을 보이는데, 이는 갈등의 증폭으로 지역사회의 이슈로 등장하게 되자 정치적 이유 때문에 적극적으로 나서게 된 것으로 보인다. 기초자치단체장의 경우는 갈등의 발생단계에서부터 계속해서 적극적인 보습을 보인 것으로 나타난다. 기초지방정부의 경우는 열악한 재정적 문제들을 해결하기 위해 적극적으로 나선 것으로 보인다.

환경적 요인은 다른 요인들보다 크게 작용하지는 않았지만, 제도적 요인이나 단체장의 행태를 변화시키는데 간접적 작용을 한 것으로 나타났다. 즉, 주민들의 관심과 지역언론, 시민단체들은 갈등의 발생단계에서부터 관심을 가지기 시작하지만, 시간이 지날수록 그 관심과 참여 등이 강도가 높아짐으로 해서 단체장이나 지방정부에 압박하는 요인으로 작용한 것으로 나타났다. 하지만, 광역지방정부의 경우 주민들에 직접적으로 영향을 미치는 사안에 대해서는 관심과 참여를 하지만, 이에 비해 정치적인 문제와 관련된 경우는 관련 주민들은 관심이 높았으나 그 외 주민들은 관심이 다른 사안에 비해서 적었다. 이는 주민들의 정치적 무관심과 관련된다고 보여 진다.

4) 사무권한갈등

사무권한 사례의 경우를 종합해보면, 지방정부간의 권한이나 기능범위가 모호함에 따라 발생하는 갈등들인데, 대부분 업무추진 과정에서 책임과 권한 등에 관한 사항으로 비용분담 및 인·허가, 관리권 갈등이 가장 많았다. 그리고 지방정부 사이의 공동으로 사용하거나 관리해오던 공유재적 성격을 지닌 부동산 같이 경계가 불분명함으로서 생기는 사례들이 많았다. 이 사무권한에 관한 갈등유형에서는 제도적 요인이 다른 요인들에 비해 중요한 것으로 나타났는데, 이러한 이유는 무엇보다도 불명확하게 규정된 법률에 기인한 것으로 나타났다.

이에 갈등의 해결을 위해서는 갈등 당사자간의 합의나 중재자의 중재 없이는 문제가 해결될 수 없는 상황이 대부분이었다. 또한 문제해결의 가장 중요한 기제로 당사자간의 합의와 제 3자에 의한 중재가 중요 요인으로 나타났었다. 행위자의 특성에 있어서는 대부분의 자치단체장들은 적극적인 모습을 나타냈다. 관할권한의 갈등의 경우는 주민들의 생활과 밀접한 부분들로서 주민들이 갈등에 많은 관심을 가지고 있었기 때문에 단체장의 적극적 행태를 나타내게 한 중요한 요인으로 보인다. 환경적 요인은 갈등해결에 있어 상급지방정부의 개입이 갈등의 발생기에는 나타나지 않았지만, 갈등의 증폭단계에서부터는 직접 개입하기보다는 문제를 위한 중재자로 나서는 경향이 나타났었다. 시민단체의 경우는 갈등의 발생단계부터 강한 관심과 참여를 나타냄으로 해서 단체장이나 혹은 상급정부, 지방정부들의 부담으로 작용해 갈등해결의 간접적 요인으로 작용한 것으로 나타났다.

이와 같이 관할권한과 관련한 갈등의 해결에서 가장 중요한 것은 당사자간의 합의와 제 3자에 의한 중재가 필요한 것으로 나타났다. 무엇보다 관할권한 관련 갈등이 일어나지 않기 하기 위해서는 구체적인 제도적 장치가 마련되어야 할 것으로 보인다.

2. 지방정부간 협력의 증진과 관리

갈등과는 달리 개별적으로 소개된 지방정부간 협력사례의 소개는 지방정부간 협력이 갈등에 대한 관리 내지 해결의 산물로 만들어진다는 기존의 연구전제를 벗어나, 갈등이 증폭, 심화되지 않거나 심지어 이를 사전에 방지한 협력사례가 긍정적으로 부각되고 있다는 문제의식에서도 이루어졌다. 이에 소모성 경쟁이나 갈등증폭을 사전에 방지하였거나 갈등이 전혀 발생하지 않은 서로 다른 정부간 관계와 협력성격을 가진 사례를 소개하고 있다.

전반적인 결과를 놓고 볼 때, 지방정부간 협력의 발생과 지속에 영향을 미치는 조건들의 상대적인 중요성을 명확하게 가늠하기란 쉽지 않아 보인다. 그 이유는 같은 종류의 협력사례일지라도 지방정부의 관계수준에 따라 성공조건은 개별 사례마다 각기 다르게 나타났기 때문이다. 그러나, 향후 생산적인 협력사업을 둘러싼 지방정부간의 협력관계 구축의 성공조건을 예측하고, 소모적인 갈등예방이나 미래지향적 관계형성의 실마리를 일부나마 찾기 위해 어떠한 점이 우선적으로 고려되어야 할 것인지에 대해서는 한번 생각해 볼 수 있다.

1) 협력발생의 측면

우선 각 지방정부 수준간 협력이 최초에 성공적으로 발생할 수 있는 가장 영향력이 큰 조건은 경제적인 편익과 비용의 문제인 만큼, 여기에 대한 지방정부간 불평등을 조기에 최소화하는 노력들이 중요하다. 즉, 권리와 의무의 배정에 관하여 불확실, 불공정, 비경제적으로 이루어진다고 당사자(지방정부)들이 생각할 때 비용분담과 투자의욕이 상실될 수 있다. 지방정부간 생산적 협력으로 발생되는 각종 산출물(output)은 공공재 내지 공유재의 성격이 강하므로(예컨대, 도로, 교량, 댐, 관광자원 등), 이에 대한 편익과 비용의 문제는 누구에게 얼마만큼을 수익이 가도록 하며 이용자들간의 그것에 들어갈 비용을 어떻게 해소하는가가 문제이다.

또한, 비용과 편익이 분리되어 있는 공공재의 구조에서 자발적 협력유인이라 할 수 있는 수익창출과 분배의 명확화를 통한 경제적 불평등을 최소화하는 것이 이러한 문제를 해결할 수 있는 대안이 될 수 있음을 암시하고 있다. 이에 편익과 비용구조, 권한과 책임분담체계를 명확히 함으로써 갈등소지를 근본적으로 제거하는데 치중해야 하는데, 그 수단으로는 복수의 정부가 동등한 위치에서 협의·협력할 수 있는 여건 하에 이른바 '경제의 원칙'이 존중된 사전협의제의 이용과 사전협약을 체결하는 방법이 현실적인 수단으로 보인다. 경제의 원칙은 경매제, 원인자부담원칙, 수혜자부담원칙 등과 같은 것으로 이미 지방정부간 갈등이나 분쟁의 해결원칙으로서도 존중되고 있는 상태이다.

그리고, 행정협의회 등 최종 공식기구의 구성에 앞서서 중앙정부의 지원이나 승인이 필요한 대규모사업의 추진과정에서 지방정부간의 갈등이나 분쟁을 예방하기 위해서는 계획단계에서 미리 지원규모 및 시기 등에 대하여 '사전협의회 개최' 및 '사전협약'을 체결토록 함으로써 집행과정에서 야기될 수 있는 분쟁의 발생소지를 제거하는 것이 효과적임을 거가대교 건설사례에서 확인했다. 물론 협약에는 파기에 대한 부담도 담보되어야 한다.

2) 협력지속의 측면

지방정부간 생산적 협력이 발생된 이후 지속될 수 있는 조건은 제도적 장치나 협력기구의 문제, 즉 협력의 발생이후 상호작용의 관계를 공식화할 수 있는 제도적 기구의 운영으로 나타난 만큼, 무엇보다도 지방정부간 협력관계의 외형적 산물인 제도적 장치와 기구의 상설화가 요청된다. 특히 동일수준의 지방정부인 광역정부간, 혹은 기초정부간 협력사례에서 행정협의회 설치는 필수적인 제도적 과정임을 확인하였다. 이는 행정협의회가 현재 지방정부간 갈등이나 분쟁에서 그 구속력이나 강제성의 한계로 인하여 많은 기대효과를 달성하기는 어렵다는 지적을 받았지만, 앞으로 자발적인 협력관계에서만큼은 제도보완을 통해서 유용성 제고를 바라볼 수 있음을 뜻한다. 더욱이, 협력사례 모두 일반적인 사안과 절차적 당위성에 대한 행정협의회 보다는 협력사안을 위한 공동의 관심사와 동기부여로 특정한 목적의 달성을 위한 구체적이고 기능적인 성격을 가진 행정협의회를 자발적으로 설치하였다. 이는 향후 동일수준 지방정부간 행정협의회 활성화문제에 대한 실마리를 던져준다.

같은 맥락에서, 특별지방자치단체인 지방자치단체조합은 과거와는 달리 광역지방정부 상호간에 성공적으로 운영될 수 있음을 보여주었다. 이 때 양자합의가 법적 구속력을 갖기 때문에 실질적인 이행력을 계속 담보할 수 있으며 핵심사업의 공동추진을 위한 재원을 수익자부담과 재정적 형평성에 입각하여 배분·조달할 수 있는 점(한표환, 1999)이 실제 사례에서도 긍정적이었다. 따라서, 재원과 사업의 규모가 큰 광역지방정부간 협력관계에서 지방자치단체조합은 행정협의회보다 상대적으로 우월한 제도로서 과거 한국에서 여러 차례 실패경험을 바탕으로 보다 적극 활용될 필요가 있을 것이다.

3) 정부수준의 측면

전반적으로 정부의 수준이 상이한 경우, 즉 광역지방정부와 기초지방정부의 협력인 경우 각각이 가지고 있는 서로 다른 유·무형적 자원과 능력, 문화와 가치관 등은 협력관계의 구축에 중요한 조건인 만큼, 여기에 대한 협력관계 형성의 조기 보완이 필요하다. 즉, 한국에서는 광역정부와 기초정부간 현재 인적, 물적 교류네트워크가 제대로 구비되어 있지 않으며, 이에 다양한 협력관계 구축의 연결고리(linkages)가 부족한 실정을 감안하여 의사교류통로와 정보망 구축이 무엇보다 중요하다. 왜냐하면, 상·하위 지방정부간 협력사업이 실질적으로 효과를 거둘 수 있도록 촉진하기 위해서는 일반적으로 협력사업에 대한 상위정부의 우선적인 유·무형적 지원이 필요하기 때문이다.

하지만, 이러한 광역지방정부의 각종 지원이 기초지방정부의 자율적 의지나 내부의사결정을 방해해서는 안될 것이다. 광역지방정부와 기초지방정부간 협력관계 추진과정에서 역할분담이 체계화될 때 협력사업의 효과가 배가될 수 있다는 점에서 기존의 상위지방정부에 의한 일방적, 하향적인 추진전략은 마땅히 지양되어야 하며, 특정지역을 직접 관할하고 있는 기초지방정부가 주도하여 계획을 수립·집행·평가하고 상위 지방정부는 이러한 자율성을 보장하고 문제점을 해결하는 보완적 역할을 하는 상향식 협력관계 구축이 바람직하다. 이러한 내용은 빨치산루트 관광화 사업 협력의 성공사례에서 이미 확인되었다.

결론적으로 협력사례에서 나타난 지방정부간 협력관계 구축의 조건은 경제적 유인이나 동기에서 출발하여 제도적 장치나 기구로 나타나게 됨을 알 수 있었다. 더구나 세 가지 사례의 당사자는 갈등이나 분쟁이 협력과정에서 발생하는 자연스러운 현상으로 보고 자율적 협의와 조정을 통한 이를 조기에 타결하거나 예방하고 있다. 그리고, 나아가 지방정부 상호간에는 다양한 형태의 자율적인 협력체 구성과 운영 및 서로 상이한 수준의 역량과 상호 행위자의 노력을 통하여 자원활용의 효율성과 이익을 창출하는 이러한 협력관계의 지속성을 담보하고 있다는 해석을 할 수 있다. 외부적으로는 민선자치 이후 중앙이나 광역정부는 각종 재정 및 기술적 지원을 통하여 예하 지방정부들의 자율적인 협의 및 협력체제 강화를 지원하고 있는 것으로 보인다.

따라서, 향후 지방정부간 생산적 협력관계 구축이라는 의제(agenda)가 곧 모두 이익을 보는(win-win) 그러한 비영합게임(non zero-sum)임을 전제로, 이에 관한 활성화전략이 기존의 갈등 및 분쟁(zero-sum) 해소의 조건이나 대안과는 다른 관점에서 다루어져야 함을 제안한다. 동시에, 지방정부간 협력에서 중앙 및 상위정부는 자발적인 협력분위기를 조성해주고, 우선 많은 협력의 경험과 유형부터 축적시켜 나가야 한다. 그리만 된다면 이를 토대로 지방정부의 관계 수준에 따라 보다 세분화된 협력관계 구축과 이에 대한 맞춤형 성공전략이 마련될 수 있을 것으로 본다.

제8장 맺음말: 지방정부간 갈등과 협력의 미래

제1절 논의의 성과

지난 1995년 민선단체장 직선 이후 한국의 지방정부에서 나타난 가장 두드러진 특징은 크게 두 가지로 집약된다. 하나는 지방정부의 관할권 내에서 나타난 지방정치의 활성화현상이며 다른 하나는 정부간 상호작용의 증가현상이다. 전자가 지방정부 내에서의 권력구조와 의사결정과정에 관한 것이라면, 후자는 지방정부간 관계 및 동일 수준의 정부간 관계에서 나타나는 갈등 및 협력현상과 관련되어 있다. 그런데, 후자의 경우 지금까지 한국의 정부간 관계에 대한 학계의 설명은 주로 광역정부가 기초정부에 비해 우월한 각종 자원을 확보하고 있다는 점에서 갈등의 경향성이 항상 잔존하고 있거나, 동일 수준의 지방정부라 할지라도 표면상으로는 평등한 관계를 유지하고 있으나 실제 보유자원의 우열여부에 따라 잠재적 갈등 관계가 반드시 형성된다는 점이 암묵적으로 전제되어 왔다.

이에 지금까지 살펴본 지방정부간 갈등과 협력의 이론과 실제는 지금까지 한국에서 나온 지방정부간 갈등과 협력 연구들은 지방정부간 관계를 다양한 대상영역이나 사례를 통해 파악하고, 이들 관계에 영향을 미치는 갈등 요인들을 다양하게 탐색해 주고 있다는 점에서 의미를 갖고 있다. 그러나 기존의 개별 학자들은 갈등과 협력의 요인을 소수의 개별사례들에 한정하고 있어 이들이 제시하고 있는 요인들의 설명이나 정책방안의 효용성이 다른 사례에 그대로 적용될 수 없다는 점에 한계를 지닌다. 실제 사례연구들이 밝히고 있는 갈등 및 협력요인의 분포를 살펴보면 학자별로 분석단위가 상이하게 나타나고 있을 뿐만 아니라 설정된 요인들의 유형 또한 복잡 다양하게 제시하고 있어 일관되고 통합적인 설명의 맥락을 찾기 어렵도록 하고 있다. 따라서 여기서는 사례별로 다르게 나타나는 영향요인과 사례의 전개과정에 따라 반전될 수 있는 관계의 가변성을 포괄적으로 설명할 수 있는 통합적 연구 작업이 필요하다고 보고, 지방정부간 갈등 및 협력사례의 다양성과 가변성을 통한 통합적인 논의를 시도하였다. 따라서 지금까지의 이론과 실제에 대한 논의를 통하여 얻은 연구의 성과는 다음과 같이 말할 수 있다.

첫째, 충청·호남·영남 등 3개 지역을 중심으로 발굴·수집하고 이 중에서 정부수준과 유형별로 구분된 사례를 통시적이고 심층적인 분석을 통해 갈등과 협력과정을 탐색하였다는 점은 기존 상황에 비해 새롭게 획기적인 시도라고 본다. 기존연구에 비해 분석사례의 대상을 늘려 보다 다양한 사례를 심층적으로 분석하였다.

둘째, 이 책은 지방정부의 갈등 및 협력을 광역과 광역정부간, 광역과 기초정부간, 기초와 기초정부간 등 정부관계로 보다 세분하여 갈등 및 협력요인을 탐색하였다. 갈등이 정부관계별로 다양하고 부각되는 요인도 상이하였고 의미 있는 요인도 발견할 수 있었다.

셋째, 지방정부간 갈등의 유형도 매우 다양하였다. 갈등의 유형은 연구목적이나 방법에 따라 다양하지만 이 책에서는 비선호시설, 선호시설, 관할구역 및 사무권한 등의 유형으로 분류하고 이런 유형에 따라 갈등 및 협력요인을 분석하였다. 갈등유형별로 어떤 요인이 부각되고 특성을 지니는지 탐색하였다.

넷째, 지방정부간 갈등양상은 갈등이 발생하여 해결된 경우, 갈등이 해결되지 않고 지속하는 경우, 갈등이 완화는 경우 등으로 나타나고 있는 데, 이 책에서는 갈등의 전개양상별로 주요요인도 탐색하였다.

다섯째, 사례의 다양성측면에서 갈등 및 협력요인을 분석하면서 한편으로 보다 심층적인 분석을 위해 갈등의 동태적 측면에서 갈등 및 협력요인을 탐색하였다. 갈등발생, 갈등증폭, 갈등완화, 갈등해결, 갈등지속 등 갈등을 단계별로 나누어 각 단계별 과정에서 중요하게 부각되는 요인을 들여다보았다. 이는 이 책의 가장 특징적인 부분이자 차별화된 시각으로 다루었다.

여섯째, 사례의 다양성과 시기별 가변성에 초점을 두면서 분석한 결과 기존연구에서 발견하지 못한 다양한 요인을 발견할 수 있었다. 특히 통합적 접근방법을 통해서 기존시각에서는 찾아 낼 수 없었던 중요요인을 탐색할 수 있었다. 예컨대 기존연구에서는 비용과 편익의 불공평성, 갈등조정과 관련된 제도적 협력장치의 미정립 등이 주요한 갈등요인이 제기되고 있으나, 여기서는 제도적 협력장치 뿐만 아니라 단체장의 행태 내지 문제 해결의지, 여기에다 합리적인 중재자의 역할 등이 핵심적 조건임을 발견할 수 있었다. 지방정부간 갈등을 해결은 단체장의 의지와 관련행위자들이 공유 가능한 협력장치의 설치가 무엇보다도 중요하다는 점을 얻을 수가 있었다.

마지막으로 이 책의 이론 부분에서 살펴본 지방정부간 갈등과 협력의 미시적 연구경향은 연구패러다임과 연구범위의 변화에 따라서 각기 다른 목적을 갖고 개발되어 사용하여 온 것이지만 이 책에서 표방하는 보다 일반화된 거시적 분석경향과 상호간 배타적인 것은 결코 아니다. 오히려 이러한 다양한 협력의 접근방법들은 서로 보완적으로 사용되어야 할 필요가 있다. 그것은 마치 산을 전체적으로 알기 위해서 숲만 보아서는 안 되는 것과 같을 것이되, 산은 실제로 많은 숲들을 기반으로 만들어지는 논리일 것이다. 즉 지방정부간 갈등과 협력관계를 보다 포괄적으로 이해하고 파악하기 위해서는 미시적 분석을 통한 개별맞춤형 대안 제시와 일반화된 포괄적 설명들이 상호·보완적으로 수용되어야 할 것이다.

제2절 성찰과 전망

최근 한국은 민선지방자치 10년을 넘어서면서 다양한 사회변화를 경험하고 있다. 더구나 학계에서는 지난 민선자치 10주년을 결산하는 각종 이슈와 다양한 관점을 내놓았다. 그 중에는 지방정부간 갈등과 협력 부분이 포함될 수 있는데 각급 지방정부의 자치행정력 증대와 단체장의 직선, 그리고 자치에 대한 시민사회와 주민의 의식변화 등으로 갈등과 협력의 사례와 유형, 그 원인이 점차 복잡화, 다양화되고 있다.

예를 들어, 본격적인 지방자치 실시 이후 최근 한국의 지방정부 사이에는 님비현상 만큼이나 바나나(BANANA)현상 및 핌피(PIMFY)로 인한 갈등현상이 자주 나타나고 있다. 특히, 지방정부에서도 재정자립을 위해 각종 수익사업에 손을 대면서 지역주민이나 행정기관이 자신들에게 금전적으로 이익이 되는 조치나 시설을 지역 내에 유치하려는 현상이 새로운 사회문제로 대두되었다. 쓰레기매립장, 분뇨처리장, 하수처리장, 화장장, 교도소와 같은 혐오 시설이 주로 님비의 대상이 되었고, 공공기관, 학교, 도서관, 공연장, 경기장, 공원 등과 같은 유익한 시설은 핌피의 대상이 되어 왔다. 그리고 원자력발전소나 댐과 같은 환경오염시설은 '어디에든 아무 것도 짓지 마라'는 바나나 현상의 대상이 되었다. 님비와 바나나 현상은 국민의 환경에 대한 의식이 높아감에 따라 일정 지역 거주민들이 지역 훼손사업 또는 오염산업의 유치를 집단으로 거부하고 있어 국가 차원의 공단설립이나 원자력발전소, 댐건설은 물론이고 핵폐기물 처리장, 쓰레기 매립장 등과 같은 혐오시설의 설치가 중단되는 등 많은 문제를 낳았고 이에 대한 학문적 연구도 최근 더욱 활발해지고 있다.

지방정부는 유익한 시설뿐 아니라 혐오시설이라도 지역발전을 위해 적극적으로 유치하려는 경우도 늘었는데, 이는 지방정부간 님비갈등의 해결책으로 공평부담의 원칙이 적용되면서 향후 더욱 확산될 추세로 보인다. 또한, 더 나아가 이러한 지방정부간의 지나친 유치경쟁은 지금까지 님비갈등의 해소개념으로써 선호시설을 입지시킴으로 인해 지방정부와 주민들이 느끼는 피해를 상쇄시킬 수 있는 정책적 배려나 대안의 차원을 넘어, 지방정부간 경쟁상황 및 자원의 희소성과 맞물려 오히려 님비갈등 이상의 부작용을 초래하고 있다. 이에 향후에는 산적하는 갈등의 종류만큼이나 지방정부간 갈등 연구의 복잡, 다양화 추세가 예상된다.

한편, 현재 지방정부간 관계에서 갈등이 협력에 선행한다는 증거는 앞선 많은 사례에서 나타나고 있으나 반드시 갈등이 협력의 필요조건이라는 이론적, 현실적 증거는 명백하지 않다. 오히려 최근에는 어떠한 문제에 있어 갈등이 심화되지 않거나 심지어 사전에 예방된 상태에서 지방정부간 협력이 자연스럽게 일어나는 경우가 자주 발생하고 있다.

예를 들면, 1995년 이후부터 2002년에 이르기까지 지방정부간 갈등 및 협력사례의 규모와 증감 추이를 행정자치부의 내부 자료를 통해 검토해 본 결과, 갈등의 사례 수는 매 연도별로 점차 감소하는 추세로 나타나 2002년에는 총 25건만이 갈등상태로 남아 있으며, 협력건수는 매년 지속적으로 협력형태를 유지하는 새로운 건수가 늘어나고 있어서 총 166건에 달하는 것으로 나타나고 있다(행정자치부, 2002). 이를테면 갈등보다는 협력사례가 훨씬 크게 나타나는 희망적인 추세를 발견할 수 있는 것이다. 그러나 이러한 표면적 경향에서 유의할 점은 행정자치부에 의해 집계되고 있는 갈등 및 협력사례의 수는 단순히 공식채널을 통해 접수된 건수만을 다루고 있다는 것이다. 따라서 비공식적인 사안으로 남은 채, 갈등의 소지를 안고 있는 사례의 수는 전혀 포함되어 있지 않으며, 협력으로 분류된 사례의 경우에도 운영상황에 따라 협력관계가 실제로 어떻게 변동되었는지를 파악할 수 없다는 것이 한계점이다.

이는 명백하게도 기존의 지방정부간 갈등관리와 해결이 곧 지방정부간 협력이라고 보는 기존의 지배적인 연구관점과는 분명 차이가 있는 변화현상이다. 또한, 누차 강조했지만 지방정부간 갈등의 반대의미가 곧 협력은 아니다. 왜냐하면, 갈등의 반대의미는 갈등이 없는 상태이고 협력의 반대의미는 협력이 없는 상태이기 때문이다. 이것은 갈등이 있으면 반드시 협력이 없고, 갈등이 없으면 반드시 협력이 나타나는 것은 아니라는 의미도 된다.

따라서, 지방정부간 갈등해결을 전제한 양질의 협력방안의 도출을 늘 강조해 왔던 정부의 입장이나 학계의 여러 주장들을 생각해 볼 때, 이처럼 상대적으로 갈등보다 협력사례 자체의 분석작업에 무심했던 것은 학자들 스스로의 아이러니가 아닐 수 없다.

다행스러운 것은 최근에는 지방정부 스스로 협력에 대한 필요성을 인식하고 지역 혹은 광역차원에 공동현안문제를 해결하기 위하여 지방정부간 자발적 협력 움직임이 나타나고 있다는 점이다. 이는 지방분권에 대한 정부의 적극적인 의지와 함께 학계 및 실무자들의 끊임없는 노력, 특히 지방정치의 성숙을 통해 지방간 협력을 바탕으로 하는 새로운 정부 간 관계가 형성되고 있는 긍정적 측면으로 볼 수 있다. 그러나 지방정부간 성공적인 협력현상에 원인연구와 협력실태에 대한 구체적인 사례연구는 수도권보다 지방이 훨씬 적고, 연구내용이나 범위도 협소한 수준에 그치고 있다. 즉, 그동안 지방정부간 갈등과 협력을 분석했던 연구물들을 보면, 정부간 관계에 대한 체계적인 이론적 설명과 정책대안 개발작업에 중요한 기초자료를 제공해 준다는 점에서 가장 우선 시 되어야 할 연구주제였다.

하지만 이제는 학계의 연구관심이 갈등원인과 예방에서 협력사례와 그 원인에 대한 심층적 분석으로 옮겨갈 차례라고 할 수 있다. 더구나 지금까지의 설명방식은 최근 지방정부간 갈등과 협력사례별로 각기 다르게 나타난 정부간 갈등과 대립, 그리고 협상과 협력이라는 동태적 상호작용진행의 실체를 조명하는데 까지는 성공하였으나, 지방정부간 자발적인 협력관계를 설명하는 데에 있어서 한계에 봉착한 것이 사실이다. 또한, 지방정부간 갈등이 심화되지 않았거나 이를 예방한 특정한 사례를 분석하여, 애초부터 소모적 갈등이 커지지 않게 하는 것이 가장 좋고 효율적인 방안임을 주지시키려는 노력은 더더욱 드물었다. 이에 보다 생산적이고 긍정적인 지방정부간 관계형성에 대한 규범적 논의는 정책적 처방이나 이를 위한 학문적 연구 영역에 있어 여전히 요원한 과제로 남아 있다.

이에 향후에는 지방정부간 갈등예방차원 뿐만 아니라 지방정부간 보다 자발적이고 생산적인 협력관계 형성을 위한 연구들이 쏟아져 나와야 한다. 지방정부간 생산적 협력관계란, 한 이슈에 대한 지방정부간 관계형성에 있어 특별히 갈등이나 분쟁이 예방되었거나, 협력진행과정에서 미미한 수준의 마찰이 있는 경우만을 의미하는 동시에 협력진행의 상호보완성과 자율성이 담보된 경우를 뜻한다(Lulofs & Dudley, 2000).

자원에 대한 불필요한 경쟁이나 다툼은 시간과 돈을 낭비할 뿐이며, 갈등 양자에 미치는 손실이 막대하다는 것은 그간의 지방차지경험을 통해 모두가 알고 있는 사실이다. 그러나 갈등이나 분쟁을 효과적으로 예방하고 생산적인 관계를 형성하는 방법은 실제적으로 쉬운 일이 아니다. 예를 들면, 각종 댐, 공단, 방폐장 등과 같은 국책사업이 지방정부간 갈등으로 인해 지연되면서 국가적인 낭비가 초래된 사례는 많다. 특히, 최근 증가하고 있는 지방정부간 각종 선호시설 유치경쟁은 정치적, 경제적, 행정적 소모전 양상으로 치닫는 경우가 대부분이다. 또한, 갈등의 목적이나 기능은 긍정적인 변화를 유도할 수 있으나, 갈등이 잘못 관리될 경우 그 반대의 경우도 나타날 수 있으므로, 애초에 갈등이 일어나지 않거나 이를 예방하는 것이 보다 생산적이고 긴밀한 협력의 전제가 될 수도 있다는 의견이 타당할 것이다. 따라서, 앞으로 지방정부간 자발적이고 생산적 협력관계 구축으로의 전환 노력과 이의 성공은 곧 갈등의 예방 및 조기타결의 필요조건이자 미래지향적 관계의 조건이기도 하다.

| 참고문헌 |

Ⅰ. 국내문헌

1. 단행본

강신택.(1995). 사회과학연구의 논리 : 정치학·행정학을 중심으로. 서울 : 박영사.

강용기.(1999). 현대지방자치론. 서울 : 대영문화사.

공유식 외.(1995). 신경제사회학의 이해. 역사비평사.

김 인.(2002). 공공서비스 연구와 신제도론적 접근방법. 윤영진·김태룡 외. 새행정이론 서울 : 대영문화사.

김병섭·박광국·조경호.(2000). 조직의 이해와 관리. 서울: 대영문화사.

김병준.(2000). 한국지방자치론 : 지방자치·자치행정·자치경영 제 2판. 서울 : 법문사.

김석준 외 3인.(2000). 뉴거버넌스 연구. 서울 : 대영문화사.

김종완.(1999). 신문화이론. 정치문화의 갈등. 정용덕(편). 신제도주의이론서울 : 대영문화사.

김종완.(2002). 문화이론의 이해. 박종민(편). 정책과 제도의 문화분석. 2-22. 서울 : 박영사.

김호섭 외.(2002). 조직행태의 이해. 서울 : 대영문화사.

남궁근.(1998). 사회과학조사방법론. 서울 : 법문사.

노화준.(2001). 정책분석론. 서울 : 박영사.

박동서.(1987). 한국행정론. 서울 : 법문사.

박재환.(1992). 사회갈등과 이데올로기. 서울 : 나남.

박통희.(1992). Elinor Ostrom의 제도연구 방법론. 정책학의 주요이론. 서울 : 경세원.

박호숙.(1996). 지방자치단체의 갈등관리. 서울 : 다산출판사.

신유근.(1993). 조직행위론. 서울 : 다산출판사.

송 복.(1990). 한국사회의 갈등구조. 서울 : 현대문학.

안성민.(2002). 신제도주의와 문화이론. 박종민(편). 정책과 제도의 문화분석.

안용식·김천영.(1995). 지방정부간 협력관계론. 서울 : 대영문화사.

유동운.(1999). 신제도주의 경제학. 선학사.

유종해.(2000). 현대조직관리. 서울 : 박영사.
유해운·권영길·오창택.(1997). 환경갈등과 님비이론. 서울 : 선학사.
이명석.(1999). 합리적 선택론의 신제도주의. 정용덕 외 공저
합리적 선택과 신제도주의. 서울 : 대영문화사.
이선우.(2002). 박종민(편). 정책과 제도의 문화분석. 서울 : 박영사.
이재규.(1998). 조직갈등관리론. 서울 : 박영사.
이종수·윤용진.(2001). 새 행정학. 서울 : 대영문화사.
이창원·최창현.(1996). 새조직론. 서울 : 대영문화사
이한검 외.(2000). 인간관계. 서울 : 형설출판사.
전경갑.(1993). 현대사회학의 이론. 서울 : 한길사.
정세욱.(2000). 지방자치학. 서울 : 법문사.
정용덕 외 (2000). 합리적 선택과 신제도주의. 서울 : 대영문화사.
정용덕 외.(2001). 신제도주의 연구. 서울 : 대영문화사.
정용덕.(2001). 현대국가의 행정학. 서울 : 법문사.
정정길 외.(1994). 정책평가 : 이론과 적용. 서울 : 박영사.
천대윤.(2003). 갈등관리전략론. 서울 : 선학사.
최병선.(2002). 정부규제론. 서울 : 박영사.
최외출·이성환.(1991). 정책학원론. 서울 : 대영문화사.
최창호.(1999). 지방자치학. 서울 : 삼영사.
최해진.(2004). 갈등의 이해와 관리. 서울 : 두남.
Chilcote, Ronald H. 정치사회학연구회 역.(1987). 비교정치학 이론.
서울 : 한울.
Marx, K. 김수행 역.(2001). 자본론 1(상, 하). 서울 : 비봉출판사.
Marx, K and F. Engels. 남상일 역.(1989). 공산당선언. 서울 : 백산서당.
Turner, J. H. 정태환 외 역.(2001). 현대 사회학 이론. 서울 : 나남출판.
Weber, M., 임영일·차명수·이상률 공편역.(1991). 막스 베버 선집. 서울 : 까치.

2. 논문

강성철·김상구·이광석.(2004). 갈등과 협력의 동태성.
한국지방정부학회 춘계학술대회 발표논문.
강인호 외.(2004). 지방자치단체의 갈등해결과 협력방안 구축.
한국지방자치학회 동계학술대회 발표논문.
강재호·김상구·우양호.(2005). 선호시설 유치를 둘러싼 지방정부간 갈등사례의

비교분석. 한국지방정부학회 동계학술대회발표논문.
강제상.(1996). 수질규제정책에 대한 정책대상집단의 순응요인에 관한 연구. 한국정책학회보. 5(2).
고경훈.(2000). 지방정부의 정책형성 분석 : 정부간 관계론의 시각에서. 고려대학교 행정학박사학위논문.
______.(2003). 선호시설 유치와 관련된 정부간 정책갈등에 관한 연구-전북 공립 외국어 고 등학교 유치사례를 중심으로. 한국정책학회보. 12(3).
______.(2004). 조직간 관계에서 환경 협력 정책형성에 관한 연구 : 구로-광명 환경빅딜을 중심으로. 한국정책학회보. 13(1).
권경득·우무정·김덕준.(2004). 지방정부간 갈등과 협력 : 외국의 사례를 중심으로. 한국지방정부학회 춘계학술대회 발표논문.
권원용.(1993). 도시계획분야에 있어서 협상론의 도입을 위한 시론적 고찰. 국토계획. 28(4).
권해수.(2003). 고시제도개혁의 시차적 접근. 서울대학교 행정논총. 41(2).
권희재·김장기.(2002). 지방정부간 교류협력관계의 기반조성에 관한 연구 : 강원도 일부 시·군을 중심으로. 지방행정연구. 16(2).
권희재·사득환·김장기.(2002). 지방정부간 교류협력의 조건과 가능성 : 중앙고속도로 사례를 중심으로. 지역개발연구. 10.
김갑성·강신겸·최진우.(1996). 혐오시설의 입지갈등과 합리적인 해소방안 : 쓰레기처리시설을 중심으로 삼성경제연구소 연구보고서.
김기태.(1996). 조직갈등의 관리모형에 관한 연구: 갈등요인과 과정을 중심으로. 부산 경상전문대 논문집. 16.
김길수.(2002). 폐기물처리시설의 성공적인 입지선정에 관한 연구. 한국지방자치학회보. 14(4).
김난도.(1997). 신제도 경제학의 제도 개념과 정책연구. 한국정책학회보. 6(1).
김도희.(2001). 지방정부와 주민간 입지갈등의 갈등유발요인에 관한 연구 : 울산원자력발전소 입지갈등사례를 중심으로. 한국정책학회보. 10(1).
______.(2004). NIMBY와 PIMFY 시설입지정책의 갈등구조 비교분석. 한국정책학회보. 13(1).
김렬·고재경(1996). 환경정책결정과정에서의 정치적 합리성 : 주민 참여형태와 정부 대응방식을 중심으로. 한국행정학보. 30(4).
김명현·유지태.(2000). 지방자치단체간 협력에 의한 사무처리제도의 개선방향. 한국법제연구원 연구보고서.
김병국.(1994). 광역자치단체와 기초자치단체간 관계에 대한 연구. 한국지방행정연구원. 지방행정연구. 9(3).

김병준.(1985). 정책집행에 있어 대상집단의 정책관여 : 개념적 틀의 확립을 위한 시론. 한국정치학회보. 19.
______.(2002). 지방자치 시대의 중앙-지방관계 : 권한 및 사무배분 문제를 중심으로. 사회연구. 3.
김상구.(2002). 협상의 영향요인에 관한 연구 : 환경기초시설 입지갈등을 중심으로. 한국행정학보. 36(2).
______.(2003). 협상의 수행수준과 갈등해결의 관계에 관한 연구. 한국행정논집. 15(1).
김상돈.(2004). 딜레마 상황에서의 악순환적 행위에 관한 연구 : 부안방사성폐기물 처리장 입지정책을 중심으로. 한국지방자치학회보. 16(1).
김상헌.(1997). 님비(NIMBY)문제 해결을 위한 보상체제. 한국행정학보. 31(4).
김성수.(1995). 지방자치단체간 갈등관리에 관한 연구. 호남정치학회보. 3.
김순은·김영수·변대근.(1998). 공동주택 불법개조 복구정책의 집행에 관한 연구: 정부간 관계를 중심으로. 한국정책학회 하계학술대회 발표논문.
김영수.(1994). 중앙과 지방정부간의 갈등관리에 관한 연구. 중앙행정논집. 8.
______.(1999). 국책사업과 관련한 중앙과 지방정부간 분쟁조정제도의 정립방안. 한국지방자치학회보. 11(1).
김영종.(1996). 지역갈등의 특성과 갈등해소방안. 동국논집. 15.
김영평.(1992). 공유자원에 대한 통치. 행정과 정책. 창간호.
______.(1996). 문화와 위험수용성. 행정과 정책. 2.
김영평 외.(1991). 한국관료제의 기관갈등과 정책조정. 한국행정학보. 25(1).
김용교.(2004). 분권화를 통한 지방정부간 합리적 협력체제 구축 방안 : 도와 시·군간을 중심으로. 지방행정. 54.
김용철.(1998). NIMBY와 PIMFY 현상의 정치적 갈등구조 비교 : 영광원전 5·6호기건설사업과 전남도청 이전사업 사례를 중심으로. 한국정치학회보. 32(1).
김 인.(1993). 미국 도시정부의 공공서비스 전달을 위한 제도적 장치. 부산광역시 시정연구보고서.
______.(1994). 부산시 주차서비스의 공급과 생산을 위한 제도적 장치. 한국사회와 행정연구. 5(1).
______.(1998). 공유자원의 딜레마와 효율적 관리. 지방과 행정연구. 10(1).
______.(1998). 공유자원의 효율적 관리를 위한 제도적 장치 : 연안어장을 중심으로. 지방정부연구. 2(1).
김인·강문희·조정현.(2004). 지방정부간 관할구역 관련 갈등에 관한 연구. 지방과 행정연구. 16(1).

김인철·최진식.(1999). 지방정부간의 갈등과 협상에 관한 연구 : 대구 위천공단 조성과 부산 낙동강 수질개선 문제를 중심으로. 한국정책학회보. 8(3).

김재훈.(2000). 대도시 자치구제 개선. 지방자치제도 개선을 위한 국민대토론회 발표논문. 2000. 12. 27.

김정기.(1998). 프랑스 지방정부의 역할 및 중앙정부와의 갈등해결에 관한 연구: 권한분배를 중심으로. 유럽연구. 7.

김정렬.(1997). 정부간관계의 변화와 지방정부의 대응. 한국행정연구. 6(4).

김정하.(1998). 지방정부의 관광행정조직간 관계에 관한 연구. 한양대학교 행정학과 박사학위논문.

김종후 외.(1994). 공공시설설치에 따른 지역/집단 이해갈등과 조정에 관한 연구. 지방행정연구. 6(1).

김천영.(2001). 지방정부간 분절현상에 관한 연구. 지방정부연구. 5(1).

노인만.(2002). 지방정부와 NGO간 협력관계 결정요인 연구. 영남대학교 행정학 박사학위논문.

라희문 외.(1999). 지방자치단체의 성과평가를 위한 지표개발. 한국정책학회보. 8(2).

문옥륜.(1995). 보건정책의 수립·집행에서 중앙과 지방정부간의 갈등구조와 조정방안. 대한보건협회 학술대회발표논문.

문태훈(1998). 낙동강·위천공단문제의 환경분쟁 해결방안. 한국정치학회 환경문제 특별 학술회의.

박기묵.(1997). 하천의 상하류지역간 물 분쟁해결모형 : 부산시와 대구시의 분쟁을 중심으로. 한국행정학보. 31(4).

박기홍.(1997). 지방정부의 국제관광협력모형 개발에 관한 연구. 한양대학교 행정학박사학위논문.

박근후.(1992). 한국의 정책형성과 집행에서 부처간 비협조와 조정연구. 관동대 논문집.

박상필.(2000). 이익집단 갈등과 사회자본: 경실련의 한약분쟁 조정 사례연구. 한국행정학보. 34(2).

박우서.(1997). 지방정부간 협력방안에 관한 연구: 광역서비스 공급과 관련한 지역간 갈등의 해결방안을 중심으로. 국토계획. 32(2).

박정용.(2002). 정책집행과정에서의 정책대응에 관한 연구: 의약분업 정책사례를 중심으로. 원광대학교 행정학박사학위논문.

박종화.(2001). 광역행정을 통한 지역이기주의 극복방안. 전국 시·도지사협의회·전국 시장·군수·구청장협의회·전국 시·도의회의장협의회·전국시·군·자치구의회의장회 주최 지방자치부활 10주년 기념 21세기 지방자치발전 대토론회 발표논문.
박호숙.(1994). 정책갈등과 지방의회의 조정역할 : 인주공단 설립 결정 사례. 고려대학교 행정학박사학위논문.
______.(2002). 중앙정부와 지방자치단체간의 공동정책결정행태와 갈등요인 분석. 한국정책학회 춘계학술대회 발표논문.
박희봉·김명환.(2000). 지역사회자본과 거버넌스 능력 : 서울 서초구와 경기 포천군 주민의 인식을 중심으로. 한국행정학보. 34(4).
백종섭.(2002). 서울시 추모공원 건립정책의 갈등원인과 해결방안. 한국행정학회 하계학술대회발표논문.
사득환.(1997). 지방시대 환경갈등의 해결기제 : 제 3자 조정을 중심으로. 한국행정학보. 31(3).
______.(2002). 정부간 관계 변화와 지방정부간의 환경협력. 한국지방자치학회보. 14(1).
사득환·박용길.(2001). 도시환경사업의 정부간 공동투자와 재정효과. 동우대학논문집. 13.
서휘석.(1995). 지방자치단체간 갈등에 관한 연구 : 장곡취수장 사례를 중심으로. 호남정치학회보. 4.
______.(2001). 지방정부간 갈등해결에 관한 연구 : 환경빅딜과 장곡취수장 사례를 중심으로. 한국지방자치학회 동계학술대회 발표논문집.
______.(2002). 정부간 관계 변화와 지방정부간의 환경협력. 한국지방자치학회보. 14(1).
소영진.(1999). 딜레마 발생의 사회적 조건 : 위천공단 설치를 둘러싼 지역갈등을 중심으로. 한국행정학보. 33(1).
신형균.(1992). 정부조직간 정책경쟁. 고려대학교 행정학박사학위논문.
신희권.(2002). 지방정부간 경제협력 증진방안. 한국사회와 행정연구. 13(2).
심문보.(1997). 지방자치단체와 주민간 집단갈등 현상에 관한 고찰 : 춘천시와 홍성군의 폐기물매립장 입지갈등 사례의 비교분석. 한국지방자치학회보. 9(4).
심익섭.(2001). 도에 의한 시·군간 갈등조정 방안. 한국지방자치학회 동계학술대회 발표논문.
안국찬.(2003). 지방자치단체간 갈등의 해소방안에 관한 연구 : 전라북도의 행정감사업무를 중심으로. 한국행정학회 추계학술대회 발표논문.
안성호.(1994). 지방정부간의 갈등관리와 중앙정부의 역할. 한국행정연구. 3(3).
______.(1997). 광역시와 자치구의 정부간 관계분석. 한국지방자치학회보. 9(3).
______.(1998). 지방정부간 외부성으로 인한 갈등문제에 대한 소고. 지방정부연

구. 2(2).
______.(2000). 지방정부의 갈등관리에 대한 제도적 접근. 한국행정학회 동계학술대회 발표논문.
오광록.(1983). 조직행위에 있어 갈등에 대한 연구. 충남대학교 경상논집..
오연천.(1998). 지방정부 개혁의 논리와 정부간 관계의 재구축. 서울대학교 행정논총. 36(1).
우효섭(1996). 수자원분쟁 : 현황과 대처방안. 수자원분쟁 어떻게 풀 것인가?. 한국환경안보연구소 연구보고서.
유재원.(1996). 수평적 정부간 협력체제 정립방안 : 수도권을 중심으로. 한국행정연구원 연구보고서.
윤영채 외.(2000). 환경기초시설 입지갈등의 원인규명과 해결방안 연구. 한국행정논집. 12(2).
윤의영.(2000). 정부간 분쟁: 환경분쟁 유발 및 협력요인. 한국행정학회 기획세미나 발표논문.
이광종.(1995). 갈등관리에 관한 연구. 한국생산성학회 생산성논집. 13.
이광희.(2003). 지방자치단체장의 리더십. 한국행정논집. 15(3).
______.(2003). 한국지방정부의 성과지표 개발 및 측정. 한국지방자치학회보. 15(3).
이달곤.(1992). 중앙정부와 지방자치단체간의 갈등관리에 관한 연구. 서울대학교 행정논총. 30(1).
______·강은숙.(2001). 한국 지방정치의 실증연구에 관한 비판적 고찰. 서울대학교 행정논총. 39(2).
이명석.(1995). 공유재 문제의 자치적 해결 가능성. 한국행정학보. 29(4).
이민창.(2004). 정책갈등현상의 제도론적 해석. 한국정책학회 추계학술대회 발표논문.
______.(2004). 자율규제의 재산권이론적 함의 : 김해 대포천 사례를 중심으로. 서울대학교 행정논총. 42(3).
______.(2003). 자율규제의 성공요인과 한계 : 신문판매공정규약사례를 중심으로. 한국사회와 행정연구. 14(3).
______.(2002). 합리적 선택 제도주의의 정책학적 함의. 한국사회와 행정연구 13(3).
______.(2001). 환경영향평가정책의 제도론적 분석 : 정책환경변화와 정책실패의 원인을 중심으로. 한국사회와 행정연구. 12(3).
이봉형 외.(1995). 환경혐오시설 설치에 따른 지역이기주의 극복방안. 한국행정학보. 29(3).

이선우 외.(2001). 영월다목적 댐 건설사업의 협상론적 재해석. 한국지방자치학회보. 13(2)

______..(2001). 정책갈등 관리행태의 문화적 분석. 한국행정학회 하계학술대회 발표논문.

이선우·문병기·주재복·정재동.(2001). 영월 다목적 댐 건설사업의 협상론적 재해석: 정책갈등해결의 모색. 한국지방자치학회보. 13(2).

이시경.(2000). 공동수자원을 둘러싼 환경갈등의 해소방안. 한국지방자치학회보. 12(2).

이승철.(1994). 정책대상집단의 정책관여요인에 관한 연구 : 비선호시설의 입지정책을 중심으로. 건국대학교 행정학박사학위논문.

이원일.(1998). 광역·기초자치단체간의 갈등에 관한 연구 : 부산광역시를 중심으로. 한국행정학보. 32(2).

이인수.(1999). 정부간 환경문제 갈등 해결 방안. 한국상품학회 상품학 연구. 20.

이종렬.(1995). 핵폐기물처리장 입지선정과 주민갈등 : 울진사례를 중심으로. 한국행정학보. 29(2).

______.(1997). 지역개발과 정부간 관계. 한국행정연구. 6(4).

______·권해수.(1998). 지역개발과정상 지방자치단체간 갈등분석과 관리전략: 위천공단지정 사례분석. 한국정책학회보. 7(3).

이종범.(1999). 개혁딜레마와 조직의 제도적 대응. 정부학 연구. 5(1).

장동운.(1986). 갈등관리의 모형에 관한 연구. 경희대학교 행정학박사학위논문.

장석영.(2001). 정부간 갈등해소에 미치는 언론의 영향력 연구-신문사설을 중심으로. 명지대학교 행정학박사학위논문.

전영길.(1997). 조직간 갈등의 조정가능성 분석 : 한국 토지정보관리부처의 사례를 중심으로. 강원대학교 지역개발연구. 5.

전주상.(2000). 지방정부와 주민간 정책갈등에 관한 연구. 서울대학교 행정학박사학위논문.

______.(2003). 입지갈등의 구조분석 : 강남 쓰레기소각장 건설사례를 중심으로. 한국사회와 행정연구. 13(3).

전진석.(2002). 의약분업정책변화에 대한 연구 : 정책옹호연합모형을 적용하여. 한국정책학 회보. 12(2).

정동채·박재완.(2002). 공기업 조직문화의 실증분석 : 집단성-격자성의 문화이론을 중심으로.한국행정연구. 11(4).

정정길.(2002). 정책과 제도의 변화과정과 인과법칙의 동태적 성격 : 시차적 접근방법을 위한 제언. 한국정책학회보. 11(2).

정정길·정준금.(2003). 정책과 제도변화의 시차적 요소. 서울대학교 행정논총. 41(2).

조경호·하재룡·주재복.(2002). 공공부문의 단체교섭과정과 동반자적 협력규칙 모색. 정부학 연구. 8(1).

조승현.(2003). 지방정부간 갈등관리 연구. 한국행정논집. 15(1).

주경일 외.(2003). 프레임분석을 통한 수자원 갈등 각 이해집단의 의미구성 이해. 서울대학교 행정논총. 41(4).

주만수.(1993). 지방정부간의 조세경쟁. 한국재정공공경제학회 재정논집. 7.

주상현.(2001a). 광역과 기초정부간 정책갈등과 관리전략 : 전라북도 도청사 입지갈등사례를 중심으로. 한국행정학회 하계학술대회 발표논문.

______.(2001b). 지방정부간 정책갈등 분석시각. 전북행정학보. 15(1).

______.(2001c). 지방정부간 정책갈등에 관한 연구. 전북대학교 행정학박사학위논문.

주재복.(2000). 지방정부간 분쟁의 조정과 협력 가능성 탐색. 한국행정학회 기획세미나 발표논문.

______.(2001a). 지방정부간 정책갈등의 조정과정과 협력규칙 : 서울시와 경기도의 상수원분쟁을 중심으로. 한국정책학회보. 10(1).

______.(2001b). 지방정부간 공유재 분쟁과 협력규칙 탐색. 정부학연구. 7(1).

주재복·최흥석·홍성만.(2003). 지방정부간 협약을 통한 공유재 관리 : 안양천유역의 지방정부간 수질개선사례를 중심으로. 정부학 연구. 9(2).

천병태.(1995). 지방자치단체의 상호간의 분쟁조정. 자치연구. 6(1).

최병선.(2000). 경제개혁의 평가와 과제 : 제도개혁과 재량적 개입의 상충성을 중심으로. 한국행정연구.

최병일.(2002). 지방정부간의 분쟁분석과 해결방안 : 전라북도 사례를 중심으로. 지역사회발전연구. 27(2).

최봉기·이시경.(1999). 위천공단 조성을 둘러싼 정책갈등의 해소방안. 한국지방자치학회보. 26(2).

최성욱·하민철.(2003). 지방정부간 협력규칙과 전략의 탐색. 지방행정연구.

최송규.(1999). 우리나라 쓰레기소각시설 설치의 주요 현황 및 쟁점과 지방자치단체간의 갈등 및 협력구조. 지역개발연구. 7.

최재송·이명석·배인명.(2001). 공유재 문제의 자치적 해결 : 충남 보령군 창고도어촌계 사례를 중심으로. 한국행정연구. 10(2).

최창수.(2001). 광역자치단체와 기초자치단체의 관계 : 비선호시설 도시계획결정사례를 통해 본 자치단체의 전략과 자원. 한국정치학회 추계학술대회 발표논문.

최창학.(1995). 행정정보화 측정 지표체계개발을 위한 시론. 한국행정연구. 4(1).
하연섭.(2002). 신제도주의의 최근 경향: 이론적 자기 혁신과 수렴. 한국행정학보. 36(4).
하혜수.(2003). 지방정부간 분쟁조정과정에 관한 협상론적 분석. 한국행정학보. 37(1).
한표환.(1999). 도시간 협력네트워크 구축에 시론적 연구. 한국행정학보. 33(3).
홍석균·김장기.(2002). 지방정부간 협력관계의 영향요인 연구. 한국사회와 행정연구. 13(3).
홍성만·주경일·주재복.(2004). 공유재 이용을 둘러싼 정부간 갈등의 조정과 협력분석 : 용담댐 수리권 분쟁사례에 대한 제도분석 틀(IAD framework)의 적용을 중심으로. 한국정책학회보. 13(1)
홍성만·주재복.(2003). 자율규칙형성을 통한 공유재 관리. 한국행정학보. 37(2).
홍준형.(1995). 지방자치 분쟁해결론: 일반적 분쟁해결 유형. 지방자치. 85.

3. 기타

강용기.(2001). 정부간관계론. 행정학전자사전. 한국행정학회.
경기도.(1999). 지방자치단체간 협력활성화 방안 연구.
경기도지방공무원교육원.(1987). 정부간관계론.
김갑성·강신겸·최진우.(1996).혐오시설의 입지갈등과 합리적인 해소방안 : 쓰레기처리시설을 중심으로 삼성경제연구소 연구보고서.
김명현·유지태.(2000). 지방자치단체간 협력에 의한 사무처리제도의 개선방향. 한국법제연구원
김영수.(1994).지방자치단체간 분쟁조정방안. 한국지방행정연구원 연구보고서.
김재훈.(1995). 지방회시대의 정부간 협력체제 구축 방안한국행정연구원 연구보고서95-08.
김필두.(1996). 지방자치단체 상호간 갈등해소방안. 서울 : 지방행정연구원.
전라남도 민원실.(1999). 타 시·도 우수시책 모음집. 지역개발사례 21번(경남).
전라북도연구단.(2002). 지방자치단체간 갈등구조와 관리전략 : 전라북도 갈등사례를 중심으로. 제 39회 지방행정연수대회.
최유성.(1999). 정부간 관계에 관한 공무원 인식조사. 한국행정연구원 연구보고서.
______.(2000). 정부간 관여한국행정연구원 연구보고서.

한국사회학회.(1985). 한국사회와 갈등의 연구. 서울: 현대사회연구소.

한국지방행정연구원.(1996).지방자치시대의 갈등사례 연구자료집 96-1.

행정자치부·국토연구원·한국지방행정연구원(1999). 지방자치시대의 분쟁사례집 I,II. 서울 : 행정자치부·국토연구원·한국지방행정연구원.

한표환·김선기·김필두.(2002).자치단체간 협력사업 활성화방안 한국지방행정연구원 연구보고서 2002-06(제 350권).

관련신문 및 보도자료(1998-2005). 경남신문(1999-07-09. 2000-10-24. 2000-11-07. 2001-05-07 2001-05-09. 2001-9-10. 2001-11-23. 2002-10-8). 경남도민일보(2001-4.-23. 2001-5-7). 경상일보(2001-1-18. 2001-9-5. 2003-6-19. 2003-6-20. 2004-1-29). 국제신문(1998-2-24. 2000-10-19. 2001-7-25. 2002-8-13. 2002-12-20. 2003-7-3. 2003-7-10). 부산일보(1999-11-3. 2000-6-28. 2000-10-19. 2002-10-17. 2003-2-19. 2003-11-27. 2003-12-18). 연합뉴스(2005-7-30). 한국일보(2001-11-07).

Ⅱ. 국외문헌

1. 단행본

Abcarian, G. and M. Palmer.(1974). Society in Conflict : An Introduction to Social Science. San Francisco: Canfield Press.

Anderson, W.(1960). Intergovernmental Relations in Review. Minneapolis: University of Minnesota Press.

Ashworth, Graham.(1995). The Role of Local Government in Environmental Protection: First Line Defence. London: Longman.

Augsburger, D.(1992) Conflict Mediation across Cultures: Pathways and Patterns, London: Westminster John Knox Press.

Axelrod, R.(1984). The Evolution of Cooperation. New York: Basic.

Bachrach, Peter, and Morton S. Baratz.(1963). Power and Poverty: Theory and Practice. Oxford: Oxford University.

Beals, A. R. and B. J. Siegel.(1966). Decisiveness and Social Conflict: An Anthropological Approach. Stanford University Press.

Bollens, J. C. and Schmandt. H.(1982). The Metro-police: Its People, Politics, and Economic Life. New York: Harper & Row Publishers.

Boulding, K. E.(1988). Conflict and Defense: A General Theory. New York: University Press of America.

Brown, L. D.(1983). Managing Conflict at Organizational Interfaces, Reading, Mass. Addison Wesly Publishing, Co.

Bulpitt, J. G.(1983). Territorial Politics in the United Kingdom: An Analytical Prospectus. Manchester: Manchester Press.

Chandler, J.(1991). Local Government Today. Manchester: Manchester University Press.

Christensen, K. S.(1999). Cities and Complexity: Making Intergovernmental Decisions. Thousand Oaks CA: Sage.

Cochran, C. E., et. al.(1993). American Public Policy: An Introduction.(4th ed.). New York: St. Martin's.

Coser, L.A.(1964) The Functions of Social Conflict, New York: The Free

Press.
Daft, R. L.(1992). Organization Theory and Design. Eunos: Info Access Distribution Pte. Ltd.
Dalton, M.(1959). Men who Manage. New York: John Wiley.
Darendorf, R. M.(1959). Class and Class Conflict in Industrial Society. Stanford, CA: Stanford University Press.
David W. Augsburger.(1992). Conflict Mediation across Cultures. Louisville·London: Westminster Jhon Knox Press.
Davies, B.(1972). Variations in Children's Services among British Urban Authorities: A Casual Analysis. London: Bell.
Deutsch, Morton.(1973). The Resolution of Conflict. New Haven, Connecticut: Yale University Press.
Dougals M(ed.).(1982). Essay in the Sociology of Perception. Routledge & Kegan Paul.
Douglas M.(1992). Risk and Blame:Essay in Cultural Theory, Routledge.
Dunleavy, P.(1981). Urban Political Analysis. London: MacMillian.
Dunleavy, P.(1984). The Limits to Local Government. in E. Boddy & Fudge (eds). Local Socialism? London: Macmillan.
Elcock, H.(1994). Local Government. 3rd ed. London: Routledge.
Elster, Jon.(1990). Selfishness and Altruism, in Beyond Self-Interest, University of Chicago Press.
Etzioni, A.(1968) The Active Society: A Theory of Societal and Political Processes, London: The Free Press.
Eulau, H.(1969). Micro-Macro Political Analysis: Accents of Inquiry (Chicago: Aldine Publishing Co.
Gellar, Sheldon, Ronald Oakerson, and Susan Wynne (1990). An Institutional Analysis of the Production, Processing, and Marketing of Arabica Coffee in the West and North West Provinces of Cameroon, Associates in Rural Development, Inc..
Goggin M. L, A. O'M. Bowman, J. P. Lester, L. J. O'Toole, Jr..(1990). Implementation Theory and Practice: Toward a Third Generation. HarperCollins.
Goldsmith, M.(1986). Urban Political Theory and Management of Fiscal Stress. Aldershort: Gower.
Gould, Kennetha, Allan Schnaiberg, and Adams Weinberg(1996). Local

Environmental Struggles. Cambridge University Press.

Gyford, J.(1984). Local Politics in Britain. London: Croom Helm.

Hall, Richard H.(1991). Organization: Structures, Process, and Outcome. Y.W.:Prentice Hall.

Himes, J. S.(1980). Conflict and Conflict Management. Athens: The University of Georgia Press.

Jones, R. E.(1983). Organizational Behavior. Glenview, Ⅲ: Scott, Foresman Company.

Kasper, Wolfgang and Manfred E. Streit.(1998). Institutional Economics, Edward Elgar Publishing Limited.

Katz, D. and R. L. Kahn.(1978). The Social Psychology of Organizations.(2nd ed.). John Wiley & Sons, Inc.

Kingdon, J.(1991). Local Government and Politics in Britain. New York: Philip Allan.

Lanford, H. W.(1981). System Management. Port Washington, N.Y.: Kennikat Press Co.

Libecap, Gary D..(1989). Contracting for Property Rights, Cambridge University Press.

Lippitt, G. L.(1985). Managing conflict in today's organization. In Keith Davis and Jhon W. Newstrom(7th ed.). Organization Behavior: Readings Exercises. New York.: McGraw-Hill Book Company.

Livingston, W. S.(1956). Federalism and Constitutional Change. Oxford: The Clarendon Press.

Lulofs, R. S. and C. Dudley D.(2000). Conflict from Theory to Action. MA: Allen & Bacon.

Martin, L.(2000). Intergovernmental Relations after Devolution: The National Assembly for Wales.

Maser, C.(1996). Resolving Environmental Conflict: Towards Sustainable Community Development. Delray Beach, Fl: St. Lucie Press.

McCall, C. H.(1994). Local Government Cooperative Service Provision, Office of the State Comptroller, State of New York.

March, J. G and Simon, H. A.(1958). Organization. N.Y.:John Wiley & Sons.

Minnery, J. R.(1985). Conflict Management in Urban Planning. Gower House: Gower Publishing Company Limited.

Mitchell, C. R.(1981). The Structure of International Conflict. New York: Macmillan Press.

Moscovici, S. and W. Doise(1994). Conflict and consensus: A General Theory of Collective Decision.London: Sage.

Napier, Christopher(Ed.)(1998). Environmental Conflict Resolution. London: Cameron May.

North, D. C.(1990). Institutions, institutional Change and Economic Performance. Ma: Cambridge University Press.

Page, E.(1983). Central Government Instrument of Influence on Local Authorities. Strathclyde Univ.

Page, E.. and Michael J. Goldsmith (1987). Central and Local Government Relations. London: Sage.

Peter B.(1998). Changes in the Scandinavian Model-From Bureaucratic Command

Pruit, D. G.(1986). Social Conflict: Escalation, Stalemate, and Settlement. New York: Mcraw-Hill.

Oakerson, R.(Advisory Commission on Intergovernmental Relations) (1987). The Organization of Local Public Economies, A-109, Washington, D.C.: Government Printing Office.

Ostrom. E.(1990). Governing the Commons : The Evolution of Institutions for Collective Action., Cambridge University Press.

______., Roy Gardner, and James Walker (1997). Rules, Games, and ,Common-Pool Resources, Ann Arbor : The University of Michigan Press.

______..(1999). Copying with tragedies of the commons,.

Ostrom, V.(1989). The Intellectual Crisis in American Public Administration, 2nd. ed. Tuscaloosa : The University of Alabama Press.

Pruit,D. G.(1993). Strategic Choice in Negociation, William Breslin and Jefferey Z.Rubin.(eds.). Negociation Theory and Practice. Cambidge, MA: Harvard Law School.

Rabe,B. G.(1990). The Hazardous Waste Dilemma and the Hazard of Institutionalizing Negociation,in Miriam K.Mills(eds.). Conflict Resolution and Public Policy. London Greenwood Press.

Rahim, M.(1986). Managing Conflict in Organizations. New York: Praeger.

Rapoport, Anatol.(1960). Fights, Games, Debates. And Arbor: The University of Michigan Press, for the Center for Research on Conflict Resolution.

Reed, R (1986).Japanese Prefecture and Plicymaking. University of Pittsburgh Press.

Reitz, H. J.(1981). Behavior in Organizations. Homewood, Ill., Richard D. Irwin, Inc.

Rhodes, R. A. W.(1983). Control and Power in Central-Local Government Relations. Aldershot: Gower Publishing Company Ltd.

Robbins, S. P.(1983). Organization Theory. New York: Prentice-Hall.

_______.(1987). Effective advocacy before trial: the path to successful litigation. Washington State Bar Association.

Ronald J. F.(1997). Interactive Conflict Resolution. New York: Syracuse University Press.

Ross, Bernard H. et al.(1991). Urban Politics. Itasca: F. E. Peacock Publishers.

Roy J. Lewicki, Barbara Gray, and Michael Elliott.(2003). Environmental Conflicts: Framed and Cases. Washington, Covelo, London: Island Press

Sabatier, P.and H.Jenkins-Smith(1993). Policy Change and Learning: An Advocacy Coalition Approach.Boulder: Westview Press

Sandole and Sandole Staroste.(1987). Conflict Management and Problem Solving. New York: N.Y Univ Press.

Schelling, T. C.(1980). The Strategy of Conflict. Cambridge, M.A.: Harvard Univ. Press.

Schwarts M. and Thompson M(1990). Divded We stand: Redefining Politics, Technology and Social Choice. Harvester-Wheatsheaf.

Shafritz, J. M.(1998). International Encyclopedia of Public Policy and Administration. A Division of Harper-Collins Publishers, Inc: West-view Press.

Sharpf, Fritz W.(1997). Games Real Actors Play: Actor-Centered Institutionalismin Policy Research, Westview Press.

Simmel, Georg.(1955). Conflict and the Web of Group Affiliation, trans. by Kurt H. Wolff. Glencoe, III: Free Press.

Smith, B. C.(1985). Decentralization: The Territorial Dimension of the

State. London: George Allen & Unwin.
Stoner, J. A.(1978). Management. Englewood Cliffs, New Jersey.: Prentice-Hall, Inc.
Stoker, G.(1988). The Politics of Local Government. Houndmill: Macmillan Education.
Susskind, L. and J. Cruishank.(1987). Breaking the Impasse, New York: Basic Books.
Tang, Shui Yan (1992). Institutions and Collective Action : self-Governance in Irrigation, San Francisco.
Thomas, K.(1976). Organizational Conflict, Chapter 7, in S. Kerr(ed). Organizational Behavior. CHicago: RandMcNally.
Thomson M., R. Eliis and A. Wildavsky(1990). Cultural Thoery. Boulder: Westview Press.
Trolldalen, Jon. Martin.(1992). International Environmental Conflict Resolution - The Role of The nited Nations. Washington D.C.: NIDR(National Institute for Dispute Resolution).
Weber, M.(1999). Essays in Economic Sociology. edited by Richard Swedberg. Princeton University Press.
Weiss, Deil.(1988). Understanding Intergovernmental Relations. Pacific Grove, California: Brooks/Cole Publishing Company.
Wildavsky, A.(1994).Cultural Pluralism Can Both Strngthen and Weaken Democracy, Culture and Social Theory. Sun-Ki Chai and B.S wedlow(eds).Transaction Publishers.
Williamson, Oliver E. and Scott E. Masten.(1995). Transaction Cost Economics. 1(2). Edward Elgar Publishing Limited.
Wilson, D. and G. Ghris.(1998). Local Government in the United Kingdom. London: MacMillan Press Ltd.
Wolman, H. and M. Goldsmith (1992). Urban Politics & Policy. Oxford: Blackwell.
Wright, Deil S.(1988). Understanding Intergovernmental Relations 3rd. Ed. Pacific Grove, CA: Brooks/Cole.
Yates, Douglas.(1977). The Ungovernable City: The Politics of Urban Problems and Policy-making. Cambridge: MIT Press.
鳴海正泰.(1996). 現代日本の地方自治と地方財政. 東京: 公人社
新藤宗幸, 編著.(1989). 自治体の政府間關係. 東京: 學陽書房.

天川晃.(1983). 廣域行政と地方分權. ジュリスト增刊總合特輯, No.29. 行政の轉換期. 東京: 有斐閣.
村松岐夫.(1981). 前後日本の官僚制. 東京: 東洋経濟新.

2. 논문

Agranoff, Robert.(2001). Managing Within the Matrix: Do Collaborative Intergovernmental Relations Exist? The Journal of Federalism.

Agranoff, Robert and Valerie A. Lindsay (1983). Intergovernmental Management: perspectives from Human Services Problem Solving at the Local Level. Public Administration Review, 43(May/June).

Alm, Leslie R and Stephanie. G.(1996). The Rural-Urban Environmental Conflict in the American West: A Four-State Study, Spectrum 69:4(Fall). 26-36.

Alvin D. Sokolow.(1998). The Changing Property Tax and State-Local elations. The Journal of Federalism, 28(1).

Andranovich, G.(1995). Achieving Consensus in Public Decision Making: Applying Interest-Based problem Solving to the Challenges of Intergovernmental Collaboration, Journal of Applied Behavioral Science 31:4(December). 429-445.

Arentsen. M. J.(2001). Negotiated Environmental Government in The Netherlands. Policy Studies Journal. 29(3): 499-513.

Argyle, Nolan J. and Marlowe, Brian.(2002). Reinventing Government: A Preliminary Examination of the Georgia Initiative for Children and Families. Public Administration Quarterly. 26(1/2).

Barrett, S. and M. Hill (1986). Policy, Bargaining and Structure in Implementation Theory: Towards an Integrative Perspective. In Michael Goldsmith (Ed.).New Research In Central-Local Relations. Aldershot, U.K.: Gower.

Beverly A. Cigler(1982). Environmental Policy and Management: A New Era. Policy Studies Journal; Autumn 87, 16(1).

Birch, A. H.(1966). Approaches to the Study of Federalism. Political Studies. 14.

Boschken H. L.(1977). Public Control of Land Use: Are Existing Administrative Structure Appropriate? Public Administration Review (September/October).

Brock, Jonathan, and Gerald W. Cormick(1989). Can Negotiation Be Institutionalized or Mandated?: Lessons from Public Policy and Regulatory Conflicts. In Mediation Research, edited by Kenneth Kressel. San Francisco, CA: Jossey-Bass.

Buntz, C. Gregory and Beryl A. Radin.(1983). Managing Intergovern-mental Conflict: The Case of Human Services. Public Admini-stration Review. 43(5): 403-410.

Campbell R. W. and P. Glynn.(1990).Intergovernmental Cooperation :An analysis of Cities and Counties in Georgia. Public Administration Quarterly(Summer).

Carpenter, Susan and W. J. Kennedy(1988). The Denver Metropolitan Water Roundtable: A case study in researching Agreements. Natural Resources Journal 28.

Chain, M.N. and Schneer.(1986). A Study of the Relationship between Jungian Personality Dimensions and Conflict-handling Behavior. Human Relations. 37.

Cigler, B. A.(1982). Environmental Policy and Management: A New Era. Policy Studies Journal, 87(3).

Coase, R. H.(1960). The Problem of Social Cost. Journal of Law and Economics, 3.

Cohen, Jonathan R.(2003). Adversaries? Partners? How About Counterparts?: On Metaphors in the Practice and Teaching of Negotiation and Dispute Resolution. Conflict Resolution Quarterly. 20(4).

Colye, Dennis J. and A. Wildavsky.(1987). Requsites of Radical Reform: Incom Maintainance Versus Preference, Journal of Policy Analysis and Management 7.

Crawford, S. and E. Ostrom (1995). A Grammar of Institutions. American Political Science Review, 89(3).

David B. M.(1998). Ballot Initiatives and Intergovernmental Relations in the United States, The Journal of Federalism, 28(1).

Davis. G..(1998). Carving Out Policy Space for State Government in a Federation. The Journal of Federalism, 28(4).

Davis, Susan M. and Puro, Steven.(1999). Pattern of Intergovernmental Relations in Environmental Cleanup at Federal Facilities. The Journal of Federalism, 29:4(Fall).

Davis, Charles.(2001). The West in Flames: The Intergovernmental Politics of Wildfire Suppression and Prevention. The Journal of Federalism 31(3).

Deborah F. Shmueli and Michal Ben-Gal.(2003). Stakeholder Frames in the Mapping of the Lower Kishon River Basin Conflict. Conflict Resolution Quarterly, 21(2) .

Daley, D. M. and Layton. D. F.(2004). Policy Implementation and the Environmental Protection Agency. Policy Studies Journal. 32(3): 375-323.

Dodge, L.R.(1997).Intergovernmental Relation and The Administrative Enforcement of Equal Employment Opportunity Laws. Public Administration Review(September/October) 57(5).

Dorothy M. Daley and David F. Layton.(2004). Policy Implementation and the Environmental Protection Agency. Policy Studies Journal. 32(3).

Dunleavy, P.(1980). Social and Political Theory and the Issues in Central-Local Relations. in G.W. Jones, New Approaches to the Study of Central-Local Government Relation. Aldershot: Gower.

Dunsire, Andrew (1981). Central Control Over Local Authorities: A Cybernetic Approach. Public Administration 59(2).

Elangovan, A. R.(1995). Managerial Third-Party dispute intervention: A Prescriptive model of Strategy Selection. Academy of Management Review. 30.

Ellison, Brian A.(1998). Intergovernmental Relations and the Advocacy Coalition Framework: The Operation of Federalism in Denver Water Politics. The Journal of Federalism, 28(4).

Falcone S. and Lan Zhiyong.(1997). Inter-governmental Relation and Production. Public Administration Review, 57(4).

Fenger M. and Pieter-Jan Klok.(2001). Interdependency, beliefs and coalition behavior: A contribution to the advocacy coalition framework, Policy Sciences 34.

Fink, Clinton. F.(1968). Some Conceptional Difficulties in the of Social

Conflict. Journal of Conflict Resolution. 12(4).

Fischer, John(1993). Local Governments and Alternative Dispute Resolution. New Solutions to Environmental Problems. Public Management(August).

Friedland, R.(1982). Power and Crisis in the City. London: MacMillian.

Gardner, Roy, Elinor, Ostrom and James, Walker.(1990) The Nature of Common-Poll Resource Problems, Rationality and Society, 2(3).

Gerry Stoker(1995). Intergovernmental Relation. Public Administration, 73 Spring.

Godschalk, David R.(1992). Negotiating Intergovernmental Development Policy Conflict: Practice-Based Guidelines, Journal of the American Planning Association, 58.

Gray, Barbara.(2004). Strong Opposition: Frame-based Resistance to Collaboration. Journal of Community & Applied Psychology. 14 .

Greg Andranovich(1995). Achieving Consensus in Public Decision Making: Applying Interest-Based problem Solving to the Challenges of Intergovernmental Collaboration, Journal of Applied Behavioral Science 31(4 December).

Gress, Franz.(1996). Interstate Cooperation and Territorial Representation in Intermestic Policies. The Journal of Federalism, 26(1).

Gyawali D.(1999). Institutional forces behind water conflict in Ganga plain. Geo Journal 47 .

Hackett, Steven C.(1992). Heterogeneity and The Provision of Governance for Common-Pool Resources, Journal of Theoretical Politics 4(3).

Hakanson, H. and J. Johanson.(1994). The Network as A Governance Structure: Inter-firm Cooperation beyond Markets and Hierarchies. in G. Grabher(eds.). Industrial Networks: A New View of Reality. London: Routledge.

Hall, P and R. Taylor.(1996). The Role of Nonprofit Enterprise, Yale Law Journal, 89.

Hamilton, R.(2001). The Regional Commissions: A Restrained View. Public Administration of Review, 38(1).

Hardin, G.(1968). The Tragedy of Commons, Science, 162.

Hartley, O.(1981). The Relationship between Central and Local Authorities. Public Administration, 59.

Hawkins, B. W. Stephen L. Percy, Steven R. Montreal.(1997). Residential Community Associations and the American Inter-government System, The Journal of Federalism 27:3(Summer). 61-74.

Hejka-Ekins, April.(1988). Teaching Ethics in Public Administration. Public Administrative Review. 48.

Hendry, J.(1999). Cultural theory and contemporary management, Human Relation, 52

Hilton, R. M.(1992). Institutional Incentives for Resource Mobilization: an Analysis of Irrigation Systems in Nepal, Journal of Theoretical Politics, 4(3).

Hunter, S, and K. M. Leyden.(1995). Beyond NIMBY :Explaining Opposition to hazardous Wabte Facilities. Policy Studies Journal. 23(4).

Jaione M.(1998). The Analysis of Intergovernmental Relations Within the Autonomous Basque Community. International Journal of Public Sector Management, 11(2/3).

Jamal, T. B. and D. Getz.(1995). Collaboration Theory and Community Tourism Planning. Annals of Tourism Research, 21(1).

Jones, G. W.(1982). Intergovernmental Relations in Britain. Annals of the American Academy, 5.

Kaiser, F, S. Wolfing, and U. Fuhrer(1999). Environmental Attitude and ecological behavior. Journal of Environmental Psychology, 19(1).

Kearney R. C. and J. Stucker.(1985). Interstate Compacts and the Management of Low Level Radioactive Wastes. Public Administration Review(January/February).

Kem L. and T. Eichenberg.(1986). Assessing Intergovernmental Coordination In Coastal Zone Management. Policy Studies Review, 6(2).

Keeok P.(1997). Friends and Competitors, Political Research Quarterly, 50(4).

Kei-Lchiro Imazi and Ken-Lchi Ohbuchi.(2002). Conflict resolution and Procedural fairness in Japanese work organizations. Japanese Psychological Research. 44(2).

Kharbanda, O. P. and Ernest A. Stallworthy (1991). Negotiation: An

Essential Management Skill. Journal of Managerial Psychology, 6(4).

Kim, In (1992). A Framework for Institutional Analysis of Urban Service Delivery Performance : the Case of Police Service, Journal of Local and Administration (Pusan National University, Korea). 4(1).

Kim Seoyong.(2003). Irresolvable cultural conflicts and conservation/development argument: Analysis of Korea's Saemangeum project. Policy Sciences 36.

Kiser, L.L. and E. Ostrom.(1992). The Three Worlds of Action : A Meta-theoretical Synthesis of Institutional Approaches, in Elinor Ostrom, ed., Strategies of Political Inquiry, Beverly Hilis Sage Publicatins.

Kitgaard, R.(1995). Including Culture in Evaluation Research, In Robert Picciotoo and Ray C.Rist(eds). Evaluating Country Development Policies and Program: New Approach for a New Agenda. From New Direction for Evaluation by American Evaluation Association, 67 .

Koontz, T. M.(1999). Administrators and Citizen, Journal of Public Administration Research and Theory, 9(4).

Laffin, M.(2000). Intergovernmental Relations after Devolution: The National Assembly for Wales. Political Quarterly, 71(2).

Lane, M. B(1999). Region Forest Agreements: Resolving Resource Conflicts or Managing Resource Politics?. Australian Geographical Studies, 37(2).

Lan, Zhiyong.(1997). A Conflict Resolution Approach To Public Administration. Public Administration Review. 57(1).

Laverty. E. B. and P. Kenneth .(2001). State and Local Government Interest Groups Before the Supreme Court: Implications for Inter-governmental Policy. Public Administration Quarterly 24(4/Winter).

Layzer. J. A.(2002). Citizen Participation and Government Choice in Local Environmental Controversies. Policy Studies Journal. 30(2): 193-207.

Leslie R Alm and Stephanie(1996). The Rural-Urban Environmental Conflict in the American West: A Four-State Study, Spectrum 69(4/Fall).

Levine, S. and P. E. White.(1961). Exchange as a Conceptual Framework for the Study of Inter-organizational Relationships. in Amitai Etzioni.(ed.). A Sociological Reader on Complex Organizations. Holt, Rinehart and Winston.

Litterer, Joseph A.(1974). Conflict in Organization: A Re-examination, in Henry L. Tosi and W. Clay Hamner, eds. Organizational Behavior and Management. St: Clair Press.

Lockhart C.(1999). Cultural Contribution to explaining institutional form, political change and rational decisions. Comparative political studies, 32(6).

Lowry. K and Eichenberg, T.(1986). Assessing Intergovernmental Coordination In Coastal Zone Management. Policy Studies Review, 6(2).

Lubell, M.(2004a). Collaborative Environmental Institutions. Journal of Policy Analysis and Management, 23(3).

________.(2004b). Collaborative Watershed Management: A View from the Grassroots. Policy Studies Journal, 32(3). Mamadoth V.(1997). Political culture: a typology grounded on cutural theory, Gen Journal ,43(1).

Manring, N. J., C. C. Nelson, and J. M. Wondolleck (1990). Structuring and Effective Environmental Dispute Settlement Process. Crowfoot, James E. and Julia M. Wondolleck(eds.). Environmental Dispute-Community Involvement in Conflict Resolution. Washington. D.C.: Island Press.

Martin P.(2000). After Managerialism- Rediscoveries and redirection: The Case of Intergovernmental Relation. Australian Journal of Public Administration, 57(4).

McKean, Margaret A.(1992). Success on the Commons : A Comparative Examination of Institutions for Common Property Resource Management, Journal of Theoretical Politics 4(3).

Maarten J. A.(20001). Negotiated Environmental Government in The Netherlands. Policy Studies Journal. 29(3) .

Menkel Meadow, Carrie.(1995).Toward Another View of Legal Negotiation, in Michael Freeman.(eds.).Alternative Dispute Resolution, Dartmouth..

Mikuleeky T. J.(1980). Intergovernmental Relations Strategies for the

Local Manager. Public Administration Review (july/august).
Mock R.(1979). Intergovernmental Power and Dependence. Public Administration Review(November/December).
Mondragon, J.(1998). The Analysis of Intergovernmental Relations Within the Autonomous Basque Community. International Journal of Public Sector Management, 11(2).
Morris, M.W. and S. K. Su(1999). Social Psychological Obstacles in Environmental Conflict Resolution. American Behavioral Scientists, 42(8).
Opotow, S. and L. Weiss.(2000). Denial and the Process of Moral Exclusion in Environmental Conflict. Journal of Social Issues, 56(3) .
Ostrom. E.(1986). An Agenda for the Study of Institutions, Public Choice, 48.
_______.(1988). Institutional Arrangements and the Commons Dilemma, in Vincent Ostrom, David Feeny, and Harmut Picht, Rethinking Institutional Analysis and Development, San Francisco, Ca. : Institute for Contemporary Studies.
_______.(1986). An Agenda for the Study of Institutions, Public Choice, 48.
_______.(1991). a Framework of Institutional Analysis, unpublished paper presented at the Workshop in Political Theory and Policy Analysis, Indiana University.
_______.(1992). Community and the Endogenous Solution of Commons Problems, Journal of Theoretical Politics, 4(3).
Painter, M.(2001). Multi-level governance and the emergence of collaborative federal institutions in Australia. Policy & Politics, 29(2): 137-151.
Peters, B. G. and J. Pierre.(2001). Developments in Intergovernmental Relations: towards multi-level governance. Policy & Politics, 29 (2).
Peter Vincent-Jones and A. Harries.(1996). Conflict and Co-operation in Local authority. Local Government Studies. 22(4) .
Pinkley, R. L and G. Northcraft.(1994). Conflict Frame of Reference. Academy of Management Journal. 37(1).
Pondy, R .L.(1966). A Systems Theory of Organizational Conflict.

Academy of Management Journal. September.

________.(1967). Organizational Conflict Concepts and models. Administrative Science Quarterly, 12(2).

________.(1968). Organizational Conflict. Administrative Science Quarterly. 12(3).

________.(1969). Organizational Conflict: Concepts and Models. Administrative Science Quarterly. 12(3).

Portney, K. E.(1985). The Potential of Theory of Compensation for Mitigating to Hazardous Waste Treatment Facility Siting. Policy Studies Journal . 14(1).

Putnam, L.L.(2004). Transformations and Critical Moments in Negotiations. Negotiation Journal. 20(2).

Pressman, J. L.(1972). Preconditions of Mayoral Leadership. American Political Science Review. 66 .

Randy H.(2001). The Regional Commissions: A Restrained View. Public Administration of Review, 38(1).

Reed, S.(1980). Is Japanese Government Really Centralized ?. Journal of Japanese Studies, 8(4).

Reeves A.(1992).Enhancing Local Self-Government and State Capabilities :The U. S. Advisory Commission On Intergovernmental Relation Program. Public Administration Review. 52(4)

Rhodes, R. A. W.(1986). Power Dependence Theories of Central-Local Relations: A Critical Reassessment. In Michael Goldsmith (Ed.). New Research In Central-Local Relations. Aldershot, U.K.: Gower.

Richard W C.l and Patty Glynn.(1990). Intergovernmental Cooperation: An Analysis of Citis and Counties in Georgia, Public administration Quarterly, 14(2).

Sabatier, P.(1988). An advocacy coalition framework of policy change and the role of policy-oriented learning theory , Policy Sciences ,21.

Sadler, M.(1989). Negotiation in Property Management ?. Property Management, 7(1).

Scharpf, F. W.(1977). Public Organization and the Warning of the Welfare State. European Journal of Political Research, 5.

Schermerhorn, J. R., Jr.(1982). Determinants of Inter-organizational

Cooperation. Academy of Management Journal, 18.

Schmit, S. M and T. A. Kochan.(1972). Conflict: Toward Conceptional Clarity. Administrative Science Quarterly. 3.

Schweitzer, M and Dechurch, L.(2001). Linking Frames in Negotiations. The International Journal of Conflict Management. 12(2) .

Skinner, S.J., J.B. Gassenheimer and S.W. Kelly.(1992). Cooperation in Supplier-Dealer Relations. Journal of Retailing. 68(2).

Schmit, S. M and T. A. Kochan.(1972). Conflict: Toward Conceptional Clarity. Administrative Science Quarterly. 3.

Skinner, S.J., J.B. Gassenheimer and S.W. Kelly.(1992). Cooperation in Supplier-Dealer Relations. Journal of Retailing. 68(2)

Smith, K.G, S. T.Crrroll. and S, J.Ashford.(1995). Intra and Inter-organizational Cooperations. Academy of Mannagement Joural. 38(1) .

Spaper, Michael S.(1999). Myths and Misunderstandings: Health Policy, the Devolution Revolution, and the Push for Privatization. The American Behavioral Scientist ,43:1(Sep).

Stenberg A. W.(1981). Beyond The Days of Wine and Rose: Intergovernmental Management in a cutback environment. Public Administration Review(January/February)

Sitkin, S and L. Weingart.(1995). Determinants of Risky Decision-Making Behavior. Academy of Management Journal. 38(4).

Swedlow, B.(2002). Toward Cultural Analysis in Policy Analysis: Packing up Where Aron Wildavsky Left off, Journal of Comparative Policy Analysis: Research and Practice 4.

Tang, Shui Yan (1991). Institutional Arrangements and the Management of Common-Pool Resources, Public Administration Review, Jan./Feb. 51(1).

Thomas, K.(1976). Conflict and Conflict Management. in M. Dunnette (ed.). Handbook of Industrial and Organizational Psychology. Chicago: Rand-McNally.

Thomas M. K.(1999). Administrators and Citizen. Journal of Public Administration Research and Theory, 9(4).

Turner, R. S.(1990). Intergovernmental Growth Management: A Partnership Framework for State-Local Relations. The Journal of

Federalism 20(Summer)..

Villanueva, A. B(1996). Conflict and Cooperation in Environmental Administration. Social Science Journal, 33(4).

Wall,Jr.J. A and M. W. Blum.(1991). Negotiations. Journal of Management. 17(2).

Wall.jr.J. A and Ronda Roberts Callister.(1995). Conflict and Its Management. Journal of Management, 21(3) .

Walton, R. E. and J. Dutton.(1969). The Management of Interdepartmental Conflict: A Model and Review. Administrative Science Quarterly. 14(1).

Weiss, Janet A.(1987). Pathways to Cooperation among Public Agencies. Journal of Policy Analysis and Management, 7(1).

Wise, C. and O'Leary R.(1997).Intergovernmental Relations and Federalism in Environmental Management and Policy: The Role of the Court. Public Administration Review 57(2)

Wiseman, V. and I. Poitras.(2002). Mediation Within a Hierarchical Structure. Conflict Resolution Quarterly. 20(1).

Wildavsky A.(1987). A Cultural theory of Preference Formation. The American Political Science Review 81(1): 3-21.

Wood, J.(2004). Mediation Styles: Subjective Description of Mediators. Conflict Resolution Quarterly. 21(4).

Wright, D. S.(2000). The Advisory Commission on Intergovernmental Relation Unique Features and Policy Orientation. Public Administration Review, 65(3).

Yetton, P. W and Bottger, M.(1985). The Relationship among Group Size, Member, Ability, Social Decision Schemes, and Performance. Organizational Behavior and Human Performance. 32.

Zafonte, M. and P. A. Sabatier(1998). Shared Beliefs and Imposed Interdependencies as Determinants of Ally Networks in Overla-pping Subsystems, Journal of Theoretical Politics 10(4).

Zafonte,M. and P. Sabatier.(2004). Short-tern Versus Long-term Coalition in the Policy Process :Automative Pollution Control, 1963-1989. The Policy Studies Journal 32(1).

Zimmmerman, J. F.(1998). Interstate Cooperation: The Role of the State Attorneys General. The Journal of Federalism, 28(1).

| 찾아보기 |

찾아보기

(ㄱ)

(ㄴ)

(ㄷ)

(ㄹ)

(ㅁ)

(ㅂ)

(ㅅ)

(ㅇ)

(ㅈ)

(ㅋ, ㅌ, ㅍ)

(ㅎ)

(영문)

지방정부간 갈등과 협력

- 이론과 실제 -

저 자 / 강성철·권경득·강인호·강문희 외 공저
발행인 / 박길성

2006년 8월 29일 초판 1쇄 인쇄
2006년 8월 30일 초판 1쇄 펴냄

발 행 처 / 한국행정DB센타
주 소 / 서울시 중구 충무로3가 59-9
전 화 / 02-2269-7206
팩 스 / 02-2269-7207
등록번호 / 제1-2697호
등록일자 / 2000년 6월 14일

Homepage / http://www.admindb.co.kr
E-mail / admindb@admindb.co.kr

정 가 : 18,000원
ISBN : 89-92072-03-1-93350

※ 한국행정DB센타는 국가와 지방경영을 위한 행정지식정보의 Data Base를 전문적으로 구축하고 있습니다.